suhrkamp taschenbuch
wissenschaft 1623

AF900498

Kennzeichnend für die zweite Hälfte des 20. Jahrhunderts sind der konsequente Ausbau des Verfassungsstaats mit dem Siegeszug der Verfassungsgerichtsbarkeit und die Europäisierung und Internationalisierung der nationalen Staaten in Europa. Die Verfassungsidee, die historisch für den Staat entwickelt wurde, erhält heute Bedeutung auch für die supranationalen und internationalen Organisationen; sie verbindet die Entwicklung von mehr als zwei Jahrhunderten. Dieser Band verknüpft detaillierte historische Studien mit systematischen Überlegungen und bietet zugleich einen Überblick über die gegenwärtigen rechtswissenschaftlichen Debatten im Kontext der Europäisierung.

Rainer Wahl ist Professor für Öffentliches Recht an der Albert-Ludwigs-Universität Freiburg.

Rainer Wahl
Verfassungsstaat, Europäisierung, Internationalisierung

Suhrkamp

Für Ulla,
Christian und Matthias

Bibliografische Information Der Deutschen Bibliothek
Die Deutsche Bibliothek verzeichnet diese Publikation in der Deutschen Nationalbibliografie
http://dnb.ddb.de

suhrkamp taschenbuch wissenschaft 1623
Erste Auflage 2003
© Suhrkamp Verlag Frankfurt am Main 2003
Suhrkamp Taschenbuch Verlag
Alle Rechte vorbehalten, insbesondere das der Übersetzung, des öffentlichen Vortrags sowie der Übertragung durch Rundfunk und Fernsehen, auch einzelner Teile.
Kein Teil dieses Werkes darf in irgendeiner Form (durch Fotografie, Mikrofilm oder andere Verfahren) ohne schriftliche Genehmigung des Verlages reproduziert oder unter Verwendung elektronischer Systeme verarbeitet, vervielfältigt oder verbreitet werden.
Druck: Nomos Verlagsgesellschaft, Baden-Baden
Printed in Germany
Umschlag nach Entwürfen von
Willy Fleckhaus und Rolf Staudt
ISBN 3-518-29223-4

1 2 3 4 5 6 – 08 07 06 05 04 03

Inhalt

IV. Auswirkungen der Europäisierung auf die deutsche Rechtsordnung

Vorwort

Die hier versammelten Aufsätze sind aus unterschiedlichen Anlässen und Fragestellungen verfaßt worden. Sie haben ihren Ausgang im Nachdenken über das Neue im Grundgesetz, das sich über fünf Jahrzehnte lang konsequent entwickelt hat. Die Überlegungen nehmen sodann die tiefgreifenden Veränderungen ins Blickfeld, die dieser Verfassungsstaat durch die Offenheit zum europäischen und internationalen Umfeld erfahren hat.

I.

1. Aus der heutigen Rückschau ist unübersehbar, daß es 1949 einen *Doppelanfang* gegeben hat. Zum einen sind ein konsequent entwickelter Verfassungsstaat und die Herrschaft der Verfassung entstanden. Das Grundgesetz als zunächst versprochene, dann bald gelebte Verfassung war so erfolgreich, daß die Verfassung zu einem wichtigen Kristallisationspunkt des deutschen Selbstverständnisses werden konnte (»Verfassungspatriotismus«). Zum anderen hat die weitere, ebenso auffällige Neuerung diesem wachsenden Verfassungsstaat zugleich eine Richtung nach außen gewiesen, zu supranationalen Strukturen in der werdenden Europäischen Gemeinschaft und noch weiter zur internationalen Welt. Was seit 1949 in dem wenig spektakulär formulierten Art. 24 GG angelegt war, ist nichts weniger als die beginnende und heute vollzogene Abkehr von der Vorstellung des souveränen Staates gewesen. Die Ermächtigung des Art. 24 GG, daß der Bund Hoheitsrechte auf zwischenstaatliche Einrichtungen übertragen kann, war die Vollmacht und der Auftrag zur Selbst-Bindung und Selbst-Einbindung dieses Staates in größere Zusammenhänge. Mit dem zweiten großen Imperativ von 1949, dem Imperativ zur Öffnung, hat der überkommene Staat eine entschieden neue Richtung erhalten. Der offene Staat entwickelt sich seinerseits mit einer inneren Konsequenz, gerät aber zugleich unter ganz neue Herausforderungen, unter denen sich das schon gelöst geglaubte Problem des Verfassens der politischen Beziehungen im größeren europäischen und internationalen Rahmen erneut und

intensiver stellt. Was die traditionelle Verfassungsstaatlichkeit für den Staat geleistet hat, ist nun erneut für die kompliziertere politische Architektur in Angriff zu nehmen; kein Wunder, daß überzeugende oder konsentierte Lösungen noch ausstehen.

2. Ist der Doppelanfang im Rückblick deutlich, so bedeutet dies nicht, daß er den Zeitgenossen einschließlich der wissenschaftlichen Kommentatoren und des Autors der hier vorgelegten Aufsätze als solcher von Anfang an bewußt gewesen wäre. Den meisten Beobachtern ist dies erst allmählich und mit großem Abstand deutlich geworden. So sind die hier vorgelegten Aufsätze nicht aus dieser hier kurz dargelegten Perspektive geschrieben, sondern sie analysieren zumeist einen der beiden Aspekte. Die zeitlich früheren Aufsätze haben sich aus naheliegenden Gründen dem inneren Ausbau des Verfassungsstaates in der Bundesrepublik und seinen historischen Voraussetzungen oder alternativen Entwicklungsstufen zugewandt. Die anderen, aus neuerer Zeit stammenden Aufsätze beschäftigen sich mit der zweiten großen Leitidee, dem sich öffnenden Staat und den neu entstandenen Verfassungsproblemen der größeren Konstellation Staat, Europäische Union und internationale Organisationen.

In diesen Überlegungen sind auch ansatzweise Überlegungen zum Verhältnis der beiden Entwicklungen zueinander angelegt, die aber noch der weiteren Verdeutlichung bedürfen. Immerhin wird die zentrale Frage des Verhältnisses der beiden Entwicklungen benannt: Kann das Ausmaß an Verrechtlichung und Justizialisierung, die die Phase nach 1949 in Deutschland bestimmt haben, ungeschmälert weitergehen und weiter ausgezogen werden, unbeeindruckt davon, daß im Prozeß der Europäisierung und Internationalisierung die deutsche Version des Verfassungsstaates (mit sehr hoher Verrechtlichung) in Kontakt und in Ausgleichsnotwendigkeiten mit den Traditionen anderer Staaten gebracht werden und zudem die innere Verfassungsstaatlichkeit in eine Beziehung zur Verrechtlichung auf der europäischen und internationalen Ebene treten muß?

3. Die *Gliederung des Bandes* wählt nicht den chronologischen Ablauf, sondern sie nimmt ihren Ausgang bei den aktuellen Problemlagen der Europäisierung und Internationalisierung als Verfassungsproblem (dazu die Aufsätze 1 bis 3). Da diese beiden Vorgänge, so neu sie sind, zugleich Weiterentwicklungen und Überformungen von Vorhandenem, eben dem in nationalem und staatlichem Rah-

men entstandenen Verfassungsstaat, sind, geht der Blick von der Gegenwart zurück auf den zugrundeliegenden inneren Verfassungsstaat, der unter dem Leitkonzept der Verfassung als Vorrangordnung thematisiert wird (Aufsätze 4 bis 8). Noch weiter zurück richten sich die weiteren Analysen auf den Verfassungsstaat in der geschichtlichen Perspektive (Aufsätze 9 bis 12). Den Abschluß und Ausblick auf ein zukünftiges Forschungsprogramm enthält der letzte Aufsatz über »Zwei Phasen des Öffentlichen Rechts«. Hier wird den Folgen von Europäisierung und Internationalisierung für eine nationale Rechtsordnung, für die deutsche, nachgegangen.

II.

1. Die ersten beiden Aufsätze, *Die Internationalisierung des Staates* und *Der einzelne in der Welt jenseits des Staates*, legen beide die grundlegenden Neuerungen durch die Öffnung des überkommenen Nationalstaates und Verfassungsstaates (des nationalen Verfassungsstaates) dar. Als zentrale Normen oder Schlüsselbestimmungen kommen die Art. 23 GG (neu) und 24 GG ins Zentrum der Überlegungen. Analysiert werden die Veränderungen im Staatstyp, im Staatsrecht und im Völkerrecht, diskutiert wird die neue Gesamtkonstellation aus nationalem Staat, Europäischer Union und internationalen Organisationen. Angesichts dieses verflochtenen Gesamtgefüges stellen sich neue Fragen für den einzelnen. Der zweite Aufsatz, *Der einzelne in der Welt jenseits des Staates*, geht dem grundsätzlichen Problem nach der Rechtsstellung des einzelnen auf diesen drei Ebenen nach. Damit der einzelne nicht der Verlierer der neuen Gesamtkonstellation wird, muß sich auch das Völkerrecht wandeln und neue Antworten für seine Rechtsstellung finden, ohne aufzuhören, Völkerrecht zu sein.

In einer Welt der Europäisierung und Internationalisierung der Rechtsordnungen ist Verfassungsvergleichung ein Gebot der Stunde. Am deutlichsten werden die Reize, aber auch Schwierigkeiten einer Verfassungsvergleichung, wenn der Vergleich sich auf eine sehr entfernte Kultur bezieht, im Beispiel auf Japan: *Verfassungsvergleichung als Kulturvergleichung*. Hierbei erweist sich sehr intensiv, daß bei der Verfassungsvergleichung fundamentale Voraussetzungen einer Rechtsordnung, die sonst als konstant vorausgesetzt sind und nicht behandelt werden, ausdrücklich aufgedeckt werden müssen. In diesem Sinne ist Vergleichung immer auch ein Entdekkungsverfahren für tiefere Schichten von Rechtsordnungen – und damit der eigenen Rechtsordnung. Im Falle der Rechtsvergleichung mit Japan ist es unumgänglich, auch die Rechtskulturen in beiden Ländern einzubeziehen. Dies aber erfordert einen weiten Ausgriff, der in einem Vier-Ebenen-Modell der Rechtsvergleichung strukturiert wird.

2. Das grundlegende Prinzip der Verfassungsstaatlichkeit ist der Vorrang der Verfassung. Deshalb sind unter der Überschrift »Verfassung als Vorrangordnung« mehrere diesem grundlegenden Konzept gewidmete Aufsätze zusammengefaßt. Der Vorrang der Verfassung, so wie er 1949 in Deutschland begründet worden ist, meint die Bindung des Gesetzgebers an die Grundrechte. Im Aufsatz *Der Vorrang der Verfassung* wird die Tragweite dieses für das Verfassungsdenken konstitutiven Konzepts zunächst in der verfassungshistorischen und -vergleichenden Perspektive, dann in einer verfassungssystematischen Analyse für die konkrete Ordnung des Grundgesetzes analysiert. Die Neuerungen von 1949 haben sich überraschend schnell eingewurzelt und kräftig entwickelt – kein Wunder, daß auch rasch Folgeprobleme deutlich geworden sind. Die überragende Bedeutungssteigerung des Verfassungsrechts konnte nicht ohne Kehrseite sein, nicht ohne die Kehrseite, daß das Gesetzesrecht einen Rangverlust erlangt hat und mit dem Gesetzesrecht der parlamentarische Gesetzgeber. Dieser Problematik ist für einen zentralen Bereich des Öffentlichen Rechts, für den Eigentumsschutz, der Aufsatz *Der Vorrang der Verfassung und die Selbständigkeit des Gesetzgebers* gewidmet. Der Aufsatz plädiert dafür, die Verfassung nicht als Füllhorn aller Rechtsgüter oder als Quelle für fast alle Problemlösungen zu verstehen, sondern der Gesetzgebung und den Gesetzen eine (relative) Eigenständigkeit und Selbständigkeit zu belassen. Da es sich hier um eine Grundlagenproblematik der Verfassungsordnung unter dem Grundgesetz handelt, taucht sie auch in den drei Aufsätzen wieder auf, die der Institution gewidmet sind, die mit dem materiellen Prinzip des Vorrangs der Verfassung aufs engste verknüpft ist, nämlich der Verfassungsgerichtsbarkeit.

Die drei weiteren Aufsätze des zweiten Abschnittes wenden sich der einzig wirklich neuen Institution des Grundgesetzes zu, der Verfassungsgerichtsbarkeit. Es ist kein Wunder, daß sie und die Verfassungsgerichtsjudikatur ins Zentrum des Staatsrechts gerückt sind; das Nachdenken über ihren Standort begleitet das Staatsrecht der Bundesrepublik seit 1951.

Mit einem Dauerproblem des Bundesverfassungsgerichts beschäftigt sich: *Verfassungsrechtsprechung als knappes Gut. Der Zugang zum Bundesverfassungsgericht.*[1] Es zeigt sich dabei rasch, daß die Überlegungen nicht beim quantitativen Zählen stehenbleiben dürfen. Gefragt werden muß, woher die Belastung kommt, aus welchen Strukturelementen des deutschen Verfassungsrechts sie resultiert und ob diese spezifische Belastung des Bundesverfassungsgerichts eine Widerspiegelung von Eigenarten des deutschen Verfassungsrechts sind.

Wie in einem Brennglas bündeln sich alle Überlegungen zur Verfassungsgerichtsbarkeit beim Thema der Reform und bei der Frage: *Reform des Bundesverfassungsgerichts?* Zu verhandeln sind die Notwendigkeiten und die konkreten Vorschläge zu einer Reform. Gefragt wird aber auch, ob Reformen von außen, also durch den Gesetzgeber, einen Sinn machen oder ob ein notwendiger Wandel von innen kommen müßte. Damit kehren die Überlegungen, die beim Gericht und bei der Rechtsprechung angefangen haben, am Ende wieder zum deutschen Verfassungsrecht, wie es sich nach 1949 ausgebildet hat, zurück. Denn dieses Verfassungsrechtsverständnis ist die Quelle und der Motor für die quantitative Belastung und die Folgeprobleme geworden. In einer anderen Weise erscheint das Bundesverfassungsgericht als Institution bei der vergleichenden Betrachtung: *Das Bundesverfassungsgericht im europäischen und internationalen Umfeld.* Längst hat nämlich das vergleichende Interesse das Thema der Verfassungsgerichte erreicht, und die einzelnen Gerichte werden unter dem Vorzeichen ihrer komparativen Vor- und Nachteile beurteilt.

Ein Teil der Aufsätze über die Verfassungsgerichtsbarkeit und alle verfassungsgeschichtlichen Arbeiten sind meist aus dem naheliegenden Motiv der Analyse des geltenden Rechts beziehungsweise seiner Vorgänge entstanden. Sie können aber heute in der Situation des grundsätzlichen Vergleichens auch anders gelesen werden, näm-

1 Den Beitrag habe ich zusammen mit Joachim Wieland verfaßt, der dem Abdruck im vorliegenden Band freundlicherweise zugestimmt hat.

lich als Studien über die Entwicklung und Ausbildung eines deutschen Verständnisses, das im Kontext und im Umfeld der anderen europäischen und außereuropäischen Staaten wie der USA ein eigengeartetes Verständnis ist und keinesfalls mit demjenigen gleichzusetzen ist, das man bei den anderen voraussetzen kann.

3. Da das zentrale Konzept des Vorrangs der Verfassung in komplexen Zusammenhängen steht, ist es gerechtfertigt oder auch gefordert, den historischen Entstehungsbedingungen des Verfassungsstaates und des Vorrangs der Verfassung im einzelnen nachzugehen. Denn eine Voraussetzung für die vertiefte Analyse des Verfassungsstaats und insbesondere der deutschen Variante ist es, die Entwicklung des Verfassungsstaats in Deutschland von seinen Anfängen um 1800 an zu analysieren. Dies geschieht zunächst in dem gleichnamigen Handbuchartikel über die *Entwicklung des Verfassungsstaates*, der die Grundlinien bis 1866 skizziert. Zum zweiten sind vom 19. Jahrhundert bis zum Grundgesetz historische Entwicklungslinien für die Bindung der Grundrechte, das Konzept des Vorrangs der Verfassung und das Entstehen einer Verfassungsgerichtsbarkeit im Aufsatz *Verfassungsstaatlichkeit im Konstitutionalismus und der Weimarer Zeit* nachgezeichnet.

Eine Basis für die Überlegungen stellt auch die Grundrechtsgeschichte dar in dem Aufsatz *Rechtliche Wirkungen und Funktion der Grundrechte im deutschen Konstitutionalismus des 19. Jahrhunderts.* Dort wird deutlich, daß es für Grundrechte nicht nur die entfaltete Funktion gegeben hat, wie sie seit 1949 bekannt ist und praktiziert wird, sondern daß es andere Varianten der Grundrechtsgeltung gegeben hat, die sich vom Grundgesetz her gewiß als ein – beträchtliches – Minus darstellen, die aber in einem größeren Zusammenhang Beachtung deshalb finden können, weil es in der Gegenwart Verfassungsstaaten gibt, bei denen die Wirkung der Grundrechte eher dieser Variante ähnlich ist.

Mit dem überragenden geschichtlichen Ereignis der letzten Jahrzehnte, der 1990 vollzogenen deutsch-deutschen Einigung, beschäftigt sich der Aufsatz *Die deutsche Einigung im Spiegel historischer Parallelen.* Auch dieses politisch singuläre Ereignis der Nachkriegsgeschichte steht verfassungshistorisch nicht so isoliert da, wie es zunächst erscheinen mag.

4. Der abschließende Aufsatz *Zwei Phasen des Öffentlichen Rechts nach 1949* bringt die beiden Hauptlinien des Bandes, den Ausbau

des inneren Verfassungsstaates und die Öffnung des Staates nach außen, zusammen und formuliert insoweit ein Forschungsprogramm für weitere Studien. Die These von den zwei Phasen des (Öffentlichen) Rechts trennt die binnenorientierte von der außenorientierten Rechtsentwicklung. Zugleich stellt sich die Frage, wie und inwieweit die Eigenarten des relativ autonom entstandenen Rechts der ersten Phase heute durch alternative Rechtsverständnisse überformt wird. Welche Korrekturen und Neuorientierungen erzwingen Europäisierung und Internationalisierung für das deutsche Verfassungs- und Verwaltungsrecht?

III.

Die in 25 Jahren entstandenen Aufsätze zeigen Kontinuitäten und neue Schwerpunkte. Zu letzteren gehört die entschiedene Öffnung der Staatsrechtswissenschaft beziehungsweise der Verfassungsrechtswissenschaft gegenüber der Welt jenseits des Staates. Einem modernen Verständnis des Öffentlichen Rechts entspricht es, Staatsrecht, Europarecht und Völkerrecht nicht getrennt zu sehen oder jeder Disziplin ihre exklusiven Themen zuzuweisen, sondern die Gesamtkonstellation zu betrachten. Der Erschließung eines neuen Schwerpunkts im Bereich der Europäisierung und Internationalisierung, der in den ersten Aufsätzen behandelt wird, ist die Normalität des heutigen Universitätsbetriebes nicht gerade förderlich. Dankbar sei deshalb des Aufenthalts im Wissenschaftskolleg zu Berlin gedacht. Mein dortiges Jahr als Fellow hat zur Gewinnung einer neuen Sichtweise wesentlich beigetragen und diese angestoßen. Die zunächst absichtslose intensive Lektüre dicker Bücher in einem engen zeitlichen Zusammenhang ist im laufenden akademischen Betrieb nur schwerlich möglich. Es bedarf der am Kolleg gegebenen außergewöhnlich günstigen Umstände und des Geschenks frei verfügbarer Zeit, daß umfangreichere Studien wachsen können.

Für die vielfältige Hilfe bei der Vorbereitung der Manuskripte habe ich zu danken und sage ich gerne und herzlich Dank. Zuerst gilt er Frau Alexandra Lukasch. Sie hat in bewährt umsichtiger und zuverlässiger Weise den Gesamtprozeß der Vorbereitungen in Händen gehalten, die Druckvorlagen neu formatiert und den technischen Vorgaben angepaßt. Im weiteren haben alle Mitarbeiterinnen und Mitarbeiter am Lehrstuhl mitgewirkt. Ich danke besonders den Studierenden Christiane Brock, Thorsten Ehrbeck und Imke Sagemüller, dem Wissenschaftlichen Mitarbeiter Torsten Hartleb, den Referendaren Claus Binder, Christian Blome, Kerstin Reinacher, Florian Schumann sowie den Wissenschaftlichen Assistenten Dr. Christoph Schönberger und Frank Hofmann.

Freiburg, im Dezember 2002

I. Europäisierung und Internationalisierung als Verfassungsproblem

1. Internationalisierung des Staates

»Die nach außen offene Staatlichkeit ist zur Überlebensvoraussetzung des Staates geworden«, schreibt Alexander Hollerbach in seinem perspektivenreichen Aufsatz: »Globale Perspektiven der Rechts- und Staatsentwicklung«.[1] Der damit angeschlagenen Grundmelodie geht der ihm gewidmete Beitrag nach.

I. Art. 24 GG als Schlüsselnorm des GG und als Basisnorm der Internationalisierung

1. Offenheit als Strukturmerkmal heutiger Staatlichkeit

Bei seinem Bemühen, die nationalen politischen Verhältnisse neu und verläßlich zu begründen, war der Blick des Parlamentarischen Rates – natürlich – von den Vorgängerregimen der Diktatur und der zerbrechlichen und zerbrochenen Weimarer Republik in Beschlag genommen, aber er beschränkte sich nicht auf diese Antworthaltung gegenüber der eigenen politischen und der Verfassungsgeschichte. Die Perspektive war weiter und grundsätzlicher ausgerichtet. Sie ergriff die westliche, die westeuropäische und nordamerikanische Verfassungstradition und -wirklichkeit, sie bezog sich auf sie im Sinne von Anregung und Vorbildern. Das Grundgesetz ging aber noch einen entscheidenden und zunächst nicht voll wahrgenommenen Schritt weiter. Es öffnet sich in einer für die deutsche Verfassungstradition – und nicht nur für sie – vorbildlosen Weise dem supranationalen und internationalen Bereich. Lange Zeit war es den Zeitgenossen nicht wirklich bewußt, daß das Grundgesetz von Anfang an eine internationale Dimension hatte, daß es von Anfang an den neu verfaßten Staat über sich hinauswies.

Über diese Internationalisierung des Staates äußert sich das Grundgesetz entschieden, aber nicht gerade in demonstrativer, die Bedeutung der Sache hervorhebender Weise. In der Präambel wird

1 Rede als Prorektor am 17. Oktober 1990, abgedruckt in: *Freiburger Universitätsblätter* Heft 111, März 1991, S. 33, 35.

das Thema zwar angeschlagen, aber natürlich in der den Präambeln eigenen politisch-programmatischen Form. Wenn es dort also heißt, daß das deutsche Volk dem Frieden der Welt dienen will, dann ist dies vor dem Hintergrund des unfriedlichen Deutschlands der Vergangenheit eine mehr als veranlaßte programmatische Erklärung. An verfassungsrechtlichem Gehalt bleibt sie aber weit hinter der anderen Aussage zurück, daß dieser Staat ein Glied eines vereinten Europas werden will. Enthält dieses zweite Ziel schon eine grundsätzliche Absage an ein bloß auf die eigene Staatlichkeit gerichtetes politisches Verständnis, so findet diese Perspektivenerweiterung im Text des Grundgesetzes ihren rechtlich folgenreichen Ausdruck. Die Bestimmung des Art. 24 I GG nimmt diesen Grundgedanken, diesen wichtigen Bestandteil des Neuen am Grundgesetz, auf. Diese Hauptregelung der Internationalisierung, der Art. 24 Abs. 1 GG, klingt dabei mit seiner Formulierung »Der Bund kann durch Gesetz Hoheitsrechte auf zwischenstaatliche Einrichtungen übertragen« durchaus fachjuristisch und staatsrechtlich trocken, sie erweist sich aber bei näherem Hinsehen als eine der zentralen und lange unterschätzten Bestimmungen des Grundgesetzes.

Dieser Artikel war 1949 ein Novum,[2] nicht nur in der deutschen Verfassungsgeschichte.[3] Inzwischen ist er kein Unikat mehr, sondern eine ganze Reihe anderer Staaten haben ähnliche, wenn auch meist nicht so weitreichende Bestimmungen über eine Öffnung des Staates nach außen in die Verfassungen aufgenommen.[4] Es handelt

2 Der Artikel ist insbesondere auf das Bestreben von Carlo Schmid hin in das Grundgesetz aufgenommen worden. Zur Entstehungsgeschichte Hermann v. Mangoldt/Fritz Klein, *Das Bonner Grundgesetz*, Bd. I, 1957, S. 656 f.; Eberhard Menzel, in: Dolzer/Vogel (Hg.), *Bonner Kommentar zum Grundgesetz* (im weiteren: *BK*), Stand: 1999, Art. 24 GG, S. 3-6; Albrecht Randelzhofer, in: Theodor Maunz/Günter Dürig/Roman Herzog, *GG, Kommentar*, Stand: 1999, Art. 24, Rn. 2; Ingolf Pernice, in: Horst Dreier (Hg.), *GG, Kommentar*, Bd. II, 1998, Art. 24, Rn. 3 ff. Eine erste große Interpretationskontroverse gab es im Zusammenhang mit der Diskussion um die Wiederbewaffnung, vgl. *Der Kampf um den Wehrbeitrag*, Bd. I-III, 1952, 1953, 1957.

3 So auch Pernice (FN 2), Rn. 1; Rudolf Streinz, in: Michael Sachs (Hg.), *GG, Kommentar*, Art. 24, Rn. 1: »Art. 24 ist ein Novum, er ist aber nicht singulär«; Christian Tomuschat, »Die staatsrechtliche Entscheidung für eine internationale Offenheit«, in: Josef Isensee/Paul Kirchhof (Hg.), *HStR*, Bd. VII, 1992, § 172, Rn. 40, insbesondere zur Präambel der Verfassung der IV. Republik in Frankreich und dem (weniger weitreichenden) Art. 11 Ital. Verf. 1947/48.

4 Übersicht bei Tomuschat, in: *BK*, Art. 24, S. 139 ff.; Randelzhofer (FN 2), Rn. 1;

sich dabei im wesentlichen um Mitgliedstaaten der Europäischen Union, während sich die USA, Japan oder Indien insoweit zurückhalten. Von der beträchtlichen Bedeutung dieses Artikels zeugen die üblich gewordenen Charakterisierungen seines Gehalts. Geregelt ist danach die sogenannte offene Staatlichkeit,[5] die internationale Offenheit des deutschen Staates;[6] man spricht auch vom entgrenzten Verfassungsstaat,[7] von der Verfassungsentscheidung für die internationale Zusammenarbeit[8] oder vom kooperativen Verfassungsstaat.[9]

Dem Wortlaut nach spricht Art. 24 GG von einer sogenannten Übertragung von Souveränitätsrechten, etwa Rechtssetzungsbefugnissen, auf eine zwischenstaatliche Gemeinschaft. Die »Übertragung« ist eine façon de parler. Richtig müßte es heißen, daß das Recht von außerhalb unmittelbare Auswirkungen innerhalb der Bundesrepublik hat. Wesentlich ist die unmittelbare Durchgriffswirkung von außen auf die Rechtsverhältnisse im Innern,[10] auch auf die Rechte und Pflichten der einzelnen Bürger. Mit der Übertragung nimmt es die Bundesrepublik hin und duldet es, daß fremdes Recht unmittelbar im nationalen Bereich wirksam wird;[11] Entspre-

Pernice (FN 2), Rn. 12 f. Die österreichische Bundesverfassung enthält in Art. 9 Abs. 2 eine ähnliche allgemeine Regelung zur Übertragung von Hoheitsrechten (und ausführlich die Art. 23a-f zur europäischen Integration). Ausführlich jetzt Stefan Hobe, *Der offene Verfassungsstaat zwischen Souveränität und Interdependenz*, 1998, S. 164 ff.

5 Früh und wegweisend Klaus Vogel, *Die Verfassungsentscheidung des Grundgesetzes für eine internationale Zusammenarbeit*, 1964. Jetzt auch umfassend Hobe (FN 4), dort insbesondere zu Bausteinen einer Theorie der offenen Staatlichkeit S. 380 ff.; ders., »Der kooperationsoffene Verfassungsstaat«, *Der Staat* 37 (1998), S. 521 ff.

6 Tomuschat (FN 3), Rn. 1 ff., S. 37.

7 Klaus-Peter Sommermann, »Der entgrenzte Verfassungsstaat«, in: Detlef Merten (Hg.), *Der Staat am Ende des 20. Jahrhunderts*, 1998, S. 19 ff.

8 Tomuschat (FN 3), Rn. 4, S. 37 ff.

9 Peter Häberle, *Kooperativer Verfassungsstaat*, 1978; ders., *Verfassung als öffentlicher Prozeß*, 1996, S. 470 ff.; vgl. auch Hobe (FN 4).

10 Tomuschat (FN 4), Rn. 8 ff.; Pernice (FN 2), Rn. 19, der dort eine frühe Charakterisierung von Erich Kaufmann aufnimmt, nach der »übertragen« im Kontext des Art. 24 Abs. 1 GG »entgegen dem Wortlaut nicht die Delegation, nicht ein *transferre*, sondern ein *conferre* [bedeutet], also ein Begründen, ein Konstituieren von originärer öffentlicher Gewalt, was auch die Möglichkeit der gemeinsamen Schaffung solcher Zuständigkeiten und Hoheitsrechte beim neuen Rechtsträger einschließt, die (so) bislang in keinem der beteiligten Staaten bestanden«.

11 BVerfGE 37, 271 (280); 58, 1 (28); 73, 339 (374 f.).

chendes gilt für administrative Maßnahmen. Art. 24 GG erlaubt also, daß eine Rechtssetzung von außerhalb der Bundesrepublik im Innern Auswirkungen hat, daß der »schützende Mantel der Souveränität weggezogen«[12] wird. Eine »fremde« Gemeinschaft darf unmittelbar durchgreifen, eine Gemeinschaft, an der die Bundesrepublik immerhin beteiligt ist und an deren Willensbildung sie mitwirkt.

2. *Die Verwandlung des Staatsverständnisses durch Art. 24 GG*

Dieser wegweisende Art. 24 GG war von Anfang an im Grundgesetz enthalten.[13] Von ihm ist auch früh Gebrauch gemacht worden, so bei der Gründung der Europäischen Gemeinschaft für Kohle und Stahl 1951 und dann natürlich bei der Bildung der damaligen Europäischen Wirtschaftsgemeinschaft durch die Römischen Verträge 1957.[14] Man kann also nicht sagen, daß dieser Artikel einen »Dornröschenschlaf« gehabt habe. Gleichwohl war diese Vorschrift lange Zeit für die Selbstwahrnehmung des Verfassungsstaats in Deutschland nicht prägend. Erst in den letzten 15 Jahren ist die immense Bedeutung dieses Artikels wahrgenommen worden und bewußt geworden.[15] Inzwischen hat man erkannt, daß es sich eigent-

12 Tomuschat (FN 4), Rn. 10, dort auch Rn. 15 ff. zur Konstruktion der »Übertragung« und Rn. 26 zur Zweitaktigkeit des Vorgangs.

13 Deutlich hat diese Bedeutung Carlo Schmid als Berichterstatter im Parlamentarischen Rat schon in der zweiten Plenarsitzung am 8. September 1948 zum Ausdruck gebracht: »Ich glaube, daß eine solche Bestimmung lebendig zum Ausdruck bringen würde, daß das deutsche Volk zumindest entschlossen ist, aus der nationalstaatlichen Phase seiner Geschichte in die übernationalstaatliche Phase einzutreten. Wir sollten uns […] selbst die Tore in eine neu gegliederte überstaatliche politische Welt weit öffnen […] in dieser Zeit gibt es kein Problem mehr, das ausschließlich mit nationalen Mitteln gelöst werden könnte«, zit. nach v. Mangoldt/Klein (FN 2), S. 656 f. Auf die Bedeutung C. Schmids weist hin Wilhelm Hennis, »Carlo Schmid: ein großer Parlamentarier«, in: ders., *Auf dem Weg in den Parteienstaat*, 1998, S. 142, 153.

14 Ondolf Rojahn, in: Ingo v. Münch/Philipp Kunig, *Grundgesetzkommentar*, Bd. II, 1995, Art. 24, Rn. 37.

15 Hasso Hofmann, »Die Entwicklung des Grundgesetzes nach 1949«, in: *Handbuch des Staatsrechts* I, 1987, § 7, Rn. 33, fragt im Zusammenhang der Problematik der verfassungsrechtlichen Grenzen der Integrationsgewalt (lange ehe diese Frage durch Art. 23 GG positiv-rechtlich zu lösen versucht wurde) und auch im Zusam-

lich um eine der *Schlüsselnormen* des gesamten Grundgesetzes handelt. Seine Bedeutung wird auch darin deutlich, daß dieser Artikel inzwischen sozusagen aufgespalten worden ist, nämlich zu dem umfangreichen Europaartikel des Art. 23 GG und dem unverändert gebliebenen Artikel, der für die Übertragung von Hoheitsrechten auf zwischenstaatliche Organisationen außerhalb der EG »zuständig« ist.

Die Bedeutung und der Rang der beiden Vorschriften zeigen sich rasch, wenn man in einem Gedankenexperiment annimmt, die beiden Vorschriften wären im Grundgesetz nicht enthalten. Würde man das Grundgesetz in dieser fiktiven Fassung charakterisieren, dann erschiene es auch als ein Höhepunkt an innerer rechtlicher Verfaßtheit eines Staates, als Höhepunkt eines binnenbezogenen Verfassungsstaats, und zwar nicht nur innerhalb der deutschen Verfassungsgeschichte, sondern durchaus auch im internationalen Maßstab des westlichen Verfassungsstaats. Im Grundgesetz sind die Grundgedanken des Verfassungsstaats in klarer Konsequenz entfaltet. Die Grundrechte und das Rechtsstaatsprinzip mit seinen Unterprinzipien sind intensiv ausgebildet. Das Grundgesetz hat den binnenbezogenen und nach innen gerichteten Verfassungsstaat zu einer Art Idealtypus ausgebildet. Dazu kommt eine bis dahin unbekannte Verrechtlichung der politischen Verhältnisse durch eine umfassende Gerichtsbarkeit.[16] Insoweit kann man sagen, daß der binnengerichtete Verfassungsstaat des geschlossenen Nationalstaats durch das Grundgesetz zu seiner maßgeblichen Gestalt gekommen ist.[17]

Während im Bewußtsein der Zeit das Konzept des geschlossenen Verfassungsstaats und des recht stark verrechtlichten Verfassungs-

menhang des Problems der Verfassung über der Verfassung: »Erweist sich in der Entwicklung Art. 24 Abs. 1 als der eigentliche Kernsatz des Grundgesetzes?«

16 Rainer Wahl, »Der Vorrang der Verfassung«, in diesem Band S. 119; s. auch ders., »Constitutionalism«, in: Rudolf Bernhardt/Ulrich Beyerlin (Hg.), *Reports in German Law, XIIIth International Congress of Comparative Law*, Montreal 1990, S. 85.

17 Zu einem Höhepunkt des inneren Verfassungsstaats ist es in der Bundesrepublik auch aus den besonderen Bedingungen von 1949 und danach gekommen: Dazu gehört die bewußt formulierte Entgegensetzung zur Diktatur und das ebenso bewußte Anschließen an bewährte westeuropäische Vorbilder. Eine nicht zu unterschätzende Rolle spielte der außenpolitisch bedingte fürsorgliche Entzug der »harten« außen- und sicherheitspolitischen Befugnisse durch die Westalliierten. Wo so wenig Außenbezug war, konnte der nach innen gerichtete Verfassungspatriotismus wachsen und immer weiter wachsen.

staats dominierten, war im Grundgesetz »in einem Akt beispielhafter Weitsicht«[18] längst Art. 24 GG enthalten, der den Staat zu einem offenen Staat gemacht hat, der die Entscheidung für die internationale Zusammenarbeit dokumentiert und die Bundesrepublik zu einem kooperationsbereiten und kooperierenden Staat gemacht hat. Man kann auch sagen: In dem Moment, in dem der binnengerichtete Verfassungsstaat zu seinem Höhepunkt gekommen ist, war der Zenit der Entwicklung schon überschritten und das Neue nicht nur angelegt, sondern schon vorhanden. Was gefehlt hat, war das Bewußtsein von dem, was sich an Neuem in der Realität abgespielt hat. Die Europäisierung und die Internationalisierung sind mit – beträchtlichen – Zeitverzögerungen wahrgenommen worden.

Nimmt man die Anwendungsfälle des Art. 24 GG ins Blickfeld, dann besteht kein Zweifel, daß die Europäisierung[19] der eigentliche Anwendungsfall der den überkommenen Staat transzendierenden neuen Strukturbestimmung war und ist. Die Europäisierung des Staates und der Rechtsordnung ist sowohl die neue Realität als auch der Anlaß, diese Realität als Paradigma einer neuen Entwicklungsstufe zu verstehen. Die neue Realität in Europa ist das Phänomen des *integrierten* Staates,[20] der sich in immer größeren quantitativen Anteilen seiner Aktivitäten als *Mitglied*-Staat und nicht mehr als singuläres und souveränes (Staats-)Subjekt erlebt und definiert. In diesem Sinne war und ist die Europäisierung der Türöffner für das neue Staatsverständnis.

Die Europäisierung hat in vielerlei Hinsicht eine Verbundstruktur

18 Tomuschat (FN 3), Rn. 40; ders., »Der Verfassungsstaat im Geflecht der internationalen Beziehungen«, *VVDStRL* 36 (1978), S. 7 (16 f.): »Die weltweite Interdependenz, im Jahre 1949 eher Vorahnung denn handfeste Realität, ist von Art. 24 Abs. 1 rechtlich vorweggenommen«, die Notwendigkeit internationaler Arbeitsteilung und Kooperation als Normalzustand zur Kenntnis genommen worden.

19 Aus der nicht mehr zu überblickenden Literatur neuestens Arnim v. Bogdandy, *Supranationaler Föderalismus als Wirklichkeit und Idee einer neuen Herrschaftsform*, 1999; Rainer Wahl, »Die zweite Phase des Öffentlichen Rechts in Deutschland: Die Europäisierung des Öffentlichen Rechts«, *Der Staat* 38 (1999), S. 495 ff., und generell zur Europäisierung des Verfassungsrechts der Sammelband von Jürgen Schwarze (Hg.), *Verfassungsrecht und Verfassungsgerichtsbarkeit im Zeichen Europas*, 1998.

20 Rolf Grawert, »Der integrierte Verfassungsstaat«, in: Roland Lhotta/Janbernd Oebbecke/Werner Reh (Hg.), *Deutsche und europäische Verfassungsgeschichte: sozial- und rechtswissenschaftliche Zugänge*, 1997, S. 133 f.

geschaffen, ein Ineinander zweier Verfassungsebenen, zweier politischer Organisationen, zweier Rechtsordnungen,[21] zweier Gerichtsbarkeiten usw. In allen wichtigen Bereichen ist die maßgebliche Konstellation die der Doppelung, des Ineinanders, der wechselseitigen Ergänzung, der Überlagerung und Verzahnung. Jeder dieser vielen Einzelfälle des Miteinanders wäre in der Staatsrechtslehre und praktischen Politik bis 1949 als Souveränitätsproblem wahrgenommen und deshalb nur in sehr begrenzten Fällen im Sinne eines praktisch-politischen Miteinanders zu lösen gewesen. Die großen Leistungen der europäischen Integration sind auch daran ablesbar, daß die früher kaum lösbaren Souveränitätsprobleme in die Normalität von Abstimmungen und Gerichtsverfahren verwandelt worden sind. Die »Verurteilung« eines Staates vor einem nichtnationalen Gerichtshof gehört zu dieser Normalität, sie folgt aus dem Charakter des Staates als eines »Mitglied«-Staates einer Gemeinschaft, es kann sogar die Verurteilung zu einer Geldbuße oder Geldstrafe (Art. 228 Abs. 2 EGV) hinzukommen. Nur am äußersten und prinzipiellen Rande, exemplarisch im Maastricht-Urteil des Bundesverfassungsgerichts behandelt,[22] taucht ein Souveränitätsproblem wieder und noch auf, bei den Grenzen der Auslegung durch den Europäischen Gerichtshof, bei der Frage, ob die (Selbst-)Qualifikation der einzelnen Vertragsstaaten als die »Herren der Verträge« zutrifft und alle Probleme löst. Aber die im (umstrittenen) Maastricht-Urteil aufgezeigten Grenzen (und Vorbehalte gegenüber einer zu weit gehenden Integration) können die Normalität und Realität der alltäglichen Integration und Vergemeinschaftung und damit eben die Zurücknahme der Souveränität im alles entscheidenden Alltag des Staatshandelns nicht hindern.[23]

21 Wahl (FN 19), S. 495 ff. (499 f.) mit Beispielen.

22 BVerfGE 89, 155 (181): »Die Aufgaben der Europäischen Union und die zu ihrer Wahrnehmung eingeräumten Befugnisse werden dadurch in einer hinreichend voraussehbaren Weise normiert, daß das Prinzip der begrenzten Einzelermächtigung eingehalten, keine Kompetenz-Kompetenz für die Europäische Union begründet und die Inanspruchnahme weiterer Aufgaben und Befugnisse durch Europäische Union und Europäische Gemeinschaften von Vertragsergänzungen und Vertragsänderungen abhängig gemacht wird [...].« S. auch S. 189: »gemeinsame Ausübung der Souveränität durch die Mitgliedstaaten«.

23 Praktisch vernünftige Politik und der konstante Wille zur Zusammenarbeit haben über lange Jahrzehnte in Europa die Normallage eingewöhnt und eingepflanzt, so daß der die Souveränitätsfrage nötig machende Ausnahmefall gerade

Die weiteren Fälle von Art. 24 Abs. 1 GG sind weniger spektakulär. Es handelt sich u. a. um Euro-Control (Luftfahrt), um die Europäische Kernenergieagentur, die Mosel-Kommission, die Zentrale Kommission für Rheinschiffahrt und die Europäische Patentorganisation, die das Europäische Patentamt in München trägt (und keine EU-Organisation ist).[24] Ein weiterer Anwendungsfall von Art. 24 Abs. 1 GG soll nach dem BVerfG die NATO sein; dies ist nach wie vor strittig, hier aber nicht weiterzuverfolgen.[25] Zwischenstaatliche Einrichtungen im Sinne des Art. 24 Abs. 1 GG sind supranationale Gemeinschaften, die Durchgriffsbefugnisse haben. Meistens kommt hinzu, daß die entsprechenden Organisationen nach Mehrheit entscheiden, daß die Organe unabhängig sind, daß sie eine autonome Rechtsordnung haben;[26] diese beiden Merkmale sind aber nicht begriffsprägend. Entscheidend ist die Durchgriffswirkung, die eben, wie schon erwähnt, die schützende Decke der Souveränität wegnimmt.[27]

wegen dieser praktischen Bewährung ausgeblieben ist und auch unwahrscheinlich bleibt. Wenn nach Carl Schmitt sich im Ausnahmefall die Souveränitätsfrage enthüllt, dann besteht kein Anlaß, dies als die Stunde der Wahrheit über die jeweilige Verfassung zu interpretieren, in der die eigentliche Verfassung und die eigentliche Verteilung der Kräfte sichtbar wird, sondern dies ist regelmäßig die große Krise, zuweilen auch die Todesstunde der politischen Ordnung. Glücklich die Ordnung, die diesen Souveränitätsfall nicht erleben muß.

24 Auflistungen der »zwischenstaatlichen Organisationen« bei Pernice (FN 2), Rn. 27; Streinz (FN 3), Rn. 30 ff., jeweils mit Nachweisen. Keine zwischenstaatlichen Organisationen sind etwa die UNO als solche, die Organe der EMRK oder Interpol.

25 BVerfGE 68, 1 (93); a. A. Tomuschat (FN 3), Rn. 47, und Streinz (FN 3), Art. 24, Rn. 34 ff.: »von der ganz h. M. verneint«.

26 Diese Merkmale sind nicht begriffsnotwendig, liegen aber häufig vor. Konstituierend sind allein Durchgriffsbefugnisse, so ausdrücklich Tomuschat (FN 4), Rn. 10.

27 Eine für die Zukunft bedeutsam werdende Begrenzung enthält Art. 24 GG nach der ganz überwiegenden Auffassung: Er ermöglicht nicht die Übertragungen von Hoheitsrechten auf *andere* Staaten; ermöglicht ist die »vertikale«, nicht jedoch die »horizontale« Übertragung. Die Staatspraxis hat ein zunehmendes Bedürfnis für »Übertragungsvorgänge« in dieser horizontalen Richtung. Das Problem dabei ist, daß es, anders als bei der vertikalen Übertragungsrichtung, keine Mitwirkung des abgebenden beziehungsweise einräumenden Staates an der Ausübung des Hoheitsrechts gibt, Christof Gramm, »Verfassungsrechtliche Grenzen der Zusammenarbeit mit auswärtigen Staaten im Hoheitsbereich«, *DVBl.* 1999, S. 1237 ff., und Manfred Baldus, »Übertragung von Hoheitsrechten auf ausländische Staaten im Bereich der Sicherheitsverwaltung«, *Die Verwaltung* 32 (1999), S. 481 ff.

Die Liste der zwischenstaatlichen Organisationen im Sinne des Art. 24 Abs. 1 GG (ohne die in Art. 23 GG geregelte europäische Union) ist nicht besonders eindrucksvoll, vor allem dann nicht, wenn man sie im Hinblick auf eine mögliche verfassungstheoretische und verfassungsrechtliche Souveränitätsproblematik liest. Von der internationalen Mosel- oder Rheinkommission sind wohl nicht besonders gravierende Souveränitätseinbußen zu erwarten. Dies ist ein Feld für Spezialisten, es verlangt nicht nach weiterreichenden staatstheoretischen Überlegungen über die Zukunft des Staates. Nach wie vor ist deshalb die nunmehr durch Art. 23 GG legitimierte EU das wichtigste Beispiel, dem die anderen zwischenstaatlichen Organisationen an Bedeutung in keiner Weise gleichkommen. Dafür gibt es außerhalb von Art. 24 GG viele internationale Organisationen, deren Bedeutung die der ausdrücklichen »zwischenstaatlichen« Organisationen im Sinne dieses Artikels weit übersteigen;[28] darauf ist zurückzukommen (unten II).

Festzuhalten bleibt aber: Art. 24 Abs. 1 GG ist die Norm, die das überkommene Staatsverständnis des geschlossenen Staates grundsätzlich und weitreichend transzendiert, Art. 24 Abs. 1 GG macht das Tor für ein anderes Staatsverständnis auf.[29] Diese Schlüsselbe-

Bei der in Art. 24 Abs. 1 GG geregelten vertikalen Übertragung gibt es Mitwirkungsrechte der übertragenden Staaten. Es ist dies die bekannte Figur der Kompensation von autonomer Gestaltung durch Mitwirkungsrechte. Bei der horizontalen Übertragung gibt es dagegen einen solchen Einfluß auf die Entscheidung eines anderen Staates nicht, es mag Gegenseitigkeit in der Übertragung geben, aber regelmäßig kein Einwirkungsrecht auf die konkreten Maßnahmen. Dies macht die besondere Bedeutung dieser Fallgestaltung aus, die nach allgemeiner Ansicht von Art. 24 Abs. 1 GG nicht gedeckt ist.

28 Die »zwischenstaatlichen« Organisationen im Sinne von Art. 24 GG sind, rechtlich gesehen, qualifizierte internationale Organisationen, s. Tomuschat (FN 4), Rn. 7 f. (Kooperation von gesteigerter Intensität).

29 Das wird in der Literatur mit zahlreichen Formeln ausgedrückt. Besonders weitgehend Tomuschat (FN 3), Rn. 5: Abkehr vom genossenschaftlichen Prinzip der Staatlichkeit; ders., ebd., Rn. 2: Abkehr vom Gedanken nationalstaatlicher Selbstherrlichkeit; Albert Bleckmann, der »Souveränitätspanzer« des Nationalstaates ist aufgebrochen, zit. nach Tomuschat (FN 3), Rn. 41. Häufig ist die Rede vom Ende des Absolutheitsanspruchs des »allzuständigen Staates« (Nachweise und Kritik an dieser Auffassung und der darin enthaltenen Prämisse bei Rojahn [Fn. 14], Rn. 27). Vgl. auch die Wertung von Christian Tomuschat, »Der Verfassungsstaat im Geflecht der internationalen Beziehungen«, *VVDStRL* 36 (1978), S. 7 (55), daß mit der EG die Unentrinnbarkeit der Staatlichkeit aufgebrochen sei,

stimmung ist nicht nur für das Staatsrecht, sondern auch und weitergehend für das Staatsverständnis des Grundgesetzes von ausschlaggebender und nicht zu überschätzender Bedeutung. Insgesamt ist der prinzipielle Gehalt der Vorschrift größer als die Realisierung, wenn man von der EG absieht; Art. 24 GG hat einen bedeutsamen überschießenden Gehalt. Ebenso wie Art. 23 GG ist er der Öffner des traditionellen binnenbezogenen Staatsverständnisses, beide Vorschriften haben die Tore nach außen entschieden aufgeschlagen und aus dem traditionell introvertierten nationalen Verfassungsstaat den in vielfältigen Zusammenhängen und Bindungen stehenden offen nationalen Verfassungsstaat gemacht. Man hat diesen Grundsachverhalt in vielen Variationen ausgedrückt. Die Rede ist immer wieder vom Ende überkommener Vorstellungen, zum Beispiel vom Ende der Selbstherrlichkeit des Staates oder vom Ende des Ausschließlichkeits- oder des Absolutheitsanspruchs des Staates oder vom Ende der Unentrinnbarkeit des Staates. In diesen Bemerkungen und Bewertungen ist viel Dramatisches, in manchen auch einiges Hoffnungsvolle enthalten. Zusammengefaßt ergibt sich: Art. 23 und 24 GG sind Schlüsselvorschriften des Grundgesetzes. Worum es noch geht und gehen muß, ist, ihren Rang im allgemeinen Bewußtsein zu verankern und zu befestigen. Der offene Staat, den das Grundgesetz 1949 programmatisch angelegt und normativ fixiert hat, der schon 1951 erstmals ins Werk gesetzt wurde, der auch von Völkerrechts- und Staatsrechtslehrern mit zunehmender Deutlichkeit in seiner prinzipiellen Bedeutung herausgestellt wurde, muß ins Zentrum des Staatsrechts beziehungsweise des Rechts der politischen Ordnungen gerückt werden. Nach der (Bewußtseins-)Karriere der Leitbegriffe des Verfassungsstaats, des Sozialstaats, des Umweltstaats und des Steuerstaats ist es längst an der Zeit, den offenen Staat als identitätsbestimmendes Merkmal des Staatsverständnisses zu begreifen. Diese Qualität als Typus und identitätstbestimmendes Merkmal gebührt dabei dem offenen Staat in all seinen Begriffsvarianten, dem offenen Verfassungsstaat, dem international offenen Staat, dem kooperativen Verfassungsstaat, dem kooperativen und offenen nationalen Verfassungsstaat.

sowie als ein anderer Aspekt bei Hobe (FN 5), S. 521 ff. (533), daß sich Art. 23 GG als explizite Abkehr von einem staatszentrierten Bild der Aufgabenerfüllung erweise.

II. Die internationalen Organisationen

1. *Erscheinungsformen internationaler Organisationen*

Nicht eigens im Grundgesetz erwähnt, aber als Minus gegenüber den »zwischenstaatlichen« Organisationen des Art. 24 GG unstreitig zulässig[30] sind die internationalen Organisationen. Nach Zahl und Bedeutung eine der prägenden Neuerungen der zweiten Hälfte des 20. Jahrhundert, sind sie Ausdruck der internationalen institutionalisierten Kooperation.[31] Die Bestandsaufnahme[32] zeigt eine eindrucksvolle Liste von gewichtigen internationalen Organisationen;[33] zutreffend hat R. Schmidt von einer inflationären Entwicklung der internationalen Organisationen allein im Bereich der Wirtschaft seit dem Zweiten Weltkrieg gesprochen.[34] Gemeint ist damit weniger die universelle Organisation der Vereinten Nationen (mit ihren Organen Vollversammlung und Sicherheitsrat), die die klassischen Aufgaben der Konfliktregelung in neuer Form wahrnimmt und auch der Kristallisationskern für den internationalen Menschenrechtsschutz ist.[35] Im vorliegenden Zusammenhang sind

30 Mit dieser Begründung Tomuschat (FN 3), Rn. 39.

31 Ausdruck von Hobe (FN 4), S. 93.

32 Zu den internationalen Organisationen ausführlich Ignaz Seidl-Hohenveldern/Gerhard Loibl, *Das Recht der Internationalen Organisationen einschließlich der Supranationalen Gemeinschaften*, 1996; Ignaz Seidl-Hohenveldern, »Specialized Agencies«: in: Rüdiger Wolfrum (Hg.), *United Nations: Law, Politics and Practice*, Bd. 2, 1995, S. 1202 ff.; Ignaz Seidl-Hohenveldern/Torsten Stein, *Völkerrecht*, 2000, Rn. 799 ff., 885 ff. (mit ausführlichen Literaturnachweisen); Alfred Verdross/Bruno Simma, *Universelles Völkerrecht*, 1984, S. 177 ff.; Eckart Klein, in: Wolfgang Graf Vitzthum (Hg.), *Völkerrecht*, 1997, S. 267, 273 ff., 324 ff. (mit aufschlußreicher Übersicht S. 326), S. 375 ff. (UN-Familie); Knut Ipsen, *Völkerrecht*, 1999, S. 386 ff., 71 ff.; Hobe (FN 4), S. 97; monographisch vertiefend, gerade auch für die im Text behandelte Problematik, Klaus Dicke, *Effizienz und Effektivität internationaler Organisationen*, 1994.

33 1998 betrug die Zahl internationaler Organisationen (nach Angaben des Yearbook of International Organizations 1998/99, Bd. 4, S. 587) 48 350.

34 Reiner Schmidt, *Öffentliches Wirtschaftsrecht, Allgemeiner Teil*, 1989, S. 217; so auch schon ders., »Der Verfassungsstaat im Geflecht der internationalen Beziehungen«, *VVDStRL* 36 (1978), S. 79.

35 Dazu nur Hobe (FN 4), S. 94 ff. mit Nachweisen der allgemeinen Literatur: Gründung der Vereinten Nationen als Fortentwicklung institutionalisierter Koo-

aber nicht minder wichtig die immerhin 16 Sonderorganisationen der UNO.[36] Darunter finden sich so bedeutsame und einflußreiche Einrichtungen wie der Internationale Währungsfonds (IMF), die Weltbank (IBRD), die Weltgesundheitsorganisation (WHO), die Internationale Arbeitsorganisation (ILO), die Internationale Ernährungs- und Landwirtschaftsorganisation (FAO) sowie die Internationale Finanz-Corporation (IFC). Von besonderer Bedeutung ist darüber hinaus die Welthandelsorganisation (WTO), die wegen der schwierigen Entstehungsgeschichte eine eigene Organisation außerhalb der UNO ist und sogleich gesondert zu betrachten ist. Selbständig ist auch die Organisation für wirtschaftliche Zusammenarbeit und Entwicklung (OECD). Inhaltlich geht es um Welthandelsordnung, Weltwährungsordnung und andere Materien des internationalen Wirtschaftsrechts, weiter um Umweltvölkerrecht, internationale Informationsordnung, Gesundheits- und Arbeitsordnung. So unterschiedlich im einzelnen die Aufgabenstellung der verschiedenen internationalen Organisationen und ihre Zuständigkeiten sind, der gemeinsame Kern ihrer Aktivitäten sind die Sammlung und Verteilung von Informationen, die Erbringung von Koordinationsleistungen und ihre Funktion als Foren der Verhandlung und der Streitbeilegung.

Insbesondere die Sonderorganisationen der UNO (plus die WTO) zeigen, daß sich auf der Weltebene Aufgabenbereiche funktional differenziert ausgebildet haben. Das leitende Prinzip der UN-Familie ist nicht wie beim Völkerbund das der Zentralisierung, sondern der funktionalen Dezentralisierung.[37] Am Ausgangspunkt dieser Entwicklung steht u. a.[38] die Auffassung und die Erwartung, daß eine partielle Entpolitisierung oder Politikferne die Wahrnehmung spezieller Sachbereiche erleichtert, daß eine intensive fachliche Zusammenarbeit in den »unpolitischen« Bereichen der Wirtschaft, des Sozialen, der Kultur usw. eine zweite Bahn der Integra-

peration auf universaler Ebene. Dort auch zu den Aufgaben der Friedenssicherung und des universellen Menschenrechtsschutzes, S. 183 ff. und 216 ff.

36 Siehe oben FN 32 (im Rahmen der internationalen Organisationen sind jeweils auch die Sonderorganisationen der UNO behandelt) und unten FN 37.

37 Dazu Dicke (FN 32), S. 97 ff., auch zu den Gründen; Verdross/Simma (FN 32), S. 177 f.; Hobe (FN 4), S. 97, mit Verweis auf den Vergleich bei George A. Codding, *Annals of International Studies, The Relationship of the League and the United Nations with the Independent Agencies*, 1970.

38 Zu anderen Gründen Dicke (FN 32), S. 97 ff.

tion und letztlich der Friedenssicherung eröffnet. In diesem größeren Kontext steht der fachlich-funktionale Charakter im Dienste der Integration, treffend wird vom Gedanken der funktionellen Integration gesprochen.[39] Trotz dieser übergreifenden Aufgabe beziehungsweise Idee sind die Struktur und die Eigenarten dieser Sonderorganisationen so unterschiedlich, daß eine Zentralisierung keinen Sinn machen würde. Es herrscht das Prinzip der funktionalen Dezentralisierung; diese großen Organisationen, die in weit voneinander entfernten Großstädten wie Rom, Genf, Paris oder Nairobi residieren, können von der Zentrale in New York nicht gesteuert werden. Das dominante Grundmuster der fachlichen Spezialisierung bringt Folgeprobleme mit sich, auf die unten näher einzugehen ist.[40]

2. Die Welthandelsorganisation als entwickelte und durchgriffsmächtigste internationale Organisation

Unter der Vielzahl der hier kursorisch behandelten internationalen Organisationen gebührt besondere Aufmerksamkeit der bedeutsamsten von ihnen, der WTO, deren Aufgaben und vor allem deren Durchsetzungsmechanismen kurz zu schildern sind.[41] Eine Welthandelsorganisation sollte unmittelbar nach dem Zweiten Weltkrieg wie eine Reihe anderer Sonderorganisationen entstehen. Die geplante ITO (International Trade Organisation) scheiterte 1947 am amerikanischen Kongreß, der den entsprechenden Vertrag nicht

39 Verdross/Simma (FN 32), S. 178.

40 Vgl. unten III. 1.

41 Allgemeine Literatur zur WTO Peter-Tobias Stoll, »Die WTO: Neue Welthandelsorganisation, neue Welthandelsordnung«, *ZaöRV* 1994, S. 241 ff.; John H. Jackson/W. J. Davey/A. O. Sykes, *International Economic Relations*, 1995; Matthias Herdegen, *Internationales Wirtschaftsrecht*, 1995, S. 107 ff.; Wolfgang Benedek, »Einführung in die Textausgabe«, in: ders. (Hg.), *Die Welthandelsorganisation (WTO)*, 1998; Ernst Ulrich Petersmann, »Towards the »Constitutionalization« of the Bretton Woods System Fifty Years after its Foundation«, in: *FS Bernhardt*, 1995, S. 1087 (1107); ders., *International Economic Order, Encyclopedia of Public International Law*, Bd. II, 1995, S. 1129; Graf Vitzthum (FN 32), S. 504 ff.; Christian Gloria, in: Ipsen (FN 32), S. 598 ff.; Rüdiger Wolfrum, »Das internationale Recht für den Austausch von Waren und Dienstleistungen«, in: Reiner Schmidt (Hg.), *Öffentliches Wirtschaftsrecht*, bes. Teil 2, 1996, S. 535 ff., 562 ff.

ratifizierte. Deshalb kam es zum sogenannten GATT (General Agreement on Tarifs and Trade), einem Korpus von Übereinkommen, mit dem aber nicht eine vollständige Institutionalisierung verbunden war. Erst die langjährige Uruguay-Runde brachte dann 1994 die Gründung der WTO als einer eigenständigen (nicht der UNO angehörenden) Organisation zustande.[42]

Im Welthandel ist das Bild des abgeschlossenen Territorialstaats am deutlichsten verlassen worden.[43] Die Öffnung des eigenen Raumes für Waren und Dienstleistungen aus allen anderen Mitgliedsländern ist sehr weitgehend, die Befugnisse der nationalen Staaten sind stark zurückgenommen. Die selbständige Organisation hat derzeit 135 Mitglieder und etwa 30 Beitrittskandidaten, darunter Rußland und China.[44] Es gilt der Grundsatz des single approach, das heißt das Alles-oder-nichts-Prinzip: Man kann dem Korpus der WTO-Abkommen nur einheitlich beitreten. Dieses Regelwerk ist mit seinen 26 000 Seiten neuem WTO-Recht ab 1995 unzweifelhaft eindrucksvoll. Materiell zielen die Bestimmungen des GATT entsprechend dem in den Weltmaßstab erhobenen liberalen Ansatz auf eine weitgehende Liberalisierung des Handels mit Waren und Dienstleistungen ab. Daneben gibt es eine Reihe von sehr wichtigen Abkommen über den Schutz des geistigen Eigentums, über Antidumping-Politik, über das Subventionsgebaren der einzelnen Länder usw.[45]

Für unseren Zusammenhang ist entscheidend und eigentlich sensationell die obligatorische Streitbeilegung durch ein zweistufiges Streitschlichtungsverfahren mit eigenen Streitschlichtungsorganen, das sogenannte dispute settlement understanding – DSU.[46] Der all-

42 Stoll (FN 41), S. 241 ff.; Benedek (FN 41).

43 Hobe (FN 4), S. 285, dort auch S. 286: »in weltwirtschaftlichen Beziehungen [zeigen sich] Tendenzen einer Auflockerung des auf abgeschlossene Territorialität fixierten Staatsbildes im Sinne einer Öffnung der Staatlichkeit«.

44 Angaben nach Meinhard Hilf, »Freiheit des Welthandels contra Umweltschutz?«, *NVwZ* 2000, S. 481 (483), dort auch die im Text nachfolgenden Angaben.

45 Die wichtigsten sind: General Agreement on Trade in Services (GATS), Trade-Related Aspects of Intellectual Property Rights (TRIPs), Übereinkommen über die Anwendung gesundheitspolizeilicher und pflanzenschutzrechtlicher Maßnahmen (SPS); zu den übrigen Abkommen vgl. Wolfgang Benedek, »Einführung zur Textausgabe«, in: ders. (Hg.), *Die Welthandelsorganisation (WTO)*, S. 25 ff.; dort auch die maßgeblichen Texte.

46 Aus der neueren Literatur zu den Streitbeilegungsverfahren (jeweils mit Literatur-

gemeine WTO-Rat, der in diesem Zusammenhang als dispute settlement body – DSB – bezeichnet wird, setzt »panels« als unabhängige Überprüfungs- und Feststellungsinstanzen ein, die auf Sachverständige hören können. Die Einsetzung eines panel kann nur durch Konsensentscheidung im DSB abgelehnt werden, also praktisch nie, ebenso kann die Annahme des panel-Berichts nur durch eine einstimmige Entscheidung abgelehnt werden. Kaum sonst haben sich Staaten zu einer so weitgehenden Rechtskontrolle bereit gefunden.[47] Neben dem panel gibt es ein Streitbeilegungsorgan der zweiten Instanz, das ständige appellate body; dieses ständige Berufungsgremium ist aus sieben Völkerrechtlern zusammengesetzt. Die Streitbeilegungsorgane sind zwar keine Gerichte, zu unterschiedlich ist noch die Ausgestaltung der Verfahren und ihre Zusammensetzung, aber die Streitbeilegung führt letztlich zu einer bindenden Entscheidung durch das Streitbeilegungsgremium (dispute settlement body). Die Empfehlung der panels und des appellate body werden verbindlich, wenn nicht das DSB mit negativer Einstimmigkeit die Empfehlung verwirft.

Praktisch werden durch die sehr interessanten Verfahrensregelungen die sogenannten Empfehlungen dieser Organe verbindlich. Dann entsteht die Rechtspflicht, die als vertragswidrig erkannten Maßnahmen aufzuheben; für den Fall, daß dies nicht geschieht, sind Sanktionen möglich, nämlich Entschädigungen oder die Aussetzung von Zugeständnissen. So hat vor kurzem die EG wieder einmal gegen die USA im Dauerfall Bananen[48] verloren. Die WTO

Hinweisen) Ernst Ulrich Petersmann, *The GATT/WTO Dispute Settlement System*, 1997; Klaus-Peter Leier, »Fortentwicklung und weitere Bewährung: Zur derzeitigen Überprüfung des Streitbeilegungsverfahrens in der WTO«, *EuZW* 1999, S. 204 ff.; Albrecht Weber/Flemming Moos, »Rechtswirkungen von WTO-Streitbeilegungsentscheidungen im Gemeinschaftsrecht«, *EuZW* 1999, S. 229; Jörg Sittmann, »Das Streitbeilegungsverfahren der World Trade Organization (WTO)«, *RIW* 1997, S. 749; Hilf (FN 44), S. 483 und 488 f.; Hobe (FN 4), S. 265 ff.

47 Hilf (FN 44), S. 483; s. auch S. 489: »Die für das Völkerrecht einzigartige umfassende obligatorische Streitbeilegung«.

48 Zu diesem »Mega-Fall« und seiner unendlichen Geschichte, die durch alle denkbaren Instanzen vom untersten nationalen Gericht über die obersten Gerichtshöfe und Verfassungsgerichtshöfe der Staaten, über den EuGH bis zu den Streitbeilegungsorganen der WTO reicht: die Kontroverse zwischen Ernst Ulrich Petersmann und Jörn Sack, *EuZW* 1997, S. 325 ff., *EuZW* 1997, S. 688, und *EuZW*

hat die EG nicht nur verurteilt, sondern den USA erlaubt, Strafzölle in Höhe von 191 Millionen Dollar jährlich gegen die EG zu verhängen. Die französischen Trüffelhersteller waren im November 1999 sehr erstaunt, als ihnen der Export in die USA wegen der Strafzölle verdorben war.[49] Auf einmal war für sie der so ferne WTO-Betrieb, die so ferne WTO-Organisation und der ebenso ferne Bananenstreit hautnah geworden. Dies illustriert die letztlich erreichte Verbindlichkeit und Sanktionswirkung der »Streitbeilegungsmechanismen«, die zwar nicht expressis verbis bestehen, aber durch geschickte Verfahrensregelungen im praktischen Ergebnis erzielt werden.

In den ersten fünf Jahren der WTO nach 1994 waren 182 Verfahren anhängig, 25 sind abschließend entschieden, davon 20 durch die zweite Instanz.[50] Darunter sind auch der für das Rechtsregime der WTO und für das noch unten zu behandelnde Verhältnis zwischen Welthandel und Umweltschutz bekannte Shrimps-Fall[51] und der zwischen den USA und der EG umstrittene Hormon-Fall.[52] Beide Male ging es darum, ob einzelne Staaten den freien Handel mit be-

1997, S. 651; Gert Meier, »Der Endbericht des WTO-Panels im Bananenrechtsstreit«, *EuZW* 1997, S. 556 ff.; ferner Thomas Jürgensen, »WTO-Konformität der reformierten Marktorganisation für Bananen«, *RIW* 1999, S. 241 ff.; Gert Meier, »Bananas IV: der Bericht des WTO-Panels vom 12. 4. 1999«, *EuZW* 1999, S. 428 ff., Hans-Dieter Kuschel, »Bananenstreit – und kein Ende? Entscheidung des WTO-Streitbeilegungsgremiums zur Einfuhrregelung der EG«, *RIW* 1998, S. 122 ff.; Andrea Ott, »GATT/WTO-Panels – Büchse der Pandora für die EG? Berufungs-Panel der WTO – das Ende der EU-Bananenverordnung?, *DZWir* 1998, S. 84; Gert Meier, »Der Endbericht des WTO-Panels im Bananenrechtsstreit«, *EuZW* 1997, S. 566. Zu einem weiteren Streitpunkt August Reinisch, »Entschädigung für die unbeteiligten »Opfer« des Hormon- und Bananenstreites nach Art. 288 II EG?«, *EuZW* 2000, S. 42 ff.

49 Hilf (FN 44), S. 483.

50 Angaben (unter verschiedenen Links) unter www.wto.org.

51 Appellate Body Report, AB-1998-4 WT/DS58/AB/R »United States – Import Prohibition of Certain Shrimps and Shrimps Products«; dazu Hilf (FN 44), S. 483, FN 32 mit Nachweisen und S. 484 zum Sachverhalt; Harald Ginzky, »Garnelen und Schildkröten – Zu den umweltpolitischen Handlungsspielräumen der WTO-Mitgliedsstaaten«, *ZUR* 1999, S. 216 ff.

52 Appellate Body-Report »EC Measures Concerning Meat and Meat products (Hormones)« WT/ DS26/AB/R, WT/DS48/Ab/R, auszugsweise abgedruckt in *EuZW* 1998, S. 157, vollständig über www.wto.org; Christine Godt, »Der Bericht des Appellate Body der WTO zum EG-Einfuhrverbot von Hormonfleisch. Risikoregulierung im Weltmarkt«, *EWS* 1998, S. 202. Hans-Jürgen Rabe, »Auswir-

stimmten Lebensmitteln wegen (behaupteter) Rücksichtnahme auf Umwelt- oder Gesundheitsbelange beschränken dürfen beziehungsweise in welcher Weise und unter welchen konkreten Bedingungen sie es dürfen. Ein ähnlicher (Groß-)Streit steht zwischen den USA und der EG im Hinblick auf Lebensmittel mit gentechnisch veränderten Organismen und deren Kennzeichnung an.[53] Aufmerksamkeit und Betroffenheit der einzelnen Verbraucher können vor allem die Lebensmittel betreffenden Streitfälle beanspruchen. Die Regeln und Auswirkungen der Welthandelsordnung werden hier rasch und nachhaltig für die einzelnen bedeutsam, die oberste und die unterste Ebene von Welthandelsinstitutionen einerseits und dem Verbraucher andererseits begegnen sich hier unmittelbar. In der Folge davon ist das Lebensmittelrecht, einst ein Spezialistenfach insbesondere des Strafrechts, zum Referenzgebiet für die Internationalisierung des (Öffentlichen) Rechts geworden.[54]

Festzuhalten bleibt: Das Streitbeilegungsverfahren der WTO bedeutet eine weitgehende Verrechtlichung des ursprünglich machtorientierten Welthandelssystems.[55] Die WTO hat durch dieses Streitbeilegungssystem gehörige »Zähne« erhalten, die materiellen Regeln sind im Streitfall entscheidungs- und durchsetzungsfähig geworden. Zugleich zeigt sich im bedeutenden Sachbereich der Weltwirtschaftsordnung eine deutliche Öffnung des Territoriums der Staaten gegenüber Einwirkungen aus der internationalen Ebene und gegenüber Aktivitäten ausländischer Wirtschaftssubjekte.

Andere sektorale Ordnungen und Aufgabenbereiche haben eine

kungen der Welthandelsordnung auf das deutsche und europäische Lebensmittelrecht«, *ZLR* 1998, S. 129 ff. (132 ff.); Barbara Eggers, »Die Entscheidung des WTO Appellate Body im Hormonfall. Doch ein Recht auf Vorsorge?«, *EuZW* 1998, S. 147 ff. Zum vorhergehenden und aufgehobenen Panelbericht Meinhard Hilf/Barbara Eggers, »Der WTO-Panelbericht im EG/USA-Hormonstreit. Anstoß zum grenzenlosen Weltbinnenmarkt für Lebensmittel oder Eigentor der WTO«, *EuZW* 1997, S. 559 ff.

53 Dazu Rudolf Streinz, *ZUR* 1999, S. 16 (21).

54 So schon Rainer Wahl, »Risikobewertung und Risikobewältigung im Lebensmittelrecht«, *ZLR* 1998, S. 275 ff. (295, auch S. 387 ff.); Rabe (FN 52), S. 129 ff. Außerdem Reiner Schmidt, »Die Wissenschaft vom Verwaltungsrecht«, *Die Verwaltung*, Beiheft 2 (1999), S. 165 ff. (169 ff.); Friedhelm Hufen, in: Eberhard Schmidt-Aßmann/Wolfgang Hoffmann-Riem (Hg.), *Strukturen des Europäischen Verwaltungsrechts*, 1999.

55 Weber/Moos (FN 46), S. 229.

ähnliche Dichte an Institutionalisierung, Verfahrensregelungen, Entscheidungs- und Durchsetzungsfähigkeit nicht erreicht. Die – nur im Überblick zu nennende – internationale Umweltordnung hat die territorialen Souveränitätsrechte der Staaten eingeschränkt, dies beruht aber im wesentlichen auf Vertragsrecht, das nur die Partner und Signaturstaaten der Verträge bindet. Immerhin wird das Netz der Verträge im Hinblick auf grenzüberschreitende, raumüberschreitende und globale Umweltbelastungen[56] zunehmend enger geknüpft. Die Zahl der das Umweltvölkerrecht bildenden Verträge wird immer größer.[57] Um so wichtiger ist es, daß Leitvorstellungen des modernen Umweltvölkerrechts geprägt und schrittweise über Verträge konkretisiert werden, Leitvorstellungen wie die der globalen Partnerschaft, der Verantwortungsgemeinschaft, der treuhänderischen Verwaltung von Umweltressourcen oder des Bewirtschaftungsgrundsatzes.[58] Hinzu kommen materielle Regeln wie das Konzept der gemeinsamen natürlichen Ressourcen oder das Konzept des gemeinsamen Erbes der Menschheit. In der treffenden Formel von der (künftigen) Umweltpflichtigkeit der Souveränität[59] wird zugleich der enge Bezug zur Internationalisierung des Staates und der Rechtsordnung deutlich. Auch im Umweltsektor hat sich längst eine in sich sehr differenzierte internationale Ebene über die nationale und supranationale gelegt.

56 So die treffende Systematisierung von Karin Odendahl, *Die Umweltpflichtigkeit der Souveränität*, 1998, S. 73 ff., mit ausführlicher Darstellung der sich daraus ergebenden Schranken territorialer Souveränitätsrechte über die Umwelt, S. 109 ff., 230 ff., 262 ff.

57 Dazu die Zusammenstellung bei Odendahl, ebd., S. 428 ff. und S. 436 ff.; Texte bei Harald Hohmann (Hg.), *Basic Documents of International Environmental Law*, 2 Bde., 1995.

58 Dazu Reiner Schmidt/Wolfgang Kahl, »Umweltschutz und Handel«, in: Hans-Werner Rengeling (Hg.), *Handbuch zum europäischen und deutschen Umweltrecht*, Band 2, 1998, § 90, Rn. 113.

59 So der programmatische Titel von Odendahl (FN 56), S. 360 ff., zur Begründung dieses Lösungsansatzes.

III. Strukturbildung und Strukturmängel auf der internationalen Ebene

Es gibt also eine relevante dritte Ebene, eine internationale Ebene, auf der für die Staaten wichtige Entscheidungen getroffen werden, auf der auch Recht gesetzt und irgendwie durchgesetzt wird. Aus der Fülle, der sich insoweit stellenden Fragen seien noch zwei ausgewählt, nämlich erstens die nach der Architektur dieser dritten Ebene und zweitens die nach der Rolle des Staates in diesem Gefüge von drei Ebenen.

1. Zur Architektur der internationalen Ebene

Die Summe der internationalen Organisationen ist natürlich nicht mit einem Weltstaat gleichzusetzen oder das Ganze als Weltstaat zu begreifen. Eine solche Annahme findet sich zu Recht nirgends. Auch gibt es auf der Weltebene nicht politische Einheiten im strikten Sinne des Begriffs, also Einheiten mit definiertem Angehörigkeitsstatus (fast) aller Menschen auf der Welt. Auf der Weltebene gibt es auch nicht einmal einen Staatenbund lockerer Art. Und jenseits solcher völker- und staatsrechtlicher Begrifflichkeit ist auch der gebräuchliche Begriff des UN-Systems inhaltlich nicht gerechtfertigt, sondern eher rhetorischen Charakters. Damit fehlt es bei der Summe der internationalen Organisationen auch an einem *Gefüge* politischer Einheiten, statt dessen ist nur eine Vielzahl oder eine Ansammlung von internationalen Organisationen zu beobachten. Man kann auch noch nicht einmal von einem geordneten *Gefüge von Organisationen* sprechen, weil zu einem Gefüge ein übergreifendes Konzept und eine übergreifende Regelung gehören, die die Gestalt und Zusammenarbeit der internationalen Organisationen untereinander bestimmen würden. Die »Mutter« UNO hat keine übergreifende Regelungsmöglichkeiten für die Töchter, für die starken und auf ihre Autonomie bedachten »Sonder«-Organisationen[60] (schon gar nicht für die WTO, die außerhalb des UNO-Verbundes

60 Zum völkerrechtlichen Schrifttum zu UN-Sonderorganisationen vgl. oben FN 32 und 37.

steht). Die UN-Familie hat keine hierarchische administrative Organisationsstruktur. Die einzelnen Sonderorganisationen haben eigene, multilateral zusammengesetzte Steuerungsorgane. Sie werden durch die Organe der UNO nicht wirksam gesteuert. Einzelne Bestimmungen im IX. und X. Kapitel der UN-Satzung können dieses Ergebnis nicht verhindern, effektive Weisungs- und Einflußmöglichkeiten der UNO auf die Tochterorganisationen fehlen. Zutreffend resümiert K. Dicke in seiner intensiven politikwissenschaftlichen Studie über Effizienz und Effektivität internationaler Organisationen:

»Bei den Sonderorganisationen handelt es sich [...] um eigenständige internationale Organisationen mit eigener Satzung und eigener Mitgliedschaft, die durch ein Beziehungsabkommen mit den UN in Verbindung gebracht sind. Diese Beziehungsabkommen schaffen zwar Kommunikationsmöglichkeiten zwischen der UNO und den Sonderorganisationen; eine wirkliche Koordinationsordnung etablieren sie aber nicht.«

Alle Versuche der Generalversammlung, politische Vorgaben zu machen, wurden zurückgewiesen.[61]

Will man die vorzufindende *Ansammlung* von internationalen Organisationen charakterisieren, dann stechen die Merkmale der Dezentralisation, der funktionalen Ausdifferenzierung, der hohen fachlichen Spezialisierung[62] hervor. Die *funktionale Dezentralisation* gilt zu Recht als wesentliches Merkmal der existierenden Ansammlung von internationalen Organisationen;[63] dementsprechend sind

61 Dicke (FN 32), S. 241 f. und im Detail S. 97 ff. (mit Hinweis auf die frühe Weichenstellung gegen gehaltvolle special agreements zwischen der UN-Zentrale und einer Sonderorganisation auf S. 102).

62 Die Spezialisierung einer bedeutenden Internationalen Organisation tritt deutlich hervor in der kritischen Darstellung der Weltbank durch Christian Theobald, »Die Weltbank: Good Governance und die Neue Institutionenökonomik«, *Verwaltungsarchiv* 89 (1998), S. 467 ff. (477, 482 f. und 486 f.). Bei der Weltbank führt die dominante ökonomische Betrachtung zu einem ängstlichen Ausblenden von politischen Fragen, insbesondere des Themas der Menschenrechte, und einer verzögerten Beachtung von Rahmenbedingungen wie einem angemessenen Rechtsrahmen, der rule of law und der unparteiischen Wahrnehmung öffentlicher Angelegenheiten.

63 Zur Entstehung und zu den Gründen für diese Entwicklung ausführlich Dicke (FN 32), S. 97 ff.; eindringlich zum Gegensatz zur davor liegenden Phase des Völkerbundes, dort auch S. 69 ff.; vgl. auch Hobe (FN 4), S. 391 ff. und der ausführliche Überblick über die Aufgabenfelder institutionalisierter internationaler Kooperation auf S. 183-293.

bilaterale Beziehungen zwischen zwei Sonderorganisationen nur marginal ausgebildet. Für die Gesamtheit der internationalen Sonderorganisationen und für die von ihnen betreuten Aufgabenfelder kann das Bild eines geplanten, geordneten, auf einen Ausgleich der Aufgaben angelegten Systems von checks and balances nicht entstehen. Ganz anderes ist das traditionelle Leistungs- (und Funktions-) Bild des modernen Staates. Jahrhundertelang war es die Essenz des Politischen, daß alle Fachsektoren dem Steuerungsanspruch des Staates unterworfen wurden und dies auch blieben. Im Sinne der innenpolitischen Souveränität sollten alle Probleme von der Mitte her oder der Spitze der gedachten Pyramiden aus gesteuert werden. Dieses Modell der Steuerung von der Spitze aus kann für die gesamte Welt schon im Ansatz nicht zutreffen. Die Realität der »Welt« der internationalen Organisationen ist die Ausdifferenzierung und Entfesselung des Sektoralen. Die fachlich spezialisierten internationalen Organisationen gehorchen mit ihrer Funktionalität dem Gesetz, nach dem sie angetreten sind.

Daraus ist aber ein gewichtiges Folgeproblem entstanden, das die Systemtheorie immer wieder beschrieben hat: Je mehr die einzelnen internationalen Organisationen spezialisiert und in dieser selektiven Fachlichkeit leistungsfähig sind, desto mehr bedarf es einer horizontalen Abstimmung zwischen den von ihnen behandelten Aufgaben, Belangen und Sachbereichen. Ist der Abstand der spezialisierten internationalen Organisation zur Allzuständigkeitsorganisation des Staates dimensional groß, so ist er zur (welt)regionalen Institution der Europäischen Gemeinschaft zwar kleiner, aber immer noch auffällig groß. Im Spiegel dieses Vergleichs wird die Koordinationsleistung und Problemverarbeitungskapaziät der EG erst richtig deutlich. Da im Konzert der internationalen Organisationen untereinander ein Dirigent, eine vertikale Koordination durch eine Spitze, nicht gegeben ist, bleibt nur die Querkoordination zwischen den internationalen Organisationen und ihren Aufgabenbereichen; zu fragen ist deshalb nach den Bedingungen für das Entstehen von Quer- oder horizontaler Koordination.[64]

64 Einen besonders wichtigen Anwendungsfall dieses Koordinationsproblems behandelt die intensive und tiefgehende Studie von Stefan Langner, *Grundlagen einer internationalen Wirtschaftsverfassung*, 1995. Ihr Gegenstand ist insbesondere das Verhältnis zwischen dem sozialstaatlichen Auftrag des Staates, einen Ausgleich zwischen den verschiedenen Bereichen der Gesellschaft herzustellen, und

Auf der dritten, der Weltebene setzt sich dabei eine Diskussion fort, die auf der zweiten, der europäischen Ebene schon geführt worden ist. Danach macht es den »modernen« (manche würden pointiert sagen: den »postmodernen«) Charakter der Konstellation aus, daß gerade nicht wie früher auf hierarchische Lösungen gesetzt und die Lösung in Steuerungen von der Spitze oder von einem Zentrum aus gesehen werden kann.[65] Statt dessen wird in Anlehnung an eher postmoderne Konzepte an eine dezentrale oder bilaterale Steuerung in vernetzten Gesamtsystemen gedacht und gerade in dieser Struktur eine Bedingung für Erfolg gesehen. Dies gilt insbesondere auf der Weltebene, wo niemand eine zentrale hierarchische (Gesamt-)Steuerung »von oben« für realisierbar oder wünschenswert hält, wie man sie für den Staat immerhin in der Tradition angenommen und für durchführbar gehalten hat.

Der möglicherweise postmoderne Charakter des Gesamtsystems und seine Struktur der Dezentralität und Vielfalt kann aber nicht darüber hinwegtäuschen, daß es in einem solchen Gesamtsystem außerordentlich schwer ist, die erforderliche Abstimmung und Koordination zwischen Sektoren, verschiedenen Institutionen und Aufgabenblöcken herzustellen. Die Ausdifferenzierung oder »Entfesselung« der einzelnen Funktionsbereiche hat diese nämlich in ihren Eigenarten und ihrer eigenen Logik, aber damit auch in ihrem Eigensinn mächtig freigesetzt. *Wo zuvor soviel getrennt worden ist, muß sehr viel Koordination geleistet werden, um einiges wieder zusammenzubringen.*

Es gibt mehrere Alternativen, um die gebotene inhaltliche Querkoordination zu erreichen. Denkbar ist zum einen die institutionelle Variante der Verflechtung der Institutionen in der Form von Absprachen oder gemeinsamen Entscheidungen, denkbar ist aber zum anderen auch eine materiell-normative Koordination, indem in den Regeln der einen Organisation die Beachtung der Belange der anderen Organisationen verlangt wird (Einbau von Querschnittsklau-

der funktionsbezogenen, aber staatenübergreifenden Perspektive der Welthandelsordnung.

65 Einiges dazu bei Ulrich Haltern, »Europäischer Kulturkampf. Zur Wahrung ›nationaler Identität‹ im Unions- Vertrag«, *Der Staat* 37 (1998), S. 591 ff. (594 ff.), der einerseits eine detaillierte Kritik am »Paradigma der Einheit« beziehungsweise des Einheitsdenkens vorlegt, andererseits auf S. 600 ff., 613 ff. die neue Konstellation der Steuerung ohne Spitze vorstellt.

seln ins materielle Recht). Wo die institutionelle Selbständigkeit so groß und der Autonomieanspruch so hoch ist wie bei den großen Sonderorganisationen der UN, wird man kaum erwarten, daß die erste Alternative die bevorzugte sein wird.

Ein weiteres Folgeproblem resultiert aus der Ungleichzeitigkeit des Entwicklungsstands und dem sehr verschiedenen Organisationsgrad der einzelnen Organisationen. So sind zum Beispiel die Probleme der Welt-Wirtschaft und die der Welt-Umweltordnung nicht in der gleichen und gleich erfolgreichen Weise zu institutionalisieren und in verbindliche Entscheidungsstrukturen zu überführen. Es verwundert nicht, daß die weltwirtschaftliche Zentral-Organisation jedenfalls seit der Errichtung der WTO einen zeitlichen Vorsprung, eine höhere Durchschlagskraft und Verbindlichkeit hat und insgesamt das Bild eines viel fortgeschritteneren und ausgereifteren Gesamtzustands ergibt[66] als die anderen Sonderorganisationen der UN, mögen es die entwicklungspolitisch, umweltpolitisch oder die gesundheitspolitisch und agrarpolitisch orientierten Organisationen sein. In diesem Kontext der Ungleichzeitigkeiten und Ungleichgewichtigkeiten ist es dann folgenreich, wenn die eine Organisation, eben die WTO, perfektioniert wird, während die anderen auf der Stelle treten, damit weiter zurückbleiben und als potentielles Gegengewicht gegen die Organisiertheit der Weltwirtschaft praktisch ausfallen. Die unterschiedliche Institutionalisiertheit verfälscht das materielle Kräfteparallelogramm der divergierenden Interessen. Organization matters!

66 Es kommt verstärkend hinzu, daß die wirtschaftsbezogenen Sonderorganisationen untereinander Strukturgleichheiten in den Normen und den Zielen aufweisen und so einen engeren Block bilden, dazu Petersmann, in: *FS Bernhardt* (FN 41), S. 1087 ff., 1095 (zur wechselseitigen Übereinstimmung von IMF mit GATT/WTO), 1098 (anschauliche Skizze über die Gemeinsamkeit der Ziele). – Art III:5 WTO-Agreement ordnet eine Kooperation zwischen WTO, IMF und IBRD (Internationale Bank für Wiederaufbau und Entwicklung) an.

2. *Das Verhältnis von Welthandel und Umwelt als Exempel für das Verhältnis zweier Sachbereiche auf internationaler Ebene*

Das aufschlußreichste Exempel für die begrenzten Möglichkeiten und vor allem starken Grenzen einer solchen Koordination ist das Verhältnis zwischen dem Freihandelsregime der WTO und dem Umweltschutz.[67] R. Schmidt und W. Kahl[68] schildern die Entwicklung dieses Verhältnisses anhand prominenter Fälle der WTO-Streitbeilegung. Ausgangspunkt ist der Bericht des panel im Fall Thunfisch/Delfin I, der im alten Streitbeilegungsverfahren vor 1995 gemäß den damals großen Möglichkeiten, eine Annahme zu verhindern, nicht wirksam geworden ist.[69] In ihrer Analyse zeigen R. Schmidt und W. Kahl, daß dieser frühe Bericht aus dem Jahre 1991 symptomatisch das strukturelle Defizit der WTO und den – historisch bedingt – asymmetrischen Ansatz von GATT und WTO erkennen lasse. Der Schiedsspruch Thunfisch I stehe »für den in seiner defensiven Tendenz schon verzweifelt anmutenden Versuch, das GATT im Sinne einer isolierten, möglichst von sozialen, ökologi-

67 Dazu – jeweils mit weiteren Nachweisen – Schmidt/Kahl (FN 58), Rn. 143 ff., 147 ff., s. auch Rn. 107 ff.; neuerdings ausführlich M. Hilf (FN 44), S. 481 mit FN 1; Paul Klemmer, »Handel und Umwelt – Ein Millenniumproblem«, *ZAU* 12 (1999), S. 449 ff.; Frank Biermann, »Eine ökologische Reform der Welthandelsorganisation«, ebd., S. 465 ff.; Astrid Epiney, »Welthandel und Umwelt – Ein Beitrag zur Dogmatik der Art. III, IX, XX GATT«, *DVBl.* 2000, S. 77 ff.; Harald Hohmann, »Der Konflikt zwischen freiem Handel und Umweltschutz in WTO und EG«, *RIW* 2000, S. 88 ff.

68 Die Abhandlung von Schmidt/Kahl (FN 58) ist die umfassendste und tiefgehendste Analyse der Problematik.

69 Panel Report »United States – Restrictions on Imports of Tuna«, vom 3. 9. 1991, BISD (Basic Instruments and Selected Documents) 39. Supp. (1993), S. 155 ff., sogenannter Tuna I Fall (nicht angenommen); Panel-Report »United States – Restrictions on Imports of Tuna« vom 20. 5. 1994, ILM (International Legal Material) 33 (1994), S. 839 (892); Einzelheiten und weitere Nachweise zu den Thunfisch-Fällen bei Hilf (FN 44), S. 484, und Schmidt/Kahl (FN 58), Rn. 98 f., 133 ff. – In dem Fall ging es darum, daß die USA in einem ihrer wichtigsten Tierschutzgesetze verhindern wollten, daß bei Gelegenheit des Thunfischfanges Delphine getötet werden. Deshalb wurden – auch für Fischer anderer Länder – spezielle und teuere Fanginstrumente vorgeschrieben. Im Falle des Zuwiderhandelns ausländischer Fischer wurde ein Importverbot für Thunfisch verhängt. Mit seiner exterritorialen Erstreckung des Umweltschutzes auf andere Länder ist der Fall gewiß atypisch, nicht jedoch darin, daß sich in der Praxis die Verfolgung von Umweltschutzgesichtspunkten mit eigenen handelspolitischen Interessen vermischen.

schen, gesundheitspolitischen und sonstigen nichthandelsbezogenen Vorgaben des übrigen internationalen Rechts abzuschotten«.[70] Damit ist die eine Variante treffend gekennzeichnet, die die historisch ursprüngliche und aus der Logik und Funktionalität eines sektoralen Sachbereichs wie dem des Welthandels zu erwartende ist. Immerhin gibt es Schritte zu einer anderen, auf – unterschiedlich intensive – Querkoordination setzenden Variante. So zeigten nach der Analyse der Autoren neuere Berichte (im Fall Thunfisch II und in anderen Fällen) eine gewisse Wende, ein spürbares Bemühen, das GATT verstärkt als Teil einer breiteren internationalen Rechtsordnung aufzufassen und insbesondere die Impulse des Prozesses von Rio als des prominentesten Ausdrucks von Umwelt- und Entwicklungsstrategien aufzufangen und umzusetzen.[71] Diesem Ziel sollen auch die Arbeiten des WTO Committee on Trade and the Environment (CTE) dienen, das nützliche Berichte vorgelegt hat, aber nach allgemeinem Eindruck nicht viel hat bewegen können.[72] Im Dezember 1999 ist auch eine Kooperationsvereinbarung zwischen den beiden großen Organisationen WTO einerseits und UNEP andererseits bekanntgeworden.[73]

Aber der Weg zu einer gehaltvollen inhaltlichen Verzahnung ist noch weit, viele Zwischenschritte sind erforderlich, Koordination zwischen zwei Sachbereichen kann in höchst unterschiedlicher Form, Dichte und Intensität stattfinden: Daß überhaupt Koordination versucht wird, heißt noch lange nicht, daß der Hauptteil des Weges zurückgelegt ist. Ein aufschlußreicher Vergleich zeigt sich, nämlich der Vergleich zwischen der europäischen Ebene (als der zweiten Ebene nach der nationalen als der ersten) mit der dritten Ebene. Obwohl es für eine supranationale Gemeinschaft wie die EU, die einmal als Wirtschaftsgemeinschaft mit dem einzigen Ziel der wirtschaftlichen Integration gestartet war, auch nicht gerade

70 Schmidt/Kahl (FN 58), Rn. 143 f.

71 Schmidt/Kahl, ebd., dort auch zum nachfolgenden Vergleich zwischen EU und der Ebene der WTO.

72 Dazu Hilf (FN 44), S. 489. Die Berichte sind über die Homepage http://www.wto.org zu erhalten; dort auch die umfangreichen Dokumente aus Anlaß eines Symposiums bei der WTO, Trade and Environment in the GATT/WTO, Hintergrunddokumente des Sekretariats für das High Level Symposium on Trade and Environment, 15./16. 3. 1999, http://www.wto.org/hlms/tr_envbadoc.htm.

73 Dazu der Sachverständigenrat für Umweltfragen, *Jahresgutachten 2000*, S. 118, Tz. 92.

leicht ist, zwischen diesen wirtschaftlichen Belangen und dem später hinzugetretenen Umweltschutz zu einem substantiellen Ausgleich zu kommen, so zeigt doch der Vergleich der Konstellation in der EU mit der auf der dritten, der Weltebene, welche Leistungen an Querkoordination in der Gemeinschaft möglich und schon erreicht sind. So viel der EU an Dichte der Aufgaben und an Befugnissen gegenüber dem überkommenen Staat fehlen mag, ähnlich groß ist noch einmal der Abstand, der die Vergemeinschaftung in der EU von der sehr lockeren Ansammlung von internationalen Organisationen[74] (beziehungsweise der Aufnahme sektorfremder Aufgaben in die sektorale Organisation) trennt.

Weil noch vieles offen und erst zu bewältigen ist, finden Schmidt und Kahl deutliche Worte für die Probleme, die als exemplarisch für das Verhältnis von Sachbereichen auf der Weltebene untereinander gelten dürfen, die auf unterschiedliche Organisationen verteilt sind. Fragwürdig sind die Einseitigkeit und das Verständnis, daß die Ökologieziele als »Störer« gelten.[75] Gefordert wird eine institutionelle Ökologisierung der WTO auf mehreren Ebenen,[76] erwogen wird ein eigener Umweltrat innerhalb der WTO und notwendig sei eine bessere Integration von Umweltsachverständigenwissen in die Streitschlichtungsverfahren der WTO.

Ohne noch weiter in die Einzelheiten zu gehen, sei eine andere wohl erfolgversprechende Strategie gekennzeichnet: Es geht grundsätzlich darum, in ein sektorales-funktionales System, wie das der WTO, die anderen Belange hineinzubringen und dafür zu sorgen, daß auch im institutionellen Zusammenhang der WTO diese Belange vertreten sind (etwa durch Sachverständige oder Mitglieder in den Steuerungsgremien). Nach diesem billigenswerten Konzept wird also Querkoordination nicht von einer umfassenden Stelle heraus im Wege zentralen Rechts oder zentraler Politik angegangen und geleistet. Querkoordination wird nicht davon abhängig gemacht, daß eine weitere überwölbende Einheit gebildet wird, sondern sie soll dadurch erreicht werden, daß die inhaltlichen Normen der einen internationalen Organisation durch die Ziele der anderen

74 Das Modell, eine Gegenorganisation aufbauen zu wollen, dürfte wenig erfolgreich sein.

75 Schmidt/Kahl (FN 58), Rn. 157.

76 Vgl. dazu den programmatischen Titel des Buchs von Daniel C. Esty, *Greening the GATT*, 1994.

erweitert und angereichert werden. Danach sollen also die sektoralen Funktionssysteme zusätzliche Belange aufnehmen, die nicht zu ihrem eigenen Funktionsmodus, nicht zu ihren Eigenarten und nicht zum Code ihres Systems gehören. Es geht um die Paradoxie, daß man dem funktionalen System etwas Nichtfunktionales aufzwingen will und muß. Für dieses anspruchsvolle Konzept ist der Versuch exemplarisch und von strategischer Bedeutung, in die GATT- und WTO-Regelsysteme Umweltbelange und Sozialstandards hineinzubringen. Ein anderes Feld, in dem die Bedürfnisse einer bilateralen Querkoordination ebenso auf der Hand liegen wie die Schwierigkeiten, ist das Verhältnis zwischen der Weltbank und dem Internationalen Währungsfonds, deren Sichtweisen auf die Wirtschaften in den Industrieländern und in den Entwicklungsländern unterschiedlich ausgerichtet sind und denen sachlich unterschiedliche Aufgabenstellungen zukommen. Bei der Besetzung des neuen Direktors des Internationalen Währungsfonds Anfang des Jahres 2000 wurden die Differenzen zwischen den beiden Organisationen gerade dadurch besonders deutlich, daß einem der Kandidaten gerade seine bisherige längere berufliche Verwurzelung in der anderen Organisation vorgeworfen wurde. Ob beide Institutionen eine einheitliche Politik aus einem Guß oder eine einigermaßen einheitliche Politik durchführen können, ist noch offen.

Weil es schwer ist, den begrenzten fachlich-funktionalen Radius der einzelnen internationalen Organisation (durch intensive Kooperation mit anderen internationalen Organisationen oder durch Hinzunahme sektorfremder Belange) zu verbreitern, verdient eine andere Möglichkeit, die fachliche Spezialisierung/Fachgebundenheit aufzulockern, Aufmerksamkeit, nämlich Ansätze zu einer verstärkten Beteiligung von Adressaten oder Beteiligten. Die adäquate ebenenspezifische Ausprägung von Betroffenenbeteiligung bei internationalen Organisationen ist die Einbeziehung von Nicht-Regierungsorganisationen. Die NGOs haben auf der Ebene von EU und dann besonders von internationalen Organisationen einen oft noch nicht ausreichend bemerkten stärkeren Einfluß als etwa Bürger- und Umweltverbände im nationalen Raum.[77] Die ökologische Sache wird auf der globalen Ebene nicht von einer weltweiten grü-

77 Hier zeigt sich im übrigen die Absorptionskraft der Parteien im nationalen Raum; neben ihnen kommen die Umwelt- und Bürgerverbände nicht richtig zur Geltung, dies gilt selbst für Greenpeace.

nen Partei vertreten, sondern von Greenpeace und Friends of the Earth. Ebenso wird eine liberale Grundrechtspolitik nicht von einer weltweit agierenden Partei, sondern von Amnesty International oder Mens Watch vertreten.[78] Das Wichtige und Spezifische an den NGOs und ihrer Beteiligung an Entscheidungsprozessen der internationalen Organisationen ist, daß ihre Mitwirkung geeignet ist, das Kartell der Fachleute, das aus den Organen und Angehörigen der IOs und den Vertretern der Mitgliedstaaten besteht, die wiederum Fachleute sind,[79] partiell aufzubrechen. In diesem Zusammenhang ist es wichtig, daß die aus Vertretern der WHO und der FAO gebildete Kommission für die Ausarbeitung des Codex Alimentarius beschlossen hat, die Beteiligung von NGOs zu verstärken und die Mitgliedstaaten zu veranlassen, bei den Vorbereitungen und Beratungen die Teilnahme von NGOs zu vereinfachen und zu fördern, so daß bei den Verhandlungen nicht nur Unternehmerinteressen in den nationalen Verhandlungsdelegationen vertreten sind.[80] Als (mögliche) Verbreiterung der sektoralen Perspektive wirkt die Beteiligung der NGOs politisierend, zumal sie sich mangels ausreichender Repräsentanz in den formalisierten Entscheidungs(vorbereitungs)gremien der Methoden des Appells an die Öffentlichkeit bedienen (müssen).

78 Das Personal einer Politisierung ist auf Weltebene in anderen Institutionen und Gruppen zu suchen als im bisherigen staatlichen Raum. Auf Parteien im europäischen und Weltmaßstab zu setzen ist fragwürdig, jedenfalls nicht selbstverständlich.

79 Deshalb kommt es in der täglichen Arbeit der IO dazu, daß die Vertreter der Staaten, bei denen es in der internen Politik durchaus eine querkoordinierte Politik gibt, im Rahmen der IO eine sehr fachbezogen-beschränkte Perspektive einnehmen.

80 Dazu Rabe (FN 52), S. 136, sowie Dieter Eckert, *ZLR* 1999, S. 64 ff.

IV. Zur Rolle des National- und Verfassungsstaates im Drei-Ebenen-System

1. Die staatliche Ebene als Teil des Drei-Ebenen-Systems

Wo soviel Veränderung und Neubildung war und ist wie im Handlungsraum »über« dem Staat, also auf der weltregionalen Ebene der EU und der Weltebene der internationalen Organisationen, stellt sich unvermeidlich die Frage nach der Rolle des Staates, der Rolle des Staates als Nationalstaat und als Verfassungsstaat. In der Literatur ist das Thema denn auch längst aufgegriffen.[81] Es wird zum Teil in einem entwicklungsgeschichtlichen Sinne verstanden und in die Formulierung gebracht: wozu noch Staaten? Zuweilen wird auch, vor allem in der Publizistik mit freudigem Ton auf das Absterben des Staates gesetzt und gehofft. Manchmal wird die Frage auch defensiv und etwas ängstlich in der Form gestellt, was bleibt vom Staat *noch* übrig. Aber auch bei einer nüchternen Betrachtung stellt sich das Thema, was vom Staat übrigbleibt[82] beziehungsweise wie sich seine Rolle verändert, wenn der Ausbau der beiden anderen Ebenen die erwähnten beträchtlichen Fortschritte macht. Dazu nur einige abschließende Bemerkungen, das Thema selbst verdiente eine eingehendere Betrachtung.

Wo viele wichtige Aufgaben über den nationalen Maßstab in den (welt)regionalen und Welt-Maßstab hineingewachsen sind, ist die Ausbildung von internationalen Organisationen angemessen und funktional. Allein durch die Institutionalisierung auf der weltregionalen und Weltebene entsteht wieder eine annähernde Kongruenz zwischen der räumlichen Reichweite der Probleme und der sie bearbeitenden Institution (und ihrer Kompetenz), wobei auf der dritten Ebene eben nicht eine Institution, sondern eine beträchtliche Vielzahl von Sonderinstitutionen aktiv ist. Aus der Sicht des nationalen Staates hat die Bildung von Organisationen zur Bewältigung von Aufgaben, die dem nationalen Rahmen entwachsen sind, die positi-

81 So Peter Saladin, *Wozu noch Staaten?*, 1995 (der im Ergebnis wichtige Funktionen des Staates festhält). Ausführliche Zitate bei Sommermann (FN 7), S. 19 ff., 22 ff.; 20 (dort auch die Fragestellung, ob der Staat eine definitive oder transitorische Größe ist).

82 So die Frage bei Hobe (FN 4), S. 380.

ve Folge, daß der nationale Staat überhaupt noch an der Aufgabenwahrnehmung beteiligt ist, ebendadurch, daß er auf die internationalen Organisationen einen partiellen Einfluß hat (und bei einer supranationalen Gemeinschaft sogar intensiv maßgeblich mitwirkt); insofern »gewinnt« der Mitglied-Staat, er »verliert« nicht nur und nicht in erster Linie. Obwohl wichtige Aufgaben endgültig über den Staat hinausgewachsen sind, sind sie ihm nicht völlig entglitten, sondern im Modus der Mitwirkung noch teilweise zugänglich.

Deutlich sind aber auch die Rückwirkungen dieser Situation auf den Staat. Der offene Staat kann eine Reihe von Aufgaben nicht mehr autonom entscheiden. Dies ist selbstverständlich, ist aber dennoch von großer Tragweite. Gravierend ist vor allem die weitere Folge, daß der Staat deshalb im eigenen Bereich eine Querkoordination von zwei oder drei Sachbereichen nicht mehr oder nur unter sehr erschwerten Bedingungen vornehmen kann. Hauptanwendungsfall für diese prekäre Konstellation ist das Verhältnis zwischen wirtschaftlichen Zielen einerseits und politisch-sozialen Zielsetzungen andererseits. Das kontinentaleuropäische Konzept der Bändigung und Kanalisierung der Wirtschaft im Dienste des Sozialen oder der Umwelt kommt in Schwierigkeiten, wenn der zu bändigende Bereich der Wirtschaft längst und nachhaltig in den Weltmaßstab »entrückt« und deshalb dem balancierenden Regelungs- und Interventionsversuch des nationalen, allen Interessen der Bürger verpflichteten Staats nur noch schwer zugänglich ist.

2. *Zu den Aufgaben des Staates im Mehr-Ebenen-Gefüge*

Führt die Einbindung in ein mehrstöckiges Gefüge einerseits zur Erschwerung der horizontalen Koordination an sich autonomer Aufgaben des Staates, so eröffnet sie andererseits neue Funktionen in der vertikalen Richtung. Ihnen ist neuerdings Stefan Hobe in gründlichen Arbeiten nachgegangen.[83] Grundsätzlich geht es darum, daß neben den inneren Aufgaben des Staates seinen Funktionen innerhalb des Gefüges von zwei oder drei Ebenen gebührende Beachtung geschenkt werden muß. Die neuen Aufgaben müssen

83 Hobe (FN 5) und ders. (FN 4), S. 137 ff.

notwendigerweise Vermittlungs-, Weitergabe- und Transformationsfunktionen sein. Im einzelnen lassen sich identifizieren: erstens die Kompetenzen und die Wächterfunktion des Staates bei der Übertragung von Kompetenzen: ohne die Staaten geht die »Weitergabe« nicht (autonom entstehen Aufgaben und Befugnisse bei den internationalen Organisationen nicht), und ohne Kontrolle und Gewährleistung für Mindeststandards auf den beiden anderen Ebenen durch den Staat geht es auch nicht: Supra- und internationale Organisationen erreichen nicht per se einen adäquat hohen Rechts- und »Verfassungs«standard. Zu Recht spricht Hobe »dem Staat die Aufgabe zu, bei der jeweiligen Übertragung von Kompetenzen (auf nicht-staatliche Einheiten) als Wächter über die Verfassungsessentialia deren standardunterschreitende Verwässerung möglichst auszuschließen«.[84] Aber auch in anderer Weise wirkt der Staat als Transformator, vielleicht auch als Katalysator auf dem langen Weg von »unten nach ganz oben«: Demokratische Mitwirkung in der bisher bekannten intensiven Weise findet sich offensichtlich nur in den kleineren Größenordnungen der bisherigen Staaten,[85] in denen allein bisher Gemeinschaftsbildungen möglich waren. Deshalb kommt auch im Mehr-Ebenen-System dem Staat eine Identifikationsfunktion, wenn auch nicht mehr unbedingt ein Alleinvertretungsanspruch für Loyalitäts- und Identitätsbindungen, immerhin aber die Funktion des Hauptvermittlers von Zugehörigkeit zu.[86]

84 Hobe (FN 5), S. 533, 543.

85 Was ein sehr breites Spektrum unterschiedlicher Größe, vom Kleinstaat bis zur Kontinentalgröße, einschließt, ohne daß aber an jedem Ort der Welt die Größenordnung etwa der USA, Chinas oder Indiens im Rahmen eines Staates zu erreichen wäre. Daß unter bestimmten Bedingungen in recht großem Maßstab ein Staat möglich ist, macht diese Größenordnung noch lange nicht zum Maßstab in allen Regionen der Welt oder gar zur Normalität.

86 Dazu unten IV 3 und Hobe (FN 5), S. 543.

3. Der Ort der politischen Prozesse im Ebenengefüge: der Staat als die basale Integrationsebene und Standbein im Mehrebenengefüge

Im Vergleich zum binnenorientierten Nationalstaat der geschichtlichen Erfahrung sind im Mehr-Ebenen-System die Funktionen und Bereiche auf drei Ebenen verteilt beziehungsweise unterschiedlich akzentuiert. Deshalb drängt sich die Frage auf, wo das Politische und die politischen Prozesse in diesem Ebenengefüge ihren Ort haben, wo ihr Schwergewicht liegt. Die Überlegung setzt voraus, was mir nicht zweifelhaft ist, daß durch die Bedeutungssteigerung der (welt)regionalen Ebene und der Weltebene sowie durch die Interdependenzen zwischen den Ebenen und Sachbereichen das Politische selbst nicht aufgehört hat zu existieren. Es ist nicht zum Verschwinden gebracht oder nur in Sachaufgaben oder Sach»zwänge« aufgelöst. Die Vision der Technokratie oder der Auflösung aller Konflikte und Probleme in »Sach«themen, die auf der nationalen Ebene gescheitert ist, wird sich auch im Weltmaßstab nicht bewähren, sondern es wird sich ihre Einseitigkeit und prinzipielle Verengung erweisen.

Bleibt also die jetzt präzisierte Frage, wer im Mehr-Ebenen-System eine eigentliche politische Einheit darstellt, wobei hier als eine »eigentliche« politische Einheit eine solche Einheit verstanden wird, die für Prozesse der Identifizierung und der Integration von Menschen eine maßgebliche Rolle spielt, die Kristallisationskern von solchen Prozessen ist. Oder in Unterfragen ausdifferenziert:

Wo liegt in diesem Drei-Ebenen-System der Schwerpunkt politischer Prozesse, die politische Mitte oder das politische Zentrum dieses Drei-Ebenen-Systems?

Welches ist die Instanz, auf die sich die Identifizierungswünsche und Identifikationserwartungen richten, die Ebene, auf der die Integration stattfindet?

Müssen auf allen Ebenen demokratische Prozesse in dem gewohnten Sinne stattfinden, daß eine direkte Ableitung vom Volk besteht, daß es eine Legitimationskette von einer direkten Wahl her gibt? Ist dies auf regionaler und internationaler Ebene überhaupt zu erwarten und zu wünschen, oder reicht es aus, wenn die einzelnen durch Betroffenen- oder durch Lobbyorganisationen am Geschehen auf der internationalen Ebene beteiligt sind?

Gefragt ist also grundsätzlich und generell nach dem Ort und dem Ansatzpunkt für politische Prozesse der Einflußnahme von unten, von Orientierung durch politische Parteien oder andere breitflächige Konzepte vertretende Gruppierungen und politisch Handelnde, die trotz der großen Pluralität der Meinungen und Vielfalt der Interessen zu Bündelungen und politischer Handlungsfähigkeit auf der Breite der relevanten Themen führen. Die Fragen so gestellt, ist derzeit (und für absehbare Zukunft) nur eine Antwort möglich: Die Einheit, die überhaupt als eigentliche politische Organisation in Betracht kommt, ist der Staat. Trotz aller Transformationen, Vernetzungen, Verflechtungen und Öffnungen ist und bleibt der Staat eine eigenen Größe, möglicherweise nicht mehr wegen seiner Aufgabenfülle und längst nicht mehr als eine Institution der Ausschließlichkeit der Ausübung von politischer Herrschaft. Eigene und spezifisch politische Größe ist der Staat aber deshalb, weil er und er allein der Kristallisationskern von politischen Prozessen ist. Denn die Organisationen der dritten, der internationalen Ebene sind eindeutig nicht-politische Größen. Auf der Weltebene ist politische Integration und Identifikation der einzelnen substantiell nicht möglich. Das alle Menschen verbindende Merkmal der allgemeinen und gleichen Menschennatur ist für eine engere Gemeinschaftsbildung nicht tragend und nicht allein tragfähig, weil es an den dafür notwendigen konkreten Übereinstimmungen und einem Gemeinschaftsempfinden fehlt.[87] Und – bislang – hat auch die EU nicht in vollem oder wirklichem Umfang die Rolle einer politischen Größe und Einheit erlangt. Für die spezifischen politischen Aufgaben der Integration und Identifizierung des einzelnen mit einer Gemeinschaft kommt allein oder in erster Linie der Staat in Betracht.[88] Auch heute noch bilden sich Gemeinschaftsgefühl und Angehörigkeitsbewußtsein als die unentbehrlichen und entscheidenden Grundlagen für Solidarität und für kulturelle Identität, kurz für eine breitflächige Handlungseinheit nur in diesem Rahmen.

87 Dazu eindringlich schon Werner v. Simson, *Kritik der politischen Vernunft*, 1983, S. 35 ff., 40 ff.

88 Zur Identifikationsfunktion des Staates auch als offener Staat Hobe (FN 4), S. 405 ff., und ders. (FN 5), S. 543 f.: Staat immer noch als Hauptvermittler von Zugehörigkeit. Sommermann (FN 7), S. 37, spricht vom Staat als einer von mehreren Integrationsebenen, wobei er als weitere Ebene nicht nur der Aufgabenwahrnehmung, sondern auch der Integration vornehmlich an die EU denkt.

Aber – und das ist der entscheidende Unterschied zum früheren binnenorientierten Staat – die Integrationsprozesse sind nicht mehr auf einen sich abschließenden Staat, auch nicht auf die sich als ausschließend verstehende Nation gerichtet, sondern auf einen Staat, der zugleich und in einer identitätsbestimmenden Weise Mitgliedstaat in der EU ist und der ein aktiver Teilnehmer an und Mitwirkender bei Aufgaben ist, die die Bürger(innen) betreffen, aber nur im internationalen Maßstab wahrgenommen werden können. Weil Einheiten der Identifikation, Subjekte von Integration und Objekte von demokratischer Mitwirkung der einzelnen nicht einfach künstlich oder rational-zweckmäßig geschaffen werden können oder gar funktionieren, muß man sich (derzeit und auf absehbare längere Zeit) auf diejenige Größe stützen, die dies leisten kann; dies ist der *Staat als primäre und basale Integrationsebene.* Es ist der Staat, heute immer noch zumeist als der nationale Staat, der Energien der Bürger(innen) und ihre Bedürfnisse nach Identifikation, Partizipation und Artikulation ihrer Auffassungen und Interessen auf sich ziehen und ihnen Raum zum gemeinsamen Handeln geben kann.[89]

Die EU und internationale Organisationen wie die UNO und die WTO sind wichtig genug, aber sicherlich sind sie derzeit nicht Kern von Integrationsprozessen elementarer Integrationsbedürfnisse. Die WTO zum Beispiel erfüllt wichtige, nicht hoch genug einzuschätzende Aufgaben, aber eines tut sie gewiß nicht, Integration zu leisten, politische Energien der einzelnen auf sich zu ziehen und Identifikation mit der Organisation und ihren Repräsentanten zu bewirken. Die primäre und elementare Ebene der Integration, insofern die basale Ebene ist und bleibt vorerst noch auf absehbare Zeit der Staat. Als nationaler Staat verfügt er über eine »Energiequelle« und über Integrationsmittel, für die eine vergleichbare Quelle (noch) nicht sichtbar und nirgends verfügbar ist. Daß nationale Gefühle zu Übersteigerungen, auch zu katastrophalen Übersteige-

89 Wiederum ist dabei allen Beteiligten deutlich, daß es beim Kampf der politischen Parteien und politischen Orientierungen der Bürger(innen) nicht nur um die Beeinflussung der eigenen nationalen staatlichen Angelegenheit geht, sondern auch (und zunehmend wichtiger werdend) um die Bestimmung der Richtung dieses Staates auf der europäischen und internationalen Ebene. Wer sich zum Beispiel primär für wirtschaftliche, ökologische oder kulturelle Belange engagiert, wird die Haltung der zur Wahl stehenden Parteien zu diesen Themen nicht nur aus der innenpolitischen Warte, sondern auch an ihren Stellungnahmen zu den europäischen und internationalen Fragen messen.

rungen neigen, ist eine Erfahrung, die das 20. Jahrhundert sehr leidvoll gemacht und ins kollektive Bewußtsein gerückt hat. Allein deshalb ist aber die Kraft des Nationalen nicht verschwunden, nicht einmal ersetzbar geworden.[90] Die Hoffnung der – nicht nur auf das nationale Prinzip setzenden – Gegenwart ist, daß die Einbindung des Nationalen in supra- und internationale Strukturen zu einer praktisch gewandelten Konstellation führt, die das Nationale als Basis positiv benutzt und bejaht, weil es verbunden und insofern auch eingebunden ist in die übergreifenden Zusammenhänge. Sicherheit für das Gelingen dieser Konstruktion und Konstellation gibt es so wenig, wie es dies in irgendeiner geschichtlichen Epoche gegeben hat.

4. *Der offene Staat der Gegenwart als Staat und der nationale Staat als offener Staat*

Zieht man ein kurzes Resümee, so ergibt sich als Folge der Internationalisierung der Staates und des Rechts folgendes: Es existiert ein Mehr-Ebenen-System, für die europäischen Staaten ein Drei-Ebenen-System, für das horizontale und vertikale Bezeichnungen typusprägend sind, in dem die vertikalen Beziehungen zwar noch nicht die gleiche Bedeutung wie die horizontalen Beziehungen, aber ein so bedeutsames Gewicht haben, daß sie den Staat zum offenen kooperationsbereiten Staat machen und der früher geschlossene nationale Staat zum außenorientierten Staat transformiert ist.

90 Wenn zu Recht von einem Drei-Ebenen-System für Deutschland und die anderen Mitgliedstaaten der EU die Rede ist, dann darf nicht übersehen werden, was aber häufiger geschieht, daß die europäische supranationale Integration im Weltmaßstab gesehen die klare Ausnahme ist. Die anderen Gemeinschaften wie NAFTA, MERCOSUR oder Andenpakt sind reine Wirtschaftsgemeinschaften, sie sträuben sich gerade gegen supranationale Organisationsstrukturen. Die USA sind trotz ihrer Mitgliedschaft in der NAFTA ein ausgeprägt nationaler Staat, alle andern wichtigen Regionen der Welt werden von Staaten, nicht von Mitgliedstaaten in supranationalen Gemeinschaften geprägt, so Japan, China, Indien, Australien, Kanada, Brasilien, Argentinien. Was sie von Nationalstaaten des 19. Jahrhunderts unterscheidet, ist das ganz andere Ausmaß der zwischenstaatlichen Kooperation und Mitarbeit in internationalen Organisationen. Ihre Basis aber ist nach wie vor der nationale Charakter, der sich in unterschiedlicher Weise seit dem 19. Jahrhundert gebildet hat.

Der Staat hat in der Gesamtkonstellation eine Basisfunktion für die politischen Prozesse der Gemeinschaftsbildung, Integration und Identifikation; zugleich ist der Staat der politische und rechtliche Initiator der Internationalisierung. Daraus erwächst ihm zugleich eine Transformator-, Garanten- und Gewährleistungsrolle. Der Staat ist das Standbein, die Mitgliedschaft in den internationalen (und supranationalen) Organisationen das Spielbein.

In der angestellten Betrachtung sind zwei Grundelemente herausgestellt worden: Der Staat der Gegenwart ist ein offener Staat, der geschlossene Nationalstaat der Vergangenheit ist grundlegend transformiert worden. Zugleich ist der nationale Staat weder abgeschafft noch marginalisiert, noch auf dem »Aussterbeetat«. Alle Verkündungen vom Ende des Staates sind vordergründig und einseitig. Notwendig ist das – gewiß schwierige – Verständnis, *zwei* Elemente *zusammen* zu sehen und anzuerkennen, nämlich die Realität eines gewaltigen Wandels des Staates – eben zum offenen und verflochtenen Staat – und gleichzeitig eine bleibende Bedeutung dieses gewandelten Staates. Das Zusammendenken von *zwei* zunächst gegenläufig erscheinenden Gedanken ist, wie gesagt, schwierig. Das Prophezeien von einlinigen Entwicklungen fällt dem Denken leichter, es ist dadurch aber nicht richtiger oder realer. Gefordert ist beim Zusammendenken von zwei Elementen, daß nicht das eine gegen das andere ausgespielt wird. Der gegenwärtige Staat ist ein offener und grundlegend gewandelter Staat, ohne daß er aufgehört hat, Staat zu sein. Und der Staat der Gegenwart bleibt Staat, ohne dabei aufzuhören, sich immer weiter und intensiver international zu verflechten und – im Falle der europäischen Staaten – supranational einzubinden.

2. Der einzelne in der Welt jenseits des Staates*

I. Die rechtliche Struktur der Welt als eines Mehr-Ebenen-Systems

Das Thema des einzelnen in der Welt faßt zwei große, *die* zwei großen Problemkreise des Staatsrechts und der Staatstheorie zusammen, nämlich einmal die (Menschen-)Rechte des einzelnen und die rechtliche Struktur der Welt, in der er lebt. Die Grundrechte und die Verfassung der politischen Welt, beide im weitesten Sinne verstanden, gehören zusammen, so wie im Werk Ernst-Wolfgang Böckenfördes »Recht, Staat, Freiheit« und »Staat, Gesellschaft Freiheit« zusammengehören.[1] Es wird sich zeigen, daß die Stellung des einzelnen in der Welt jenseits des Staates nicht adäquat umschrieben werden kann, ohne daß die Stellung des einzelnen im Staat bedacht wird. Insofern kommen dann doch das Ganze der Welt und ihre Abbildung im Recht ins Blickfeld.

1. Nimmt man als erstes die *Perspektive des Grundgesetzes,* so ergibt sich: Das Grundgesetz hat auf deutschem Boden den Typus des Verfassungsstaats in bislang nicht erreichter Konsequenz und Geschlossenheit verwirklicht. Jahrzehntelang sind diese Verfassung und dieser Staat in einer binnenorientierten Sicht wahrgenommen worden. Dabei hat dasselbe Grundgesetz schon von Beginn an in Art. 24 das Merkmal einer neuen Epoche formuliert. Hat diese binnenorientierte Sicht nach 1949 als neue Schlüsselbegriffe die des Verfassungsstaates, des Sozialstaates und auch die des Umweltstaates entwickelt, so war daneben schon die Tür für den anderen wichtigen Leitbegriff geöffnet, für den des (kooperations)*offenen* Staats.[2] Heute, da diese

* Vortrag auf dem Kolloquium zum 70. Geburtstag von Ernst-Wolfgang Böckenförde am 12. 10. 2000 in München.

1 So die Titel der Aufsatzsammlungen: Ernst-Wolfgang Böckenförde, *Staat, Gesellschaft, Freiheit*, 1976; ders., *Recht, Staat, Freiheit*; ders., *Staat, Nation, Europa* 1999.

2 Die Sache des offenen Staates, nicht das Wort ist 1964 erfunden oder hervorgehoben worden in der Abhandlung von Klaus Vogel, *Die Verfassungsentscheidung des Grundgesetzes für eine internationale Zusammenarbeit*, 1964. Neuere Arbeiten sind: Stefan Hobe, *Der offene Verfassungsstaat zwischen Souveränität und Interdependenz*, 1998; ders., »Der kooperationsoffene Verfassungsstaat«, *Der Staat* 37 (1998), S. 521 ff.; zur Theorie: Udo Di Fabio, *Das Recht offener Staaten, Grundlinien einer*

binnenorientierte Interpretation des Grundgesetzes in einem kritischen Sinne mehr und mehr als *introvertierte* Interpretation erscheint,[3] ist die von Anfang an gewollte und überraschend schnell praktizierte Öffnung des Staates nach außen ein ebenso wichtiges Kennzeichen des Grundgesetzes, ja die Chiffre für eine zweite Epoche seiner Geschichte.[4]

2. Die Differenzierung zwischen dem Europaartikel (Art. 23 GG) und der Kooperationsoption des Art. 24 GG in der heutigen Fassung des Grundgesetzes weist sogleich auf die *zwei* Ebenen hin, die jenseits des nationalen Staates bestehen. Zu unterscheiden ist zunächst die europäische Ebene als Integrationsgemeinschaft und supranationale Union, die ein föderales, aber kein staatliches Gebilde darstellt. Daneben und »darüber« gibt es (neben der traditionellen Koordination der Staaten im Völkerrecht) die rasch angewachsenen Formen der Kooperation der Staaten in Form von internationalen Organisationen. Als eigene Institutionen bilden jene eine qualitativ andere und verdichtete Stufe des gemeinsamen Handelns; sie führen in mancher Hinsicht ein Eigenleben – bis hin zur eigenen Rechtssetzung.[5]

Die Realität der heutigen Welt ist die eines *Mehr-Ebenen-Systems.* Ich benutze diesen offenen, noch auszufüllenden Begriff,[6] weil er in

Staats- und Rechtstheorie, 1998. Weitere Nachweise zu verwandten Begriffen bei Rainer Wahl, »Internationalisierung des Staates«, *FS Alexander Hollerbach*, 2001, S. 193 ff., 194, FN 6-9, in diesem Band S. 17 ff., 19.

3 Jochen A. Frowein, »Kritische Bemerkungen zur Lage des deutschen Staatsrechts aus rechtsvergleichender Sicht«, *DÖV* 1998, S. 806 ff., 811.

4 Dazu Rainer Wahl, »Die Zweite Phase des öffentlichen Rechts in Deutschland«, *Der Staat* 38 (1999), S. 495 ff., dort auch zur Introvertiertheit der ersten Phase.

5 Zu den internationalen Organisationen mit eigener Rechtssetzung vgl. Hobe, *Der offene Verfassungsstaat* (FN 2), S. 294 ff., zu den internationalen Organisationen insgesamt vgl. Text und Nachweise bei Wahl (FN 2), S. 201, FN 32 ff., in diesem Band S. 27.

6 Der Begriff des Mehr-Ebenen-Systems wurde zunächst in der politikwissenschaftlichen Diskussion um Europa entwickelt, vgl. Beate Kohler-Koch (Hg.), »Regieren im Mehr-Ebenen-System der EU«, in: Thomas König/Elmar Rieger/Hermann Schmitt (Hg.), *Das europäische Mehr-Ebenen-System*, 1996, S. 203 ff. und Markus Jachtenfuchs/Beate Kohler-Koch, in: dies. (Hg.), *Europäische Integration,* 1996, S. 15 ff.; zur rechtswissenschaftlichen Verwendung Martin Morlok, »Grundfragen einer Verfassung auf europäischer Ebene«, in: Peter Häberle/Martin Morlok/Vassilos Skouris (Hg.), *Staat und Verfassung in Europa*, 2000, S. 73 ff., 88, und jetzt ausführlich Franz C. Mayer, *Kompetenzüberschreitung und Letztentschei-*

der Zeit bis zu einem wirklich theoretischen Verständnis der Architektur der Welt eine wichtige Platzhalterfunktion hat. Er ist sowohl heuristisch wie auch systematisch fruchtbar, weil er den Blick auf das Ganze und die Verbundenheit der drei Ebenen lenkt. Damit entgeht das Denken von Anfang an der Gefahr, sich nur mit einer internationalen Organisation oder der Europäischen Union allein und isoliert zu beschäftigen; statt dessen kommt die Verbindung zwischen den Ebenen und das aus den verschiedenen Ebenen bestehende Ganze ins Blickfeld. Dabei ist das in Europa geläufige Drei-Ebenen-System aus nationaler, (welt)regionaler und globaler Ebene weltweit gesehen die Ausnahme.[7] Die EU in ihrer Besonderheit der wachsenden Verdichtung und des expliziten Ausbaus des supranationalen Charakters ist singulär in der Welt; andere Gemeinschaften sind typologisch eher Freihandelszonen oder klassische Verteidigungsbündnisse. Demzufolge ist die Realität in der sonstigen Welt das Zwei-Ebenen-System. Aber auch im Weltmaßstab gesehen gilt: Die Welt der Staaten und die Welt jenseits der Staaten haben sich grundlegend geändert; die ehedem voll souveränen Staaten haben Bindungen in großer Zahl und in großer inhaltlicher Tragweite angenommen (wenn auch nicht zugunsten von Integrationsgemeinschaften). Alle sind offene Staaten geworden, wohl in unterschiedlicher Intensität, aber alle in einem Mindestmaß.[8]

3. Die dritte, *die völkerrechtliche Ebene* hat bekanntlich seit 1945 eine grundlegende Ausweitung der auf ihr handelnden Akteure und behandelten Sachprobleme erlebt.[9] Allein die 16 Sonderorganisatio-

dung, 2000, S. 31-57. Der Grundgedanke dieses Ansatzes liegt auch dem von Ingolf Pernice im öffentlichen Recht entwickelten Begriff des Verfassungsverbundes (angewendet auf das Verhältnis nationale Verfassung und Primärrecht der EU) zugrunde; dazu zuletzt mit zahlreichen Nachweisen Pernice, »Europäisches und nationales Verfassungsrecht«, *VVDStRL* 60 (2001), Einleitung und Abschnitt III, S. 149, 163, sowie Peter Huber, ebd., S. 196, 199 m. w. N.

7 Bei NAFTA oder Mercosur fehlen die dichteren Formen der Vergemeinschaftung sowie eine eigenständige Rechtssetzung; gegen beides sträuben sich die Mitgliedstaaten. Die USA sind trotz ihrer Mitgliedschaft in NAFTA ein ausgeprägt nationaler Staat, alle andern wichtigen Regionen der Welt werden von Staaten, nicht von Mitgliedstaaten in supranationalen Gemeinschaften geprägt. Im Ergebnis ist die EU ohne Vergleich und ohne Nachfolger.

8 Dazu Hobe, *Der offene Verfassungsstaat* (FN 2), S. 164 ff., und Wahl (FN 2), S. 194 f., in diesem Band S. 18 f.

9 Dazu und zum folgenden näher Wahl (FN 2), S. 201 ff., 208 ff. mit einer näheren Ausarbeitung des Gedankengangs, in diesem Band S. 27 ff., S. 35 ff.

nen der Vereinten Nationen mit Weltbank, Weltwährungsfonds und dazu die Welthandelsorganisation als eigener Organisation werfen ein Schlaglicht auf die Fülle der Spieler und der Themen sowie ihres Einflusses. Angesichts des großen Feldes ist eine Strukturierung notwendig. Derzeit ist diese dritte Ebene gekennzeichnet durch ein Nebeneinander (1) der traditionellen Koordination zwischen den Staaten, (2) der institutionellen Kooperation in Form der internationalen Organisationen[10] und (3) der neuesten Entwicklung zur Konstitutionalisierung von Prinzipien, die als solche Bindungen für die Staaten bewirken.[11]

Mit der Tätigkeit einiger wichtiger internationaler Organisationen ist zugleich eine bemerkenswerte *Verrechtlichung* der internationalen Beziehungen einhergegangen. Spektakulär ist insoweit die Veränderung des Welthandels gegenüber dem ursprünglichen GATT-Abkommen von 1947. Er hat durch die Gründung der eigenen Organisation der WTO und durch Änderungen des GATT-Abkommens im Jahr 1995 einen »Quantensprung«[12] an Verrechtlichung der internationalen Handelsbeziehungen gemacht. Außenhandelsbeziehungen, die früher reine Machtbeziehungen waren, sind weithin verrechtlicht worden und einem effektiven Streitbeilegungsmechanismus unterworfen worden,[13] der transatlantische Megastreit um die Bananen ist ein Beispiel da-

10 Zum Unterschied vom Law of Coordination and Law of Cooperation, W. Friedman, *The Changing Nature of International Law*, 1964, zitiert und kommentiert von Stefan Hobe, »Die Zukunft des Völkerrechts im Zeitalter der Globalisierung«, *AVR* 37 (1999), S. 253 ff., 258 f.

11 Die drei Elemente Koordination, Kooperation und Konstitutionalisierung haben häufig und gegenwärtig immer mehr zu ihrem Inhalt – es sei hier nur als Merkposten angeführt – den objektiv(rechtlich)en Schutz von Interessen der einzelnen – aggregiert auf der Ebene der gesamten Welt.

12 Heinz Hauser/Kai-Uwe Schanz, *Das neue GATT: Die Welthandelsordnung nach Abschluß der Uruguay-Runde*, 1995, S. 281. Die im Rahmen der Uruguay-Runde gefundene Ausgestaltung des Streitbeilegungsmechanismus charakterisiert Meinhard Hilf, »Freiheit des Welthandels contra Umweltschutz?«, *NVwZ* 2000, S. 481, 489 als »für das Völkerrecht einzigartige umfassende obligatorische Streitbeilegung«; nirgends sonst hätten sich Staaten zu einer so weitgehenden Rechtskontrolle bereitgefunden; weitere Nachweise bei Wahl (FN 2), S. 203, FN 41 ff., in diesem Band S. 29.

13 Treffend bemerkt Hobe, *Der offene Verfassungsstaat* (FN 2), S 265, daß die GATT-Regeln im Ergebnis die Nichtgeltendmachung nationaler Hoheitsgewalt in den Bereichen vereinbarter Liberalisierungen fordern, vgl. auch S. 285.

für.[14] Im Bereich der Kommunikation, um ein anderes Beispiel zu nennen, sind die stärksten Wandlungen des traditionellen Staatsbildes und des staatengestützten Völkerrechts zu erwarten, weil die Staaten die Kontrolle über Kommunikationsvorgänge in ihrem Land zunehmend verlieren.[15] Und für den Umweltschutz hat sich ein recht enges Netz von Vertragsvölkerrecht ergeben, das schon zur These von der umweltrechtlichen Bindung der Souveränität geführt hat.[16]

4. Die jüngste Entwicklung im Völkerrecht ist die *Konstitutionalisierung* von Rechtsgrundsätzen und Prinzipien auf der Ebene des Völkerrechts. Dieser Prozeß der Konstitutionalisierung der Völkerrechtsordnung bedeutet die Anerkennung von Interessen der Staatengemeinschaft und die Einführung von Mechanismen zu ihrer Durchsetzung.[17] Dies umfaßt vor allem die Bindung der Staaten an übergeordnete Werte, aus der ihre Einbindung folgt.[18] Es geht um *ius cogens*, um internationales Ordnungsrecht und Ausbildung einer Staatenverantwortlichkeit *erga omnes.*[19] Beispiele sind die Abhän-

14 Literatur bei Wahl (FN 2), S. 205, in diesem Band S. 31 f.: die lange Geschichte des Streits ergibt sich aus einer Aufstellung der WTO, bei der jeder Fall fünf bis zehn Zeilen Text erfordert, der Bananenstreit (WT/DS27) aber zwei Seiten, vgl. www.wto.org mit link zu: overview of the State-of-play of WTO Disputes.

15 In der global vernetzten universellen Telekommunikationsgesellschaft verliert der Staat zunehmend an Bedeutung, Dazu Christoph Engel, »Das Internet und der Nationalstaat«, in: Klaus Dicke u. a. (Hg.), *Völkerrecht und Internationales Privatrecht in einem sich globalisierenden internationalen System – Auswirkungen der Entstaatlichung transnationaler Rechtsbeziehungen*, 2000, S. 353 ff., und die Diskussion, S. 449 ff.; Hobe, *Der offene Verfassungsstaat* (FN 2), S. 293.

16 So die treffende Systematisierung von Karin Odendahl, *Die Umweltpflichtigkeit der Souveränität*, 1998, dort auch Überblick über das Umweltvölkerrecht m. w. N.; Ulrich Beyerlin, »Staatliche Souveränität und internationale Umweltschutzkooperation«, in: *FS Bernhardt*, 1995, S. 937 ff., sowie Martina Haedrich, »Internationaler Umweltschutz und Souveränitätsverzicht«, *Der Staat* 39 (2000), S. 547 ff.

17 Jochen Frowein, »Konstitutionalisierung des Völkerrechts«, in: Dicke u. a. (FN 15), S. 446, These 1; ausführlich Wolfram Hertel, *Supranationalität als Verfassungsbegriff*, 1990, S. 61 ff.

18 Jochen Frowein, »Das Staatengemeinschaftsinteresse«, in: *FS Karl Doehring*, 1989, S. 219 ff. Nachweise bei Frowein (FN 17), S. 427, FN 1; Christian Tomuschat, »Die internationale Gemeinschaft«, *AVR* 33 (1995), S. 1.

19 Zum ius cogens Stefan Kadelbach, *Zwingendes Völkerrecht*, 1993 m. w. N.; Jochen Frowein, »Die Verpflichtungen erga omnes im Völkerrecht und ihre Durchsetzung«, in: *FS Mosler*, 1983, S. 241 ff.; ders., Art. »jus cogens«, *Encylopedia of Public*

gigmachung der diplomatischen Anerkennung von der Prüfung der Verfassungsgrundlagen, die Kontrolle über die Einhaltung des Menschenrechtsschutzes oder »konstitutionalisierende Regelsysteme« für weltweite Aktivitäten im WTO-System oder im UN-Seerechtsübereinkommen;[20] ein bedeutsamer Anwendungsfall sind die großen Umweltschutzabkommen, in denen materielle (Welt- beziehungsweise Staatengemeinschafts-)Güter wie *common heritage of mankind* oder der Gedanke der *shared environment* formuliert und anerkannt werden.[21]

Hinter diesen Begriffen verbirgt sich ein Zugang zum Völkerrecht, den man zu Recht als den *public law approach*[22] gekennzeichnet hat, weil danach das Völkerrecht als eine objektive Rechtsordnung verstanden wird, die ein »internationales öffentliches Interesse« zur Geltung bringt, und zwar als materiell vorrangiges Gut gegenüber dem Interesse der einzelnen Staaten.[23] Konsequenterweise erfährt dann auch das Staatengemeinschaftsinteresse verstärkte Aufmerksamkeit. Diese Entwicklung ist von höchstem theoretischen wie praktischen Interesse. Nicht übersehen werden darf dabei aber, daß bei der Formulierung von materiellen Normen und Werten (Stichwort: kommendes Weltinnenrecht)[24] ein gewisser Höhenflug zu verzeichnen ist; im Völkerrecht kommt es aber von Anfang an auch auf die zur Verfügung stehenden Durchsetzungsinstrumentarien an.[25] Da sie auf internationaler Ebene rar und zuwei-

Law, Bd. 3, 1997, S. 65 ff.; Dietrich Schindler, »Die erga-omnes-Wirkung des humanitären Völkerrechts«, in: *FS Bernhardt,* 1995, S. 199 ff.

20 Beispiele nach Frowein (FN 17), S. 446 und 429 ff.

21 Odendahl (FN 16), m. N. zu den einzelnen Abkommen; Frank Biermann, »›Common Concern of Humankind‹: The Emergence of a New Concept on International Evironmental Law«, *AVR* 34 (1996), S. 426 ff.

22 Ausdruck von Sir Robert Jennings, zit. von Frowein (FN 17), S. 427 f.; vgl. dazu auch Philip Kunig, »Völkerrecht als Öffentliches Recht – Ein Glasperlenspiel«, in: *Gedächtnisschrift Eberhard Grabitz,* 1995, S. 325.

23 Dazu auch Hobe (FN 10), S. 278.

24 Klaus Dicke, »Erscheinungsformen und Wirkungen von Globalisierung in Struktur und Recht des internationalen Systems auf universaler und regionaler Ebene sowie gegenläufige Renationalisierungstendenzen«, in: ders. u. a. (FN 15), S. 41, These 4 c: Idee des totus orbis, des Weltbürgerrechts, der Staatengemeinschaft, des Weltinnenrechts als geeignete Basis für eine Fortentwicklung des Völkerrechts.

25 Selbstverständlich gehen alle Völkerrechtler auf das Problem der Durchsetzung ein, manche erst recht spät und zu schwach gewichtet; zu Recht hervorgehoben von Stefan Oeter, Diskussionsbemerkung, in: Dicke u. a. (FN 15), S. 450 f.

len auch prekär sind, richtet sich der Blick notwendigerweise wiederum auf die Staaten in ihrer unerläßlichen Funktion als Institutionen der Durchsetzung. Jedenfalls ist die Möglichkeit einer Abkoppelung des Völkerrechts im Horizont eines verselbständigten Staatengemeinschaftsinteresses von den staatlichen Strukturen nicht zu sehen,[26] sie sollte nicht vorschnell postuliert werden.[27]

5. Die *Strukturmerkmale* der Ebene der internationalen Organisationen sind: funktionale Dezentralisation, Fragmentierung, sachliche Spezialisierung, polyzentrischer Aufbau, Bildung spezieller Entscheidungsträger bei weitgehendem Fehlen von Querkoordination der spezialisierten Fachbereiche untereinander. An anderer Stelle[28] ist näher dargelegt, daß der Zentrale der Vereinten Nationen wirkungsvolle Mechanismen der Koordination nicht zur Verfügung stehen. Aus diesem Grund gibt es in der Welt der internationalen Organisationen, die zugleich eine Welt der funktionalen Dezentralisation[29] ist, keine oder zumindest keine nennenswerte horizontale Koordination und damit auch keinen inhaltlichen Ausgleich zwischen verschiedenen Sachbereichen. Genau darin aber unterscheidet sich die dritte Ebene in folgenreicher Weise vom Staat, für den

26 Vorsichtig Frowein (FN 17), S. 446 LS 9: Die Vorstellung einer Abkoppelung der Völkerrechtsordnung von der staatlichen Struktur erscheint weder angemessen noch wünschenswert LS 9; zurückhaltend auch Oeter (FN 25), S. 450 f., dagegen optimistischer Dicke (FN 24), S. 41 LS 4b.

27 Im völkerrechtlichen Bereich scheinen sich Entwicklungen zu wiederholen, die schon im Gemeinschaftsrecht zu beobachten waren: Man konzediert den völkervertragsrechtlichen Anfang der EG, danach wird aber die Vorstellung gepflegt, daß die europäische Ordnung mit Vorrang und allen Strukturelementen aus sich selber begründet ist, in sich ruht, als sei sie eine creatio ex nihilo gewesen. Ähnlich ist der Gedankengang bei Versuchen zur Abkoppelung des Völkerrechts vom staatlichen Recht.

28 Dazu ausführlich Wahl (FN 2), 208 ff., in diesem Band S. 35 ff. In der Beschreibung ähnlich Christian Walter, »Die Europäische Menschenrechtskonvention als Konstitutionalisierungsprozeß«, *ZaöRV* 59 (1999), S. 961 ff., 970: Sektoralisierung nach einzelnen Sachgebieten und Bildung spezieller Entscheidungsträger. Es entsteht ein sich verdichtendes Netz aus faktischen Zwängen und von Bindungen, das die Grenzen zwischen Verfassungsrecht und Völkerrecht porös werden läßt.

29 Zur Entstehung und zu den Gründen für diese Entwicklung ausführlich Klaus Dicke, *Effizienz und Effektivität internationaler Organisationen*, 1994, S. 97 ff.; eindringlich zum Gegensatz zur davorliegenden Phase des Völkerbundes dort auch S. 69 ff.; vgl. auch den ausführlichen Überblick über die Aufgabenfelder institutionalisierter internationaler Kooperation von Hobe, *Der offene Verfassungsstaat* (FN 2), S. 183-293.

es seit seinem Entstehen typisch war und ist, daß die verschiedenen Teilpolitiken einem einheitlichen Steuerungsanspruch und -willen unterliegen, daß bei einer Interessenkollision der einen Teilpolitik etwas zugunsten einer anderen abverlangt und ihr Begrenzungen auferlegt werden. Auf der internationalen Ebene ist dagegen das Sektorale für sich ausdifferenziert und sozusagen entfesselt. Weit und breit ist auf der dritten Ebene kein Akteur und kein Koordinationsmedium sichtbar, die ein spezialisiertes und im puren fachlichen Horizont befangenes Handeln verhindern könnte und statt dessen politische Prozesse der Abwägung zwischen den einzelnen funktionalen Sachbereichen bewirken könnten.[30] Das Ausbleiben eines solchen echten politischen Handelns ist gleichbedeutend mit der starken Tendenz zur Technokratie.

Ehe man sich, etwa vor dem Hintergrund der Großtheorie der Systemtheorie, mit der Erklärung zufriedengeben will, daß dies auch gar nicht anders möglich und deshalb hinzunehmen sei, sollte man sich der großen Folgeprobleme bewußt sein, die sich aus der – mangelnden – Abstimmung zwischen zwei Teilpolitiken, etwa dem Welthandel und dem Umweltschutz, ergeben. Bei diesem Großthema der internationalen Diskussion und Praxis lassen sich zwar kleinere Fortschritte, aber keine grundlegende Änderung in bezug auf die defizitäre Berücksichtigung von Umweltbelangen im Welthandel feststellen.[31]

6. Die Redeweise vom Mehr-Ebenen-System (ver)führt leicht zu dem Irrtum, daß es bei den drei Ebenen des nationalen, (welt)regionalen und weltweiten Raumes nur darum gehe, nach sachlich-funktionalen Kriterien die richtige Ebene der Aufgabenerfüllung zu finden. In diese Richtung geht es, wenn man von einem System der Aufgabenerfüllungsebenen, geordnet nach einem Subsidiaritätsprinzip, spricht.[32] Ein solcher Ansatz unterstellt bereits, was erst zu erforschen und zu begründen wäre, nämlich die *Struktur-*

30 Zum Thema mangelnde Koordination der Sachbereiche mit einem vergleichbaren systematischen Ansatz für die europäische Ebene Christian Walter, »Die Folgen der Globalisierung für die europäische Verfassungsdiskussion«, *DVBl.* 2000, S. 1 ff., der mangelnde Bündelung von sogenannten Verfassungsfunktionen auf der europäischen Ebene beschreibt und konstatiert, daß die Erwartungen nach politischer Einheit und Einheit von Verfassungsfunktionen auf der europäischen Ebene nicht zutreffen, so daß komplexere Lösungen erforderlich sind.

31 Dazu im einzelnen Wahl (FN 2), S. 212 ff., in diesem Band S. 40 ff.

32 Deutlich insoweit Hobe, *Der offene Verfassungsstaat* (FN 2), S. 390 ff. unter der

gleichheit oder *Strukturdivergenz* der drei Ebenen. Auf dem Boden dieses oft unbewußt bleibenden Vorverständnisses erscheint es dann nur als eine Frage der Effizienz, auf welcher Ebene eine konkrete Aufgabe wahrgenommen wird und welche Wanderungsbewegungen von unten nach oben als zweckmäßig erscheinen. Auf dem Boden dieser Prämisse ergibt sich dann auch die folgenreiche *Wiederholungsthese,* auf der europäischen und der internationalen Ebene würden sich die Strukturen der ersten Ebene vollständig oder annähernd wiederholen. In diesem Denken werden die verfassungsrechtlichen Merkmale des Staates einfach nach oben verlängert; das Demokratieverständnis oder die prinzipielle Zuerkennung von subjektiven Rechten und die Klagbarkeit durch die einzelnen müssen dann auf den anderen Ebenen genauso vorhanden sein wie im staatlichen Bereich.

Dabei ist die Vorfrage, ob es sich wirklich um Strukturgleichheit oder Strukturverschiedenheit handelt, das entscheidende Problem. In diesem Zusammenhang bewährt sich das Denken im Mehr-Ebenen-System, indem für diese Probleme jenseits des Staates nicht nur die Problemlage in der EU, sondern auch die auf der dritten, vom Staat viel weiter entfernten internationalen Ebene gleichberechtigt in die Überlegungen einbezogen werden.[33] Wenn sich nämlich für die EU die explizite Wiederholungs- oder Abbildthese für die demokratische Struktur immerhin mit beachtlichen Gründen und einer Anfangsplausibilität diskutieren läßt,[34] so ist eine solche für die dritte Ebene nicht gegeben. Es liegt völlig fern, daß die UNO und die internationalen Organisationen in der gleichen Weise wie die Staaten demokratisch verfaßt sein könnten. Statt dessen muß die

Überschrift: »Die Stellung des offenen Verfassungsstaates im System der Aufgabenerfüllungsebene«.

33 Zum anderen bedarf das Konzept des Mehr-Ebenen-Systems der Ergänzung und Verdeutlichung, daß sowohl die einzelnen Ebenen wie auch die Verhältnisse zwischen ihnen ihre bedeutsamen Eigenarten und Unterschiede haben und nicht allein mit der Abstraktion des Begriffs Ebenen erfaßt werden können. Unerläßlich sind deshalb theoretische Bemühungen, die zum Beispiel die Besonderheiten der zwei Ebenen in Europa systematisch erfassen, wie Armin v. Bogdandy, *Supranationaler Föderalismus als Wirklichkeit und Idee einer neuen Herrschaftsform*, 1999.

34 Dafür explizit Gertrude Lübbe-Wolff, »Europäisches und Nationales Verfassungsrecht«, *VVDStRL* 60 (2001), S. 246-264, die sich ausdrücklich gegen ein Absenken des Anspruchsniveaus an die Demokratie auf der EU-Ebene wendet. Ob sich diese These bei näherer Analyse bewährt, muß hier offenbleiben.

Frage ernst genommen werden, ob Internationalität (und vielleicht auch Supranationalität) nicht zu wesentlich anderen Strukturen führen als Staatlichkeit. Plausibel ist auf der dritten Ebene die Ausgangshypothese von der unterschiedlichen und eigengearteten Struktur. Die Strukturelemente des Staates lassen sich auf der internationalen Ebene allenfalls in schwierigen Annäherungen vergleichbar konstruieren, grundsätzlich gilt die Nicht-Wiederholungsthese.[35]

7. Das Fehlen der strukturellen Homogenität und der Gleichgewichtigkeit der drei Ebenen zeigt sich, wie an anderer Stelle ausgeführt ist, in vielerlei Hinsicht.[36] Hier interessiert die Frage nach der Qualifikation der jeweiligen Ebene als politische Einheit im Sinne einer *Angehörigengemeinschaft* beziehungsweise das Fehlen einer solchen Qualität. Nicht jede Ebene ist dazu geeignet, der Ort für politische Gemeinschaftsbildung zu sein oder in absehbarer Zeit werden zu können. Wenn auch viele Aufgaben nur noch im Weltmaßstab vorsorgend und gestaltend angegangen werden können, so heißt dies noch lange nicht, daß in demselben Weltmaßstab auch politische Prozesse, Zugehörigkeitsverhältnisse und Gemeinschaftsbildung einen Ort und die notwendigen Voraussetzungen hätten.[37] Über die Rolle des Staates in den epochalen Prozessen der Europäisierung und Internationalisierung erfährt man Wichtiges, wenn man den überkommenen Staat nicht nur mit der Zwischenebene der Europäischen Union, sondern mit der in sich differenzierten internationalen Ebene konfrontiert und vergleicht. Noch beträcht-

35 Diese Frage nach der Wiederholung auf der nächsten Ebene ist auch im Hinblick auf die Funktionen einer Verfassung zu stellen; dazu einiges bei Walter (FN 30), S. 2.

36 Wahl (FN 2), S. 218 ff., in diesem Band S. 47 ff. Unterschiede ergeben sich im Hinblick auf die Legitimationsgrundlagen, für den Kreis der Rechtssubjekte, die Art der Rechtserzeugung, die Mechanismen der Rechtsdurchsetzung und das Bestehen einer Gerichtsbarkeit.

37 Vermutlich können diese weltumspannenden Aufgaben politisch-legitimatorisch nicht in einem direkten Zugriff und nicht in einem einzigen Ableitungszusammenhang zu den vielen einzelnen auf der ganzen Welt, sondern nur durch politisch komplex gestufte Ableitungszusammenhänge organisiert werden. Der Schluß von der weltweiten Reichweite einer Sachaufgabe zur weltweiten Organisierbarkeit und Demokratisierbarkeit der Weltbevölkerung in einer politischen Einheit greift zu kurz, unterschätzt die Komplexität der Organisationsaufgabe und des Legitimationsproblems beträchtlich.

lich stärker als im Verhältnis zur EU und dem Verbund mit der EU zeigt sich im Verhältnis zwischen dem Staat und den internationalen Organisationen, daß der Staat das Standbein der Gesamtkonstellation ist, die internationalen Organisationen (und derzeit auch noch die EU) das Spielbein sind.[38]

Der Staat ist die primäre Ebene der politischen Prozesse, der Gemeinschaftsbildung und der Gemeinschaftsbindung.[39] Angehörige und zwar politisch berechtigte Mitglieder, nämlich »Bürger« i. S. der Zugehörigkeit zur Basisgemeinschaft und zum Subjekt aller ausgeübten Herrschaft gibt es derzeit nur im Staat;[40] der Weltbürger ist bislang eine kulturelle oder zunehmend wirtschaftliche, aber noch keine politische Größe. Beim Strukturvergleich der drei Ebenen darf nicht nur auf ihre abstrakte Fähigkeit zur Aufgabenwahrnehmung, die an der geographischen Ausdehnung abgegriffen ist, abgestellt werden, sondern es muß ihrer konkreten Befähigung zur Aufgabenerledigung auf den Grund gegangen werden. Dies aber verlangt, daß nach den politischen und legitimatorischen Kraftquellen gefragt werden muß, die erst eine organisatorische Einheit zu einer politischen Einheit machen. Die Antwort darauf muß lauten, daß der Staat die primäre und basale Integrationsebene ist.[41] Jedenfalls für den hier in erster Linie interessierenden Vergleich zwischen Staat und internationaler Ebene ist unabweisbar, daß es der Staat ist, der die Energien der Bürger(innen) und ihre Bedürfnisse nach Identifikation, Partizipation und Artikulation ihrer Interessen auf sich ziehen sowie ihnen Raum zum gemeinsamen Handeln geben kann. Politische Einheiten sind (Angehörigen-)Gemeinschaf-

38 Zur Charakterisierung des Verhältnisses zwischen Staat und EU durch dieses Bild Wahl (FN 4), S. 502 f., FN 28, auch ders. (FN 2), S. 218 ff., in diesem Band S. 47 ff.

39 Dazu näher Wahl (FN 2), S. 218 ff., in diesem Band S. 47 ff.

40 Zur EU sogleich unten im Text.

41 Dazu Ernst-Wolfgang Böckenförde, »Die Zukunft politischer Autonomie. Demokratie und Staatlichkeit im Zeichen von Globalisierung, Europäisierung und Individualisierung«, in: ders., *Staat – Nation – Europa*, 1999, S. 103 ff.: Böckenförde schließt aus der derzeit unersetzbaren Funktion der Staaten für Prozesse der Integration und Demokratie auf die Notwendigkeit des Erhalts der Nationalstaaten und auf Grenzen der europäischen Integration. Im Text wird die Bedeutung des Staates als Basis eines neuen Mehr-Ebenen-Systems betont, womit zugleich eine grundlegende Veränderung des traditionellen Nationalstaats verbunden wird.

ten, deshalb können vorhandene Organisationen nur dann zu politischen Einheiten werden, wenn sie die grundlegenden Prozesse der Integration, der Ausbildung eines Angehörigen- und Identitätsbewußtseins sowie eines Solidaritätsgefühls auslösen und organisieren können. Stellt man die Frage so, so ist der Staat und auch der nationale Staat derzeit und auf absehbare Zeit die primäre und elementare Einheit im Mehr-Ebenen-Aufbau und deshalb in mehrfacher Hinsicht die Basis des Gefüges.

Wenn auch derzeit allein der Staat über die volle Energiequelle der Integration und Gemeinschaftsbildung verfügt, so ist nicht ausgeschlossen, sondern erscheint es möglich, daß sich auf der Zwischenebene der EU Vergleichbares oder Ersetzendes bildet.[42] Die EG ist in rebus politiciis eine Entwicklungsgemeinschaft, eine Größe, die zur Angehörigengemeinschaft werden kann, es aber derzeit noch nicht in einem vollständigen Sinne ist.[43] In der EU ist der Weg vom Markt-Bürger zum eigentlichen Bürger beschritten, er ist aber noch weit, setzt er doch neben normativen Regelungen die Ausbildung von Zusammengehörigkeitswillen und dessen kräftiges Wachstum voraus.[44] Für die hier interessierende internationale Ebene ist nicht sichtbar, daß dort jene politischen Basisprozesse und eine Gemeinschaftsbildung auch nur in Ansätzen vorhanden sind. Sie ist deshalb auf die komplizierteren Verhältnisse einer *gestuften Legitimation* und einer Kombination einzelner Legitimationsstränge angewiesen. Es ergibt sich: Die internationalen Organisationen haben zwar eine hohe Bedeutung für die Wahrnehmung sektoralisierter Fachaufgaben. Direkte politische Prozesse von den einzelnen zu ihnen gibt es aber nicht. Die internationalen Organisationen haben Staaten zu ihren Mitgliedern, nicht die Milliarden Einzelpersonen in der Welt. »Zuständig« für die legitimatorischen Prozesse der Politik sind die

42 Erhard Denninger, »Vom Ende nationalstaatlicher Souveränität«, *JZ* 2000, S. 1121, 1122.

43 Über das Tempo und die Länge des noch zurückzulegenden Weges ist hier nicht zu spekulieren. Die Potenz ist gegeben, aber die noch zu bewältigenden Probleme sind nicht gering, die Entwicklung ist noch nicht selbstläufig oder selbsttragend, es ist noch – erfolgreiche – Politik notwendig.

44 Am Ende entscheiden nicht Konstruktionen und Theorien über Europa, sondern die Intensität des Willens der Menschen zu Europa und ihre Fähigkeit, eine geteilte, besser gesagt: verdoppelte politische Identität auszubilden. Zum Paradox der geteilten Souveränität träfe dann das Paradox der verdoppelten Identität hinzu – beides gleichermaßen logisch unmöglich, wie kräftig lebensfähig.

Staaten, in Europa zusätzlich die Integrationsgemeinschaft der EG. Deshalb sind die Staaten nach wie vor die politische Basis und das politische Zentrum des gesamten Mehr-Ebenen-Systems.

Die dargelegte These von der Basisfunktion des nationalen Staates dürfte außerhalb Europas und vor allem außerhalb Deutschlands auf breitere Zustimmung stoßen als innerhalb Deutschlands. Daß nationale Gefühle zu Übersteigerungen, ja zu katastrophalen Übersteigerungen neigen, ist eine Erfahrung, die das 20. Jahrhundert sehr leidvoll gemacht und ins kollektive Bewußtsein gerückt hat. Allein deshalb ist aber die Kraft des Nationalen nicht verschwunden, nicht einmal ersetzbar geworden. Die Hoffnung der – nicht nur auf das nationale Prinzip setzenden – Gegenwart ist, daß die Einbindung des Nationalen in supra- und internationale Strukturen zu einer praktisch gewandelten Konstellation führt, die das Nationale als Basis positiv benutzt und bejaht, weil es verbunden und insofern auch eingebunden ist in die übergreifenden Zusammenhänge.

Wenn aber innerhalb des Zwei- oder Drei-Ebenen-Systems die Staaten als Basis unersetzbar sind, dann sind die großen vereinfachenden Prophezeiungen eines Abschieds vom Staat,[45] auch des Abschieds vom Nationalstaat,[46] recht vorschnell, wie überhaupt in die-

45 Ausführliche Zitate bei Klaus-Peter Sommermann, »Der entgrenzte Verfassungsstaat«, in: Detlef Merten (Hg.), *Der Staat am Ende des 20. Jahrhunderts,* 1998, S. 19 ff., 22 ff. Zur Diskussion der Problematik Martin Albrow, *Abschied vom Nationalstaat,* 1998; Dicke (FN 24), S. 22-29; Peter Saladin, *Wozu noch Staaten*, 1995; Herbert Dittgen, »Grenzen im Zeitalter de Globalisierung. Überlegungen zur These vom Ende des Nationalstaats«, *ZPol*, Bd. 9 (1999), S. 3 ff.; Hasso Hofmann, »Von der Staatssoziologie zu einer Soziologie der Verfassung«, *JZ* 1999, S. 1065 (mit Stichworten Zentralitätsverlust des Staatsbegriffs, europäischer Entstaatlichungsprozeß). Zur neueren politikwissenschaftlichen Diskussion vgl. den lesenswerten Literaturbericht von Wolfgang Luthardt, »Perspektiven von Demokratie und Nationalstaat«, *ZfParl.* 2000, S. 699 ff.; Michael Zürn, »Jenseits der Staatlichkeit«, *Leviathan* 1992, S. 490 ff. – Neuestens dazu die gedankenreiche Abschiedsvorlesung von Heinhard Steiger, »Geht das Zeitalter des souveränen Staates zu Ende?«, *Der Staat* 41 (2002), S. 331.

46 Denninger (FN 42) spricht ironisch von der Abschiedsliteratur, um dann einige Seiten weiter nicht nur die Souveränität, sondern auch den Nationalstaat zu verabschieden. Entschieden im Titel der Aufsatz von Gert Nicolaysen, »Der Nationalstaat klassischer Prägung hat sich überlebt«, in: *FS Everling*, Bd. 2, 1995, S. 945 ff.; Konrad Hesse, *Grundzüge des Verfassungsrechts der Bundesrepublik Deutschland*, 20. Aufl. 1995, RN 113, spricht von Dämmerung des Nationalstaats.

sem komplizierten Gesamtfeld und in Zeiten starken Wandels die Neigung zu unterkomplexen Prophetien groß ist. Aber ein paar Längen- oder Breitengrade außerhalb Deutschlands wird die Situation anders, weniger historisch belastet und deshalb vielleicht offener für die Realität gesehen. Änderungen des traditionellen Staates – dies ist zu betonen – sind in kaum zu überschätzendem Umfang gegeben. Aber ein großer Wandel bedeutet noch lange nicht Ablösung des Staates oder Abschied von ihm. Die Kompliziertheit der Mehr-Ebenen-Konstellation verbietet es auch, die so sehr beliebten Kennzeichnungen im Stil des »Von-Zu« zu verwenden wie etwa: vom Nationalstaat zum postnationalen Staat, vom souveränen Staat zum Mitgliedstaat usw. Statt der immanent darin enthaltenen Annahme, daß etwas Altes (endgültig) aufgehört habe, ist es häufig zutreffender von der *Überformung* des traditionellen Staates durch das Hinzutreten weiterer Ebenen zu sprechen. Zu kurz geschlossen und fragwürdig ist deshalb die häufig verwendete Formel von einem heute gegebenen »Post«-Zustand.[47] Auch Habermas' Diktum von der postnationalen Konstellation[48] oder Pernice' Versuch eines postnationalen Verfassungsbegriffs[49] sind an dieser Stelle zu erwähnen. Dieses Konzept erhofft sich von dem »Post« sehr viel und zu viel an Ablösung und vielleicht auch an Erlösung vom Nationalen.[50] Auch insoweit ist es notwendig, das Denken in unseren europäischen Partnerstaaten zur Kenntnis zu nehmen und eine Staats- und Rechtsvergleichung vorzunehmen.

Insgesamt fällt in der Abschiedsliteratur eine Diskrepanz zwischen den zugespitzten Thesen auf, die Aufsehen erregen, und den dann stark relativierenden weiteren Darlegungen.

47 Vergleichbares gab es bei dem in den sechziger und siebziger Jahren gebräuchlichen Begriff des Spätkapitalismus, bei dem sich die in ihm implizierten Erwartungen nicht erfüllten.

48 Jürgen Habermas, »Die postnationale Konstellation und die Zukunft der Demokratie«, in: ders., *Die postnationale Konstellation. Politische Essays*, 1998, S. 91 ff.

49 Pernice (FN 6), Teil II, S. 149, 155 ff. Problematisch ist dieser Versuch jedenfalls dann, wenn der »postnationale« Verfassungsbegriff Staat und Nation im klassischen Sinne »hinter sich« lassen soll. Darin liegt zuviel Hoffnung im Sinne eines Von-Zu, statt daß in der Kategorie der (beträchtlichen) Überformung gedacht wird, die das Bisherige nicht hinter sich läßt, sondern auf ihm aufbaut.

50 Anzuraten ist eine Lektüre von Alexis de Tocqueville, *L'Ancien Régime et la Révolution*, 1856. Dort kann und sollte man lernen, wieviel Altes noch vorhanden und überbaut wird, wenn eine große Änderung, hier sogar eine Revolution ins Land gegangen ist.

7. In der angestellten Betrachtung sind *zwei Grundelemente* herausgestellt worden: Der Staat der Gegenwart ist ein offener Staat, und der geschlossene Nationalstaat der Vergangenheit ist grundlegend transformiert worden. In der Rückschau wird deutlich, *wie geschlossen* der Nationalstaat des 19. Jahrhunderts und der ersten Hälfte des 20. Jahrhunderts war. Zugleich ist der nationale Staat weder abgeschafft noch marginalisiert worden. Das Gesamtbild aber setzt sich aus den beiden erwähnten Grundelementen zusammen; jede Vereinzelung wäre zugleich eine schwerwiegende Vereinseitigung. Gefordert ist deshalb ein – gewiß schwieriges – Verständnis, das zwei Elemente zusammen und zugleich sieht und beide anerkennt, nämlich die Realität eines beträchtlichen Wandels des Staates – eben zum offenen und verflochtenen Staat – und gleichzeitig eine bleibende Bedeutung dieses – gewandelten, aber fortbestehenden – Staates.[51]

II. Die Stellung des einzelnen im Mehr-Ebenen-System

1. Die Stellung des einzelnen im Völkerrecht und die Frage seiner *Völkerrechtssubjektivität* ist ein traditionelles Thema.[52] An ihm spiegelt sich in besonderer Weise die Entwicklung des Völkerrechts. Im klassischen Völkerrecht, das notwendigerweise in eins fällt mit dem klassischen Staatsrecht, waren auf der Ebene des Völkerrechts nur die Staaten als Rechtssubjekte anerkannt; deshalb war der einzelne durch seinen Staat durchgehend und vollständig mediatisiert, möglicherweise Gegenstand völkerrechtlichen Schutzes, insofern aber doch nur Nutznießer.[53] Die Zeiten des Völkerrechts als reines Koordinations- und vielleicht auch Kooperationsrecht sind spätestens seit der Mitte des 20. Jahrhunderts vorbei. Wie so oft hat sich aber nicht das genaue Gegenteil eingestellt, sondern die *Aufwertung des einzelnen im Völkerrecht* ist ein *partieller* und fragmentarischer *Vorgang,*[54] manche sprechen

51 Dazu näher Wahl (FN 2), S. 221 f., in diesem Band S. 51 f.

52 Vgl. Karl Doehring, *Völkerrecht*, 1999, § 2, Rn. 245 ff.; Epping, in: Günter Ipsen, *Völkerrecht,* 4. Aufl. 1999, § 7; Karl Hailbronner, in: Wolfgang Graf Vitzthum (Hg.), *Völkerrecht*, 1997, S. 239 ff.

53 Die Figur des Reflexrechts, des Reflexes von Rechten, hat im Völkerrecht ihren größten Anwendungsbereich.

54 Otto Kimminich, *Einführung in das Völkerrecht,* 6. Aufl. 1997, S. 198 mit deutlicher

davon, daß die Entwicklung auf halbem Weg stehengeblieben sei.[55]

Anerkannt sind die Menschenrechte des einzelnen, also eine Rechtsstellung in existentiellen Situationen. Einen bedeutsamen Schritt nach vorne hat im größeren Europa des Europarats das System der EMRK gebracht; die EMRK hat eine echte völkerrechtliche Berechtigung der Individuen und damit eine partielle Völkerrechtssubjektivität der Individuen begründet.[56] Weltweit gesehen beziehen sich die generellen Fortschritte durch den gewohnheitsrechtlichen Menschenrechtsstandard auf existentielle Minima, sie berühren die Stellung des einzelnen in Menschenrechtsfragen.[57] Der einzelne ist insoweit unmittelbarer Inhaber völkerrechtlicher Rechte, als seine (eng verstandenen) Menschenrechte betroffen sind.[58] Für Flüchtlinge hat das Völkerrecht eine Rechtsstellung geschaffen, aber nicht die Völkerrechtssubjektivität anerkannt.[59] Ähnlich verhält es sich im Fremdenrecht, im Asylrecht und bei der Auslieferung. Die beiden Menschenrechtspakte[60] umfassen eine Reihe von Rechten der sogenannten ersten und zweiten Generation. In der alles entscheidenden Frage der Subjektstellung und Individualbeschwerde für den einzelnen verhalten sich die Pakte aber sehr zurückhaltend, es gibt Berichtssysteme und eine von den einschlägigen Staaten nicht anerkannte Individualbeschwerde. Insgesamt ergibt sich: Verbesserungen ja,

Charakterisierung und Zurückweisung der sogenannten Objekttheorie; Otto Kimminich/Stefan Hobe, *Einführung in das Völkerrecht*, 7. Aufl. 2000, S. 155 ff.; vgl. auch die generelle Bewertung von Hailbronner (FN 52), S. 239, FN 194.

55 Otto Kimminich, »Der internationale Schutz des einzelnen«, *AVR* 15 (1972), S. 402 ff.

56 Volker Epping, *Die Außenwirtschaftsfreiheit*, 1998, § 7, Rn. 9.

57 Es ist heute anerkannt, daß das Völkerrecht den Staaten gebietet, auch ihre eigenen Staatsangehörigen nach Maßgabe eines völkerrechtlichen humanitären Mindeststandards zu behandeln: Doehring (FN 52), § 2 Rn. 248.

58 Doehring (FN 52), § 2, Rn. 250; Hobe, *Der offene Verfassungsstaat* (FN 2), S. 382, zusammenfassend und mit Rückverweisen.

59 Hailbronner (FN 52), S. 191, Rn. 16.

60 Internationaler Pakt für bürgerliche und politische Rechte, *BGBl.* 1973 II, S. 1534, und Internationaler Pakt für wirtschaftliche, soziale und kulturelle Rechte, *BGBl.* 1973 II, S. 1570. Zum weiteren Text Hailbronner (FN 52), S. 243 f., Rn. 209 ff. Positive Bewertung dieser Pakte für das internationale Wirtschaftssystem bei Rüdiger Wolfrum, »Das internationale Recht für den Austausch von Waren und Dienstleistungen«, in: Reiner Schmidt (Hg.), *Öffentliches Wirtschaftsrecht*, bes. Teil 2, 1996, S. 546 ff., 561.

Völkerrechtssubjektivität nein.[61] Entsprechendes gilt für die direkte Pflichtenstellung des einzelnen, die im Rahmen der internationalen Strafgerichtsbarkeit jüngst ausgeweitet worden ist.[62] Insgesamt gibt es beachtliche Weiterentwicklungen in speziellen Bereichen, nicht aber in der Breite der völkerrechtlichen Materien.[63]

2. Bleibt die aktuelle und erweiterte Fragestellung nach der *Struktur der dritten Ebene in den Normal- und Alltagsfällen* der Wirtschaftstätigkeit und des Reisens, also in den Handlungsfeldern, in denen sich die Internationalisierung und die Globalisierung tatsächlich abspielen. Ein Testfall ist die Stellung des einzelnen (Unternehmens) im System der WTO und in den Vertragssystemen der großen Umweltkonventionen. Die Welt der internationalen Organisationen und die Welt des globalisierten Wirtschaftens und Reisens wirft andere Probleme auf als die, die beim Thema Völkerrechtssubjektivität anstehen. Die Repräsentanten von Microsoft und Daimler-Chrysler usw. werden nicht ausgewiesen, ihnen wird der Zutritt zum Lande nicht verweigert, sie werden nicht verfolgt. Dafür gibt es für die in der ganzen Welt handelnden Wirtschaftssubjekte zahlreiche, mit dem Welthandel selbst zusammenhängende Probleme. Dabei garantiert das internationale Wirtschaftsrecht als Recht der horizontalen Beziehungen unter Wirtschaftssubjekten diesen natürlich wichtige Rechtspositionen. Hier interessiert die sozusagen öffentlich-rechtliche, vertikale Dimension. Und dabei zeigt sich für das WTO-System, daß Individualrechte zur Durchsetzung des GATT und seiner den einzelnen begünstigenden Prinzipien nicht existieren.[64]

Dabei muß festgehalten werden: in all diesen Bereichen geht es

61 Zu den Verbesserungen Hailbronner (FN 52), S. 252, Rn. 249 ff., und S. 256, FN 263 ff.

62 Zur internationalen Strafgerichtsbarkeit Andreas Zimmermann, »Die Schaffung eines Internationalen Strafgerichtshofes«, *ZaöRV* 58 (1998), S. 47 ff.

63 Zur Asymmetrie zwischen vielfachem Handeln in der Welt, objektivrechtlicher Begründung von Recht zugunsten der einzelnen und fehlender Rechtssubjektivität s. u. S. 82 ff.

64 Peter-Tobias Stoll, »Freihandel und Verfassung. Einzelstaatliche Gewährleistung und die konstitutionelle Funktion der Welthandelsordnung (GATT/WTO)«, *ZaöRV* 57 (1997), S. 83 ff., 136 f: Eine solche Geltendmachung der WTO-Bestimmungen durch einzelne könnte bewirken, daß sich die einzelnen gegen den eigenen Staat richten und damit der einzelne zur Überwindung der innerstaatlichen Defizite beitragen könnte.

um materielle Interessen und Rechte der einzelnen, das Völkerrecht intendiert die Erfüllung der Interessen der einzelnen, es regelt *für* die einzelnen (Unternehmen); es regelt aber nicht *durch* Subjektivierung des einzelnen und der einzelnen Unternehmen auf seiner Ebene, auf der Ebene des Völkerrechts. Die Wege, auf denen die intendierte Ausrichtung des Völkerrechts auf die Menschen bei diesen ankommen, sind beträchtlich länger als im Staatsrecht, sie sind notwendigerweise vermittelt. Aus guten Gründen ist das Völkerrecht weit davon entfernt, ein Welt(innen-)Recht sein zu wollen, das über 6 Milliarden Berechtigter und Inhaber subjektiver Rechte konstruiert hat. Indem sich das Völkerrecht (im weit dominierenden) Normalfall auf Staaten und internationale Organisationen als Rechtssubjekte stützt, kann es ein Recht der Abbreviatur sein, ein Recht der drastischen Reduzierung der Rechtssubjekte und der Aggregierung der realen Interessen von Millionen einzelner zu Gemeinschaftsgütern und Gemeinschaftswerten. Nur im Modus der Abbreviatur kann das Völkerrecht letztlich die Interessen und Probleme sehr vieler beziehungsweise aller Menschen beachten und ein Recht sein, das für diese und im Interesse dieser unüberschaubaren Menge von Letzt-Betroffenen Regelungen trifft. Im Gesamtzusammenhang der drei Ebenen kommt den Staaten zugleich die Rolle von Treuhändern für ihre Angehörigen zu.[65]

Vor diesem Hintergrund überrascht es nicht, befremdet es aber auch nicht, daß die einzelnen und die einzelnen Normalunternehmen nicht im WTO-System integriert und berechtigt sind. Parteien der maßgeblichen Streitbeilegungsverfahren sind die Staaten, nicht die einzelnen.[66] Im Rahmen der WTO mag es in nächster Zeit einige Auflockerungen der derzeitigen vollständigen Mediatisierung der einzelnen (Unternehmen) geben. Die starken Proteste der letzten Zeit in den Tagungsstädten der großen Konferenzen haben, weil sie die Abhängigkeit auch dieses sektoralen Spezialistensystems von intensiven Prozessen, die von unten ausgehen, erwiesen haben, eine

65 Völkerrecht ist ein Recht der *Abbreviatur*, weil man eine Völkerrechtsordnung über 6 Milliarden Inhaber von subjektiven Rechten und Klagbarkeiten sinnvoll nicht konstruieren kann. Das Völkerrecht muß die Zahl der berechtigten und verpflichteten Akteure drastisch reduzieren.

66 Statt aller Stoll (FN 64), S. 136 f., sowie Meinhard Hilf, »Die Konstitutionalisierung der Welthandelsordnung«, Berichte der Gesellschaft für Völkerrecht, Bd. 40, 2003, S. 1 ff.

gewisse Wirkung gezeigt. Bei den Repräsentanten der WTO und möglicherweise auch bei den nationalen Spezialisten der Welthandelspolitik ist die Einsicht gewachsen, daß das GATT/WTO-System nicht wirksam bleiben kann, wenn es an der generellen Akzeptanz der Bevölkerungen mangelt. Deshalb sind einige Modifikationen des bisher ausschließlich staatenzentrierten Systems vorstellbar. In vollem Gange ist dabei der Prozeß, die Nichtregierungsorganisationen (NGOs)[67] und die großen Multi- oder Transnationalen Unternehmen (Multinational oder Transnational Corporations)[68] als Beteiligte, Mitwirkende und Anhörungsberechtigte in die Verhandlungen der internationalen Organisationen einzubeziehen. Die völkerrechtliche Ebene und die großen Verhandlungsrunden der internationalen Organisationen sind zu einem wirkungsvollen Betätigungsfeld der NGOs geworden; dort werden sie weit mehr anerkannt und ernst genommen als im nationalen Rahmen.[69] Dies bewirkt keine Völkerrechtsfähigkeit, aber die Position als »bloße« Anhörungsberechtigung und Teilnahmebefugnis sollte als Element der indirekten Politisierung[70] nicht unterschätzt werden, schon deshalb nicht, weil die internationalen Organisationen ein eigenes vitales Interesse daran haben, über die NGOs eine Form vermittelter Interessenvertretung, vermittelter Repräsentanz von Gruppen und verbesserter Informationsbeschaffung sowohl für die Normsetzung als auch die -durchsetzung zu erhalten.[71] Schließlich ist auch ein Zugang zu den Streitbeilegungsverfahren (wenn auch

67 Dazu zuletzt die umfangreiche Darstellung und erschließendes Zahlenmaterial bei Waldemar Hummer, »Internationale nichtsstaatliche Organisationen im Zeitalter der Globalisierung«, in Dicke u. a. (FN 15), S. 45-230; s. auch Hobe, »Der Rechtsstatus der Nichtregierungsorganisationen nach gegenwärtigem Völkerrecht«, *AVR*, Bd. 37 (1999), S. 152 ff.

68 Ausführlich Reiner Schmidt, *Öffentliches Wirtschaftsrecht, Allg. Teil*, 1990, S. 218 ff.; Kimminich/Hobe (FN 54), S. 152 ff., Hobe (FN 10), S. 261 ff. Zu den Versuchen und Entwürfen für sogenannte Verhaltensmaßregeln der OECD und UN Hobe, *Der offene Verfassungsstaat* (FN 2), S. 261 mit FN 357 und 358.

69 Daß sich WTO und WHO inzwischen sehr um die Kommunikation mit den NGOs bemühen, wird aus ihren Internet-Präsentationen deutlich. Die WTO gab unter dem Datum vom 22. November 2000 eine Übersicht über ihre unter dem Titel »External Transparency« angestellten Bemühungen um verstärkte Zusammenarbeit mit den NGOs heraus.

70 Wahl (FN 2), S. 215, in diesem Band S. 43 f.

71 Zur Einbeziehung in die Normsetzung Hobe (FN 10), S. 264.

wohl nicht als Partei) vorstellbar. Möglicherweise könnte die künftige Schaffung von Verhaltenskodizes (und Begründung besonderer Pflichten) Basis und Anknüpfung für eine partielle Völkerrechtsfähigkeit werden.[72] Dies alles kann und könnte zu einer Erweiterung der klassischen Ausgangssituation des Völkerrechts, nicht aber zu deren Aufhebung und auch noch nicht zu einem veritablen Paradigmenwechsel führen. Bedeutsam ist insofern auch, daß der von einigen Autoren befürwortete »Durchbruch« zugunsten der unmittelbaren Anwendung der WTO-Regeln im nationalen Recht nirgends auf der Welt bisher anerkannt worden ist.[73] Bilanzierend dürfte die überkommene Charakterisierung von der grundsätzlichen Mediatisierung des Individuums im internationalen Wirtschaftsrecht durch die Staaten weiterhin berechtigt sein.[74]

Die Wege zu einem (im weitesten Sinne verstandenen) Individualbezug des Völkerrechts verlaufen in den einzelnen Sachbereichen des besonderen Völkerrechts unterschiedlich. Im Bereich des *Umweltrechts* kommt es zu einer Aufwertung der einzelnen und ihrer Belange primär nicht durch Zuerkennung materieller subjektiver Rechte für den einzelnen, sondern vor allem durch Einräumung prozeduraler Befugnisse wie Beteiligungs- und Informationsrechte.[75] Nicht zu unterschätzen sind auch Verbesserungen im allgemeinen Instrumentarium zur Durchsetzung von völkerrechtlichen Vertragsregelungen wie durch Inspektionssysteme und Compliance Control.[76] Zu einer Aufwertung der einzelnen kommt es auch auf indirekte Weise, nämlich durch einen zweistufigen Vorgang, der die Architektur und die Funktionsweise des Mehr-Ebenen-Systems produktiv verwendet. Auf der völkervertraglichen dritten Ebene

72 Hobe, *Der offene Verfassungsstaat* (FN 2), S. 263.

73 Zur Figur der unmittelbaren Anwendung, die eine bedeutsame Technik der Verschränkung der Ebenen zugunsten des einzelnen darstellt, s. u. S. 79.

74 Hobe (FN 10), S. 259 ff., mit nüchterner Zusammenfassung.

75 Christian Calliess, »Ansätze zur Subjektivierung von Gemeinwohlbelangen im Völkerrecht – Das Beispiel des Umweltschutzes«, *ZUR* 2000, S. 246 ff.

76 Dazu ausführlich Doris König, *Durchsetzung internationaler Bestands- und Umweltschutzvorschriften auf Hoher See im Interesse der Staatengemeinschaft,* 1990, insb. S. 29 ff., 37 ff., S. 204 ff. (Nutzung der Exekutivgewalt eines Staates bei der Durchsetzung von Völkerrecht im Gemeinschaftsinteresse); W. Lang, »Compliance Control in Int. Environmental Law: Institutional Necessities«, und Thilo Marauhn, »Towards a Procedural Law of Compliance Control in Int. Environmental Law«, beides in *ZaöRV* 56 (1996), S. 685 ff. und 696 ff.

werden materielle Regelungen im Interesse der einzelnen, zum Schutz der Umwelt der heute Lebenden und der künftigen Generationen gesetzt. Zugleich werden die Staaten in die Pflicht genommen, und ihre Leistungsfähigkeit wird genutzt, diese Regelungen ins nationale Recht umzusetzen und durchzusetzen. Noch einen Schritt weiter entwickelt ist diese Verschränkung der Ebenen, wenn auf der völkervertraglichen Regelung die Staaten verpflichtet werden, ihren Bürgern subjektive Rechte und Klagebefugnis einzuräumen. Diese »indirekte Individualisierung« vereint die spezifischen Leistungsfähigkeiten der völkerrechtlichen und der staatlichen Ebene; die Aarhus-Konvention über den Zugang der einzelnen zu Umweltinformationen und ähnliche Regelungen in der EU-Informationsrichtlinie[77] sind bemerkenswerte Beispiele für diesen ebenenübergreifenden, Völkerrecht und Staatsrecht verknüpfenden Gesamtansatz.

3. Wie schon erwähnt, wäre es eine Verkürzung, wenn man das Verhältnis zwischen den Staaten und den internationalen Organisationen nur als einen Anwendungsfall von funktionaler Arbeitsteilung betrachten würde. Gerade aus der Perspektive des einzelnen ist die chronisch unterschätzte und zu wenig thematisierte Frage *nach dem Ort politischer Prozesse* von besonderer Bedeutung, wobei als politisch hier die Urprozesse verstanden werden, die in einer Demokratie von den einzelnen zu den sie repräsentierenden Institutionen verlaufen. Insofern ist die mittlere Ebene der EU als einer Integrationsgemeinschaft der staatlichen Ebene und der staatlichen Demokratie offensichtlich sehr *nahe und vergleichbar*:[78] dagegen ist die

77 Übereinkommen über den Zugang zu Informationen, die Öffentlichkeitsbeteiligung an Entscheidungsverfahren und den Zugang zu Gerichten in Umweltangelegenheiten, sogenannte Aarhus-Konvention (von der Bundesrepublik noch nicht ratifiziert), *International Law Magazine* 38 (1999), S. 517, www.unece.org/leginstr/cover/htm; und EG Richtlinie über den freien Zugang zu Informationen über die Umwelt vom 7. Juni 1990, *ABl.* Nr. L 158/56.

78 Mit dem Wahlrecht zum europäischen Parlament und der Unionsbürgerschaft liegt ein ausbaufähiger allgemeiner Status des einzelnen vor. Gleichwohl hat in der entscheidenden Frage, wo die Bürger im europäischen Raum das Gravitationszentrum politischer Identifikation finden, bislang der nationale Staat noch einen großen Vorsprung. Die EU ist in rebus politicis eine Entwicklungsgemeinschaft, vielleicht auch eine Schwellengemeinschaft. Der Weg vom Marktbürger zum eigentlichen Bürger ist schon beschritten. Aber er ist weit, setzt er doch neben normativen Regelungen die weiteres Wachstum bedürfende Ausbildung von

hier interessierende dritte, internationale Ebene weit entfernt und anders strukturiert. Im Verhältnis von erster zu dritter Ebene treten die gravierenden Unterschiede deutlich zu Tage,[79] wie gerade an dem hier interessierenden Thema der Stellung des einzelnen deutlich wird. Auf der *dritten Ebene* hat *der einzelne* – anders als in der EU – offensichtlich *keinen politischen Status*. Es sind auch keine Bestrebungen in die Richtung erkennbar, daß die einzelnen auf dieser dritten Ebene in irgendeiner Weise einen Angehörigkeits- oder Mitgliedsstatus in den internationalen Organisationen erhalten sollten. Forderungen nach demokratischer Mitbestimmung auf Weltebene werden nicht gestellt, sie haben derzeit auch keinen Anknüpfungspunkt. Es gibt keine politische Einheit, an die sich solche Forderungen oder Wünsche wenden könnten. Bei den einzelnen internationalen Organisationen kommt hinzu, daß sie von ihrem Selbstverständnis der funktionalen Dezentralisation her keine politischen Organisationen sind,[80] dementsprechend können sich auch keine politischen Teilhaberwünsche an sie richten. Die Formen der funktionalen Selbstverwaltung oder die sogenannte Computerdemokratie (also die computer- oder internetgestützte Demokratie) sind aus unterschiedlichen Gründen ebenfalls nicht die Lösung: Willensbildung verlangt nicht nur die Abfrage von Meinungen, sondern die Verarbeitung unterschiedlicher Auffassungen zu einer Entscheidung. Statt dessen erscheinen Instrumente der Vermittlung und damit der Mediatisierung der einzelnen als notwendig, auch im politischen Bereich.

Ist die dritte Ebene keine von einzelnen oder Angehörigen unmit-

Zusammengehörigkeitswillen voraus. Denn am Ende entscheiden nicht Konstruktionen und Theorien über Europa, sondern die Intensität des Willens der vielen zu und für ein Europa und ihre Fähigkeit, eine geteilte, besser verdoppelte politische Identität auszubilden. Zum Paradox der geteilten Souveränität träte dann das Paradox der verdoppelten Identität hinzu – beides gleichermaßen logisch unmöglich wie kräftig lebensfähig.

79 Die deutsche Diskussion über die Rolle des Staates ist in einer auffälligen Weise einseitig, weil sie überwiegend die natürlich stark schwindende Rolle des nationalen Staates im Verhältnis zur EU hervorhebt, daraus dann aber in einer unzutreffenden Verallgemeinerung die Gesamtrolle des Staates als eine stark abnehmende bestimmt.

80 Zum Selbstverständnis der Weltbank Christian Theobald, Die Weltbank: »Good Governance und die Neue Institutionenökonomik«, *Verwaltungsarchiv* 89 (1998), S. 467 ff., 477, 482 f. und 486 f.

telbar konstituierte politische Ebene, dann müssen die politisch-legitimatorischen Kräfte über die (sich in den internationalen Raum öffnenden) Staaten kommen. Dies entspricht der oben ausgeführten Funktion des Staates im Mehr-Ebenen-System: er ist die politische Basis, die einzelnen als politische Bürger können sich letztlich nur auf ihn beziehen. Basis zu sein ist für den Staat kein Ruhekissen, sondern recht anspruchsvoll. Als offenem Staat ist ihm die schwierige Aufgabe gestellt, die Aktivitäten und Aufgaben im internationalen Bereich in die politischen Prozesse im Staat, insbesondere bei Wahlen, mit einzubeziehen. Es wird für die politischen Parteien nicht leicht sein, die daraus entstehende Doppelaufgabe wahrzunehmen, die Doppelaufgabe nämlich, zum einen die im Innenraum des Staates relevanten politischen Prozesse zu organisieren und zum anderen Themen des internationalen Raumes angemessen und nicht nur marginal zu behandeln. Gleichzeitig kann ein solcher Staat einen beträchtlichen Teil seiner Legitimation aber auch daraus beziehen, daß er für seine Bürger im Feld der internationalen Organisationen tätig ist. Zustimmung und Legitimation erwirbt der Staat zu einem wachsenden Teil dadurch, daß er in Außenbeziehungen im Interesse der Bürger handelt – auch dies ist eine Konsequenz des offenen Staates.[81]

4. Der einzelne ist auf der dritten Ebene nicht selbst Rechtsinhaber und nicht potentieller Klageberechtigter, aber seine Interessen und seine Rechte sind im internationalen Bereich vertreten und repräsentiert durch den Staat als *Treuhänder* seiner Rechte und zugleich als der ihm im staatsrechtlichen Grundverhältnis Verpflichtete. In diesem Sinne sind die einzelnen von den Aufgaben und Entscheidungen auf der dritten Ebene nicht ausgeschlossen. In ihrem Interesse werden Verträge geschlossen und internationale Rechtsvorschriften erlassen. Durch die Umsetzung der internationalen Verträge und ihrer völkerrechtlichen Pflichten ins nationale Recht wird der Staat zugleich seinen Pflichten gegenüber seinen Bürgern gerecht. Der Staat hat die wichtige Transformations- und

81 In der Staatstheorie noch zu verarbeiten ist das anschauliche Faktum, daß der Staat in der Welt natürlich nicht mehr als das denkbar neutralste und objektivste Gesamtsubjekt, idealiter als Repräsentant der insoweit relevanten Weltgemeinschaft schlechthin auftritt, sondern aus der Weltsicht als partikularer Vertreter des Gemeinwohls seiner Bürger und ganz offen parteiisch für die eigene Wirtschaft und die Arbeitsplätze der eigenen Arbeitnehmer agiert.

Transferrolle[82] (meist mit Ausgestaltungsspielräumen), deren Bedeutung auch für das innerstaatliche Verhältnis zum einzelnen hervorgehoben zu werden verdient: Internationales Recht, auf dessen Entstehung der einzelne keinen Einfluß hat, das ihm keine subjektive Rechte einräumt und das er auch nicht direkt angreifen konnte, wird in nationales Recht verwandelt, wo der einzelne die gesamte ausgebaute Stellung als Inhaber von Rechten und als Klagebefugter hat, wenn auch auf dieser Ebene die bindenden Regelungen der internationalen Ebene meist nicht mehr in Frage gestellt werden können.[83]

Die einzelnen profitieren vom Recht in ihren Staaten und von den Rechten, die sie nach der nationalen Verfassung und den nationalen Gesetzen im (verfassungsrechtlichen) Grundverhältnis haben. Was die einzelnen im allgemeinen nicht können, ist, eine völkerrechtskonforme Gestaltung des nationalen Rechts auf unmittelbarem Wege erstreiten zu können. Ehe man die mangelnde Klageberechtigung des einzelnen auf der völkerrechtlichen Ebene grundsätzlich beklagen möchte, gilt es zu bedenken und für die deutsche Rechtsordnung wiederzuentdecken, daß *objektives Recht*, auch wenn es für den einzelnen nicht direkt einklagbar ist, Recht ist und in der Gesamtkonstellation von Völkerrecht und Staatsrecht wirkungsvolles Recht als potentiell umzusetzendes und dann umgesetztes Recht ist. Der Blick, der ursprünglich unmittelbar auf die Stellung des einzelnen jenseits des Staates gerichtet war, muß so in den innerstaatlichen Bereich zurückkehren, wo sich häufig das vom Völkerrecht Angestoßene konkretisiert und auswirkt.

5. Gefragt ist insoweit auch nach dem Beitrag der *nationalen Verfassung* und Gesetzgebung zur Absicherung der Stellung des einzelnen in der Welt. Gefragt ist auch, ob der einzelne seinen Staat auf

82 Grundsätzlich Saladin (FN 45), S. 237: Staat als Mitte, Mittler, Vermittler und pouvoir intermédiaire, bei Saladin bezogen auf die kulturellen Aufgaben.

83 Die »klassische« Figur, daß der Staat nationales Recht abweichend von völkerrechtlichen Verpflichtungen setzt und sich dadurch »nur« völkerrechtlich vertragsbrüchig macht, hat in Zeiten des praktizierten Mehr-Ebenen-Systems und der Angewiesenheit aller auf Fortsetzung der Kooperation ausgedient; die großen Internationalen Organisationen kann praktisch kein Staat mehr verlassen. Ein Konfliktfall ist es auch, wenn ein nationales Verfassungsgericht umgesetztes Recht für verfassungswidrig erklärt, was im Verhältnis zum Völkerrecht noch anders als beim EU-Recht grundsätzlich möglich ist. Die Logik des zunehmenden Handelns im Mehr-Ebenen-System dürfte auch insoweit Modifikationen erzwingen.

der nationalen Ebene dahin mobilisieren kann, daß dieser seine Interessen »draußen« vertritt. Die hier einschlägigen Positionen des einzelnen sind seine Grundrechte, angewandt auf sein Handeln außerhalb. Solche »nach außen« gewendeten Grundrechte sind das Grundrecht der Freizügigkeit,[84] dann vor allem die Außenwirtschafts-, Außenhandelsfreiheit und generell die Außen-Handlungsfreiheit (Grundrechte, die ins allgemeinen Staatsrecht stärker integriert werden müssen) sowie in einigen Aspekten das Eigentumsgrundrecht.

Eine Reihe von Fragen drängen sich auf: Ist der Staat rechtlich verpflichtet, die Rechte seiner Bürger im internationalen Handel zu vertreten und sie als Handlungs- wie Handelssubjekt in der gesamten Welt zu schützen? Ist der Staat zuvörderst verpflichtet, die Außenhandelsfreiheit seiner Bürger nicht (übermäßig) zu begrenzen? Dies ist eine Frage der Reichweite der Grundrechte in den verschiedenen Dimensionen. Neben den abwehrrechtlich zu beurteilenden Eingriffen in die Außenhandelsfreiheit durch staatliche Zollpolitik und nichttarifäre Beschränkungen ist hier besonders die Schutzdimension der Grundrechte in folgenreicher Weise nach außen gekehrt: Das alte Thema des diplomatischen Schutzes erweitert sich in eine ganz andere Dimension, nämlich auf das gesamte Handeln der Staatsbürger im Ausland. Hat deshalb der einzelne gegenüber dem Staat Schutzansprüche, wenn seine irgendwo in der Welt getätigten Investitionen vom dortigen Staat bedroht sind? Hat der einzelne, der im wesentlichen im Außenhandel und im Ausland tätig ist, Rechte gegen seinen Staat, daß dieser den Außenhandel nur in Übereinstimmung mit den WTO-Regeln reguliert?

Diese und weitere Fragen führen vor allem zu den hier nur kurz zu behandelnden Fragen der *Außenwirtschaftsfreiheit.*[85] Sie ist grundsätzlich anerkannt und hat nach zutreffender Auffassung ihren Sitz in der Berufsfreiheit in Art. 12 GG.[86] Kraft dieses Grundrechts der

84 Die Freizügigkeit muß aus der Verengung durch das Elfes-Urteil (BVerfGE 6, 32), befreit werden und in Art. 11 GG ihre Grundlage finden, so zu Recht Ingolf Pernice, in: Horst Dreier (Hg.) *Grundgesetz,* Art. 11, Rn. 15.

85 Grundsätzlich Epping (FN 56), insb. S. 10-164, 189-236, 97: vom Verbot mit Ausnahmevorbehalt zur Kontrollerlaubnis; Stoll (FN 64), S. 83 ff., Brun-Otto Bryde, »Außenwirtschaftsrecht«, in: Schmidt (FN 60), S. 487 ff., 502 ff.; grundlegend BVerfGE 12, 281.

86 Insoweit ist das Außenwirtschaftsgesetz grundrechtlich abgestützt, wenn es auch darüber hinausgeht, Epping (FN 56), S. 385.

Außenwirtschaftsfreiheit ist der Staat in allen seinen nach außen wirksamen wirtschaftsrelevanten Handlungen nicht mehr völlig frei, er kann Embargos, Zölle und sonstige wirtschaftliche Abschließungs- oder Kanalisierungsmaßnahmen nicht beliebig, sondern nur mit Rücksicht auf die Grundrechte der Bürger vornehmen (Grundrechte als Abwägungsposten). Er hat auch im Außenwirtschaftshandel gemäß der grundlegenden Funktion der Grundrechte die Darlegungslast. Natürlich kann der Staat gegenüber diesen Rechten der einzelnen öffentliche Belange ins Feld führen – das AWG oder das vorrangige EG-Recht sind voll davon –, aber dem Grundverhältnis und dem Grundsatz nach entspricht das Außenwirtschaftsrecht dem Modell der Grundrechtsausübung der einzelnen und der partiell bestehenden Einschränkungsbefugnis des Staates. Am Beispiel der Außenwirtschaftsfreiheit zeigt sich, daß der einzelne auf dem Boden der nationalen Verfassung eine Rechtsstellung hat, die grundsätzlich auch sein Handeln in der Welt jenseits des Staates erfaßt, wobei der Verpflichtete, der Staat, auf dieser Welt-Ebene natürlich nur ein Mitspieler unter vielen ist. Die Charakterisierung, daß der Staat die Basis des Mehr-Ebenen-Systems ist, bestätigt sich und hat für den einzelnen konkrete rechtliche, auch grundrechtliche Folgen.

6. Vergleicht man, wie es das Thema nahelegt, die nationale Außenwirtschaftsfreiheit oder die gesamte »Außenwirtschaftsverfassung«[87] aus der Perspektive der Welthandelsordnung oder – wie ebenfalls gesagt wird – der »Welthandelsverfassung«, so zeigt sich, daß die objektiven Regeln des freien Welthandels auf der internationalen Ebene umfassender und liberaler gewährleistet sind als auf der nationalen Ebene.[88] Das kann nicht überraschen: nationale Rechtsordnungen haben in ihrer binnenorientierten Tradition keinen Anlaß zur Gewährleistung gleicher und fairer Regeln für *andere* Staaten und *ausländische* Unternehmer gesehen. Deshalb fehlen solche ihrer Natur nach zwischenstaatlichen Regelungen und ihre positiven Wirkungen für die Außenhandel treibenden einzelnen (Unternehmen) in den nationalen Verfassungen, und deshalb sind sie,

87 So die Bezeichnung in der Literatur Stoll (FN 64), S. 123 m. w. N.

88 Zu den »nationalen Außenwirtschaftsverfassungen« Stoll (FN 64), S. 123 ff., auch S. 90 (Defizit der konstitutionellen Gewährleistung der Freiheit des Handels in einzelstaatlicher Perspektive), S. 113 (der »protectionist bias« der Außenhandelspolitik).

und zwar ganz prominent, im EG-Vertrag vorhanden. Kein Wunder, daß nach Wegen gesucht wird, die WTO-Regeln in der Gerichtsbarkeit vor den nationalen Gerichten unmittelbar zur Geltung bringen zu können. Wenn dies gelänge, würde die oben beschriebene Basis des einzelnen auf der ersten Ebene verbreitert und verstärkt.

Die Problematik der *unmittelbaren Anwendung* ist zu Recht eines der umstrittensten Themen des internationalen Wirtschaftsrechts und der Wirkungsweisen von Völkerrecht;[89] es hat seinen derzeitigen Hauptanwendungsfall im Verhältnis der WTO-Regeln zur EU. Der Hintergrund ist, wie könnte es anders sein, der Bananen-Fall, der hier nicht zu behandeln ist.[90] Die Figur der unmittelbaren Anwendung ist von *strategischer Bedeutung*[91] für die Absichten, die Stellung des einzelnen aufzuwerten und ihm Abwehrmöglichkeiten gegen den nationalen Staat und seine aus innenpolitischen Gründen vorgenommenen protektionistischen Maßnahmen zu verschaffen. Das Rechtsinstitut der unmittelbaren Anwendung von Völkerrecht im nationalen Recht ist, wenn es anerkannt wäre (und in Zukunft vielleicht schrittweise anerkannt wird), eine höchst wirkungsvolle und folgenreiche Technik der Verschränkung der Ebenen zugunsten des einzelnen. Im Ergebnis lehnt der EuGH auch in der neuesten Entscheidung[92] die unmittelbare Wirkung ab – im Kern wohl mit der typischen völkerrechtlichen Begründung, daß die Gegenseitigkeit nicht verbürgt sei, mit einem Argument also, das im generell durchsetzungsgefährdeten Völkerrecht eine wichtige Rolle als Durchsetzungsinstrument spielt.

7. Im Konflikt zwischen den in der WTO formulierten Regeln des freien Welthandels und dem protektionistischen Verhalten der EU beziehungsweise einzelner Staaten verbirgt sich ein zentrales Problem des *Verhältnisses zwischen dem wirtschaftlichen und dem politi-*

89 Epping (FN 56), S. 615, 621 ff.; Werner Meng, »Gedanken zur unmittelbaren Anwendung von WTO-Recht in der EG«, *FS Bernhardt*, 1995, S. 1063; Stoll (FN 64), S. 138 ff.

90 Dazu oben FN 14.

91 Vgl. Stoll (FN 64), S. 143 (s. auch S. 124 f., 142): konstitutionelle Verschränkung zwischen Welthandelsverfassung und nationaler Außenhandelsverfassung gerade durch eine unmittelbare Anwendbarkeit.

92 EuGH, U. v. 23. 11. 1999, *EuR* 2000, S. 62 ff.; dazu Meinhard Hilf/Frank Schorkopf, »WTO und EG: Rechtskonflikte vor den EuGH«, *EuR* 2000, S. 72 ff.; Georg Berrisch/Hans-Georg Kamann, *EWS* 2000, S. 89.

schen System im Drei-Ebenen-Gefüge. Die EU (oder einzelne Staaten) haben auf der internationalen Ebene Pflichten zugunsten eines freien Welthandels übernommen, konterkarieren diese aber immer wieder mit Rücksicht auf den innenpolitischen Druck von Interessen- beziehungsweise Wählergruppen durch europäische beziehungsweise nationale Maßnahmen.[93] Es kann nicht überraschen, daß aus der Sicht des Welthandels(rechts) und der Wirtschaftstheorie die Rücksichtnahme auf solchen innenpolitischen Druck nicht nur als rechtswidrig, sondern vor allem als inhaltlich verfehlt angesehen wird, weil Wachstumsmöglichkeiten verschenkt werden. Anschaulich schildert Werner Meng[94] diesen Konflikt aus dieser Sicht: »Denn der Vorrang von kurzfristigen Interessen vor langfristiger Rationalität ist ein Preis, den parlamentarische Demokratien scheinbar unausweichlich immer wieder zahlen müssen. Verfassungsrechtliche wie völkerrechtliche Bindungen können hier stabilisierend wirken. Dennoch ist das gegenwärtige Völkerrecht noch weit davon entfernt, hier einen verläßlichen Mast zu bieten, an dem sich Odysseus bei der Vorbeifahrt an der Insel der Sirenen anbinden kann. Die Zeit sollte jedoch für eine Konsolidierung eines solchen Mastes arbeiten«.

Hier ist die Absicht und geradezu Sehnsucht deutlich, daß gegenüber der für unzuverlässig gehaltenen, von politischen Auffassungen hin und her wogenden parlamentarischen Demokratie ein fester Halt geboten werden soll. Die innenpolitischen Prozesse gelten als Sirenengesänge, die die schwankenden Wirtschaftspolitiker verführen. Nur der feste Odysseus, dem das Völkerrecht durch bindende Seile Hilfe gibt, kann sich behaupten und an den verführerischen politischen Prozessen vorbei das ökonomisch Richtige tun.[95]

93 Dazu statt vieler Stoll (FN 64), S. 113: der »protectionist bias« der Außenhandelspolitik.

94 Werner Meng, »Wirtschaftssanktionen und staatliche Jurisdiktion – Grauzonen im Völkerrecht«, *ZaöRV* 57 (1997), S. 269 ff., 324.

95 Meng (FN 94), S. 319: Das Völkerrecht kann und sollte geradezu eine Barriere gegen innenpolitisch motiviertes Vorteilsstreben zu Lasten von Außenpositionen eines Staates sein. Grundsätzlich zur Theorie des Welthandelsrechts und zu den prinzipiellen Annahmen Jan Tumlir, *Economic Policy as a Constitutional Problem*, 1984 (und spätere Arbeiten); programmatisch auch Ernst-Ulrich Petersmann in mehreren Arbeiten zum Beispiel ders., »National Constitutions and International Economic Law«, in: Meinhard Hilf/ders. (Hg.), *National Constitutions and Inter-*

Ohne daß das hier im einzelnen dargelegt werden könnte: So einfach ist das Verhältnis zwischen Ökonomie und politischen Prozessen nicht, schon gar nicht läßt sich ein ausnahmsloser und grundsätzlicherer Vorrang ökonomischer Rationalität gegenüber den grundsätzlich irrationalen Wünschen von Politikern oder Bürgern akzeptieren. Die Welt ist schwieriger, und der einzelne verhält sich nicht, wie es das Konstrukt des homo oeconomicus erwarten lassen würde. In der Demokratie ist die Berücksichtigung der Interessen von Bauern oder Werftarbeitern nicht per se irrational und verwerflich. Eine solche Politik kann falsch sein, und sie ist es wahrscheinlich öfters auch. Aber das Leben in einer demokratischen Gemeinschaft ist mehr und anderes als ein Handeln allein nach den Imperativen der reduziert angesetzten ökonomischen Rationalität. Das Bild von Meng wird den Eigenarten und der Notwendigkeit politischen Handelns nicht gerecht. Im Handlungssystem der WTO gibt es keine von unten her legitimierte und gegenüber den Menschen zu verantwortende Politik. Deshalb kann im ökonomischen Fachbereich wirtschaftlich »rein« und ohne Rücksicht auf manifeste Wünsche einzelner Gruppen oder der Wähler entschieden werden. Im Modell und im gesamten Denken bleibt aber ausgeklammert und ungelöst, wie aus dem Gesamtsystem die »störenden« Wünsche der Bürger der einzelnen Staaten verschwinden könnten, wie überhaupt die Politik (als Ausgleich und Kompromiß zwischen verschiedenen Sachbereichen) aufhören könnte. Insoweit erweist sich der Ansatz als technokratisches Modell. Die primär oder allein in den Blick genommenen Belange des Welthandels werden mit den Erfordernissen der Politik und mit den entgegenstehenden Belangen anderer Sachbereiche nicht balanciert, und das System ist schon im Ansatz nicht auf einen Ausgleich angelegt. Solange die internationalen Organisationen wie die WTO die demokratisch verantwortete Politik und die vielfältigen Erwartungen der einzelnen im WTO-System nicht erfassen und auffangen können, dürfen die Staaten, die mit diesen Erwartungen zu Recht konfron-

national Economic Law, 1993, S. 3 ff.; ders., »Rights and Duties of States and Rights and Duties of Their Citizens – Towards the ›Constitionalization‹ of the Bretton-Woods-System Fifty Years after ist Foundation«, in: *FS Bernhardt*, 1995, S. 1087 ff.; Martin Nettesheim, »Von der Verhandlungsdiplomatie zur internationalen Verfassungsordnung«, *Jahrbuch für Neue Politische Ökonomie*, 2001, S. 67 ff.; Peter Behrens, »Weltwirtschaftsverfassung«, ebd., S. 5 ff.

tiert sind, nicht beiseite geschoben oder vorschnell in ihrer Bedeutung minimiert werden. Schließlich wird von ihnen auch erwartet, daß sie einen beträchtlichen Anteil an der Legitimation des WTO-Systems und anderer internationaler Organisationen leisten.[96]

Die »Sirenengesänge« oder – nennen wir sie doch, was sie sind – die sich in der Politik äußernden Wünsche und Forderungen der einzelnen von unten, sind eine Realität, sie gehören zur Grundausstattung der Menschen in der Welt, und deshalb ist auch die Politik eine Realität mitsamt ihren Prozessen des Ausgleichs und damit der suboptimalen[97] Verwirklichung der einzelnen fachlichen Belange. Die Antworten auf die Prozesse der Globalisierung und Internationalisierung sind nicht-einfache Lösungen, wir werden mit komplizierten Mehr-Ebenen-Systemen und Kompromissen zwischen den Sachbereichen leben müssen. In ihnen hat die Politik auf der staatlichen Ebene (beziehungsweise auf der EG-Ebene) einen entscheidenden Platz, und die Staaten als die Repräsentanten dieser die einzelnen berechtigenden und verpflichtenden Politik nehmen eine gewichtige, aber natürlich nicht ausschließliche oder absorbierende Rolle ein. Die Vision der Befreiung eines Belangs, des freien Welthandels, von der Gesamtheit der im politischen Prozeß zu verwirklichenden Belange ist eine technokratische Utopie.[98]

96 Wiederum wird die Fruchtbarkeit und Notwendigkeit des Denkens im Mehr-Ebenen-System deutlich: Die internationalen Organisationen können Legitimation und Akzeptanz nicht allein aus sich (ausreichend) leisten: Sie sind auf Leistungen der Staaten (der EU) angewiesen. Die internationalen Organisationen sind nicht einfach auf der höchsten Ebenen angesiedelt und dort selbstgenügsam, aus sich allein legitimiert, sondern sie sind im Drei-Ebenen-System von Leistungen der anderen Ebenen abhängig, so wie umgekehrt diese auch von ihnen.

97 »Suboptimal« aus der Sicht allein der wirtschaftlichen Belange gesehen.

98 Das Thema: Welthandelsordnung oder Welthandelsverfassung, das hier nicht ausreichend behandelt werden konnte, ist für das Verfassungsrecht erst noch zu entdecken und bedarf dort dringend der Bearbeitung.

III. Der einzelne in der Gesamtkonstellation aus Staat, Europäischer Union und internationaler Ebene

Für die weiterführenden Fragen nach der Gesamtkonstellation aus Staat, Europäischer Union und internationaler Ebene beziehungsweise nach der Gesamtkonstellation der insoweit einschlägigen Rechtsgebiete soll es aus Raumgründen abschließend bei einigen – kommentierten – Thesen bleiben.

1. Zunächst zur *Gesamtkonstellation* und zum *Komplementärverhältnis von Völkerrecht und Staatsrecht:*

(1) Staatsrecht/Europarecht und Völkerrecht sind komplementäre, einander ergänzende Rechtsgebiete; in ihrer Gesamtkonstellation bilden sie das Recht in der Welt.[99] Den beträchtlichen Wandlungen des Staates und des Staatsrechts entsprechen ähnlich bedeutsame Wandlungen auf der internationalen Ebene und damit des Völkerrechts. So wie zum *geschlossenen* (National-)Staat die regelungsschwache internationale Ordnung der primär bindungsfrei gedachten souveränen Staaten gehörte, so gehört zum *offenen*, in vieler Hinsicht *permeablen* Staat eine dichtere Verflechtung und höhere Institutionalisierung der internationalen Ebene und eine neue Epoche des Völkerrechts, nämlich die des sich pluralisierenden Völkerrechts,[100] das in einer dauerhaften Wechselbeziehung zum Staatsrecht steht.

Das dargelegte Ergänzungsverhältnis ist keineswegs neu; es hat auch in der vorhergegangenen Epoche der souveränen Staaten und des staatenzentrierten Völkerrechts bestanden. Das klassische staa-

99 Die politische Welt und einzelne Sachbereiche wie Wirtschaft oder Umwelt sind deshalb rechtlich zunehmend durch die sich ergänzenden Regelungen zweier Rechtsgebiete geordnet (in Europa sind es drei Ebenen und drei sich durchdringende Rechtsordnungen). So lassen sich zum Beispiel Umwelt-, Informations- oder Lebensmittelrecht nicht mehr als abgeschlossene autonome nationale Rechtsgebiete verstehen, sondern das nationale Recht ist Teil einer Gesamtkonstellation, die man als zwei oder dreischichtigen Rechtsverbund oder als eine dreistufige Pyramide verstehen kann. Die Bilder sollen andeuten, daß die sektoralen Rechtsgebiete eine vertikale Verflechtung haben, so daß wichtige Einflüsse zunehmend in der Vertikalen verlaufen (mit allen Folgen für die Möglichkeit horizontaler Abstimmung).

100 Siehe dazu unter (3).

tenzentrierte Völkerrecht war ein exakter Spiegel der Welt der Staaten seiner Zeit, es war das sehr begrenzte Recht einer weithin hobbesianisch strukturierten Staaten»gemeinschaft«. Wenn das heutige Völkerrecht große und geradezu spektakuläre Fortschritte gegenüber dieser Epoche gemacht hat, dann sind diese gewiß nicht nur autonome Verbesserungen im Völkerrecht, sondern die Kehrseite der Öffnung der Staaten und ihrer Rechtsordnungen, die ihrerseits Reaktionen auf die Entgrenzung der wirtschaftlichen und gesellschaftlichen Lebensverhältnisse sind. Der Raum jenseits der Staaten hat dadurch eine ganz andere Bedeutsamkeit erlangt. Er ist durch ein Geflecht von Verträgen und die Bildung internationaler Organisationen belebt worden. Gestärkt wurde dadurch der Koordinationscharakter des Völkerrechts, hinzugekommen sind kräftige Elemente einer Kooperationsordnung und Schritte in Richtung einer Konstitutionalisierung.[101]

(2) Infolge der wechselseitigen Verschränkung der Ebenen, die die gegenwärtige Epoche charakterisiert, hat die klassische Differenz von Innen und Außen (von souveränem Staat und völkerrechtsvertraglichen Bindungen) ihre systemleitende und -prägende Bedeutung verloren. Real und normativ hat die Grenze ihre systembestimmende Funktion in vielerlei Hinsicht verloren. Das gleiche gilt für die mit dieser Innen-Außen-Differenz untrennbar verbundenen Begriffe wie Impermeabilität und Souveränität.[102] Der früher charakteristische schützende Mantel der Souveränität[103] beziehungsweise der Souveränitätspanzer des Staates ist durchlöchert und beträchtlich relativiert, ohne vollständig abgeschafft zu sein. Deshalb ist die neue Situation komplexer, so daß eine der Gegenwart angemessene, Staats- und Völkerrecht umfassende Theorie Antworten jenseits der alten klaren Abgrenzungen und Begriffe geben muß.

Das Denken in mehreren Schichten der politischen Ordnung und der Rechtsordnung und das damit verbundene Konzept der Verschränkung und Verflechtung zwischen zwei beziehungsweise drei Ebenen sind Ansätze für das Begreifen dieser komplexeren Gesamtkonstellation. Der Rechtsverbund ist ein Kennzeichen der Rechts-

101 Dazu unter (11).
102 Dazu schon oben Denninger (FN 42) und Steiger (FN 45).
103 Christian Tomuschat, in: *Bonner Kommentar zum Grundgesetz (BK),* Art. 24, Rn. 10 ff. (Zweitbearbeitung 1981).

ordnungen insgesamt und von vielen sektoralen Teilrechtsordnungen. Bei den am weitesten internationalisierten Rechtsgebieten ist es evident, daß »das Recht« der Informationsordnung, der Lebensmittelsicherheit oder des Umweltschutzes ein Rechtsverbund aus zwei oder drei Ebenen ist.[104] Dabei erschöpfen sich die Beziehungen zwischen den einzelnen Ebenen nicht in einmaligen oder anfänglichen Ableitungsbeziehungen, sondern die Ebenen bleiben über die Prozesse der Interpretation sowie der Abänderung der Regelungen dauerhaft miteinander in Verbindung.

(3) Für die neue Epoche ist ein Grundverständnis der wechselseitigen Abhängigkeit und Komplementarität charakteristisch.[105] Völkerrecht und Staatsrecht wirken immer häufiger arbeitsteilig zusammen, wenn es um die Problembewältigung und -steuerung durch Recht geht; keines der beiden Gebiete kann das Regelungsbedürftige für sich allein setzen. Auch in einer anderen Perspektive läßt sich von einer Wechselbezüglichkeit reden.[106] Zum einen findet ein »verfassungsrechtlicher« Export aus der Ebene der staatlichen Verfassungen in die Welt der supra- und internationalen Ebene hinein statt. Für internationale Organisationen wird die Analogie zu Art. 23 GG[107] besonders im Hinblick auf die Rechtsstaatlichkeit und die Ausbildung von Streitbeilegungsmechanismen diskutiert. Darin wird die wichtige Rolle des Staates als Transformator von innen nach außen und als Gewährleistender eines verfassungsstaatli-

104 Dazu jetzt ausführlich Christian Tietje, *Internationalisiertes Verwaltungshandeln*, 2001, S. 288 ff., 349 ff. und 424 ff., der als ausgewählte Sachgebiete der Internationalisierung gerade das Gesundheits-, das Umwelt- und das Kommunikations- und Transportverwaltungsrecht behandelt.

105 Bei diesem Komplementaritätsdenken gehören auch die beiden Formeln von der staatlichen Bedingtheit der internationalen Ordnung von der übernationalen Bedingtheit des Staates (Werner v. Simson) zusammen.

106 Ausdrücklich spricht Hobe, *Der offene Verfassungsstaat* (FN 2), S. 422, von der »Wechselbezüglichkeit der internationalen Überformung des verfassungsstaatlichen Binnenprofils und der verfassungsstaatlichen Vorgaben für die Ausformung des internationalen Organisationsprofils«. Natürlich können solche verfassungsrechtliche Vorgaben für internationale Organisationen, die von vielen Staaten konstituiert werden, vom einzelnen Staat nicht in freier Beliebigkeit, sondern nur im Einklang mit gemein-verfassungsstaatlichen Auffassungen der anderen Staaten gesetzt werden.

107 Hilf (FN 66) prüft, ob Art. 23 GG analog auf die WTO angewendet werden kann. Auf der Tagung der Gesellschaft für Völkerrecht blieb diese Frage kontrovers.

chen Mindeststandes, der innen verwirklicht ist, auch auf der internationalen Ebene deutlich.

Andererseits steht der offene und vertikal verflochtene Staat auch und gerade im Kern seiner Fundamentalnormen unter völkerrechtlichen Vorgaben. Die Prinzipien des Verfassungsstaates sind auf die völkerrechtliche Ebene gewandert – dies ist ein Fortschritt und eine begrüßenswerte Entwicklung. Dies hat aber auch zur Folge, daß vom Völkerrecht (und vom Europarecht) her Bindungen und rechtliche Vorgaben bestehen, die für denjenigen Staat Wirksamkeit entfalten, der sich von diesen Prinzipien entfernen will (Art. 6 und Art. 7 EUV).[108] Aber auch auf der rein völkerrechtlichen Ebene des Europarats gilt gemäß Art. 3 der Satzung, daß Rechtsstaatlichkeit, Demokratie und Menschenrechte zu gewährleisten sind.[109] Das Thema der normativen Anforderungen an die nationalen Staaten, aber auch an die internationalen Organisationen selbst ist auf der Tagesordnung.

(4) Im Mehr-Ebenen-Aufbau haben die zwei (in Europa drei) Ebenen spezifische Aufgaben und Strukturen. Es gilt nicht die Wiederholungsthese, nach der sich die wesentlichen Merkmale und Prinzipien auf allen zwei beziehungsweise drei Ebenen in annähernd gleicher Weise und Gestalt wiederholen. Vor allem wiederholen sich die demokratischen und rechtsstaatlichen Strukturen der staatlichen Ebene nicht einfach auf der internationalen Ebene.[110]

Die Rolle des (National-)Staates bestimmt sich nicht nur aus dem Verhältnis zur Europäischen Union als einer Integrationsgemeinschaft,[111] sondern auch aus dem Verhältnis zu den Organisationen der internationalen Ebene. Jedenfalls in dieser Perspektive wird die

108 Dazu etwa Frank Schorkopf, in: Eberhard Grabitz/Meinhard Hilf (Hg.), *Das Recht der Europäischen Union*, Bd. I, Stand: Februar 2002, Art. 7 EUV.

109 Art. 3 Satzung des Europarats: »Jedes Mitglied des Europarats erkennt den Grundsatz der Vorherrschaft des Rechts und den Grundsatz an, daß jeder, der seiner Hoheitsgewalt unterliegt, die Menschenrechte und Grundfreiheiten teilhaftig werden soll.«

110 Oben schon S. 61 f., FN 34 und 35.

111 In dieser Perspektive erscheinen die europäischen Staaten als integrierte Staaten, als Teil und Glied »einer immer engeren Union der Völker Europas« (Art. 1 Abs. 2 EU). Dies legt auch die Vorstellung nahe, daß der Mitgliedstaat immer mehr in die Rolle als eingeordneter Teil gerät und letztlich ab einem bestimmten Integrationsgrad als selbständiger Staat nicht mehr recht gedacht werden kann. Ähnliches gilt im Verhältnis der Staaten zur internationalen Ebene keineswegs.

fundamentierende und basale *Rolle des Staates* in bezug auf Legitimation, Partizipation und politische Aktivbürgerschaft deutlich (Staat als Standbein, als Basis sowie als Verankerung und Ausgangspunkt von Kooperationen und Netzwerken).

(5) Zu den Unterschieden zwischen der staatlichen und der internationalen Ordnung gehört auch und in besonderer Weise, daß der *Grad der Verrechtlichung* dimensional unterschiedlich ist. Insbesondere gibt es auf der staatlichen Ebene nicht nur höchst umfangreiche Rechtssetzung, sondern auch den unerläßlichen, umfangreichen und voraussetzungsvollen Durchsetzungsapparat sowie eine annähernd flächendeckende Gerichtsbarkeit.[112]

2. Im weiteren geht es um den ersten Bestandteil der Gesamtkonstellation, um den Begriff des *offenen Staates* als einer Chiffre für den umfänglichen Wandel im staatlichen Bereich:

(6) Im Mehr-Ebenen-System wandern zwar manche Aufgaben von der Ebene des Staates auf eine höhere Ebene.[113] Es kommen aber notwendigerweise auch neue, auf die Architektur und die Funktionsweise des Gesamtgefüges bezogene Aufgaben hinzu:[114] Als Basis eines mehrstöckigen Gebäudes hat der offene Staat spezifische Grund- und (be)gründende Funktionen.[115] Gedanklich am Anfang steht die Übertragungsfunktion – es sind allein die Staaten, die inter- oder supranationale Organisationen bilden und mit Be-

112 Staatliches Recht ist grundsätzlich durchsetzbares, reales wirksames Recht. Völkerrechtliche Normen sind eine undurchschaubare Mischung von normativem Anspruch und prekärer Realisierung (es sei denn, die völkerrechtlichen Normen werden in staatliche Normen umgesetzt und konkretisiert). Weil aber diese Umsetzung völkerrechtlicher Normen in staatliches Recht beziehungsweise EG-Recht immer häufiger geschieht, verliert die oben gebrauchte Dualität an Schärfe. Völkerrecht und Staatsrecht zusammen bilden die Gesamtkonstellation, und diese wird – das ist das Neue – auf viel mehr Gebieten wirksam gegenüber früher.

113 Andere Aufgaben werden überformt.

114 So auch Luthardt (FN 45), S. 717.

115 Grundlegend dazu Hobe, *Der offene Verfassungsstaat* (FN 2), S. 402 ff., zu den Funktionen des Staates im Ebenenmodell. Hobe hebt auch hervor, daß die abwandernden Aufgaben zum Teil durch die internationalen Hoheits- und Integrationsgehalte des Staates kompensiert werden können, wobei nicht zu übersehen sei, daß sich die neuen Einheiten aber auch verselbständigen können (ebd., S. 435 ff.); vgl. auch ders., »Der kooperationsoffene Verfassungsstaat«, *Der Staat* 37 (1998), S. 521/545.

fugnissen ausstatten. Hinzu kommen die Gewährleistungs-, Kontroll- und Wächterfunktionen, die sich exemplarisch in den Formulierungen von Art. 23 Abs. 1 GG finden und in denen sich die schon erwähnte Funktion des Staates zur Weiterleitung der verfassungsstaatlichen Prinzipien zur Ebene der internationalen Organisationen zeigt. Die daran anknüpfende Wächterfunktion erschöpft sich nicht auf den ursprünglichen Übertragungsvorgang, sondern sie besteht fort. Nirgends hat sich eine supranationale oder internationale Organisation von der staatlichen Wurzel und Bedingtheit zugunsten eines Selbststandes gelöst, auch nicht in der EU und EG. Bedeutsame Rollen der Staaten im Gesamtgefüge sind dann die Ausführungs- und Durchsetzungsfunktionen, die das internationale Recht für sich regelmäßig nicht gewährleisten kann. Dazu tritt die oben betonte Funktion der Staaten als Basis für die fundamentierenden politischen Prozesse.[116]

(7) Die Formel vom offenen Staat ist, soll sie mehr als nur eine Redeweise sein, auf die Analyse der Veränderungen angewiesen, die mit dem offenen Staat verbunden sind und die ihn zu einer anderen Erscheinungsform des Staates gegenüber dem früheren geschlossenen Nationalstaat, wenn man so will: zu einem anderen Staatstyp machen. In der Tat verändert der auf die Staatsfundamentalnorm des Art. 24 GG gestützte Staatstyp des offenen und kooperierenden Staats beträchtlich jedes der drei klassischen Staatselemente.[117] Das Prinzip des offenen Staats muß für die Staatsgewalt, das Staatsgebiet und das Staatsvolk im einzelnen entfaltet, für jedes von ihnen sozusagen durchdekliniert werden.

(8) Der offene Staat verändert die Staats*gewalt* u. a. durch:
- die Beschränkung der Souveränität im Falle des Friedensbruchs und der Menschenrechtsverletzungen;
- die gemeinschaftliche Ausübung von Staatsgewalt und von bestimmten Befugnissen;[118]

116 Von Hobe, *Der offene Verfassungsstaat* (FN 2), etwas blaß als Identifikationsfunktion bezeichnet.

117 Dazu Hobe, *Der offene Verfassungsstaat* (FN 2), S. 380 ff., auch S. 424 ff. und S. 248 ff., zu den drei Elementen in der internationalen institutionalisierten Wirtschaftskooperation.

118 Vgl. den Begriff »gemeinsame Ausübung von Souveränität« in Art. 88-1 französische Verfassung, der zwar weniger »hart« klingt als der von der Übertragung der Souveränität, der aber auch eine deutliche Abkehr vom Leitbild des allein souveränen Staates indiziert.

– die Beachtung der dichter gewordenen völker- und europarechtlichen Vorgaben für die einzelnen Staaten.[119]

(9) Die Folgen im Hinblick auf das Staats*gebiet* und seine rechtliche Bedeutung sind u. a.:

– insgesamt Durchlässigkeit (und Entterritorialisierung) der Grenzen bei Friedenssicherung (nach Kapitel VII UN-Charta) und internationalem Menschenrechtsschutz, in Ansätzen auch beim Schutz mancher Umweltgüter;
– die Öffnung des staatlichen Territoriums für den diskriminierungsfreien Handel, wie sie im WTO-Regime impliziert ist;[120]
– die extraterritoriale Jurisdiktion;[121]
– deutliche Abschwächung des Zäsur-Charakters der Grenze.

(10) Der offene Staat bewirkt beim Staats*volk*

– eine Abmilderung der Mediatisierung des einzelnen durch den Staat, insbesondere durch verstärktes Akzeptieren der doppelten Staatsangehörigkeit;
– die völkerrechtliche Pflicht zur diskrimierungsfreien Behandlung von Nichtstaatsangehörigen und Minderheitenschutz;[122]
– die Öffnung der deutschen Grundrechte für die EU-Bürger.[123]

Deutschland wird nur dann auf der Höhe der tatsächlichen Entwicklung in Europa und der Welt sein, wenn in Migrationsfragen ein Wandel eintritt. Der offene Staat hat in der Folge davon auch notwendigerweise Konsequenzen für das Staatsbürgerschaftsrecht, insbesondere in Richtung eines verstärkten Akzeptierens der doppelten Staatsbürgerschaft. Diese lockert dann ihrerseits die Exklusivität des Loyalitätsbandes zwischen Staatsverband und Angehörigen. Eine schrittweise Loslösung vom Abstammungsstaatsbürger-

119 Dazu oben (3).

120 Ausführlich Hobe, *Der offene Verfassungsstaat* (FN 2), S. 382, auch S. 285, 252 ff., 254 f.

121 Etwa zum Schutze des Wettbewerbs, s. Hobe, *Der offene Verfassungsstaat* (FN 2), S. 268, mit Verweis auf Werner Meng, *Extraterritoriale Jurisdiktion im öffentlichen Wirtschaftsrecht*, 1994. – Grundsätzlich dazu ders. (FN 94), S. 269; dort auch S. 275 und 318 die wichtige Beobachtung, daß die Staaten einen graduellen Verlust von staatlicher Steuerungsfähigkeit dadurch auszugleichen versuchen, daß sie rechtliche Regeln auch auf Auslandssachverhalte, also extraterritorial erstrecken.

122 Hobe, *Der offene Verfassungsstaat* (FN 2), S. 410.

123 Eckart Klein, »Die Europäisierung des Verfassungsrechts«, in: *FS Stern*, 1997, S. 1309; Horst Dreier in: ders., *Grundgesetz-Kommentar*, Bd. 1., 1996, Vorb. Vor Art. 1, Rn. 74 f.

recht entspricht der schon lange bestehenden Wirklichkeit der Migration. Mit der kontrafaktischen Formel: »Deutschland ist kein Einwanderungsland« war die Politik nicht auf der Höhe der Probleme, aber auch eine Staatstheorie und ein Verfassungsrecht nicht, die diese Formel im Staatsbürgerrecht praktisch abgebildet haben. Dieses wirkungskräftige Schlagwort hat notwendige Anpassungen des Staatsbürgerschaftsrechts und des staatstheoretischen Denkens an die Realität der Migration verhindert. Demgegenüber wird in Teilen des Schrifttums mit dem Leitbild der »offenen Republik« experimentiert, das in recht unterschiedlichen Binnenvarianten vertreten wird.[124] Es muß genügen, diese Problematik als offene Herausforderung an Staats- und Völkerrecht hier zu benennen.

(11) Die Normalität und Häufigkeit von Außen- und Auslandsbeziehungen sowohl der offenen Gesellschaft wie des offenen Staats verändern das Gewicht der Verfassungsorgane untereinander zugunsten eines weiteren starken Bedeutungszuwachses der Regierung und der Exekutive, die die Kooperationen aktiv betreiben; Bedeutungsverluste drohen vor allem den nationalen Parlamenten und den Parteien (im Verhältnis zu den sich international leichter organisierenden Interessenverbänden).

3. *Veränderungen im Völkerrecht* in den letzten 50 Jahren und die dadurch heraufgeführte neue Epoche sind zu einem großen Teil Widerspiegelungen der Wandlungen im Staatstyp. Ist Permeabilität der Hauptnenner des offenen Staates, dann sind Pluralisierung der Akteure, der Rechtssetzungsverfahren und der Rechtsquellen die kennzeichnenden Merkmale im Völkerrecht. Wenn nicht alles täuscht, dann ist derzeit im Völkerrecht eine ausgesprochene Aufbruchstimmung zu beobachten. So hat etwa Dicke zum Jahrhundertwechsel die Prognose gegeben, daß dem Völkerrecht im 21. Jahrhundert mindestens im gleichen, wenn nicht gar in höherem Maße jene Leitfunktion zukomme, die im 19. und 20. Jahrhundert

124 Zuweilen begegnet dabei recht Hoffnungsvolles und bewußt Ausgreifend-Utopisches, so wenn vom (aufkeimenden) europäischen Republikanismus gesagt wird, er komme »in dem Maß zu sich selbst, wie er das ambivalente Potential des Nationalismus, das ihm einst als Vehikel gedient hat, abschüttelt«, so Jürgen Habermas, *Die Normalität einer Berliner Republik*, 1995, S. 182; dazu Erhard Denninger, »Menschenrechte und Staatsaufgaben – ein ›europäisches‹ Thema«, in: Martin Nettesheim/Pierangelo Schiera (Hg.), *Der integrierte Staat*, 1999, S. 13.

das Staatsrecht einnahm.[125] Die Prognose für ein ganzes Jahrhundert, gesprochen an dessen Anfang, ist zwar kühn. Mit der Bedeutungssteigerung des Völkerrechts hat Dicke vermutlich recht, aber dies ist nicht die ganze Wahrheit: Denn die Zukunft gehört weder dem Völkerrecht noch dem Staatsrecht allein, sondern ihrer Kombination, und beiden zusammen in ihrer Komplementarität. Aber einen beträchtlichen Bedeutungszuwachs des Völkerrechts und völkerrechtlicher Normen hat es schon in den letzten Jahrzehnten gegeben, und dieser Trend wird anhalten.

(12) Zum neuen Völkerrecht gehören die schon erwähnten Prozesse der Konstitutionalisierung.[126] Sie konstituieren und »verfassen« auf der völkerrechtlichen Ebene Güter der Staatengemeinschaft mit dem Anspruch auf Beachtung durch die Staaten. In diesen Vorgängen verwirklicht und etabliert sich das Konzept des Staatengemeinschaftsinteresses. Das Völkerrecht nimmt einzelne Züge einer objektiven Rechtsordnung an, die ihr Zentrum im »internationalen öffentlichen Interesse« hat.[127]

Je mehr das Völkerrecht den Raum jenseits des Staates mit Institutionen, Verträgen, Rechtsetzung und Verfahren ausfüllt, desto mehr wird dieser Raum vom Grundgesetz des Öffentlichen Rechts ergriffen und ergriffen werden müssen, nämlich von dem Ziel, Macht sowohl zu konstituieren wie zu bändigen und in rechtliche Formen zu bringen. Die sogenannte Konstitutionalisierung ist eine konsequente Reaktion auf die ausgeweitete Kooperation der Staaten und die Aktionen der Organe der Staatengemeinschaft. Wo so viel an Befugnissen und Regelungsmöglichkeiten, damit aber auch an Macht angewachsen ist, kann nicht mehr der freie Wille der miteinander kooperierenden Staaten allein beherrschend bleiben, sondern es müssen begrenzende Elemente der Konstitutionalisierung ein-

125 Dicke (FN 24), S. 37. Große Änderungen und Aufbrüche des Völkerrechts werden offensichtlich anvisiert mit Titeln wie Jost Delbrück, »Von der Staatenordnung über die internationale institutionelle Kooperation zur »supraterritorial or global governance«: Wandel des zwischenstaatlichen Völkerrechts zur Rechtsordnung der Menschen und Völker?«, in: *Weltinnenpolitik, FS C. Friedrich v. Weizsäcker*, 1998, S. 55 ff., und im Symposium Walther-Schücking-Institut für Internationales Recht, *International Law – From the Traditional Interstate Order Towards the Law of the Global Community*, 1998.

126 Dazu Rainer Wahl, »Konstitutionalisierung – Leitbegriff oder Allerweltsbegriff?«, in: *FS Brohm*, 2002, S. 191 ff.

127 Hobe (FN 10), S. 278.

greifen. Dabei sind Fortschritte auf der materiellen Ebene die notwendige, das Durchsetzungsinstrumentarium die hinreichende Bedingung.

(13) Kennzeichnend für das neue Völkerrecht ist auch die *Erweiterung des Kreises der Völkerrechtssubjekte* beziehungsweise *der Akteure*. Dies gilt zunächst für das längst bekannte Phänomen der Vermehrung der internationalen Organisationen und ihrer wachsenden Bedeutung. Dies gilt aber auch im Hinblick auf die im Gang befindliche oder erwogene Einbeziehung der Nichtregierungsorganisationen (NGOs)[128] oder der Transnationalen Unternehmen (TNC oder TNE)[129] oder die teilweise Anerkennung der Individuen als partielle Völkerrechtssubjekte in menschenrechtlicher Hinsicht. Durch die Beteiligung dieser Akteure pluralisieren sich auch die Rechtssetzungsverfahren.[130]

(14) Traditionell ist die Durchsetzung des Völkerrechts seine prekäre Stelle (obwohl beträchtliche Verbesserungen vorliegen). Es wäre aber falsch und würde gerade dem hervorgehobenen Komplementaritätsverhältnis widersprechen, wenn man nur Defizite in der Durchsetzung und Sanktionierung des Völkerrechts isoliert auf *seiner* Ebene ins Blickfeld nehmen würde. Das Völkerrecht ist angewiesen auf die staatlichen Rechtsordnungen, und es hat eine akzeptable und früher nicht bekannte Effektivität gerade durch seine Verschränkung mit den staatlichen Rechtsordnungen erreicht. Zusammen sind beide stark, getrennt sind sie je imperfekt. Wegen dieser Verschränkungen und Verflechtungen mit dem nationalen Recht ist das Völkerrecht ein *Recht der langen Wege*, ein Recht, das auf der internationalen Ebene gebildet wird und zu seiner Umsetzung und Durchsetzung sehr oft den Weg über die staatlichen Rechtsordnungen und die Durchsetzungs- und Gerichtsinstitutionen der Staaten nehmen muß, aber auch nehmen kann.

4. Bleibt noch das Gebäude der zwei beziehungsweise drei Ebenen von seiner eigentlichen Basis und damit von denjenigen her zu be-

128 Dazu oben FN 67. Die große Bedeutung der NGOs im internationalen Bereich ist auch eine Folge des Fehlens von politischen Parteien auf dieser Ebene, deren Bündelungsfunktion somit ausfällt.

129 TNC = Transnational Corporations; TNE = Transnational Enterprises; Nachweise oben FN 67 und 68.

130 Näheres dazu bei Hobe (FN 10), S. 265 ff.

trachten, für die es errichtet ist, nämlich von *den einzelnen* her. Es gehört zu den wichtigen Wandlungen des Völkerrechts, daß die Frage nach der Stellung des einzelnen in ihm nicht marginal erscheint.

(15) Der einzelne kann sich bei seinem alltäglichen Handeln in der Welt jenseits des Staates stützen auf:

- erstens seine (verfassungsrechtlich gesicherten) Rechte gegenüber seinem Staat,
- zweitens die Treuhänder-, Vermittlungs- und Transformationsfunktionen seines Staates, durch die objektives Recht auf der völkerrechtlichen Ebene in (ihn berechtigendes und verpflichtendes) nationales Recht umgesetzt werden,
- drittens die grundrechtsverpflichtete und durch Strukturklauseln gebundene Mitwirkung seines Staates bei der Entstehung von Völkerrecht und internationalen Regelungen und
- viertens seine eigene partielle Rechtsstellung in der Völkerrechtsordnung.

(16) Unübersehbar ist die Asymmetrie zwischen dem Handlungsraum der einzelnen, der weit über den Staat hinaus und potentiell in die gesamte Welt hinaus reicht, und der begrenzten Reichweite der eigenen Subjektstellung, soweit es um öffentlich-rechtliche Problemlagen geht). In dieser Diskrepanz spiegelt sich ein bleibender Unterschied zwischen der staatlichen und der internationalen Ebene: Die generelle Ausdehnung der Rechtsfähigkeit und der Klagbarkeit zugunsten der einzelnen im Staat wiederholt sich nicht auf der völkerrechtlichen Ebene und kann sich dort auf absehbare Zeit auch nicht wiederholen. Die internationale Ebene ist weit davon entfernt, mit Institutionen jeglicher Art nach Zahl und Potenz so ausgestattet zu sein, daß alle Bewohner der Erde einen Subjektstatus mit Rechten und Klagbarkeit erhalten könnten (von anderen Vorbedingungen ganz abgesehen). Statt dessen liegt eine Rationalität und Funktionsbedingung des Völkerrechts darin, daß es ein *Recht der Abbreviatur* ist: Statt der Weltbevölkerung sind auf seiner Ebene die Staaten und internationalen Organisationen volle Rechtssubjekte und begrenzt Vereinigungen und NGOs beteiligungsberechtigt. Die Stellung der letzteren und die von besonderen und »großen« einzelnen (einzelnen juristischen Personen) kann aufgewertet werden, nicht aber können alle einzelnen mit einem vollumfänglichen eigenen Rechtsstatus einbezogen werden.

(17) Die Folgen der Asymmetrie zwischen weltweiten Handlungsmöglichkeiten und fehlendem subjektivrechtlichen Status des einzelnen sind aber in bedeutsamer Weise abgemildert. Die Stellung des einzelnen gewinnt nämlich Sicherung und Gewährleistung durch die Gesamtkonstellation von Völkerrecht *und* nationalem Öffentlichen Recht. Insgesamt ist die Stellung des einzelnen jenseits des Staates nicht grundsätzlich defizitär, sie ist nicht grundsätzlich mangelhaft konstruiert. Statt dessen ist sie eine dem Komplementärverhältnis von Völkerrecht und Staatsrecht entsprechende zusammengesetzte Rechtsposition. Auf den für das Völkerrecht und vor allem auch für die Gesamtkonstellation typischen langen Wegen verwandelt sich das objektive Recht, das das Völkerrecht häufig *zugunsten der einzelnen* schafft, in innerstaatliches Recht mit subjektiven Rechten und innerstaatlichem Gerichtsschutz. Diese »Umsetzung« geschieht nicht vollständig, sie ist gewiß lückenhaft. Nicht auf alles, was das Völkerrecht objektiv für die einzelnen (als letztlich Begünstigte) setzt, können sich diese später in ihrem Staat berufen oder es sogar einklagen. Aber diese Umsetzung geschieht doch in einer systemprägenden häufigen Anzahl von Fällen.

5. Zusammenfassend bleibt die große Distanz festzuhalten, die die Epoche der geschlossenen Nationalstaaten in Völkerrecht und Staatsrecht von der heutigen Epoche der offenen (Verfassungs-) Staaten und der international kooperierenden Staaten trennt. Der Unterschied könnte größer kaum sein.

Kennzeichen dieser neuen Epoche sind die Permeabilität des Staates und die korrespondierend dazu wachsende Durchlässigkeit des internationalen Raums für mehr Akteure; damit einher geht die beschriebene Pluralisierung des Völkerrechts. Auf die Bedeutungssteigerung der internationalen Ebene und ihres Rechts antworten Schritte zu deren Konstitutionalisierung. Völkerrecht und Staatsrecht sind näher aneinandergerückt,[131] ohne aber ihre Unterschiede und Eigenarten verloren zu haben. Leitbild der neuen Epoche ist eine Wechselbezüglichkeit und Komplementarität zwischen offe-

131 Dagegen ist es nicht zu einer Abkoppelung des Völkerrechts und damit zu einem Selbststand eines vorrangigen Völkerrechts gegenüber den Staaten und ihrem Recht gekommen. Nicht einmal im Falle der EG verdient die These, daß die EG zwar von den Staaten errichtet worden sei, dann aber auf eine eigenständige Grundlage getreten sei, Zustimmung.

nem Staat und (dichter und pluralistischer gewordener) internationaler Ordnung. Beide können als notwendige Teile eines Ganzen verstanden werden, für das der Begriff und vielleicht auch das Verständnis noch fehlt.

In dieser Gesamtkonstellation ist die Asymmetrie, daß das Recht im Interesse der einzelnen erlassen ist, daß aber der einzelne in vieler Hinsicht dieses Recht nicht selbst geltend machen kann, kein Defizit, sondern ein spezifisches Konstruktionsprinzip des Rechts in der Welt, weil und solange der gesellschaftliche Zusammenhalt zwischen den vielen einzelnen in der Welt so wenig dicht ist wie bisher immer und auch derzeit noch. Daran hat auch die Globalisierung nichts geändert, denn sie hat bisher keine Angehörigengemeinschaften oder überhaupt Gemeinschaften gebildet. Als Fazit ergibt sich: Die Stellung des einzelnen in der Welt ist keine einfache oder einheitliche, sondern eine zusammengesetzte. Als solche ist die Rechtsstellung sicher ausbaufähig, aber auch schon in der jetzigen Gestalt in ihrer Wirksamkeit beachtlich.

3. Verfassungsvergleichung als Kulturvergleichung*

I. Probleme der Verfassungsvergleichung

1. Die besondere Situation der Verfassungsvergleichung

Rechtsvergleichung generell, Verfassungsvergleichung im besonderen und speziell die Verfassungsvergleichung zwischen zwei unterschiedlichen Kulturkreisen können nicht umstandslos ansetzen und einfach die Texte vergleichen. Die Verfassungsvergleichung übersteigt die »normalen« Probleme der ursprünglich vor allem privatrechtlich ausgerichteten Rechtsvergleichung dadurch, daß sie nicht wie das Privatrecht ein wichtiges Teilgebiet innerhalb des vorausgesetzten Rahmens der Gesamtrechtsordnung, sondern deren Grundlagen betrifft. Angesichts der überall gegebenen Anerkennung des Verfassungsrechts als oberster Rechtsquelle zielt die Verfassungsvergleichung in ganz anderer und grundsätzlicher Weise auf die Grundlagen einer Rechtsordnung.[1] Weil damit zugleich auch die Frage nach dem Grund dieser Grundlagen gestellt ist, erweitert sich bei der Verfassungsvergleichung der Raum der Analyse und Reflexion. Verfassungsvergleichung ist umfassender und voraussetzungsvoller als die Rechtsvergleichung in einem Ausschnitt der Rechtsordnung.

Hinzu kommt eine Erweiterung der Perspektive, wenn sich dieser Vergleich unterschiedlichen Kulturen zuwendet. Zwischen Deutschland als Teil des westlichen Kulturkreises und Japan als einer ostasiatischen Kultur bestehen hinreichend große Unterschiede in dem Gesellschaftssystem, der die Gesellschaft prägenden Kultur und dem Verständnis des Staates, so daß damit gerechnet werden

* Grundgedanken des Textes sind bei einem deutsch-japanischen Symposium im März 1998 in Tokio vorgetragen worden.

1 Zur Bedeutung der Rechtsvergleichung im Öffentlichen Recht unter anderen Aspekten als im Text Christian Starck, »Rechtsvergleichung im öffentlichen Recht«, *JZ* 1997, S. 1021 ff., der sich mit den Ansätzen und den vielfältigen Pionier-Arbeiten zur Rechtsvergleichung im Öffentlichen Recht im Rahmen der Gesellschaft für Rechtsvergleichung befaßt. Das im Text verfolgte Konzept einer Rechtsvergleichung als Kulturvergleichung geht einen anderen Weg.

muß, daß diese Unterschiede auch das Rechts- und insbesondere das Verfassungsdenken beeinflussen. Deshalb kann die Verfassungsvergleichung nicht einfach Verfassungstexte miteinander vergleichen. Die Verfassungen der modernen Staaten der Gegenwart verbindet nichts mehr als die Verwendung gleicher Grundbegriffe. Diese Verfassungen trennt aber auch nichts mehr als die unterschiedliche Bedeutung gleicher oder ähnlicher Begriffe.

2. *Verfassungsvergleichung anhand exemplarischer Sachgebiete*

Aus alldem folgt, daß die Verfassungsvergleichung zwischen Japan und Deutschland mehrere Ebenen der Analyse zu unterscheiden und ihre Themen in mehreren Schritten abzuarbeiten hat. Angesichts der Differenziertheit der Verfassungsvergleichung empfiehlt es sich, diese nicht abstrakt vorzunehmen, sondern konkrete gesellschaftliche Sachbereiche, also aktuelle gesellschaftliche Herausforderungen als Kristallisationsfelder herauszugreifen und in das Zentrum der Analyse zu stellen.[2] Im folgenden werden die Probleme der Rechtsvergleichung als Kulturvergleichung exemplarisch an den beiden Problemfeldern »Umweltschutz« und »biomedizinische Herausforderungen« behandelt. Für ihre Wahl spricht:

(1) Beide Sachbereiche haben eine besondere Bedeutung für die Gegenwart und die Zukunft. Die Sachprobleme sind – und dies ist ein wichtiger Ausgangspunkt – in beiden Ländern letztlich die gleichen. Beide Gesellschaften müssen die durch neue technisch-wissenschaftliche Entwicklungen entstandenen Probleme am Anfang und am Ende des menschlichen Lebens lösen; beide Gesellschaften sind den regionalen und globalen Gefährdungen der Umwelt ausgesetzt.

(2) Die beiden Sachbereiche sind eng mit der Erörterung grundlegender Verfassungsprinzipien verbunden. Die Umweltproblematik ist zu einem Verfassungs- und Legitimationsproblem des Staates der Gegenwart geworden. Fraglich ist, ob es ein ausdrückliches Umweltverfassungsrecht geben soll und in welche Regelungskategorie –

2 Als Maxime der Verfassungsvergleichung kann man deshalb das Vermeiden abstrakter Vergleichung oder das Vermeiden einer Vergleichung »von oben« her, die bei den normativen Prinzipien ansetzt und normatives Prinzip und rechtliche Institute nacheinander vergleicht, formulieren.

Grundrecht oder als Staatszielbestimmung – eine Umweltklausel gefaßt werden soll. Darüber hinaus geht es grundsätzlich um die Abgrenzung zwischen der Verantwortung des Staates einerseits und der Eigensteuerung der Gesellschaft sowie der Verantwortung des einzelnen andererseits.

Die Biomedizin ihrerseits stellt prinzipielle Herausforderungen an das Verständnis des Konzepts der Menschenwürde und der Bedeutung einzelner Grundrechte für die sich am Anfang und am Ende des Lebens neu stellenden Probleme. Auf dem Prüfstand steht die rechtliche Tragfähigkeit sowohl des Menschenwürdekonzepts als auch des Grundrechts auf Leben und Gesundheit sowie des allgemeinen Persönlichkeitsrechts für die Bewältigung der neuen Herausforderungen.

(3) Das beide Sachbereiche überwölbende Problem ist das Verhältnis zwischen technisch-wissenschaftlicher Entwicklung und dem Verfassungsrecht. Generell geht es um die Probleme der Steuerbarkeit der technisch-wissenschaftlichen Entwicklung durch das Recht und speziell durch das Verfassungsrecht. Letztlich steht mit dieser (Grund-)Frage moderner entwickelter Gesellschaften zugleich die Leistungsfähigkeit ihrer Verfassungen auf dem Prüfstand.

(4) Günstig für eine Verfassungsvergleichung als Kulturvergleichung ist es, daß die Sachthematik und die verfassungsrechtliche Problematik eine nahe Verbindung zu kulturellen Grundeinstellungen der jeweiligen Gesellschaft haben. Das Konzept der Menschenwürde und das Verständnis von Natur und Umwelt betreffen zweimal Grundfragen des kulturellen Verständnisses, zum einen in westlichen Gesellschaften, zum anderen in Japan. Verfassungsvergleichung als Kulturvergleichung gelangt erst dann an ihr Ziel, wenn sie in einem fortgeschrittenen Stadium auch zu einem Vergleich im Hinblick auf diese Grundverständnisse vorzudringen vermag.

3. Vier-Ebenen-Modell als Konzept der Verfassungsvergleichung

Bei jedem anspruchsvolleren Thema kann Rechtsvergleichung die Fülle der zu beachtenden Aspekte nicht in einem Schritt erfassen. Typischerweise dringt Rechtsvergleichung vom ursprünglichen Kern und der Ausgangsfragestellung in einem Prozeß der Expansion zu immer weiteren Themen vor, die konkrete Vergleichung erweitert ihr Feld in immer weiteren Kreisen. Um diesen Prozeß zu systematisieren, werden im weiteren vier Ebenen der Verfassungs- beziehungsweise Rechtsvergleichung unterschieden. Ausgangspunkt sind die positiven Regeln im Gesetzes- beziehungsweise Richterrecht; sie werden bei zwei Rechtsordnungen üblicherweise differieren. Diese Unterschiede gilt es nicht nur zu konstatieren, sondern zu erklären. Rechtsvergleichung will nicht nur beschreiben, sondern vor allem auch erklären, warum die Regeln in einem anderen Land so anders sind, wie sie es sind, und sie will zugleich auch erklären, warum die Regeln im eigenen Land sind, wie sie sind.[3]

Erklären kann man konkrete Regeln des positiven Rechts, indem man sie systematisch einordnet, also ihren Zusammenhang mit generellen Instituten und Systemvorstellungen aufzeigt und ihre Stellung im Koordinatensystem der Rechtsordnung aufdeckt. Dies bedingt neben der ersten beschreibenden weitere Ebenen der Analyse. Als solche werden im folgenden bei der Verfassungsvergleichung als Kulturvergleichung drei weitere Ebenen der Analyse und Erklärung vorgeschlagen. Sie repräsentieren verschiedene Schritte der Generalisierung der Vergleichung und der Ausdehnung der berücksichtigten Aspekte. Hervorzuheben ist, daß die vorgeschlagenen Ebenen die im Recht selbst vorhandenen Ebenen oder Schichten des Rechtsstoffes widerspiegeln und ihnen folgen. Die Abfolge der Ebenen beginnt bei positiven Einzelregelungen, geht über Systematisierungen einer mittleren Abstraktion zu Grundprinzipien des Rechtsgebietes und letztlich zu den das Recht tragenden kulturellen Grundverständnissen. Für das Verfassungsrecht und die Verfassungsvergleichung folgt aus diesen Überlegungen ein Vier-Ebenen-Konzept:

1. Ebene: Die Texte und ihre Auslegung
2. Ebene: Der Systemzusammenhang der jeweiligen Verfassung
   (= Abstraktion auf einer mittleren Ebene der Prinzipien und Institute des Verfassungsrechts)
3. Ebene: Das Staats- und Verfassungsverständnis
4. Ebene: Rechtsvergleichung als Kulturvergleichung

3 Genau in diesem – besseren – Verständnis des eigenen Rechts liegt einer der zentralen Erkenntnisgewinne und damit auch die große Bedeutung der Rechtsvergleichung.

II. Die erste Ebene: Die Texte und ihre Auslegung

Im vorliegenden Zusammenhang, in dem es um die Methode und ein differenziertes Konzept der Rechtsvergleichung als Kulturvergleichung geht, sollen die konkreten Rechtsregeln für das Umweltverfassungsrecht und die Probleme der Biomedizin in den beiden Rechtsordnungen nicht im Detail behandelt werden. Es versteht sich, daß Rechtsvergleichung die zu untersuchenden Rechtsordnungen sorgfältig und detailliert auf die dort geltenden Rechtsregeln zu analysieren hat. Dabei ist auch beträchtliche Phantasie dafür aufzubringen, in welchen zunächst ungewohnten rechtlichen Zusammenhängen andere Rechtsordnungen die Themen regeln, die man nach dem Verständnis der Ausgangsrechtsordnung an ganz anderen Stellen erwarten würde. Bei der Verfassungsvergleichung mag der Überblick über das positive Recht zunächst leicht zu erhalten sein, weil nur die zumeist knappen Verfassungstexte zu berücksichtigen sind. Es ergeben sich aber schon auf dieser ersten Ebene einige generelle Einsichten.

Im Recht der Staaten mit einer geschriebenen Verfassung gibt es seit mehr als einem Jahrhundert eine gefestigte Tradition der textlichen Formulierungen. Bei einer Berücksichtigung allein der Verfassungstexte hat es den Anschein, daß praktisch alle Staaten der Welt Verfassungsstaaten in einem anspruchsvollen materiellen Sinne (und nicht nur Staaten mit Verfassungen) sind. Und unter den echten Verfassungsstaaten könnte sich angesichts der Gleichheit oder weitgehenden Ähnlichkeit der Formulierungen der Eindruck beträchtlicher Übereinstimmung ergeben. Zu dieser Thematik hat Peter Häberle eine umfassende Theorie einer Textstufenanalyse vorgelegt, in der er sowohl die Übereinstimmungen im Text als vor allem auch die Wachstumsprozesse in den Texten analysiert.[4] Es ist der Vorteil eines Mehr-Ebenen-Konzepts der Rechtsvergleichung, daß aus der Beobachtung gleicher Texte nicht zu schnell auf eine substantielle Übereinstimmung geschlossen wird. Erst auf den nächsten Ebenen, in denen der Text in größere Zusammenhänge

4 Programmatisch Peter Häberle, »Textstufen als Entwicklungswege des Verfassungsstaates«, in: *Festschrift Karl Josef Partsch*, 1989, S. 555, oder ders., »Die verfassunggebende Gewalt des Volkes im Verfassungsstaat – eine vergleichende Textstufenanalyse«, *AöR* 112 (1987), S. 54 ff. (beides abgedruckt in: ders., *Rechtsvergleichung im Kräftefeld des Verfassungsstaates*, 1992, S. 3 ff. und 139 ff.).

eingeordnet wird, muß sich zeigen, ob wirklich ein gemeinsames Verständnis in der Sache vorliegt.

Jedenfalls aber erweist schon die Textanalyse, daß bestimmte Themen im Laufe der Zeit verfassungskräftig oder -würdig geworden sind, so im vorliegenden Zusammenhang vor allem das Umweltthema. In Staaten, in denen regelmäßig oder in bestimmten periodischen Abständen die Verfassung reformiert oder geändert wird, sind in den letzten Jahren verbreitet Umweltartikel aufgenommen worden. So ist in Deutschland mit Art. 20a GG eine Umweltklausel in Form einer Staatszielbestimmung aufgenommen. Japan dagegen als ein Land, das Verfassungsänderungen in der Praxis nicht kennt, hat eine solche Erweiterung des traditionellen Bestands an Verfassungsthemen nicht vorgenommen. Das Thema der Bioethik dagegen hat weltweit den Status eines ausdrücklichen Verfassungsthemas noch nicht gewonnen. Nur wenige Staaten haben entsprechende Bestimmungen getroffen,[5] in den meisten werden die Sachprobleme der Bioethik im Rahmen der Verfassungsbestimmungen über die Menschenwürde und das Recht auf Leben behandelt. Bei den konkreten Problemen der Biomedizin müssen deshalb Ableitungen aus diesen generellen Prinzipien und Regelungen vorgenommen werden. Dieses Vorgehen ist mit der beträchtlichen Gefahr der Überstrapazierung des Art. 1 I GG verbunden.[6] Evident ist, daß nicht alles, was in anderen Verfassungen, wie etwa der schweizerischen, speziell und differenziert geregelt ist, im GG im Wege der »bloßen« Verfassungsinterpretation aus dem einen Menschenwürde-Satz abgeleitet werden kann.

In beiden Sachbereichen gibt es einen bemerkenswerten Einfluß von internationalen Dokumenten. So hat das Prinzip der Nachhaltigkeit, das prominent in der Rio-Deklaration formuliert worden ist,[7] seinen Siegeszug in das Recht vieler Staaten unabhängig davon

5 So in der Schweiz Art. 119 Bundesverfassung 2000 (ähnlich schon Art. 24 novies alte Bundesverfassung) und in Portugal mit Art. 26 Nr. 3 der Verfassung der Republik Portugal.

6 Die umfangreiche ältere Diskussion zu Art. 1 I GG ist in jüngster Zeit durch die große Arbeit von Christoph Enders, *Die Menschenwürde in der Verfassungsordnung*, 1997, die ebenfalls grundsätzliche Kommentierung von Horst Dreier, in: ders. (Hg.), *GG-Kommentar*, sowie die Berliner Antrittsvorlesung von Hasso Hofmann, »Die versprochene Menschenwürde«, *AöR* 118 (1993), S. 353 ff. (jeweils mit umfangreichen Literaturnachweisen), kräftig neubelebt worden.

7 Das Prinzip der Nachhaltigkeit ist ein Kerngedanke der gesamten Rio-Deklara-

angetreten, ob es in die Verfassung formell aufgenommen wurde oder nicht. In Deutschland wird das Nachhaltigkeitsdenken als inhaltliche Ausprägung des Staatsziels des Art. 20a GG verstanden.[8] Gleiches kann im Feld der Biomedizin von den bereichsspezifischen Prinzipien der Bioethik in aktuellen Konventionen erwartet werden. Einschlägig sind insofern die Bioethik-Konvention des Europarats[9] einerseits und ein Entwurf der UNESCO[10] andererseits.

Auf der ersten Ebene der (Verfassungs-)Vergleichung interessieren natürlich nicht nur die – unterschiedlichen oder übereinstimmenden – Texte, sondern ebenso wichtig sind die Auslegungsergebnisse durch die jeweilige Staatsrechtswissenschaft und Gerichtspraxis. Es kann vermutet werden, daß sich dabei über den Textbefund hinaus beträchtliche zusätzliche Differenzen zwischen den untersuchten Rechtsordnungen ergeben und der erste Eindruck von Übereinstimmung nachhaltig korrigiert werden muß.

III. Die zweite Ebene: Der Systemzusammenhang der einzelnen Verfassungsnormen

1. Die Verortung des Umweltschutzes im GG als Beispiel

Die konkreten Verfassungsbestimmungen zu bioethischen und zu Umweltfragen müssen in das Umfeld und in den systematischen Zusammenhang ihrer jeweiligen Verfassung hineingestellt werden. Dabei kann die insoweit anzustellende systematische Interpretation durchaus in unterschiedliche Kontexte führen, weil sich verschiedene Verfassungen trotz der äußerlichen Übereinstimmung und der

tion, Rio Declaration on Environment and Development, Text, in: *International Legal Materials (ILM)* 31 (1992), S. 874. Er findet sich am deutlichsten in den Grundsätzen 1, 3, 4 und 8.

8 Heinhard Steiger, in: Jürgen Salzwedel (Hg.), *Grundzüge des Umweltrechts*, 2. Aufl. 1997, Rn. 101 ff.

9 Übereinkommen zum Schutz der Menschenrechte und der Menschenwürde in Hinblick auf die Anwendung von Biologie und Medizin: Menschenrechtsübereinkommen zur Biomedizin; angenommen vom Ministerkomitee am 19. November 1996.

10 Vgl. dazu den vorläufigen Entwurf der UNESCO zu einer »Allgemeinen Erklärung zum Menschlichen Genom und zu den Menschenrechten«.

Texttradition in ihrer Systematik zuweilen beträchtlich unterscheiden. Exemplarisch soll hier die Diskussion um die dem Grundgesetz gemäße Verortung des Umweltschutzes nachgezeichnet werden. In dieser war umstritten, ob der Umweltschutz, der inzwischen längst als wichtiger Staatszweck[11] anerkannt war, in der rechtstechnischen Form des Staatsziels oder eines Grundrechts geregelt werden sollte. Bekanntlich ist dies durch den Vorschlag der Gemeinsamen Verfassungskommission[12] im Sinne der Staatszielbestimmung entschieden worden. Wichtiger – und an dieser Stelle interessant – ist jedoch, welche Überlegungen dafür wenn nicht ausschlaggebend, so doch sehr wichtig waren. Es ging nämlich darum, welche rechtlichen Wirkungen von einer Grundrechtsbestimmung und welche von einer Staatszielbestimmung ausgehen. Mit einem Grundrecht ist ein materieller Anspruch des einzelnen verbunden, der in einer Verfassungsordnung wie dem Grundgesetz mit ausgebauter Verfassungsgerichtsbarkeit und Anerkennung der Verfassungsbeschwerde zugleich bedeutet, daß der einzelne gerichtlichen Rechtsschutz und gerichtliche Überprüfung mobilisieren kann. Folglich wäre mit der Formulierung des Umweltschutzes als Grundrecht eine subjektive Position des einzelnen verbunden gewesen. Mit der Staatszielformulierung dagegen wird ein objektiver Auftrag für alle Staatsgewalten ausgesprochen, wobei die Umsetzung dieses Auftrages, insbesondere der Umfang und die einzelnen Mittel, den politischen Instanzen, also insbesondere der Gesetzgebung überlassen bleibt.

Die Antwort auf die Alternative Grundrecht oder Staatszielbestimmung erfordert eine Entscheidung über den jeweiligen Grad der Verrechtlichung des politischen Lebens. Mit einer Grundrechtsbestimmung werden dem Staat ausdrückliche negative Grenzen gesetzt, deren Einhaltung vom einzelnen einforderbar ist. Zusammen mit der Anerkennung der Rechtsfigur des gesetzgeberischen Unterlassens wären auch Ansprüche auf staatliches Tätigwerden dem Grundsatz nach anerkannt. Die Frage des Wieweit und des Wieviel

11 Dazu Dietrich Rauschning/Werner Hoppe, »Staatsaufgabe Umweltschutz«, *VVDStRL* 38 (1980), S. 167 ff. und 211 ff., sowie insbesondere Dietrich Murswiek, *Umweltschutz als Staatszweck: die ökologischen Legitimitätsgrundlagen des Staates*, 1995.

12 *Bericht der Gemeinsamen Verfassungskommission*, BT-Drs. 12/6000 v. 5. 11. 1993, S. 65 ff.

an Umweltschutz wäre verrechtlicht und zugleich justitiabel gemacht. Insofern betrifft die Entscheidung für eine dieser Alternativen notwendigerweise eine Grundfrage der Verfassungsordnung. Deshalb greifen die Überlegungen hier auch auf die dritte Problemebene über, also auf den Zusammenhang konkreter Bestimmungen einer Verfassung mit der grundsätzlichen Struktur der Verfassung.

2. *Einbau des Umweltschutzes in die konkrete Verfassungsstruktur*

Welche Wirkungen es hat, wenn der Umweltschutz in die Verfassung aufgenommen wird, hängt von der Struktur der Verfassung ab; dementsprechend können die Wirkungen eines gleichformulierten Satzes beträchtlich differieren. Bedeutsam ist insbesondere, ob in einer Verfassungsordnung eine ausgebaute und umfangreiche Verfassungsgerichtsbarkeit besteht oder nicht.[13] Im ersteren Fall ist weiterhin wichtig, ob der einzelne Bürger eine Verfassungsbeschwerde erheben kann und ob er dadurch Teilnehmer und Rechtssubjekt im Verfassungsrechtskreis wird oder nicht. Dies ist in der Bundesrepublik mit der Anerkennung und umfangreichen Praktizierung der Verfassungsbeschwerde der Fall. In einer solchen Verfassungsstruktur muß bei der Formulierung von materiellem Verfassungsrecht Rücksicht auf den Grundsachverhalt genommen werden, daß in einer solchen Verfassung jeder materielle Gehalt zugleich Entscheidungsmaßstab eines verfassungsgerichtlichen Verfahrens werden kann. Da jeder neue materielle Gehalt zugleich die Überprüfungsbefugnisse des Bundesverfassungsgerichts erweitert, kann man in Deutschland nicht ungezwungen über wünschbare materielle Inhalte diskutieren. Vielmehr muß man sich auch darüber im klaren sein, daß damit zugleich das Verhältnis zwischen dem Raum politischer Gestaltbarkeit und dem der rechtlichen Kontrolle verändert und zugunsten der gerichtlichen Kontrolle ausgeweitet wird.[14]

13 Näher dazu Rainer Wahl, »Der Vorrang der Verfassung«, *Der Staat* 20 (1981), S. 485 ff., 499 ff., in diesem Band S. 121 ff., S. 138 ff.

14 Zum Stil und zur Formtypik des Grundgesetzes, insbesondere auch zur Grundanlage des Grundgesetzes, rein programmatische Aussagen zu vermeiden und nur rechtlich Verbindliches in den Text aufzunehmen, Brun-Otto Bryde, *Verfassungsentwicklung*, 1982, und Sachverständigenkommission Staatszielbestimmungen,

Unter diesem Gesichtspunkt betrachtet, zeigt sich, daß es eine bewußte Entscheidung war, das Staatsziel einem Grundrecht vorzuziehen. Mit der Staatszielbestimmung war eine dimensional geringere rechtliche Bedeutung verbunden als mit dem Grundrecht.

Die Diskussion über ein Umweltverfassungsrecht und die Aufnahme des Umweltschutzes in die Verfassung dürfte in Japan einen ganz anderen Hintergrund haben. Vermutlich ist die Diskussion nicht mit der Frage der Justitiabilität und des verfassungsgerichtlichen Rechtsschutzes »belastet«. Mangels Existenz einer Verfassungsbeschwerde des einzelnen und einer Normenkontrolle gegenüber Gesetzen steht dieses Thema in einem ganz anderen Kontext. Festzuhalten ist der generelle Gesichtspunkt, daß auf der zweiten Ebene der Verfassungsvergleichung die Auswirkungen der Verfassungsstruktur auf die Lösung konkreter Verfassungsprobleme zu untersuchen sind.

IV. Die dritte Ebene: Das Staats- und Verfassungsverständnis

Die auf den Ebenen eins und zwei zutage getretenen Unterschiede bedürfen einer weiteren Erklärung. Eine plausible Hypothese ist, daß sich Unterschiede in Einzelregelungen und bei Verfassungsprinzipien aus einem unterschiedlichen Staats- und Verfassungsverständnis ergeben haben, so wie es sich in der geschichtlichen Entwicklung und in der jeweiligen Rechtstradition herausgebildet hat. Ein wichtiger Faktor ist dabei die Rolle und Intensität der Verfassungsgerichtsbarkeit. Sie trägt nämlich in einem besonderen Maße zur Effektuierung materiellrechtlicher Verfassungsregelungen bei. Die Dichte der verfassungsgerichtlichen Kontrolle und Rechtsprechung ist zugleich ein Indikator für die Rolle, die das Verfassungsrecht in einer Rechtsordnung spielt. Auf dieser dritten Analyse- und Reflexionsebene sind die spezifischen Staatstraditionen und – darauf antwortend – das jeweilige Verfassungsverständnis hinzuzuziehen. Für das Grundgesetz etwa sind die Lehren, die aus der davorliegenden Gewaltherrschaft gezogen worden sind, grundlegend für das neue Konzept eines materiellen Rechtsstaates, eines ausgepräg-

Gesetzgebungsaufträge, »Staatszielbestimmungen, Gesetzgebungsaufträge«, *Bericht der Sachverständigenkommission*, 1983.

ten Vorrangs des Verfassungsrechts und einer inneren Expansion der Grundrechtsbedeutung geworden. In ähnlicher Weise sind die Besonderheiten des japanischen Verfassungsdenkens nach 1945 zur Erklärung heranzuziehen.

Hier weitet sich die Analyse auf die Gesamtstruktur und Grundanlage der Verfassung aus. Im weiteren geht es um die Alternative, die mit den Formeln »Verfassung als Rahmenordnung« oder Verfassung als »Grundordnung und Grundlegung der Gesellschaft und der Rechtsordnung« schlagwortartig umschrieben werden kann.[15] Diese allgemeine Diskussion ist dann auf die beiden hier betrachteten Sachthemen zu beziehen: Zu fragen ist, ob es nach der Struktur des GG oder der japanischen Verfassung eine Teilverfassung für den Umweltschutz oder die bioethischen Probleme geben soll und kann; ebenso interessiert, ob die beiden Sachproblematiken zu einem gewandelten Verständnis des Staates führen müssen – die Stichworte Umweltstaat[16] oder bioethische Verantwortung des Staates müssen hier genügen.

Auf der dritten Ebene ist nach der Rolle des Staates und der Verwaltung in der Gesellschaft zu fragen. Umfaßt von dieser Problemstellung ist auch die Rolle der Verfassung in der Rechtsordnung und im Verhältnis zur Gesellschaft. Ist der Staat und seine wichtigste normative Grundlage, die Verfassung, eine zentrale Steuerungsinstanz, oder wird der Staat viel eher als Moderator gegenüber den gesellschaftlichen Kräften verstanden? Mit anderen Worten: Welche Stelle nimmt im deutschen und im japanischen Denken der Staat in der möglichen Skala zwischen einer minimalistischen und einer maximalistischen Staatsauffassung ein? Herrscht die Interpretation vor, daß der Staat die Spitze einer Pyramide ist, die zentrale Steuerungsinstanz, welche die Gesamtverantwortung für die Gesellschaft und für alle gesellschaftlichen Lebensverhältnisse trägt, oder ist der Staat ein Mitspieler unter vielen, insbesondere auch der Moderator

15 Zu dieser allgemeinen Diskussion Wahl (FN 13), S. 502 ff., in diesem Band S. 142 ff.

16 Begriff und Sache des Umweltstaates sind durch mehrere Arbeiten Michael Kloepfers und durch die Initiierung eines Forschungskollegs zum Thema Umweltstaat bekannt geworden, dazu Michael Kloepfer (Hg.), *Umweltstaat als Zukunft*, 1994 (mit Auflistung der einzelnen Veröffentlichungen zum Kolleg Umweltstaat). Zu den Grundfragen jetzt auch Rudolf Steinberg, *Der ökologische Verfassungsstaat*, 1998.

zwischen verschiedenen gesellschaftlichen Gruppen? Wenn man diese hier idealtypisch formulierte Alternative weiterverfolgt, werden Binnenvarianten sichtbar: So gibt es im westlichen Rechtskreis und Verfassungsrechtskreis bedeutende unterschiedliche Akzentuierungen zwischen dem kontinentaleuropäischen Staatsverständnis, das dem Staat eine gewichtige Rolle zuschreibt (wenn auch nicht mehr die maßgebliche und allumfassende Steuerungsrolle), und dem angelsächsischen Verständnis von society and government, das von einer zurückgenommenen, bescheideneren Rolle des Staates ausgeht. Im umfassenden Maßstab der Verfassungsrechtsvergleichung über die Kulturen hinweg könnte sich zeigen, daß die Varianten innerhalb des westlichen Verfassungsverständnisses relativ kleinere Binnenvarianten eines Typs sind, der sich im Außenvergleich stark unterscheidet von etwa der japanischen Auffassung und der dort verankerten Vorstellung über die Rolle von Staat und Gesellschaft.[17]

Die möglichen Alternativen zeigen sich auch in der Beschreibung des Staates im Hinblick auf die gesellschaftlichen Verhältnisse, im Hinblick auf den Wohlstand in der Gesellschaft. Ist der Staat eher der Befürworter der nationalen Wirtschaft, der Repräsentant der gesellschaftlichen und nationalen Wettbewerbsinteressen, oder spielt er eine eigenständige, auch kritische Rolle gegenüber der eigenen Ökonomie? Wie können im Zeichen der Globalisierung und des globalisierten Wettbewerbs die traditionellen Aufgaben, die dem Staat im kontinentaleuropäischen Verständnis zukommen, nämlich Regulator gegenüber der Wirtschaft zu sein und umweltbezogene und sozialstaatliche Ziele der Wirtschaft abzuverlangen, durchgesetzt werden, wenn inzwischen die Hauptaufmerksamkeit im internationalen Wettbewerb auf den Chancen der eigenen Wirtschaft und Gesellschaft in diesem Wettbewerb ruht? Wenn man vom Umweltschutz zu den möglichen Staatsaufgaben im Bereich der biomedizinischen Entwicklung übergeht, dann zeigen sich entsprechende Fragen. Wie verhält sich der Staat gegenüber den Prozessen der Wissenschaft, in denen wissenschaftliche Neugier, Konstruktions- und Schöpferlust zu Entdeckungen und Technologien mit weitreichenden Folgen für die zukünftige Gestalt des Menschen selbst führen. Ist der Staat nur Förderer der neuen Technologien,

17 Dazu vorläufig nur Christopher Heath, »Bureaucracy and the Protection of National Interests in Japan«, in: Harald Baum (Hg.), *Japan: Economic Success and Legal System*, Berlin 1997, S. 331 ff.

oder hat er eine eigenständige kulturell-ethische Verantwortung für die Menschen, für ein »gutes« Leben, für ein Bild vom Menschen. Es geht um etwas, was bislang zu wenig diskutiert wird, um die kulturell-ethische Verantwortung des Staates angesichts der selbstläufigen Prozesse immer weiterer wissenschaftlicher Entdeckungen und deren Umsetzung in Technik. Die entscheidende Frage in der gesamten Biomedizin und Bioethik ist, ob dem Staat eine eigene kulturell-ethische Verantwortung zukommt. Ihre Beantwortung hängt entscheidend vom grundsätzlichen Verfassungs- und Staatsverständnis ab, das den einzelnen Verfassungsbestimmungen zugrunde liegt und in diese eingegangen ist. Von beträchtlichen Differenzen zwischen verschiedenen Staats- und Verfassungsordnungen darf ausgegangen werden.

V. Die vierte Ebene: Rechtsvergleichung als Kulturvergleichung

1. Unterschiedliche Rolle des Rechts in den verschiedenen Kulturen

Eine wichtige und unerläßliche Ebene der Vergleichung, die Kulturgrenzen überschreitet, ist das Verständnis der Rechts- oder Verfassungsvergleichung als Kulturvergleichung. Beim Überschreiten der Kulturgrenzen ist damit zu rechnen, daß die Rolle des Rechts in der Gesellschaft eine unterschiedliche ist. Der Verrechtlichungsgrad variiert zwischen verschiedenen Gesellschaften und verschiedenen Kulturen beträchtlich. Ebenso ist die Rolle von Gerichtsbarkeit, überhaupt die Rolle von Recht, eine unterscheidende Variable.[18] Ähnliches gilt, wenn Probleme im Grenzbereich zwischen Verfassungsrecht, Ethik und gesellschaftlichen Grundauffassungen zu behandeln sind,

18 Dazu einige Überlegungen bei Rainer Wahl, »Die Person im Ständestaat und im Rechtsstaat«, in: *Festschrift Ernst-Wolfgang Böckenförde*, 1995, S. 81 ff. (auch in Hans-Martin Pawlowski/Gerd Roellecke [Hg.], *Der Universalitätsanspruch des demokratischen Rechtsstaats*, 1996, *ARSP*-Beiheft 65), und ders., »Individualismus und Gemeinschaftsgebundenheit. Vorüberlegungen zu einem Kulturvergleich«, in: Dieter Leipold (Hg.), *Selbstbestimmung in der modernen Gesellschaft aus deutscher und japanischer Sicht*, 1997, S. 47 ff., 53 ff.

weil dann deren – im Zweifel bei zwei Kulturen nicht übereinstimmende – geistesgeschichtliche Wurzeln relevant sind. Welche Antworten werden in Japan und in Europa auf die Folgeprobleme der technisch-wissenschaftlichen Entwicklung gegeben, insbesondere auf die häufig gestellte Frage, ob der Mensch tun darf, was er tun kann. Welche Gegengewichte und -prinzipien werden in den verschiedenen Kulturen aufgrund ihrer Traditionen gegen die Eigendynamik und Eigenlogik des wissenschaftlichen Prozesses formuliert und mobilisiert? Die Antwort scheint auf der Hand zu liegen: das Prinzip der Menschenwürde und das Bild vom Menschen. Es bleibt aber die Frage, wie die historischen Erfahrungen über die (Verletzung der) Menschenwürde und die daraus abgeleiteten normativen Festlegungen für die neuen Herausforderungen fruchtbar gemacht werden können.

2. *Kultur und Verfassungstheorie*

Im deutschen Sprachraum ist Kultur als Thema von Verfassungstheorie und -recht von Peter Häberle in großer Nachhaltigkeit und mit breiter und tiefer Wirkung ausgeleuchtet worden.[19] Häberle zeigt die große Bedeutung der Kultur für das Verfassungsleben am Beispiel des deutschen und europäischen Rechts und würdigt die mögliche Rolle der Kultur als verbindendes Element im Prozeß der Einbeziehung Osteuropas in den gewachsenen Bestand westeuropäischen Rechts. Er geht auch manchen Binnenvarianten – etwa im Hinblick auf die Schweiz als Exempel für einen kleinen Staat oder im Verhältnis zwischen Deutschland einerseits und England und dem angelsächsischen Kulturkreis andererseits – nach.

Welche Konsequenz ist aus der kulturwissenschaftlichen Betrachtung zu ziehen? Mir drängt sich eine auf, die bislang so nicht im Vordergrund stand: Wenn die Kultur für das Verständnis des westlichen Rechts so wichtig ist, wenn man zum Verständnis nur des deutschen Rechts tief in die deutsche und europäische Geistesgeschichte zurückgehen muß, wenn man so sehr die Verbindung mit

19 Aus seinen zahlreichen grundlegenden Schriften seien hier nur erwähnt Peter Häberle (Hg.), *Kulturstaatlichkeit und Kulturverfassungsrecht*, 1981; ders., *Verfassungslehre als Kulturwissenschaft*, 1982; ders., *Rechtsvergleichung im Kraftfeld des Verfassungsstaates*, 1992; ders., *Europäische Rechtskultur*, 1994; ders., *Verfassungslehre als Kulturwissenschaft*, 2. Aufl. 1998.

philosophischen und allgemeinen kulturellen Strömungen hervorheben muß, wenn man auf die Bedeutung von Klassikertexten usw. eingeht – dann legt sich unabweisbar die Folgerung nahe, daß das gleiche auch für andere Rechtskreise, etwa für den ostasiatischen Rechtskreis (oder die ostasiatischen Rechtskreise) gelten muß.

Der eigentliche Ertrag der kulturwissenschaftlichen Betrachtung ist also die Generalisierung der Relevanz des kulturellen Arguments. Was für Deutschland und das westliche Recht gilt, wird und muß auch für die anderen Rechtskreise gelten (und zwar auch dann, wenn diese eine Rezeption aus einem anderen Kulturkreis hinter sich haben). Für die Bedeutung, die ein Prinzip wie die Menschenwürde oder die Menschenrechte im gelebten Recht haben, muß es auch auf die jeweilige Kultur ankommen, muß die Verwurzelung, Einwurzelung und Implantation der westlichen Vorstellung in die eigene Kultur wichtig sein.[20] Unter diesem Gesichtspunkt sind auch die Grundeinteilungen der Rechtsvergleichung zu überdenken und gegebenenfalls neu zu ordnen. So wichtig die Unterscheidung zwischen »civil law« und »common law« für die Binnenvarianten des westlichen Rechts ist, so kann vermutet werden, daß es daneben ebenso wichtige oder wichtigere Alternativen und Unterscheidungen gibt, nämlich dann, wenn man das Recht in anderen Kulturkreisen als lebendes Recht untersucht. Dabei muß auch, um der Komplexität und der Grundsätzlichkeit des Vergleichs gerecht zu werden, das Recht nicht nur als Untersystem, als ein Untersystem von Rechtsnormen, von professioneller Rechtssetzung und eines professionellen Rechtsstabes interpretiert werden, sondern der Blick muß sehr viel umfassender sein und auf die Bedeutung von Recht als Konfliktlösungsmechanismus in einer Gesellschaft gerichtet sein. Er fällt dann auf alternative Mechanismen der Konfliktlösung[21] und auf Grundvariablen und Grundmuster des

20 Für ein wichtiges Problemfeld hat dies grundsätzlich untersucht Hideo Sasakura, »Das Recht der Selbstbestimmung. Zum Stand der Diskussion in Japan«, in: Leipold (FN 18), S. 3 ff.

21 Zum großen und vielbehandelten Thema der alternativen Konfliktschlichtung hier nur der Verweis auf Wilhelm Röhl/Matthias Scheer (Hg.), *Außergerichtliche Streitbeilegung – Effektive Konfliktlösung im Zivil-, Wirtschafts- und Strafrecht*, 1994; Kiyoshi Igarashi, *Einführung in das japanische Recht*, 1990, S. 46; Junichi Murakami, *Einführung in die Grundlagen des japanischen Rechts*, 1974; Masasuke Ishibe, »Das Schlichtungswesen aus rechtshistorischer und rechtsvergleichender Sicht«, in: Karl Kroeschell (Hg.), *Recht und Verfahren*, 1993, S. 215 ff., und Dieter Leipold, »Der Schlichtungsgedanke zwischen Realität und Utopie«, ebd., S. 237 ff.

menschlichen Zusammenlebens. Wo gesellschaftliche Verhaltensmuster und gelebte Konventionen in großem Umfang Ordnungsleistungen erbringen, sind positiv-rechtliche Rechtsregeln überflüssig. Treffend findet sich die These, daß das Recht nur einer von vielen Konfliktlösungsmechanismen ist, in einem Aufsatz des amerikanischen Rechtswissenschaftlers John O. Haley mit dem schönen Titel »Does community count?«[22]

Rechtsvergleichung als Kulturvergleichung führt zur These: civilization matters. Kultur ist ein ausschlaggebender Faktor für das Recht, Kultur ist eine ausschlaggebende Dimension.[23] Dies gilt jedenfalls, wenn man, was notwendig ist, entschieden auf das *gelebte* Recht abstellt und nicht auf das Recht in den Büchern. Im weiteren führt dies zur schon angesprochenen wichtigsten Frage für die Rechtsvergleichung als Kulturvergleichung, zu der Frage nämlich, welche Rolle das Recht im gesellschaftlichen Leben spielt. Was steuert Recht, wieviel Konflikte und Interessenkonflikte werden in den Wegen des Rechts, des Streits und von Juristen als Angehörigen professionalisierter Berufe[24] ausgetragen.[25] Im weiteren spricht vie-

22 Der volle Titel lautet: John O. Haley, »Relational Contracting: Does Community Count?«, in: Baum (FN 17), S. 167 ff.

23 Im weiteren und in der alles entscheidenden konkreten Analyse ergeben sich natürlich sehr viele Probleme. Wie stark die Kulturabhängigkeit und die -geprägtheit des Rechts in den einzelnen Ländern ist, ist eine anspruchsvolle Fragestellung. Vor Vereinfachungen sei ausdrücklich gewarnt. Einen Eindruck von der Komplexität der Probleme gibt etwa Harald Baum, »Aus fremder Quelle. Rechtsdenken, Rechtssystem und Rechtswirklichkeit in Japan – Rechtsvergleichung mit Japan«, in: *Rabels Zeitschrift für ausländisches und internationales Privatrecht* 59, 1995, S. 258 ff. So unbestritten etwa die sehr großen Unterschiede im Gebrauchmachen von gerichtlichen Verfahren zwischen Europa/USA und Japan sind, so kompliziert und strittig ist die Erklärung: es stehen Erklärungsmustern, die auf die kulturspezifische Prägung abstellen, Erklärungen gegenüber, die institutionelle Faktoren (zum Beispiel das bewußte Kleinhalten der Zahl der Rechtsanwälte) betonen.

24 Die Rolle der juristischen Berufe, insbesondere die sehr stark variierende Rolle der Rechtsanwälte in Ländern wie den USA einerseits und Japan andererseits kann gar nicht hoch genug eingeschätzt werden; dazu gibt es eine reichhaltige Literatur und in der Bewertung auch anhaltende Mißverständnisse zwischen amerikanischen und anderen Autoren, vgl. dazu den Bericht über eine sehr kontroverse Diskussion in: Baum (FN 17), S. 376 f. mit pointierter Kritik von Dan F. Henderson (San Francisco).

25 Zu dieser Fragestellung Wahl, »Individualismus und Gemeinschaftsgebundenheit« (FN 18), S. 47 ff.

les dafür, daß sich unterschiedliche Kulturen in dem Grade der Verrechtlichung und der Justitialisierung (als Umfang der Gerichtsbarkeit) unterscheiden. Deshalb läßt sich fragen, ob es Optima für den Einsatz des Rechts als Steuerungsinstrument gibt.

VI. Verfassungsvergleichung zwischen Japan und Deutschland

Die typischen Diskussionsthemen in der Rechtsvergleichung zwischen Japan und westlichen Rechtsordnungen sind derzeit von der Zivilrechtsvergleichung und der Rechtssoziologie bestimmt. Es geht dabei etwa um die Fragen der

- Besonderheiten des japanischen Rechtsbewußtseins,[26]
- Besonderheiten beim Umgang mit Verträgen[27] sowie
- Besonderheiten im Gebrauchmachen beziehungsweise Nicht-Gebrauchmachen von gerichtlichen Verfahren und bei der Bedeutung von Schlichtungsmechanismen innerhalb oder außerhalb des Rechts.[28]

26 Zur Diskussion über das Rechtsbewußtsein der Japaner Igarashi (FN 21), S. 48 ff. Grundlegend Guntram Rahn, *Rechtsdenken und Rechtsauffassung in Japan*, 1990 (dazu ausführlich Baum [FN 23]), Rahn, »Recht und Rechtsmentalität in Japan«, in: Harald Baum/Ulrich Drobnig (Hg.), *Japanisches Handels- und Wirtschaftsrecht*, 1994, S. 1 ff.

27 Die bisherige Diskussion fassen zusammen und führen weiter mehrere Beiträge in Baum (FN 17), insbesondere Zentaro Kitagawa, *Use or Non-Use of Contracts in Japanese Business Relations*, S. 145 ff. Vgl. auch Konrad Zweigert/Jan Puttfarken, »Zur Vergleichbarkeit analoger Rechtsinstitute in verschiedenen Gesellschaftsordnungen«, in: dies. (Hg.), *Rechtsvergleichung*, 1980, S. 406 f.

28 Zum Thema »litigation« gibt es eine ganze Fülle vor allem amerikanischer Arbeiten mit ausgesprochenen »Klassikern« wie Takeyoshi Kawashima, »Dispute Resolution in Contemporary Japan«, in: von Mehren (Hg.), *Law in Japan*, Cambridge, Mass. 1963, S. 41 ff.; John O. Haley, »The Myth of the Reluctant Litigant«, *J. Jap. Stud.* 359, 364 (1978), ders., *Authority without Power, Law and the Japanese Paradox*, New York 1991; Hiroshi Oda, *Japanese Law*, London 1993; Baum, in: ders. (FN 17), S. 17: »A ›Non Litigious Society‹ and a ›Death of Lawyer‹?«; vgl. auch zahlreiche Aufsätze von Mark J. Ramseyer (nachgewiesen bei Baum [FN 23], in Anm. 7). Weiterführend und bahnbrechend sind die gründlichen historisch-statistischen Untersuchungen von Christian Wollenschläger, »Historical Trends in Civil Litigation in Japan, Arizona, Sweden and Germany: Japanese Legal Culture in the Light of Judicial Studies«, in: Baum (FN 17), S. 88 ff. (mit zahlreichen Tabellen), die die Forschung auf eine neue Grundlage stellen. Treffend stellt Wol-

Sucht man nach Parallelen oder eigenen Problemfeldern im Bereich des Öffentlichen Rechts, dann stößt man auf ein weniger stark aufbereitetes Terrain; ausführlich ist vor allem das Institut des Gyoseishido[29] (administrative guidance[30] oder Verwaltungsanleitung) diskutiert. Unabhängig davon, um welches Rechtsgebiet es sich handelt, stellt sich immer die gleiche Frage, wie festgestellte Unterschiede zwischen dem japanischen und einem westlichen Recht zu interpretieren sind. In der Literatur trifft man dazu auf zwei Deutungsmuster, und zwar sowohl in der Fremdinterpretation des japanischen Rechts durch westliche Wissenschaftler wie auch in der Selbstinterpretation durch japanische Autoren.

(1) Die erste Selbst- und Fremdinterpretation ist das Grundverständnis, das im Verlauf großer Rezeptionen auf der ganzen Welt immer zuerst auftaucht.[31] Gegenüber dem als moderner eingeschätzten Recht muß es zunächst das Bestreben der aufnehmenden Rechtsordnung sein, sich als gelehriger Schüler zu erweisen und das Ziel zu verfolgen, alsbald oder in Zukunft gleichberechtigt zu werden. In dieser Phase begegnet man dann einem Streben, überall darauf hinzuweisen, daß alles Wesentliche des fremden Rechts übernommen worden ist. In die-

lenschläger im ersten Satz fest: »The avoidance of litigation is a central element of the Japanese legal culture, perhaps its best-known feature.«

29 Tokiyasu Fujita, »Gyoseishido. Rechtsprobleme eines Hauptmittels der gegenwärtigen Verwaltung in Japan«, *Die Verwaltung* 15, 1982, S. 262 ff.; Wolfgang Pape, *Gyoseishido und das Anti-Monopol-Gesetz in Japan. Eine Untersuchung über Praxis, Hintergrund und rechtliche Problematik von »administrative guidance«*, 1980; Hiroshi Shiono, »Verwaltungsrecht und Verwaltungsstil«, in: Helmut Coing u. a. (Hg.), *Japanisierung des westlichen Rechts oder Verwestlichung des japanischen Rechts*, 1990, S. 45 ff.

30 Lorenz Ködderitzsch, *Die Rolle der Verwaltungsvorschriften im japanischen Verwaltungsrecht*, 1995; ders., »Das neue Verwaltungsverfahrensgesetz in Japan – Versuch einer Bilanz«, *Zeitschrift für Japanisches Recht*, 1996, S. 131 ff., und Yoichi Ohashi, »Verwaltungsvorschriften und informelles Verwaltungshandeln: Zum besseren Verständnis der Verwaltungspraxis Japans«, *VerwArchiv* 82 (1991), S. 220 ff.

31 Ein großes Forschungsthema der historischen Rechtsvergleichung ist es, die große Zahl von grundsätzlichen Rezeptionen in der Rechtsgeschichte aller Kulturen strukturell vergleichend zu behandeln. Selten ist Rechtsgeschichte mit ihrem historischen Erkenntnisinteresse zugleich so nahe und unmittelbar für die Gegenwart relevant. Für Europa werden insoweit schon längst die großen Rezeptionsvorgänge im späten Mittelalter bei der Übernahme des römischen Rechts untersucht und als Vergleichsvorgang angesehen. Für Japan sind die große Rezeption des chinesischen Rechts, später dann die moderne Entwicklung in der Meji-Zeit und im 20. Jahrhundert zu untersuchen.

ser Sicht gilt die eigene Tradition als rückständig. Man verschweigt sie lieber und stellt sie, wenn man darauf angesprochen wird, als Relikt des früheren und bald zu überwindenden Rechts dar.

(2) Eine andere Selbst- und Fremdinterpretation gehört einer zweiten Phase von Rezeptionen an. Insbesondere wenn eine eigenständige Kultur fremdes und modernes Recht übernommen hat, zeigt die Geschichte, daß dabei immer etwas Neues, ein eigener Mix herausgekommen ist. Dieser Interpretation begegnet man in den letzten Jahren – naheliegenderweise – immer häufiger, bei japanischen Autoren und bei ausländischen Betrachtern. Für dieses alternative Verständnis sind dann auch Tagungs- und Buchtitel wie »Das Japanische im japanischen Recht«[32] oder »Japanisierung des westlichen Rechts oder Verwestlichung des japanischen Rechts«[33] exemplarisch. Als unbefangener Betrachter möchte man beim letzteren Titel nur anfügen: was anderes als die Japanisierung des rezipierten westlichen Rechts könnte man denn erwarten? Eine bloße Übersetzung rezipierten Rechts hat es in der Rechtsgeschichte nie gegeben, sondern immer eine aktive Aneignung und Anverwandlung.

Für den Beobachter des japanischen Rechts stellt sich die derzeitige Situation etwa wie folgt dar: Das Selbstverständnis der Mehrheit der japanischen Praktiker geht offenbar ziemlich unbefangen davon aus, »that they are working within what is basically a Western legal system«.[34] Dagegen führt der japanische Rechtswissenschaftler Kinoshita – nach meiner Meinung zutreffender – aus: »Japanese Law has been ›westernized,‹ but it was and it is not ›Western Law.‹ It is safer to say that japanese Law is a hybrid and symbiotic of the four legal systems of different legal cultures.«[35] Erhellend und für sich sprechend ist insoweit auch die Diskussion darüber, welchem Rechtskreis das japanische Recht zuzuordnen sei: Harald Baum spricht – insoweit zu Recht – ironisch von einem großen rechtsvergleichenden Mysterium.[36] In der westlichen Literatur werden inso-

32 Heinrich Menkhaus (Hg.), *Das Japanische im japanischen Recht*, 1994.

33 Helmut Coing u. a. (Hg.), *Japanisierung des westlichen Rechts oder Verwestlichung des japanischen Rechts*, 1990.

34 Baum (FN 23), S. 258 ff.

35 Takeyoshi Kinoshita, »Japanese and Western law«, in: *FS Kitagawa*, 1992, S. 199 ff., S. 219.

36 Baum (FN 23), S. 258 ff.

weit immer mehr euro- oder US-zentristische Positionen verlassen und aufgeklärtere und differenziertere Auffassungen vertreten.

Im vorliegenden Zusammenhang ist bemerkenswert, daß diese Diskussion bisher vor allem in der Rechtssoziologie und in der Zivilrechtsvergleichung geführt worden ist,[37] dagegen noch nicht im Öffentlichen Recht. Im Verfassungsrecht stellt sich die Frage nach dem Gehalt und Verständnis von rezipierten Prinzipien mit besonderer Schärfe, wenn etwa die Interpretation der Menschenrechte und der Menschenwürde in Frage steht. Wieweit geht es hier um eine »bloße« Übernahme, um Anverwandlung, Uminterpretation oder schöpferische Verbindung von rezipierten und aus der eigenen Tradition stammenden Vorstellungen? Die volle Schwierigkeit der Aufgabe der Rechtsvergleichung zwischen verschiedenen Kulturen wird deutlich, wenn man diese nicht nur auf die Ebene der Rechtsnormen und des geschriebenen Rechts beschränkt, sondern sich vornimmt, das gelebte Recht zu analysieren und zu vergleichen. Diesen Schritt zu tun ist in der Gegenwart nicht nur ein – schon immer richtig gewesenes – theoretisches Postulat einer vollständigen Rechtsvergleichung, sondern ein eminent praktisches und praxisbezogenes Postulat: In dem Maße, in dem die grenzüberschreitenden realen Kontakte zwischen den verschiedenen Kulturen, Gesellschaften und Völkern in einem bisher nicht dagewesenen Umfang zunehmen und weiter zunehmen werden,[38] steigt das beträchtliche Interesse am gelebten Recht, weil dies die Ebene ist, auf der die realen Kontakte stattfinden und die für die realen Kontakte wichtig ist. Dies bedeutet nichts anderes als eine be-

37 Insbesondere haben zahlreiche amerikanische Rechtssoziologen, die als Spezialisten für die Fremdinterpretation des japanischen Rechts gelten, auf diesem Feld vorgearbeitet. Auch in der US-amerikanischen Literatur begegnen einem die beiden erwähnten Sichtweisen: zum einen werden fast alle japanischen Eigenarten im Recht(sleben) einer überholten und zu überwindenden Entwicklungsphase zugeordnet, zum anderen setzt sich bei jüngeren Arbeiten die Auffassung durch, daß diese Besonderheiten des japanischen Rechtslebens und Rechtsdenkens Eigenarten einer auf Dauer anderen und eigenständigen Rechtskultur sind, so daß es wichtig und zukunftsträchtig ist, diese Eigenarten zu verstehen und nicht auf ihr Absterben zu warten.

38 Globalisierung ist kein Zustand, sondern ein Prozeß, bei dem wir erst am Anfang stehen. Mag das Ausmaß von Globalisierung heute gegenüber den Verhältnissen vor wenigen Jahrzehnten sehr beträchtlich sein, so ist es hoch wahrscheinlich, daß sich in den nächsten Jahrzehnten solche Globalisierungstendenzen noch in beschleunigtem Maße zeigen.

trächtliche Ausweitung der traditionellen Rechtsvergleichung. Es interessiert nicht mehr nur, in einem Vergleich des Rechts in den Büchern (law in the books) festzustellen, welche Rechtsfigur die »beste« ist, sondern es muß interessieren, welche Relevanz das Recht in der gesellschaftlichen Wirklichkeit hat.[39]

In der Verfassungsvergleichung gibt es eine exemplarische Fragestellung, die insbesondere bei den Grund- und Menschenrechten deutlich geworden ist, nämlich die Debatte um die Universalität der Menschenrechte. Die Antwort auf diese grundsätzliche Frage prägt die Einstellungen der einzelnen Autoren der Verfassungsvergleichung. Ihre Untersuchungen etwa zum Thema, welchen Gehalt das Konzept der Menschenwürde und der Grundrechte in Japan hat, sind nur schwer von ihrem Vorverständnis in jener Frage zu isolieren. Die Grundfrage der Universalität selbst dürfte in einer Doppelantwort zu lösen sein. Ich folge hier Gedanken von Hasso Hofmann.[40] Danach kann man zwei Schichten unterscheiden:

(1) In den Menschenrechten sind historische Erfahrungen, die in Europa und in Nordamerika gemacht wurden (die aber für die ganze Welt generalisierbar sind), rechtlich formuliert, in rechtliche Prinzipien gefaßt worden. Es geht darum, die Grenzen der Staatsmacht gegenüber dem verletzlichen Individuum zu ziehen. Ein Grundsachverhalt ist die Tatsache, daß der Körper des Menschen verletzlich ist, daß sein Leben überall durch die Macht bedroht ist. Der Ansatz der Menschenrechte ist es, rechtliche und in diesem Fall verfassungsrechtliche Schutzwälle gegenüber Machtausübung zu setzen.[41] Als generalisierbar muß und kann gelten, daß überall auf der Welt der verletzliche Körper des Menschen und sein verletzbares Leben Schutzwürdigkeiten mit sich bringen. Jede historische Erfahrung zeigt, daß gegenüber dieser Verletzbarkeit Schutzwälle gebaut werden müssen. Es ist in diesem Sinne nicht vorstellbar, daß besondere Werte einer Kultur so beschaffen sein könnten, daß sie die Verletzlichkeit des Körpers und des Lebens als geringwertig zurückstellen könnten, daß die Gemeinschaft über alles zu triumphieren habe. Auch die Berufung auf andere als europäische/westliche

39 Dazu Wahl (FN 18).

40 Hasso Hofmann, »Geschichtlichkeit und Universalitätsanspruch des Rechtsstaats«, *Der Staat* 34 (1995), S. 1 ff. (auch in: Pawlowski/Roellecke [FN 18], S. 9 ff., 27 ff.).

41 (Grund-)Rechte als Palladium des einzelnen.

Werte kann nach dieser Auffassung nicht dazu führen oder es rechtfertigen, daß Körper und Leben des Menschen einem unbegrenzten oder ungeregelten Zugriff der jeweiligen politischen Macht ausgeliefert sein könnten oder dürften. Folterverbot und Schutz des Lebens und der Gesundheit sind – so jedenfalls die Position des Westens – überall bedroht, müssen überall geschützt werden. Deshalb der große Nachdruck auf die Rechte des Individuums und auf eine individualistische Staatssicht.[42]

(2) In der zweiten Schicht kann man im weiteren darüber nachdenken, ob grundrechtliche Vorstellungen der Meinungsfreiheit, der Versammlungsfreiheit oder auch der Berufsfreiheit in gleicher Weise generalisierbar sind – und ob sie es sein sollten. Soweit wirtschaftliche und wirtschaftsbezogene Freiheiten bedroht sind, muß man darüber wohl nicht weiter theoretisieren. Der Siegeszug von Markt und Marktprinzipien auf der gesamten Welt dürfte hier schon die Antwort gegeben haben. Eine Gesellschaft oder eine Kultur, die wirtschaftlichen und wirtschaftsbezogenen Ansprüchen des einzelnen entgegensteht, dürfte nicht leistungsfähig sein. Anders mag es sich bei den typisch politischen grundrechtlichen Positionen verhalten. Vom Westen wird (und sollte auch weiterhin) geltend gemacht werden, daß die wirkliche Entfaltung des einzelnen auch diese Rechte umfaßt. Aber hier mag es in der Entwicklung und in den Entwicklungsphasen verschiedener Staaten Alternativen und Spielräume geben. Jedenfalls ist die Ableitung dieser Rechte aus der Menschennatur und aus den Grundbedingungen menschlichen Lebens nicht so eng und so intensiv, wie dies bei der Frage der Verletzlichkeit des Lebens ist.[43]

Im vorliegenden Zusammenhang, bei biomedizinischen Fragen und bei all den Problemen am Anfang und am Ende des Lebens stellt sich insoweit auch eine unbeantwortete und derzeit unbeantwortbare Frage: Sind die Einstellungen zum Leben, zum verletzbaren und beschädigbaren Menschen kulturunabhängig, oder gibt es gerade bei den Problemen am Beginn und Ende des Lebens kulturabhängig unterschiedliche Einstellungen? Ist bei den alten und insoweit sogar relativ einfachen Fragen des Schwangerschaftsabbruchs

42 »Der Staat ist für den Menschen da, nicht der Mensch für den Staat«, so die pathetische Formel und das Fanal des Herrenchiemseer Verfassungskonvents, der Vorläufer-Versammlung des Parlamentarischen Rats im Jahr 1948.

43 Dazu Hofmann (FN 40).

mit gleichen Antworten der japanischen Kultur und der westlichen Kulturen zu rechnen? Was bedeutet in diesem Zusammenhang das Prinzip der Menschenwürde und der Schutz des Lebens? Welche unterschiedlichen Grundlagen und Hintergründe bestehen in den einzelnen Kulturen im Hinblick auf diese Probleme? Bezogen auf das vorher gebrauchte Bild der zwei Schichten wäre zu fragen: Gehören diese Probleme zur ersten und generalisierbaren Schicht oder handelt es sich um kulturabhängige Fragen?

Exemplarisch diskutiert am Problem des Schwangerschaftsabbruchs: Es könnte sein, daß der Riß, der in diesen Fragen durch die westlichen Gesellschaften geht – und der auf dem Hintergrund christlicher Tradition mit ihren absoluten Ansprüchen verständlich und beinahe unvermeidlich ist –, in anderen Kulturen nicht in dieser Weise vorhanden ist. Bezogen auf die Generalisierbarkeit läßt sich zwar sagen, daß auf der ganzen Welt beim Schwangerschaftsabbruch eine Ausnahmesituation besteht und psychische Belastungen vorhanden sind. Insoweit kann man von einer generellen und gleichen Ausgangssituation sprechen. Wie diese aber wahrgenommen wird und wie darauf geantwortet wird, könnte bei den Kulturen unterschiedlich sein. Die Zuspitzung, die der Vorgang des Schwangerschaftsabbruchs für das Gewissen des einzelnen im westlich-christlichen Kulturbereich bedeutet, muß in anderen Kulturen nicht ähnlich stark sein. Dies ist eine offene Frage. Insoweit kann man diese Überlegung für den gesamten Bereich der Biomedizin generalisieren und fragen, ob bei all den vielfältigen und in Zukunft noch vielfältigeren Problemen am Anfang des Lebens die gleichen oder unterschiedlichen kulturellen Prägungen vorhanden sind. Wenn Unterschiede vorhanden wären, so müßte dies unvermeidlich Folgen für die rechtlichen Lösungen haben.

VII. Schluß

Verfassungsvergleichung beginnt zwar mit knappen Texten, führt aber in die Tiefe der Grundordnung, die die Verfassung in jedem Staat ist. Als Kulturvergleichung führt sie außerdem auf die normalerweise nicht thematisierten und oft auch nicht mehr bewußten kulturellen Grundlagen in Recht und Verfassung einer Gesellschaft und auf die vorrechtlichen Grundverständnisse.

II. Die Verfassung als Vorrangordnung

4. Der Vorrang der Verfassung

Die Vorstellung, daß der Verfassung die höchste Autorität in einer positiven Rechtsordnung zukommt, ist so alt wie das Denken über die Verfassungen und das Kämpfen um die ausdrückliche Fixierung solcher Grundordnungen selbst. Zu dem spezifischen dogmatischen Konzept des Vorrangs der Verfassung ist diese allgemeine, eher beschreibende Vorstellung jedoch erst dann geworden, als davon konkrete Rechtsfolgen abhingen, nämlich die Derogation entgegenstehenden alten Rechts und die Rechtswidrigkeit entgegenstehenden neuen Gesetzesrechts. Diese Folgen sind in der geschichtlichen Entwicklung nicht immer und nicht sofort mit dem Vorhandensein von Verfassungen verbunden worden. Die Figuren der Verfassungswidrigkeit und der Rangordnung der Rechtsnormen sind dem verfassungsrechtlichen Denken nicht von Anfang an verfügbar gewesen; im Gegenteil ist die Verfassungstradition in Deutschland zu einem beträchtlichen Teil in einem anderen Verständnis entstanden. Die materiellen Folgen eines Verstoßes gegen die Verfassung sind *juristisch* »interessant« und folgenreich geworden, als sie in gesicherter und in rechtlich verbindlicher Weise festgestellt werden konnten – also im Zusammenhang mit der Ausbildung der Verfassungsgerichtsbarkeit. Die Normenkontrolle setzt theoretisch das Konzept der Rangordnung der Normen voraus, so wie umgekehrt die Lehre vom Stufenbau der Rechtsordnung im Verhältnis von Verfassung und Gesetzen ihre praktische Pointe erst bei Bestehen einer Verfassungsgerichtsbarkeit erhält.[1] Dieser Zusammenhang hat weitreichende Folgen für das gedankliche Umfeld, in dem der Vorrang der Verfassung zu diskutieren ist (dazu I).

1 Zum nicht nur zeitlichen Zusammenhang zwischen der Ausbildung der Theorie vom Stufenbau der Rechtsordnung und der Entstehung einer Verfassungsgerichtsbarkeit in Österreich 1920: Theo Öhlinger, *Der Stufenbau der Rechtsordnung*, 1975, S. 10 und 32; ausführlich zur Entwicklung Herbert Haller, *Die Prüfung von Gesetzen*, 1979, S. 1-72.

I. Vorrang der Verfassung und die Verfassungsgerichtsbarkeit

Der Vorrang der Verfassung enthält nicht nur das formelle Kollisionsprinzip und seine Ausformung als entweder ursprüngliche Nichtigkeit oder spätere Vernichtbarkeit,[2] sondern er drückt in der Verfassungsordnung des Grundgesetzes mehr und Wichtigeres aus, nämlich die Verbindlichkeit, Maßgeblichkeit und Durchsetzbarkeit der Verfassung gegenüber dem einfachen Gesetzesrecht.[3]

Für das Grundgesetz ist der Zusammenhang zwischen materieller Überordnung der Verfassung und ihrer prozessualen Durchsetzung durch die Verfassungsgerichtsbarkeit konstitutiv: die Verfassung ist nicht nur die höchste Autorität, sondern sie ist der juristische *Maßstab* für eine Gerichtsbarkeit geworden. Damit ist nicht nur ein weiterer Adressat für die materiellen Regeln des Verfassungsrechts hinzugekommen, sondern damit ist die Verfassung in einer vorher unbekannten Weise in rechtlich-gerichtsförmige Zusammenhänge hineingestellt worden. Das Verfassungsrecht wird durch die Verfassungsgerichtsbarkeit effektuiert, zugleich wird der Rechtscharakter der Verfassung gesteigert; dies ist – als Positivum – bekannt und hier nicht im einzelnen nochmals auszuführen.[4] Hier interessiert eine andere, nicht weniger folgenreiche Konsequenz: Die Einführung und Entfaltung einer umfassenden Verfassungsgerichtsbarkeit verankert und zentriert die Bedeutung der Verfassung vorwiegend

2 Dazu ausführlich Christoph Böckenförde, *Die sogenannte Nichtigkeit verfassungswidriger Gesetze*, 1966, S. 27 ff., und Christoph Moench, *Verfassungswidrige Gesetze und Normenkontrolle*, 1977, S. 118 f., 142 ff., je mit Kritik an der rechtslogischen Verknüpfung von Rangordnungslehre und Ipso-jure-Nichtigkeit, vgl. jetzt ausführlich Jörn Ipsen, *Rechtsfolgen der Verfassungswidrigkeit von Norm und Einzelakt*, 1980.

3 Moench (FN 2), S. 143, unter Berufung auf Konrad Hesse. Zum Vorrang der Verfassung neben den Nachweisen in FN 2: Jörn Ipsen, *Richterrecht und Verfassung*, 1975, S. 155; Edouard Campiche, *Die verfassungskonforme Auslegung*, 1978, S. 17 f.

4 Rainer Wahl/Frank Rottmann, *Die Bedeutung der Verfassung und der Verfassungsgerichtsbarkeit in der Bundesrepublik – im Vergleich zum 19. Jahrhundert und zu Weimar*, in: Werner Conze/Rainer Lepsius, *Historische Grundlagen der Bundesrepublik*, 1982, S. 340 f. m. w. N. – Literaturnachweise zur Verfassungsgerichtsbarkeit werden im folgenden nur sehr beschränkt gegeben angesichts der umfassenden Nachweise des Literaturstandes bei Karl Korinek, Jörg Paul Müller und Klaus Schlaich, *VVDStRL* 39, 1981. Neuerdings ist zu ergänzen die Darstellung von Klaus Stern, *Das Staatsrecht der Bundesrepublik Deutschland*, Bd. II, 1980, § 44.

im Rechtlichen und Gerichtsförmigen. Das Denken über die Verfassung muß in Rechnung stellen, daß alle Aussagen über die Bedeutung der Verfassung und über ihren Gehalt Aussagen über einen rechtlichen Maßstab in einer besonders sensiblen Gerichtsbarkeit sind. Von den weitreichenden Folgen dieses Umstandes sollen hier drei herausgegriffen werden.

Als Maßstab eines Gerichtsverfahrens muß das Verfassungsrecht zum einen höchstmögliche Klarheit und Exaktheit über den Umfang und die Abgrenzbarkeit der Verfassungsnormen erhalten. Der Maßstab muß von dem daran zu Messenden ausdrücklich unterschieden sein und gegenüber dem einfachen Gesetzesrecht unterscheidbar interpretiert werden. Soll die Verfassungsmäßigkeit der Gesetze überprüft werden, bedürfen die verfassungsrechtlichen Begriffe der Eigenständigkeit, des »Selbststandes«.[5] Der Vorrang der Verfassung verlangt Differenzierung und Distanz zwischen den Normebenen; er ist ein Konzept der Trennung, nicht des Zusammenwirkens.[6] Dieses mit der Verfassungsgerichtsbarkeit eng verknüpfte Prinzip läßt es nicht zu, daß durch die Interpretation die Grenzen und Unterschiede zwischen dem Verfassungsrecht und dem einfachen Recht ins Verschwimmen geraten; die Einsicht, daß alles einfache Recht irgendwie im Verfassungsrecht wurzelt, ist für die Operationen der Verfassungsgerichtsbarkeit keine juristisch befriedigende und weiterführende Aussage. Der Vorrang der Verfassung betrifft zum zweiten nicht nur ein Ableitungsverhältnis zwischen zwei Rechtsnormen, sondern er enthält darüber hinaus auch eine funktionell-institutionelle Beziehung. Ihre Tragweite wird in der sprachlichen Umformulierung deutlich: Der Vorrang der Verfassung bedeutet den *Nachrang* des Gesetzes. Dies wiederum heißt zugleich Nachrang des Gesetzgebers,[7] und zwar nicht nur gegenüber der historischen verfassunggebenden Institution oder dem verfassungsändernden Gesetzgeber, sondern jeweils aktuell gegenüber der Instanz, die die Verfassung verbindlich auslegt. Das ist vom Grundgesetz so gewollt, mit guten Gründen. Das Problem ist nicht

5 So treffend Walter Leisner, *Von der Verfassungsmäßigkeit der Gesetze zur Gesetzmäßigkeit der Verfassung*, 1964, S. 5, 8 f., 61 f. und passim. Leisner formuliert dort S. 5 ausdrücklich das im weiteren Text diskutierte Problem, daß »Verfassung nach Gesetz« die Hierarchie der Normen und die Verfassungsgerichtsbarkeit bedroht.

6 Zu den notwendigen Konkretisierungen dieser Aussage vgl. unten IV 1.

7 Zu dieser Umformulierung vgl. unten im Text II 1 mit FN 15.

das Ob dieses Nachrangs des demokratischen Gesetzgebers, sondern sein *Umfang.* Wenn aus dem Vorrang der Verfassung der verfassungsgerichtlich vollziehbare und effektuierte Nachrang des Gesetzgebers folgt, dann ist eine Auslegungsmaxime, die auf maximalen Gehalt des Verfassungsrechts ausgeht, alles andere als selbstverständlich. Eine Interpretation, die dem Verfassungsrecht einen beträchtlichen Zuwachs an inhaltlicher Dichte erbringt, ist deshalb nicht allein dadurch gerechtfertigt oder zutreffend, daß sie dem materiellen Anspruch der Verfassung als höchster Autorität durch Ausdehnung dieses Anspruchs zu dienen verspricht; sie enthält vielmehr auch eine Aussage über das Verhältnis von Verfassungsgericht und Gesetzgeber, die sich ebenfalls legitimieren muß.

Zum dritten ist die Entfaltung einer umfassenden Verfassungsgerichtsbarkeit auch prägend für die Bedeutung der Verfassung in und gegenüber dem politischen Prozeß. Die Verfassungsgerichtsbarkeit bewirkt, indem sie die rechtlichen Bindungen des politischen Prozesses effektuiert, eine Steigerung der partiellen Verrechtlichung des politischen Prozesses. Von der Verfassungsgerichtsbarkeit nach dem Grundgesetz, die mit der Verfassungsbeschwerde auch jeden einzelnen zum möglichen Initiator und Beteiligten eines verfassungsgerichtlichen Verfahrens macht, kann man sagen, daß sie zur Vergegenwärtigung der Verfassung im Alltag, zur Verlebendigung der Verfassung beiträgt und geführt hat.[8] Dieser Befund, daß die Verfassung als ein Instrument des Rechts erlebt wird, kann jedoch auch eine Kehrseite haben, nämlich dann, wenn die Verfassung primär *nur* noch als ein Instrument des Rechts erlebt würde. Können, so ist zu fragen, in einer politischen Ordnung, in der jede Verfassungsfrage sogleich mit der Möglichkeit eines verfassungsgerichtlichen Verfahrens verbunden wird, überkommene programmatische oder politisch-appellative Funktionen der Verfassung im Verfassungsrecht aufrechterhalten bleiben? Kann es injustitiable, aber richtunggebende Direktiven für den politischen Prozeß geben, die als solche programmatische Direktiven, nicht jedoch als verfassungsgerichtlich durchsetzbare Bindungen verstanden werden?

Mit diesen Überlegungen ist nicht nur die Frage nach möglichen Verlustposten der gesteigerten Verrechtlichung des politischen Prozesses aufgeworfen, sondern überhaupt die Frage gestellt, ob sich Verfas-

8 Wahl/Rottmann (FN 4), S. 345.

sungsordnungen mit einem rechtlich und gerichtsförmig abgesicherten Vorrang der Verfassung nicht grundsätzlich unterscheiden von Verfassungen ohne eine Verfassungsgerichtsbarkeit und ohne die damit verbundenen materiellrechtlichen Institute. Dieser Frage ist zunächst nachzugehen. Eine vergleichende und entwicklungsgeschichtliche Skizze (II) bietet Anschauungsmaterial für die These von der Unterschiedlichkeit der Verfassungsordnungen mit und ohne Verfassungsgerichtsbarkeit (III). Danach sind die beiden erwähnten dogmatischen Probleme der hinreichend genauen Abgrenzung des vorrangigen Verfassungsrechts vom einfachen Recht und die Frage des Umfangs des vorrangigen Verfassungsrechts (IV, V) zu erörtern.

II. Das US-amerikanische Modell im Vergleich mit Deutschland vor 1933

1. Es ist bemerkenswert, daß schon am Beginn des modernen Verfassungsstaats in der nordamerikanischen Verfassungsentwicklung im letzten Viertel des 18. Jahrhunderts sozusagen ein perfektes Modell einer vorrangigen und maßstäblichen Verfassung ausgebildet worden ist. Treffend kommt dieses Verfassungsverständnis in dem zu Recht vielzitierten Satz des Vorsitzenden des Supreme Court John Marshall im Fall Marbury vs. Madison aus dem Jahre 1803 zum Ausdruck:

»Certainly all those who have framed written constitutions contemplate them as forming the fundamental and paramount law of the nation, and consequently the theory of every such government must be that an act of the legislative repugnant to the constitution must be void.«[9]

Aus der vor dieser Entscheidung liegenden Entwicklung des nordamerikanischen Verfassungsdenkens, die Gerald Stourzh[10] vorzüglich dargestellt hat, lassen sich weitere aufschlußreiche Einsichten für die hier interessierende Problematik entnehmen.

9 Text zum Beispiel in: *Documents of American History*, 1, hg. von Henry Steele Commager, 7. Aufl. (1963), S. 193.

10 Gerald Stourzh, *Vom Widerstandsrecht zur Verfassungsgerichtsbarkeit. Zum Problem der Verfassungswidrigkeit im 18. Jahrhundert* (Kl. Arbeitsreihe d. Instituts f. Europ. u. Vergl. Rechtsgeschichte, Graz), 1974, dort auch S. 26 zu Marbury vers. Madison.

Die Distanz zwischen Verfassung und einfachem Gesetz, die der Vorrang der Verfassung fordert, ist in der nordamerikanischen Verfassungsentwicklung deutlich, weil auch institutionell ausgeformt: Es gibt in dem jahrelangen Prozeß der Umbildung der ehemaligen Kolonien zu eigenständigen Verfassungsstaaten eigene Verfassungskonvente zur Ausübung der konstituierenden Gewalt des Volkes.[11] Diese Differenzierung gegenüber der gewöhnlichen gesetzgebenden Gewalt »war deshalb so bedeutsam, weil sie der frühneuzeitlichen Identität von gesetzgebender und souveräner Gewalt einen entscheidenden Schlag versetzte«. Die Institutionalisierung der konstituierenden Gewalt wird ergänzt durch die Ausbildung der *verfassungsändernden* Gewalt oder der »amending power«. Auch diese Entwicklung eigener Verfahren zur Verfassungsänderung, im späten 18. Jahrhundert ein bewundertes Novum,[12] machte die Selbständigkeit und Unterscheidbarkeit der Verfassung gegenüber dem einfachen Gesetz augenfällig. Das damit inzident ausgesprochene Verbot der stillschweigenden Verfassungsdurchbrechung ist bedeutungsvoll, um die Identität der Verfassung und ihre innere Substanz zu gewährleisten.

Der entscheidende theoretische Durchbruch liegt jedoch in der langsamen Entwicklung der Vorstellung von der Verfassungswidrigkeit, vom inhaltlichen Vorrang der Verfassung als paramount law. Die Bedeutung, aber auch die Schwierigkeit dieses Schrittes können nicht überschätzt werden.[13] Da der Vorrang der Verfassung historisch und sozialpsychologisch präziser als neues Bewußtsein vom Nachrang der Gesetzgebung und der Begrenzung des Gesetzgebers verstanden werden muß,[14] setzt der Durchbruch dieser grundlegenden Vorstellung – schlechte – Erfahrungen mit einem sich souverän setzenden Gesetzgeber voraus: in den nordamerikanischen Koloni-

11 Stourzh (FN 10), S. 18 (dort auch das folgende wörtliche Zitat) und ausführlich Willi Paul Adams, *Republikanische Verfassung und bürgerliche Freiheit*, 1973, S. 68-91.

12 Stourzh (FN 10), S. 19.

13 Eindringliche Darstellung der Stationen auf dem Weg zu diesem Konzept bei Stourzh (FN 10) mit den wichtigen Etappen: die Affäre um die Kentische Petition 1701, das Septennatsgesetz von 1716 in England, das Lehrbuch von Emer de Vattel 1758, die Argumentation insbesondere von J. Otis, A. Hamilton und J. Iredell in den nordamerikanischen Kolonien seit 1761/64; vgl. auch Georg Jellinek, *Allgemeine Staatslehre*, 3. Aufl. (1913), S. 508 ff., insbesondere S. 511 ff.

14 Stourzh (FN 10), S. 20.

en ist in den Jahrzehnten vor der Unabhängigkeit nicht nur gedacht, sondern auch erlebt worden, daß ein Parlament Unrecht tun kann. Die große Leistung der amerikanischen Verfassungsentwicklung besteht darin, diese an einem »fremden« Parlament erlebte Erfahrung auch auf die eigene Verfassungsordnung übertragen zu haben.[15] Diese Entscheidung ist zum einen das Ergebnis der Bezugnahmen auf frühere Äußerungen zum Problem der Verfassungswidrigkeit und zum Primat der Grundordnung,[16] zum anderen auch der Ertrag eines an die Wurzeln gehenden Durchdenkens des Problems der Grenzen der Staatsgewalt in einer staatlichen Ordnung, die sowohl demokratisch ist als auch die Rechte der einzelnen, die Zwecke des Staates sind, sichern will.[17] Stourzh hat auf einen frühen Zeitungsaufsatz des späteren Mitglieds des Supreme Court, James Iredell, aufmerksam gemacht, in dem dieser aus Anlaß eines konkreten Falles die Möglichkeiten zur Reaktion auf verfassungswidriges Handeln des Gesetzgebers aufzählte, nämlich das Petitionsrecht, das Widerstandsrecht und den Appell an die richterliche Gewalt, die mit den Rechten der einzelnen zugleich die Verfassung zu schützen hat.[18] Diese Alternativen machen die Weite des Denkhorizonts bei diesem epochalen Schritt deutlich, sie zeigen zugleich das Ausmaß der Innovation, das die denkerische Erfindung und praktische Durchsetzung der Verfassungsgerichtsbarkeit bedeutet hat. Es wurde hier nicht nur eine verfassungsrechtliche Institution oder ein verfassungsrechtliches Element entwickelt, das additiv neben andere Institute gesetzt werden kann oder nicht, sondern in ihrem Ursprung in den USA ist die Verfassungsgerichtsbarkeit Teil einer

15 Dazu Stourzh (FN 10), S. 17; insb. S. 20 ff. zu den spannungsreichen praktischen Gerichtsfällen nach 1776, in denen Richter Gesetze als verfassungswidrig behandelten, wobei in einigen dieser Fälle diese Richter vor die gesetzgebende Versammlung vorgeladen und zum Teil dann nicht mehr wiedergewählt wurden.

16 Gerald Stourzh, »Vom aristotelischen zum liberalen Verfassungsbegriff«, in: *Fürst, Bürger, Mensch*, hg. von Friedrich Engel-Janosi u. a., 1975, S. 97, 120 verweist auf die Grundordnung von West New Jersey 1677, wo zum ersten Mal der Schritt zum Primat der Grundordnung und zur Begrenzung des Gesetzgebers gemacht worden ist.

17 Das Problem taucht in einer Ordnung auf, die sich ausschließlich auf die monoistische Legitimitätsgrundlage der Volkssouveränität stellt, so mit »logischer Notwendigkeit« in der Verfassungsdiskussion bei Cromwell, vgl. Jellinek (FN 13), S. 511 f.

18 Stourzh (FN 10), S. 23 f.

Konstellation von innerlich zusammengehörenden Elementen, die typusbestimmend und -prägend für eine wichtige Erscheinungsform des modernen Verfassungsstaats ist. Zusammengefaßt ergibt sich ein Verständnis: 1. der Verfassung als Selbstbindung des souveränen Volkes zugunsten von Grundrechten des einzelnen; deshalb 2. eine geschriebene Verfassung mit Eigenständigkeit in der Kreation und Abänderung sowie mit Vorrang der Verfassung; 3. daraus notwendigerweise folgend die Bindung des Gesetzgebers an die Grundrechte und 4. eine Verfassungsgerichtsbarkeit als Ersatz des Widerstandsrechts und als Überführung der Grenzsituation des Widerstandes in die Normalität eines Verfahrens.[19]

2. Angesichts dieses geistigen Hintergrunds des nordamerikanischen »Modells« des Verfassungsstaates mit Verfassungsgerichtsbarkeit bedarf es keiner weiteren Hervorhebung, daß sich im Deutschland des 19. Jahrhunderts Vergleichbares nicht gefunden hat und in der wesentlich anderen verfassungsrechtlichen und -politischen Gesamtsituation auch nicht finden konnte. Gleichgültig, welches Einzelelement der oben erwähnten Verfassungskonfiguration in den USA man heranzieht, bei jedem zeigen sich Unterschiede. Im vorliegenden Zusammenhang zentrieren sie sich um die Feststellung Scheuners,[20] daß in Deutschland der Vorrang der Verfassung gegenüber dem Gesetz nicht anerkannt worden ist. Deshalb hat sich das richterliche Prüfungsrecht gegenüber Gesetzen nicht durchsetzen können, und deshalb war die theoretische Basis für eine verfassungsgerichtliche Normenkontrolle nicht vorhanden. Mangels rechtlicher Geltungswirkung gegenüber den Gesetzen haben auch die Grundrechte nur eine begrenzte juristische Wirkung gehabt.[21] Sie bildeten keine rechtlichen Schranken für die Gesetzgebung; ihre derogatorische Kraft gegenüber dem bei der Verfassungsgebung vorhandenen Gesetzesbestand war schwach,[22] sie wurden dem be-

19 Noch John Locke konnte sich 1689 die Absicherung von Bindungen des Gesetzgebers nur im Widerstandsrecht denken, Stourzh (FN 10), S. 31 f., und Eberhard Grabitz, *Freiheit und Verfassungsrecht*, 1976, S. 142 f.

20 Ulrich Scheuner, in: *Bundesverfassungsgericht und Grundgesetz, Fg. BVerfG*, Bd. 1, 1976, S. 40 mit FN 141 und 142.

21 Scheuner, in: *FS Ernst Rudolf Huber*, 1973, S. 139, 147 f., 164 f. (= ders., *Staatstheorie und Staatsrecht*, 1978, S. 633, 642 f., 651, 653), und ders., in: *Von der ständischen Gesellschaft zur bürgerlichen Gleichheit*, Beihefte zu *Der Staat*, 4, 1980, S. 105, 108 f.

22 Rainer Wahl, »Rechtliche Wirkungen und Funktionen der Grundrecht im deutschen Konstitutionalismus des 19. Jahrhunderts«, *Der Staat*, Bd. 18 (1979), S. 321,

stehenden Recht eingefügt und dem neu zu erlassenden Gesetzesrecht nicht rechtlich vorgeordnet. Kennzeichnende Unterschiede finden sich auch bei den Begleitinstituten des inhaltlichen Vorrangs der Verfassung: eine spezifische verfassunggebende Gewalt war nicht anerkannt; und mangels Unterschieds zwischen der normalen und der verfassungsändernden gesetzgebenden Gewalt war ein Schutz der Verfassung vor stillschweigenden Verfassungsdurchbrechungen nicht gegeben.

Der Vorrang der Verfassung wird im Frühkonstitutionalismus von Autoren bejaht, die sich an den USA orientieren wie Welcker[23] und besonders Mohl, der die Verfassung dem Zwecke nach, dem sie ihre Entstehung verdankt, als höhere Gattung von Normen bezeichnet und explizit die Vorstellung von der »Abstufung der Normen« entwickelt, um die Verfassung vor Abänderungen oder Aufhebungen durch die gesetzgebende Gewalt zu schützen.[24] Konsequent folgert Mohl die Nichtigkeit verfassungswidriger Gesetze und die Beschränkung des Gehorsams des einzelnen auf den »bloß verfassungsmäßigen Gehorsam«.[25] Im spätkonstitutionellen Staatsrecht kommt dagegen die Ablehnung eines Vorrangs der Verfassung deut-

328, und generell zur Frage des Verhältnisses der Grundrechte der (frühen) konstitutionellen Verfassungen zum überkommenen Gesetzesrecht S. 328 ff., 335 ff. – in diesem Band S. 341 ff., 349 ff.

23 Carl Welcker, Art. »Gesetz«, in: *Das Staatslexikon*, Band 5, 1847, S. 695, 702, 704; dagegen hat Welcker in seinem Artikel »Staatsverfassung«, in: *Das Staatslexikon*, Band 12, 1848, S. 363 ff., S. 373 f., die Vorrangvorstellung nicht ausdrücklich angesprochen. – Die dogmengeschichtlichen Untersuchungen von Ipsen (FN 2), S. 23-37, beziehen sich fast ausschließlich auf formelle Verstöße gegen die Verfassung (Fehlen der ständischen Mitwirkung); die Behauptung, daß der Vorrang der Verfassung bei den meisten Autoren zumindest stillschweigend vorausgesetzt gewesen sei (S. 37 und 59), trifft jedoch nicht zu; mißverständlich auch S. 59 f. zu Gerhard Anschütz' Position zur WRV.

24 Rudolf v. Mohl hat seine Position am deutlichsten herausgearbeitet in dem Aufsatz: »Über die rechtliche Bedeutung verfassungswidriger Gesetze«, in: *Staatsrecht, Völkerrecht und Politik*, Band 1, 1860, S. 66 ff., insbesondere S. 81 ff. und 88 ff. (S. 89 »Abstufung der Normen«); vgl. auch ders., *Staatsrecht des Königreichs Württemberg*, 2. Aufl. 1840, Band 1, S. 90 ff., und schon ders., *Das Bundes-Staatsrecht der Vereinigten Staaten von Nord-Amerika*, 1824, S. 101 f., 133-140.

25 Mohl, in: *Staatsrecht, Völkerrecht und Politik* (FN 24), S. 93 ff.; ders., *Staatsrecht des Königreichs* (FN 24), S. 323 f. Dazu Michael Köhler, *Die Lehre vom Widerstandsrecht in der deutschen konstitutionellen Staatsrechtstheorie der ersten Hälfte des 19. Jahrhunderts*, 1973, S. 82 ff. m. N.

lich im Zusammenhang mit der von der herrschenden Lehre anerkannten stillschweigenden Verfassungsdurchbrechung im Kaiserreich zum Ausdruck.[26] Laband spricht der Verfassung – ungeachtet ihrer erschwerten Abänderung – keine höhere Autorität als anderen Gesetzen zu, weil es keinen höheren Willen im Staate geben könne als den des Souveräns, in dem die Geltung sowohl der Verfassung wie der Gesetze wurzele. »Die Verfassung ist keine mystische Gewalt, welche über dem Staat schwebt, sondern gleich jedem anderen Gesetz ein Willensakt des Staates und mithin nach dem Willen des Staates veränderlich.« Laband hat deshalb in der typisch positivistischen Manier dem Satz von v. Rönne, daß Spezialgesetze stets mit der Verfassung im Einklang stehen müssen, entgegengehalten, dies sei lediglich ein – wünschenswertes – Postulat der Gesetzgebungspolitik, aber kein Rechtssatz.[27]

Dezidiert und apodiktisch verurteilt auch Anschütz die Auffassung vom Vorrang der Verfassung als ein dem deutschen Recht fremdes Institut des nordamerikanischen Staatsrechts. »Die Verfassung steht nicht über der Legislative, sondern zur Disposition derselben. Insoweit ist die Verfassung in der Tat nur ein Gesetz wie ein anderes.[28] »Die Verfassung ist für die gesetzesanwendenden Instanzen, auch für die Gerichte, nicht mehr und nichts anderes als ein

26 Gustav Meyer/Gerhard Anschütz, *Lehrbuch des Deutschen Staatsrechts*, 7. Aufl. (1919), S. 661 f. und 743; Paul Laband, *Das Staatsrecht des Deutschen Reiches*, Band 2, 5. Aufl. (1911), S. 39 m. N. Diese Lehre hat durchaus beträchtliche Folgen gehabt: Im Wege der stillschweigenden Verfassungsdurchbrechung ist die für das Bundesstaatsrecht des Kaiserreiches grundlegende Franckensteinische Klausel (dazu Ernst Rudolf Huber, *Deutsche Verfassungsgeschichte*, Band 3, 2. Aufl. 1970, S. 950 ff.) eingeführt worden (erst 1904 formelle Verfassungsänderung); auch Geschäftsordnungen enthielten bedeutsame Abweichungen gegenüber den Verfassungstexten, Beispiele bei Jellinek (FN 13), S. 538 f.

27 Laband (FN 26), S. 39 f. (dort S. 39 auch das wörtliche Zitat). In einer Buchbesprechung in *AöR* Band 9 (1894), S. 271 f. hält Laband die Unterscheidung zwischen der verfassunggebenden und der gesetzgebenden Gewalt für ein logisch nicht zwingendes Axiom.

28 Meyer/Anschütz (FN 26), S. 743 f. Zum wörtlichen Zitat vgl. Anschütz, *Die Verfassungsurkunde des Preußischen Staates*, 1912, S. 66; die Passage findet sich beinahe wörtlich wieder in: ders., *Die Verfassung des Deutschen Reichs*, 14. Aufl. (1933), Nr. 4 zu Art. 70, S. 371; Nr. 1 zu Art. 76, S. 401; Nr. 3 c zu Art. 102, S. 476. Die ausgeprägte Vermittlungsfunktion von Anschütz in der Weiterführung zentraler staatsrechtlicher Aussagen vom Kaiserreich zur Weimarer Verfassung verdiente eine ausführlichere Darstellung.

einfaches formelles Gesetz.« Im Kollisionsfall geht nach den allgemeinen Derogationsregeln das jüngere einfache Gesetz der Verfassung vor. Differenzierter urteilt Georg Jellinek; der Vorrang der Verfassung wurde von ihm für möglich, aber in Abhängigkeit von der gerichtlichen Effektuierung gesehen.[29]

Die Anerkennung der stillschweigenden Verfassungsdurchbrechung war im vorliegenden Zusammenhang folgenreich: sie ließ die Vorstellung des materiellen Vorrangs der Verfassung gar nicht erst entstehen. Wegen der Durchbrechungsmöglichkeit richtete sich die Aufmerksamkeit bei einem inhaltlich der Verfassung widersprechenden Gesetz nicht in erster Linie auf die Frage des Verstoßes gegen die identisch gebliebene Verfassung, sondern auf die Vorfrage, ob das Gesetz, wenn es nur die erforderliche Mehrheit[30] erhalten hatte, die Verfassung geändert hatte. Die Verfassungsdurchbrechung hatte Vorrang vor dem Prinzip des Vorrangs der Verfassung, die Identität der geschriebenen Verfassung war nicht gesichert. Hinzu kam die Sanktionslosigkeit eines ohne die Einhaltung der formellen Voraussetzungen einer Verfassungsänderung ergangenen Gesetzes, das die Verfassung inhaltlich abänderte. Der Richter war zur Nachprüfung nicht berufen, die Einhaltung der formellen Voraussetzungen der Verfassungsänderung hatten die gesetzgebenden Faktoren unter sich auszumachen.[31] Jellinek urteilte nüchtern, daß ohne ein solches richterliches Prüfungsrecht, »was immer auch die juristische Theorie behaupten möge, keine Garantie dafür gegeben (ist), daß einfache Gesetze nicht im Widerspruch mit dem Verfassungsrecht die Verfassung abändern«.[32]

3. Der entscheidende und tiefgreifende »System«unterschied zwi-

29 Georg Jellinek, *System der subjektiven öffentlichen Rechte*, 2. Aufl. 1905, S. 96, auch S. 101 f.; ders., *Gesetz und Verordnung*, 1887, S. 263. – Die Rechtsprechung lehnte das Prüfungsrecht ab, vgl. RGZ 9, 232 ff. (v. 17. 2. 1883), dazu Huber (FN 26), S. 1055 ff., 1058 f.

30 Da für Verfassungsänderungen nach Art. 78 RV im Reichstag keine qualifizierte Mehrheit erforderlich war (im Bundesrat kam 14 von 58 Stimmen ein Vetorecht zu), war die Distanz zwischen dem einfachen und dem verfassungsändernden Gesetz gering; trotzdem galt die erhöhte formelle Geltungskraft der Verfassung als das wesentliche »rechtliche Merkmal des Verfassungsgesetzes«, Jellinek (FN 13), S. 534. Die Kritik von Carl Schmitt, *Verfassungslehre*, 1928, S. 16, an dieser Position indiziert ein neues Verfassungsverständnis.

31 Meyer/Anschütz (FN 26), S. 744.

32 Jellinek (FN 13), S. 538.

schen der nordamerikanischen und der deutschen Entwicklung im 19. Jahrhundert wird erst sichtbar, wenn man die Gesamtkonstellation der Einzelelemente ins Zentrum der Überlegungen stellt und als Ausdruck einer je spezifischen Verfassungssituation und eines spezifischen Verfassungsverständnisses begreift.

Wie bei der Mehrzahl der verfassungsrechtlichen Probleme des deutschen Konstitutionalismus ist die dualistische Struktur der Verfassung der – oft unterschätzte – Schlüssel für die Lösung. Der Dualismus setzte der Möglichkeit des inhaltlichen Vorrangs der Verfassung und der Verfassungsgerichtsbarkeit systembedingte prinzipielle Schranken.[33]

Eine dualistische Ordnung kann den ihr immanenten objektiven Bedarf nach einer neutralen Instanz typischerweise, man möchte sagen: definitionsgemäß nicht befriedigen. Der konstitutionelle Dualismus war rechtlich nicht zu überbrücken; mangels einer durchgehenden gemeinsamen (Legitimitäts-)Grundlage war in einem solchen System die Fähigkeit zur Verrechtlichung notwendigerweise begrenzt. Das Zu-Ende-Denken der Verfassung im Interesse der Lösung offener Fragen führte nicht auf einen einheitlichen Bezugspunkt, sondern zu der unaufgelösten Doppelung der je eigenständig begründeten Grundposition von Krone und Volksvertretung. Deshalb hörte an gewissen Stellen das Staatsrecht hier in der Tat auf.[34] Der Raum für das *politische* Austragen der unterschiedlichen Positionen war notwendigerweise relativ groß,[35] und der Ort dafür war die Gesetzgebung, wo die beiden Faktoren »zusammengespannt« und zur politischen Entscheidungs- und Kom-

33 Wahl/Rottmann (FN 4), S. 347 f.; Wahl, »Der preußische Verfassungskonflikt und das konstitutionelle System des Kaiserreichs«, in: Ernst-Wolfgang Böckenförde (Hg.), *Moderne deutsche Verfassungsgeschichte*, 2. Aufl. 1981, S. 208, 211-215.

34 So der bekannte und treffende Ausspruch von Anschütz in: Meyer/Anschütz (FN 26), S. 906.

35 In der beachtenswerten, frühen Abhandlung von Georg Jellinek, *Ein Verfassungsgerichtshof für Österreich*, 1885, S. 63, hält Jellinek eine gerichtliche Entscheidung zwischen Regierung und Volksvertretung für eine weit über das Maß des Wünschenswerten hinausgehende Kompetenz; in diesem Falle sei eine glückliche Lösung nur von dem politischen Takt der beteiligten Faktoren, nicht aber von einem Richterspruch zu erwarten. Im übrigen empfiehlt Jellinek, S. 17 ff., aber die Einrichtung eines Verfassungsgerichtshofs mit der Kompetenz der Normenkontrolle zum Schutze der Bürgerrechte mit zukunftsweisenden Vorschlägen, dazu Haller (FN 1), S. 25 ff.

promißfindung »verurteilt« waren. Ein inhaltlicher Vorrang der Verfassung vor dem Gesetz hätte bedeutet, daß in diesen zentralen politischen (Kompromiß-)Prozeß »von außen« hätte interveniert werden können.[36]

Ein Vorrang der Verfassung ist jedoch in sich schlüssig und durchführbar nur dann, wenn gegenüber der Konfliktebene bei der Gesetzgebung eine Instanz und eine inhaltliche Grundlage vorhanden sind, die den gesamten politischen Konflikt überspannt und deshalb überspannen kann, weil die Ebene der Verfassung die gemeinsame und ausschließliche Grundlage der Kompetenzen und Befugnisse der Streitparteien ist. Diese Bedeutung konnte aber eine konstitutionelle Verfassung nicht erlangen. Der Monarch begriff sich nicht nur als »Monarch von Verfassungs Gnaden«.[37] Auch hätte der gedankliche Rekurs auf die Verfassungsgebung wie in den USA im Konstitutionalismus auf die prekären Entstehungsbedingungen etwa der preußischen Verfassungsurkunde als einer oktroyierten und dann partiell revidierten Verfassung oder auf die nicht minder komplizierte Entstehung der Verfassung von 1867/71 geführt. Daß damit für Zweifelsfragen eine sichere und die in der Gesetzgebung auftauchende Konfliktlage neutralisierende Grundlage erreicht worden wäre, wird man angesichts der auch in der Verfassung und in der Verfassungsgebung in der Schwebe gebliebenen Souveränitätsfrage nicht annehmen können.[38]

36 In diesem Zusammenhang ist wesentlich, daß auch jede Grundrechtsfrage potentiell in eine Konfrontation zwischen Krone und Volksvertretung hätte übergehen können, wenn nämlich die monarchische Regierung eine Grundrechtseinschränkung als im Staatsinteresse für unerläßlich gehalten hätte.

37 Die Monarchie berief sich auf eine eigenständige, geschichtlich begründete Legitimität, die sie in die Verfassung »einbrachte« und die sie in der Verfassung nicht aufgehen lassen wollte. Dazu und zu den daraus folgenden inneren Brüchen Böckenförde, »Der Verfassungstyp der deutschen konstitutionellen Monarchie«, in: ders. (FN 33), S. 146, 159 ff., auch S. 149 f. und 155.

38 Daß hinter den Auseinandersetzungen um den Vorrang und die höhere Autorität der Verfassung Souveränitätsprobleme verborgen sind, wird aus der polemischen Bemerkung von Conrad Bornhak, *Preußisches Staatsrecht*, Bd. 1, 1888, S. 527 Anm. 1, deutlich: »Der König sollte als höhere Autorität über sich den König haben, der mit Zustimmung des Landtages befiehlt, und der mit Zustimmung des Landtages befehlende König den König, der aufgrund zweimaliger, mit einem Zwischenraume von wenigstens 21 Tagen gegebener Zustimmung des Landtages befiehlt! Das ist der … Geist jenes nassauischen Amtsmannes, der an sich selbst berichtete und reskribierte, nur in verschiedenen Bureaustunden.«

Ist so von einer historischen »Unmöglichkeit« der Verfassungsgerichtsbarkeit auszugehen[39] und deshalb im Rahmen des konstitutionellen Systems die Ablehnung des inhaltlichen Vorrangs der Verfassung in sich folgerichtig, so sind damit zugleich die Weichen für das in diesem Rahmen mögliche Verfassungsverständnis in einer bestimmten Weise gestellt: Ausgeschlossen war damit das Verständnis der Verfassung als einer perfekten *rechtlichen* Ordnung, die die Instrumente ihrer Durchsetzung gleichsam in sich trägt. Offen ist aber ein alternatives Verständnis, das in den inhaltlichen Prinzipien der Verfassung, insbesondere in den Grundrechten, Direktiven für den politischen Prozeß sieht, die sich nicht in den Wegen des Rechts, quasi automatisch, sondern in den Auseinandersetzungen bei der Gesetzgebung und im politischen Prozeß verwirklichen. Bei einem solchen Verständnis liegt das Schwergewicht der inhaltlichen Festlegungen der Verfassung in einer programmatisch-appellativen Bedeutung. Grundrechte und inhaltliche Festlegungen umschreiben den Standard der politischen Kultur, den Basiskonsens der Politik; sie realisieren sich in der und durch die Politik, in der und durch die öffentliche Meinung.

Dieses Verständnis der Verfassung begegnet uns im 19. Jahrhundert immer wieder. Die Quellen dazu finden sich naheliegenderweise nicht nur und nicht primär im Staatsrecht und der Staatstheorie, sondern auch und gerade in politischen Reden in den Parlamenten, in der Publizistik und der öffentlichen Meinung.

Die Staatsrechtslehre hat nicht in allen Phasen der Entwicklung im 19. Jahrhundert von der Chance zur Entfaltung dieses Verfassungsverständnisses Gebrauch gemacht; in der spätkonstitutionell-positivistischen Phase ist die begrenzte rechtliche Bedeutung der inhaltlichen Prinzipien der Verfassung zur Rechtfertigung geworden, die Grundrechte und andere inhaltliche Gehalte[40] überhaupt relativ

39 Siehe Wahl/Rottmann (FN 4), S, 374 ff. Die pointiert formulierte These bezieht sich auf Normenkontrollen und Organstreite; sie besagt, daß gerichtliche Zuständigkeiten in diesen Bereichen systemimmanent keine wirklichen Entfaltungschancen gehabt hätten, unabhängig von Ansätzen in formellen Bestimmungen oder theoretischen Überlegungen. In wessen Namen hätte ein Verfassungsgericht bei einem Konflikt zwischen Monarch und Volksvertretung urteilen sollen: im Namen des Königs, des Volkes oder der Verfassung?

40 Die Argumentation bezieht sich hier und im weiteren auf die inhaltlichen Verfassungsbestimmungen; das organisatorische Verfassungsrecht wäre gesondert zu behandeln.

gering zu schätzen. Anschütz bewahrt zwar ein gewisses Verständnis für die politische Bedeutung der Grundrechte, wenn er zutreffend in ihnen »mahnende Direktiven« und Verheißungen von Gesetzen neuen Inhalts sieht.[41] Zugleich liegt aber für den Positivisten der Akzent auf dem Negativen, der fehlenden rechtlichen Verbindlichkeit gegenüber der Gesetzgebung, wenn er hinzufügt, daß diese Direktiven auf einen Monolog und eine Art »guten Vorsatzes« des Gesetzgebers hinauslaufen.[42] Anders akzentuiert klingt die ähnliche Formulierung in einer Rede des Zentrumsabgeordneten (und späteren Weimarer Reichskanzlers) Marx während einer leidenschaftlich geführten Debatte im Preußischen Abgeordnetenhaus 1908, wenn er ausführt: Der Gleichheitssatz der preußischen Verfassung »hat eine viel umfassendere, weitgehendere Bedeutung; er bezieht sich nicht nur auf die Anwendung der Gesetze, sondern er richtet sich auch an die gesetzgeberischen Faktoren; er soll eine Direktive für die künftig auf dem Boden der preußischen Verfassung zu erlassenden Gesetze darstellen«[43] – und wenn auf dieses Verständnis gestützt die oppositionellen Parteien das zu Recht als verfassungswidrig bezeichnete[44] Ansiedlungsgesetz von 1908 ablehnten. Sanktionen konnte dieser Einwand der Verfassungswidrigkeit hier wie in anderen Fällen nicht auslösen; es fehlte ja schon an der verbindlichen Feststellung. In den parlamentarischen Debatten und in den öffentlichen Auseinandersetzungen hatte jedoch jener Einwand Gewicht; dies könnte allerdings im einzelnen erst in einer bisher nicht vorhandenen näheren Analyse dieser politischen Auseinandersetzun-

41 Anschütz, *Die gegenwärtigen Theorien über den Begriff der gesetzgebenden Gewalt*, 2. Aufl. (1901), S. 51 ff.; ders., *Verfassungsurkunde* (FN 28), S. 94 f., 135 f., 138 ff.

42 Anschütz, *Gegenwärtige Theorien* (FN 41), S. 52.

43 *Verhandlungen des preußischen Abgeordnetenhauses 1907/08*, Bd. 1, Sp. 729 (13. Sitzung vom 18. Januar 1908). Die drei Lesungen zu diesem Gesetzentwurf (Sp. 35-103, 106-155; Sp. 630-707; Sp. 709-740) durchziehen verfassungsrechtliche Argumentationen. Der Vorwurf der Verfassungswidrigkeit etwa Sp. 41, 62 ff., 86, 108 ff., 130 f., 651, 665, 682 f., 692, 729 ff.; für die traditionelle Auslegung des Gleichheitssatzes Justizminister Beseler Sp. 72 f., 151 ff., 673 f. und Bericht der Kommission, *Verh. d. pr. AH, Anlagen 1907/08*, Band 1, Nr. 42: Das Gesetz (das bewußt so formuliert war, daß es praktisch nur Polen treffen konnte) sei mit dem Gleichheitssatz vereinbar, weil jeder Preuße, der von dem Gesetz berührt werde, nach seinen Bestimmungen gleichmäßig behandelt würde.

44 Vgl. Ernst Rudolf Huber, *Deutsche Verfassungsgeschichte*, Band 4, 1969, S. 504 ff.; zu früheren Gesetzen, die ebenfalls den Gleichheitssatz verletzten, ebd. S. 487 ff.

gen voll deutlich gemacht werden.[45] Die Rolle verfassungsrechtlicher Argumentationen wird – trotz des letztlich negativen Ergebnisses – besonders in den Auseinandersetzungen im Zusammenhang des Kulturkampfes deutlich. Der ständige Vorwurf der Verfassungswidrigkeit ihrer Kampfgesetze zwang die preußische Regierung, 1873 die Verfassungsartikel 15 und 18 zu ändern und 1875 gar die Verbürgungen für die Kirchen in den Artikeln 15 bis 18 ganz aufzuheben. Trotz der rechtlichen Folgenlosigkeit war der dauernde Vorwurf der Verfassungswidrigkeit politisch nicht auszuhalten.[46] Die bis 1873/75 wirksam gewesene Funktion dieser Verfassungsartikel wurde von den Streitparteien im Ergebnis übereinstimmend, wenn auch natürlich in den Wertungen unterschiedlich charakterisiert als Palladium der Freiheit und letzter Damm gegen die Überflutung der Staatsgesetzgebung auf kirchlichem Gebiet einerseits beziehungsweise als Verschnürung, durch die sich der Staat seine Hände zusammenbindet,[47] andererseits.

Belege für diese programmatische Bedeutung der Verfassung und insbesondere der Grundrechte für die Gesetzgebungspolitik finden sich in allen Phasen des 19. Jahrhunderts zahlreich.[48] Das gesamte Bemühen der konstitutionellen Bewegung im Vormärz, um 1848 und danach, war es ja, auf dem Boden der Verfassung etwas zu »bewegen«, den programmatischen Gehalt der Grundrechte zu erfüllen. In diesem Bestreben nimmt die Berufung auf die Grundrechte das typische Pathos einer politisch-appellativen Argumentation an. Nicht wenige Staatsrechtslehrer im Vormärz haben in der

45 Ähnlich darf die Schutzrichtung der Grundrechte gegenüber der Verwaltung auch nicht nur in (Verwaltungs-)Gerichtsverfahren gesucht werden. Die große Bedeutung von Instituten mit Appellcharakter an politische Entscheidungsträger und an die öffentliche Meinung zeigen sich im Petitionsrecht und in der in Bayern (wie auch in anderen Ländern) gegebenen Beschwerdebefugnis der Kammern (auf Initiative von Bürgern) an die Krone; dazu reichhaltiges und sehr anschauliches Material bei Max v. Seydel, *Bayerisches Staatsrecht*, Bd. 1, 2. Aufl. (1896), S. 356-398.

46 Vgl. Huber (FN 44), S. 710, 737 f. und die aufschlußreiche Begründung zum Regierungsentwurf, abgedruckt bei Ernst Rudolf Huber/Wolfgang Huber, *Staat und Kirche im 19. und 20. Jahrhundert*, Bd. 2, 1976, Nr. 311, S. 660 f.

47 *Verh. d. pr. AH 1875*, Bd. 2 (46. Sitzung vom 16. April 1875), S. 1261 r. Sp. und 1266 l. Sp. (Abg. Reichensperger vom Zentrum) und S. 1281 (Kultusminister Falk).

48 Wahl (FN 22). Hinweise auf die politische Bedeutung der Grundrechte in den österreichischen parlamentarischen Verhandlungen bei Jellinek (FN 35), S. 20 f.

damals noch charakteristischen Ungeschiedenheit dogmatischer und rechtspolitischer Überlegungen diese politisch-rhetorische Seite der Verfassung aufgenommen und mit getragen. Was in Lehrbüchern und Lexikaartikeln, im Parlament und in der Publizistik über die Grundrechte und die Verfassung als Schutzwall des einzelnen vor der Staatsgewalt gesagt und proklamiert worden ist, betraf ein Verfassungsverständnis, für das die verbindliche Fixierung in der Verfassungsurkunde und die Partizipation der Inhalte an der Autorität des Rechtes wichtig war, das sich aber gleichwohl bewußt war, daß die Umsetzung und Durchsetzung, die Einlösung der Reformerwartungen nicht durch rechtliche »Automatismen«, sondern durch politische Auseinandersetzungen geschehen könnte. So konnten auch die Äußerungen über die Verfassung und die Grundrechte bisweilen eher die Unschärfe und Emphase politisch-rhetorischer Formeln annehmen als die Präzision dogmatisch klein gearbeiteter Rechtsfiguren.

Zusammengenommen ergibt sich für das 19. Jahrhundert in Deutschland ein Verfassungsverständnis, das in besonderer Weise als unvollständig charakterisiert würde, wenn es allein an der reduzierten rechtlichen Bedeutung der Verfassung abgelesen würde; statt dessen gehört zu diesem Verständnis die programmatisch-fordernde Einwirkung der Verfassung auf den politischen Prozeß und insbesondere die Gesetzgebung konstitutiv hinzu. Manches Thema und Prinzip der heutigen verfassungsrechtlichen Diskussion kann im 19. Jahrhundert wiedergefunden werden, aber nicht immer im Zusammenhang verfassungsrechtlicher Erwägungen. Das Verhältnis zwischen rechtlichem Gehalt und politischem Direktiv- und Programmcharakter der Verfassung war zugunsten des letzteren anders ausgeprägt; auch waren die Grenzlinien eher unscharf. Was in der politischen Diskussion der Verfassung an überschießendem Gehalt und Pathos beigelegt wurde, konnte im politischen Prozeß Erfolge bewirken, die dem Ansehen der Verfassung insgesamt zugute kamen. Die mangelnde rechtliche Bindungskraft gegenüber dem Gesetzgeber wirkte sich in diesen Fällen nicht als Nachteil aus, sie wurde so auch nicht als Problem oder als Negativum des Verfassungsrechts bewußt.

Das Gegenbeispiel des deutschen Konstitutionalismus macht deutlich: das Prinzip des Vorrangs der Verfassung hat Voraussetzungen, unter denen die wichtigste die Überwindung der dualistischen Struktur zugunsten des demokratischen Monismus der Gewalten ist.[49] Daß dies nur eine notwendige, nicht aber eine hinreichende Bedingung ist, zeigt die Weimarer Situation: Weimar war auf dem Weg zu diesem Verfassungsverständnis,[50] aber noch nicht am Ziel, während Österreich dies schon 1920 erreicht hatte: mit der Lehre vom Stufenbau der Rechtsordnung war ein rechtstheoretisch präzises wie auch verfassungspolitisch exakt auf die Situation der Demokratie passendes Konzept vorhanden.[51]

III. Verfassungsordnungen mit und ohne Vorrangprinzip

Der Vorrang der Verfassung und die Institution der Verfassungsgerichtsbarkeit kennzeichnen *eine* Variante des Verfassungsstaates. Sie sind nicht die Krönung des Verfassungsstaates schlechthin, sondern, wie oft formuliert wird,[52] die Krönung des Rechtsstaates als einer politischen Ordnung, die auf die Wege des Rechts besonderen Nachdruck legt. Der Vergleich mit Verfassungsordnungen ohne diese Institute ist aufschlußreich. Eine Verfassung ohne diese »perfekten« rechtlichen Institute lebt vorwiegend von der Resonanz, die die Verfassung in der Öffentlichkeit hat. Daß die Verwirklichung der Verfassung Teil des politischen Prozesses ist, kann den Nachteil haben, daß in manchen Fällen einer inhaltlichen Verfassungswidrigkeit mangels einer verbindlichen Dezision die verfassungsrechtliche Frage in der Schwebe bleibt, die stärkere politische Kraft sich

49 Vgl. auch Klaus Schlaich, *VVDStRL* 39, 1981, Leitsatz 2.

50 Der Vorrang der Verfassung blieb in Weimar umstritten; ablehnend neben Anschütz (FN 28) auch Julius Hatschek, *Deutsches und preußisches Staatsrecht*, 1922, S. 27; anders dagegen Albert Hensel, in: Gerhard Anschütz/Thoma, *HbDStR* II, 1932, S. 313 f., 315 f., und RGZ 111, 320, 322 f.; dazu referierend Ipsen (FN 2), S. 57 ff. und Wilhelm Henke, *Der Staat*, Bd. 3 (1964), S. 433 ff.

51 Zur Entwicklung in Österreich vgl. Haller (FN 1), S. 1-72; Stourzh (FN 10), S. 24, S. 31 f.; Robert Walter, in: *FS Ernst Hellbling*, 1971, S. 743 ff.; ders., in: *Grundrechtsverständnis und Normenkontrolle*, hg. von Klaus Vogel, 1979, S. 4-17, S. 61 f. Die Etappen in Österreich sind: Die Gewährleistung von »politischen Rechten« (= Grundrechten) und eines Rechtsschutzes gegen Verletzungen durch die Verwaltung 1867; Verfassungsgerichtshof mit der Befugnis zur Gesetzesprüfung 1920; seit Ende der zwanziger Jahre Prüfung der Gesetze auf Übereinstimmung mit den Grundgesetzen und insbesondere dem Gleichheitssatz.

52 Nachweis bei Wahl/Rottmann (FN 4), FN 1.

mit einer gewagten, aber nicht gerade ganz abwegigen Interpretation faktisch durchsetzen kann. Auf der anderen Seite kann eine solche Verfassungsordnung aus demselben Grunde der fehlenden richterlichen Dezision den Vorteil haben, daß in der politischen Diskussion und in der Öffentlichkeit, auf die alles ankommt, verfassungspolitische Argumentationen mit weiterreichendem Gehalt die Oberhand gewinnen, als dies bei einem gerichtlichen Ausspruch zu erwarten wäre.[53] Ein anderer Vorteil dieser Verfassungsordnungen ist es, daß im verfassungsrechtlichen Denken politisch-ideenmäßige Wertungen mitgeführt werden können, daß die Verfassung als ein Programm und als ein Aufruf zur Erfüllung inhaltlicher Vorstellungen verstanden werden kann, ohne daß diese Aufforderungen sofort auf ihre juristische Einlösbarkeit und Geeignetheit als Maßstab in einem Gerichtsverfahren befragt werden müssen. Eine Verfassungsordnung mit Verfassungsgerichtsbarkeit stellt demgegenüber spezifische Anforderungen an die Formulierung und Interpretation der Verfassung. Schon 1929 hat Hans Kelsen ausgeführt, daß in einer solchen Ordnung die Verfassung möglichst präzise sein müsse. »Es wäre eine höchst gefährliche Rolle, wenn die Verfassung Verweisungen auf allgemeine Prinzipien wie Gerechtigkeit, Freiheit und Billigkeit hätte«; statt dessen müsse sich die Verfassung jeder derartigen »Phraseologie« enthalten.[54]

Damit ist das Problem umschrieben: Ist es der Preis, den die Verrechtlichung der Verfassung und die Eindeutigkeit einer verbindlichen Entscheidungsmöglichkeit fordern, daß heute nicht mehr wie früher »unbefangen Sinnentwürfe und Gesamtkonzeptionen der Verfassung und insbesondere der Grundrechte vorgestellt werden« können,[55] daß das Verfassungsrecht in ausgeprägtem Maße von seiner Funktion als Maßstab im verfassungsgerichtlichen Verfahren her interpretiert werden muß in Richtung auf juristische Präzision? Können die der Verfassung häufig zugeschriebenen programmati-

53 Dies kann ein Vorteil gegenüber einer Verfassungsordnung mit Verfassungsgerichtsbarkeit sein, in der die Diskussion rasch, zuweilen zu rasch, auf die Möglichkeit einer verfassungsgerichtlichen Entscheidung zuläuft und die Feststellung der Verfassungsmäßigkeit eine weitere politische Diskussion scheinbar überflüssig werden läßt.

54 *VVDStRL* 5, 1929, S. 30, 68 ff.

55 Siehe Ernst-Wolfgang Böckenförde, »Die Methoden der Verfassungsinterpretation«, *NJW* 1976, S. 2089, 2090 mit FN 6.

schen und postulatorischen Funktionen als Bestandteil des Verfassungsrechts formuliert werden, oder zeichnen die Voraussetzungen und das Ausmaß der Justitiabilität der Verfassungsnormen die Grenzen eines möglichen Verfassungsrechtsverständnisses in einer solchen Verfassungsordnung?

Die Antwort auf diese Alternative enthält zugleich die Begründung für die These von dem prinzipiellen Unterschied zwischen einer Verfassungsordnung mit Vorrang der Verfassung und Verfassungsgerichtsbarkeit und einer Verfassung ohne diese Institute. Auszugehen ist von dem Umstand, daß das Grundgesetz keine materiellen verfassungsrechtlichen Probleme aus der Zuständigkeit des Bundesverfassungsgerichts herausgenommen hat. Auch dort, wo keine subjektiven Grundrechte des Bürgers oder Kompetenzrechte eines Verfassungsorgans, sondern nur objektivrechtliche Bestimmungen vorliegen, ist durch die abstrakte Normenkontrolle prinzipiell die Möglichkeit eines verfassungsgerichtlichen Verfahrens eröffnet. Das Faktum der gerichtlichen *Entscheidbarkeit* aller verfassungsrechtlichen Streitfragen ist jedoch folgenreich: Ein Verfassungsrecht wie das des Grundgesetzes, das seine Aussagen auch auf ihre Anwendbarkeit in einem solchen Verfahren hin orientieren muß, ist in den Bedingungen seiner Kategorienbildung auf die *Eindeutigkeit* der strikt alternativen Entscheidung – verfassungsgemäß oder verfassungswidrig – verwiesen.[56] Zugleich hat das Grundgesetz wegen der Entscheidbarkeit aller Fragen das materielle Urteil des Verfassungsverstoßes in einen untrennbaren Zusammenhang mit der Möglichkeit des verbindlichen Ausspruches der Nichtigkeit (oder der Verfassungswidrigkeit) durch eine gerichtliche Entscheidung gerückt. Ein Gesetz, das vom Verfassungsgericht in einem Urteil nicht für verfassungswidrig erklärt worden ist, ist verfassungsgemäß, ohne daß die Möglichkeit einer weiteren verfassungsrechtlichen Qualifizierung bestünde, daß etwa das Gesetz nicht voll der Verfassung, ihrem Geist oder ihrem Programm entspreche. Es ergibt sich: Das Verfassungsrecht des Grundgesetzes kann sich von der

56 Dazu gehört auch, daß es in einer solchen Verfassungsordnung *rechtlich* nur das positive Urteil »verfassungsgemäß« geben kann, nicht aber qualitative Abstufungen als mehr oder weniger verfassungsgemäß, als nahe an der Verfassung oder noch näher an ihr, als gute oder noch bessere Erfüllung und Ausfüllung der Verfassung; ebenso kann das negative Urteil nur auf »verfassungswidrig« lauten, nicht aber kann nach leichten oder schweren Verfassungsfehlern rechtlich unterschieden werden.

Verklammerung mit und der Umklammerung durch die Verfassungsgerichtsbarkeit nicht lösen; das Denken über die Verfassung in Staats- und Verfassungstheorie und in der politischen Theorie und Praxis jedoch allemal.

Die dargelegte Auffassung ist an Versuchen, das Verfassungsrecht nicht an den Grenzen seiner Maßstabsfunktion für die Verfassungsgerichtsbarkeit enden zu lassen, zu überprüfen. Vor allem in der Diskussion um die Verfassungsaufträge begegnen Äußerungen, nach denen auch für das Grundgesetz nicht-justitiable Gesetzesprogramme und -aufträge anzuerkennen sind,[57] und im Zusammenhang mit dem Gleichheitssatz wird häufiger die These vertreten, daß der Inhalt der verfassungsrechtlichen Normierungen nicht gleichbedeutend mit dem Umfang der verfassungsgerichtlichen Kontrolle ist, daß also Maßstabsnorm und Kontrollnorm auseinanderfallen können.[58] Es ist nicht zufällig, daß man sich beim Gleichheitssatz, der in der historischen und staatstheoretischen Tradition so sehr mit dem Gedanken der Gerechtigkeit verbunden ist, nicht mit dem verfassungsdogmatisch-»technischen« Verständnis als Willkürverbot begnügen will.[59] Als verfassungsrechtliche Lösung wird die Unterscheidung vorgeschlagen zwischen der verfassungsmäßigen Aufgabe des Gesetzgebers, Gesetze zu schaffen, die in jeder Hinsicht sachgemäß und gerecht sind, und der gerichtlichen Kontrolle, der der Gesetzgeber nur in den äußersten Grenzen des Willkürverbots unterliegt.[60]

57 Vgl. Ernst Friesenhahn, *Der Wandel des Grundrechtsverständnisses*, Verh. d. 50. DJT II, 1974, S. G 13: Verfassungsaufträge, deren Realisation, obwohl Verfassungsnormen, aber besonderer Art, nicht der Kontrolle des Gerichts anheimgegeben ist. Ähnlich Peter Häberle, *DÖV* 1972, 729, 734; vgl. auch Hans Zacher, in: Hans Nawiasky/Claus Leusser/Karl Schweiger/Hans Zacher, *Die Verfassung des Freistaates Bayern*, 2. Aufl. (1976), Vor Art. 151, Rn. 8.

58 Konrad Hesse, *Grundzüge des Verfassungsrechts der Bundesrepublik Deutschland*, 12. Aufl. (1980), § 12 II 3, S. 179 (unter Hinweis auf zahlreiche andere Fälle); Hans Heinrich Rupp, »Vom Wandel der Grundrechte«, *AöR*, Bd. 101 (1976), S. 161, 175; die Unterscheidung findet sich schon bei Ernst Forsthoff, »Über Maßnahmegesetze«, in: *Gedächtnisschrift für Walter Jellinek*, 1975, S. 221, 232 f. (ders., *Rechtsstaat im Wandel*, 1964, S. 78, 93 f.).

59 Häberle hat sich engagiert gegen die »Verharmlosung« des Art. 3 GG zum bloßen Willkürverbot gewandt, *VVDStRL* 30, 1972, S. 139 LS 42; dazu Günter Dürig, in: Theodor Maunz/Günter Dürig/Roman Herzog/Rupert Scholz, *Grundgesetz*, Art. 3, Rn. 278.

60 Hesse (FN 58), § 12 II 3, S. 179.

Diese in einer Doppelung der verfassungsrechtlichen Inhalte bestehende Lösung ist zwar weder logisch noch theoretisch unmöglich, wohl aber ist sie mit der Verfassungsstruktur des Grundgesetzes nicht verträglich. Zugespitzt ausgedrückt, müßte diese Auffassung dazu führen, daß das BVerfG ein Gesetz zwar als inhaltlich ungerecht bezeichnen, aber mangels Verstoßes gegen das Willkürverbot als verfassungsgemäß anerkennen könnte. Auch wenn man unterstellt, daß das BVerfG eine solche pointierte Aussage vermeiden würde, bleiben manche Fragen offen: zum einen ist angesichts des Wortlauts der Grundrechte die Differenzierung des Gehalts und das Zurückbleiben von Kontrollbefugnissen hinter inhaltlichen Bindungen begründungsbedürftig; Anhaltspunkte im Grundgesetztext sind nicht vorhanden. Zum anderen stellt sich prinzipiell die Frage, ob diese Doppelung von Gehalt und Bewertungen im Bewußtsein der Beteiligten und der Bürger nachvollzogen werden kann. Die reichhaltige und kontinuierliche Entscheidungspraxis des Gerichts hat den Zusammenhang zwischen einem materiellen Verfassungsverstoß und seiner gerichtlichen Durchsetzbarkeit ständig bewußtgemacht; er ist Bestandteil des Rechtsbewußtseins geworden. Wenn es zutrifft, daß dieses in einer 30jährigen Praxis entstandene und geprägte Rechtsbewußtsein die Figur des materiell gegen die Verfassung verstoßenden, prozessual aber nicht vernichtbaren Gesetzes als »künstlich« und »überspitzt« empfinden würde, dann muß jenes auf dem Boden des Grundgesetzes entstandene systemimmanente und -gerechte Rechtsbewußtsein als kaum überwindbare Schranke einer solchen Differenzierung zwischen einem überschießenden postulatorischen Gehalt und einem beschränkten gerichtlichen Kontrollgehalt verstanden werden.

IV. Alternative Verfassungsverständnisse und Umfang des Vorrangs

1. Der Vorrang der Verfassung verlangt Differenzierung und Distanz zwischen den Normebenen. Die genetische und inhaltliche Abhängigkeit zwischen Verfassungsrecht und einfachem Recht ist damit nicht geleugnet. Die Einsicht, daß das Verwaltungsrecht (und anderes einfaches Recht) konkretisiertes Verfassungsrecht ist oder sein soll, und die reichhaltige Entfaltung dieser Einsicht gehö-

ren zu den bemerkenswertesten Leistungen des öffentlichen Rechts nach 1949. Gleichwohl ist das konkretisierte Verfassungsrecht einfaches Recht und als solches am wirklichen Verfassungsrecht zu messen, und damit dies möglich ist, muß exakt abgegrenzt werden und der Gehalt des vorrangigen Verfassungsrechts isoliert formuliert und klar fixiert werden. Berücksichtigt man, daß auf der einen Seite die Orientierung des einfachen Rechts an der Verfassung heute prinzipiell anerkannt und unbestritten ist und daß auf der anderen Seite durch den Umfang und die Abgrenzbarkeit der vorrangigen Verfassung das funktionellrechtlich bedeutsame und prekäre Verhältnis zwischen Verfassungsgericht und Gesetzgeber determiniert wird, dann muß im gegenwärtigen Zeitpunkt nicht die Verfassungsabhängigkeit des einfachen Gesetzes, sondern die Unterscheidbarkeit und rechtliche Umschreibung der beiden Ebenen als das zentrale Problem gelten.

2. An prominenter Stelle einer unklaren Abgrenzung steht die aus der Grundsatzwirkung der Grundrechte gefolgerte »Ausstrahlungswirkung« der Grundrechte ins einfache Recht und ins Detail des konkreten Falles. Hier liegt die Bildhaftigkeit des Konzepts auf der Hand; gleichgültig, ob man von Hineinwirken oder Ausstrahlen spricht oder die Grundrechte als »Elemente« der objektiven Ordnung auffaßt – jedesmal ist nicht deutlich, was eigentlich von den zur Problemlösung notwendigen Rechtssätzen der Verfassungsebene angehört (und deshalb in anderen Fällen und anderen Problembereichen auch vom Gesetzgeber als vorrangiges Verfassungsrecht zu berücksichtigen ist) und was zum einfachen Recht gehört, was nur »angestrahlt« wird, ohne damit zugleich die Dignität der »ausstrahlenden« Grundrechte zu erlangen. Hier drängt sich der Eindruck auf, daß der der Grundsatzwirkung der Grundrechte zugrundeliegende wichtige Gedanke dogmatisch noch nicht ausreichend bewältigt ist; die Schwierigkeiten und letztlich die Unmöglichkeit, auf der Basis dieser Konzeption das »spezifische Verfassungsrecht« als ausschließlichen Maßstab der verfassungsgerichtlichen Kontrolle identifizieren zu können, belegt dies.[61] Die Ursache

61 Immanent konsequent hat zuletzt Rolf Wank, *JuS* 1980, S. 546 ff. die Suche nach materiellrechtlichen Kriterien für das »spezifische Verfassungsrecht« verabschiedet und die Prüfungskompetenz des Bundesverfassungsgerichts in Anlehnung an revisionsrichterliche Aufgaben bestimmt; ähnlich Schlaich (FN 4), S. 122. Auf der Strecke bleibt dabei die Funktion der Verfassungsbeschwerde als Individual-

des Problems liegt jedoch im materiellen Recht der Grundrechtsinterpretation, die in den Fällen der Ausstrahlungswirkung den verfassungsrechtlichen Gehalt nicht unabhängig oder abstrahiert von der *konkreten* Abwägung aller Umstände im *Einzelfall* bestimmen kann.

Rückt man, entsprechend einer verbreiteten Kritik,[62] vom Bild der »Wechselwirkung« ab, dann ist das meist in Frage stehende Verhältnis zwischen Grundrecht und begrenzendem Gesetz als Problem der verhältnismäßigen Zuordnung von zwei Gütern zu begreifen. Aber auch bei diesem grundlegenden Prinzip, ebenso wie bei den Gedanken der praktischen Konkordanz und des schonendsten Ausgleichs,[63] wiederholt sich das eben Ausgeführte: trotz ihrer prominenten Bedeutung im Verfassungsrecht des Grundgesetzes scheinen sie im Hinblick auf das Konzept des Vorrangs der Verfassung nicht endgültig durchdacht zu sein. Zutreffend führt Konrad Hesse an, daß nach dem Interpretationsprinzip der praktischen Konkordanz nicht gesagt ist, was im einzelnen Fall verhältnismäßig ist; es weise jedoch als in der Verfassung enthaltene und darum verbindliche Direktive die Richtung und bestimme das Verfahren, in denen eine verfassungsmäßige Lösung allein gesucht werden dürfe.[64] An diesem Zitat wird deutlich: das Verhältnismäßigkeitsprinzip und die anderen genannten Maximen sind auf der Ebene der Verfassung angesiedelt, sie können den Entscheidungsbedarf auf der vorrangigen Ebene ohne Vermischung mit dem einfachen Recht lösen, dies aber nur unter Verlust von materiellen Kriterien. Sie erweisen sich als ein durch inhaltliche Maßstäbe ungedeckter

rechtsschutz; nicht mehr erklärt werden kann auch, warum in Art. 93 I Ziff. 4 a GG die Grundrechte als spezifischer und ausschließlicher Prüfungsmaßstab aufgezählt werden, wenn doch jeder Gesetzesverstoß durch die öffentliche Gewalt grundsätzlich eine Grundrechtsverletzung bedeutet, vgl. die Nachweise ebd., S. 546, FN 8.

62 Zum Beispiel Fritz Ossenbühl, *NJW* 1976, S. 2100, 2107 und Hesse (FN 58), § 2 III, S. 29.

63 Hesse (FN 58), S. 28; Peter Lerche, *Übermaß und Verfassungsrecht*, 1961, S. 125 ff. Beide Prinzipien erfahren in Teilen der Literatur eine – den ursprünglichen Vertretern nicht zurechenbare – übermäßige und unmäßige Anwendung, insbesondere dadurch, daß in umfänglichen Ausführungen zu einem Problem alle bisherigen, oft detaillierten Lösungsvorschläge zurückgewiesen werden und der gespannte Leser dann in den letzten Sätzen mit der Zitierung der beiden Formeln im Stich gelassen wird.

64 Hesse (FN 58), S. 29.

(oder kaum gedeckter) Urteilsvorbehalt für das Verfassungsgericht beziehungsweise für die Staatsrechtslehre. Die Schwierigkeiten und Probleme steigern sich, wenn aus dem Prinzip der praktischen Konkordanz die Aufgabe einer *Optimierung* gefolgert wird.[65] Wenn zwei konfligierende (Verfassungs-)Güter gleichermaßen zu optimaler Wirksamkeit gelangen sollen, dann kann es nur *eine* einzige Lösung geben. Die Aufgabe der Optimierung, das Wort in seinem strikten Sinne verstanden, bedeutet ein Höchstmaß an Entscheidungsbedürftigkeit,[66] der Entscheidende hat den denkbar größten Entscheidungsgehalt zu erbringen, der bei der Sachproblematik in Frage kommen kann. Und wie sollte die optimale Zuordnung zweier Güter mangels einer oder einer eindeutigen Wertrangordnung in der Verfassung anders beurteilt werden als durch einen – evtl. korrigierenden – Nachvollzug der Wertungen, die in den politischen Auseinandersetzungen als Ringen um den Interessenausgleich stattgefunden haben; die Optimierung – streng durchgeführt – müßte jeglichen politischen Gestaltungsspielraum notwendigerweise aufsaugen. Daß dieses Höchstmaß an Entscheidungsgehalt, bei dem die eigentliche politische Bewertung nicht isoliert werden kann, unter der Direktive von *formell* formulierten Prinzipien der Angemessenheit, der größtmöglichen Schonung oder des angemessenen Ausgleichs sollte geleistet werden können, sollte nachdenklich stimmen.[67]

Im Zusammenhang mit den oben (unter III) angestellten Überlegungen muß die geschilderte Position als eine Auffassung erscheinen, die auf die programmatisch-appellative Funktion der Verfassung nicht verzichten zu können glaubt: nicht nur wegen der Anforderungen an eine gute Politik, sondern auch von Verfassungsrechts wegen soll der Gesetzgeber zu optimalen Kollisionslösungen, nicht nur zu einem »vertretbaren« Ausgleich verpflichtet sein. Brisanz erhält diese Position dadurch, daß sie dies Postulat als verfassungsrechtliches Gebot versteht; denn in der Verfassungsordnung des Grundgesetzes bleibt diese Aussage nicht in der *materiellrechtli-*

65 Hesse (FN 58), S. 28 f.

66 Abzulehnen ist deshalb auch das Postulat von der »optimalen Methodik der Gesetzgebung als Verfassungspflicht«, so Gunter Schwerdtfeger, in: *FS Hans Peter Ipsen*, 1977, S. 173, 176, und Hans-Jürgen Papier, *Der bestimmungsgemäße Gebrauch der Arzneimittel*, 1980, S. 35-40; kritisch auch Schlaich (FN 4), S. 108 ff.

67 Es ist zu vermuten, daß bei den zitierten Aussagen unausgesprochene innere Begrenzungen der »Optimierungsaufgabe« vorausgesetzt sind.

chen Ebene stehen, sondern sie schlägt auf das Verhältnis zwischen dem Gesetzgeber und dem Verfassungsgericht durch, sie wird zum Urteilsvorbehalt des Richters über inhaltlich nicht oder kaum determinierte Wertungsfragen. Das Optimierungspostulat als ein verfassungsrechtlich verstandenes Gebot, eine umfassende Verfassungsgerichtsbarkeit und die Gestaltungsfreiheit des parlamentarischen Gesetzgebers sind miteinander unverträglich; sie bilden, wenn man so will, ein magisches Dreieck.

Keine Lösung für die angesprochene Problematik ist aus dem zuweilen bemühten Prinzip des judicial self restraint zu erwarten, weil damit die hier interessierende Frage falsch gestellt würde.[68] Es geht nicht darum, ob das Bundesverfassungsgericht von *vorhandenen* Prüfungskompetenzen keinen oder nur bescheidenen Gebrauch machen soll, sondern darum, ob das vorgelagerte Problem der inhaltlichen Auffüllung der Verfassung mit programmatisch-appellativem Gehalt zutreffend beurteilt ist. Es wäre ein doppelter Fehler, ein Zuviel bei diesem ersten Schritt durch ein Zurückhaltungsgebot im zweiten Schritt korrigieren zu wollen.

3. Ersichtlich stehen im Hintergrund der behandelten Problematik Kontroversen über die Methode der Verfassungsinterpretation und damit letztlich über das Verfassungsverständnis. Die Wechselwirkungen zwischen Verfassungsinterpretation – Verfassungsverständnis – Umfang des inhaltlichen Gehalts der Verfassung – Kompetenzumfang des Bundesverfassungsgerichts sind als solche bekannt; der archimedische Punkt, der in diesem Gefüge von Beziehungen einen Halt und einen sicheren Ausgangspunkt von Ableitungen geben könnte, ist jedoch nicht gefunden. Aus der umfangreichen Diskussion über die Interpretationsmethoden und das Verfassungsverständnis soll hier nur ausschnittweise die im vorliegenden Zusammenhang exemplarische Kontroverse herausgegriffen werden, die mit dem Stichwort Auslegung oder Konkretisierung der Grundrechte und der Verfassung bezeichnet werden kann.[69] Durch Konkretisierung soll gerade das, was als Inhalt der Verfassung noch nicht eindeutig ist, unter Einbeziehung der zu ordnenden ›Wirklichkeit‹ bestimmt werden.[70] Konkretisierung

68 Dazu auch Schlaich (FN 4), S. 111. Zu dem Prinzip insgesamt Wolf-Rüdiger Schenke, *NJW* 1979, S. 1321, 1324; ders., *Die Verfassungsorgantreue*, 1977, S. 119 ff., und Norbert Achterberg, *DÖV* 1977, S. 649 ff., jeweils m. w. N.

69 Ossenbühl (FN 62), S. 2105 f. m. w. N.

70 Hesse (FN 58), § 2 III, S. 25.

stellt sich als Verfassungsentfaltung, Ausschöpfung und Anreicherung, als Rechtsfortbildung durch Erfüllung ganzer Normprogramme dar.[71] Kritisch ist dagegen eingewendet worden, daß dieses Verfahren zu einer »zunehmenden Verbestimmung« der Verfassung führe, die den Charakter als Rahmenordnung sowie den politischen Gestaltungsspielraum des Gesetzgebers aufhebe.[72] An dieser Kontroverse interessiert hier allein der zentrale Aspekt, daß die Anreicherung der Verfassung mit Gehalt von den Befürwortern und Kritikern genau entgegengesetzt gewertet wird.

Nun ist sicher, daß durch eine umfangreiche Judikatur zugleich mit der Klärung von Auslegungsproblemen einer Norm Gehalt hinzugewonnen wird; das BGB präsentiert sich nach acht Jahrzehnten Rechtsprechung auch in seinen unverändert gebliebenen Vorschriften wesentlich anders als im Jahre 1900; Entsprechendes gilt für das Grundgesetz 1979 nach 52 Bänden Verfassungsrechtsprechung. Gleichwohl gibt es gravierende Unterschiede im Ausmaß der Verbestimmung einer Norm. Dies hängt entscheidend von der Intention ab, mit der die Auslegung, hier die Verfassungsinterpretation, vorgeht. Diese ist – im Fall der Konkretisierung – darauf gerichtet, möglichst sachzugewandt, unter Aufnahme vieler Gehalte aus der »Sachstruktur«, aus den Verhältnissen der zu ordnenden »Wirklichkeit« eine für einen spezifischen Zeitpunkt zugerichtete, rechtlich erfüllte Verfassungsaussage zu entfalten.[73] Dieses Vorgehen ist nicht in jeder Hinsicht durch die methodologische Einsicht

71 So Ossenbühl (FN 62), S. 2006 referierend.

72 Ernst-Wolfgang Böckenförde, *NJW* 1976, S. 2089, 2097, dort auch S. 2099 und 2091 zum Verständnis der Verfassung als Rahmenordnung.

73 Vgl. Hesse (FN 58), § 1 III, S. 19 und § 2 III, S. 27. – Die Folge einer betont sachzugewandten und zeitspezifischen Interpretation der Verfassung ist es, daß zu einem anderen Zeitpunkt im »Normbereich« andere Verhältnisse vorliegen und deshalb die spätere Verfassungsinterpretation anders ausfallen muß und daß diese Änderung nur mit der Figur des Verfassungswandels einholbar ist; jede gesteigerte Auffüllung der Verfassung erweitert zugleich den Anwendungsbereich des Verfassungswandels. Das entscheidende Problem liegt dabei wiederum nicht in der materiellrechtlichen Kennzeichnung, sondern darin, daß nach einer verbindlichen Entscheidung des Bundesverfassungsgerichts für die rechtliche Anerkennung des eingetretenen Wandels gewichtige Schranken überwunden werden müssen, damit sich der Gesetzgeber und andere Institutionen von der Bindung des § 31 BVerfGG befreit fühlen können. Nach einer Verfassungsgerichtsentscheidung wird ein entstehender Verfassungswandel gewissermaßen vom Bundesverfassungsgericht »verwaltet«.

in den schöpferischen Anteil jeder Auslegung, also auch der Verfassungsinterpretation, gerechtfertigt und abgedeckt. Die entscheidende und genuin verfassungsdogmatische Frage ist, *wer* ›konkretisiert‹ und wer wieviel Schöpferisches einer fragmentarisch formulierten Verfassungsnorm hinzugewinnt. Schöpferisches ›Entfalten‹ der Verfassungsnorm kann nämlich zweierlei bedeuten: zum einen Konkretisieren im Sinne der Auslegung der Verfassungsnormen durch Interpretation und durch das Verfassungsgericht und zum anderen Konkretisierung im Sinne des Weiterdenkens der verfassungsrechtlichen Impulse durch den Gesetzgeber. Ersichtlich will die Lehre von der Konkretisierung nur die zuerst genannte Bedeutung erfassen. Das Problem liegt aber in der Abgrenzung der beiden Vorgänge. In der Beschreibung der Verfassungsinterpretation als Konkretisierungsvorgang droht dieser Unterschied zwischen den beiden schöpferischen Vorgängen des ›Entfaltens‹ der Verfassung verlorenzugehen und die Anteile zugunsten des Auffüllens der Verfassung im Wege der Interpretation verschoben zu werden.

Beim Verständnis der Verfassung als Rahmenordnung wird der Prozeß des Auffüllens der Verfassungsnormen durch die fortschreitende Judikatur dagegen früher gestoppt. Auch bei ihm ist natürlich eine verbindliche Festlegung über den Inhalt der Verfassungsnorm erforderlich; indem sich diese Festschreibung vom Gehalt aber am Verständnis des ›Rahmens‹ orientiert, ist der Blick immer auch auf die Alternativen gerichtet, die diese Festlegung für den Gesetzgeber eröffnet und eröffnen soll. Ein Rahmenverständnis verlangt immer ein Doppeltes, nämlich Aussagen über das Festgelegte *und* über das Offene.[74] Ein Rahmenverständnis heißt, bewußt Gestaltungsspielräume aufzudecken und zu formulieren; was innerhalb des Rahmens liegt, ist als eine Alternative von mehreren möglichen zu verstehen. Eine als Rahmen verstandene Verfassungsnorm als Maßstab für ein Gesetz einzusetzen richtet das Urteil nicht darauf, ob der Mittel-, der Höhe- oder Optimalpunkt getroffen ist, sondern ob das konkrete Gesetz ebenso »innerhalb des Rahmens« liegt, wie es andere Ausgestaltungen auch könnten.

74 Deshalb ist nicht die Verfassung »offen«, wie oft gesagt wird, sondern das, was im Rahmen der Verfassung möglich ist und vom Gesetzgeber heute so und morgen anders verfassungsgemäß ausgefüllt werden kann. Darüber hinaus kann es für das in der Verfassung Festgelegte unbestrittenermaßen einen ausdrücklichen Verfassungswandel geben.

Dem Konzept der Konkretisierung ist dagegen eine Tendenz zur Aufsaugung der Spielräume im Interesse der richtigen Konkretisierung der Verfassung immanent. Nach dem Konkretisierungskonzept durchdringt die Verfassung den Stoff des einfachen Rechts mit detaillierenden, ausstrahlenden und ausprägenden verfassungsrechtlichen Impulsen; es geht im Interesse einer materiellen Durchsetzung und möglichst großen Erfüllung der Prinzipien und Wertvorstellungen der Verfassung eher einige, aber folgenreiche Schritte weiter in der Anreicherung des Gehalts der Verfassung, als es beim Rahmenkonzept zu erwarten ist, das eher der entgegengesetzten Gefährdung ausgesetzt ist. Folgenreich ist also der unterschiedliche Denkstil der beiden Konzepte, der unlösbar mit unterschiedlichen Verständnissen der Verfassung verbunden ist.

Das Ergebnis kann thesenhaft festgestellt werden: Das Rahmenverständnis denkt von der Ebene der Verfassung aus, hält bewußt Distanz zum einfachen Recht. Es akzentuiert die Differenz zwischen dem stets begrenzten Verfassungsrecht und dem stets viel reichhaltigeren, meist auch alternativ möglichen einfachen Recht. Das Verständnis der Rahmenordnung hat eine spezifische innere Nähe zum Konzept des Vorrangs der Verfassung und nimmt dessen disziplinierende, weil zur Trennung der Rangstufen zwingende Wirkung in sich auf. Deshalb erscheint dies Verständnis für eine Verfassungsordnung sachgerecht, die gerade mit der ausgebauten Verfassungsgerichtsbarkeit in besonderer Weise darauf angewiesen ist, daß diese Trennung so exakt wie möglich vorgenommen wird.

V. Die Auffüllung des Grundgesetzes durch die Lehre von Teilverfassungen

1. Umfang und Abgrenzbarkeit des Vorrangs der Verfassung werden in systematischer Weise zum Problem bei einem dogmatischen Konzept, das trotz aller Absagen durch das Bundesverfassungsgericht in der Literatur vielfach verwendet wird – beim Konzept der Teilverfassungen oder – wie Herbert Krüger[75] in beziehungsreicher Anspielung auf die Stufenvorstellung formuliert – bei der Lehre von

75 »Subkonstitutionelle Verfassungen«, *DÖV* 1976, S. 613 mit entschiedener und prinzipiell argumentierender Ablehnung des Verfassungsvorrangs für solche Teilverfassungen.

den »subkonstitutionellen Verfassungen«. Am Beispiel der Wirtschaftsverfassung hat das Bundesverfassungsgericht beginnend mit dem Investitionshilfeurteil in ständiger, im Mitbestimmungsurteil erneut bekräftigter Rechtsprechung den Begriff der Teilverfassung als eines Konzepts, das eigenständigen und zusätzlichen verfassungsrechtlichen Gehalt und Maßstäbe enthält, zurückgewiesen.[76] Die in der Literatur postulierten Prüfungsmaßstäbe eines »institutionellen Zusammenhangs der Wirtschaftsverfassung« und eines »Schutz- und Ordnungszusammenhangs« finden nach der ebenso eindeutigen wie entschiedenen Aussage des Bundesverfassungsgerichts »im Grundgesetz keine Stütze«. In der Literatur wird die Figur weiterverwendet,[77] und dies offenbar um zweier hier interessierender Pointen willen. Die erste besteht darin, daß durch die Zusammenfassung einer Reihe von Grundrechten und von inhaltlichen Grundprinzipien zu einer Teilverfassung mehr an Gehalt und Maßstäblichkeit entwickelt wird, als es die aneinandergereihten Prüfungen der einzelnen Bestimmungen ergeben würde.[78] Insofern lebt die Lehre von dem Satz, daß das Ganze mehr als die Summe seiner Teile sei. Dieser traditionsreiche Satz ist jedoch ebenso traditionell problematisch u. a. deshalb, weil er verschweigt, *wer* das »Mehr« an Gehalt entwickelt – ersichtlich der jeweilige Interpret.

Die zweite Pointe der Lehre von den Teilverfassungen besteht darin, daß die Teilordnung inhaltlich entscheidend durch Gehalte aus der Ebene der einfachen Gesetze angereichert wird;[79] die Unterscheidung zwischen Verfassungsrecht und einfachem Recht gerät nachdrücklich ins Verschwimmen. Das Hin- und Herwirken von

76 Vgl. dazu Peter Badura, *AöR*, Bd. 92 (1967), S. 382 ff.; ders., in: *FS Ludwig Fröhler*, 1980, S. 321 ff.; Fritz Rittner, *Wirtschaftsrecht*, 1979, S. 23 f. Das wörtliche Zitat stammt aus *BVerfGE* 50, 290, 336.

77 Vgl. etwa die Nachweise bei Roland Wegener, *Staat und Verbände im Sachbereich Wohlfahrtspflege*, 1978, S. 118, und Krüger (FN 75), S. 615; neuestens wiederverwendet von Hans Hablitzel, »Wirtschaftsverfassung und Grundgesetz«, *BayVBl.* 1981, S. 65 ff.

78 Eine Parallele zur Bildung von Teilverfassungen ist die Zusammenschau »von Grundrechten und spezifischen bildungsrechtlichen Verfassungsbestimmungen« zu einem integrativen »Grundrecht auf eine ideologisch tolerante Schule« bei Thomas Oppermann, *Verhandlung des 51. DJT* 1, 1976, S. C 94 f.

79 So ausdrücklich Joseph Kaiser, »Die Verfassung der öffentlichen Wohlfahrtspflege«, in: *FS Ulrich Scheuner*, 1973, S. 241, 243, 247 f.; kritisch dazu wie im Text auch Wegener (FN 77), S. 118 ff.; s. auch unten bei FN 81.

Prinzipien des Verfassungs- und des einfachen Rechts wird beschrieben, und diese Beschreibung bildet den Hintergrund, auf dem Wanderungsvorgänge in Richtung auf die Verfassungsebene als naheliegende und keiner weiteren Diskussion bedürftige Folge erscheinen. Dieses Vorgehen und dieses Ergebnis sind ersichtlich das genaue Gegenteil von dem, was oben aus dem Prinzip des Vorrangs der Verfassung gefolgert worden ist. Eine kritische Diskussion dieser Lehre sei exemplarisch auf die Arbeiten von Rupert Scholz konzentriert, weil Scholz einen extensiven und expandierenden Gebrauch von ihr macht.

2. Scholz gerinnt nahezu jede Beschäftigung mit einem Sachbereich und Rechtsgebiet zur Formierung einer Teilverfassung.[80] Dazu gehört auch, daß ein Sachbereich, der gemäß der Abwehrfunktion von Grundrechten in Distanz zum Staat gerückt sein soll, nicht einfach als »gesellschaftlicher Bereich« oder, wenn schon systemtheoretisch, als »gesellschaftliches Subsystem« bezeichnet wird, sondern zu einem gesellschaftsverfassungsrechtlichen Subsystem stilisiert wird.[81] Scholz entwickelt in seinen Schriften und Aufsätzen eine reichhaltige Anzahl von Teilverfassungen – angefangen von der traditionsreichen Wirtschaftsverfassung über die benachbarte Arbeitsverfassung und Sozialverfassung zur Ämterverfassung und Dienstverfassung und zur Verortung auch neuerer und neuester Entwicklungen in der Kommunikationsverfassung beziehungsweise der Medienverfassung.[82] Bei Scholz erfährt die Lehre von den Teilver-

80 Voraussetzungen für die »Evolution« zu einer Teilverfassung diskutieren Rupert Scholz/Rainer Pitschas, in: *Sozialrechtsprechung, FS BSG*, Bd. 2, 1979, S. 627, 639 f., und Kaiser (FN 79), S. 244.

81 Besonders deutlich in Rupert Scholz, *Pressefreiheit und Arbeitsverfassung*, 1978, S. 130 ff.; vgl. auch Rupert Scholz/Horst Konzen, *Die Aussperrung im System von Arbeitsverfassung und kollektivem Arbeitsrecht*, 1980, S. 119; Scholz, *Paritätische Mitbestimmung und Grundgesetz*, 1974, S. 24 ff.

82 Zur Wirtschafts- und Arbeitsverfassung neben den Nachweisen in FN 81: Scholz, *Koalitionsfreiheit als Verfassungsproblem*, 1971, S. 154 ff., 158 ff.; ders., *Konzentrationskontrolle und Grundgesetz*, 1971, S. 26 ff. m. w. N. in FN 1; ders. in: Dieter Duwendag (Hg.), *Der Staatssektor in der sozialen Marktwirtschaft*, 1976, S. 113, 123 ff. – Zur Sozialverfassung: Scholz/Pitschas (FN 80), S. 635 ff., 639 ff.; Scholz, in: *FS BAG*, 1979, S. 511, 512 ff.; ders., in: *FS Karl Sieg*, 1976, S. 507, 510 ff. (dort auch zur Versicherungsverfassung). – Zur öffentlichen Dienst- und Amtsverfassung: ders., in: Walter Leisner (Hg.), *Das Berufsbeamtentum im demokratischen Staat*, 1975, S. 179 ff.; ders., *Personalvertretung*, 1975, S. 81 ff.; ders., »Mitbestimmungsgesetz, Mitbestimmungsurteil und öffentlicher Dienst«, *ZBR* 1980,

fassungen jedoch nicht nur eine quantitative Ausweitung, sondern auch eine qualitative Steigerung. Die Begriffe der Gesellschaftsverfassung und der gesellschaftlichen Teilverfassungen des Grundgesetzes sind darauf angelegt, eine rechtliche Reaktion auf das gewandelte ordnungspolitische Selbstverständnis des Staates, der nicht mehr nur partiell interveniert, sondern einem »offensiven und umfassenden sozialpolitischen Ordnungsauftrag« nachgeht, zu ermöglichen.[83]

»Die offene Wirtschaftsverfassung des Grundgesetzes impliziert über die Eigentumsgarantie des Art. 14 nicht nur die mikroökonomische Systemvorstellung der grundsätzlich privaten individualen Nutzung unternehmerischen Vermögens ..., sondern auch die makroökonomische Systemvorstellung einer auf dem Privateigentum an den Produktionsmitteln gegründeten Wirtschaftsordnung.«

Das Neue an der erheblich fortentwickelten Lehre von den Teilverfassungen ist der Bezug auf solche makroökonomischen oder makropolitischen Systemvorstellungen. Die grundgesetzlichen Teilverfassungen werden ausdrücklich als »Ordnungssystem makropolitischen Zuschnitts« konzipiert[84] und mit dem erforderlichen Gehalt ausgestattet, damit sie die ihnen zugedachte Steuerungsfunktion gegenüber komplexen Gesetzesvorhaben erfüllen können; alles wiederholte Betonen der Offenheit dieser Systeme kann darüber nicht hinwegtäuschen, daß logisch vor die Offenheit der Teilverfassungen ihre inhaltliche Strukturierung gesetzt ist.

Auf der damit erreichten Ebene der makropolitischen Ordnungssysteme ergeben sich zwischen den zahlreichen Teilverfassungen Verhältnisse der Ergänzung, der Überschneidung und Überlagerung sowie des Konflikts. So sind zum Beispiel beim presserechtlichen Tendenzschutz und der inneren Pressefreiheit solche Konflikte zwischen Arbeitsverfassung, Wirtschaftsverfassung und Kommunikationsverfassung zu lösen, und dabei gelangt die Lehre von den Teilverfassungen zu ihrem Höhepunkt:[85]

S. 297 ff. – Zur grundgesetzlichen Kommunikations- und Medienverfassung: ders., *Koalitionsfreiheit als Verfassungsproblem*, S. 283 ff., 286 ff., 298 ff.; ders., *Audiovisuelle Medien und bundesstaatliche Gesetzgebungskompetenz*, 1976, S. 27 ff.

83 Paritätische Mitbestimmung und Grundgesetz (FN 81), S. 35 ff.; s. auch S. 134 und S. 110 ff.; vgl. auch ders., in: *FS Karl Sieg*, S. 525 ff.

84 Ausdruck in: *Pressefreiheit und Arbeitsverfassung* (FN 81), S. 165.

85 Wie vor (FN 81), S. 165 f.

»Ausgangspunkte sind die prinzipielle Gleichrangigkeit sämtlicher gesellschafts-verfassungsrechtlicher Subsysteme, die Feststellung von deren legitimer *Interdependenz* und das Gebot, zwischen diesen praktische *Konkordanz herzustellen.* Solche Konkordanz ist – den allgemeinen Prinzipien der Grundrechtskollision und ihrer Lösung gemäß – über den *Grundsatz der Verhältnismäßigkeit* und der aus ihm folgenden Direktive zu gewinnen, einen nach allen (beteiligten) Seiten hin möglichst schonenden Ausgleich herzustellen. Da es im Bereich gesellschaftsverfassungsrechtlicher Subsysteme – im Gegensatz zur Grundrechtskollision im eigentlichen Sinne – um den Ausgleich von Handlungs- beziehungsweise Ordnungssystemen makropolitischen Zuschnitts geht, bedarf es zusätzlich vermittelnder Kriterien, die jenen makropolitischen Problembezug aufnehmen. Diese Aufgabe erfüllt die *Vorstellung von der Systemgerechtigkeit oder Systemkonformität,* sofern man diese nicht einseitig im Sinne eines materialen Gebots zur statisch-perpetuierenden Systemerhaltung oder Systemfixierung begreift; Systemgerechtigkeit oder Systemkonformität im hier bedeutsamen Sinne meint – bei Wahrung systemimmanenter (zum Beispiel wirtschaftsverfassungsrechtlicher) Systemoffenheit – vielmehr ein *Maß* höchstmöglicher Rücksichtnahme *auf gewachsene Strukturen und Eigengesetzlichkeiten* eines konkreten gesellschaftsverfassungsrechtlichen Subsystems sowie die prinzipielle Pflicht *zu funktionalen Äquivalenten,* wenn ein gesellschafts-verfassungsrechtliches Subsystem zugunsten oder mit Mitteln eines anderen, gleichrangigen Subsystems verändert oder (in relevanter Weise) relativiert wird ...«

Einem traditionellen Verständnis von Verfassungsinterpretation bleibt hier nur das Staunen darüber, wie aus den fragmentarischen Sätzen des Grundgesetzes gesellschaftsverfassungsrechtliche Subsysteme aufgebaut, miteinander in Beziehung gesetzt und mit den als Zauberformeln verwendeten Prinzipien der praktischen Konkordanz und der Systemgerechtigkeit zum Ausgleich gebracht werden.[86] Zwar funktioniert nach Scholz der Gedanke der Systemge-

86 Der Anwendungsbereich des Prinzips der Verhältnismäßigkeit und des der Konkordanz ist hier ersichtlich auf Systementscheidungen bezogen, so etwa auch in: ders., *FS Karl Sieg*, S. 524. »Die Grundsätze des Übermaßverbots vermitteln demnach die funktionelle Sicherung der Privatversicherung, ihren (sozialen) Gleichrang und ihre Funktionsfähigkeit im sozialwirtschaftlichen Wettbewerb mit den Trägern öffentlicher Versicherung«. Trotz der Berufung auf das gleiche Prinzip liegt jedoch etwas ganz anderes vor, als wenn das BVerfG aufgrund von methodisch ausdifferenzierten Verhältnismäßigkeitsüberlegungen *Einzelregelungen* innerhalb von Regelungssystemen überprüft und verwirft, jedoch die eigentliche rechtspolitische Zielsetzung – und das heißt doch das Regelungssystem als Ganzes – im Ergebnis regelmäßig nicht zurückweist und letztlich auch nicht überprü-

rechtigkeit als »mehr formaler Interpretationsmaßstab«.[87] Aber der »Formal«gehalt reicht aus, um politisch so folgenreiche Aussagen wie die des Gebots der höchstmöglichen Rücksichtnahme auf gewachsene Strukturen und den Auftrag zur größtmöglichen Systemschonung zu postulieren – diese Gebote zwar alle unter dem Vorbehalt der Wahrung systemimmanenter Systemoffenheit, was aber wiederum nicht davon entbindet, »ein Höchstmaß an Systemgerechtigkeit in Richtung aller betroffenen Subsysteme herzustellen«. Es läßt sich nicht bestreiten: Das »Ganze« ist hier erheblich mehr als die Summe der Grundgesetzartikel; der Verfassung wird ein hohes Maß an Gehalt hinzugewonnen.[88] Aber kann man sich vorstellen, daß auf der Grundlage dieses Auslegungsangebots das Bundesverfassungsgericht kontrolliert und vorhersehbar eine Gesetzesprüfung vornehmen könnte? *Systemgerecht* wäre es jedenfalls nach dem oben (III und IV) Ausgeführten nicht.

3. Aber auch ohne die Komplikationen durch die Kollision mehrerer Teilverfassungen ist die Verselbständigung von Lebensbereichen zu angeblichen verfassungsrechtlichen Teilsystemen abzulehnen, weil dabei in systematischer Weise die Unterschiede zwischen Verfassungsrecht und einfachem Recht verwischt werden. Besonders deutlich wird dies in der folgenden Passage von Scholz:[89]

Art. 12 und Art. 14 GG »bilden die verfassungsrechtliche Basis des individuellen Arbeitsrechts, das seinerseits wiederum und vornehmlich Vertragsrecht ist beziehungsweise auf der Grundlage des individuellen Arbeitsvertrages zur Entfaltung gelangt. Das Verhältnis von Arbeitsverfassungsrecht und unterverfassungsrechtlicher Arbeitsordnung ist demgemäß (?) ambivalent. Auf der einen Seite ›dirigiert‹ das Arbeitsverfassungsrecht das einfache Arbeitsgesetzes- und Arbeitsvertragsrecht; auf der anderen Seite konkretisiert das letztere das erstere und ist folglich für dessen konkret-interpretative Entfaltung mit maßgebend.«

fen kann, so das Ergebnis der Auswertung der Judikatur von Ernst Benda, *DÖV* 1979, S. 468; ders., *Grundrechtswidrige Gesetze*, 1979, S. 26 f. und 56 f.

87 *Pressefreiheit und Arbeitsverfassung* (FN 81), S. 166, zum folgenden S. 167. – Natürlich wendet sich Scholz in den späteren Abschnitten der zitierten Arbeiten den konkreten Normen des jeweiligen einfachen Rechts zu; verfassungsrechtliche Grundlagen dafür bilden jedoch die gehalterzeugenden Konstruktionen der Lehre von den Teilverfassungen.

88 Vgl. in diesem Zusammenhang auch die Bemerkung Krügers (FN 75), S. 616, zu den »Verfassungsvätern« im Hinblick auf die Teilverfassungen.

89 *Pressefreiheit und Arbeitsverfassung* (FN 81), S. 155 f.

Ähnlich »ambivalente« Verhältnisse konstatiert Scholz für das Verhältnis von Wirtschaftsverfassungsrecht zum einfachen Wirtschaftsrecht. Wenn so nicht die klare Trennung, sondern Ambivalenz das Verhältnis der Rangebenen zueinander bestimmt, dann verwundert es auch nicht, daß es für Scholz und Pitschas nur ein kleiner, als unproblematisch empfundener Schritt ist, von der Rechtsprechung des BSG[90] zur »verfassungsgemäßen Sozialordnung« weiterzuschreiten zur Verselbständigung des Rechts der sozialen Sicherheit in einer »grundgesetzlichen Sozialverfassung«. Der scheinbar geringe Unterschied im Terminologischen hat aber in der Sache erhebliche Relevanz – zwischen beiden Ausdrücken liegen verfassungsrechtliche Welten. Das Sozialrecht ist einfaches, an der Verfassung zu messendes Recht; der Begriff »verfassungsgemäßes oder verfassungsmäßiges Sozialrecht« bringt dies unmißverständlich zum Ausdruck. Die Lehre von der grundgesetzlichen Sozialverfassung macht aus Teilen dieses einfachen Rechts Verfassungsrecht, also Maßstabsrecht. »Die für die Ausbildung einer grundgesetzlichen Sozialverfassung entscheidende Frage ist m. a. W. die nach der substanziellen Einheit und Geschlossenheit der einzelnen Ordnungssysteme sozialer Sicherung.«[91] Wenn das betonte Herausstellen der »grundgesetzlichen« Sozial-»Verfassung« den Sinn haben soll, der ersichtlich angezielt ist, nämlich die Teilhabe der Sätze der Sozialverfassung am Verfassungsrang und ihre Bedeutung als rechtlicher Maßstab für Gesetzgebungspolitik, dann kann es natürlich nicht auf die Einheit der Ordnungssysteme im einfachen Recht ankommen, sondern dann können verfassungsrechtliche Aussagen zum Sozialrecht nur aus der Verfassung entnommen und nur durch exakte Interpretation von einzelnen Verfassungsartikeln gewonnen werden; daran fehlt es aber.

90 In: *Sozialrechtsprechung* (FN 80), S. 639 f.
91 Ebd., S. 640.

VI. Folgeprobleme der Verfassungsgerichtsbarkeit

1. Eigenständigkeit des Verfassungsrechts und seine Distanz zum Gesetz sind die Leitgedanken, die in den generellen Überlegungen aus dem Charakter des Grundgesetzes als einer Verfassung mit ausgebauter Verfassungsgerichtsbarkeit abgeleitet worden sind, und deren Fehlen oder Gefährdetsein bei einigen dogmatischen Figuren heterogener Herkunft im besonderen kritisiert worden ist. Für den Nachrang des Gesetzgebers als der genauen Kehrseite der materiellrechtlichen Bestimmung des Verfassungsumfangs folgt aus diesen Überlegungen: es gibt dogmatische Konzeptionen, die den Umfang dieses Nachrangs im Verhältnis zu alternativen Konzeptionen gewichtig vergrößern, und es gibt Konzeptionen, die systematisch das Ausmaß und die Abgrenzbarkeit des Nachrangs ungesichert erscheinen lassen – mit all den Folgen für das funktionelle Verhältnis zwischen Verfassungsgericht und Gesetzgeber. Um den Aufweis dieser Problematik ging es; nicht dagegen wird behauptet, daß für alle angesprochenen dogmatischen Probleme eine Patentlösung im Sinne einer trennscharfen Unterscheidung möglich ist. Der »Selbststand« der verfassungsrechtlichen Begriffe ist noch nicht dadurch erreicht und für alle Einzelfragen noch nicht dadurch als möglich gesichert, daß man seine Notwendigkeit begründet und die größtmögliche Verwirklichung als anzustrebendes Ziel begreift. Im Zusammenhang der verfassungskonformen Auslegung oder in den klassischen Problemfällen der mittelbaren Drittwirkung mag es zweifelhaft sein, ob alles Bemühen um die präzise Identifizierung und Abgrenzung des vorrangigen Verfassungsrechts zum vollen Erfolg führen kann oder ob nicht Grenzzonen zwischen Verfassungsrecht und Gesetzesrecht unvermeidlich sein werden.[92] Dies festzustellen rechtfertigt aber nach dem Ausgeführten nicht, eine solche Situation zum Angelpunkt des gesamten Verhältnisses zwischen Verfassungs- und einfachem Recht zu nehmen oder überall dort, wo eine Unterscheidung möglich ist, diese zu unterlassen. Die Betonung der unterschiedlichen Rangebenen hat nichts zu tun mit einer

92 Um beim Beispiel der verfassungskonformen Auslegung zu bleiben: wenn bei einer umstrittenen Gesetzesnorm in Literatur und Rechtsprechung die Auslegungsvarianten A bis D vertreten werden, das Bundesverfassungsgericht aber nur A für verfassungswidrig hält, so hat es nur dies auszusprechen, nicht aber für die Varianten B bis D zu entscheiden, welche »am besten« die Verfassung verwirklicht.

Isolierung des Verfassungsrechts vom übrigen Recht oder gar einer Abschottung oder Immunisierung des einfachen Rechts gegenüber dem Verfassungsrecht. Keine Norm des einfachen Rechts und kein noch so traditionsreiches Grundprinzip eines überkommenen Rechtsgebiets darf der Verfassung widersprechen. Jede Gesetzgebung muß sich deshalb zur Vermeidung eines solchen Widerspruchs an dem Gehalt der Verfassungsnormen orientieren, diese zur Grundlage nehmen. Das mag man »Ausstrahlung« oder »Einwirken« nennen; dies ist unschädlich, solange in diesen Bildern das Element der einseitigen Gerichtetheit von der Verfassung zum Gesetz erhalten bleibt. Fragwürdig werden diese Vorstellungen dann, wenn die unbestrittene Abhängigkeit des einfachen Rechts vom Verfassungsrecht in Ausdrücken der *Wechsel*wirkung oder der Wechselbezogenheit von Verfassung und einfachem Recht begriffen wird, wenn die Einheit der Rechtsordnung, die sich u. a. auch durch die Ausrichtung des einfachen Rechts am Verfassungsrecht herstellt, als »vertikale Integration von Verfassung und Gesetz« oder als »dialektisches Wechselspiel«[93] verstanden wird. Um die These der Ausführungen zu variieren: in einer Verfassungsordnung mit Verfassungsgerichtsbarkeit würde die Wechselbezogenheit von Verfassungsrecht und einfachem Gesetz nicht nur die wechselseitige Durchdringung zweier Normmengen bedeuten, sondern auch die Durchdringung der Kompetenzen von Verfassungsgericht und Gesetzgeber.

2. Eine weitere Auswirkung der Institution einer umfassenden Verfassungsgerichtsbarkeit für das Verfassungsverständnis, die abschließend zu erörtern ist, zielt noch grundsätzlicher. Die Verfassungsgerichtsbarkeit hat das Verfassungsrecht zu einem »perfekten« Recht gemacht; im Bezug auf die Institution, die Verfahren und den Entscheidungscharakter der Verfassungsgerichtsbarkeit ist die Verfassung in einen Zusammenhang strikter juristischer Bearbeitung hineingestellt worden. Jedenfalls in ihrer Eigenschaft als Kontrollnorm ist die Verfassung unwiderruflich zum Gesetz geworden. Damit stellt sich die schon oben wiederholt aufgeworfene Frage mit

93 Detlef Göldner, *Verfassungsprinzip und Privatrechtsnorm in der verfassungskonformen Auslegung und Rechtsfortbildung*, 1969, S. 125 ff., 127. Deshalb erscheint es auch problematisch, wenn die verfassungskonforme Auslegung der Gesetze mit der gesetzeskonformen Auslegung der Verfassung verknüpft wird, Hesse (FN 58), § 2 IV 3, S. 34.

Nachdruck: Kann das Verfassungsrecht in der Technizität eines streng »juristisch« verstandenen positiven Verfassungsgesetzes aufgehen? Werden dadurch nicht die den Positivismus überwindenden Einsichten der Weimarer Verfassungsdiskussion über den »politischen« Charakter des Verfassungsrechts aufs Spiel gesetzt? Muß das Verfassungsrecht nicht auch die dirigierende, programmatische oder postulatorische, letztlich politische Funktion enthalten? Kann es in der Betonung von Normativität und Positivität von den prekären Bedingungen seiner Entstehung und Bewahrung absehen? Es ist nicht zufällig, daß das angesprochene Grundlagenproblem schon früher bei der Beschäftigung mit dem Vorrang der Verfassung diskutiert worden ist. So hat sich Scheuner 1951 zu der Warnung veranlaßt gesehen:

»Wo der formale Begriff der Verfassung als Gesetz höheren Ranges die Oberhand gewinnt, und die Vorstellung der Verfassung als einer inhaltlich bestimmten unverbrüchlichen Grundlage des Staates verdrängt, wird die Beständigkeit der Verfassungsordnung mit ihren Sicherungen der Freiheit von einer positivistischen Auflösung bedroht.«[94]

Später hat Scheuner den Vorrang der Verfassung positiver beurteilt und zutreffend die beiden Elemente des Ranges und des grundlegenden Inhalts in ihrer Zusammengehörigkeit gesehen.[95] Denn das Konzept vom Vorrang der Verfassung ist, das haben die historischen Überlegungen gezeigt, eben nicht notwendig mit einem engen Positivismus verbunden, und es war in seiner Entstehungszeit auch faktisch nicht mit einem Absehen von materialen Inhalten verknüpft.[96] In Wahrheit geht es um den unlösbaren inneren Zusammenhang zwischen beiden Elementen: Der Vorrang der Verfassung ist als Prinzip nur sinnvoll und bedeutungsvoll, weil die Inhalte der Ver-

94 Ulrich Scheuner, »Grundfragen des modernen Staates«, *Recht – Staat – Wirtschaft*, Bd. 3, 1951, S. 126, 133.

95 Scheuner (FN 20), S. 12 f.: »Verfassung als Vorordnung einer dauerhaften, auf dem Grundkonsens des Gemeinwesens beruhenden Norm höherer Ordnung«.

96 Der Vorrang der Verfassung ist deshalb nicht notwendig mit allen Eigenarten der Wiener Schule verknüpft, wobei aber deren Verdienste um dieses Konzept nicht gemindert werden sollen und vor allem der – in den zwanziger Jahren nicht selbstverständliche – konsequente demokratische Hintergrund dieser Lehre nicht übersehen werden darf. Zu eng sieht das Verhältnis zwischen der Lehre vom Vorrang der Verfassung und der Wiener Schule Wilhelm Henke, »Verfassung, Gesetz und Richter«, *Der Staat*, Bd. 3 (1964), S. 433, 437 ff.

fassung grundlegend sind, und umgekehrt gewinnt das Grundlegende durch die Entscheidbarkeit und genaue Abgrenzung präzisen juristischen Gehalt und zusätzliche Stabilisierung. Die tieferliegende Problematik des Verfassungsrechts ist aber dadurch noch nicht gelöst: für die beiden Elemente bleibt die Grenze unüberwindbar, die aus dem Charakter der Verfassung als einer legal nicht fundierbaren rechtlichen Ordnung[97] folgt. Das Rätsel des Anfangs und der nicht weiter ableitbaren Grundlage[98] bleibt sowohl für die Begründung des formellen Ranges wie auch für das Inhaltlich-Materiale rechtsimmanent unerklärt und unerklärbar. Und auch für das Weiterbestehen und Überleben der Verfassungsordnung gilt, daß die Wirklichkeit und der Erfolg des Verfassungsstaates primär nicht auf der rechtlichen Normierung und auf Institutionen beruht.[99] Der prekäre Grund des Verfassungsrechts bleibt als Problemstellung mit dem Verfassungsrecht – und mit ihm in einzigartiger Weise – unauflöslich verbunden, und wegen der nicht abschüttelbaren Legitimitätsfrage wird deshalb die Andersartigkeit des »politischen« Verfassungsrechts gegenüber dem sonstigen Normenbestand der Rechtsordnung zu Recht hervorgehoben.

Die Staatsrechtswissenschaft kann sich mit der Positivität des Verfassungsrechts nicht begnügen; sie würde ihre Aufgabe verfehlen, wenn sie diese Problematik in die nur Bedürfnisse der logischen Geschlossenheit befriedigende Konstruktion der hypothetischen Grundnorm verbannte und dort für pazifiziert hielte. Wie aber die Staatsrechtswissenschaft unter dem Grundgesetz über diese Probleme sprechen kann, bedarf erneuten Nachdenkens. Die Antworten von Weimar scheinen hier nicht mehr zu genügen. Die Weimarer Diskussion hat, sicherer in der Diagnose als in der Therapie, auf Verengungen des Positivismus reagiert und die Sonderstellung des Verfassungsrechts zum Thema gemacht. In der Weimarer Zeit wa-

97 So Peter Badura, »Verfassung und Verfassungsgesetz«, in: *FS Ulrich Scheuner*, 1973, S. 19, 21.

98 Zur Frage nach dem Ursprung und den wissenschaftlichen Grenzen beziehungsweise der Unmöglichkeit einer Antwort Wilhelm Henke, »Staatsrecht, Politik und verfassungsgebende Gewalt«, *Der Staat*, Bd. 19 (1980), S. 181, 194 ff., mit beachtenswerten Ausführungen zur hier interessierenden Problematik des Verhältnisses zwischen Verfassungsrecht als juristischer Disziplin und Denken über die Verfassung.

99 Badura (FN 97), S. 21.

ren jedoch die Institution der Verfassungsgerichtsbarkeit und der Vorrang der Verfassung zutiefst umstritten und nicht ernstlich verarbeitet. Die nachpositivistischen Staatsrechtslehrer in Weimar brauchten sich nicht zu entscheiden zwischen den möglichen unterschiedlichen Verständnissen des inhaltlichen Verfassungsrechts als entweder eines präzisen und durchsetzbaren Kontrollmaßstabes oder als eines nicht perfekten Programmes oder als einer (wie gearteten?) Kombination. Das Grundgesetz hat hier – und auf diese Schlußthese laufen die bisherigen Erörterungen zu – eine grundlegend neue Situation und Diskontinuität zu Weimar geschaffen. Deshalb ist das methodische Verhältnis zwischen Verfassungsrechtsdogmatik und Verfassungstheorie neu zu durchdenken. Nicht alles, was in Weimar über das positivistische Verständnis hinaus als Merkmale des »politischen« Verfassungsrechts erkannt worden ist, kann in das Verständnis des Verfassungsrechts als positives und für die Verfassungsgerichtsbarkeit maßstäbliches Recht eingebracht werden.

5. Der Vorrang der Verfassung und die Selbständigkeit des Gesetzesrechts*

Der Vorrang der Verfassung gilt gegenüber jedem Gebiet des Gesetzesrechts. Praktisch relevant wird er jedoch in den einzelnen Rechtsgebieten zu unterschiedlichen Zeitpunkten. Demgegenüber geht es in einigen Rechtsgebieten noch um die Probleme der Durchsetzung und der Anerkennung der Verfassungsabhängigkeit des Gesetzesrechts; ein wichtiges Beispiel dafür ist die privatrechtliche Eigentumsordnung, wie die Auseinandersetzungen um den Wasserhaushaltsbeschluß des BVerfG zeigen. In zahlreichen anderen Rechtsgebieten stehen dagegen aktuell die Folgeprobleme des Vorrangs der Verfassung im Vordergrund. Dabei geht es um die Aufrechterhaltung und Wiedergewinnung der Selbständigkeit und Eigenständigkeit des (die verfassungsrechtlichen Schranken einhaltenden) Gesetzesrechts.

I. Problemstellung

Nichts hat das Verfassungsrecht und das öffentliche Recht in den vergangenen drei Jahrzehnten mehr verändert als die Einführung der umfassenden Verfassungsgerichtsbarkeit, und nichts hat die gesamte Rechtsordnung in dieser Zeit mehr beeinflußt als die Bedeutungssteigerung des materiellen Verfassungsrechts und seine nachdrückliche Effektuierung durch die Verfassungsgerichtsbarkeit. Mehr als drei Jahrzehnte Rechtsentwicklung seit 1949 sind eine ausreichend lange Zeit, um die Rechtsordnung unter dem Einfluß des Grundgesetzes nicht mehr nur als eine Fortsetzung der Entwicklung bis zur Weimarer Zeit, sondern als eine eigene Epoche zu begreifen, in der eigene Fragestellungen und spezifische Folgeprobleme auftreten. Im folgenden soll der an anderer Stelle dargelegte Gedanke,[1] daß sich eine Verfassungsordnung mit umfassender Ver-

* Konrad Hesse zum 65. Geburtstag am 29. 1. 1984.

1 Rainer Wahl, *Der Staat* 20 (1981), 485 ff., in diesem Band S. 121 ff., und Rainer Wahl/Frank Rottmann, in: Conze-Lepsius (Hg.), *Sozialgeschichte der Bundesrepublik Deutschland*, Beiträge zum Kontinuitätsproblem, 1983, S. 339 ff.

fassungsgerichtsbarkeit wesentlich und folgenreich von einer Verfassungsordnung ohne Verfassungsgerichtsbarkeit unterscheidet, generalisiert werden: In diesen Ausführungen geht es um die These, daß in einer *Rechtsordnung,* in der die Trias: umfangreiche Grundrechtsgewährleistung, Vorrang der Verfassung und Institution der Verfassungsgerichtsbarkeit verwirklicht ist, erhebliche Folgeprobleme für das richtige Verständnis des Gesetzesrechts auftreten. Die zentrale Fragestellung nach der verbleibenden Rolle des Gesetzesrechts erfordert Vorklärungen und Differenzierungen, zunächst eine geraffte Darstellung von spezifischen Merkmalen des Verfassungsrechts des Grundgesetzes (II), dann den Aufweis von zwei unterschiedlichen Konstellationen im Verhältnis zwischen Verfassungsrecht und einzelnen Gebieten des Gesetzesrechts (III) und eine exemplarische Betrachtung einer Rechtsmaterie (der Eigentumsordnung), in der die Verfassungsabhängigkeit des Gesetzesrechts in ihrer Art und in ihrem Umfang derzeit problembeladen erscheint (IV). In anderen Rechtsgebieten geht es heute schon um das Folgeproblem, ob das Gesetzesrecht nur noch unvollständige Vollziehung des Verfassungsrechts ist oder ob ihm immer noch eine vielleicht auch erst wiederzuentdeckende Eigenständigkeit zukommt (V und VI).

II. Die rechtliche Wirksamkeit des Grundgesetzes und das Problem der politischen Funktion der Verfassung

1. Das »Neue« am Grundgesetz, das zugleich seine Identität im Verhältnis zur Weimarer Verfassung und zur Reichsverfassung nach 1871 schafft, läßt sich in zwei Merkmalen zusammenfassen: Zum einen ist es die gesteigerte inhaltliche Verrechtlichung des politischen Prozesses durch die Bindungskraft der inhaltlich erweiterten Grundrechte[2] gegenüber dem Gesetzgeber. Zum anderen ist die Verstärkung der rechtlichen Wirksamkeit der Verfassung durch die Institution der Verfassungsgerichtsbarkeit zu nennen, die den

2 Als kennzeichnend für die Verfassungslage unter dem Grundgesetz sieht Konrad Hesse ein stärker inhaltlich geprägtes Verfassungsverständnis und eine weite Auslegung der Grundrechte an. In: Ernst Benda/Werner Maihofer/Hans-Jochen Vogel (Hg.), *Hdb. d. VerfR*, 1983, S. 10, auch S. 14, 22, 89, 104 f.

Grundrechten die Sanktioniertheit hinzugewonnen hat und insgesamt das materielle Verfassungsrecht zu einem wirkkräftigen rechtlichen Kontrollmaßstab gemacht hat. Inhaltliche Verrechtlichung und Justitiabilität verankern beide das Verfassungsrecht des Grundgesetzes im juristischen Kontext, machen die Verfassung intensiv zu einem rechtlichen Instrument. Ein Text, der so stark in den Zusammenhang strikter juristischer und richterlicher Bearbeitung hineingestellt ist, muß zwangsläufig den primären Charakter eines Rechtsdokuments annehmen. Das Verständnis der Verfassung enthält dadurch sein Zentrum in der Technizität eines streng »juristisch« verstandenen, positiven Verfassungsgesetzes.

Die Verfassung wird zunehmend als Rechtsgesetz verstanden und *erlebt,* als Maßstab für rechtliche Bindungen der Staatsfunktionen und als Kontrollnorm im Verfassungsgerichtsstreit, der häufig den politischen Auseinandersetzungen nachfolgt.[3]

Es ist natürlich nicht unbemerkt geblieben, daß dieser Sachverhalt auch eine negative Kehrseite hat. Auf der Verlustseite stehen oder drohen zu stehen die Funktionen der Verfassung, die über die rechtliche Wirksamkeit hinausgehen und die traditionellerweise mit der Verfassung verbunden sind, nämlich appellative, programmatische und integrative Funktionen. Das Pathos der Verfassung, ihre Intention auf Prägung des politischen Lebens und des Bewußtseins des Volkes könnte durch ein Dominantwerden des Rechtscharakters der Verfassung im Bewußtsein des einzelnen und des Volkes ins Leere gehen. Es wäre kurzsichtig und problemverkürzend, wollte man diese potentielle Verlustposition mit dem Hinweis auf die unbestrittene positive Bedeutung der gesteigerten rechtlichen Wirksamkeit der Verfassung leugnen oder beiseite schieben. Das Verfassungsdenken kann sich mit der Positivität des Verfassungsrechts nicht vorschnell zufriedengeben. Das eigentliche Problem besteht aber darin, *wie* und wo auf dem Boden der neuen Situation unter

3 Durch die jedem einzelnen offenstehende Verfassungsbeschwerde haben die Grundrechte eine Allgegenwart und Alltäglichkeit im Leben der Bürger erhalten, die man positiv als Verlebendigung der Verfassung beschreiben kann; näher dazu Wahl/Rottmann (FN 1), S. 345; s. a. Hesse (FN 2), 10 und besonders 22. Die andere Seite dieses Sachverhalts ist es, daß in dieser Weise die Verfassung primär als Rechtsinstrument erfahren wird und weniger als grundlegende politische Proklamation. Dazu jetzt ausf. Brun-Otto Bryde, *Verfassungsentwicklung*, 1982, S. 37, 94 ff., 108 ff.

dem Grundgesetz die nicht-juristischen Funktionen der Verfassung, die programmatischen, appellativen und integrativen Absichten der Verfassung den ihnen gemäßen Ort finden.

Das Verfassungsrecht *vor* dem Grundgesetz hatte es leicht, die – damals noch längst nicht voll entfaltete – juristische Funktion mit den darüber hinausgehenden Intentionen der Verfassung zusammenzusehen. Dieser Verbindung von »juristischen« und »politischen« Funktionen entsprach methodisch ein gewisses Ineinander von juristisch-dogmatischer und verfassungstheoretischer Argumentation. Diese – in der Weimarer Zeit zumindest denkbare, wenn nicht sogar praktizierte – Verbindung ist so heute nicht mehr möglich, soll die durch das Grundgesetz inzwischen als unaufgebbar erkannte juristische Bedeutung und Wirkkraft der Verfassung nicht gefährdet werden.

Ein für ein Gericht als Kontrollnorm dienender Verfassungssatz kann nicht zugleich justitiabel sein und damit eine hinreichende juristische Präzision (erhalten) haben, und zugleich dem Wesen der politischen Sprache entsprechend schillernd sein, möglichst viele Bedeutungsvarianten umfassen und »offen« sein. Juristische Bestimmtheit und prinzipielle Offenheit im Dienste von Integration lassen sich auf Dauer nicht zusammenhalten, wenn die juristische »Verbestimmung« durch festlegende Entscheidungen einen bestimmten Grad erreicht hat, der im Grundgesetz prinzipiell angelegt ist und in der Praxis nach mehr als 60 Bänden Verfassungsgerichtsentscheidungen längst verwirklicht ist. Vor allem lassen sich Justitiabilität mit ihrer Voraussetzung der hinreichenden Bestimmtheit und politische Funktionen mit ihrer Voraussetzung der vagen Ausdrucksweise regelmäßig nicht in ein und derselben Bestimmung vereinen. Auf die Dauer kann nicht ein erheblich anderer Gehalt im politischen Verständnis behauptet oder mitgeführt werden als juristisch in einer Entscheidung des Verfassungsgerichts eingelöst werden kann, ohne daß die Institution der Verfassungsgerichtsbarkeit bedrohlichen Spannungslagen ausgesetzt wird.

Die Lösung muß in Differenzierung der unterschiedlichen Funktionen und in peinlichem Bemühen um Grenzziehung zwischen rechtlicher und politischer Wirkung, zwischen dogmatischem Staatsrecht einerseits und Verfassungstheorie, Verfassungspolitik, Verfassungspädagogik und allgemeiner Staatslehre andererseits ge-

4 Die notwendige Trennung zwischen abstrakten verfassungstheoretischen Konzep-

sucht werden.[4] Will man diese »Lösung« akzeptieren, dann genügt nicht die theoretische Einsicht, sondern es bedarf dann gezielter Anstrengungen beim Umgang mit der Verfassung; es bedarf des immer wiederholten Bemühens, die abverlangte Grenzziehung zwischen Verfassungstheorie und Dogmatik, Verfassungspolitik und Verfassungsrecht immer wieder zu praktizieren – auch und gerade in diesem Bemühen dort nicht nachzulassen, wo es offensichtlich eine exakte Unterscheidung nicht gibt. Die hinlänglich belegte Unmöglichkeit einer exakten und unbestrittenen Grenzziehung darf nicht zum Anlaß oder zum Vorwand genommen werden, auf die Unterscheidung überhaupt zu verzichten. Vielmehr muß reflektiertes methodisches Bewußtsein das Wissen von der Unmöglichkeit der Grenzziehung in 100 % der Fälle mit dem Bemühen verbinden, wenigstens in 70, 80 oder 90 % der Fälle eine hinreichende Unterscheidung vorzunehmen.

2. Der erreichte Stand der rechtlichen Bedeutung der Verfassung setzt aber auch – dies ist eine weitere These – recht enge Grenzen für eine gezielte Verstärkung der politischen Funktion der Verfassung durch Textänderung.[5] Genau dies beabsichtigt aber in jüngster Zeit die Sachverständigenkommission Staatszielbestimmungen, Gesetzgebungsaufträge.[6]

Durch Aufnahme von Staatszielbestimmungen (etwa über den Kulturauftrag und den Schutz der natürlichen Lebensgrundlagen) soll die politische Wirkung der Verfassung als ein das Rechtsbewußtsein und das politische Leben beeinflussendes Symbol der staatlichen Einheit gestärkt werden.[7] Staatszielbestimmungen wer-

ten und geschichtlich-konkreter Verfassungsrechtsdogmatik hat Konrad Hesse, *Grundzüge des Verfassungsrechts der Bundesrepublik Deutschland*, 14. Aufl. (1984), Rn. 1 ff., 127, 184, 217, 481, immer angemahnt und selbst durchgeführt.

5 Andere Formen der Steigerung der politischen Funktion der Verfassung bleiben unbenommen, etwa die Absicht, durch »Verfassungspädagogik« das Erzieherische in den Verfassungsnormen für die Schule freizulegen, so Peter Häberle, in: *Festschr. f. Hans Huber*, 1981, S. 211, insb. S. 228 ff. Entscheidend bleibt dabei aber, zwischen der juristischen Funktion und der sogenannten pädagogischen Funktion strikt zu trennen, was durch die von Häberle geprägte Begriffsbildung von der »pädagogischen Verfassungsinterpretation« nicht gerade erleichtert wird.

6 Der Bundesminister der Justiz, Der Bundesminister des Innern, *Staatszielbestimmungen/Gesetzgebungsaufträge. Bericht der Sachverständigenkommission 1983* (zit. wird nach der von den beiden Ministern im Dezember 1983 vorgelegten Publikation).

7 Bericht (FN 6), Rn. 23.

den dabei verstanden als Verfassungsnormen mit rechtlich bindender Wirkung, die der Staatstätigkeit die fortdauernde Beachtung oder Erfüllung bestimmter sachlich umschriebener Aufgaben vorschreiben.[8] Die Kommission hält es für wünschenswert, daß in der Verfassung eine ausdrückliche und impulsgebende Zielbestimmung für die gesellschaftlichen und politischen Grundfragen unserer Zeit aufgenommen wird.[9] Die Kommission ist sich dabei der Grenzen der Leistungsfähigkeit des Verfassungsrechts bewußt; sie will auch, um den demokratischen Grundsatz der Gestaltungsfreiheit des Gesetzgebers nicht zu gefährden, die rechtliche Bedeutung solcher Staatszielbestimmungen bewußt begrenzen.[10] Letztlich meint die Kommission, die Gratwanderung zwischen (begrenztem) rechtlichem Gehalt und Erreichung der politischen Impulswirkung durch eine Fassung der Staatszielbestimmungen erreichen zu können, »daß sie einerseits die Vagheit und juristische Unverbindlichkeit eines bloßen Programmsatzes vermeiden, und daß sie andererseits auch keine unerfüllbaren juristischen ›Hoffnungen‹ weckt oder aber den Gesetzgeber in seiner Gestaltungsfreiheit einengt«.[11]

Ohne daß hier eine nähere Auseinandersetzung mit der Staatszielkommission möglich wäre,[12] sei ein grundsätzlicher Einwand formuliert. Eine Rechtsordnung wie die der Bundesrepublik, die sowohl durch eine umfassende Verfassungsgerichtsbarkeit als auch durch eine umfassende Verwaltungsgerichtsbarkeit, ordentliche Gerichtsbarkeit usw. gekennzeichnet ist, hat einen außerordentlich großen Bedarf nach rechtlichen Maßstäben.[13] Wenn tatsächlich al-

8 Bericht (FN 6), Rn. 7.

9 Bericht (FN 6), Kurzübersicht S. 14.

10 Bericht (FN 6), Rn. 40 und 35 ff.

11 Bericht (FN 6), Rn. 32.

12 Wenig überzeugend ist der Vorschlag, eine Kulturklausel in Art. 20 I GG einzuführen und die Begründung: »Was richtig und wichtig ist, soll in der Verfassung auch ausgesprochen werden« (Rn. 213). Indem bei diesem Vorschlag der Blick allein auf die Bundesverfassung gerichtet ist, wird die Bedeutung der Landesverfassungen in der Gesamtordnung der Bundesrepublik verfehlt, in denen ja Kulturstaatsartikel enthalten (oder zu schaffen) sind. Die Kommission bemüht den »Grundsatz der Einheit und Vollständigkeit der Verfassung«; damit will sie aber die Bundesverfassung in einem Bereich »vervollständigen«, in dem das Grundgesetz gar nicht unvollständig ist, weil der adäquate Regelungsort die Landesverfassungen sind. Verkannt ist, daß sich im Bundesstaat die Gesamtverfassung aus dem Grundgesetz und den Landesverfassungen zusammensetzt.

13 Dies gilt natürlich auch für die Verwaltungsgerichtsbarkeit. Daß die neu einzu-

les und nahezu alle gesellschaftlichen Probleme vor ein Gericht kommen können, dann entsteht unvermeidlich in der Entscheidungssituation des Richters ein »Hunger« nach rechtlichen Maßstäben. Bei allem Bemühen von Richtern, die Leistungsfähigkeit von Recht nicht zu überschätzen und sich darauf zu beschränken, was ihre Sache ist, nämlich Recht anzuwenden, besteht in der Situation des Entscheidungsdrucks eine naheliegende Neigung, Aussagen als *rechtliche* zu interpretieren und den rechtlichen Gehalt von Vorschriften auszudehnen. Im einzelnen mag es dabei Wellenbewegungen geben; im ganzen gesehen schafft sich eine Rechtsordnung mit umfassender Gerichtsbarkeit mit und durch die Einrichtung der verschiedenen Zweige der Gerichtsbarkeiten den Bedarf nach dem Finden und Auffinden von Rechtsmaßstäben selbst.[14] Die Prognose, daß Gerichte in ihrer Entscheidungsnot auf neue Verfassungssätze, auch wenn diese als politische Impulse gedacht waren, zurückgreifen und sie als gehaltvolle Rechtsmaßstäbe interpretieren werden, liegt von diesen Überlegungen aus nahe.[15]

III. Unterschiedliche Phasen im praktischen Verhältnis von Verfassungsrecht und Gesetzesrecht

1. In der praktischen Durchführung des verfassungsrechtlichen Prinzips des Vorrangs der Verfassung (Art. 1 III, 20 III, 100 GG) gab und gibt es unterschiedliche Konstellationen. Die *Verfassungsabhängigkeit des einfachen Rechts* ist dogmatisch vorgegeben und unbestritten; aber praktische Relevanz hat der Vorrang der Verfassung nicht in allen Rechtsgebieten zur gleichen Zeit und in der gleichen Intensität gehabt. Naturgemäß war der Anpassungsbedarf und die Nichtigkeit von überkommenem, NS-geprägtem Gesetzesrecht nach 1949 im Bereich

führenden Staatszielbestimmungen einen Teil dieses Bedarfs zu decken bestimmt und geeignet wären, regt der Bericht selbst an, Bericht (FN 6), Rn. 162 und 163.

14 Nachdenkenswert ist in diesem Zusammenhang das Interpretationsschicksal der Präambel des GG. Auch sie wurde in der konkreten Entscheidungssituation vom BVerfG als rechtlicher Maßstab interpretiert. – Ausf. zu den Verfassungspräambeln Peter Häberle, in: *FS Johannes Broermann*, 1982. S. 211 ff.

15 Ganz abgesehen davon, daß den Richtern, wenn der »drängende Hunger« erst einmal gestillt ist, auch der kräftige Appetit am weiteren Judizieren kommen kann.

des Verwaltungsrechts am größten.[16] Es ist deshalb kein Zufall, daß das allgemeine Prinzip der Verfassungsabhängigkeit allen Gesetzesrechts zuerst im öffentlichen Recht deutlich wurde und 1958 in der bekannten Formel von Fritz Werner »Verwaltungsrecht als konkretisiertes Verfassungsrecht« formuliert worden ist. Inzwischen ist es Allgemeingut geworden, daß jedes Gesetzesrecht mit mehr oder weniger gleicher Berechtigung ebenfalls als konkretisiertes Verfassungsrecht apostrophiert werden kann; der jeweils erneut erbrachte Aufweis in einem speziellen Rechtsgebiet, etwa im Verwaltungsverfahrensrecht, im Prozeßrecht oder im internationalen Privatrecht usw. bringt prinzipiell nichts Neues, sondern nur die Wiederholung des grundsätzlichen Ansatzes.[17]

Zeitgebunden ist dagegen eher die begriffliche Fassung dieses Grundgedankens durch Fritz Werner: leicht erkennbar ist seine zum geflügelten Wort gewordene Formulierung der Smendschen Staatslehre und des in den fünfziger Jahren entwickelten verfassungstheoretischen und -rechtlichen Konzepts der Konkretisierung. Bekanntlich ist dieses Konzept nicht alternativenlos geblieben: eine der Gegenpositionen drückt sich im Verständnis der Verfassung als Rahmenordnung aus.[18] Will man einen gegenüber dieser Kontroverse neutralen Ausdruck, dann empfiehlt es sich, den hier interessierenden Grundsachverhalt mit dem generellen Begriff der Verfassungsabhängigkeit des Gesetzesrechts zu kennzeichnen.

2. Verfolgt man das Verhältnis zwischen Verfassungsrecht und Gesetzesrecht nach 1949, so kann man in jedem Rechtsgebiet von einer *Zwei-Phasen-Bewegung* sprechen. In einer ersten Phase geht es im jeweiligen Rechtsgebiet darum, seine Verfassungsabhängigkeit zu erkennen und anzuerkennen. In der zeitlichen Abfolge gibt es insoweit zwischen den einzelnen Rechtsgebieten beträchtliche Unterschiede. So ist es etwa für die privatrechtliche Eigentumsordnung der §§ 903 ff. BGB oder für das Eherecht erst in jüngster Zeit relevant geworden, daß es einen eigenen verfassungsrechtlichen, vom

16 Im Verwaltungsrecht ist nach einer grundlegenden Verfassungsänderung eben doch vieles »nachzutragen« und umzugestalten.

17 Dazu und zu den hier interessierenden Folgeproblemen auch Bryde (FN 3), S. 321 ff.

18 S. Hesse (FN 4), Rn. 45 f., 60 ff., einerseits und Ernst-Wolfgang Böckenförde, *NJW* 1976, S. 2089, 2099, auch 2091 andererseits: vgl. dazu auch Wahl (FN 1), S. 505 ff.

Privatrecht unterschiedenen Begriff des Eigentums oder der Ehe gibt (dazu IV).

In anderen Rechtsmaterien, die diese Entwicklungsstufe schon hinter sich haben, begegnet dagegen die Situation der *zweiten* Phase: Die Überordnung des Verfassungsrechts wird als praktisch durchgesetzte und im Rechtsleben durchgedrungene *Normalität* verstanden und zugrunde gelegt. Diese insbesondere in den meisten Materien des Verwaltungsrechts bestehende Konstellation ist aber ihrerseits nicht problemlos; in ihr werden spezifische Folgeprobleme des Vorrangs der Verfassung deutlich. Im Rahmen von Verständnissen, daß Gesetzesrecht konkretisiertes Verfassungsrecht oder die Erfüllung der Verfassungsimpulse ist, ergibt sich leicht eine Tendenz, die Abhängigkeit des Gesetzesrechts vom Verfassungsrecht einseitig zu betonen und überzubetonen bis hin zu den Auffassungen, nach denen dem Gesetzesrecht seine frühere Eigenständigkeit und Selbständigkeit weitgehend verlorengeht und Gesetze nur noch als aus der Verfassung deduziertes Recht erscheinen. Das zentrale Folgeproblem des praktizierten und im Rechtsleben voll verwirklichten Vorrangs der Verfassung ist also die skeptische Frage nach der verbleibenden Bedeutung des Gesetzesrechts, nach dem *verbleibenden »Rang« des nachrangigen Gesetzesrechts.*

IV. Das Relevantwerden des Vorrangs der Verfassung im einzelnen Rechtsgebiet am Beispiel des Eigentums

1. Das auffallendste und lehrreichste Beispiel dafür, daß die Anerkennung des theoretisch unumstrittenen Vorrangs der Verfassung im Rechtsleben und in der wissenschaftlichen Diskussion des Rechtsgebietes schwerfällt, ist derzeit die Eigentumsordnung. Es wäre in hohem Maße verwunderlich, wenn gerade bei dem für jede Gesellschaftsordnung so zentralen *Eigentumsartikel* das Grundgesetz nichts Neues gebracht hätte. Insoweit muß es als überraschend und bemerkenswert erscheinen, daß gleichwohl die Dogmatik und das Grundverständnis zum Eigentum sich stark im Wege einer Rückanknüpfung an die Weimarer Dogmatik angelehnt haben, bis hin zur Entschädigung bei einer Sonderopferlage (enteignungsgleicher Eingriff).

So ist es nicht zufällig, daß die wesentlichen Ausführungen des BVerfG in einer Reihe von Entscheidungen zu Art. 14 GG als eine Neuentwicklung verstanden worden sind.[19] Indem das *BVerfG* in dieser Kette von Entscheidungen das Eigentumsverständnis des Grundgesetzes in Zusammenfassung einer schon vor 15 Jahren begonnenen Rechtsprechung endgültig als ein spezifisches Konzept formulierte, ist in diesen Entscheidungen das Prinzip vom Vorrang der Verfassung auch als ein für Art. 14 GG *gehaltvolles und folgenreiches* Prinzip ins Bewußtsein gehoben worden: das Verfassungsrecht kann nicht nur theoretisch anderes besagen als die privatrechtlichen Eigentumsregelungen, sondern es ergibt sich, daß das Verfassungsrecht auch tatsächlich etwas anderes besagt als das BGB.

Die vor allem mit dem Wasserhaushalts-Beschluß[20] verknüpften Auseinandersetzungen zwischen Privatrechtlern und Zivilgerichten einerseits und dem *BVerfG* und Verfassungsrechtlern andererseits sind die typischen Begleitumstände der oben angesprochenen ersten Phase der Anerkennung des Vorrangs der Verfassung: überkommene Verständnisse des Gesetzesrechts und seiner Interpretation, einschließlich des Richterrechts, werden in Frage gestellt und zurückgewiesen. Der Vorrang der Verfassung wird als Bruch eines bisherigen Verständnisses, der damit verbundene Vorrang der Verfassungsgerichtsbarkeit als eine Beendigung des bisherigen faktischen Entscheidungs- und Interpretationsmonopols erlebt.[21]

Aufschlußreich ist in diesem Zusammenhang die Auseinandersetzung zwischen Fritz Baur[22] und dem *BVerfG.* Was Baur in seiner Kritik am Wasserhaushalts-Beschluß dem *BVerfG* vorhält, ist ein beträchtliches Mißverständnis der Rechtsprechung des *BVerfG.* Daß dieses einem so anerkannten Privatrechtslehrer wie Baur unterläuft, ist ein Anzeichen dafür, daß es in dieser Kontroverse um Grundlegendes geht, daß das *BVerfG* im Grundverständnis einen

19 Rhetorisch wird von Walter Leisner die Frage gestellt und dann verneint, ob es sich dabei um eine »Eigentumswende?« handelt (*DVBl.* 1983, S. 61). Stark akzentuiert ist das »Neue« an der Rechtsprechung des BVerfGs – meist in Richtung auf Wandlungen beim Enteignungsbegriff – bei Reinhard Hendler, *DVBl.* 1983, S. 873, 874, 880 und Hermann Weber, *JuS* 1981, S. 143; 1982, S. 852; Fritz Baur, *NJW* 1982, S. 1736.

20 BVerfGE 58, 300 = *NJW* 1982, S. 745.

21 Dazu auch Fritz Baur, *NVwZ* 1982, S. 585.

22 *NJW* 1982, S. 1734 bis 1736, dort auch die folgenden wörtlichen Zitate.

anderen Weg geht, als ihn viele Privatrechtler bisher gegangen sind. Bezogen auf die neueste und folgenreichste Entscheidung des *BVerfG* im Wasserhaushalts-Beschluß spricht Baur von einer »bedeutenden Schwächung« und »Relativierung« des Eigentumsschutzes. Er artikuliert das »Gefühl des Ansatzes zu einer kalten entschädigungslosen Sozialisierung«; die These von einer »totalen Sozialbindung« wird nur noch rhetorisch in die Form einer Frage gekleidet und mit Anführungszeichen versehen; Baur fragt besorgt danach, wohin der Eigentumsschutz treibt.[23] Worum geht es eigentlich in dieser Auseinandersetzung? Letztlich um nichts anderes als um die Frage, ob der verfassungsrechtliche Begriff des Eigentums vom privatrechtlichen unterschieden ist und wie er zu gewinnen ist. Ein kurzes Eingehen auf die Argumente erweist dies deutlich.

Der Satz, der das Eigentumsgrundrecht von den meisten anderen Grundrechten unterscheidet und in dem die häufig nicht wahrgenommene Herausforderung des Verfassungstextes an die Interpreten liegt, ist Art. 14 I 2 GG. Er enthält die für das so grundlegende Eigentumsrecht geradezu provozierende Regelung, daß nicht nur die Schranken, sondern auch schon der *Inhalt* des Eigentums durch den Gesetzgeber bestimmt werden. Diese grundgesetzliche Regel interpretiert das *BVerfG* völlig zutreffend, wenn es ausführt:

»Aus der Gesamtheit der verfassungsmäßigen Gesetze, die den Inhalt des Eigentums bestimmen, ergeben sich somit Gegenstand und Umfang des durch Art. 14 I 1 GG gewährleisteten Bestandsschutzes [...]«[24]

Diese besondere Situation drängt sofort die Frage auf: ob denn etwa der Inhalt des Eigentums völlig von der Disposition des einfachen Gesetzgebers abhängen soll – und genau diese in die Form eines Vorwurfs gekleidete Frage erhebt auch Baur:

»Dann aber darf wohl gefragt werden: hat es dann der einfache Gesetzgeber nicht in der Hand, langsam, aber sicher durch entsprechenden Abbau von Eigentümerbefugnissen im Wege der Inhaltsbestimmung durch Gesetz auch den verfassungsmäßigen Bestandsschutz abzubauen und damit auch die Wesensgehaltsgarantie illusorisch zu machen?«[25]

Gerade an dieser Stelle, also bei der Inhaltsausgestaltungsbefugnis

23 So im Titel des Aufsatzes.
24 BVerfGE 58, 300 (336); *NJW* 1982, S. 745.
25 *NJW* 1982, S. 1735 unter V.

des Gesetzgebers, macht Baur dem diese Verfassungsbestimmung auslegenden *BVerfG* den zentralen Vorwurf:

»Wenn sich der Inhalt des Eigentums (›die Befugnisse‹) aus den Normen der einfachen Gesetze ergeben, wie kann die Verfassungsmäßigkeit des einfachen Gesetzes an den Normen der einfachen Gesetze gemessen werden? Ist das nicht – mit Verlaub gesagt – ein Zirkelschluß?«[26]

Dieser Satz wäre in der Tat ein Zirkelschluß.[27] Aber dieser – unzutreffende – Satz entspricht gerade nicht den Aussagen des *BVerfG* und der von den vier Sätzen des Art. 14 I und II GG gebotenen Dogmatik. Das *BVerfG* sagt und behauptet zu Recht, daß das einfache eigentumsgestaltende Gesetz an der Verfassung (und nicht an den einfachen Gesetzen) gemessen werden kann und muß: Und in der Tat kann das gem. Art 14 I 2 GG entstandene Gesetz gemessen werden an der Institutsgarantie des Art. 14 I 1 GG und an der Sozialbindung des Art. 14 II GG – nicht mehr und nicht weniger. Gemäß der Institutsgarantie (Art. 14 I 1 GG) muß das inhaltsgestaltende Gesetz die Privatnützigkeit und die grundsätzliche Verfügungsbefugnis des Eigentümers ebenso respektieren wie es der Sozialbindung des Eigentums nach dem Maß der sozialen Funktion des konkreten Eigentumsobjekts gerecht werden muß.[28]

Dieses kurz skizzierte Verständnis von Art. 14 GG ist nun keineswegs neu, sondern vom *BVerfG* spätestens seit 1967, seit dem Beschluß über das Grundstücksverkehrsgesetz[29] in ständiger Rechtsprechung vertre-

26 *NJW* 1982, S. 1735 unter III.

27 Weil dieser Vorwurf nicht vereinzelt geblieben ist (vgl. Walter Leisner, *DVBl.* 1983, S. 63) und weil es auch Parallelen beim verfassungsrechtlichen Schutz der Ehe in Art. 6 GG gibt, bedarf es an dieser Stelle einer näheren Darlegung.

28 Die Struktur der Eigentumsgarantie ergibt sich aus den vier Sätzen von Art. 14 I-II GG: Art. 14 I 2 GG besagt, daß der Gesetzgeber einen gehaltvollen Gestaltungsspielraum für den Inhalt des Eigentums hat. Art. 14 II 1 und 2 GG geben eine wesentliche verbindliche Richtschnur für den inhaltsgestaltenden Gesetzgeber. Art. 14 I 1 GG besagt mit seiner Institutsgarantie, daß es Grenzen für den inhaltsgestaltenden Gesetzgeber gibt. Insgesamt muß also der Gesetzgeber bei der Inhaltsbestimmung einen Ausgleich zwischen Art. 14 II und Art. 14 I 1 GG herstellen, also einen Ausgleich zwischen der grundsätzlichen Privatnützigkeit des Eigentums und der grundsätzlichen Übertragung der Verfügungsbefugnisse an den Eigentümer einerseits und der Sozialgebundenheit, das heißt der Beschränkung der Eigentümerbefugnisse nach dem Maßstab der sozialen Funktion des konkreten Eigentumsobjekts, andererseits.

29 BVerfGE 21, 73 ff. = *NJW* 1967, S. 619. Meist wird als Anfang der Rechtspre-

ten worden. Es liegt nicht am *BVerfG*, daß in Lehre und Judikatur der anderen Gerichte die zentrale Aussage dieses Beschlusses – die übrigens in der sonst häufig geforderten Knappheit und Klarheit ausgesprochen ist – kaum zur Kenntnis genommen wird. Dort wird zunächst[30] in zwei kurzen Sätzen die grundsätzliche Struktur von Art. 14 I GG mit seinen beiden Sätzen gekennzeichnet und hervorgehoben, daß die Inhaltsbestimmungsbefugnis des Gesetzgebers nicht unbegrenzt ist. Dann wird zweitens der verhältnismäßig weite Gestaltungsbereich des Gesetzgebers für die Bestimmung des Eigentumsinhalts in Art. 14 II GG hervorgehoben (»Hiernach verpflichtet das Eigentum nicht nur, sondern sein Gebrauch soll zugleich dem Wohl der Allgemeinheit dienen«). Im entscheidenden Satz entnimmt das *BVerfG* nun aus diesem Gebiet sozialgerechter Nutzung nicht nur eine Anweisung für das konkrete Verhalten des Eigentümers, sondern dieses Gebot wird in erster Linie als eine Richtschnur für den Gesetzgeber interpretiert, bei der Regelung des Eigentumsinhalts das Wohl der Allgemeinheit zu beachten.[31] Seit dieser Entscheidung steht es für die Rechtsprechung des *BVerfG* fest, daß das Gebot sozialgerechter Nutzung nicht nur den *Gebrauch* eines an anderer Stelle vom Gesetzgeber geregelten Eigentumsrechts betrifft, sondern selbst eine verbindliche Richtschnur ist für den Gesetzgeber zur Ausgestaltung des Eigentumsinhalts.

2. Die grundsätzliche Divergenz zwischen dem *BVerfG* und der Rechtsprechung des *BGH* und verbreiteter Lehre im Privatrecht wird im Wasserhaushalts-Beschluß noch prinzipieller angesprochen und ausdrücklich aufgezeigt: Das *BVerfG* weist ausdrücklich die »zur Weimarer Reichsverfassung vertretene Auffassung« zurück.

> »Eine Enteignung sei schon dann anzuerkennen, wenn das Recht des Eigentümers, mit seiner Sache gem. § 903 BGB nach Belieben zu verfahren, zugunsten eines Dritten beeinträchtigt‹ werde … Diese am Vorrang der bürgerlich-rechtlichen Eigentumsordnung gegenüber öffentlichrechtlichen Vorschriften orientierte Rechtsansicht entspricht nicht dem Grundgesetz«.[32]

chungskette das Hamburger Deich-Urteil BVerfGE 24, 367 ff. = *NJW* 1969, S. 309 von 1968 zitiert, so auch Leisner, *DVBl.* 1983, S. 61.

30 BVerfGE 21, 73 (82) = *NJW* 1967, S. 619.

31 BVerfGE 21, 73 (82) = *NJW* 1967, S. 619. Bundesverfassungsrichter i. R. Prof. Dr. Böhmer verdanke ich den Hinweis, daß sich seit BVerfG 25, 112 (117) die Formulierung »verbindliche Richtschnur« durchgesetzt hat.

32 BVerfGE 58, 300 (335) = *NJW* 1982, S. 745.

Die gravierende Herausforderung dieser Passage und der ausdrücklichen Feststellung, daß das Eigentum i. S. von Art. 14 GG nicht das Eigentum i. S. von § 903 BGB meint, liegt darin, daß nicht mehr das BGB und das Privatrecht den Ausgangspunkt des eigentumsrechtlichen Denkens bilden.[33] Statt des spezifischen und spezifisch liberalen Ansatzes des § 903 BGB ist auf der Ebene des Verfassungsrechts ein eigenständiger verfassungsrechtlicher Eigentumsbegriff gebildet, der einen anderen Gehalt haben kann und auch tatsächlich hat, so daß das Privatrecht auch in einem seiner Kernpunkte, bei den Eigentumsregelungen, dem vorrangigen Verfassungsrecht nachgeordnet ist.[34]

Dieser Vorrang des Verfassungsrechts ist natürlich auch im Privatrecht verbal nie in Abrede gestellt worden; es fragt sich aber, ob er im Privatrecht bisher wirklich inhaltlich akzeptiert worden ist, nämlich so, daß zum einen der neue Ausgangspunkt des Eigentumsschutzes bei Art. 14 GG und nicht mehr allein beim BGB *Folgen* hat, und daß zum zweiten die verfassungsrechtliche Umschreibung des Eigentums, die Institutsgarantie, sich inhaltlich *unterscheidet* vom Regelungsmodell des BGB. Dagegen spricht, daß der *BGH* bis zum Wasserhaushalts-Beschluß genau das Gegenteil vertreten hat. Der *BGH* sprach bis dahin ausdrücklich vom Eigentum i. S. von Art. 14 I 2 GG und § 903 BGB.[35] Außerdem sah der *BGH* und sieht jetzt noch Baur das (Grund-)Eigentum als ein prinzipiell jede mögliche und jede wirtschaftlich vernünftige Nutzung umfassendes Recht an. Das Eigentum wird quasi naturrechtlich als unbegrenztes absolutes Recht auf alle denkbaren Befugnisse, die mit einer Sache überhaupt verbunden sein können, verstanden. Diese Auffassung

33 Die frühere Aussage des BVerfG, daß der Begriff des Eigentums so verstanden wird, wie ihn »das Bürgerliche Recht und die gesellschaftlichen Anschauungen geformt haben« (BVerfGE 1, 264 (2781) = *NJW* 1952, S. 869; BVerfGE 11, 64 [701] = *NJW* 1960, S. 1195; BVerfGE 19, 354 [370]) sind überholt; so ausdrücklich Böhmer, *DÖV* 1982, S. 88. Diese Korrektur wird übersehen von Rupert Scholz, *NVwZ* 1982, S. 337, 344 f.

34 Die genau parallele Situation ergibt sich im Verhältnis von Art. 6 I GG zum Ehe- und Familienrecht. Das rechtsgeprägte Institut der Ehe bedarf der Ausgestaltung durch das Gesetzesrecht des Bürgerlichen Rechts. Aber der verfassungsrechtliche Begriff der Ehe setzt in der Form der Institutsgarantie Grenzen für die einfach-gesetzliche Ausgestaltung. Präzise dazu BVerfGE 31, 58 (69) = *NJW* 1971, S. 1509.

35 BGH, *NJW* 1978, S. 2290, 2291 (unter III a); das folgende Zitat S. 2291 (unter II).

leugnet natürlich nicht, daß wichtige Gemeinwohlbelange den Nutzungsansprüchen des Eigentümers vorgehen können, nur gerät diese Sicht viel und viel zuviel in die Kategorie der Enteignung, wo in Wirklichkeit nur eine Sozialbindung vorliegt, so bei vielen abstrakt und generell inhaltsbestimmenden Gesetzen.[36]

Das heimliche Leitbild dieser privatrechtlichen Sicht kann man vermuten: Es ist die Vorstellung vom Eigentum als einem »Vollrecht«. Dieser Denkansatz gibt der privatrechtlichen Dogmatik eine geeignete Grundlage und ein treffendes Bild für die Veranschaulichung der spezifisch privatrechtlichen Rechtsverhältnisse zwischen dem Eigentum und den dinglichen Belastungen, wie den Grunddienstbarkeiten u. ä. Prägend ist das Bild des vollen Kreises, von dem die beschränkten dinglichen Rechte als verselbständigte Eigentumssplitter[37] einen abgrenzbaren Teil ausmachen. Dieses Bild prägt nun aber zugleich auch die ganz *andere* Fragestellung nach der Abgrenzung zwischen inhaltsbestimmender Sozialbindung und Enteignung: auch dabei wird offenbar die Vorstellung eines Vollrechts oder eines vollen Kreises vorausgesetzt. Will der Gesetzgeber im Interesse eines überwiegenden Gemeinwohls etwas an diesem vorausgesetzten, quasi naturrechtlich voll aufgeladenen Eigentumsrecht ausgestalten, dann wird dies sehr rasch als »Wegnahme«, als entschädigungspflichtige Entziehung wahrgenommen. Die Vorstellung, daß – um im Bild zu bleiben – der Gesetzgeber im Rahmen des Art. 14 I 1 GG auch befugt sein könnte, den Kreis der Eigentumssphäre durch generelle und abstrakte Regelungen (weiter oder) enger zu ziehen, den »Kuchen« insgesamt in seinem Radius zu verkleinern, wird gar nicht erst in Betracht gezogen.

In Wahrheit ist das ganze Bild vom vorausgesetzten Vollrecht und von dem »an sich« bestehenden Gesamtumfang der Eigentümerbefugnisse unzutreffend; es ist geeignet, gerade den Vorrang der Verfassung zu umgehen. Es gibt kein »natürliches« vorrechtliches Voll-

36 Fritz Baur, *NJW* 1982, S. 1735: »Geht man – so auch ich – davon aus, daß ein schwerer Eingriff in die Rechtsstellung des Eigentümers im Interesse eines überwiegenden Gemeinwohls durch Gesetz oder aufgrund eines Gesetzes erlaubt ist, warum nicht nur gegen Entschädigung? Läßt sich dieses allgemeine Prinzip nicht mühelos dem Art. 14 III GG entnehmen?« – Wie immer enthüllen Vokabeln wie »mühelos« ein unbezweifeltes Vorverständnis, in diesem Fall das eines zu weiten Enteignungsbegriffes.

37 So zum Beispiel Otmar Jauernig, *BGB*, 2. Aufl. (1981), Vorb. § 845 Anm. 3: ›Eigentumssplitter‹ im Verhältnis zum umfassenden Recht »Eigentum«.

recht, keinen vor dem Recht oder dem Verfassungsrecht bestehenden Gesamtumfang des Eigentums, sondern das Eigentum ist »rechtserzeugt«. Es wird in seinem Inhalt von den Gesetzen geschaffen. Überhaupt erst vom Recht konstituiert sind etwa die Urheberrechte. Beim Grundstückseigentum, das sich auf »natürlich« vorliegende Gegenstände bezieht, ist der konkrete Inhalt (wie hoch, wie tief reichen die Befugnisse) in der beschriebenen Weise rechtserzeugt, und zwar sowohl durch das Privatrecht wie auch durch das öffentliche Recht. Beide wirken gleichrangig bei der Bestimmung der verfassungsrechtlichen Rechtsstellung des Eigentümers zusammen.[38] Dabei zielt die Institutsgarantie des Art. 14 I 1 GG als Grenze der Befugnis des Gesetzgebers zur Inhaltsbestimmung gerade nicht darauf, »alles« oder jede denkbare Nutzungsmöglichkeit zu schützen. Die Institutsgarantie gewährleistet und sichert für die Zukunft nicht jede vorhandene Nutzungsmöglichkeit, und erst recht nicht jede denkbare. Die Institutsgarantie schützt – definitionsgemäß – das *Institut* des privatnützigen Eigentums.

3. Es ergibt sich: kein Vorrang der privatrechtlichen oder der öffentlichrechtlichen eigentumsrechtlichen Regelungen – sondern Vorrang allein des Verfassungsrechts vor beiden, vor dem Privatrecht und vor dem Verwaltungsrecht. Das Privatrecht ist einfaches Recht, so wie dies auch alle Materien des Verwaltungsrechts sind. Dies ist die eigentliche, aber auch die notwendige Herausforderung des Wasserhaushalts-Beschlusses, und sie ist offenbar auch als solche empfunden worden.[39] Die Herausforderung ist um so größer, als dieses Vorrangverhältnis zwischen Art. 14 GG und §§ 903 ff. BGB auch nicht dadurch in seiner Bedeutung gemildert wird, daß dem Art. 14 GG der Eigentumsbegriff des BGB unterlegt werden kann, sondern der Ebene der Verfassung gehört ein eigenständiger Eigentumsbegriff an, der anders und offener ist als das BGB – das *BVerfG* hat diesem »aliud« in den letzten Entscheidungen einige ausreichende Konturen verliehen.

Der verfassungsrechtliche Eigentumsbegriff ist entsprechend der

38 BVerfGE 58, 300 (333 ff.) = *NJW* 1982, S. 745.

39 Das Maß dieser Herausforderung wird deutlich, wenn man der heutigen Rechtslage etwa den Satz von Rudolph Sohm gegenüberstellt: »In dem Privatrecht liegt die Magna Charta unserer öffentlichen Freiheit. Weit mehr als auf der Staatsverfassung beruht auf dem Bürgerlichen Rechte das, was wir Freiheit nennen.« Näherer Hinweis und Kommentierung bei Hasso Hofmann, *JuS* 1984, S. 9.

Funktion der Institutsgarantie offener und weniger gehaltvoll als der des Privatrechts: im BGB ist *eine* der möglichen Gestaltungsformen der privatrechtlichen Eigentumsordnungen verwirklicht; Art. 14 I 1 GG setzt demgegenüber den Rahmen für diese oder *andere* verfassungsgemäße Gestaltungen. Denn – natürlich – stehen der Inhaltsbestimmung nach Art. 14 I 2 GG im Rahmen von Art. 14 I 1 GG und Art. 14 II GG verschiedene Alternativen, und zwar politisch gewichtige unterschiedliche Alternativen offen. Als Rahmen von alternativem Gesetzesrecht ist die Institutsgarantie inhaltlich abstrakter und notwendigerweise weniger gehaltvoll. Die Umschreibungen des *BVerfG* zeigen dies deutlich. Gleichwohl fordert und enthält Art. 14 I 1 GG keineswegs eine *einheitliche* Bestimmung des Inhalts des Eigentums. Die Institutsgarantie ist offen für *Differenzierungen* der Inhaltsbestimmung des Eigentums nach dem spezifischen Eigentumsobjekt. Der Gesetzgeber kann und könnte nach Art. 14 I 2 GG – je nach dem sozialen Bezug und der sozialen Funktion des konkreten Eigentumsobjekts (arg. Art. 14 II GG) – den Inhalt des Grundeigentums anders bestimmen als den der persönlichen Konsumgüter oder den des Aktieneigentums.[40]

Das *BVerfG* hat zum Inhalt der Institutsgarantie mehrere je für sich unvollständige Formeln gegeben. Der Gesetzgeber darf danach an die Stelle des Privateigentums nicht etwas setzen, was den Namen »Eigentum« nicht mehr verdiente.[41] Die Institutsgarantie verbietet es weiterhin, solche Sachbereiche der Privatrechtsordnung zu entziehen, die zum elementaren Bestand grundrechtlich geschützter Betätigung im vermögensrechtlichen Bereich gehören, und damit den durch Art. 14 GG gesicherten Freiheitsbereich aufzuheben oder wesentlich zu schmälern.[42] Zum verfassungsrechtlichen Eigentumsbegriff gehören außerdem – und dies sind die gehaltvollsten Begriffselemente – die Merkmale der Privatnützigkeit und der grundsätzlichen Verfügungsbefugnis über den Eigentumsgegenstand. Letztlich ergeben sich Schranken für den Gesetzgeber aus dem Gebot, die schutzwürdigen Interessen aller Beteiligten in einen gerechten Ausgleich und in ein ausgewogenes Verhältnis zu bringen.[43]

40 Deutliche Hinweise schon in BVerfGE 21, 73 (82 f.) = *NJW* 1967, S. 619.
41 BVerfGE 24, 367 (389) = *NJW* 1969, S. 309 – Hbg. Deichordnung.
42 BVerfGE 24, 367 (389) = *NJW* 1969, S. 309; BVerfGE 58, 300 (339) = *NJW* 1982, S. 745.
43 BVerfGE 25, 112 (117) – Nds. Deichordnung: BVerfGE 36, 132 (140) – Mietrecht.

Diese Formeln sind wegen ihrer Abstraktheit wiederholt Gegenstand der Kritik und des Vorwurfs der Leerformelhaftigkeit geworden.[44] Diese Enttäuschung entspringt dabei jedoch häufig einer falschen Erwartung über die Funktion der Institutsgarantie. Ihre Aufgabe ist es nicht, in nuce den vollen Gehalt einer konkreten oder der konkret bestehenden Eigentumsordnung zu erfassen. Ganz im Gegenteil läßt die Institutsgarantie Raum für gehaltvolle Entscheidungen auf der Ebene des Gesetzesrechts, damit auch Raum für unterschiedliche politische Wertungen im Hinblick auf die Eigentumsordnung – nicht zuletzt deshalb ist der politische Kampf um die Mehrheit im Parlament relevant. Und ausdrücklich läßt die Institutsgarantie als Bestandteil des Verfassungsrechts Raum für das Privatrecht und die Privatrechtsdogmatik, ihren Anteil im Kampf um das »richtige« Recht im Bereich der Eigentumsordnung zu erbringen.

Zusammengefaßt ergibt sich: es ist nicht Sache der Verfassungsinterpretation durch die Staatsrechtslehrer oder durch das *BVerfG,* alles Wichtige an der Eigentumsordnung über die Auslegung der Institutsgarantie des Art. 14 I 1 GG zu bestimmen, sondern Wichtiges hat der Gesetzgeber nach Art. 14 I 2 GG zu entscheiden. Diesen so umschriebenen Rang und Verantwortungsbereich des parlamentarischen Gesetzgebers können weder das Verfassungsrecht noch die Privatrechtsdogmatik zum Verschwinden bringen: Das Verfassungsrecht kann nur den begrenzten Rahmen der verfassungsrechtlich zwingend gesetzten Vorgaben zur Geltung bringen, die Zivilrechtsdogmatik inhaltliche Anregungen aus der langen Erfahrung der rechtlichen Normierung der Eigentumsordnung. Vorrang der Verfassung und verbleibende Selbständigkeit des Gesetzesrechts schließen sich nicht aus; davon ist im folgenden näher die Rede.

Das vom BVerfG in diesem Zusammenhang häufiger zitierte Verhältnismäßigkeitsprinzip (BVerfGE 52, 1 [29] = *NJW* 1980, S. 985 – Kleingarten-Entsch.; BVerfGE 58, 137, 146 = *NJW* 1982, S. 633 – Pflichtexemplar-Entsch.) wirft ein grundsätzliches Problem auf: wenn man den Verhältnismäßigkeitsgrundsatz undifferenziert und unspezifisch auf die eigentumsgestaltende Befugnis des Gesetzgebers anwendet, droht gerade das Spezifikum des Art. 14 GG, der Gestaltungsspielraum für den Inhalt des Eigentums nach Art. 14 I 2 GG, zum Verschwinden zu kommen. Das Problem ist noch ungelöst.

44 Fritz Baur, *NJW* 1982, S. 1735.

V. Folgeprobleme des Vorrangs der Verfassung für das Gesetzesrecht

Als zentrales Folgeproblem des in einem Rechtsgebiet praktizierten Prinzips vom Vorrang der Verfassung hat sich die Frage nach der verbleibenden Bedeutung des nachrangigen Gesetzesrechts erwiesen.

1. Im einzelnen läßt sich die generelle Problemstellung wie folgt auffächern und konkretisieren. Gesetzesrecht ist sicherlich nachrangig, ist es damit aber zugleich notwendigerweise auch unselbständig, nur abgeleitetes Recht ohne eigene inhaltliche Grundsätze? Hat Gesetzesrecht, das grundsätzlich als verfassungsgemäß anerkannt ist, in dem Sinne einen »Selbststand«, daß die Rechtsanwendung sich am Gesetz allein orientieren kann? Finden sich im Gesetz selbst Kriterien der Richtigkeit und Rechtmäßigkeit des Handelns – oder muß ständig (in jedem Einzelfall oder in einer Vielzahl von Anwendungsfällen) auf Verfassungsrecht zurückgegriffen werden? Gewährleistet erst der Durchgriff auf das Verfassungsrecht die Rechtmäßigkeit des Handelns im Einzelfall?

2. Einen zunächst äußerlich erscheinenden, aber doch anschaulichen Eindruck von der Lage und der (Un-)Selbständigkeit des Gesetzesrechts ergibt ein Blick in beliebige Lehrbücher und Kommentare zu den einzelnen Rechtsgebieten: Vorangestellt sind in der Regel mehr oder weniger umfangreiche Abschnitte über die verfassungsrechtlichen »Vorgaben« für das betreffende Rechtsgebiet.[45] Wie umfangreich die Rechtssätze und Auslegungsergebnisse sind, die in dieser Weise »vor die Klammer« des Gesetzesrechts und seiner speziellen Regelungen gezogen sind, läßt nichts deutlicher erkennen als der sehr umfangreiche dritte Band des »Nachschlagewerks der Rechtsprechung des *BVerfG*«.[46] Auf mehr als 1300 Seiten sind leitsatzartig wichtige Aussagen aus Entscheidungen des *BVerfG*, geordnet nach den einzelnen Bundes- und Landesgesetzen, zusammengestellt. Mit einigen Einschränkungen läßt sich sagen: dieser umfangreiche Band und nicht die kleine Anzahl von Grundgesetzartikeln repräsentiert den Vorrang der Verfassung. Der Band läßt erkennen, was alles auf das Gesetzesrecht einwirkt und »ausstrahlt«;

45 Zur umfassenden Bedeutung der Verfassung für alle Bereiche des Rechts und für das gesamte Leben, Hesse (FN 2), S. 21, auch S. 11 f. und 14.

46 Hg. vom BVerfG, 3 Bde., Loseblatt-Ausgabe.

was ihm vorausgeht oder zumindest Beachtung bei der (verfassungskonformen) Auslegung in Anspruch nimmt.

3. Zu diesem quantitativen Aspekt kommt verstärkend eine spezifische Art und Weise hinzu, Gesetzesrecht wahrzunehmen und zu interpretieren. Immer mehr wird nämlich eine Denk- und Darstellungsweise dominant, die Gesetzesrecht als von der Verfassung und von den Grundrechten abgeleitet, als Erfüllung von Verfassungsaufträgen, als Konkretisierung des objektiven Gehalts der Grundrechte ansieht – kurz: häufig begegnet ein vom Verfassungsrecht her deduzierendes und Gesetzesrecht als ausfüllendes Recht ansehendes Grundverständnis. Der richtige Gedanke der Verfassungsabhängigkeit des Gesetzesrechts wird hier gesteigert und übersteigert zu dem, was man zu Recht postulative und deduzierende Darstellungsweise genannt hat.[47] Gesetzesrecht ist danach nicht nur in einer gewissen und begrenzten Weise vom Verfassungsrecht abhängig, es muß sich nicht nur in einem vom Verfassungsrecht gezogenen Rahmen halten, ist ansonsten aber Ergebnis zusätzlicher autonomer und politischer Entscheidungen auf der Ebene des jeweiligen Rechtsgebietes, sondern das Gesetzesrecht erscheint tendenziell durch und durch als Erfüllung und Ausfüllung, als Ausprägung und Ausfluß des Verfassungsrechts. Selbst im politischen Raum, im Parlament und bei den Parteien, werden Gesetze häufig nicht mehr als Ergebnisse vernünftiger Überlegungen in einem Sachbereich und als Ergebnis von überkommenen oder neu formulierten Rechtsprinzipien in einem speziellen Rechtsgebiet dargestellt, sondern als »legitimiert« durch zum Beispiel das verfassungsrechtliche Sozialstaatsprinzip oder als Erfüllung und Ausprägung des Rechtsstaatsprinzips verstanden.

Im Zusammenhang dieser problematischen Denkweise löst sich im übrigen *Rechtspolitik* auf der Ebene der Gesetzgebung fast völlig in angeblich dogmatische Argumentation auf der Verfassungsebene auf. Statt daß offen über mögliche rechtspolitische Konzepte gestritten wird, der Kampf um das »richtige« Gesetzesrecht geführt wird,[48] scheint es nur noch um juristische Auseinandersetzung darüber zu gehen, was die Verfassung im konkreten Sach- und

47 Eberhard Schmidt-Aßmann, *Das Allgemeine Verwaltungsrecht als Ordnungsidee und System*, 1982, S. 37 f.

48 Den Gedanken, daß es den Kampf um das »richtige« Recht auf der Ebene des Gesetzesrechts wiederzuentdecken gilt, hat in vielen Diskussionen, auf die ich mich dankend beziehe, Ernst-Wolfgang Böckenförde hervorgehoben.

Rechtsgebiet fordert oder nahelegt, durch welche gesetzlichen Regelungen die Verfassung besser erfüllt und ausgeführt wird.[49] Dieses Fehlverständnis kann man wie folgt zusammenfassen: angebliches Deduzieren aus der Verfassung statt Gesetzgebungspolitik; Verfassungsrecht als die Disziplin, in der Gesetzgebungspolitik im Gewand der (Verfassungs-)Rechtsdogmatik betrieben werden kann; der Verfassungsjurist als der Jurist, der die Sache Rechtspolitik in die Form der Dogmatik einkleiden kann – eine für das Selbstverständnis des deutschen Juristen und Rechtswissenschaftlers mit seiner traditionellen Abneigung gegen (offene) rechtspolitische Argumentation sehr attraktive Position und Verführung.

4. Der deduzierende und postulierende Ansatz nimmt dem Gesetzesrecht seine (relative, aber doch erhebliche) Eigenständigkeit und Selbständigkeit; er destruiert das Gesetzesrecht in seinem – trotz allen Vorrangs der inhaltlich begrenzten Verfassung – fortbestehenden Rang und in seiner Bedeutung als Ergebnis des formellen Gesetzgebungsverfahrens und als Entscheidung des besonderen Verfassungsorgans Parlament. Eine Entwicklung, nach der das Gesetzesrecht bloßen Vollziehungscharakter annimmt und im System der rechtsetzenden Staatsakte (nur mehr) den Platz erhält, den die Verordnung im 19. Jahrhundert einnahm,[50] wäre das schlechteste Ergebnis, möglicherweise aber auch die selbstverschuldete Folge eines verfehlten Ansatzes, der den Nachrang des Gesetzesrechts mit Unselbständigkeit und Substanzlosigkeit verwechselt.

In der (relativen) Eigenständigkeit des Gesetzesrechts – und nur im Gesetzesrecht – kommt die Sachzugewandtheit des Rechts zum Ausdruck.[51] Die einzelnen Gesetze, etwa im Immissionsschutz-, Naturschutz- und Sozialhilferecht, und vor allem gute Gesetze ent-

49 Viele Beispiele dazu im Verwaltungsrecht, besonders im Verwaltungsverfahrensrecht (insb. vor der Kodifikation), dazu ausf. Rainer Wahl, in: Willi Blümel (Hg.), *Vereinheitlichung des Verwaltungsverfahrensrechts*, 1984, S. 42-46.

50 Ernst-Wolfgang Böckenförde, *Gesetz und gesetzgebende Gewalt*, 2. Aufl. (1981), S. 402.

51 Dies gilt im öffentlichen Recht in speziellem Maße für das Besondere Verwaltungsrecht, dazu ausführlich Wahl (FN 49), S. 42; ders., *VVDStRL* 41 (1983), S. 171 f.: Das Allgemeine Verwaltungsrecht als Ordnungsidee und -system (Schmidt-Aßmann) dient in spezifischer Weise der Vermittlung der verfassungsrechtlichen Grundsätze in das gesamte Verwaltungsrecht hinein; das Besondere Verwaltungsrecht bringt die Sachzugewandtheit und das Eingehen auf besondere Verwaltungsaufgaben, Interessenstrukturen und Sachprobleme hinzu.

stehen weit mehr als durch die vorgebliche Ableitung aus der Verfassung durch die Hinwendung zu den Sachproblemen und durch die sachangemessene Lösung im Einklang mit überkommenen oder neu gebildeten Rechtsprinzipien in diesem Teilbereich der Rechtsordnung. Der entscheidende Test für den Grad und den Umfang der Eigenständigkeit des Gesetzesrechts liegt in der Antwort auf die Frage, ob sich die Rechtsanwendung (durch die Verwaltung, durch den einzelnen Bürger oder durch das Fachgericht) im wesentlichen oder regelmäßig an den Maßstäben und Tatbestandsmerkmalen des positiven Gesetzes orientieren kann oder ob häufig oder sogar grundsätzlich im Einzelfall immer auch die Anwendung von verfassungsrechtlichen Prinzipien erforderlich ist. Anders formuliert geht es darum, ob die Verfassungsmäßigkeit des einfachen Rechts durch die Ausgestaltung und generelle Auslegung der Gesetze hinreichend (das heißt in der Mehrzahl der Rechtsanwendungsfälle) bewältigt ist oder ob die Verfassung häufig im Einzelfall durchschlägt.

Im Ausgangspunkt sollte es nicht zweifelhaft sein, daß grundsätzlich das generelle Gesetz die Rechtsinstitution sein sollte, die in genereller Weise die verfassungsrechtlichen Anforderungen an eine rechtliche Ordnung eines Sachbereichs abarbeitet – das verfassungsgemäße Gesetz als der maßgebliche Orientierungspunkt der Rechtsanwendung und Garant dafür, daß grundsätzlich die Gesetzmäßigkeit des Handelns zugleich die *Verfassungsmäßigkeit* des Handelns verbürgt.

Bekanntlich gibt es nun aber einige sehr verbreitete Institute und Konzepte, die dieser wichtigen Funktion des Gesetzesrechts für die Rechtsanwendung entgegenstehen und sie aufzulösen geeignet sind. Das Konzept oder das Bild von der Ausstrahlungswirkung der Grundrechte ins einfache Recht hinein und der Grundsatz der Verhältnismäßigkeit führen nicht immer, aber (zu) häufig dazu, daß positiven Rechtssätzen ein unmittelbarer verfassungsrechtlicher *Einzelfallvorbehalt* beigefügt wird. Das Gesetzesrecht erscheint dann sozusagen als vorläufiges Recht, das seine Bewährungsprobe erst in der verfassungskonformen Interpretation und nach der durch das Verfassungsrecht erzwungenen Modifizierung und Differenzierung seiner Regeln erfährt. Demgegenüber ist rechtspolitisch zu fordern: wenn und soweit die Grundrechte spezifische Einwirkungen auf das einfache Recht haben, dann muß diesen Einwirkungen durch spezifische Regelungen im Gesetzesrecht genügt werden. Das Gesetzesrecht soll selbstverständlich verfassungsabhängig und -geprägt sein und bleiben, es soll aber verfassungsgeprägt *in* und *durch* seine Formulierungen sein. Andernfalls wäre das Gesetzesrecht in seinem Anspruch auf Geltung, Ernstgenommenwerden und Unverbrüchlichkeit gefährdet. Natürlich gibt es Grenzen der Ausformulierbarkeit von verfassungsrechtlichen Anforderungen im einfachen Recht, aber generell gilt die Maxime: soviel Abarbeitung der verfassungsrechtlichen Anforderungen im Gesetzesrecht wie möglich, so wenig Abstellen auf unmittelbaren Durchgriff auf die Grundrechte wie unabweisbar.

5. Aus dieser Überlegung lassen sich einige wichtige Folgerungen ableiten. Im derzeitigen Entwicklungszustand des öffentlichen Rechts ist in den meisten konkreten Rechtsgebieten nicht mehr der Grundsatz der Verfassungsabhängigkeit des Gesetzesrechts das Problem, sondern die Aufrechterhaltung und *Wiedergewinnung* von *Selbständigkeit* und *Eigenständigkeit* des – die verfassungsrechtlichen Schranken einhaltenden – Gesetzesrechts. Die Rechtspolitik hat auf die Eigen- und Sachgesetzlichkeiten einer konkreten Rechtsmaterie zu achten, die Rechtsdogmatik auf die Strukturbildung und Systematik. Das Höchstmaß der Verfassungsabhängigkeit des Gesetzesrechts ist nicht dann erreicht, wenn alle vorhandenen Strukturierungen und Typisierungen im Gesetz aufgelöst sind durch immer feiner ziselierende und letztlich nur im Einzelfall und in der Einzelfallgerechtigkeit ein Ende findenden Verhältnismäßigkeitsüberlegungen. Die Aufgabe der Dogmatik, etwa im Verwaltungsrecht, ist es, Rechtsinstitute, wie das der Kontrollerlaubnis,[52] der Ausnahmebewilligung, der Planfeststellung zeit- und das heißt verfassungsgemäß auszugestalten, sie dann aber auch in die unersetzbare Funktion einzusetzen und zu befestigen, die dogmatische Institute haben und haben müssen, nämlich Entlastung für die Rechtsanwendung im Einzelfall zu bieten. Angesichts der derzeit recht hoch entwickelten Sensibilität für Einzelfallgerechtigkeit und Differenzierung für Einzelfälle heißt das Gebot der Stunde nicht Auflösung von Systematisierung der Dogmatik, sondern Neubildung von Instituten des Gesetzesrechts und ihre Systematisierung.

Zu diesen gebotenen Systematisierungsleistungen gehört vordringlich auch die Wiederentdeckung der Rechtsgrundsätze in den einzelnen Rechtsgebieten.[53]

52 Präzise dazu Hartmut Maurer, *Allg. VerwR*, 2. Aufl. (1982), § 9 Rn. 51 ff.; vgl. auch Rainer Wahl, *DVBl.* 1982, S. 51 ff.

53 Besonders wichtig und weiterführend sind deshalb Strukturierungen und Syste-

VI. Die aktuelle Diskussion zum Verhältnis von Verfassungsrecht und Gesetzesrecht

1. In drei verschiedenen Problemeinkleidungen ist in jüngster Zeit das Verhältnis zwischen vorrangigem Verfassungsrecht und Gesetzesrecht erörtert und problematisiert worden.

Man kann erstens *materiellrechtlich* fragen nach dem Inhalt der verfassungsrechtlichen Begriffe im Unterschied zu Begriffen des Gesetzesrechts, also nach dem eigenständigen Eigentums-, Steuer- oder Berufsbegriff des Grundgesetzes oder nach dem Ausmaß der verfassungsrechtlichen Ausstrahlungswirkung der Grundrechte als objektivrechtlicher Elemente der Rechtsordnung.

Man kann zweitens *funktionellrechtlich* fragen nach der Abgrenzung der Kompetenzen des *BVerfG,* die auf den Maßstab des vorrangigen Verfassungsrechts begrenzt sind, im Unterschied zum parlamentarischen Gesetzgeber. Es ist gängig gewordene Einsicht, daß die Ausdehnung des materiellen Verfassungsrechts und seines Gehaltes notwendigerweise eine Ausdehnung der Kompetenzen des *BVerfG* zu Lasten des parlamentarischen Gesetzgebers impliziert, daß es also aus innersystematischen Gründen des Grundgesetzes Grenzen der sachlichrechtlichen Ausdehnung des Gehalts des Verfassungsrechts und der Grundrechte geben muß.

Man kann drittens *gerichtsinstitutionell* fragen nach den Urteils- und Beurteilungskompetenzen des *BVerfG* im Unterschied zu den sogenannten Fachgerichten, etwa dem *BGH* und dem *BVerwG,* eine Frage, die insbesondere bei dem in der Rechtspraxis vorherrschenden Typ der Urteilsverfassungsbeschwerde von besonderer Relevanz ist.[54] Die Bedeutung dieser Abgrenzung wird etwa im Verhältnis zwischen *BVerfG* und der Verwaltungsgerichtsbarkeit aus der folgenden Überlegung deutlich: Der traditionelle Schutz des einzelnen gegenüber Grundrechtsverstößen der Verwaltung, den ursprünglich die Verfassungsbeschwerde als Schutz gegen die Verwaltung gewährleisten wollte, ist inzwischen längst verwandelt worden in ein In-Sich-Rechtsgespräch zwischen Verwaltungsgerichtsbarkeit und *BVerfG.* Der Schutz des einzelnen vor Eingriffen der Verwaltung findet primär durch die Verwaltungsgerichtsbarkeit

matisierungen wie von Wilhelm Henke, *DVBl.* 1983, S. 982 ff., und ders., *DÖV* 1984, S. 1, 6 ff.

54 Zuletzt dazu Bryde (FN 3), S. 313 ff.

statt. Mit der Verfassungsbeschwerde, mit der Urteilsverfassungsbeschwerde, hat der einzelne die Chance, daß Dogmatiken und Interpretationen der Verwaltungsgerichtsbarkeit korrigiert werden können durch die besondere verfassungs- und grundrechtsbezogene Sicht des *BVerfG*.

2. An allen diesen drei »Fronten« sind in letzter Zeit Einwände und Problematisierungen formuliert worden, die einer Überanstrengung des Verfassungsrechts – und das heißt immer auch zugleich eine Überlastung des Verantwortungsbereichs des *BVerfG* im Verhältnis zum Gesetzgeber oder zu den Fachgerichten – kritisch entgegentreten. Aus der Fülle der damit angesprochenen Probleme seien hier nur zwei Beobachtungen aus neuerer Zeit hervorgehoben; sie betreffen zum einen die erwähnte gerichtsinstitutionelle, zum anderen die materiellrechtliche Problemebene.

Auffällig erscheint in der letzten Zeit eine zunehmende Kritik und beginnende Abwehrhaltung von obersten Bundesgerichten, jedenfalls von prominenten Mitgliedern des *BVerwG* und des *BGH*, gegenüber dem *BVerfG* und seiner Rechtsprechung. In der Kritik artikuliert sich ein Selbstverständnis der Fachgerichte, und zwar der Fachgerichte in der wörtlichen Bedeutung des Begriffs, nämlich als der Richter vom Fach und als Richter mit spezifischem Sachverstand, die sich gegen sozusagen unsystematische und unsystematisierte Interventionen des *BVerfG* in das von ihnen ausgelegte und systematisierte Gesetzesrecht wenden.[55] Deutlich scheint mir dies in der Reaktion von Richtern und Zivilprozessualisten auf die Rechtsprechung des Verfassungsgerichts zur Zwangsvollstreckung, insbesondere zum Richtervorbehalt bei Durchsuchungen der Wohnungen der Fall zu sein.[56] Nicht minder deutlich wird etwa der neueren Rechtsprechung des *BVerfG* zum Verwaltungsverfahrensrecht vorgehalten, sie sei nicht durchdacht und sie bewirke letztlich das Ende eines allgemeinen Verwaltungsverfahrensrechts.[57]

Diese Beispiele ließen sich vermehren, wenn auch das (Span-

55 Zum Problem der Wahrung der »Integrität der je konkreten Sach- und Rechtszusammenhänge« (Zacher) beim Einbau von Grundgesetzprinzipien in ein Rechtsgebiet Bryde (FN 3), S. 324 f. m. w. N.

56 Eckhard Schumann, *NJW* 1982, S. 1609 ff.; ders., *BVerfG, GG und Zivilprozeß*, 1983 (= *ZZP* 96 [83], 137). Vgl. auch die umfassende Darstellung von Dieter Leipold, in: Friedrich Stein-Jonas, *ZPO*, 20. Aufl. (1983), Vorb. § 128.

57 Hans J. Müller, *Die Verwaltung* 15 (1982), S. 389.

nungs-)Verhältnis zwischen *BVerfG* und »Fach«gerichten selten so deutlich formuliert worden ist wie jüngst von Weyreuther.[58] Natürlich liegt das eigentliche Problem darin, daß in diesem (Spannungs-)Verhältnis keine der beiden Seiten von vornherein inhaltlich »recht« hat. Gegenüber zuweilen verständlicher Kritik der Fachgerichte am *BVerfG* ist die umgekehrte Kritik zumindest gleich berechtigt. Der oben angesprochene Wasserhaushalts-Beschluß ist ein deutliches Beispiel dafür, daß es auch eine ganze Reihe von Fällen gibt, in denen es eines befreienden Spruchs des *BVerfG* bedurfte, um eine inzwischen eingefahrene Rechtsprechung des *BVerfG* zu korrigieren. Dazu gehört auch der Strafgefangenen-Beschluß, der mit wenigen richtigen Sätzen eine überholte herrschende Meinung in Literatur und Rechtsprechung zur fehlenden im besonderen Gewaltverhältnis erklärt und beendet hat. Hierher gehört auch in neuer Zeit der Mülheim-Kärlich-Beschluß, der in seinem Kern die eingefahrene falsche Formel der Verwaltungsgerichte, daß die Öffentlichkeitsbeteiligung nur der Information der Behörde diene, zurückgewiesen und zurechtgerückt hat.[59] Auch manche notwendige Lockerung von übermäßigem Formalismus im Prozeßrecht haben erst Entscheidungen des *BVerfG* ermöglicht.

Die Lage ist also durchaus komplex und differenziert. Es dürfte nicht überraschen, daß es auch bei der Institution der Verfassungsgerichtsbarkeit Positiva und Negativa gibt. Die letztverbindliche Entscheidung durch das *BVerfG* ermöglicht Innovationen in der gesamten Rechtsordnung, die von zentraler Stelle aus ausgelöst werden können. § 31 BVerfGG sichert das Durchgreifen solcher Anstöße oder Korrekturen einer überkommenen Dogmatik. Andererseits erspart die Letztverbindlichkeit der Entscheidungen dem *BVerfG* natürlich nicht das Risiko von Fehlern oder unzweckmäßigen oder punktuell bleibenden Interventionen in den größeren Zusammenhang eines Rechtsgebietes. Durch die sehr hohen Hürden, die § 31 BVerfGG der (Selbst-)Korrektur von verfassungsgerichtlichen Entscheidungen setzt, ist die Gefahr der Versteinerung von problematischen Entscheidungen nicht von der Hand zu weisen.

Nicht minder groß sind die Gefährdungen, denen die *Verfassungsrechtsdogmatik* in ihrem Verhältnis zu den Dogmatiken der einzel-

58 *DÖV* 1982, S. 173 und 175.

59 Dazu Rainer Wahl, *VVDStRL* 41 (1983), S. 166 ff.

nen Rechtsgebiete ausgesetzt ist. Die Versuchung, aus den wenigen Sätzen des Grundgesetzes ganze Rechtssysteme oder die entscheidenden Grundprinzipien von Rechtsgebieten oder sektorale Teilverfassungen zu entnehmen, ist für die Staatsrechtslehrer sehr groß, und man kann schlechterdings nicht sagen, daß sie dieser Versuchung immer oder häufig widerstanden hätten. Es ist eben eine starke Versuchung für den Verfassungsinterpreten, kraft des Verfassungsrechts und seiner Interpretation allzuständig für alle Gebiete des Rechts zu sein, zu jedem Rechtsgebiet sozusagen das Grundsatzkapitel schreiben zu können.

Es ergibt sich: Das Prinzip des Vorrangs der Verfassung ist grundlegend; es besagt aber natürlich nichts über den Umfang des vorrangigen Verfassungsrechts. Das Verfassungsrecht enthält nicht in nuce die gesamte Rechtsordnung. Dies ist gegenüber allen Tendenzen festzuhalten, die den Inhalt des Grundgesetzes zu sehr ausführen wollen. Das Verfassungsrecht enthält aber eine – beschränkte – Anzahl grundlegender Regelungen; dies ist gegenüber Tendenzen, die die Verfassung nach Maßgabe von Begriffen des Gesetzesrechts auslegen wollen, ebenso deutlich festzuhalten. Das Verfassungsrecht muß also um seines Vorrangs willen eigenständige Begriffe bilden. Es kann sich aber nicht in eine »splendid isolation« begeben. Das Verfassungsrecht muß demnach zum Beispiel einen eigenständigen Eigentumsbegriff entwickeln; es kann aber nicht mit einer großen Geste das einfache Recht wegwischen: die Privatrechtsdoktrin hat selbstverständlich immer noch aus einer langen dogmatischen Tradition heraus viel Beachtliches, aber eben nicht mehr das allein Ausschlaggebende zur Eigentumsordnung beizutragen. Das zentrale Problem besteht also darin, die beiden grundlegenden Elemente zusammenzubringen: den Vorrang der Verfassung *und* die inhaltliche Begrenztheit des Verfassungsrechts. Eine Patentformel für diese Verhältnisbestimmung gibt es nicht. Die Grenzlinie zwischen vorrangigem und deshalb eigenständigem Verfassungsrecht und in diesem Rahmen selbständig bleibendem Gesetzesrecht ist immer wieder erneut zu suchen und zu konkretisieren. Konrad Hesse gibt in seinem Werk und in seinem Verständnis vom Auftrag des Verfassungsrichters und Staatsrechtslehrers ein Vorbild für diese Aufgabe.

6. Verfassungsrechtsprechung als knappes Gut*

Der Zugang zum Bundesverfassungsgericht

I. Das Problem[1]

1. Die quantitative Dimension

Nicht zuletzt wegen der Konzentration auf die inhaltliche Auseinandersetzung mit der Rechtsprechung des Bundesverfassungsgerichts[2] sind dessen *Arbeitsbedingungen* in den letzten Jahren kaum Gegenstand öffentlichen Interesses gewesen, obwohl sie sich ständig verschlechtert haben.[3] Wer vom Bundesverfassungsgericht Urteile und Beschlüsse erwartet, die höchsten Anforderungen gerecht werden sollen, muß auch für entsprechende Rahmenbedingungen Sorge tragen. 16 Richterinnen und Richter des Bundesverfassungsgerichts können in jedem Jahr nur eine begrenzte Zahl von Fällen sachgerecht bearbeiten und entscheiden. Das Pensum des Gerichts ist nicht beliebig vergrößerbar. Tatsächlich hat aber die Arbeitsbelastung der Mitglieder des Gerichts in den letzten Jahren noch einmal beträchtlich zugenommen. Ausweislich der letzten Jahresstatistik sind 1995 fast 6000 Verfassungsbeschwerden eingelegt worden, deren Erledigung einen großen Teil der Arbeitskapazität des

* Der Beitrag ist zusammen mit Joachim Wieland, Frankfurt am Main, verfaßt. Der Abdruck geschieht mit seiner freundlichen Genehmigung.

1 Der Beitrag entwickelt die in früheren Aufsätzen der Autoren vertretenen Auffassungen fort, siehe Joachim Wieland, *Der Staat* 29 (1990), S. 333 (mit weiteren Literaturnachweisen); Rainer Wahl, »Der Zugang zum Bundesverfassungsgericht«, in: *Probleme der Verfassungsgerichtsbarkeit in Deutschland gestern und heute*, hg. von der Friedrich-Ebert-Stiftung, Bonn 1991, S. 13 ff.

2 Dazu Rainer Wahl, »Quo vadis Bundesverfassungsgericht«, in: Bernd Guggenberger/Thomas Würtenberger (Hg.), *Hüter der Verfassung oder Lenker der Politik*, 1998, S. 81 ff.

3 Eine Art Hilferuf war die Rede des Verfassungsrichters Ernst-Wolfgang Böckenförde anläßlich seiner Verabschiedung in Karlsruhe; schriftliche Fassung unter dem Titel: »Die Überlastung des Bundesverfassungsgerichts«, *ZRP* 1996, S. 281 (auch in der FAZ vom 24. 5. 1996). Auch schon früher haben Präsidenten und Richter des Gerichts immer wieder auf die Belastung hingewiesen, ohne daß dies zu einem echten Thema in der öffentlichen Diskussion geworden wäre.

Gerichts beansprucht;[4] inzwischen machen Verfassungsbeschwerden 97 % der Neueingänge aus. Berücksichtigt man die geringe Erfolgsquote der Verfassungsbeschwerden (1995 wurden 139 angegriffene Entscheidungen aufgehoben), ergibt sich ein relativ ungünstiges Verhältnis von Aufwand und Ertrag. Die Verfassungsrichter verwenden zuviel Zeit darauf, über die Annahme von Verfassungsbeschwerden zu entscheiden. Diese Zeit fehlt für die Bescheidung der Beschwerden und Anträge, die das Gericht inhaltlich behandelt. Ein Verfassungsrichter, der in jedem Jahr über die Annahme von mehr als 350 eigenen und mehr als 700 seiner Kammer vorliegenden Verfassungsbeschwerden zu entscheiden hat,[5] wird selbst bei Anstrengung aller Kräfte nur schwerlich in der Lage sein, die nötige Zeit für die Bearbeitung von Senatsentscheidungen zu erübrigen. Die Senatsentscheidungen sind aber die eigentliche Aufgabe des Gerichts. Durch sie trägt es zur Auslegung und Weiterentwicklung des Verfassungsrechts bei und nimmt auf diesem Wege an der Staatsleitung teil. Je weniger Zeit für die Verfahren verbleibt, die im Senat entschieden werden, desto schwieriger wird es, den berechtigten Qualitätsanforderungen der Öffentlichkeit und der Fachwelt gerecht zu werden. Ein Mitglied des Bundesverfassungsgerichts, dem die notwendige Muße fehlt, über schwierige Probleme des Verfassungsrechts in Ruhe nachzudenken, alternative Lösungen zu erwägen und mit seinen Kollegen und Mitarbeitern zu diskutieren, kann seinem Amt nicht gerecht werden. Wer das Bundesverfassungsgericht in seiner Stellung und Bedeutung erhalten will, muß sein Verfahren reformieren.

Der Blick auf diese Zahlen zeigt: Die Fülle der – das eigentliche Reformthema ausmachenden – Urteilsverfassungsbeschwerden hat das Gericht tatsächlich längst zur Superrevisionsinstanz gemacht. Zur Superrevisionsinstanz in einem ganz eigenen und buchstäblichen Sinne: Gegenüber rund 4000 jährlichen Eingängen beim Revisionsgericht Bundesverwaltungsgericht hat das Superrevisionsgericht Bundesverfassungsgericht allein 5433 Urteilsverfassungsbeschwerden pro Jahr. Mit ihnen allen müssen sich immerhin die aus

4 Die Zahlen sind der jährlich erscheinenden Gesamtstatistik aus dem Geschäftsjahr 1995 entnommen. Die Neueingänge sind 1995 um 14 % gegenüber dem Vorjahr gestiegen, die Zahl der unerledigten Verfahren stieg ebenfalls beträchtlich (von 2263 zum Stand 30. September 1994 auf 2997 zum Stand 30. September 1995).

5 Eindringlich sind diese Zahlen dargelegt von Böckenförde (FN 3).

drei Mitgliedern des Gerichts bestehenden Kammern befassen und eine Entscheidung treffen, die in 98 % in einer Nicht-Annahme-Entscheidung besteht, die begründet sein kann, es aber nicht sein muß (§ 93 d Abs. 1 Satz 3 BVerfGG).[6]

Die Zahl der Eingänge und Entscheidungen pro Richter übersteigt längst jedes vernünftige Maß (auch wenn man die Unterstützung durch die Mitarbeiter berücksichtigt). Verfassungsgerichtsentscheidungen als Akkordarbeit und Massengeschäft – dies war und ist nicht das Bild der Verfassungsgerichtsbarkeit. Derzeit versuchen die 16 Richter(innen) den subjektiven Rechtsschutz in jedem einzelnen Falle unter großem Aufwand und Opfern einzulösen. Damit verausgabt sich das Gericht auf einem Gebiet, auf dem zwar die Entscheidungen für die Betroffenen segensreich sein können, die Institution selbst aber denaturiert wird zu einem weiteren obersten Revisionsgericht. Es kommt hinzu, daß sich die Richterinnen und Richter mit dem Massengeschäft der im Ergebnis nicht erfolgreichen Verfassungsbeschwerden verzehren, daß sie eine Sisyphusarbeit leisten, die letztlich nicht wahrgenommen wird,[7] die sie aber von der zügigeren Arbeit an den allein die öffentliche und wissenschaftliche Diskussion bestimmenden rund 40 Senatsentscheidungen pro Jahr abhalten.

Auch wenn die Öffentlichkeit und die wissenschaftliche Fachliteratur es nicht (ausreichend) wahrnehmen, führt kein Weg an der Einsicht vorbei, daß de facto das Bundesverfassungsgericht ein *Doppel-Gericht* ist. Die 40 bis 50 Senatsentscheidungen pro Jahr füllen die bislang 93 Bände der amtlichen Entscheidungssammlung, auf diese Entscheidungen konzentriert sich die staatsrechtliche politische Diskussion, sie sind aber nur die Spitze des sprichwörtlichen Eisberges. Daneben – und dies ist die zweite nichtsichtbare Seite des Gerichts – müssen ebendiese 16 Richterinnen und Richter mit ihren Mitarbeitern die 6000 weiteren Eingänge bearbeiten und durchschleusen. Entstanden ist ein groteskes Mißverhältnis zwischen der –

6 Die Zahl der Kammerentscheidungen im Jahr 1995 ist für beide Senate fast gleich hoch: 2284 im 1. Senat und 2369 im 2. Senat; gleich sind auch die Zahlen für die Nicht-Annahme 2241 und 2293. – Nicht zu entnehmen ist aus der Statistik, wie viele der Nicht-Annahme-Beschlüsse inzwischen ohne Gründe ergehen, obwohl auch sie beträchtlich Arbeit machen.

7 Offensichtlich ist nur die eine Seite im Blickfeld, wenn die Richter als »hohe Verfassungspriester« (Roellecke, *NJW* 1995, S. 27) oder ähnlich tituliert werden.

sagen wir es ruhig – Alltagsfron bei den im Ergebnis erfolglosen Verfassungsbeschwerden und dem entscheidenden knapp einen Prozent der Senatsentscheidungen, die das Bild des BVerfG in der Öffentlichkeit bestimmen. In der derzeitigen Praxis wird die Idee der Verfassungsgerichtsbarkeit der schieren Quantität geopfert und mit erbarmungsloser deutscher Gründlichkeit zu Tode geritten.

2. *Die qualitative Dimension*

Hinter all diesen quantitativen Problemen stecken – natürlich auch und in erster Linie – qualitative oder strukturelle Probleme. In der Fülle der Urteilsverfassungsbeschwerden spiegelt sich auch und vor allem die Expansion der Bedeutung der Grundrechte seit 1949. Bekanntlich gehörte (und gehört wohl noch) die Grundrechtsdogmatik zu den Wachstumsfeldern des deutschen Rechts in den Jahrzehnten nach 1949. Ihr Gehalt ist, insbesondere durch die Entdeckung und Entfaltung der objektiv-rechtlichen Dimension, beträchtlich ausgeweitet und ihre Bedeutung stark intensiviert worden. Selbstverständlich mußte es prozessuale Auswirkungen haben, wenn die Grundrechte unter der Geltung des Grundgesetzes eine dimensional andere und gesteigerte »Ausstrahlungs«-Wirkung auf die gesamte Rechtsordnung erhalten haben, wenn sie in der gesamten Rechtsordnung immer »präsent« sind, wenn sie allseitig und nicht zweiseitig wirken, wenn sie absoluten Charakter haben.[8] Diese (für die gesamte Rechtsordnung entscheidenden und positiven) Weichenstellungen[9] haben allerdings gravierende Folgeprobleme bewirkt.[10] Letztlich ist die deutsche Grundrechtsdogmatik das Op-

8 Prägnant zusammengefaßt ist die äußere und innere Entwicklungsgeschichte der objektiv-rechtlichen Bedeutung der Grundrechte von Ernst-Wolfgang Böckenförde, »Grundrechte als Grundsatznormen«, *Der Staat* 29 (1990), S. 1 ff. (dort auch Nachweise für die zitierten Formeln von Konrad Hesse, Jörg Paul Müller und anderen).

9 Dazu die Referate von Ernst-Wolfgang Böckenförde, Jörg Paul Müller und Robert Alexy, *Der Staat* 29 (1990), S. 1 ff., 33 ff. und 49 ff. Die Formulierung »Weichenstellungen der Grundrechtsdogmatik« beim damaligen Kolloquium und in der jetzigen Formulierung ist bewußt gewählt, um zum Ausdruck zu bringen, daß es Leitentscheidungen gibt, die praktisch nicht umkehrbar sind.

10 Die Literatur diskutiert diese Folgeprobleme unter dem Stichwort des Prüfungsumfangs bei der Urteilsverfassungsbeschwerde, dazu ausführlich Klaus Schlaich,

fer ihres eigenen Erfolges geworden – die Unterscheidbarkeit zwischen vorrangigem Grundrecht und einfachem Recht ist durchgehend und intensiv ins Verschwimmen geraten.[11] Daß eine Entscheidung grundrechtlich mit determiniert sei, bedeutet bald nichts mehr Besonderes, da letztlich alles grundrechtlich durchwirkt, angestrahlt und beeinflußt ist. Die Unterscheidbarkeit zwischen vorrangigem und einfachem Recht ist theoretisch kaum mehr möglich, jedenfalls so weit aufgehoben, daß für die praktischen Zwecke des Zugangs zum Bundesverfassungsgericht keine handhabbare Abgrenzung mehr möglich ist.[12] Ursache dafür sind zumindest zwei Schritte der Rechtsprechungsentwicklung (und der ihr folgenden Staatsrechtslehre), nämlich

– erstens die langfristige Folge der *Elfes*-Entscheidung,[13] daß – jedenfalls im eingreifenden Bereich – jede Gesetzesverletzung auch eine Grundrechtsverletzung ist.[14] Die Folge ist die nicht mehr rückholbare Öffnung der Zulässigkeit der Urteilsverfassungsbeschwerde. Treffend sagt Schlaich: »Damit sind die Grundrechte – einschließlich Art. 2 I GG als Auffanggrundrecht – zum Hebel des Bürgers geworden, die Freiheit von einem jeden unberechtigten, weil rechtsstaatswidrigen Eingriff der Staatsgewalt geltend zu machen«;[15]
– zweitens die Folge der *Lüth*-Entscheidung,[16] daß einer rechtswidri-

Das Bundesverfassungsgericht, 3. Aufl. 1994, Rn. 271-322, sowie Ernst Benda/Eckart Klein, *Lehrbuch des Verfassungsprozeßrechts*, 1991, Rn. 586 ff.; Thomas Clemens, in: Dieter Umbach/Thomas Clemens, *Bundesverfassungsgerichtsgesetz*, 1992, § 91, Rn. 107 ff.; Christoph Gusy, *Die Verfassungsbeschwerde*, 1988, S. 52 ff.

11 Dazu Rainer Wahl, »Der Vorrang der Verfassung«, *Der Staat* 20 (1981), S. 502 ff., in diesem Band S. 142 ff.

12 Schlaich (FN 10) beschließt seine dichte und problembewußte Darstellung mit der relativierenden These, daß bei aller fließender Abgrenzung »im Hintergrund und in den Grundlinien doch das materielle Verfassungsrecht das steuernde Element« sei.

13 BVerfGE 6, 32 ff.

14 Überzeugend stellt Schlaich (FN 10), Rn. 13-16 ff. die Elfes-Entscheidung an den Anfang der Gesamtdarstellung mit dem erschließenden Obersatz: »Die Frage des Zugangs zum BVerfG steht also in einem unauflöslichen Zusammenhang mit der Methode, mit der es die Verfassung interpretiert.«

15 Schlaich (FN 10), Rn. 16.

16 BVerfGE 7, 198 (205); zur Entstehungs- und Wirkungsgeschichte Böckenförde (FN 8), S. 4 ff. – In den neueren Kontroversen um das BVerfG spielen das Lüth-Urteil und die dadurch begonnene Rechtsprechungstradition sowohl für die all-

gen (Verwaltungs- oder Gerichts-)Entscheidung materiell nicht mehr angesehen werden kann, ob die Rechtswidrigkeit auf der Verletzung nur von einfachem Recht oder auf der Verletzung von grundrechtlichen (Ausstrahlungs-)Gehalten beruht. Jedenfalls ist die Nicht-Unterscheidbarkeit so weit fortgeschritten, daß für die praktischen Zwecke einer Vorweg-Auswahl, einer Selektion der Verfassungsbeschwerde, kein vernünftiges und handhabbares materielles Kriterium mehr zur Verfügung steht.

Das Fazit ist: Allein mit dem Rüge-Potential des *Elfes-* und des *Lüth-*Urteils[17] ist der Zugang zum Bundesverfassungsgericht so weit geöffnet, ist die einfache Rechtsverletzung so stark mit der Grundrechtsverletzung vermischt, daß kein materieller Abgrenzungsversuch mehr erfolgversprechend sein kann. Die Folge dieser zwei Entwicklungslinien ist nicht mehr und nicht weniger als die theoretische Unmöglichkeit der materiellrechtlichen Unterscheidung von Verfassungsverstoß und Verstoß gegen das einfache Recht. Die praktische Konsequenz daraus ist: Es gibt nicht nur sehr viele Urteilsverfassungsbeschwerden, es könnten noch viel mehr sein. Und es gibt Anlaß zur Annahme, daß es noch mehr sein werden. Die eingreifenden Maßnahmen im Zusammenhang der derzeitigen Sparpakete können gar nichts anderes als bisherige Besitzstände angreifen; die schwierigen Verhältnisse in den neuen Ländern werfen zahlreiche neue Gerechtigkeitsprobleme auf. Problemfälle, die eine Entscheidung des Bundesverfassungsgerichts herausfordern, wird es in den nächsten Jahren nicht weniger, sondern beträchtlich mehr geben. Mit innerer Notwendigkeit folgte nämlich auf die problemschaffenden Urteile (*Elfes* und *Lüth*) die Antwort in der für die praktische Arbeit des Gerichts gar nicht zu überschätzenden zentralen Entscheidung in BVerfGE 18, 85, 92, die zum Grundbuch des Gerichts, ja zur Grundlage seiner Überlebensstrategie geworden ist. Diese Entscheidung hat die Zauberformel vom spezifischen Verfassungsrecht, die sogenannte *Hecksche* Formel,[18] in die Entschei-

gemeine Grundrechtsdogmatik wie für das Verhältnis von Meinungsfreiheit und Ehrenschutz eine besondere Rolle. Bei aller dort häufig anzutreffenden Polemik will ernsthaft niemand hinter die dortige Weichenstellung zurück.

17 Ausgeklammert ist dabei noch die Wirkung des Verhältnismäßigkeitsprinzips, das mit dem immer möglichen Einwand der Unverhältnismäßigkeit in der Rechtsanwendung des Einzelfalls potentiell bei jeder Verwaltungsentscheidung den Weg zur Urteilsverfassungsbeschwerde öffnet.

18 Nach dem Berichterstatter in dem betreffenden Verfahren, Verfassungsrichter Karl Heck, vgl. Roman Herzog, *FS Günter Dürig*, 1990, S. 431, 432 f. Diese

dungspraxis eingeführt und damit das praktisch wichtigste Mittel der Folgenbegrenzung etabliert. In Wirklichkeit ist dieser Begriff nicht nur ein Arkanum, wie Böckenförde gesagt hat,[19] sondern die Rückzugsposition einer Instanz, die etwas theoretisch Unmögliches gleichwohl tun zu können vorgeben kann, weil sie die höchste Instanz ist, die bei der Handhabung der Formel keiner weiteren Kontrolle mehr unterliegt.

Die Redeweise vom spezifischen Verfassungsrecht verweist nicht auf einen Maßstab, sondern auf ein Problem.[20] Sie ist eine prozessuale »Lösung« eines materiellrechtlich verursachten, aber materiellrechtlich nicht mehr lösbaren Problems. Die Formel verdeckt einen Dezisionismus, denn natürlich ist es das Gericht selbst, das darüber entscheidet, was eine Verletzung des spezifischen Verfassungsrechts ist. In der Literatur ist dies mit einer Vielzahl resignativer Bemerkungen[21] letztlich auch anerkannt, wenn auch immer wieder Rückzugsgefechte gemacht werden und die Herausforderung, das Unmögliche möglich zu machen, immer wieder zu Abgrenzungsversuchen anleitet. Aufschlußreich ist die offene Darstellung des Problems von Benda,[22] die offensichtlich vieles von der Binnensicht des Gerichts mitteilt. Wiederholt wird dort ausgeführt, daß sich das Gericht, was Prüfungstiefe und -dichte betrifft, dem Certiorari-Verfahren des amerikanischen Supreme Court stark angenähert habe.[23]

Angefügt sei noch, daß dort, wo das Gericht, konkret der Erste Se-

grundlegende Entscheidung, die noch nicht einmal einen »Namen« hat, was inzwischen für jede etwas wichtigere Entscheidung standesgemäß ist, sollte deshalb Hecksche-Formel-Entscheidung heißen.

19 Böckenförde (FN 8), S. 9.

20 Natürlich gibt es im Prüfungsvorgang der Fachgerichte und dem des Bundesverfassungsgerichts noch gewisse Unterschiede, beide nähern sich der Mischung von ausstrahlendem Grundrecht und »angestrahltem« einfachen Recht auf unterschiedliche Weise. Die Fachgerichte kommen sozusagen »von unten« her; sie gehen vom einfachen Recht und seinen Tatbestandsvoraussetzungen aus und beachten die Einwirkungen der Grundrechte auf die Begriffe des einfachen Rechts. Das BVerfG geht dagegen eher »von oben« her, vom Grundrecht, aus, sucht dessen Einflußtore und hat so stärker oder »spezifischer« das Verfassungsrecht im Blick. An der problemschaffenden Vermischtheit beider Rechtsschichten ändert dies aber nichts.

21 Nachweise der Diskussion bei Benda/Klein (FN 10), Rn. 591 mit Anm. 524; Klaus Rennert, *NJW* 1991, S. 12 ff., sowie Schlaich (FN 10), Rn. 301 ff.

22 In: Benda/Klein (FN 10), Rn. 586 ff.

23 In: Benda/Klein (FN 10), Rn. 592, 597 und 691.

nat, sich von der Standardformel des Bundesverfassungsgerichts (E 18, 85, 92) gelöst und eine gleitende Je-Desto-Formel der intensiveren Nachprüfung entwickelt hat,[24] das Problem der Unterscheidbarkeit zwischen einfachem und vorrangigem Grundrecht nicht etwa einfacher geworden oder gelöst ist, sondern bei den Stufen der intensiveren beziehungsweise vollen Nachprüfbarkeit die Ununterscheidbarkeit sogar noch zum Programm geworden ist.

II. Bisherige Reformvorschläge

1. Überblick

Eine Reform des Verfassungsprozeßrechts verspricht nur dann Erfolg, wenn sie grundsätzlich angelegt ist. Allein die Zuweisung eines vierten oder fünften Mitarbeiters an jeden Verfassungsrichter oder die Schaffung eines dritten Senats reicht – von allen sonstigen Nachteilen abgesehen – nicht aus, der Flut der Verfassungsbeschwerden Herr zu werden. Selbst 24 Richter des Bundesverfassungsgerichts sähen sich einer Arbeitslast gegenüber, die der des Jahres 1990, in dem ungefähr 4000 Verfassungsbeschwerden eingekommen waren, entspräche – und schon diese Zahl war bei weitem zu hoch. Der zusätzliche Koordinierungsbedarf zwischen den Senaten und die dennoch bestehende Gefahr zunehmender Rechtsprechungsdivergenzen, die notwendig die Stellung und Funktion des Gerichts beeinträchtigen müßten, wären also in Kauf zu nehmen, ohne daß sie die Überlastung der Mitglieder des Bundesverfassungsgerichts deutlich verringern würde. Eine weitere Erhöhung der Zahl der Mitarbeiter des Gerichts vermöchte nicht wesentlich zu dessen Entlastung beizutragen, weil die Richter selbst die volle Verantwortung für die in ihrem Dezernat vorbereiteten Entscheidungen übernehmen müssen, wenn sie ihrem Amtsauftrag als Mitglied des Bundesverfassungsgerichts gerecht werden wollen. Anders als ein leitender Ministerialbeamter hat ein Verfassungsrichter die Bearbeitung der ihm zugewiesenen Fälle nicht nur zu organisieren,

24 So die Formulierung von BVerfGE 83, 103 (145); vgl. auch BVerfGE 42, 143 (147 ff.); zur Rechtsprechungsentwicklung Benda/Klein (FN 10), Rn. 597 ff.; Michael Bender, *Die Befugnis des Bundesverfassungsgerichts zur Überprüfung gerichtlicher Entscheidungen*, 1991, S. 15 ff.; Schlaich (FN 10), Rn. 299 ff.

anzuleiten und zu überwachen, sondern selbst gestaltend zu prägen. Selbst ein noch so qualifizierter Mitarbeiter des Verfassungsrichters ist nicht legitimiert, einen wesentlichen Teil dieser Aufgabe in eigener Verantwortung wahrzunehmen. Das setzt der Zuarbeit im jetzigen System deutliche Grenzen.

Gegen andere kapazitätserweiternde Vorschläge (wie die Einführung einer Verfassungsanwaltschaft, Hinzuziehung von sogenannten Kammerrichtern, die keine Verfassungsrichter sind[25]) besteht der durchschlagende Einwand, daß ihre Realisierung die Institution Bundesverfassungsgericht grundlegend, und zwar in negativer Hinsicht verändern würde. Statt aller Einzelheiten, auf die hier nicht näher eingegangen werden kann, sei die Maxime formuliert, die sich in diesem Spannungsfeld von Institution und Kapazität empfiehlt: es ist wichtiger, die bewährte Institution und ihre Funktionsfähigkeit zu erhalten (beziehungsweise diese zurückzuerhalten), anstatt mit riskanten kapazitätserweiternden Mitteln gerade sie zu gefährden.

Auch eine Beseitigung der Zuständigkeit des Bundesverfassungsgerichts für öffentlich-rechtliche Streitigkeiten innerhalb eines Landes gemäß Art. 93 Abs. 1 Nr. 4 (3. Alternative) GG oder als Landesverfassungsgericht gemäß Art. 99 GG wäre zwar sinnvoll, trüge jedoch kaum zur Entlastung des Bundesverfassungsgerichts bei.[26] Einen begrenzten Erfolg verspräche insoweit nur eine Stärkung der Landesverfassungsgerichtsbarkeit, deren Zuständigkeit für Rügen der Verletzung des Rechts auf den gesetzlichen Richter oder auf rechtliches Gehör durch ein Landesgericht begründet werden könnte. In das Grundgesetz müßte dann eine Subsidiaritätsklausel ähnlich wie in Art. 93 Abs. 1 Nr. 4 b GG für kommunale Verfassungsbeschwerden aufgenommen werden. Die Frist für die Einlegung derartiger Beschwerden zu den Landesverfassungsgerichten dürfte erst zu laufen beginnen, wenn die Rechtsmittel zu den Fachgerichten auch auf Bundesebene ausgeschöpft worden wären. Angesichts der großen Zahl von Verfassungsbeschwerden, mit denen gegenwärtig vor dem Bundesverfassungsgericht eine Verletzung von Art. 103 Abs. 1 GG gerügt wird, verspräche eine solche Verlagerung auf die Landesverfassungsgerichte einen gewissen Entlastungsef-

25 So Rüdiger Zuck, *NJW* 1993, S. 2641, 2642; im übrigen Wahl (FN 1), S. 26 ff.
26 Dazu neuerdings (skeptisch) Hans-Peter Schneider, *NJW* 1996, S. 1517.

fekt. Sie setzte allerdings voraus, daß alle Länder entsprechende Beschwerdemöglichkeiten schüfen und ihre Verfassungsgerichte dann auch personell und sachlich hinreichend ausstatteten. Die Stärkung der Landesverfassungsgerichtsbarkeit würde durchaus dem Bundesstaatsprinzip entsprechen und einen Ausgleich für den Verlust von Länderkompetenzen an den Bund und die Europäische Union bilden können. Die Erfahrungen bei der Diskussion um die Einführung einer Anhörungsrüge[27] lassen jedoch deutliche Zweifel aufkommen, ob die Länder bereit sind, diese Chance zu nutzen. Unabhängig davon vermöchte eine Stärkung der Landesverfassungsgerichte nur eine begrenzte Entlastung des Bundesverfassungsgerichts herbeizuführen. Es verbliebe das grundsätzliche Problem, daß den Verfassungsrichtern die Möglichkeit gegeben sein muß, ihre Arbeitskraft ganz vorrangig der Beratung und Entscheidung von Senatssachen zu widmen. Die Arbeitskapazität, die gegenwärtig auf die Entscheidung über die Annahme von Verfassungsbeschwerden verwandt wird, muß deutlich verringert werden. Vor allen Reformüberlegungen bleibt insofern aber die Vorfrage und das Paradoxon zu erklären, warum die bisherigen Entlastungsversuche nicht zu einer wirklichen Entlastung geführt haben, obwohl die Geschichte des BVerfGG im wesentlichen eine Geschichte der Änderungen der Verfassungsbeschwerde mit dem Ziel der Entlastung ist.[28]

2. *Erfolglosigkeit der bisherigen Entlastungsversuche*

Offensichtlich haben aber alle Entlastungsversuche zu kurz gegriffen, weil sie entweder in einem zu engen Konzept gefangen gewesen sind oder das Gericht selbst die Entlastungsangebote des Gesetzgebers nicht angenommen und ausgeschöpft hat. Diese letztere Beurteilung gilt insbesondere für die Novelle von 1993.[29] Das in ihr gele-

27 Vgl. Benda/Klein (FN 10), Rn. 537; Gerhard Schlichting, in: Umbach/Clemens (FN 10), III/5, Rn. 23; Uwe Seetzen, *NJW* 1982, S. 2337; OLG Düsseldorf, *NJW-RR* 1987, S. 1200 f.

28 So Ernst Gottfried Mahrenholz, in: *FS Wolfgang Zeidler*, 1987, Bd. 2, S. 1360, 1361, unter Verweis auf Konrad Zweigert, *JZ* 1952, S. 321, der bereits neun Monate nach Errichtung des Gerichts den Ansturm von Beschwerdeführern beklagt hat. – Zur Gesetzgebungsgeschichte Schlaich (FN 10), Rn. 250-252; allgemein zum BVerfGG Gotthart Wöhrmann, in: Umbach/Clemens (FN 10), S. 131 ff.

29 Dazu Hans H. Klein, *NJW* 1993, S. 2073, und Rüdiger Zuck, *NJW* 1993, S. 2641.

gene Potential, das Annahmeverfahren immer stärker in Richtung eines freien oder freieren Annahmevorverfahrens zu gestalten,[30] ist nicht ausgeschöpft worden, sonst könnten die Zahlen der unerledigten Eingänge nicht weiter angestiegen sein. Insbesondere werden weiterhin offenbar auch nach außen nichtbegründete Verfassungsbeschwerden intern ausführlich votiert. Entscheidend sind nun die Gründe, die die Richterinnen und Richter zu ihrem Verhalten bewegen. Offensichtlich liegen diese im Verständnis des individuellen Rechtsschutzcharakters der Verfassungsbeschwerde: Am doppelfunktionellen Charakter der Verfassungsbeschwerde[31] ist eindeutig der subjektiv-rechtliche Aspekt dominant; er prägt das praktische Entscheidungsverhalten des Gerichts bis in die Einzelheiten hinein. Dieses Verständnis ist es, an dem bisher alle Entlastungsangebote des Gesetzgebers abgeprallt sind. An dieser entscheidenden Stelle macht sich die nach 1949 entstandene spezifische deutsche Rechtskultur des subjektiven Rechtsschutzes geltend, die weit über Einzelregelungen im GG und im BVerfGG hinaus das Bewußtsein und die Mentalität der deutschen Juristen und auch der Richter des Bundesverfassungsgericht geprägt hat. Die Richter prüfen im Ergebnis die Erfolgsaussichten und damit die Begründetheit der Verfassungsbeschwerde weit mehr, als es die Entscheidungen erkennen lassen und als es die Rechtsvorschriften ihnen abverlangen.

Mit Absicht ist dabei der Ausdruck »Rechtskultur« gebraucht worden, weil es sich dabei um nichts weniger handelt als um eine für die Bundesrepublik typisch gewordene Einstellung. Das Entstehen dieser Mentalität hat sicherlich viele und gute Gründe. Am Ursprung der Rechtsentwicklung und des Rechtsbewußtseins in der Bundesrepublik steht die entschiedene, historisch wie rechtsvergleichend wohl präzedenzlose Entscheidung für den ausgebauten Individualrechtsschutz nach den schweren Verletzungen des Rechts und des Rechtsschutzes in der NS-Zeit. Man muß an diese Anfänge und

30 § 93 a Abs. 2 BVerfGG macht die Annahme von dem flexiblen und weiten Spielraum gewährenden Begriff des »Angezeigtseins« für die Durchsetzung der Grundrechte abhängig. Nach den §§ 93 b Satz 1 und 93 d Abs. 1 BVerfGG können die Kammern die Beschwerden ohne Begründung ablehnen.

31 Die Doppelfunktion der Verfassungsbeschwerde als Instrument des individuellen Grundrechtsschutzes und der Wahrung des objektiven Verfassungsrechts ist in der Literatur und in der Rechtsprechung des Gerichts (zum Beispiel BVerfGE 33, 247 [258 f.]) unbestritten.

an diese Verwurzelung erinnern, wenn man das Gewicht dieser Einstellungen richtig einschätzen will. Deutlich ist dann auch, daß jede Änderung einen beträchtlichen Einschnitt bedeutet, daß es zu einer Änderung nur kommt, wenn eine neue Weichenstellung gewollt ist. Angesichts der Verwurzelung des praktischen Entscheidungsverhaltens in der inneren Bindung der Richter und Richterinnen an den Rechtsschutzcharakter der Verfassungsbeschwerde sind Änderungen nur zu erwarten, wenn die Einsicht reift, daß die derzeitige Praxis von dem vorgestellten Leitbild des vollen Individualrechtsschutzes doch weit entfernt ist.[32] Eine neue Weichenstellung wird um so eher akzeptiert und im praktischen Verhalten mitgetragen werden, wenn es im Rahmen einer Neukonzeption gelingt, den Gedanken des Individualschutzcharakters der Verfassungsbeschwerde nicht in toto zu verabschieden, sondern ihn in einer anderen Weise zu verstehen. Daß dies möglich ist, soll im folgenden gezeigt werden.

III. Die Lösung

1. Das US-amerikanische Modell

Ein weiteres Kurieren an den Symptomen reicht nicht aus, gefordert ist eine einschneidende Strukturreform. Erfolg verspricht nur eine Annäherung an das freie Annahmeverfahren nach dem Vorbild des U. S. Supreme Court. Mit der Leitvorstellung von der Annäherung ist zugleich der Obersatz jeder Rechtsvergleichung in Bezug genommen, daß es fast nie eine bloße Übernahme eines fremden Vorbilds geben kann, sondern daß jede Rezeption immer auch eine Implantation eines Grundgedankens in ein eigenes normatives Umfeld und häufig auch in eine andere Rechtskultur enthält. Geht es beim Zugang zum Verfassungsgericht um eine Grundaussage über das Verständnis des Rechtsschutzes, dann ist die Tiefendimension der jeweiligen Rechtskultur unmittelbar involviert, erhebliche Unterschiede zwischen den USA und Deutschland sind vorausgesetzt, Besonderheiten der deutschen Entwicklung nach 1945/49 in Rechnung zu stellen. Wenn gleichwohl im folgenden das US-Vorbild als maßgeblich genommen wird, dann deshalb, weil dort genau

32 Dazu einige Andeutungen unten III. 3.

dasselbe Sachproblem zur Ausbildung des heutigen Verfahrens Anlaß gab und weil genug Spielraum besteht, durch Modifikationen und Einpassungen das Vorbild in die deutsche (Verfassungs-) Rechtslandschaft zu übertragen und dort zu implantieren.

Der U. S. Supreme Court stand schon 1925 vor einem Überlastungsproblem, das dem des Bundesverfassungsgerichts vergleichbar ist. Mehrjährige Rückstände in der Erledigung von Verfahren, die schon lange auch die Tätigkeit des Bundesverfassungsgerichts prägen und einen effektiven Rechtsschutz in vielen Fällen kaum noch als gewährt erscheinen lassen, zwangen zu einer radikalen Reform. Sie bestand in einer Loslösung vom Konzept des individuellen Rechtsschutzes und einer Hinwendung zur Klärung grundsätzlicher Rechtsfragen als vorrangiger Aufgabe des obersten Gerichts.[33] Seit dieser Zeit entscheidet es einen Rechtsstreit nur dann, wenn mindestens vier der neun Richter nach Lektüre eines verfahrenseinleitenden Schriftsatzes der Auffassung sind, daß »besondere und bedeutende Gründe« die Annahme des Falles rechtfertigen. Der Schriftsatz muß binnen einer Frist von 90 Tagen nach Verkündung der angegriffenen Gerichtsentscheidung beim U. S. Supreme Court eingehen, wird allen Richtern zugeleitet (die allerdings regelmäßig Mitarbeiter mit der Lektüre und der Erstellung eines ein- bis zweiseitigen Memorandums zum Gehalt und zur Bedeutung des Falles beauftragen), vom Gericht allerdings nur erörtert, wenn ein Mitglied das wünscht (was nur in 30 % der Verfahren geschieht); finden sich nicht vier Richter, die für eine Annahme votieren, ist das Verfahren beendet, ohne daß der U. S. Supreme Court zur Zulässigkeit oder Begründetheit des Vorbringens Stellung genommen hat.

2. *Die Übertragbarkeit auf Deutschland*

Nach dem Vorbild des U. S. Supreme Court sollte in einer Verfassungsbeschwerde zunächst nur dargelegt werden, welche besonderen und bedeutenden Gründe es rechtfertigen, daß das Bundesverfassungsgericht sich mit dem Verfahren befaßt. Für diese Darlegung könnten Vorgaben in Form und Umfang gemacht werden, die dem

33 Näher dazu Joachim Wieland, *Der Staat* 29 (1990), S. 333 ff. (344 f.); ferner Dieter Umbach, in: ders./Clemens (FN 10), Vor §§ 93 a ff., Rn. 19 ff.

Gericht die Bearbeitung erleichterten. Vertretbar erschiene es, insoweit nicht nur eine Monatsfrist, sondern eine Dreimonatsfrist einzuräumen, um dem Beschwerdeführer genügend Zeit für eine sorgfältige Aufarbeitung des Materials zu geben. Will man auch für anwaltlich nicht vertretene Bürger den Zugang zum Bundesverfassungsgericht offenhalten, ließe sich entweder an die Einführung einer entsprechenden Bezuschussung der Kosten eines Anwalts oder an eine von der Anwaltschaft *pro bono* freiwillig geleistete Unterstützung denken. Der Träger öffentlicher Gewalt, dessen Maßnahme mit der Verfassungsbeschwerde angegriffen wird, sollte innerhalb einer vergleichbaren Zeit die Gelegenheit zur begründeten Darlegung erhalten, ob er die aufgeworfene Rechtsfrage ebenfalls für so bedeutsam hält, daß sie eine Befassung des Bundesverfassungsgerichts rechtfertigt. Auch Form und Umfang dieser Replik könnten den Beteiligten vorgegeben werden.

Nachdem innerhalb des Gerichts die Senatszuständigkeit geklärt worden wäre, würden beide Schriftsätze allen Mitgliedern des zuständigen Senats zugeleitet werden. Gleichzeitig würden die Verfahren auf eine Liste gesetzt, die etwa zwei oder drei Wochen später Grundlage einer Senatsberatung sein sollte. Einige Tage vor dieser Beratung könnte der Senatsvorsitzende den übrigen Mitgliedern des Senats die Verfahren benennen, die er für diskussionswürdig hielte. Die anderen Senatsmitglieder könnten ihnen als erörterungswürdig erscheinende Verfahren hinzufügen. Nach den Erfahrungen des U. S. Supreme Court wäre damit zu rechnen, daß nur etwa 30 % aller Verfahren von einem Senatsmitglied für diskussionswürdig erachtet würden. Nur wenn in der Senatsberatung mindestens drei Richter für eine Annahme der Verfassungsbeschwerde zur Entscheidung stimmten, würde über diese Beschwerde inhaltlich entschieden. In diesem Fall erhielten die Beteiligten die Gelegenheit, die behauptete Grundrechtsverletzung ausführlich zu begründen, und es könnte bei Bedarf eine mündliche Verhandlung stattfinden. Fänden sich keine drei Richter, die für eine Annahme der Verfassungsbeschwerde stimmten, wäre damit nichts über deren Zulässigkeit oder Begründetheit gesagt, sondern nur festgestellt, daß nicht mindestens drei Senatsmitglieder besondere und bedeutende Gründe für eine Erörterung der Verfassungsbeschwerde gesehen hätten. Ließe man abweichende Meinungen im Annahmeverfahren zu, wäre für die Öffentlichkeit erkennbar, welche Fragen mittelfristig möglicherweise auf die Tagesordnung des Senats kommen könnten. Orientiert man sich an dem Arbeitspensum des U. S. Supreme Court, sollte es auch jedem Senat des Bundesverfassungsgerichts möglich sein, nach diesem Verfahren circa 100 Verfassungsbeschwerden pro Jahr inhaltlich zu behandeln. Das wären bedeutend mehr als gegenwärtig.

Wie ließe sich nun ein solches Verfahren gerichtsintern ausgestalten? Fast alle Mitglieder des U. S. Supreme Court bedienen sich zur Unterstützung bei der Auswahl der zu entscheidenden Verfassungsbeschwerden ihrer wissenschaftlichen Mitarbeiter, die zum größeren Teil in einem Pool arbeiten, ihre Auswahlvorschläge also mehreren Richtern zugänglich machen. Die Mitarbeiter sind gehalten, auf einer Seite die einem Fall zugrundeliegenden wesentlichen Tatsachen und die von ihm aufgeworfenen Rechtsfragen darzustellen und einen kurz begründeten Vorschlag für Annahme oder Nichtannahme zu machen. Jeder Richter müßte selbst entscheiden, ob er sich mit der Lektüre der einseitigen Zusammenfassung begnügen oder selbst die Akten zur Kenntnis nehmen wollte. Im Rahmen des Annahmeverfahrens erscheint eine stärkere Mitwirkung der Mitarbeiter vertretbar, weil es nur um einen internen Auswahlprozeß geht, nicht jedoch nach außen wirkende Entscheidungen des Gerichts formuliert werden. Die Frage nach der besonderen Bedeutung eines Falles für die Fortentwicklung und Durchsetzung des Verfassungsrechts läßt sich zudem tendenziell leichter beantworten als die oft diffizilen Zulässigkeits- und Begründetheitsfragen, die gegenwärtig dazu führen, daß selbst nichtbegründete Nichtannahmeentscheidungen auf ausführlichen Voten beruhen, die nur unter großem Arbeitsaufwand von Richtern und Mitarbeitern erstellt werden können. Die Verfassungsrichter erhielten nach diesem Modell das Recht, aber auch die Pflicht zur Auswahl. Die Zugangskontrolle zum Bundesverfassungsgericht, die heute von den Kammern eines Senats ausgeübt wird, würde auf den Senat insgesamt verlagert, der ein umfassendes Bild über die aktuellen Rechtsfragen mit verfassungsrechtlichem Bezug erhielte. Unabhängig von einem etwaigen Proporz in den Kammern und von verfestigten Rechtsmeinungen zu den Gegenständen der sogenannten Kammerrechtsprechung erhielten alle Senatsmitglieder die Möglichkeit, die Agenda ihres Gremiums zu bestimmen.

Zusammengefaßt: Die Bezeichnung als freies Annahmeverfahren bringt das Institut nicht voll zum Ausdruck. Richtig gekennzeichnet ist die Freizeichnung von der Prüfung der Erfolgsaussichten sowie der rechtliche Verzicht auf das Prinzip des Individualrechtsschutzes. Dagegen ist nicht ausreichend und positiv charakterisiert, was denn die Maximen der Annahme sind: Verwiesen wird häufig auf den revisionsrechtlichen Maßstab der grundsätzlichen Bedeutung. Die Entscheidungspraxis des Supreme Court weist aber über diesen zunächst nur objektivrechtlichen Maßstab hinaus. Sie läßt nämlich auch erkennen, daß – selbstverständlich – auch die Bedeutsamkeit für den einzelnen, für seinen Rechtsschutz eine wichtige Rolle spielt: So steht etwa die Rechtsprechung zur Verfassungsmäßigkeit der Todesstrafe seit langem fest; gleichwohl nimmt der Supreme Court immer wieder Anträge von zum Tode Verurteilten an, weil natürlich in diesem Zusammenhang nicht nur die objektive Rechtsfrage, sondern der Rechtsschutz des einzelnen von Bedeutung ist. Man wird deshalb in der Charakterisierung des amerikanischen Modells differenzieren müssen: Rechtlich ist für das Annahmeverfahren eine Loslösung vom Konzept des individuellen Rechtsschutzes kennzeichnend. Das heißt zunächst aber nur, daß sich das Gericht rechtlich keinem Anspruch auf subjektiven Rechtsschutz gegenübersieht. Eine ganz andere Frage ist es, wie das Gericht diese Freiheit tatsächlich ausfüllt. Deshalb ist es nicht ausgeschlossen, sondern im Gegenteil zu beobachten, daß das Gericht in seinem rechtlich freigesetzten Raum eine auch an Rechtsschutzinteressen der einzelnen orientierte Entscheidungspraxis einhält.

3. *Einwände*

Der Vorschlag eines freien Annahmeverfahrens, der schon in der Vergangenheit gemacht worden ist und die Tendenz der Reformen des Verfassungsbeschwerdeverfahrens durchaus beeinflußt hat, sieht sich hauptsächlich dem Einwand gegenüber, er sei mit dem Charakter der Verfassungsbeschwerde als Instrument des Schutzes subjektiver Rechte unvereinbar.[34] Das Recht zur Erhebung der Verfassungsbeschwerde in Art. 93 Abs. 1 Nr. 4 a GG erschöpfe sich nicht in der Möglichkeit, das Verfassungsgericht von der besonde-

34 Christian Sailer, *ZRP* 1977, S. 303, 306 ff.; vgl. auch Benda/Klein (FN 10), Rn. 321; Umbach (FN 33), Rn. 45 ff.

ren Bedeutung einer behaupteten Grundrechtsverletzung überzeugen zu können, sondern gewähre einen Anspruch auf die Entscheidung jeder zulässigen Verfassungsbeschwerde. Auch wenn man, was unvermeidlich erscheint, die verfassungspolitische Dimension einer Verfassungsänderung mit ins Auge faßt, bleibt es die Gretchenfrage der ganzen Reformdiskussion, wie man es mit dem Individualrechtsschutz bei der Verfassungsbeschwerde hält. In der dadurch erforderlichen Grundsatzüberlegung verdienen die folgenden Wesenselemente der Verfassungsbeschwerde festgehalten zu werden: Die Verfassungsbeschwerde in der hier allein interessierenden Form der Urteilsverfassungsbeschwerde

- ist Gerichtsbarkeit nach Durchlaufen eines Instanzenzugs,
- ist Prüfung der Grundrechts- und Verfassungsmäßigkeit einer Maßnahme, nachdem die Fachgerichte auch diese Frage der Grundrechts- und Verfassungsmäßigkeit schon geprüft haben,
- ist Rechtsschutz gegen Rechtsschutzeinrichtungen und deshalb auch Rechtsschutz nach Durchlaufen eines Rechtsschutzes.[35]
- Dementsprechend handelt es sich im Verhältnis zwischen der sogenannten Fachgerichtsbarkeit und dem Bundesverfassungsgericht nicht darum, ob überhaupt (Individual-)Rechtsschutz stattfindet, sondern um eine Arbeitsteilung innerhalb der Gerichtsbarkeit.

Diese Besonderheiten sind im Auge zu behalten; sie konstituieren in einem inhaltlich-qualitativen Sinne das *Außerordentliche* des Rechtsbehelfs der Verfassungsbeschwerde. Diese geläufige Bezeichnung ist weit mehr als eine äußerliche Kategorisierung der Rechtsbehelfe, sie ist im Gegenteil theoretisch gehaltvoll und folgenreich. Das Bundesverfassungsgericht kann gar nichts anderes werden oder sein als eine Superrevisionsinstanz, wenn man den Rechtsschutzcharakter der Verfassungsbeschwerde genauso bestimmt wie den in der Fachgerichtsbarkeit. Wenn dies in der Praxis nicht völlig sichtbar wird, dann liegt dies allein an den inzwischen eingeschliffenen, aber theoretisch unbegründeten Reduktionsmechanismen, die vom Prinzip des strengen Individualrechtsschutzes her illegitim sind.

35 Brun-Otto Bryde, *Verfassungsentwicklung*, 1982, S. 317: »Die Kontrolle von Gerichten durch das BVerfG ist also Kontrolle von Kontrolleuren, Rechtsschutz gegen Rechtsschutzeinrichtungen«; man könnte fortfahren: Es ist individualrechtlicher Rechtsschutz nach einem individualrechtlichen Rechtsschutz. Dazu auch Schlaich (FN 10), Rn. 317 (m. w. N.): Es gehe um die viel weniger brisante Frage einer sinnvollen Arbeitsteilung zwischen den Gerichtsbarkeiten.

Die Gerichtspraxis hat zu hohen und zu immer höheren Zulässigkeitshürden für Verfassungsbeschwerden geführt. Wer heute allein auf der Grundlage des Textes des Bundesverfassungsgerichtsgesetzes eine Verfassungsbeschwerde erhebt, hat wenig Chancen, die Zulässigkeitshürden zu überwinden. Das Gericht setzt die Zulässigkeitsanforderungen als Mittel zur Steuerung seiner Arbeitsbelastung ein. Erwecken die Rechtsvorschriften etwa mit der Bestimmung, daß jedermann auch ohne anwaltschaftliche Vertretung die Verfassungsbeschwerde zum Gericht erheben kann, den Eindruck einer offenen und großzügigen Regelung, so ist das Gericht in der Entscheidungspraxis längst zu einer wohlverbarrikadierten Festung geworden, die zu betreten es hohen professionellen Aufwands bedarf. Verdeckt findet also ein Annahmeverfahren statt, das deutlich freier ist, als §§ 93 a bis 93 d BVerfGG glauben machen. Allein die praktisch gleichbleibende Zahl von Verfassungsbeschwerden, die jährlich jeden Senat erreichen, auch wenn die Zahl der insgesamt eingehenden Verfassungsbeschwerden ständig steigt, muß Zweifel daran erwecken, ob die Annahmeentscheidung tatsächlich entsprechend § 93a Abs. 2 BVerfGG gebunden ist. Das gilt auch dann, wenn man die relativ geringe Zahl der stattgebenden Kammerentscheidungen mitberücksichtigt. Wann einer Verfassungsbeschwerde grundsätzliche verfassungsrechtliche Bedeutung zukommt oder wann ihre Annahme zur Durchsetzung der Grundrechte angezeigt ist, ist kaum je eindeutig zu entscheiden. Beide Tatbestände lassen den Verfassungsrichtern so viel Beurteilungsspielraum, daß streng genommen von einer Gesetzesbindung nur noch sehr eingeschränkt gesprochen werden kann. Tatsächlich ist also das Verfassungsprozeßrecht schon einen großen Teil des Weges zu einem freien Annahmeverfahren gegangen. Zumindest formal bleibt aber ein Anspruch auf Rechtsschutz bestehen, weil § 93 a Abs. 2 BVerfGG bestimmt, daß eine Verfassungsbeschwerde zur Entscheidung anzunehmen *ist*, wenn ihr grundsätzliche verfassungsrechtliche Bedeutung zukommt oder wenn die Annahme zur Durchsetzung der Grundrechte angezeigt ist, etwa weil dem Beschwerdeführer durch die Versagung der Entscheidung zur Sache ein besonders schwerer Nachteil entstünde. Der Pflicht zur Annahme auf seiten des Gerichts entspricht ein Recht auf Annahme auf seiten des Beschwerdeführers. Auch theoretisch ist mit dieser Konstruktion das Prinzip eines Anspruchs auf Rechtsschutz mittels der Verfassungsbeschwerde allerdings nicht mehr streng durchgehalten, weil nicht jede Grundrechtsverletzung zu einem Recht auf Annahme der Verfassungsbeschwerde führt. Eine freie Annahme würde das Verfassungsbeschwerdeverfahren also nicht grundsätzlich verändern, sondern nur eine im gegenwärtigen Recht angelegte Tendenz zu einer generellen Regel ausweiten.

Das Charakteristikum des außerordentlichen Rechtsbehelfs der Verfassungsbeschwerde ließe sich noch bestimmen, wenn der *Prüfungsgegenstand* ein außerordentlicher wäre, wenn nach dem ursprünglichen Verständnis der Verfassungsbeschwerde der Vorwurf der Grundrechtswidrigkeit inhaltlich ein außerordentlicher (vom Vorwurf der Gesetzeswidrigkeit hinreichend unterscheidbarer) Maßstab wäre und das Verfassungsbeschwerdeverfahren von diesem Maßstab her seine Konturen erhielte. Ist dies aber – wie oben hervorgehoben – nicht mehr (ausreichend) der Fall,[36] dann muß das Außerordentliche des Verfahrens der Verfassungsbeschwerde in etwas anderem liegen, will man nicht entgegen allen Vorsätzen doch bei der Verdoppelung des Rechtsschutzes und bei der Etablierung einer Superrevisionsinstanz enden.

Außerordentlich könnte der Rechtsbehelf der Verfassungsbeschwerde deshalb sein, weil er in anderer Weise als die ordentlichen Rechtsmittel Rechtsschutz gewährleistet. Bei einem solchen Ausgangsverständnis wäre der Weg frei für eine Überlegung, auf den Individualrechtsschutzcharakter der Verfassungsbeschwerde

- entweder zu verzichten oder
- ihn inhaltlich anders zu bestimmen, nämlich nicht von einem subjektiven Anspruch des Beschwerdeführers her, sondern in einem institutionellen Sinne als Aufgabe des Verfassungsgerichts.

Der letztere Ansatz soll im einzelnen ausgeführt werden. Er wird hier gegenüber dem ausdrücklichen und völligen Verzicht auf den Individualrechtsschutzcharakter vorgezogen, weil durch diese Alternative das sogenannte freie Annahmeverfahren besser in das deutsche Rechtssystem integriert und implantiert werden kann, als wenn völlig vom Rechtsschutzcharakter Abstand genommen würde. Letzteres ist im übrigen auch in den USA nicht der Fall, wo Rechtsschutzgesichtspunkte bei der Antwort auf die Frage nach »besonderen und bedeutenden Gründen« für die Annahme eines

36 Treffend Fritz Ossenbühl, in: *FS Hans-Peter Ipsen*, 1977, S. 137: Vom materiellen Recht her gibt es »vor einem Abrutschen in eine Superrevision keinen sicheren Halt«.

Verfahrens berücksichtigt werden. Die These der folgenden Überlegungen ist also: Das Außerordentliche der Verfassungsbeschwerde liegt in einer anderen Weise, den Individualrechtsschutz zu verstehen. Wenn dieser Vorschlag – einschließlich der möglicherweise erforderlichen, zumindest aber verfassungspolitisch erwünschten Grundgesetzänderung – nicht konsensfähig ist, dann dürfte nach unserer Meinung nur noch der Weg des ausdrücklichen Verzichts auf jeglichen Individualrechtsschutz durch Verfassungsbeschwerde die Alternative sein.

4. Der Individualrechtsschutz im freien Annahmeverfahren

Die Leitidee des Vorschlags ist, daß Individualrechtsschutz ein Wesensmerkmal der Verfassungsbeschwerde bleibt. Er wird aber nicht mehr als subjektiver Anspruch des einzelnen, sondern als genereller Auftrag und als institutionelle Aufgabe des Bundesverfassungsgerichts verstanden. Neben der objektivrechtlichen Bedeutung der Verfassungsbeschwerde ist es auch eine Aufgabe der Institution Bundesverfassungsgericht, dem Rechtsschutz des einzelnen zu dienen. Erfüllen kann das Gericht diese Aufgabe – selbstverständlich – nur im Rahmen seiner Kapazitätsgrenzen, das heißt nach Auswahlentscheidungen, die sich an dem vom Gericht selbst zu beurteilenden Maßstab orientieren, die Verfassungsbeschwerden zur Entscheidung anzunehmen, die für den Rechtsschutz und den Grundrechtsschutz der einzelnen bedeutsam und wichtig sind. Kriterium wären also nicht mehr wie in der derzeitigen Entscheidungspraxis die – immer nur nach einer Sachprüfung zu beurteilenden – Erfolgsaussichten der Beschwerde, sondern die Bedeutsamkeit für den individuellen Rechtsschutz.[37] Individualrechtsschutz nicht als subjektives Recht des einzelnen, sondern als objektiven Auftrag des Gerichts zu verstehen schließt natürlich eine Reduktion des Angezielten mit ein. Dies offen auszusprechen und offensiv für vertretbar und begründbar zu halten erscheint deshalb berechtigt, weil – wie nochmals erwähnt werden muß – Individualrechtsschutz und Grundrechtsschutz schon vor der Verfassungsbe-

37 Diese Bedeutsamkeit für den individuellen Rechtsschutz geht nicht in der daneben noch bestehenden objektiven Bedeutung der Verfassungsbeschwerde auf, die nach der grundsätzlichen Bedeutung des Falles und der zu entscheidenden Frage für die objektive Rechtsordnung fragt.

schwerde bei den Gerichten gewährt wurde. Nach 45 Jahren Grundrechtsjudikatur der Gerichte ist das grundsätzlich richtige Verständnis der Grundrechte gewiß vorhanden, zeigt die große Fülle der erfolglosen Verfassungsbeschwerden doch, daß nach dem Grundrechtschutz durch die Fachgerichte nicht noch massenhaft Korrekturen vorgenommen werden müssen. In dieser Situation kann man die Entscheidung darüber, ob in einem konkreten Fall eine Befassung gerade des Bundesverfassungsgerichts zum Schutz der Grundrechte erforderlich erscheint, dem Gericht selbst überlassen, das sich an seinem rechtlich nicht im einzelnen weiter ausformulierten allgemeinen Schutzauftrag zu orientieren hat. Dies bedeutet, daß es die objektive Aufgabe des Gerichts ist, Individualrechtsschutz dort und insoweit zu gewähren, wie es das Gericht für die Durchsetzung der Grundrechte für wichtig hält. Unerläßlich erscheint eine Auswahl der Rechtsschutzbegehren nach Kriterien der Bedeutsamkeit für den einzelnen und für die Gesamtheit der einzelnen, nach der Nähe zu zentralen grundrechtlichen Fragen. Diese Nähe aber, diese Charakterisierung einer Streitsache als wesentlich für den Grundrechtsschutz der einzelnen läßt sich nicht vorneweg inhaltlich, materiell bestimmen. Diese Frage kann und sollte der Beurteilung der Richter und Richterinnen überlassen bleiben. Die notwendige Konsequenz daraus ist: Das Auswahlverfahren muß so organisiert werden, daß alle Richter und Richterinnen eines Senats daran teilnehmen.

Das Modell verpflichtet das Gericht auf Individualrechtsschutz dem Grunde nach. Es überläßt es aber dem Gericht, selbst zu entscheiden, in welchen Fällen es für die Durchsetzung der Grundrechte erforderlich ist, den außerordentlichen Rechtsbehelf der Verfassungsbeschwerde zuzulassen. Das Modell verzichtet damit darauf, die Annahmeentscheidungen des Gerichts normativ im einzelnen binden zu wollen, sondern überläßt es dem Gericht, das als besonderes Verfassungsgericht und besonderes Gericht zum Schutze der Grundrechte eingerichtet worden ist, in eigener Verantwortung festzulegen, was und wieviel es im Rahmen seiner Kapazität zur Durchsetzung der Grundrechte für erforderlich hält. Dieser Verzicht auf normative Maßstäbe bei der Annahmeentscheidung sollte um so leichter fallen, als es sich schließlich beim Bundesverfassungsgericht um die Spitze der Gerichtsbarkeit handelt, die als solche sowieso nicht mehr gerichtlich kontrolliert werden kann. Bei dieser in jeder Rechtsordnung aus sachlogischen Gründen vorhandenen letzten Instanz ist es immer ein Stück weit müßig, normative Maßstäbe aufstellen zu wollen – schließlich entscheidet das dadurch zu bindende Gericht selbst kontrollfrei über die Auslegung und Anwendung der Maßstäbe. Bei der letzten Instanz sollte man statt dessen konsequent sein: Das Bundesverfassungsgericht ist eingerichtet, weil sich auf dieses besondere und zahlenmäßig exklusive Gericht das Vertrauen richtet, daß es die Verfassung und die Grundrechte in besonderer Weise schützt. Dieses Gericht lebt von dem Vertrauen, das man ihm als Institution entgegenbringt und das es sich durch seine Spruchtätigkeit verdient – mehr ist in rechtlichen Dingen nicht zu erreichen. Dies ist jedoch, wenn man die Rechtssprechungsgeschichte des Bundesverfassungsgerichts bilanziert, gewiß genug.

Verfassungsrechtlicher und politischer Ausgangspunkt aller weiteren Überlegungen ist das Verständnis der Verfassungsbeschwerde als außerordentlicher Rechtsbehelf. Der dogmatisch-systematische Gehalt dieses anerkannten und häufig zitierten Satzes ist noch nicht ausreichend entfaltet. Es kann nicht oft genug betont werden, daß mit der Verfassungsbeschwerde der Rechtsschutz nicht beginnt, sondern durch sie nach vollem Rechtsschutz ein weiterer außerordentlicher Rechtsschutz hinzukommt. Verfassungsbeschwerde als Rechtsschutz nach durchlaufenem Rechtsschutz, richterliche Kontrolle von Gerichtskontrolle und subjektiver Rechtsschutz nach durchlaufenem subjektiven Rechtsschutz – all diese Wesenselemente der Verfassungsbeschwerde müssen eine besondere und eigengeartete Aufgabe im Gesamtensemble des Rechtsschutzsystems konstituieren, sonst würde der außerordentliche Rechtsbehelf nur zu einer Wiederholung führen. Es muß eine sinnvolle Arbeitsteilung zwischen Fachgerichten und Bundesverfassungsgericht auch unter den Bedingungen der theoretischen Ununterscheidbarkeit von einfachem und vorrangigem Verfassungsrecht und dadurch bewirkter (Über-)Fülle von an sich zulässigen Verfassungsbeschwerden definiert und bestimmt werden. Die Fachgerichte haben ihrerseits schon alle Pflichten und Kompetenzen zur Beachtung der Grundrechte des einzelnen gehabt. Wenn es noch eine weitere Instanz, das Bundesverfassungsgericht mit der Verfassungsbeschwerde gibt, dann kann dessen Funktion sinnvollerweise nur im Hinblick auf den bereits stattgefundenen Grundrechts- und Individualrechtsschutz bestimmt werden. Auch wenn im vorliegenden Zusammenhang das Interesse auf den Individualrechtsschutz gerichtet ist, so darf das Denken nicht nur auf eine Zweier-Konstellation: einzelner Rechtsschutzsuchender–Bundesverfassungsgericht gerichtet sein (und in dieser Konstellation um eine Maximierung des Individualrechtsschutzes bemüht sein), sondern es gilt, die kompliziertere Figur zu beachten: einzelner Rechtsschutzsuchender–Fachgerichte–Bundesverfassungsgericht. In dieser Konstellation kann und sollte man die Aufgabe des Bundesverfassungsgerichts darin sehen, daß es für die Beachtung der Grundrechte in der Rechtsprechung der Fachgerichte sorgt. Indem das Bundesverfassungsgericht in einem Anlaßfall für diese Beachtung der Grundrechte in korrigierender oder bestätigender Weise die Entscheidungen der Fachgerichte überprüft, wird Grundrechts- und Individualrechtsschutz unmittelbar für den einzelnen Beschwerdeführer, zugleich aber auch mittelbar und indirekt für eine Vielzahl ähnlicher Fälle gegeben. Zutreffend beschreibt Schlaich den Auftrag des Bundesverfassungsgerichts dahingehend, daß es »den anderen Gerichten zu einer optimalen Verwirklichung der Grundrechte« verhilft.[38] Indem es dies in einzelnen Entscheidungen auf den außerordentlichen Rechtsbehelf der Verfassungsbeschwerde hin tut, hat es für Individualrechtsschutz im ganzen Wichtiges bewirkt. Für die rechtsdogmatische Konstruktion und Begründung dieses Modells ist die Einsicht wichtig, daß Art. 1 Abs. 3 und 19 Abs. 4 GG nicht zu einer Einbeziehung der Verfassungsbeschwerde in die Justizgewährpflicht des Staates zwingen.[39] Auch im Hinblick auf die Grundrechte sind es die Fachgerichte, die die generelle Justizgewährpflicht erfüllen. Der Auftrag des Bundesverfassungsgerichts ist demgegenüber ein spezieller, nämlich der, »den anderen Gerichten zu einer optimalen Verwirklichung der Grundrechte zu verhelfen«.[40] In der Art, wie diese Aufgabe des Bundesverfassungsgerichts interpretiert wird, eröffnen sich die relevanten Alternativen.

In der Tradition subjektiven Rechtsschutzverständnisses, das in Deutschland typisch geworden ist, wurde diese Aufgabe des Bun-

38 Schlaich (FN 10), Rn. 267 mit Verweis auf BVerfGE 62, 230 (243); treffend auch die weiteren Ausführungen.

39 So Schlaich (FN 10), Rn. 266: »Die Justizgewähr auf dem Gebiet der Grundrechte ist Sache der Gerichte (einschließlich ihrer Vorlagepflicht nach Art. 100 GG); durch sie sind die Grundrechte voll rechtsschutzbewehrt«; vgl. auch Rn. 194.

40 Schlaich (FN 10), Rn. 267.

desverfassungsgerichts bislang verbunden mit einem subjektiven Anspruch des einzelnen auf Rechtsschutz mittels Verfassungsbeschwerde. Man kann sie aber auch als objektiven (objektiv-rechtlichen) Auftrag des Gerichts interpretieren. Es hat dann nach diesem alternativen Verständnis immer noch die Aufgabe, die Beachtung der Grundrechte durch die Gerichte sicherzustellen. Und dieser Auftrag umfaßt auch generell die Zielrichtung, für den notwendigen Individualrechtsschutz zu sorgen. Aber wie dies im einzelnen geschieht, bei welchen Verfassungsbeschwerden das Gericht eine Überprüfung erforderlich hält, ist nicht mehr im einzelnen rechtlich geregelt, es ist insbesondere nicht im Sinne eines Zugangsrechts des einzelnen geregelt. Bei dieser Neuinterpretation braucht das Prinzip der Doppelfunktion der Verfassungsbeschwerde nicht zugunsten eines allein auf die Grundsätzlichkeit der Rechtsfrage abstellenden Verständnisses verkürzt zu werden. Als Mittelweg, den zu diskutieren es sich lohnt, bleibt es, den Individualrechtsschutzcharakter des außerordentlichen Rechtsbehelfs der Verfassungsbeschwerde im beschriebenen institutionellen Sinne als Aufgabe des Gerichts zu bestimmen. Damit wird zugleich Raum und Zeit frei, um viel mehr als bisher der richtigen Maxime »Qualität vor Quantität« gerade bei den Verfassungsbeschwerden gerecht zu werden. Dies alles diente dem eigentlichen Reformziel bei den Urteilsverfassungsbeschwerden, mehr Zeit zu haben für die Erfüllung der spezifischen Aufgabe, Rechtsfragen von grundsätzlich verfassungsrechtlicher Bedeutung zu behandeln und ihre Lösung vorwärtszubringen.

Auch beim hier vorgeschlagenen Modell bleiben wichtige Elemente des Individualrechtsschutzes dem Grunde nach erhalten. Zu nennen ist besonders die Offenheit des Zugangs. Gegenüber dem heutigen Zustand, bei dem das Gericht einer wohlverbarrikadierten Bastion gleicht, kann hier sogar das ursprünglich intendierte Konzept des möglichst freien und offenen Zugangs wiederhergestellt werden, wenn hinterher das offene und ausdrückliche freie Annahmeverfahren kommt. Dann kann in seinem Rahmen über den entscheidenden Zugang durch die Richter selbst (und nicht faktisch über die Hilfskräfte) entschieden werden. Beim vorgeschlagenen freien Annahmeverfahren wird natürlich der einzelne Beschwerdeführer ein Stück weit zum Auslöser von generellen Überlegungen funktionalisiert – aber immerhin von Erwägungen des Gerichts, dem gerade der Schutz der Grundrechte speziell anvertraut ist.

Trotzdem bleibt der Zugang zum Bundesverfassungsgericht individualrechtlich geordnet, und zwar deshalb, weil jeder einzelne ungefiltert die Beschwerde einlegen kann und weil – dies ist ein wichtiger Vorzug der vorgeschlagenen Lösung – sein Antrag bei allen Verfassungsrichtern eines Senats (und nicht nur bei Hilfskräften oder Hilfsrichtern) landet. Gleichzeitig werden die begrenzten Kapazitäten des Bundesverfassungsgerichts sinnvoll eingesetzt, Verfassungsrechtsprechung wird als knappes Gut behandelt, das so effizient wie möglich genutzt werden muß. Wer aber könnte besser über die optimale Nutzung des knappen Gutes Verfassungsrechtsprechung disponieren als die Mitglieder des Gerichts, die dieses Gut durch ihre Arbeit erzeugen?

7. Reform des Bundesverfassungsgerichts?*

I. Reform von Institutionen

1. Die Seltenheit der Reform von Verfassungsinstitutionen

Das Bundesverfassungsgericht wird aus Anlaß seines 50jährigen Bestehens zu Recht als tragende Verfassungsinstitution der Bundesrepublik positiv gewürdigt. Den Grundton dafür hat bereits vor zwei Jahren anläßlich des 50jährigen Jubiläums des Grundgesetzes Michel Fromont mit seiner Bemerkung angestimmt: »Das Bundesverfassungsgericht ist die einzige völlige Neuschöpfung des Grundgesetzes. Es ist auch die auf der ganzen Welt wohl bekannteste deutsche Einrichtung.«[1] Aber keine Institution ist so vollkommen, daß sich nicht auch für sie das Reformthema stellte. Ein nicht nur, aber auch der Rückschau dienendes Jubiläum bietet einen guten Grund, die vorgebrachten Reformvorschläge zu bilanzieren und ihre Berechtigung zu prüfen. Dabei gilt es von Anfang an, sich des adäquaten und strengen Maßstabes für die Notwendigkeit institutioneller Reformen bewußt zu sein. Kritik an einzelnen Entscheidungen oder an Entscheidungsketten des Gerichts gibt es – natürlich – häufig. Dies reicht aber nicht aus, um einen grundsätzlichen Reformbedarf zu begründen, ebensowenig wie dies der ein oder andere plausible Veränderungsvorschlag vermag. Von einer Reform, die diesen Namen verdient, kann nur gesprochen werden, wenn die *typusprägenden Merkmale* der Institution und damit diese selbst sich verändern.[2] Und Reformen benötigen mehr als einen kalendarischen Anlaß, sie erfordern starke Herausforderungen und überzeugende Gründe.

* Frau Wiss. Assistentin Katrin Hölting danke ich sehr für ihre vielfältige Hilfe.

1 Michel Fromont, »Das Bundesverfassungsgericht aus französischer Sicht«, *DÖV* 1999, S. 493.

2 Grundsätzliche Überlegungen zu Reformen und zur Reformierbarkeit staatlicher Institutionen finden sich in den Vorträgen und Diskussionen im Symposium für Kurt Eichenberger: Georg Müller/René Rhinow/Gerhart Schmid/Reiner Schweizer/Luzius Wildhaber (Hg.), *Zur Funktion des Rechts für die Reform staatlicher Institutionen,* 1993; darin insb. Dietrich Schindler, S. 13 ff., Ernst-Wolfgang Böckenförde, S. 45 ff., Jean-François Aubert, S. 25 ff.

Besonders hohe Hürden für Reformen gelten für Institutionen, weil deren Reformierbarkeit eigenen Gesetzen folgt und spezifische Schwierigkeiten in sich trägt. Institutionen stabilisieren Verhaltenserwartungen in starker Weise, sie bilden gefestigte Organisationsstrukturen aus. Deswegen setzen sie Änderungsverlangen einen natürlichen und erwartbaren Widerstand entgegen. Ein Reformwille, der sich gegenüber dieser eigentümlichen Beharrungskraft der Institution durchsetzen will, muß seinerseits eine erhebliche Durchsetzungskraft, beträchtliche Sachnotwendigkeiten und zwingende Gründe (und nicht nur vernünftige Alternativen) für sich in Anspruch nehmen können. Erfolgreiche Reformen von Institutionen verlangen eine (verfassungs)politische »Bewegung« und ein stimmiges (politisches) Umfeld. Verstärkt gelten diese besonderen Anforderungen für die *Reform von Verfassungsorganen*, die, vom Verfassungsgeber geschaffen, nur im Wege der voraussetzungsvollen Verfassungsänderung modifiziert werden können. Alle Verfassungsorgane der Bundesrepublik zeichnen sich durch eine hohe Änderungsresistenz aus. In den vergangenen 50 Jahren sind weder Bundestag oder Bundesrat noch das Amt des Bundespräsidenten oder die Bundesregierung reformiert worden. Das Feld für Reformen im Grundgesetz war und ist das Kompetenzgefüge des Bundesstaats.[3] Hohe Änderungsresistenz weisen auch die Verfassungsorgane in anderen Verfassungsstaaten auf; auch dort wird man in den letzten 50 Jahren – außerhalb von Zeiten des Umbruchs – nur auf ganz wenige Beispiele stoßen.

2. *Fremdreform und Selbstreform*

Vor diesem Hintergrund kann man füglich bezweifeln, daß für eine Reform des Bundesverfassungsgerichts die erforderliche verfassungspolitische »Bewegung« vorhanden ist; nicht einmal in der Fachliteratur und nicht einmal bei aufgeregten Diskussionen nach umstrittenen Urteilen ist insofern eine maßgebliche Strömung wahrnehmbar. Der gleichwohl selbstverständlich zu verzeichnende

3 Sowie die Verfassungsergänzungen im Hinblick auf die Streitkräfte und den Notstand. Umfassend zu den Verfassungsänderungen Hasso Hofmann, »Die Entwicklung des Grundgesetzes nach 1949«, in: *HStR* I 1987, § 7.

Wandel in der Verfassungsgerichtsbarkeit der letzten 50 Jahre ist gar nicht oder nur in geringem Maße von außen, im Wege der Fremdreform hervorgerufen worden. Institutionen blocken kleine und mittlere Wellen der Kritik ab. Aber eine funktionierende Institution verwandelt (einen Teil der) Fremdkritik in »freiwillige« Eigenreform um und erspart sich so auf längere Frist die Fremdreform.

Die Selbstreform ist zudem im Kern jeder Gerichtsbarkeit – bei der Rechtsprechung und den Interpretationstraditionen – der einzige Weg der Veränderung. Auslegungsmethoden und Grundrechtsdogmatiken kann auch der verfassungsändernde Gesetzgeber nicht festlegen. Weichenstellungen wie etwa das Lüth-Urteil könnte nur das Gericht, das sie vollzogen hat, wieder umkehren.[4] Kritik von außen kann nur *mittelbar* wirken, indem sie zu Selbstkritik und Selbstreform führt. Deshalb ist in zentralen Fragen die (meist von außen angestoßene) Selbstreform die eigentliche und wichtige Variante der Reform der Verfassungsgerichtsbarkeit.

II. Reformbedürftigkeit der typusprägenden Merkmale des Bundesverfassungsgerichts im Rechtsvergleich

Bedeutet Reform im Unterschied zur bloßen Änderung die Neubestimmung der grundlegenden und typusbestimmenden Merkmale einer Institution, so ist es unerläßlich, sich zunächst der maßgeblichen *Bauelemente der Institution* Bundesverfassungsgericht im Überblick[5] zu vergewissern. Je stärker nämlich ein Merkmal typusbestimmend ist, desto eher wäre seine Veränderung eine tiefergehende Reform und desto eher würde auch der Vorschlag als Versuch empfunden, ein »anderes Gericht« schaffen zu wollen.

4 Das Gericht ist deshalb, was Vorverständnis, Methodenwahl, expansive Grundrechtstheorie und Zugriffswillen auf die inhaltliche Beurteilung der angenommenen Fälle betrifft, eine wohlabgeschirmte Bastion.

5 Im Hinblick auf die umfangreiche und kaum mehr zu überblickende Literatur zur Institution und zu den Verfahrensarten des Bundesverfassungsgerichts ist auf die gut ausgewählte Zusammenstellung von Andreas Voßkuhle, in: Hermann v. Mangoldt/Friedrich Klein/Christian Starck (Hg.), *Grundgesetz,* Bd. III, Art. 93 Rn. 206-211, zu verweisen.

1. Typusbestimmende Merkmale der deutschen Verfassungsgerichtsbarkeit

Im internationalen Vergleich und nach herrschender Auffassung in der deutschen Staatsrechtslehre sind die folgenden Merkmale für das Bundesverfassungsgericht typusprägend:

(1) An erster Stelle ist die *institutionelle Selbständigkeit* des Bundesverfassungsgerichts[6] neben – oder richtiger – über den obersten Fachgerichten zu nennen. Das Gericht gehört[7] damit zum österreichischen Typ der verselbständigten Verfassungsgerichtsbarkeit,[8] im Unterschied zum US-amerikanischen Modell einer in das Oberste Bundesgericht integrierten Verfassungsgerichtsbarkeit.[9] Diese organisatorisch-institutionelle Eigenständigkeit prädestiniert das Bundesverfassungsgericht für die beiden traditionellen Verfahrensarten eines Staatsgerichtshofes, den Organstreit und die Bund-Länder-Streitigkeiten; sie erleichtert auch die Einführung einer Urteilsverfassungsbeschwerde.

(2) Wegen seiner institutionellen Verselbständigung ist das Bundesverfassungsgericht aus dem Zusammenhang der Gerichtsbarkeiten in einem Maße herausgehoben und in eine Sonderrolle hineingestellt, daß eine Qualifikation als *Verfassungsorgan* erwägenswert wird, wie sie § 1 BVerfGG – unter dem Beifall der Lehre – zum Ausdruck bringt. Diese im internationalen Vergleich wohl wenige Parallelen findende Formel stellt das Gericht explizit in den Kontext der Verfassungsorgane, damit auch in eine dezidierte Nähe zu den politischen Organen. Sie ist deshalb proble-

6 Dazu Peter Häberle, »Das Bundesverfassungsgericht als Muster einer selbständigen Verfassungsgerichtsbarkeit«, in: *Festschrift BVerfG*, 2001, Bd. 1, S. 311.

7 Zu der neuerdings üblich gewordenen Unterscheidung von zwei Typen Ernst-Wolfgang Böckenförde, »Verfassungsgerichtsbarkeit: Strukturfragen, Organisation, Legitimation«, *NJW* 1999, S. 9 ff.; Joachim Wieland, in: Horst Dreier (Hg.), *Grundgesetz*, Art. 93, Rn. 26 ff.; Voßkuhle (FN 5), Rn. 14 ff. (Einheits- und Trennungsmodell).

8 So auch Belgien, Frankreich, Griechenland, Italien, Liechtenstein, Spanien, Polen, Portugal, Türkei, Ungarn, Tschechien und Rußland. Texte der Verfassungen bei Horst Dreier, unter www.uni-wuerzburg.de/law/index.html.

9 So auch Australien, Kanada, Indien, Irland, Schweiz, Skandinavien; Texte vgl. FN 8.

matischer, als es die ständige affirmative Zitierung vermuten lassen könnte.[10]

(3) Breite Anerkennung hat die Charakterisierung gefunden, daß das Bundesverfassungsgericht *sehr weite* – man ist geneigt zu sagen, die denkbar *weitesten – Zuständigkeiten* erhalten hat.[11] Sie erfassen *alle* verfassungsrechtlichen Rechtskreise, und die Rechtsprechung hat beinahe alle kräftig mit Leben erfüllt. Hervorhebung verdienen auch die inhaltlichen Charakteristika der Verfahrensarten; das Bundesverfassungsgericht entscheidet

- mit der *Verfassungsbeschwerde* in einer in hohem Maße bürgerbezogenen Verfahrensart, dabei mit der *Urteilsverfassungsbeschwerde* in einer in die gesamte Rechtsordnung und in alle Gerichtsbarkeiten tief hineinwirkenden Verfahrensart;[12]
- mit dem *Organstreit* in einer in die spezifischen politischen Konflikte zwischen den obersten Verfassungsorganen hineinführenden Verfahrensart;
- mit der *Normenkontrolle* in einer Verfahrensart, die das Gericht unmittelbar mit dem Gesetzgeber konfrontiert und das vom Parlament, dem demokratischen Hauptorgan, beschlossene Gesetz zum einzigen Entscheidungsgegenstand macht;
- mit dem *Bund-Länder-Streit* über eine das Bundesstaatsverhältnis judifizierende Verfahrensart.

(4) Das Bundesverfassungsgericht hat nicht nur umfassende Zuständigkeiten, es entscheidet als »*Arbeitsgericht*« in einer sehr großen Zahl von Fällen mit Interpretationen, die das Verfassungsrecht ausdehnen und inhaltlich anreichern. Die Folge ist

10 Kritisch zur Qualifizierung des Gerichts als Verfassungsorgan Friedrich Schoch/Rainer Wahl, »Einstweilige Anordnung des Bundesverfassungsgerichts in außenpolitischen Angelegenheiten«, in: *FS Benda*, 1995, S. 265, 284, FN 62; Voßkuhle (FN 5), Art. 93, Rn. 28 (kein eigenständiger Kompetenztitel), Rn. 19 (Betonung, daß das Gericht Teil der rechtsprechenden Gewalt ist). Siehe auch Klaus Schlaich, *Das Bundesverfassungsgericht*, 4. Aufl. 1997, Rn. 30-35.

11 Es fehlt allein die Popularklage, die aber in Ungarn, wo es sie gibt, besondere Überlastungsprobleme schafft, so daß man ihr Fehlen nicht als Mangel bezeichnen kann, dazu Georg Brunner, »Die neue Verfassungsgerichtsbarkeit in Ungarn«, in: *FS Klaus Stern*, 1997, S. 1041, 1052, 1056.

12 Dies führt zur Alltäglichkeit des verfassungsgerichtlichen Schutzes und der Verfassungsgerichtsbarkeit, dazu Rainer Wahl/Frank Rottmann, in: Werner Conze/M. Rainer Lepsius (Hg.), *Sozialgeschichte der Bundesrepublik Deutschland*, 1983, S. 339, S. 345 ff.

ein ständig anwachsender Gehalt des vorrangigen Verfassungsrechts und ein großer Maßstabsreichtum. Beides geht notwendigerweise auf Kosten der Gestaltungsspielräume des Gesetzgebers und führt zu einer wachsenden Konstitutionalisierung des Gesetzesrechts.[13] Dieses Konzept der Durchdringung des »einfachen« Rechts durch das Verfassungsrecht, in erster Linie die Grundrechte, ist eine Singularität der deutschen Rechtsordnung.[14] Es liegt auf der Hand, daß ein solches Verständnis ambivalent ist und »Folgekosten« hat.

(5) Typusbestimmend für das Bundesverfassungsgericht sind nicht nur die geschilderten Merkmale als solche, sondern noch wichtiger ist deren *Kombination.* Deshalb liegt die eigentliche Besonderheit der deutschen Verfassungsgerichtsbarkeit in der *Verbindung von institutioneller Selbständigkeit mit der Urteilsverfassungsbeschwerde und dem Organstreit.* Die institutionelle Verselbständigung des Verfassungsgerichts erhält mit der Urteilsverfassungsbeschwerde erst ihre eigentliche Krönung.[15] Deshalb übersteigt das deutsche Modell das Vorbild des österreichischen Verfassungsgerichtshofs beträchtlich; es bildet einen eigenen Typ. Das Bundesverfassungsgericht hat – als weiteres Kennzeichen – mit dem Organstreit und der Normenkontrolle alle relevanten Rechtsprechungsaufgaben im originär *politischen Bereich.*

Nicht typusbestimmend ist dagegen die Arbeitsbelastung des Bundesverfassungsgerichts, wie die fast durchgehend vergleichbare Situation bei vielen Höchstgerichten zeigt (dazu III. 4.).

13 Der Begriff bei Martin Schulte, »Zur Lage und Entwicklung der Verfassungsgerichtsbarkeit«, *DVBl.* 1996, S. 1099, 1011, kennzeichnet den bisher Verfassungsabhängigkeit des Gesetzesrechts genannten Sachverhalt. Die dazu geführte ausführliche Diskussion ist jüngst zusammengefaßt worden von Gunnar Folke Schuppert/Christian Bumke, *Die Konstitutionalisierung der Rechtsordnung*, 2000.

14 So ist schon fraglich, ob der Begriff des »einfachen« Rechts in anderen Rechtsordnungen gebraucht und überhaupt vorstellbar ist.

15 Durch die Urteilsverfassungsbeschwerde werden die obersten Fachgerichte dem Bundesverfassungsgericht definitiv untergeordnet; sie erleben das über ihnen bestehende höchste Gericht als eines, das ihre Urteile kontrolliert und zuweilen aufhebt. Erst mit der Urteilsverfassungsbeschwerde, deren Voraussetzung die institutionelle Verselbständigung des Verfassungsgerichts gegenüber den Fachgerichten ist, gelangt das Verfassungsgericht definitiv an die Spitze des Aufbaus der Gerichtsbarkeiten.

2. *Umfang der Verfahrensarten im Rechtsvergleich*

Die umfassende Ausstattung des Bundesverfassungsgerichts mit Verfahrensarten wird von den meisten anderen Verfassungsgerichten nicht erreicht.[16] Es fehlt in der bisherigen Literatur eine geschlossene Darstellung der in den einzelnen Ländern vorhandenen Ausstattung der Verfassungsgerichtsbarkeit mit Verfahrensarten; sie kann hier aus Raumgründen nicht gegeben werden,[17] einige Feststellungen müssen genügen. Über einen vergleichbaren, umfassenden Katalog an Verfahrensarten verfügt nur der ungarische Verfassungsgerichtshof, von dem Gerhard Brunner sagt, daß das Verfassungsgericht in Ungarn »gegenwärtig wohl als das mächtigste und aktivste Exemplar seiner Art in der ganzen Welt bezeichnet werden kann«.[18] Weitgehend ähnliche Kompetenzen wie das Bundesverfassungsgericht hat der spanische Tribunal Constitucional, wobei hier offenbleiben muß, ob die Zuständigkeiten in Organstreitigkeiten (in Spanien wie in Italien) in der Praxis so bedeutsam sind wie in der Bundesrepublik.[19] Der Organstreit fehlt regelmäßig bei Verfassungsgerichten, die in die Gerichtsbarkeit integriert sind, wie vor allem in den USA, der Schweiz und daneben auch in Frankreich.[20] In Österreich fehlt die wichtige Urteilsverfassungsbeschwerde, in Frankreich fehlt die Verfassungsbeschwerde gänzlich. In Italien übernimmt eine großzügig gehandhabte konkrete Normenkontrolle weithin die Funktion der Verfassungsbeschwerde. Ein Grunderfordernis einer jeden Verfassungsgerichtsbarkeit ist das Vorhandensein eines Verfahrens, in dem die Verfassungsmäßigkeit von Gesetzen überprüft werden kann; ein solches Verfahren gibt es deshalb auch überall.

16 In anderen Ländern findet man nichts, jedenfalls nichts Gravierendes, was dem Gericht noch zusätzlich an Aufgaben übertragen werden könnte.

17 Dazu Christian Tomuschat, »Das Bundesverfassungsgericht im Vergleich mit der Verfassungsgerichtsbarkeit des Auslands«, in: *FS BVerfG*, 2001, Bd. 1, S. 245.

18 Georg Brunner, »Die neue Verfassungsgerichtsbarkeit in Osteuropa«, *ZaöRV* 53, 1993, S. 819, 827; vgl. auch ders. (FN 11), S. 41 ff.

19 In den Ländern, die den Organstreit kennen, gibt es beträchtliche Unterschiede, insb. in der praktischen Bedeutung; der Hauptgrund dafür ist die jeweilige Regelung der Antragsberechtigung; fehlen die Parteien und Fraktionen, dann entfallen automatisch eine ganze Reihe von Streitfälle.

20 Als Spezialfall eines Organstreites mag man es ansehen, daß in Frankreich die Abgrenzung zwischen der Gesetzgebungsbefugnis des Parlaments und der Ver-

3. Der Alternativenreichtum der Verfassungsgerichtsbarkeit und die Pfadabhängigkeit der Entwicklung eines Landes

Der Alternativenreichtum der Verfassungsgerichtsbarkeit als solcher ist ein wichtiges Ausgangsdatum für die Verfassungsvergleichung. Er ist aber als solcher kein hinreichender Grund für eine praxisrelevante Reformdebatte. Sonst müßte es angesichts der bestehenden Systemalternativen ständige und dabei zirkulär verlaufende Reformdiskurse geben. Aus gutem Grund gibt es in jedem Verfassungssystem eine beträchtliche *Pfadabhängigkeit* beziehungsweise *-treue* der Entwicklung. Man führt zu Recht keine Dauerdiskussion über einen Pfadwechsel; tatsächlich ist auch in keinem Staat ein Systemwechsel vorgenommen worden, es fehlten die ganz schwerwiegende Gründe, die dazu erforderlich gewesen wären.

Die – mehr als bisher notwendige – Verfassungsvergleichung[21] hat deshalb eine andere Funktion als die Vorbereitung eines großen Systemwechsels oder einer großen Entweder-oder-Entscheidung. Sie ist einmal eine Erkenntnismethode für das eigene Recht, indem sie im Spiegel des Vergleichs tiefer und besser über die Eigenarten des eigenen Konzepts orientiert. Zum anderen kann gerade auch die Kenntnis von grundsätzlichen Systemalternativen wichtige Anregungen zu pfadimmanenten Modifikationen vermitteln, die in einer auf Praxisrelevanz ausgehenden Reformdebatte primär interessieren. Rechtsvergleichung orientiert auch über die Abstände, die zwischen verschiedenen Rechtsordnungen im ganzen und bei Einzelfragen bestehen. Wenn – wie so oft – gute Gründe für die Beibehaltung des bisherigen Pfads sprechen, dann kann es dennoch gute und wichtige Gründe zur Verkleinerung des Abstands zwischen den verschiedenen Pfaden geben. Dies allein ist die maßgebliche Ausgangsfrage für eine Reformdebatte über die deutsche Verfassungsgerichtsbarkeit im Lichte der Alternativen in anderen Ländern.[22]

ordnungskompetenz der Regierung Gegenstand einer besonderen und zugleich wichtigen Verfahrensart ist.

21 Zur Verfassungsvergleichung in mehreren Stufen Rainer Wahl, »Verfassungsvergleichung als Kulturvergleichung«, in: *FS Quaritsch*, 2000, S. 163 ff., in diesem Band S. 96, 98 ff.

22 Dazu im Hinblick auf den Grad der Verrechtlichung näher unten IV.

III. Die Reform von außen

1. Die Kritik: Ein Zuviel an Verfassungsgerichtsbarkeit

Vor Reformvorschlägen steht logisch die Kritik am Bestehenden. Sie ist – abgesehen von der immer notwendigen wissenschaftlichen Grundlagenreflexion – sehr häufig anlaß- und ergebnisbezogen; diese Art von Kritik hat, wie der Rückblick zeigt, oft eine kurze Verfallszeit.[23] Grundsätzlichere Änderungsvorschläge entzünden sich zumeist an den beiden Hauptkonfliktlinien des Gerichts, an seinem Verhältnis zum politischen Gesetzgeber und an seinem Verhältnis zur Fachgerichtsbarkeit.[24] Die Geschichte der Kritik am Bundesverfassungsgericht braucht hier nicht noch einmal nachgezeichnet zu werden. Es gibt materialreiche Darstellungen über die Konfliktlinie zwischen Gericht und Politik in der »Kleine[n] Streitgeschichte zwischen Bonn und Karlsruhe« von Richard Häußler[25] und zum letzten »Höhepunkt« genereller Kritik in den Jahren 1994 bis 1996 von Rolf Lamprecht, dessen Prognose im Titel »Zur Demontage des Bundesverfassungsgerichts«[26] sich nicht verwirklicht hat.[27] Im problematischen Verhältnis zur Fachgerichtsbarkeit gibt es eine stabile, eingefahrene und letztlich unvermeidbare Konflikt-

23 Dies gilt zuletzt und besonders stark für die Kritikwelle von 1994 bis 1996, für die die Stichworte »Kreuz in der Schule«, »Soldaten sind Mörder« sowie »Meinungsfreiheit versus Ehrenschutz« stehen. Seinerzeit vielfach geäußerte Verfallsprognosen haben sich erwartungsgemäß nicht erfüllt, Akzeptanz und Ansehen des Gerichts sind nicht erschüttert.

24 Die Kritik entzündet sich meist an seinen Entscheidungen der Verfassungswidrigkeit; die Antragsteller, die eine beantragte Verfassungswidrigkeitserklärung nicht erhalten, kritisieren meist weniger; offenbar wirkt sich die Vermutung für die Verfassungsmäßigkeit der Gesetze auch in den Erwartungen der Antragsteller aus.

25 »Der Konflikt zwischen Bundesverfassungsgericht und politischer Führung: Ein Beitrag zur Geschichte und Rechtsstellung des Bundesverfassungsgerichts«, 1994, S. 22 ff. (so der Titel von Teil 1).

26 *Zur Demontage des Bundesverfassungsgerichts: Beweissicherung und Bestandsaufnahme*, 1996.

27 Ausführliche dogmatische Gegen-Kritik durch Rainer Wahl, »Quo vadis Bundesverfassungsgericht? Zur Lage von Verfassungsgerichtsbarkeit, Verfassung und Staatsdenken«, in: Bernd Guggenberger/Thomas Würtenberger (Hg.), *Hüter der Verfassung oder Lenker der Politik?*, 1998, S. 81 ff., und Helmut Schulze-Fielitz, »Das Bundesverfassungsgericht in der Krise des Zeitgeistes«, *AöR* 122 (1997), S. 1 ff.

zone. Sie resultiert zum einen aus der prinzipiell nicht trennscharf bestimmbaren »Ausstrahlungswirkung« der Grundrechte ins Gesetzesrecht nach der Doktrin von der objektiven Dimension der Grundrechte; deshalb fehlen verläßliche Kriterien dafür, wie weit das Bundesverfassungsgericht unter Berufung auf das vorrangige Verfassungsrecht in das einfache Recht »hineinregieren« darf. Zum anderen schafft die Aufhebungsbefugnis des Bundesverfassungsgerichts gegenüber den Obersten Bundesgerichten das gleiche natürliche Spannungsverhältnis, wie es sonst zwischen den Obersten Bundesgerichten und den Instanzgerichten besteht. Diese Asymmetrie erzeugt – vorhersehbar – permanentes Kritikpotential. Weil zudem insgesamt die Kritik an der Kassation typischerweise größer ist als an der Bestätigung angegriffener Akte, konzentriert sich die öffentliche und literarische Kritik in beiden Hauptkonfliktfeldern ganz überwiegend auf den Vorwurf des Zuviels an Kontrolle. Der am weitesten verbreitete Vorwurf lautet, das Gericht mische sich zu weit in die Sphären der Politik oder der Fachgerichte beziehungsweise des einfachen Rechts ein, indem es zu viele Fragen als verfassungsrechtliche einordne und damit seine Prüfungskompetenz zu weit fasse. Damit praktiziere es ein Zuviel an Verfassungsgerichtsbarkeit. Aus Raumgründen sei darauf verzichtet, diesen Cantus firmus im einzelnen zu belegen.

Im weiteren geht es um die aus der Kritik erwachsenden Vorschläge, die einer *Reform von außen* zugänglich wären. Dazu gehören zum einen Veränderungen im *institutionellen Zuschnitt* des Bundesverfassungsgerichts und zum anderen Veränderungen bei den verfassungsrechtlichen *Verfahrensarten.* Das letztere ist das eigentliche Feld von Reformvorschlägen, das sich hier als eine Abschaffungsdiskussion präsentiert. Hinzu kommen die Themen der Entlastung des Gerichts und der Richterwahl.

2. *Institutionelle Reformvorschläge*

Eine Reform, die diesen Namen wirklich verdiente, wäre die Aufhebung der institutionellen Selbständigkeit des Bundesverfassungsgerichts[28] und seine Verschmelzung mit einem obersten Fachgericht, zum Beispiel dem Bundesgerichtshof oder dem Bundesverwal-

28 Die Abschaffung des Gerichts selbst ist angesichts der unbestrittenen Bewährtheit

tungsgericht. Für das Bundesverfassungsgericht liegt es angesichts des hohen Maßes an Zustimmung und Anerkennung und in Anbetracht des großen Konsenses über seine Bewährtheit auf der Hand, daß ein Pfadwechsel im institutionellen Zuschnitt des Gerichts, eine Auswechslung des Typs, nicht angezeigt ist. Ein Grund dafür läge nur vor, wenn die Institution der Verfassungsgerichtsbarkeit durch ihre institutionelle Verselbständigung im Konzert oberster Organe zu groß dimensioniert worden und eine verträgliche Einpassung in die Verfassungsstruktur nur bei einer Integration in ein Oberstes Bundesgericht gewährleistet wäre. Weder die Verfassungsgeschichte der Bundesrepublik noch der Verfassungsvergleich geben aber Anhaltspunkte dafür, daß in den Ländern mit einer verselbständigten Verfassungsgerichtsbarkeit das Gleichgewicht der obersten Organe überhaupt oder gar nachhaltig gestört wäre. Darüber hinaus gibt es keine kausale Verknüpfung zwischen dem Typ der Verfassungsgerichtsbarkeit und der (verfasssungs)politischen Bedeutung des Gerichts.[29] Unstreitig spielt auch der U. S. Supreme Court eine machtvolle und gewiß nicht geringere Rolle im Konzert der Verfassungs- beziehungsweise obersten Staatsorgane als in den Staaten mit verselbständigter Verfassungsgerichtsbarkeit. Gerade weil die Entscheidungsbefugnisse und -wirkungen in beiden Modellen ähnlich hoch sind, stellt sich bei beiden das demokratietheoretische Grundproblem[30] in vergleichbarer Schärfe. Das in der äußeren Gestalt zurückhaltendere Modell der integrierten Verfassungsgerichtsbarkeit des US-amerikanischen Supreme Court ist im Hinblick auf das »antimajoritan problem« nicht weniger begründungsbedürftig als das institutionell verselbständigte Bundesverfassungsgericht.

Eine bescheidenere Variante einer institutionellen Reform wäre die Beseitigung des Charakters des Bundesverfassungsgerichts als Zwillingsgericht[31] mit zwei Senaten. Wie bei jedem institutionellen

und angesichts des augenfälligen Siegeszuges der Verfassungsgerichtsbarkeit in der ganzen Welt kein Thema.

29 So auch Voßkuhle (FN 5), Art. 93 Rn. 16.

30 Zu den in den USA viel grundsätzlicher diskutierten Problemen Ulrich Haltern, *Verfassungsgerichtsbarkeit, Demokratie und Mißtrauen*, 1998, insb. S. 169 ff. und S. 241 ff.; Winfried Brugger, *Grundrechte und Verfassungsgerichtsbarkeit in den Vereinigten Staaten von Amerika*, 1987, S. 1 ff.; ders., *Einführung in das Öffentliche Recht der USA*, 1993, S. 12 f.

31 Ernst Benda/Eckart Klein, *Lehrbuch des Verfassungsprozeßrechts*, 1991, Rn. 54;

Problem gibt es insoweit eine, wenn auch nicht gerade heftige, so doch andauernde Diskussion, ohne daß aber für einen Wechsel durchschlagende Gründe geltend gemacht worden wären. Natürlich würden die derzeitigen Rechtsprechungsdivergenzen zwischen den beiden Senaten des Bundesverfassungsgerichts behoben, gäbe es nur einen Senat. Da aber der Umfang eines Senats natürliche beziehungsweise organisationssoziologisch wohldefinierte enge Grenzen hat, käme die Abkehr von der Organisation als Zwillingsgericht einer Reduzierung der Kapazität des Gerichts gleich, was entschieden gegen eine solche Veränderung spricht.

3. Reform- beziehungsweise Abschaffungsvorschläge bei einzelnen Verfahrensarten

a) Bund-Länder-Streit und Organstreitigkeiten: Beide Verfahrensarten[32] werden hier unter dem gemeinsamen Gesichtspunkt zusammengefaßt, daß eine Abschaffung für sie nicht erwogen wird. Dies kann nicht verwundern, sind beide doch *die* Verfahrensarten der klassischen Staatsgerichtsbarkeit. Historisch gesehen ist der *Bund-Länder-Streit* der entscheidende Wegbereiter für den Vorrang der Verfassung und damit auch für die Idee der Verfassungsgerichtsbarkeit gewesen; insoweit gehört er zum Urgestein einer Verfassungsgerichtsbarkeit in einem Bundesstaat.[33] Die Verrechtlichung der poli-

Hans H. Klein, »Gedanken zur Verfassungsgerichtsbarkeit«, in: *FS Klaus Stern*, 1997, S. 1135, 1150.

32 Zum Bund-Länder-Streit vgl. Walter Leisner, »Der Bund-Länder-Streit vor dem Bundesverfassungsgericht«, in: *Bundesverfassungsgericht und Grundgesetz, FG BVerfG*, 1976, Bd. 1, S. 260 ff., und Peter Selmer, »Bund-Länder-Streit«, in: *FS BVerfG*, 2001, Bd. 2, S. 563. Zum Organstreitverfahren vgl. Dieter Lorenz, »Der Organstreit vor dem Bundesverfassungsgericht«, in: *FG BVerfG*, 1976, Bd. 1, S. 225 ff.; und Jost Pietzcker, »Organstreit«, in: *FS BVerfG*, 2001, Bd. 2, S. 587; Schlaich (FN 10), Rn. 74-80.

33 Zutreffend Herbert Bethge, in: Theodor Maunz/Bruno Schmidt-Bleibtreu/Franz Klein/Georg Ulsamer, *BVerfGG*, § 13, Rn. 69: Man kann sich schwerlich einen Bundesstaat, der eine Verfassungsgerichtsbarkeit hat, ohne diese Klageart vorstellen. Wieland (FN 7), Art. 93, Rn. 62 unter Verweis auf Wolfgang Löwer, »Zuständigkeit und Verfahren des Bundesverfassungsgerichts«, in: *HStR*, Bd. 2, 1987, § 56, Rn. 27 ff.; Leisner (FN 32), S. 260 ff.; Dietmut Mayer, *Verfassungsgerichtsbarkeit und Bund-Länder-Konflikte*, 1981.

tischen Beziehungen innerhalb eines Bundesstaates liegt so sehr in der Natur eines Bundes, daß auch der Schritt zur Sanktionierung und Kontrolle solcher Regeln regelmäßig vollzogen worden ist. Bund-Länder-Streitigkeiten als Verfahrensart gibt es zum Beispiel in Österreich, der Schweiz und den USA und sogar bei nichtbundesstaatlichen Dezentralisierungsformen wie in Italien und Spanien. Wenn auch der Bund-Länder-Streit an Bedeutung verloren hat,[34] so gehört doch die Möglichkeit, Schutz vor Machtausübung im bundesstaatlichen Verhältnis suchen zu können, zu den Grundbedingungen des Friedens innerhalb des Bundes. Der *Organstreit* ist die einschlägige Verfahrensart, um den politischen Prozeß effektiv an verfassungsrechtliche Normen zu binden. Er ist in der Literatur von Klaus Schlaich zu Recht als ideeller Kernbestand der Staatsgerichtsbarkeit und von Herbert Bethge als Grundstock der modernen Verfassungsgerichtsbarkeit bezeichnet worden.[35] Zugleich hat der Organstreit hohe praktische Relevanz, wie die großen Verfahren in der bisherigen Geschichte des Bundesverfassungsgerichts beweisen.[36]

Für beide Verfahrensarten gilt gleichermaßen: Einmal eingeführt, ist kaum eine politische Konstellation vorstellbar, in der sie wieder abgeschafft werden oder politisch erfolgversprechend auch nur ein Vorschlag in diese Richtung gemacht werden könnte.[37] Denn daß die jeweilige Opposition auf das Instrument und den Schutz des Organstreits verzichten und einer entsprechenden Verfassungsänderung zustimmen könnte, muß als völlig unwahrscheinlich gelten.

In einem Land, das die Pervertierung der Macht oberster Verfassungsorgane erlebt hat, das insbesondere auch erlebt hat, was daraus folgen kann, wenn für die obersten Staatsorgane rechtliche Bindungen nicht bestehen und nicht geltend gemacht werden können, ist

34 Dazu zuletzt Wieland (FN 7), Rn. 64, und Schlaich (FN 10), Rn. 94.

35 Schlaich (FN 10), Rn. 74, und Herbert Bethge, *Organstreitigkeiten des Landesverfassungsrechts*, in: Christian Starck/Klaus Stern (Hg.), *Landesverfassungsgerichtsbarkeit*, Bd. 2, 1983, S. 13, 18; dazu Voßkuhle (FN 5), Art. 93 GG, Rn. 96.

36 Vgl. etwa die Entscheidungen zum EG-Vertrag, *BVerfGE* 2, 143, 149; *BVerfGE* 20, 18, 22 – Beitritt im Organstreitverfahren; 62, 1, 31 – Bundestagsauflösung; 67, 100, 123 – Flick-Untersuchungsausschuß; 48, 1, 63 – Atomwaffenstationierung; 90, 286, 336 ff. – Bundeswehreinsatz.

37 Der Organstreit kann in Verfassungsstaaten fehlen (wie in den USA oder in Frankreich); davon zu unterscheiden ist die Situation, daß er eingeführt ist und die Frage der Abschaffung thematisiert wird.

die Existenz des Organstreits selbstverständlich. Auch deshalb kann ernsthaft an eine Abschaffung nicht gedacht werden. Für die Bundesrepublik ist die Selbstverständlichkeit hervorzuheben, mit der heute eine Entscheidung von internen Konflikten zwischen den zentralen politischen Akteuren durch das Bundesverfassungsgericht akzeptiert wird;[38] dies ist – im Unterschied zu Weimar – ein starkes Indiz für die grundsätzliche Befriedetheit der inneren Auseinandersetzungen in der Bundesrepublik.[39] Probleme beim Organstreit liegen nicht beim »Ob«, sondern beim »Wie«, nämlich im Umfang der Verrechtlichung des politischen Prozesses (dazu IV. 1.).

Das Grundproblem der direkten Konfrontation des Bundesverfassungsgerichts mit den Parteien des politischen Streits zeigt sich deutlicher als bei den eigentlichen Hauptentscheidungen bei den regelmäßig präjudizierenden einstweiligen Anordnungen (und hier über den Organstreit hinaus). Ursache dafür ist die vom Gericht selbst entwickelte, selbstverständlich änderbare und auch änderungsbedürftige Rechtsprechung zum Prüfungsmaßstab bei einstweiligen Anordnungen. Da es das Gericht im Gegensatz zu allen anderen Gerichten in den Verfahren des einstweiligen *Rechts*schutzes ablehnt, den *rechtlichen* Maßstab der Erfolgsaussichten heranzuziehen, sondern[40] eine Abwägung von Vor- und Nachteilen für maßgeblich hält, verzichtet das Gericht in diesen meist dramatischen und zeitgleich zur politischen Auseinandersetzung stattfindenden Verfahren auf den rechtlichen Maßstab, der allein ihm Distanz und eine sichere eigene und nicht-politische Grundlage bieten könnte. Bei dieser Abwägung können dann nur noch politische Vor- und Nachteile berücksichtigt werden; damit muß das Gericht weitgehend die Optik der Streitparteien einnehmen und den genuin politischen Streitstoff abwägen. Eine Analyse der wichtigsten Eilentscheidungen, insbesondere in außenpolitischen Angelegenheiten, zeigt die unvermeidliche Verwicklung und Involvierung des Gerichts in den eigentlich politischen Streitstoff; mehr noch, es

38 Voßkuhle (FN 5), Art. 93, Rn 96.

39 Die Praxis des Organstreits zeigt, daß es in der Bundesrepublik einen grundsätzlichen Konsens der politischen Kräfte und eine Zivilisiertheit der politischen Auseinandersetzungen gibt, die natürlich Konflikte einschließt, die diese aber nicht zur Systemkrise treibt.

40 Abgesehen von Fällen der offensichtlichen Unzulässigkeit beziehungsweise Unbegründetheit.

werden die systembedingt engen Grenzen der Verfassungsgerichtsbarkeit in außenpolitischen Angelegenheiten deutlich.[41] Indem sich das Gericht ausgerechnet in außenpolitischen Angelegenheiten auf das ihm fremde Feld der Interessenbewertung begibt, gerät es in eine prekäre Nähe zur Regierungspolitik, wenn nicht sogar in eine Abhängigkeit. Die Regierung kann zusammen mit der ausländischen Regierung das nationale Verfassungsrecht und das Bundesverfassungsgericht leicht überspielen und politische Fakten schaffen, kurz: der kritikwürdige prozessuale Ansatz hat erhebliche negative Folgen für das Verfassungsrecht und das Gericht selbst. Die Abhilfe dafür liegt – ausschließlich – in der Hand des Gerichts selbst.

b) Die konkrete Normenkontrolle: Die konkrete Normenkontrolle[42] in der Form, wie sie Art. 100 GG als dezentral veranlaßbare, aber zentral und monopolisiert durchgeführte Verwerfungskompetenz vorsieht, ist heute die am wenigsten problematische oder kritisierte verfassungsgerichtliche Verfahrensart. Auch insoweit ist im Vergleich zum intensiven und grundsätzlichen Streit der Weimarer Zeit eine vollständige Entproblematisierung der Frage des richterlichen Prüfungsrechts zu konstatieren. Der materiellrechtliche Vorrang der Verfassung hat sich ebenso gründlich durchgesetzt wie die im richterlichen Prüfungsrecht kulminierende Aufwertung der Gerichte. Dem entspricht die starke Verwurzelung der konkreten Normenkontrolle, was zugleich Reformüberlegungen, etwa im Sinne der inzidenten Normverwerfung durch jedes Gericht,[43] gegenstandslos macht. Sie ist, wie Werner Heun zu Recht sagt, »ein Herzstück der grundgesetzlichen Ausformung der Verfassungsstaatlichkeit«.[44] Sie

41 Schoch/Wahl (FN 10), S. 265, 279 ff., 290 f.; vgl. auch Friedrich Schoch, »Einstweilige Anordnung«, in: *FS BVerfG*, 2001, Bd. 2, S. 695.

42 Karl-August Bettermann, »Die konkrete Normenkontrolle und sonstige Gerichtsvorlagen«, in: *FG BVerfG*, 1976, Bd. 1, S. 323; Werner Heun, »Normenkontrolle«, in: *FS BVerfG*, 2001, Bd. 2, S. 615, vgl. auch ders., »Richtervorlagen in der Rechtsprechung des Bundesverfassungsgerichts«, *AöR* 122 (1997), S. 610 ff., und Schlaich (FN 10), Rn. 126-131.

43 Zu hier bestehenden Alternativen Wieland (FN 7), Art 100 GG, Rn. 4: »In rechtsvergleichender Sicht spiegeln die Zentralisierung der richterlichen Normverwerfung bei einem Verfassungsgericht und die inzidente Normüberprüfung, wie sie etwa dem System der Vereinigten Staaten von Amerika zugrunde liegt, die zwei Grundmodelle der Ausgestaltung der Verfassungsgerichtsbarkeit wider«.

44 Heun, »Richtervorlagen« (FN 42), S. 610.

ist aber auch, wie Heun und Wieland[45] hervorheben, neben der Verfassungsbeschwerde das Paradebeispiel für die zunehmende Tendenz des Bundesverfassungsgerichts, die Zulässigkeitsvoraussetzungen eng und immer engherziger auszugestalten und auf diese Weise für die Zwecke der Steuerung der eigenen Arbeitsbelastung zu instrumentalisieren. Das Überlastungsthema wirft seine problematischen Schatten voraus, weil es nicht offen, sondern verdeckt und an einer für ein als offenes konzipiertes Gericht[46] unangemessenen und geradezu peinlichen Stelle angegangen wird. Der noch zu schildernde Umgang des Gerichts mit seiner Überlastung hat notwendigerweise – negative – Kosten.

c) Die abstrakte Normenkontrolle: Kandidat für eine Abschaffung ist dagegen immer wieder die abstrakte Normenkontrolle;[47] vor allem nach bitteren »Niederlagen« einer Parlamentsmehrheit vor dem Bundesverfassungsgericht. Im Modell der verselbständigten Verfassungsgerichtsbarkeit kann die abstrakte Normenkontrolle als natürliche Verfahrensart gelten. Die Verfassungsmäßigkeit eines Gesetzes ohne konkreten Streitfall zu überprüfen paßt in die Struktur dieses Modells und ist deshalb in Ländern wie Österreich, Spanien oder Frankreich verwirklicht. Konsequenterweise fehlt diese Möglichkeit in Ländern mit einer in die allgemeine Gerichtsbarkeit integrierten Verfassungsgerichtsbarkeit wie den USA oder der Schweiz, die ihre Fälle allein aus konkreten Streitigkeiten beziehen.

Kennzeichen und zugleich Problematik dieser Verfahrensart liegen in der direkten und ungefilterten Befassung des Gerichts mit den maßgeblichen Entscheidungen des Parlaments, den Gesetzen. Indem das Gericht das Gesetz überprüft, kontrolliert es zugleich

45 Heun, ebd.; und Wieland (FN 7), Art. 100, Rn. 19 f., beide m. w. N. außerdem: Benda/Klein (FN 31), Rn. 793 f.; und Schlaich (FN 10), Rn. 138 ff.

46 GG und BVerfGG zeichnen ein unmißverständliches Bild eines für jedermann offenen Gerichts; ausdrücklich besteht kein Rechtsanwaltszwang. Demgegenüber ist das Gericht in der Rechtswirklichkeit eine durch formelle Anforderungen in problematischer Weise verbarrikadierte Bastion: Rainer Wahl/Joachim Wieland, »Verfassungsrechtsprechung als knappes Gut«, *JZ* 1996, S. 1137, 1142, in diesem Band S. 188, 204; so überrascht es nicht, daß eben an dieser Praxis starke Kritik geübt wird, dazu Rolf Lamprecht, »Karlsruher Lotterie«, *NJW* 2000, S. 3543 ff.

47 Dazu Hartmut Söhn, »Die abstrakte Normenkontrolle«, in: *FG BVerfG*, 1976, Bd. 1, S. 292 ff.; und Heun, »Normenkontrolle« (FN 42).

den parlamentarischen Gesetzgeber unmittelbar[48] und ohne jegliche fachgerichtliche Vorklärung. Insofern führt die abstrakte Normenkontrolle zu einer direkten Gegenüberstellung, wenn nicht gar Konfrontation zwischen dem Gericht und dem Parlament.[49] Einen durchgreifenden Grund für die Abschaffung der abstrakten Normenkontrolle stellt dies aber nicht dar, denn die Mehrzahl der Fälle könnte letztlich auch ohne abstrakte Normenkontrolle, zum Beispiel über eine Gesetzesverfassungsbeschwerde oder eine konkrete Normenkontrolle zum Bundesverfassungsgericht gelangen. Unabhängig von der prozessualen Einkleidung gehört diese Konfrontation zwischen Verfassungsgericht und parlamentarischem Gesetzgeber zum Kern der Verfassungsgerichtsbarkeit. Die Kontrolle und Begrenzung des demokratischen Gesetzgebers ist Grundanliegen und Grundkonflikt einer Verfassungsgerichtsbarkeit. Diese Kontrolle kann man nicht haben, ohne nicht zugleich ein demokratietheoretisches Problem zu haben, das im Grundsatz lösbar ist, im einzelnen jedoch prekäre Abgrenzungen erfordert.

Die immer wieder geforderte Abschaffung der abstrakten Normenkontrolle[50] dürfte die damit erhoffte Wirkung nicht haben: Das Gericht würde allenfalls geringfügig entlastet und auch nicht in relevanter Weise aus der Konfrontation mit dem Parlament befreit. Hingegen entfiele die grundsätzlich erwünschte Konzentration der Verfassungsmäßigkeitsprüfung und die Herbeiführung einer möglichst frühzeitigen, endgültigen gerichtlichen Klärung. Auch der gelegentlich gemachte Vorschlag, normverwerfende Entscheidungen an eine qualifizierte, nämlich an eine Zweidrittelmehrheit zu binden, erscheint nicht tragfähig.[51] Eine kurze Rechnung zeigt,

48 So auch Wieland (FN 7), Art. 93, Rn. 55.

49 Deutlich in den großen Fällen: Schwangerschaftsabbruch (*BVerfGE* 39, 1; *BVerfGE* 88, 203), Neuregelung der Kriegsdienstverweigerung (*BVerfGE* 69, 1); vgl. dazu Peter Badura, »Erneute Überlegungen zur Justitiabilität politischer Entscheidungen«, in: *FS Mahrenholz*, 1994, S. 869.

50 Dazu Ernst Gottfried Mahrenholz, »Zur Funktionsfähigkeit des Bundesverfassungsgerichts«, *ZRP* 1997, S. 129, und die Nachweise bei Wieland (FN 7), Art. 93, Rn. 55, FN 263, insb. auf Werner Holtfort, »Praktische Vorschläge, das Bundesverfassungsgericht in eine demokratieangemessene Rolle zurückzuführen«, in: Wolfgang Däubler/Gudrun Küsel (Hg.), *Verfassungsgericht und Politik*, 1979, S. 191 ff.; Christine Landfried, *Bundesverfassungsgericht und Gesetzgeber*, 1984, S. 175 ff.

51 Thomas v. Danwitz, »Qualifizierte Mehrheiten für normenverwerfende Entschei-

daß für die erforderliche Mehrheit – heute bereits fünf der acht Richter des entscheidenden Senats – dann sechs der acht Richterstimmen benötigt würden. Damit würde sich die Normverwerfung zu weit einem Einstimmigkeitserfordernis annähern und die Vermutung der Verfassungsmäßigkeit eines Gesetzes würde qua prozessualer Regel zu einer schwer widerleglichen Vermutung.

d) Verfassungsbeschwerde: Die ambivalente Bilanz der Verfassungsbeschwerde[52] umschreibt Joachim Wieland kurz und präzise in seiner Formulierung: »Der Verfassungsbeschwerde verdankt das Bundesverfassungsgericht seine herausragende Stellung in der deutschen Rechtswirklichkeit und seine nicht geringe Arbeitsbelastung.«[53] Wird die Verfahrensart der Verfassungsbeschwerde problematisiert, geschieht dies zumeist nicht aus inhaltlichen Gründen, sondern wegen der durch sie bewirkten Überlastung des Gerichts. Gleichwohl ist es vorrangig, sich zunächst die – hohe – Funktion der Verfassungsbeschwerde in Erinnerung zu rufen, dann erst kann das Entlastungsthema diskutiert werden.

Die Verfassungsbeschwerde ist die Verfahrensart und das Instrument, die das Bundesverfassungsgericht im Bewußtsein der Bevölkerung verankert hat und seine Anerkennung ganz wesentlich trägt, weil die Verfassungsbeschwerde das Bundesverfassungsgericht und das Grundgesetz selbst in den Alltag des einzelnen gebracht hat. Die Ubiquität der Zuständigkeit des Bundesverfassungsgerichts ist auch eine Ubiquität des Grundgesetzes im Alltagsleben des einzelnen. Daraus leitet sich die These ab: Der deutsche Typ der Verfassungsgerichtsbarkeit steht und fällt mit der Verfassungsbeschwerde. Ohne sie wäre die Verfassungsgerichtsbarkeit eine andere, und zwar nicht nur nach den theoretischen Einteilungen, sondern vor allem in der Staatspraxis und im Erleben des einzelnen, im kollektiven

dungen des Bundesverfassungsgerichts? Thesen zur Gewährleistung des judicalrestraint«, *JZ* 1996, S. 481 ff.

52 Hans Spanner, »Die Beschwerdebefugnis bei der Verfassungsbeschwerde«, und Hans Zacher, »Die Selektion der Verfassungsbeschwerden«, beide in: *FG BVerfG*, 1976, Bd. 1, S. 374 ff. und S. 396 ff., sowie Christoph Gusy, »Die Verfassungsbeschwerde«, und Robert Uerpmann, »Annahme der Verfassungsbeschwerde zur Entscheidung«, beide in: *FS BVerfG*, 2001, Bd. 2, S. 641, 673 – außerdem Schlaich (FN 10), Rn. 186-197; Peter Häberle, »Die Verfassungsbeschwerde im System der bundesdeutschen Verfassungsgerichtsbarkeit«, *JöR* 45, 1997, S. 89 ff.

53 Wieland (FN 7), Art. 93, Rn. 72.

Bewußtsein des Volkes. Der berühmte »Gang nach Karlsruhe« steht dank der Verfassungsbeschwerde jedem offen, er hat für jeden einzelnen eine potentielle Bedeutung. Könnten nur noch die Verfassungsorgane beziehungsweise die Gerichte einen Fall oder ein verfassungsrechtliches Problem nach Karlsruhe bringen, wäre das Bundesverfassungsgericht gleichermaßen um seine reale wie symbolische Bedeutung gebracht.[54]

Diese Überlegungen schließen die *Urteilsverfassungsbeschwerde*, die quantitativ dominierende Variante, ein. Würde man sie abschaffen, dann entfiele aus Sicht der Bürger das Herzstück der selbständigen Verfassungsgerichtsbarkeit in Grundrechtsfragen; deshalb gelten auch hier die dargelegten grundsätzlichen Bedenken gegen eine Abschaffung. Jüngst hat Andreas Voßkuhle[55] die Urteilsverfassungsbeschwerde für überflüssig erklärt, weil die Fachgerichte längst die Prüfung der Verfassungsmäßigkeit als selbstverständliche, eigene Aufgabe übernommen hätten. Diese Beobachtung ist zwar richtig. Großes Gewicht aber haben bei der geltenden Lösung die Vorteile, die dank der Konzentration dieser Prüfung bei einem darauf spezialisierten Verfassungsgericht bestehen, das ebendeshalb einen anderen Verständnishorizont hat.[56] Unverkennbar stehen die Überlegungen zur Urteilsverfassungsbeschwerde im Zusammenhang mit der Überlastungsproblematik und sind in deren Kontext wieder aufzugreifen. Hier soll die folgende These genügen: Wegen der Überlastung des Gerichts auf die Urteilsverfassungsbeschwerde verzichten zu wollen, wäre eine unverhältnismäßige Maßnahme, weil man dem Bundesverfassungsgericht den *Kern seiner Aufgaben* nähme und vom Regen in die Traufe käme. Entlastet werden muß das Gericht von der großen Zahl an »verfassungsgerichtsunwürdigen« Fällen, die einen – zunächst nicht erkennbaren – Teil innerhalb der großen Menge der erhobenen Verfassungsbe-

54 Eckart Klein, »Die Zukunft der Verfassungsbeschwerde«, in: Michael Piazolo (Hg.), *Das Bundesverfassungsgericht. Ein Gericht im Schnittpunkt von Recht und Politik*, 1995, S. 243, S. 229 ff., S. 236; Voßkuhle (FN 5), Art. 93, Rn. 166 (Symbolgehalt der Verfassungsbeschwerde).

55 Voßkuhle (FN 5), Art. 93, Rn. 166.

56 Diese Überlegung entspricht einem allgemeinen organisationssoziologischen oder institutionstheoretischen Theorem, daß die Spezialisierung nach Aufgabe und Organisation eine Fokussierung der Aufmerksamkeit, der Relevanzkriterien, damit der »Weltsicht« der jeweiligen Institution zur Folge hat. Ausdifferenzierung und Spezialisierung bewirken eine gesonderte Perspektive, sie haben die Funktion einer spezifischen Brille.

schwerden ausmachen. Die gebotene Selektion ist aber nicht abstrakt nach Verfahrensarten vorzunehmen und sollte auch nicht schon beim primären Zugang zum Gericht einsetzen, sondern sie ist nur konkret in einem Annahmeverfahren durch das Gericht selbst zu leisten (dazu sogleich unter 5.).

4. *Belastung und Entlastung des Bundesverfassungsgerichts*

Die Überlastung des Bundesverfassungsgerichts ist eine in den Jahren 1949/51 nicht vorhergesehene, heute bei einem Höchstgericht aber erwartbare Situation. Auch der Europäische Gerichtshof[57] und besonders ausgeprägt der Europäische Gerichtshof für Menschenrechte,[58] aber auch das schweizerische Bundesgericht[59] oder der spanische Tribunal constitucional sind mit dem Problem der Verfassungsrechtsprechung als knappem Gut konfrontiert. Die einzige Ausnahme bildet offenbar der US-amerikanische Supreme Court, der über sein (Nicht-)Annahmeverfahren den Grad seiner Belastung aktiv steuern kann.[60] Der Vergleich zeigt: Rechtsschutz ist ein Wachstumsgut; er funktioniert im Sinne der Angebotsökonomie. Er erzeugt durch seine Existenz Nachfrage und Wachstum. Wo immer ein Rechtsweg ist, wird dieser – wenigstens in den westlichen Ländern – stark und vor allem immer stärker in Anspruch genommen. Gleichwohl ist es unerläßlich, über die Möglichkeiten einer Abhilfe bei der konkreten Ausgestaltung nachzudenken, wenn die Belastung eine bestimmte Größenordnung erreicht hat.[61] Beim Bundesverfassungsgericht ist

57 Zur Be- und Überlastung des EuGH das »Reflexionspapier« des EuGH vom 28. 5. 1999: »Die Zukunft des Gerichtssystems der Europäischen Union«, *EuZW* 1999, S. 750 ff. (mit Zahlenmaterial); dazu Hannes Rösler, »Zur Zukunft des Gerichtssystems der EU«, *ZRP* 2000, S. 72 ff. m. w. N.

58 Dazu die Pressekonferenz des Präsidenten des EGMR Luzius Wildhaber, *EuGRZ* 1999, S. 36.

59 Im Februar 2001 ist in der Schweiz eine Totalrevision der gesamten Gerichtsbarkeit angelaufen; in ihrem Rahmen soll das Bundesgericht so umgestaltet werden, daß es nicht mehr, wie es in der Publizistik heißt, als eine »Urteils-Fabrik« arbeiten muß.

60 Bundesministerium der Justiz (Hg.), *Entlastung des Bundesverfassungsgerichts. Bericht der Kommission*, 1998 (sogenannte Entlastungskommission).

61 Die jeweils aktuellen Zahlen sind abrufbar unter www.bundesverfassungsgericht.de (Stichworte »Organisation« und »Jahresstatistik«).

dies der Fall und notwendig, weil es genügend Symptome einer problematischen Entwicklung gibt. Dazu gehören zum einen die ganz und gar unbefriedigende Zahl von lediglich ca. 30 Senatsentscheidungen pro Jahr sowie die unausgewogene Verteilung von Senats- und Kammerrechtsprechung,[62] zum anderen die (wachsende) Emanzipation der Kammern von der Senatsrechtsprechung[63] und zum dritten die nicht durchsichtige Verfahrensweise bei der (Nicht-)Annahme von Verfassungsbeschwerden.

Obwohl der Zugang zur Verfassungsbeschwerde *das* Dauerthema der Novellen zum BVerfGG[64] und einer ausführlichen Diskussion ist,[65] wird man der derzeitigen Rechtslage das Prädikat einer konzeptionellen oder gar gelungenen Lösung nach wie vor nicht zuerkennen können. Die letzte Reformrunde hat ein besonders auffälliges Mißverhältnis zwischen der ausführlichen wissenschaftlichen Diskussion und einem in sich wohlbegründeten Vorschlag einer eigens berufenen Entlastungskommission[66] einerseits und der dann

62 Ca. 30 Senatsentscheidungen im Jahr bedeuten etwa 15 Entscheidungen pro Senat und ungefähr zwei Senatsentscheidungen je Richterin und Richter. Die Verteilung zwischen Senats- und Kammersachen verdiente eine eingehende rechtsvergleichende Untersuchung. Zum Thema insgesamt Georg Hermes, »Senat und Kammern«, in: *FS BVerfG*, 2001, Bd. 2, S. 725.

63 Dazu die intensive Kritik der früheren Verfassungsrichterin Karin Graßhof, in: Theodor Maunz/Bruno Schmidt-Bleibtreu/Franz Klein/Georg Ulsamer, *BVerfGG*, § 93 a, insb. Rn. 68-76. Ausführliche Analyse der stattgebenden Kammerentscheidungen von Wolfgang Höfling/Stephan Rixen, »Stattgebende Kammerentscheidung des Bundesverfassungsgerichts«, *AöR* 125 (2000), S. 429 ff. und 613 ff.

64 Dazu der Überblick von Gotthart Wöhrmann, »Änderungsnovellen zum Bundesverfassungsgerichtsgesetz und weitere Reformüberlegungen«, in: Dieter Umbach/Thomas Clemens, *BVerfGG*, 1992, S. 131 ff., sowie Wahl/Wieland (FN 46), S. 1140, in diesem Band S. 188, 195 ff.

65 Bericht der vom Bundesminister der Justiz eingesetzten Kommission, *Entlastung des Bundesverfassungsgerichts*, 1998 (sogenannte Entlastungskommission); Thomas Clemens, in: Umbach/Clemens (FN 65), § 93 d; Voßkuhle (FN 5), Art. 94, Rn. 45 ff. mit ausführlichen Literaturangaben Rn. 57; Rüdiger Zuck, »Die Entlastung des Bundesverfassungsgerichts«, *ZRP* 1997, S. 95 ff., Ernst Gottfried Mahrenholz, »Zur Funktionsfähigkeit des Bundesverfassungsgerichts«, *ZRP* 1995, S. 129 ff.; Marion Albers, »Freieres Annahmeverfahren für das Bundesverfassungsgericht?«, *ZRP* 1997, S. 198 ff., und die Beiträge in *KritV* 1998, S. 171 ff. von Joachim Wieland, Marion Albers, Uli F. H. Rühl, Achim Krämer und Christian Kirchberg; dazu auch Hans H. Klein (FN 31), S. 1135 ff.

66 Bundesministerium der Justiz (Hg.), *Entlastung des Bundesverfassungsgerichts. Bericht der Kommission*, 1998 (sogenannte Entlastungskommission).

konsentierten »Lösung« in Form der Vergrößerung der Zahl der wissenschaftlichen Mitarbeiter andererseits hervorgebracht.[67] Diese Stagnation ist unbefriedigend und dem Problem nicht angemessen, weil die Überlastung eines Gerichts ein tief in die Qualität der Rechtsprechung hineinstrahlendes Problem ist. Überlegungen zur Abhilfe werden nicht aus Fürsorge für die Richterinnen und Richter,[68] sondern aus Sorge für das System der Verfassungsgerichtsbarkeit angestellt, gehört die Verteilung von verfügbarer Zeit und Kapazität des Gerichts und seiner Mitglieder doch zu den strukturbestimmenden Merkmalen einer Institution. Problematisch ist jedenfalls eine Maxime der gesamten Novellierungsgesetzgebung, nämlich diejenige, daß der Gesetzgeber im BVerfGG nichts regelt, was nicht die Zustimmung des Bundesverfassungsgerichts selbst findet. So selbstverständlich eine qualifizierte Beteiligung des Gerichts bei Änderungen der eigenen Verfahrensgänge ist, so wenig überzeugt sein heute faktisch bestehendes Vetorecht. Es ist ohne Gegenstück im Verfassungsleben und deshalb problematisch, weil es mögliche Alternativen auf die Insiderperspektive verengt, die zwar wichtig ist, aber nicht immer ausschlaggebend sein kann. Weil sich die Mehrheit der Richter nicht für überlastet hält, gibt es derzeit eine (Selbst-)Blockade im Hinblick auf die von zahlreichen Beobachtern für erforderlich gehaltene Entlastungsreform. Deshalb sollten Parlament und Justizministerium ihre nachsichtige und – zu sehr – entgegenkommende Haltung gegenüber Karlsruhe revidieren und ihre originäre, nicht verzichtbare Verantwortung für eine konzeptionelle Lösung wieder auf- und übernehmen. Auf der Basis des derzeitigen faktischen Vetos des Gerichts gegen die vorgebrachten Änderungsvorschläge ist eine weitere wissenschaftliche Diskussion nur von begrenztem und mittelbarem Wert; deshalb sollen die bisherigen Überlegungen[69] nur um einige wenige Argumente ergänzt werden.

67 Als Lösung kann die Vergrößerung der Zahl der Mitarbeiterstellen nicht überzeugen, Folgen hat dies aber gewiß. Einem berechtigten Ondit zufolge verändern sich Gestalt und Eigenart des Verfassungsgerichts bei jeder Vermehrung der Zahl der wissenschaftlichen Mitarbeiter. Die Tendenz geht in Richtung auf eine Verfassungsgerichtsbarkeit aus der Hand der Mitarbeiter.

68 Dies zu Gerd Roellecke, »Zum Problem einer Reform der Verfassungsgerichtsbarkeit«, *JZ* 2001, S. 114 ff. und S. 116.

69 Rainer Wahl, »Der Zugang zum Bundesverfassungsgericht«, in: Friedrich-Ebert-Stiftung (Hg.), *Probleme der Verfassungsgerichtsbarkeit in Deutschland gestern und*

Bekanntlich geht es in der Entlastungsdiskussion um die folgenden Alternativen: Beibehaltung des Status quo, Einführung eines freien oder – was der deutschen Rechtstradition eher entspräche – begrenzt freien Annahmeverfahrens,[70] Abschaffung der Urteilsverfassungsbeschwerde,[71] Einführung einer Anhörungsrüge bei den Fachgerichten[72] oder die jetzt im Zusammenhang mit der Prozeßrechtsreform verfolgte Variante einer instanzinternen Kontrolle von Verfahrensfehlern[73] sowie die quantitative Vergrößerung der Kapazität des Gerichts.[74] In bezug auf die Option der Beibehaltung des Status quo ist aber kritisch anzumerken, daß nicht erkennbar und nicht plausibel ist, wie es unter den gegenwärtigen Bedingungen möglich sein sollte, alle von der Legalstruktur vorgesehenen Ziele zugleich zu erreichen, wie das Gericht also die sehr

heute, 1991, S. 113 ff.; Wahl/Wieland (FN 46), S. 1137, in diesem Band S. 188; Schulze-Fielitz (FN 27), S. 26 f.

70 Neben den Nachweisen in FN 65 Wieland, »Der Zugang des Bürgers zum Bundesverfassungsgericht und zum U. S. Supreme Court«, *Der Staat* 29 (1990), S. 333; ders., »Das Bundesverfassungsgericht am Scheideweg«, in: Bundesministerium der Justiz (Hg.), *Bericht* (FN 60), S. 32-61 (Sondervotum). *Gegen* das freie Annahmeverfahren Klein (FN 54), S. 236; Hans H. Klein, »Überlegungen zu einer Entlastung des Bundesverfassungsgerichts«, in: *FG Graßhof*, 1998, S. 367; Karin Graßhof, in: Bundesminister der Justiz (Hg.), *Bericht* (FN 60), S. 139.

71 Dazu Voßkuhle (FN 5), m. w. N.

72 Bundesministerium der Justiz (Hg.), *Bericht* (FN 60), S. 71 ff. und 77 ff., 142 ff.: Sondervotum der Richterin Graßhof; Karin Graßhof, »Entlastung des Bundesverfassungsgerichts durch Aufspaltung der Entscheidungsbefugnis durch Verfassungsbeschwerde«, in: Harald Bogs (Hg.), *Urteilsverfassungsbeschwerde zum Bundesverfassungsgericht*, 1999, S. 115 ff.; Achim Krämer, »Anhörungsrüge und modifizierte Anhörung«, *KritV* 1998, S. 215; Christian Kirchberg, »Die Verfahrensgrundrechtsbeschwerde«, *KritV* 1998, S. 228.

73 Vgl. § 321 a I Nr. 2 des Entwurfs der Bundesregierung für ein Gesetz zur Reform des Zivilprozesses, BT-Drs. 14/4722, vom 24. 11. 2000, S. 9 und S. 85. Eingeführt werden soll eine instanzinterne Kontrolle unanfechtbarer Urteile, die auf der Verletzung eines Verfahrensgrundrechts beruhen.

74 Die einzelnen Varianten (Bildung eines dritten Senats, Einführung einer Generalanwaltschaft, weitere Vermehrung der wissenschaftlichen Mitarbeiter) sollen nicht im einzelnen diskutiert werden, sie führen alle in die Nähe der Schaffung eines anderen Gerichts oder eines Gerichts anderer Qualität. Speziell die weitere Erhöhung der Mitarbeiterzahl würde das Gericht beträchtlich verändern von einem Verfassungsrichter-Gericht in Richtung auf eine arbeitsteilig-hierarchisch strukturierte Gerichtseinheit, für die es auch bei den obersten Bundesgerichten keine Parallele gibt.

große Zahl von Verfassungsbeschwerden unter gleichzeitiger gründlicher Bearbeitung der materiellen Erfolgsaussichten und unter Wahrung des subjektiven Rechtsschutzes der einzelnen sollte bewältigen können. Auf längere Sicht könnte sich insoweit ein Glaubwürdigkeitsproblem ergeben. Das Massengeschäft der Verfassungsbeschwerden mit 4500 bis 5000 Eingängen im Jahr läßt sich auf dem qualitativen Niveau, das das Gericht anstrebt und nach der bestehenden Rechtslage auch anstreben muß, nicht bewältigen. Es ist nicht zu erwarten, daß das Personal von zweimal acht Richtern sowie 48 oder auch 64 Mitarbeitern auch nur annähernd die Zahl von Fällen erledigen kann, die der Größenordnung nach dem jährlichen Aufkommen an Fällen des gesamten Bundesverwaltungsgerichts mit seinen bisher elf Senaten entspricht. Nach der vorerst letzten Reformrunde verbleibt das Gericht, was den Zusammenhang seiner Belastung und Entlastung betrifft, in einem ungelösten Zwischenzustand. Zugleich sieht es sich vor Anforderungen gestellt, denen es nur gerecht würde, könnte es die Quadratur des Kreises lösen.

Angesichts der Unmöglichkeit oder doch großen Unwahrscheinlichkeit, daß alle relevanten Ziele gleichermaßen erfüllt werden können, wird die konkrete Praxis der Nichtannahme zur strategisch entscheidenden Stelle. Auf ihr liegt der Schleier der Undurchsichtigkeit. Die (Nicht-)Annahme ist *das eigentliche Arkanum des Gerichts* bei der gegenwärtigen Rechtslage.[75] Von außen kann man einfach nicht beurteilen, was hier geschieht. Das Prozeßrecht deckt vieles, von der vollständigen Durchprüfung der materiellen Erfolgsaussichten bis hin zur schnellen Selektion auf den ersten Blick nach überschlägiger Beurteilung. Natürlich gibt es auch einige Entscheidungen, in denen die Kriterien für die (Nicht-)Annahme dargelegt werden.[76] Aber niemand wird ausgerechnet mit Blick auf diese neuralgische Stelle davon ausgehen können, daß die mitgeteilten und

75 Den Begriff Arkanum hat Ernst-Wolfgang Böckenförde, »Grundrechte als Grundsatznormen«, *Der Staat* 29 (1990), S. 1, 9, auf die unklare Abgrenzung im Zusammenhang mit der Formel vom spezifischen Verfassungsrecht und der sogenannten Heckschen Formel (*BVerfGE* 18, 85, 92 f.) angewendet.

76 Zu den Kriterien für die (Nicht-)Annahme Wieland (FN 7), Art. 94, Rn. 30, und Voßkuhle (FN 5), Art. 94, Rn. 39 ff.; aus der Rechtsprechung *BVerfGE* 90, 22, 24 ff.; BVerfG(K) *NJW* 1994, S. 1719; *NJW* 2000, S. 3556. Berechtigte Kritik von Lamprecht, »Karlsruher Lotterie« (FN 46).

dargestellten Gründe den wirklichen immer voll entsprechen. Vermutlich ist die Praxis der (Nicht-)Annahme nicht nur ein Arkanum, sondern sogar ein Tabu. Als solches hat es nicht zu gering zu schätzende Funktionen: Solange es hält, bleibt die (Selbst-)Darstellung eines ganz auf subjektiven Rechtsschutz ausgerichteten Systems intakt, denn es gibt keine systemwidrigen Einbrüche, wie dies für den Fall eines (begrenzt) freien Annahmeverfahrens von vielen befürchtet wird. Vielleicht ist es für eine Institution auch wichtig, daß das durch den Schleier erzeugte Bild der Verfassungsgerichtsbarkeit positiv ist[77] – solange das Ganze intakt bleibt. Es ist aber nicht die Aufgabe der Rechtswissenschaft, sich am Weben dieses Schleiers zu beteiligen, sondern es gilt, Alternativen zu formulieren und zu diskutieren.

Dem Vorschlag für ein (begrenzt) freies Annahmeverfahren wird entgegengehalten, daß er zu einer Aufgabe des subjektiven Rechtsschutzes und damit eines Kerns der bürgerrelevanten Verfassungsgerichtsbarkeit führe. In der Diskussion wird dabei an zentraler Stelle oftmals eine falsche Vergleichsbetrachtung angestellt, wenn für das (begrenzt) freie Annahmeverfahren einerseits Willkür oder völlige Ungebundenheit der Richter und für den Status quo andererseits volle Gebundenheit und eine garantiert vollständige Durchprüfung der materiellen Erfolgsaussichten angenommen wird. Aus den dargelegten Gründen wäre damit die Situation des Status quo zu optimistisch und sogar unzutreffend charakterisiert. Gewiß werden dabei mehr Fälle auf ihre Erfolgsaussichten hin überprüft als bei einem freien Annahmeverfahren. Daß dies aber für alle Fälle zuträfe und es sich immer um eine intensive Prüfung handele, ist eine offene Frage und letztlich angesichts der Fallzahlen fraglich. Beide Alternativen unterscheiden sich im Hinblick auf den gewährten subjektiven Rechtsschutz nicht so diametral, wie es oft behauptet wird. Ihr entscheidender Unterschied liegt vielmehr darin, daß beim sogenannten (begrenzt) freien Annahmeverfahren der Auswahlprozeß offengelegt wird, während nach geltendem Recht die wirkliche Praxis nicht durchschaubar, der – sehr starke – Auswahlprozeß nicht transparent ist. Problematisch

77 Am Ende der Entlastungsdiskussion mag es auch darum gehen, wieviel Offenheit und Durchschaubarkeit einer Institution zuträglich ist oder für sie zumindest für zuträglich gehalten wird – wieviel Schleier über der Praxis man gerade für ihren Erfolg als wichtig und angemessen hält.

ist beim Status quo auch die schon erwähnte Instrumentalisierung der Zulässigkeitsvoraussetzungen: ein beträchtliches Arsenal von stark formalisierten Anforderungen dient dem Zweck der Verschließung des Tores.[78]

Den Abschluß möge eine rechts- und institutionensoziologische Betrachtung des Entlastungsproblems bilden: Überlastung ist nicht geplant, sie ist im Rechtssystem schlecht verkraftbar. Wie andere überlastete Gerichte auch ist das Bundesverfassungsgericht das Opfer des eigenen Erfolges und der Attraktivität der (verfassungs)gerichtlichen Streitschlichtung. Die Erfahrungen mit anderen überlasteten Gerichten – mit Ausnahme des U. S. Supreme Court – zeigen, daß der (Verfassungs-)Gesetzgeber selten zu expliziten Strukturänderungen greift,[79] sondern es den Gerichten überläßt, mit der eigenen Überlastung selbst fertig zu werden und Ausweichstrategien zu entwikkeln. Deren gemeinsamer Nenner liegt darin, ausdrückliche Auswahlentscheidungen zu vermeiden, sondern die unerläßlichen Selektionen dem Geschäftsgang zu überlassen und sie so im Kontext der Entscheidungen und Begründungen zu »verbergen«. Auf diese Weise kann man das (begrenzt) freie Annahmeverfahren ablehnen und gleichwohl Elemente davon praktizieren. Grund für diese verdeckte Form der Problembewältigung dürfte sein, daß eine ausdrückliche Reform politisch als riskant und belastend gilt und man deshalb vom Gericht stille Abhilfe erwartet. Der symbolische Gehalt des Anspruchs auf subjektiven Rechtsschutz hat einen so hohen Stellenwert, daß an ihm – gegebenenfalls auch kontrafaktisch – festgehalten wird. Letztlich überläßt man es den Gerichten, in wundersamer Weise die eigentlich nicht zu bewältigende Menge am Ende doch zu erledigen. Die fehlende Transparenz des Vorgehens wird als wichtiger Beitrag zur Akzeptanz, eine öffentliche Diskussion über die Abhilfen und Alternativen dagegen als schädlich für Ansehen und symbolische Bedeutung des Verfassungsgerichts angesehen.

78 Wieland (FN 7), Art. 100 Rn. 19 f. in bezug auf die konkrete Normenkontrolle, vgl. auch Gerd Sturm, in: Sachs (Hg.), *GG*, 2. Aufl. 1999, Art. 100 Rn. 6, dort aber mit Verständnis für die strengen Maßstäbe.

79 Beim EGMR hat es 1998 eine beträchtliche Strukturreform gegeben, das Belastungsproblem ist aber geblieben und hat sich durch den Beitritt weiterer Staaten noch beträchtlich verstärkt. Von einer Änderung der Struktur kann man im Hinblick auf die Ausdifferenzierung von EuGH und EuG sprechen, aber auch hier hat sich das Belastungsproblem nicht vermindert.

Die Verfassungsrichterwahl[80] ist ein geborenes Thema der Rechtsvergleichung. In allen Ländern ist der jeweilige Modus der Richterwahl immer wieder Gegenstand der Kritik. Abwegig und durch häufige Wiederholung nicht besser ist die Forderung nach einem anderen Wahlmodus aus Verärgerung über ein Urteil. Das Spektrum der Alternativen für den Modus der Richterwahl ist begrenzt: Entweder können hohe politische Stellen, der Präsident oder die Kammern des Parlaments, die Verfassungsrichter wählen, oder ein Teil von ihnen wird durch die Richterschaft bestimmt (Selbstkooptation durch einen Richterrat). Wie immer sind die Einzelheiten von erheblichem Belang. So ist das deutsche Verfahren, das nach der Legalordnung eine Wahl der Richter durch Mitglieder des Bundestags und des Bundesrats voraussetzt,[81] faktisch zu einer Auswahl durch ganz wenige Personen geworden. Für die Ernennung der US-amerikanischen Verfassungsrichter durch den Präsidenten ist die vorherige Anhörung der Kandidaten durch den Senat ein entscheidendes Element.

Das deutsche Verfahren, insbesondere in der seit langem praktizierten konkreten Form, ist gewiß nicht voll zufriedenstellend. Nur sind in der immer wieder aufkommenden Diskussion bessere Vorschläge bislang nicht gemacht worden. Unrealistisch sind Hoffnungen, die Verfassungsrichterwahl oder ihr Vorfeld weitgehend entpolitisieren zu können. Dies wäre auch systemwidrig. Man kann nicht einerseits ein starkes Verfassungsgericht wollen, das die politischen Verfassungsorgane kräftig in die Schranken ihres Rechts verweist, und andererseits zugleich ein völlig neutralisiertes und auf unpolitischem Wege berufenes Gericht wünschen. Kooptationslösungen wie zum Teil in Spanien und mehr noch in Italien sind in der deutschen Rechtsordnung, auch bei den anderen Gerichtsbarkeiten, ein Fremdkörper, es fehlen deshalb das dafür er-

80 Dazu Klaus Kröger, »Richterwahl«, in: *FG BVerfG*, 1976, Bd. 1, S. 76 ff.; Wilhelm Karl Geck, »Wahl und Status der Bundesverfassungsrichter«, in: *HStR*, Bd. 2, § 55, S. 697 ff.; Wieland (FN 7), Art. 94, Rn. 6 (rechtsvergleichend), Rn. 7 ff. m. w. N.; Schlaich (FN 10), Rn. 40 ff.

81 § 6 Abs. 1 BVerfGG hat in bedenklicher Weise die Wahl der vom Bundestag zu wählenden Richter einem besonderen Wahlausschuß übertragen, dazu Wieland (FN 7), Art. 94, Rn. 14 m. w. N.; Voßkuhle (FN 5), Art. 94, Rn. 10.

forderliche Umfeld und die zugehörigen Mentalitäten. Überlegenswert wäre eine andere, vielleicht noch stärker geteilte Initiativberechtigung, eine stärkere Beteiligung und Ausbalancierung von mehreren Verfassungsorganen. In der deutschen Verfassungsordnung, die keinen starken Bundespräsidenten kennt, führt aber letztlich der Weg zum Parlament (Bundestag und Bundesrat) und damit zu den Parteien; wirkliche Alternativen sind deshalb nicht sichtbar. Die US-amerikanische Variante der Anhörung der Kandidaten paßt gut in das dortige System, das im Vorfeld der Ernennung von mehreren hohen Amtsinhabern umfassende Anhörungen kennt. Es paßt aber nicht in das deutsche Umfeld ohne diese Tradition und ohne jegliche Vertrautheit mit solchen Anhörungen.

Erwägenswert und insbesondere von den Richtern selbst erwogen wird die Wahl von Präsident(in) und Vizepräsident(in) durch die Richter selbst.[82] Dafür lassen sich zwar gute, aber keine zwingenden Gründe vorbringen. Daß sich die politischen Gremien dieser zentralen Auswahl- und Einflußmöglichkeit begeben könnten, ist wenig wahrscheinlich. Der zu erwartende Verbesserungserfolg erscheint geringfügig. Jedenfalls wäre damit keine Strukturreform verbunden.

6. Bilanz zur Reform von außen

Überblickt man das Spektrum an Vorschlägen für eine vom (Verfassungs-)Gesetzgeber durchzuführende Reform des Bundesverfassungsgerichts von außen, so ergibt sich ein ernüchterndes Bild: so viele Vorschläge, so wenig Erfolg und so geringe Erfolgsaussichten, so wenig argumentative Überlegenheit der Vorschläge gegenüber dem Status quo. Die einzige Ausnahme bilden die Entlastungsvorschläge, und dies deshalb, weil sie und nur sie auf eine sehr reale, aber unbewältigte Herausforderung von hohem Gewicht und Dringlichkeit antworten. Dagegen läßt sich der Kritik, das Bundesverfassungsgericht mische sich zu sehr in den Kompetenzbereich anderer Verfassungsorgane oder der Gerichte ein – ihre Richtigkeit einmal unterstellt –, durch Reformen von außen oder durch for-

82 Hans H. Klein (FN 31), S. 1150.

melle Rechtssetzung nicht begegnen. Bleibt die weitere und wichtige, aber seltener diskutierte Frage nach der Notwendigkeit und den Chancen einer Reform von innen, einer Selbstkorrektur des Gerichts.

IV. Reform von innen

1. Selbstreform im Wege einer Rechtsprechungsänderung

Ausgangspunkt der weiteren Überlegungen ist, daß zwar längst nicht die gesamte am Bundesverfassungsgericht geäußerte Kritik überzeugt, aber doch immerhin so viele erwägenswerte Gründe für eine zu große Expansion des Raums des Verfassungsrechtlichen vorgebracht worden sind, daß hinreichend Anlaß zu grundsätzlichen Überlegungen in bezug auf das Selbstverständnis des Gerichts und das (Vor-)Verständnis von seiner Rechtsprechung bleibt. Das in der Literatur häufig und auch hier kritisierte »Zuviel an Verfassungsgerichtsbarkeit« soll im weiteren auf das Thema der Verrechtlichung konzentriert werden. Der notwendigerweise gedrängte Gedankengang umfaßt fünf Schritte: (1) Was ist hohe Verrechtlichung im Verfassungsrecht, (2) was sind ihre Ursachen im Rechtssystem, (3) wie stellt sich dieses Phänomen in vergleichender Sicht dar, (4) ist eine grundsätzliche Abkehr von dieser Rechtsprechung erwartbar und erwünscht, und (5) welchen Spielraum gibt es bei der Anwendung der die Verrechtlichung fördernden Rechtsfiguren für eine Abmilderung des Trends zur Verrechtlichung (dazu unten a) bis d))?

a) Materielle Verrechtlichung und Steigerung der gerichtlichen Kontrolldichte kann als das maßgebliche Charakteristikum der Entwicklung des Öffentlichen Rechts in seiner ersten, von einer Binnenorientierung dominierten Phase der Entwicklung nach 1949 bezeichnet werden.[83] Verrechtlichung bedeutet in diesem Zusammenhang einen sehr hohen Grad an inhaltlicher Verrechtlichung des politischen Prozesses, die Ausdehnung des Vorrangs der Verfas-

83 Grundsätzlich zu dieser These und diesem Ansatz Rainer Wahl, »Die zweite Phase des Öffentlichen Rechts in Deutschland«, *Der Staat* 38 (1999), S. 495; dort auch die nähere Konkretisierung, daß die dominante Binnenorientierung gelegentliche rechtsvergleichende Ausblicke natürlich nicht ausschloß.

sung im Verhältnis zum einfachen Recht (Konstitutionalisierung), begleitet von der hohen Kontrolldichte, die die Rechtsprechung des Bundesverfassungsgerichts in den letzten 50 Jahren bewirkt hat. Genauer geht es hier nicht um die Frage, ob durch die Verfassungsgerichtsbarkeit eine Verrechtlichung überhaupt bewirkt wird,[84] dies ist selbstverständlich der Fall. Die kritische Frage richtet sich vielmehr auf Umfang und Ausmaß dieses Prozesses, gerade auch vor dem Hintergrund der besonders in diesem Zusammenhang wichtigen Verfassungsvergleichung und im Lichte von Alternativen in anderen Verfassungsstaaten (die dieses Ausmaß an Verrechtlichung und Kontrolldichte nicht aufweisen).

Verrechtlichung des Verfassungslebens entsteht, indem die Verfassungsnormen als Maßstabsnormen der verfassungsgerichtlichen Kontrolle gehaltvoll und immer gehaltvoller ausgelegt werden und allgemeine Verfassungsprinzipien zum kräftig sprudelnden Quell vielfältiger »Konkretisierungen« und Einzelausprägungen werden. Der als solcher unbestrittene Vorrang der Verfassung dehnt sich dann inhaltlich weit aus. Verrechtlichung entsteht auch dadurch, daß viele oder sogar alle Normen als justitiabel verstanden werden und traditionelle Einschränkungen der Justitiabilität aufgehoben werden. Im Ergebnis legt sich über die Schicht des Gesetzesrechts eine zusätzliche Schicht vorrangigen materiellen Verfassungsrechts: Immer mehr Konflikte und Rechtsprobleme können als verfassungsrechtliche Probleme und nicht nur als Probleme des einfachen Rechts dargestellt und begriffen werden, und immer mehr Probleme werden nicht nur von der Fachgerichtsbarkeit, sondern auch von der Verfassungsgerichtsbarkeit entschieden. Verrechtlichung und – dem folgend – Justitialisierung führen dazu, daß in der Praxis, ungeachtet der anderslautenden Regelung in Art. 19 Abs. 4 GG, die Verfassungsbeschwerde zu einem zweiten »Rechtsweg« wird, der neben und nach dem in Art. 19 Abs. 4 GG gemeinten regulären Rechtsweg steht.

84 Dazu Rainer Wahl, »Vorrang der Verfassung«, *Der Staat* 20 (1981), S. 485, 486, 487, in diesem Band S. 121, 122, 123: Daß ein Verfassungsgericht nicht nur das vorhandene materielle Verfassungsrecht anwendet und effektuiert, sondern daß es selbst zur beträchtlichen Entwicklung und Anreicherung entscheidend beiträgt, liegt auf der Hand.

b) Die einzelnen Etappen der Verrechtlichung nehmen sich auch beim – hier nur möglichen – bloßen Überblick eindrucksvoll aus. Verrechtlichung und Justitialisierung sind geschehen durch

- die Ablehnung aller die Justitiabilität der Verfassungsnormen einschränkenden Institute wie der Political-Question-Doktrin,[85] der Doktrin vom Judicial-self-restraint[86] oder der Lehre von den kontrollfreien Regierungsakten;[87] dadurch ist die Justitiabilität der Inter-Organ-Beziehungen bis zur letzten Konsequenz getrieben;
- die Interpretation praktisch aller Normen des Grundgesetzes als justitiable Vorschriften;[88] der letzte Terraingewinn war die Entwicklung der sogenannten freiheitsrechtlichen Interpretation von Art. 14 GG, mit der die traditionelle Nicht-Justitiabilität von Steuerbelastungen beendet wurde;[89]

85 Michael Piazolo, *Verfassungsgerichtsbarkeit und Politische Fragen. Die Political Question Doktrin im Verfahren vor dem Bundesverfassungsgericht und dem Supreme Court der USA,* 1994; Brugger, Grundrechte (FN 30), S. 17 ff.; Christian Rau, *Die selbst entwickelten Grenzen in der Rechtsprechung des United States Supreme Court und des Bundesverfassungsgerichts,* 1996, S. 64 ff., 228; Josef Isensee, »Verfassungsrecht als ›politisches Recht‹«, *HStR* VII, 1992, § 162, Rn. 85 ff.

86 Dazu treffend Schlaich (FN 10), Rn. 469 mit FN 11, und Voßkuhle (FN 5), Art. 93, Rn. 33.

87 Demzufolge unterliegt die Außen- und Verteidigungspolitik ebenso der Jurisdiktion der Verfassungsgerichtsbarkeit wie die Innenpolitik, dazu Badura (FN 49), S. 869 ff.

88 Die einzige Ausnahme betrifft die Rechtsprechung des Gerichts zur Bedürfnisklausel, Art. 72 Abs. 2 GG. Es ist voller Ironie, daß der verfassungsändernde Gesetzgeber des Jahres 1994 diese Zurückhaltung mit einer ausdrücklichen Verfassungsänderung glaubte entgegentreten zu müssen und sogar voller Eifer eine eigene Verfahrensart in Art. 93 Abs. 1 Nr. 2 a GG geschaffen hat.

89 Das klassische Zitat zur Nicht-Justitiabilität findet sich bei Ernst Forsthoff, »Begriff und Wesen des sozialen Rechtsstaats«, *VVDStRL* 12, 1954, S. 8, 31 f.; zum beginnenden Wandel dieser Auffassung Paul Kirchhof, »Besteuerung und Eigentum«, *VVDStRL* 39, 1981, S. 213; ihr voller Durchbruch findet sich in der bemerkenswerten und umstrittenen Entscheidung *BVerfGE* 93, 121, 149 (Sondervotum Böckenförde S. 163); sowie in E 93, 165, 172 ff.; dazu auch Paul Kirchhof, »Die verfassungsrechtliche Rechtfertigung der Steuern«, in: *Symposium Klaus Vogel,* 1996, S. 27 ff.; Klaus Vogel/Christian Waldhoff, *Bonner Kommentar, Grundgesetz,* Vorb. zu Art. 104a-115, Rn. 532-547. Zur Gegenmeinung vgl. Joachim Wieland, »Freiheitsrechtliche Vorgaben für die Besteuerung von Einkommen«, *DStJG (Dt. Steuerjuristengesellschaft)* 24, 2001, S. 29 ff. – Zum Ganzen ders., »Steuerstaat, Finanzverfassung und föderaler Ausgleich«, in: *FS BVerfG,* 2001, Bd. 2, S. 771 ff.; sowie Klaus Vogel, »Die Steuergewalt und ihre Grenze«, ebd., S. 527 ff.

– die Expansion der Rechtsprechung zur Finanzverfassung und insbesondere zum Finanzausgleich;
– das Zurückdrängen von Ermessensspielräumen und die Doktrin von der einzig richtigen Entscheidung bei unbestimmten Rechtsbegriffen;
– die Verrechtlichung der besonderen Gewaltverhältnisse.[90]

Am Ende lassen sich »weiße Flecken auf der Karte der Verfassungsjudikatur«[91] kaum mehr finden. Neben diesen das Thema der Justitiabilität betreffenden Entwicklungen gibt es eine kräftige allgemeine Tendenz des materiellen Öffentlichen Rechts von großer Dynamik und mit erheblichem Wachstumspotential für den Prozeß der Verrechtlichung (und für den Umfang der gerichtlichen Kontrolle). Sie ist an anderer Stelle ausgeführt;[92] einige wenige Stichworte seien angeführt:
– die ausgeprägte Individualisierung des materiellen und des Prozeßrechts;
– die Expansion des subjektiv öffentlichen Rechts;
– noch bedeutsamer die Expansion der Grundrechtsdogmatik durch die »Entdeckung« der objektivrechtlichen Dimension,[93] die ihrerseits zum Quell zahlreicher neuer Grundrechtsbedeutungen geworden ist[94] und durch die ausgeweitete Grundrechtsdog-

90 Der dafür ursächliche Strafgefangenen-Beschluß (*BVerfGE* 33, 1 ff.) gehört zu den weichenstellenden Urteilen (im Sinne des Textes unten), die eine grundsätzliche Wende bewirkten, dabei aber nur ganz kurz argumentierten. Nicht viel anders ist der Duktus der entscheidenden Passagen im Lüth-Urteil, *BVerfGE 7*, 198, 204 ff.

91 So der Titel von Roman Herzog, in: *FS Bernhardt*, 1995, S. 323, der einige Flecken doch noch findet, dort auch S. 333 f. zum obigen Text parallele Bemerkungen über die Präzisierungen und Verfeinerungen einer kontinuierlichen Rechtsprechung: »Das Bundesverfassungsgericht hat von dieser Chance des Einflusses auf die Rechtsentwicklung in einem Maß Gebrauch gemacht, daß man sich manchmal die Frage stellt, ob nicht die Grenzen des Vernünftigen bereits erreicht sind«. Unter dem Gesichtspunkt der Reform von innen fragt man sich jedoch auch, wer anders als die Richterinnen und Richter dies ändern könnte, aber auch sollte.

92 Wahl, »Zweite Phase« (FN 83), S. 496 ff.

93 Dazu zuletzt – zustimmend – Friedhelm Hufen, Entstehung und Entwicklung der Grundrechte, *NJW* 1999, S. 1504 ff.

94 Dazu Böckenförde (FN 75), S. 1 ff.; ders., *Zur Lage der Grundrechtsdogmatik nach 40 Jahren Grundgesetz*, 1990. Treffend beschrieben von: Waltraud Rupp-v. Brünneck, »Verfassungsgerichtsbarkeit und gesetzgebende Gewalt«, *AöR*, Bd. 102, 1977, S. 1/13.

matik zugleich zu einem Kompetenzzuwachs für das Bundesverfassungsgericht geführt hat;
- die Etablierung des Verhältnismäßigkeitsprinzips als dem Superprinzip der gesamten Rechtsordnung einschließlich der gehaltvollen Prüfung der Verhältnismäßigkeit im engeren Sinne;
- die Verfassungsabhängigkeit des einfachen Rechts (Konstitutionalisierung) in dem Maß, daß das Gesetzesrecht als »einfaches« Recht begriffen wird;
- die Etablierung der Abwägung als genereller Entscheidungsmethode.

Bekanntlich haben die hier skizzierten Entwicklungen zur Verrechtlichung und zur Expansion der Verfassungsjudikatur ihre Grundlage im wesentlichen in drei epochalen Entscheidungen, der Trias von Elfes-, Lüth- und Apotheken-Urteil.[95] Durch jede dieser Entscheidungen, am deutlichsten durch das Lüth- und das Apotheken-Urteil, ist ein Verrechtlichungsschub, ja geradezu ein Verrechtlichungsprogramm begründet worden, die bis heute anhalten.[96] Das Elfes-Urteil hat H. P. Schneider[97] als Arbeitsbeschaffungsprogramm gigantischen Ausmaßes bezeichnet und damit nur ein wenig überzeichnet. Das Apotheken-Urteil hat nicht das Verhältnismäßigkeitsprinzip als solches, sondern eine Anwendung dieses Prinzips begründet, bei der das als solches relativ maßstabsarme allgemeine Prinzip in folgenreicher Weise angereichert worden ist.

In noch größerem Maße treibt die Lüth-Rechtsprechung[98] mit ihrer Doktrin von der objektivrechtlichen Dimension der Grundrechte die Verrechtlichung voran. Im Gefolge dieser wohl folgenreichsten und vom Bundesverfassungsgericht und der Wissenschaft zur gesamten Hand ausgestalteten Innovation strahlen Grundrechte ins einfache (Privat-)Recht aus, der ausgeweitete Gehalt des Grundrechts ist im einfachen Recht zu beachten. Was diese Innovation ambivalent hat werden lassen, ist die Unschärfe der einschlägigen

95 *BVerfGE* 6, 32; 7, 198; 7, 377.

96 Dazu auch Wahl, »Zweite Phase« (FN 83), S. 499 ff., 502 ff., sowie Wahl/Rottmann (FN 12), S. 362 ff., 365 ff.

97 Hans-Peter Schneider, »50 Jahre Grundgesetz«, *NJW* 1999, S. 1497, 1500.

98 Dazu zuletzt Christian Starck, »Das Grundgesetz nach fünfzig Jahren: bewährt und herausgefordert«, *JZ* 1999, S. 473, 481 ff.; Wilhelm Hennis, »Integration durch Verfassung?«, *JZ* 1999, S. 485, 492 f.; Winfried Brohm, »Die Funktion des BVerfG – Oligarchie in der Demokratie?«, *NJW* 2001, S. 1, 5 ff.

Formeln, die sich trotz jahrzehntelanger Bearbeitung durch Wissenschaft und Rechtsprechung einer ausreichenden methodischen Disziplinierung und Kanalisierung entziehen. Wo die materiellrechtliche Bändigung fehlt, eröffnen sich Spielräume zugunsten des Letztentscheidungsbefugten. Wegen – oder dank – dieser Unschärfen kann das Gericht bei Bedarf den in Frage stehenden Gehalt des Grundrechts forciert auslegen, die Ausstrahlungswirkung steigern und damit zugleich die Verrechtlichung im Verfassungsrecht vorantreiben. Die Unschärfe der Grundformeln ist Ursache und Quelle davon, daß das Maß an Verrechtlichung[99] wie auch der Kontrolldichte kaum determiniert ist, sondern von der Praxis des Gerichts und seinen diskretionären Entscheidungen abhängt.

c) Bei diesem Bild grundlegender Entwicklungen in der deutschen Verfassungsrechtsprechung und Dogmatik drängt sich die Frage auf, ob es sich dabei um die Regel in allen Verfassungsgerichtsbarkeiten in der Welt oder um eine Singularität beziehungsweise Seltenheit handelt. Erneut ist die Verfassungsvergleichung gefordert. Das hohe Lob, das dem Bundesverfassungsgericht international gezollt wird, ist ein erster Hinweis darauf, daß es sich um primäre und originäre Leistungen und Entwicklungen handelt. Generell wird man – auch ohne hier Einzelanalysen anstellen zu können – eine Aussage wiederholen und verallgemeinern können, die im Hinblick auf die – insoweit gleichgelagerte – Verwaltungsgerichtsbarkeit gemacht worden ist, daß nach dem vorliegenden Material der Rechtsvergleichung »die Intensität der materiellen Gerichtskontrolle in den andern europäischen Staaten hinter den deutschen Standards erheblich zurückbleibt«.[100] Diese Aussage kann man um so eher auf das Verfassungsrecht übertragen, als die Entwicklungen im Verwaltungsrecht und der Verwaltungsgerichtsbarkeit maßgeblich von der grundlegenden Verfassungsjudikatur bestimmt worden sind, die insofern die gesamte Entwicklung im Öffentlichen Recht und die

99 Es kann nicht überraschen, daß die Literatur dem Bundesverfassungsgericht auf diesem Weg, die Kategorie des vorrangigen Verfassungsrechts anzureichern, gerne gefolgt ist und ihrerseits einen bedeutsamen Anteil am Wachstum des Verfassungsrechts geleistet hat. Die größten Wachstumserfolge verzeichnet die Gutachtenliteratur, ihr gegenüber ist das Gericht geradezu ein zurückhaltendes Gericht.

100 Eberhard Schmidt-Aßmann, »Die Kontrolldichte der Verwaltungsgerichte: Verfassungsgerichtliche Vorgaben und Perspektiven«, *DVBl.* 1997, S. 281, 283.

Rechtskultur nach 1949 bestimmt hat. Ob europäische Verfassungsordnungen mit der deutschen vergleichbar sind oder nicht, entscheidet sich vor allem bei der strategisch wichtigen Frage, ob dort die objektive Dimension der Grundrechte anerkannt ist, und vor allem, ob sie intensiv angewendet wird oder nicht. Die hier angenommene Spitzenstellung der deutschen Verfassungsordnung im Hinblick auf Verrechtlichung und Justitialisierung dürfte sich im Rechtsvergleich vor allem dann testen lassen, wenn man nicht nur nach der generellen Anerkennung der einschlägigen Institute, sondern nach ihrer tatsächlichen Anwendung fragt. Das Verhältnismäßigkeitsprinzip beispielsweise hat in den letzten Jahrzehnten einen beispiellosen Siegeszug durch die Rechtsordnungen der Welt angetreten. Dies bedeutet aber noch lange nicht, daß es überall gleich intensiv und ausdifferenziert angewendet wird.[101] Zwischen der Übernahme des Prinzips, wie etwa im englischen Recht vor einigen Jahren, und seiner ausgefeilten Entfaltung als Obermaßstab des gesamten Rechts, wie in der deutschen Rechtsordnung liegen Welten – und genau diese Unterschiede sind hier entscheidend.

d) Angesichts des sehr hohen deutschen und des niedrigeren Niveaus an Verrechtlichung in anderen Ländern scheint die Frage nahezuliegen, durch Aufgabe der grundlegenden Rechtsprechung, insbesondere der Elfes- und Lüth-Rechtsprechung, einen anderen Weg einzuschlagen (der dann vielleicht größere Gemeinsamkeiten mit anderen Verfassungsordnungen mit sich bringen könnte). Dies wäre ein vorschneller Gebrauch der Rechtsvergleichung. Häufig, wenn nicht regelmäßig bieten die Ergebnisse der Rechtsvergleichung keine ausreichenden Gründe für einen eigentlichen Systemwechsel; fruchtbar können sie aber auf die Art und Weise der Anwendung des eigenen Weges einwirken – so auch hier. Vor allem kann die Bilanzierung von Vor- und Nachteilen unterschiedlicher Gestaltungen in verschiedenen Ländern nicht ohne weiteres einen

101 Das Verhältnismäßigkeitsprinzip stellt die Verfassungsvergleichung vor beträchtliche Schwierigkeiten; man darf bei einem Vergleich nicht an der Oberfläche bleiben, sondern muß die Praxis der Anwendungen einbeziehen. Entscheidend ist zum Beispiel die Frage, in welcher Intensität die Geeignetheit und die Erforderlichkeit geprüft werden, welche Nachweise für ihr Vorliegen erbracht werden müssen. Ähnlich wichtig ist es, ob die dritte Stufe der Verhältnismäßigkeit im engeren Sinn als relevante Prüfungsstufe existiert oder nicht.

hochbedeutsamen Umstand einbeziehen. In allen Rechtsordnungen gibt es Weichenstellungen, die zur Ausbildung eines »perfekten«, eigenen Systems führen. Solche Weichenstellungen sind durch den Nachweis einiger Vorteile in einer anderen Rechtsordnung allein nicht zu korrigieren. Genau um diesen Vorgang der Ausbildung eines eigenen Pfades hat es sich aber bei der Trias der weichenstellenden Urteile gehandelt: Die entscheidenden Neuerungen und Prinzipien wurden zu Marksteinen der Entwicklung, weil von ihnen Ketten an verfassungsrechtlichen Entscheidungen und ganze Bibliotheken an kommentierender und systematisierender Literatur ausgingen. Solche *Weichenstellungen* der Rechtsprechung und sogar der Rechtsentwicklung sind nicht bloß bedeutsame, nicht bloß »große« Urteile, sondern sie sind mehr, weil sie ein neues Grundrechts- oder Verfassungsverständnis begründet haben. Ihre Bedeutung reicht tiefer, und sie ist grundsätzlicher, als wenn nur eine interessante, dogmatische Figur entwickelt worden wäre. Diese Entscheidungen entwickeln eine neue (Hintergrund-)Theorie zum Beispiel für die Interpretation der Grundrechte, und die mit ihnen begründete Verfassungsrechtsprechung wäre deshalb nur revidierbar, wenn eine neue, andere Hintergrundtheorie angeboten würde. Insofern sind diese Weichenstellungen in einem gewissen Sinne kritik- und änderungsresistent, jedenfalls bis zur Entwicklung einer großen Alternative.[102]

Da somit die starken Kräfte für die ausgeprägte Verrechtlichung zwar identifiziert werden konnten, die zugrundeliegenden Entscheidungen beziehungsweise Weichenstellungen im beschriebenen Sinne aber zugleich bedeutsamer Bestandteil der Verfassungsrechtskultur sind, ist eine Korrektur sehr erschwert und deshalb nicht wahrscheinlich. Aus diesem Grund ist auch die verbreitete Kritik an der Lüth-Rechtsprechung[103] für die gelebte deutsche Rechtsord-

102 Jedenfalls für diese weichenstellenden Entscheidungen des Bundesverfassungsgerichts dürfte auch im deutschen System eine Art Bindung gelten, die sonst nur aus dem *case law*-System bekannt ist.

103 Ernst-Wolfgang Böckenförde, *Gesetz und gesetzgebende Gewalt*, 2. Aufl. 1981, S. 375 (402); ders., *Grundrechte* (FN 75), S. 25; Christian Starck (Hg.), *Rangordnung der Gesetze*, 1995, S. 39 (44 ff.); Udo Di Fabio, *Das Recht offener Staaten*, 1998, S. 75 ff., Peter Lerche, »Grundrechtswirkungen im Privatrecht, Einheit der Rechtsordnung und materielle Verfassung«, in: *FS Odersky*, 1996, S. 215 (216 f., 222 f.).

nung folgenlos geblieben. Eine solche große Korrektur erscheint auch nicht erforderlich oder wünschenswert. Die objektive Dimension der Grundrechte gehört zum gewachsenen, positiven Bestand des Öffentlichen Rechts in der Entwicklung nach 1949 und ist ein wichtiger Teil des deutschen »Pfades« im Verfassungsrecht. Daß die Folgen der Lüth-Rechtsprechung schlechthin negativ wären und etwa der Jurisdiktionsstaat unvermeidbar vor der Tür stünde, ist nicht dargetan. Nicht das »Ob« der Lüth-Rechtsprechung als einer Eigenart der deutschen Entwicklung ist diskussionsbedürftig und fragwürdig, sondern das »Wie« und das Ausmaß ihrer Anwendung.[104]

Genau dies ist nun der systemgerechte Ort für eine fruchtbare Verfassungsvergleichung.[105] Ihre Ergebnisse, vor allem der durch sie vermittelte Eindruck vom beträchtlichen Abstand zwischen der deutschen Verfassungsrechtsordnung und der anderer europäischer Staaten gibt für die deutschen Verfassungsjuristen hinreichenden Anlaß, über Tempo und Intensität des Voranschreitens auf dem eingeschlagenen Weg nachzudenken und sich zu fragen, ob die weitere Entwicklung völlig der Eigendynamik und inneren, systemimmanenten Wachstumstendenz der Verrechtlichung überlassen bleiben soll. Der Vergleich kann auch die Überlegung anregen, daß die Abstände zwischen den europäischen (Verfassungs-)Rechtsordnungen, was den Grad an Verrechtlichung und Justitiabilität betrifft, nicht so groß bleiben müssen – und mit Blick auf eine zunehmende Rechtsharmonisierung auch nicht sein können – wie derzeit und daher eine Verkürzung dieser Abstände ohne Aufgabe der eigenen Pfade möglich und sinnvoll ist. Die deutsche Rechtsordnung leidet nicht unter zuwenig Verfassungsrecht und zu wenigen verfassungsrechtlichen Maßstäben oder gar einem Defizit an Rechtsschutz. Ihre Probleme liegen eher in dem zu großen Wachstum des (Verfas-

104 Dazu neuerdings die beiden Habilitationsschriften von Matthias Jestaedt, *Grundrechtsentfaltung im Gesetz*, 1999; und Martin Gellermann, *Grundrechte in einfachgesetzlichem Gewande*, 2000. Eine Auseinandersetzung mit den unterschiedlich argumentierenden Schriften ist an dieser Stelle nicht möglich.

105 Rechtsvergleichung ersetzt die Innensicht durch die Außensicht. In der Innensicht kann man nur begrenzt beurteilen, ob ein eingeschlagener Weg in einer maßvollen Weise begangen wird oder ob es zu Übertreibungen kommt. In der Innensicht kann man schlecht beurteilen, ob die Eigenlogik des eigenen Weges zu sehr dominiert, ob es zu Einseitigkeiten in der Verfolgung des eigenen Weges kommt.

sungs-)Rechts. Bei allen dazu notwendigen Überlegungen sollte man sich von der Einsicht leiten lassen, daß das Maß an Verrechtlichung und gerichtlichen Kontrollen der Optimierung bedarf, nicht der Maximierung.

So sollen diese Gedanken zur Selbstreform des Bundesverfassungsgerichts enden mit einer kleinen Bitte an das Gericht um gelegentlich etwas weniger Verfassungsgerichtsbarkeit[106] – im Interesse der Spielräume für die politischen Prozesse und im Interesse der Entfaltung der Fachgerichtsbarkeiten und des Gesetzesrechts.

2. *Das Bundesverfassungsgericht als Teil einer Gesamtarchitektur von Verfassungsgerichten in Europa*

Unter einem weiteren Aspekt wird ein gravierender Wandel im Selbstverständnis unvermeidbar und von außen, von der europäischen Entwicklung geradezu abgefordert, nämlich in bezug auf die Positionsbestimmung des Bundesverfassungsgerichts in seinem europäischen Umfeld. Das große Thema der Europäisierung von Verfassungsrechtsprechung beziehungsweise der Verfassungsgerichte in Europa kann hier nicht einmal ansatzweise behandelt werden,[107] im vorliegenden Zusammenhang[108] sind lediglich einige Konsequenzen aufzuzeigen.

106 Um der zu erwartenden Kritik beziehungsweise Empörung die Spitze zu nehmen: es handelt sich nicht um eine Maxime für jeden Einzelfall, sondern um eine Tendenzaussage für die Rechtsprechung insgesamt und um eine Aussage, wie »im Zweifel« zu verfahren sei.

107 Ausführlich mit zahlreichen Literaturnachweisen Jochen Frowein, »Die ›Europäisierung‹ des Verfassungsrechts«, und Jürgen Schwarze, »Das ›Kooperationsverhältnis‹ des Bundesverfassungsgerichts mit dem Europäischen Gerichtshof«, beide in: *FS BVerfG*, 2001, Bd. 1, S. 209, 223; umfangreiche Literaturnachweise von Voßkuhle (FN 5), Art. 93, Rn. 208; Jutta Limbach, »Die Kooperation der Gerichte in der zukünftigen europäischen Grundrechtsarchitektur. Ein Beitrag zur Neubestimmung des Verhältnisses von Bundesverfassungsgericht, Gerichtshof der Europäischen Gemeinschaften und Europäischem Gerichtshof für Menschenrechte«, *EuGRZ* 2000, S. 417; Wolfgang Graf Vitzthum, »Gemeinschaftsgericht und Verfassungsgericht – rechtsvergleichende Aspekte«, *JZ* 1988, S. 161 ff.

108 Einige Überlegungen schon in Wahl, »Quo vadis ...« (FN 27), S. 106 ff., dort S. 105 auch drei »Gleichungen« zur Abhängigkeit des Gewichts der nationalen Verfassungsgerichtsbarkeit von der Bedeutung der – nationalen – Verfassung.

Das Bundesverfassungsgericht ist ganz erheblich durch die europäische Integration und die dadurch eingetretene Ausweitung seines Umfelds betroffen. Längst ist der entscheidende Bezugsrahmen nicht mehr nur der nationale Binnenraum oder das nationale Gerichts- und Politikfeld, sondern der europäische Rechts- und Verfassungsraum. Für das Bundesverfassungsgericht bedeutet dies nicht mehr und nicht weniger als den Wandel vom Solitärgericht an der Spitze einer Pyramide hin zum Mitspieler in einem größeren Konzert von Höchstgerichten. Das nationale Verfassungsgericht ist einbezogen in einen Pluralismus von Verfassungsgerichtsbarkeiten. Entstanden und weiter im Ausbau ist ein Verbund des Bundesverfassungsgerichts mit dem Europäischen Gerichtshof und dem Europäischen Gerichtshof für Menschenrechte sowie mit den anderen nationalen Verfassungsgerichten; der Grundrechtsschutz in Europa wird in einer Arbeitsteilung wahrgenommen.

Selbstverständlich judiziert jedes dieser Gerichte auch in Zukunft – nur – in seinem eigenen Zuständigkeitsbereich. Verbunden sind sie weniger im Hinblick auf die konkreten Fälle, sondern im Hinblick auf die allgemeine Aufgabe, den werdenden europäischen Verfassungsraum mit einem gemeineuropäischen Verfassungsrecht und einer zugehörigen Verfassungsrechtstradition auszufüllen. Insofern erlangt eben doch manches einzelne Urteil eines nationalen Verfassungsgerichts, das in voller formeller Selbständigkeit und Eigenständigkeit ergeht, über die nationalen Grenzen hinaus Bedeutsamkeit für diesen größeren Prozeß. Jedes nationale Verfassungsgericht *kann* ausschließlich oder dominant binnenorientiert urteilen; niemand kann es an dieser Orientierung hindern. Zukunftsträchtig könnte man eine solche Orientierung nicht nennen. Wenn aber diese Aufforderung zum Dialog und zur Kooperation angenommen wird, wenn die eigene Rechtsprechungstradition und ihre Weichenstellungen im Lichte der Alternativen der anderen reflektiert wird, dann können daraus Modifikationen und Umorientierungen der deutschen Verfassungsjudikatur in einem Ausmaß entstehen, das man sich heute vielleicht noch gar nicht vorstellen kann.

Diese grundsätzlich neue Konstellation bedingt zwingend quantitativ und qualitativ gesteigerten Kontakt untereinander. Die anderen Gerichte und ihre Rechtsprechung müssen verstärkt wahrgenommen, der Dialog untereinander auf Dauer sichergestellt werden. Die

»Zweite Phase« und zunehmende Bedeutung der Außenorientierung[109] hat für die Verfassungsgerichtsbarkeit ähnlich große Konsequenzen wie für andere Organe auch. Der Bezugsrahmen des Bundesverfassungsgerichts ist nicht mehr allein die deutsche (Verfassungs-)Rechtsordnung, das Recht *in* Deutschland besteht nicht mehr nur aus deutschem Recht. Im Verhältnis zum Europäischen Gerichtshof können nicht mehr Distanz und Abwehr gelten, sondern das einseitig verstandene Kooperationsverhältnis des Maastricht-Urteils[110] muß zu einem echten Kooperationsverhältnis werden. Das europäische Gemeinschaftsrecht ist keine periphere Kategorie, sondern es stellt allen beteiligten Verfassungsgerichten die anspruchsvolle, zukunftsträchtige Aufgabe, den europäischen Verfassungsraum und insbesondere den Grundrechtsschutz durch Richterrecht mitzugestalten. Wer dabei erfolgreich zusammenarbeiten will, muß fundierte Kenntnisse voneinander haben und sich mit der jeweiligen Rechtsprechung, ihren Grundentscheidungen und Prämissen auseinandersetzen. Richtig ist aber auch: Wer arbeitsteilig zusammenarbeitet, soll und muß einen eigenen Standpunkt und ein eigenes Konzept von Verfassungsgerichtsbarkeit und von Verrechtlichung und Justitiabilität haben. Gleichzeitig kann man aber nicht erwarten, daß sich am Ende immer das eigene Konzept behauptet. Auch und besonders aus diesem Grund kann sich die deutsche Verfassungsgerichtsbarkeit nicht mehr mit der immanenten Fortsetzung ihrer bisherigen Rechtsprechungskonzepte begnügen und sozusagen unbeirrt ihren Pfad einfach fortsetzen. Die eigenen Rechtsprechungstraditionen müssen notwendigerweise mit denen der anderen Gerichte in Kontakt und in einen vergleichenden Dialog treten. Jedes der beteiligten Verfassungsgerichte muß seine Konzepte dem Rechtfertigungszwang und der Kritik aussetzen, die aus Gegenüberstellung und Vergleich ganz natürlich entstehen.

Ein weiteres Mal und mit großer Dringlichkeit stellt sich die Notwendigkeit, andere Rechtsprechungstraditionen und Verfassungsverständnisse produktiv zu reflektieren. Diesmal geht es nicht nur um die Frage, ob der eigene Weg der »richtige« ist und »richtig« beschritten wird, sondern in dem jetzt ausgeweiteten Bezugsfeld steht

109 Wahl, »Zweite Phase« (FN 83), S. 495 f., 498 ff., 501.
110 *BVerfGE* 89, 155; zur Literatur dazu vgl. FN 107, dort m. w. N.

zur Diskussion, welchen Beitrag das Bundesverfassungsgericht als nationales Gericht für das gemeinsame Ziel und die – auf jeden Fall gegebene – gemeinsame Aufgabe der Entwicklung eines gemeineuropäischen Verfassungsrechts und einer europäischen Architektur der Verfassungsgerichte leisten kann. Diese gewaltige Herausforderung dürfte ein weiterer beträchtlicher Anstoß von außen sein, um eine Reformdiskussion von innen auszulösen. Wer in den ersten 50 Jahren so viel aufgebaut hat, kann in der zweiten Phase ruhig dem Ausbau, Umbau oder Einbau der eigenen Verfassungsjudikatur in größere Zusammenhänge entgegensehen. Einer Reform der Institution von außen bedarf es dazu nicht; die in diesem Zusammenhang entscheidende »Reform« von Staat und Verfassung hat schon unter anderem Namen stattgefunden – unter dem Namen der europäischen Integration.

8. Das Bundesverfassungsgericht im europäischen und internationalen Umfeld

I. Die Expansion der Verfassungsgerichtsbarkeit

Das 20. Jahrhundert hat in seiner zweiten Hälfte einen 1945 nicht vorhergesehenen globalen Siegeszug der Verfassungsgerichtsbarkeit erlebt.[1] Das Bundesverfassungsgericht, im Grundgesetz des Jahres 1949 vorgesehen und 1951[2] errichtet, ist ein Teil dieses Prozesses und zugleich in bedeutendem Maße auch Impulsgeber dieser Entwicklung.[3] Vor 1945 hat es nur in 4 Ländern eine Verfassungsgerichtsbarkeit unterschiedlichen Umfangs gegeben, so im klassischen Pionier- und Mutterland der Verfassungsgerichtsbarkeit, den USA, in der Schweiz, in Österreich und in Irland.[4] Erst nach 1945 beginnt die bis zur unmittelbaren Gegenwart andauernde Expansion der Verfassungsgerichtsbarkeit.[5] Den Anfang machten Staaten mit Diktaturerfahrungen in der ersten Hälfte des Jahrhunderts wie Italien (1948/1956) und die Bundesrepublik Deutschland (1949/51). Diesem Muster folgten in den siebziger Jahren Spanien, Portugal und Griechenland nach ihrem Systemwechsel zur Demokratie und nach 1989 die »Transformationsstaaten« in Ost- und Südosteuropa. Längst aber hatte sich die Verfassungsgerichtsbarkeit als adäquater Ausdruck und Schlußstein des Verfassungsstaats so überzeugend bewährt, daß die Institution auch ohne Systemwechsel zum Nor-

1 So schon 1976 Peter Häberle, in: ders. (Hg.), *Verfassungsgerichtsbarkeit*, 1976, S. XI.

2 Das BVerfG ist in Art. 92 und 93 GG (1949) vorgesehen. Das in Art. 94 II GG vorgesehene Gesetz über das BVerfG vom 12. März 1951 trat im April 1951 in Kraft. Aufgrund der Verzögerungen bei der Richterwahl konnte das Gericht seine Tätigkeit erst am 8. September 1951 aufnehmen; mit Staatsakt vom 28. September 1951 wurde das Gericht feierlich eröffnet.

3 Michael Fromont, *La justice constitutionnelle dans le monde*, 1996, S. 17 ff., spricht von drei Generationen der Verfassungsgerichtsbarkeit, von denen das BVerfG die zweite anführt.

4 Seine Funktion als Verfassungsgericht nahm der U. S. Supreme Court 1803, das Schweizerische Bundesgericht 1874 und der Österreichische Verfassungsgerichtshof 1920 auf. Auch die irische Verfassung von 1937 sah einen Supreme Court nach dem amerikanischen Modell vor, dazu Fromont (FN 3), S. 19.

5 Zum Unterschied zwischen verselbständigter und in die Gerichtsbarkeit integrierter Verfassungsgerichtsbarkeit s. unten II.1.

malbestandteil einer gewaltenbalancierenden Verfassung wurde, so in Belgien (1984), länger schon in den skandinavischen Staaten, und verbreitet auch außerhalb Europas zum Beispiel in den Commonwealth-Ländern (Australien, Kanada, Indien), in Lateinamerika, in Afrika und Ostasien.[6] Ganz fehlt eine Verfassungsgerichtsbarkeit zum Beispiel in den Niederlanden.[7]

Als neue Institution des deutschen Staatslebens hat das BVerfG rasch den normativen Mantel des Grundgesetzes und des Bundesverfassungsgerichtsgesetzes wirkungsvoll ausgefüllt, sich seinen Platz als oberster verbindlicher Interpret des Verfassungsrechts und der Verfassung gesichert und vor allem grundsätzliche Anerkennung gefunden.[8] Das Wort vom *Gang nach Karlsruhe* ist in Deutschland so sprichwörtlich geworden wie der Satz, daß Karlsruhe entschieden hat. Zu Recht hat vor zwei Jahren anläßlich des 50jährigen Jubiläums des Grundgesetzes einer der besten ausländischen Kenner des deutschen Verfassungsrechts, der Franzose Michel Fromont, den Satz geprägt: »Das Bundesverfassungsgericht ist die einzige völlige Neuschöpfung des Grundgesetzes. Es ist auch die auf der ganzen Welt wohl bekannteste deutsche Einrichtung.«[9] In der Tat bedeutete die Einführung einer umfassenden, eigenständigen Verfassungsgerichtsbarkeit einen qualitativen Entwicklungsschub für das deutsche Staatsrecht. Das Bundesverfassungsgericht und seine Rechtsprechung haben wiederholt als Vorbild gewirkt, wie überhaupt ein beträchtlicher Einfluß des deutschen Verfassungsrechts in Spanien,[10] Portugal, Südkorea und Südafri-

6 Eine tabellarische Übersicht über die Verfassungsgerichtsbarkeit in der Welt zum Stand 30. 8. 1991 bei Karl-Georg Zierlein, »Die Bedeutung der Verfassungsrechtsprechung für die Bewahrung und Durchsetzung der Staatsverfassung. Ein Überblick über die Rechtslage in und außerhalb Europas«, *EuGRZ* 1991, S. 301, 341.

7 Ihre Verfassung (Art. 120) verbietet dem Richter die Beurteilung der Verfassungsmäßigkeit von Gesetzen und Verträgen.

8 Eine Anerkennung, die durch manchen aufwallenden Unmut aus Anlaß einzelner umstrittener Urteile nicht wirklich beeinträchtigt wurde und wird.

9 Michel Fromont, »Das Bundesverfassungsgericht aus französischer Sicht«, *DÖV* 1999, S. 493.

10 Dazu differenziert Francisco Rubio Llorente, »Die Verfassungsgerichtsbarkeit in Spanien«, in: Christian Starck/Albrecht Weber (Hg.), *Verfassungsgerichtsbarkeit in Europa*, Teilband I: Berichte, 1986, S. 249, sowie Pedro Cruz Villalón, »Landesbericht Spanien«, in: Christian Starck (Hg.), *Grundgesetz und deutsche Verfassungsrechtsprechung im Spiegel ausländischer Verfassungsentwicklung*, 1990, mit Landesbe-

ka[11] zu verzeichnen ist. Ähnlich verhält es sich in den südosteuropäischen und osteuropäischen Staaten und ihren neuen Verfassungsgerichtsbarkeiten.[12] Neben dem Supreme Court zählt das Bundesverfassungsgericht zu den Verfassungsgerichten mit der größten Ausstrahlung auf andere Gerichte.[13]

II. Überblick über die Landschaft der Verfassungsgerichte

1. Die Typen der Verfassungsgerichtsbarkeit

Für einen ersten Überblick über die weite Landschaft der Verfassungsgerichte in der Welt empfiehlt sich die vielfach verwendete und schon klassisch gewordene Einteilung in zwei Typen der Verfassungsgerichtsbarkeit.[14] Der eine Typ ist das *amerikanische*, erst-

richten; S. 193 ff. Dezidiert ders., Bericht Spanien, in: Ulrich Battis/Ernst Mahrenholz/Dimitris Tsatsos (Hg.), *Das Grundgesetz im internationalen Wirkungszusammenhang der Verfassungen*, 1990, S. 93: »Es gilt in Spanien als unbestritten, daß das Bonner Grundgesetz die ausländische Verfassung ist, die den größten Einfluß auf unsere Verfassung von 1978 ausgeübt hat. (...). Wenn man vom Europäischen Gerichtshof für Menschenrechte absieht, so ist die Rechtsprechung des BVerfG auch diejenige, die vom spanischen Verfassungsgericht am meisten berücksichtigt wird.«

11 Zu allen vier Ländern ausführlich Juliane Kokott, »From Reception and Transplantation to Convergence of Constitutional Models in the Age of Globalisation – with special References to the German Basic Law«, in: Christian Starck (Hg.), *Constitutionalism, Universalism and Democracy – a comparative analysis*, 1999, S. 71-134 ff., mit vielen Einzelbelegen zu direkten und indirekten Rezeptionen und Transplantaten.

12 Andreas Zimmermann, »Bürgerliche und politische Rechte in der Verfassungsrechtsprechung mittel- und osteuropäischer Staaten unter besonderer Berücksichtigung der Einflüsse der deutschen Verfassungsgerichtsbarkeit«, in: Jochen A. Frowein/Thilo Marauhn (Hg.), *Grundfragen der Verfassungsgerichtsbarkeit in Mittel- und Osteuropa*, 1998, S. 89 ff. Ständige Berichte und Aufsätze über die Entwicklungen in (Süd-)Osteuropa finden sich in der Zeitschrift für Osteuroparecht; vgl. auch die Nachweise unten FN 52.

13 Ausführlich ist der internationale Wirkungszusammenhang zwischen den Verfassungsgerichten anläßlich des 40. Jubiläums des Grundgesetzes in zwei großen Sammelbänden dokumentiert worden, s. Starck (FN 10); Battis u. a. (FN 10). – In beiden Sammelbänden finden sich zu allen hier behandelten Fragen des (wechselseitigen) Einflusses des BVerfG auf eine Reihe von anderen Verfassungsgerichten vielfältiges Material; darauf sei generell verwiesen.

14 So schon Mario Cappelletti/Theo Ritterspach, »Die gerichtliche Kontrolle der

mals beim Supreme Court ausgebildete Modell, bei dem Verfassungsgerichtsbarkeit als Funktion, nicht als eigene Institution erscheint und sie deshalb vom obersten Gericht wahrgenommen wird. Der S. C. vereinigt die Funktionen des obersten Gerichts im normalen Instanzenzug mit der Funktion der Verfassungsgerichtsbarkeit in einem einheitlichen Gericht (Einheitsmodell).[15] Zu diesem Typ gehören die meisten Staaten des Commonwealth wie Australien, Neuseeland, Kanada, Indien sowie auch Irland, die Schweiz und die skandinavischen Staaten und auch die Mehrzahl der südamerikanischen Länder.[16] Demgegenüber hat erstmals der Verfassungsgerichtshof in Österreich und dann das BVerfG den Typ des eigenständigen und damit institutionell verselbständigten Gerichts verwirklicht (*österreichisch-deutsches Modell*).[17] In Europa hat in den letzten Jahren eindeutig dieses Trennungsmodell die Oberhand gewonnen.[18] Dies mag auch damit zusammenhängen, daß im Einheitsmodell die Gerichte zum Teil deutlich geringere Kompetenzen haben,[19] in neuerer Zeit aber kompetenzstarke Verfassungsgerichtsbarkeiten begründet werden sollen. Zu diesem Typ gehören etwa Belgien, Frankreich, Griechenland, Italien, Liechtenstein, Spanien, Polen, Portugal, die Türkei, Ungarn, Tschechien und Rußland.

Verfassungsmäßigkeit der Gesetze in rechtsvergleichender Betrachtung«, *Jahrbuch des öffentlichen Rechts (JöR)* 20 (1971), S. 65 ff.; ders./William Cohen, *Comparative Constitutional Law*, Charlottesville, 1979, S. 84-95; Alexander v. Brünneck, *Verfassungsgerichtsbarkeit in den westlichen Demokratien. Ein systematischer Verfassungsvergleich*, 1992; Joachim Wieland, in: Horst Dreier (Hg.), *Grundgesetz*, Bd. 3, 2000, Art. 93, Rn. 26 ff.; Ernst-Wolfgang Böckenförde, »Verfassungsgerichtsbarkeit: Strukturfragen, Organisation, Legitimation«, *NJW* 1999, S. 9 ff.; Andreas Voßkuhle, in: Hermann v. Mangoldt/Friedrich Klein/Christian Starck, *GG Kommentar*, Bd. 3, 4. Aufl., 2001, Art. 93, Rn. 14 ff. (Einheits- und Trennungsmodell).

15 Von Cappelletti/Cohen (FN 14), S. 94 ff., »dekonzentrierte« oder »diffuse« Verfassungsgerichtsbarkeit genannt, weil alle Gerichte die Verfassungsmäßigkeit der Gesetze prüfen können.

16 Zur Ausstrahlung des Modells der USA auf Südamerika, einige Commonwealth-Staaten und ostasiatische Länder Rainer Grote, »Rechtskreise im öffentlichen Recht«, *AöR* 126 (2001), S. 10, 45 ff., 47 ff. sowie 48.

17 Dazu jetzt Peter Häberle, »Das Bundesverfassungsgericht als Muster einer selbständigen Verfassungsgerichtsbarkeit«, in: *FS BVerfG*, Bd. 1, 2001, S. 311 ff.

18 Wieland (FN 14), Art. 93, Rn. 28.

19 Wieland (FN 14), Art. 93, Rn. 27.

2. *Die typusprägenden Merkmale der deutschen Verfassungsgerichtsbarkeit*[20]

Will man die Position des deutschen Bundesverfassungsgerichts in der weltweiten Landschaft der Verfassungsgerichte verorten, dann empfiehlt es sich zunächst, die typusprägenden Merkmale aufzulisten.

(1) An erster Stelle ist die *institutionelle Selbständigkeit* des Bundesverfassungsgerichts[21] neben – oder richtiger – über den obersten Fachgerichten zu nennen.

(2) Wegen seiner institutionellen Verselbständigung ist das Bundesverfassungsgericht aus dem Zusammenhang der Gerichtsbarkeiten in einem Maße herausgehoben und in eine Sonderrolle hineingestellt, daß eine Qualifikation als *Verfassungsorgan* erwägenswert wird, wie sie § 1 BVerfGG[22] – unter dem Beifall der Lehre – zum Ausdruck bringt. Diese im internationalen Vergleich wohl wenige Parallelen findende Formel stellt das Gericht in eine dezidierte Nähe zu den politischen Verfassungsorganen. Sie ist deshalb problematischer, als es die ständige affirmative Zitierung vermuten lassen könnte.[23]

(3) Das Bundesverfassungsgericht hat *sehr weite* – man ist geneigt zu sagen, die denkbar *weitesten – Zuständigkeiten*; es hat eine international gesehen einzigartige Kompetenzfülle.[24] Das BVerfG hat alle Zuständigkeiten der traditionell diskutierten (aber vorher selten verwirklichten) *Staats*-Gerichtsbarkeit als Entscheidung über Streitigkeiten zwischen den obersten Staatsorganen

20 So schon Rainer Wahl, »Die Reformfrage«, in: *FS BVerfG*, Bd. 1., 2001, S. 463 f., in diesem Band S. 215 f. (unter verändertem Titel).

21 Dazu Häberle (FN 17), S. 311.

22 § 1 BVerfGG: »Das Bundesverfassungsgericht ist ein den übrigen Verfassungsorganen gegenüber selbständiger und unabhängiger Gerichtshof des Bundes«.

23 Kritisch zu dieser Qualifizierung Friedrich Schoch/Rainer Wahl, »Einstweilige Anordnung des Bundesverfassungsgerichts in außenpolitischen Angelegenheiten«, in: *FS Ernst Benda*, 1995, S. 265, 284, FN 62; Voßkuhle (FN 14), Art. 93, Rn. 28 u. 19. S. auch Klaus Schlaich, *Das Bundesverfassungsgericht*, 4. Aufl. 1997, Rn. 30-35.

24 Es fehlt allein die Popularklage, die aber in Ungarn, wo es sie gibt, besondere Überlastungsprobleme schafft, so daß man ihr Fehlen nicht als Mangel bezeichnen kann, dazu Georg Brunner, »Die neue Verfassungsgerichtsbarkeit in Ungarn«, in: *FS Klaus Stern*, 1997, S. 1041, 1052, 1056.

und zusätzlich mit der Verfassungsbeschwerde die breitflächige Kontrolle über das Staatshandeln gegenüber dem Bürger. Diese Kombination konstituiert das BVerfG als umfassendes *Verfassungs*gericht. Die Kurzcharakteristik der wichtigsten Verfahrensarten[25] belegt dies:

(a) Der *Organstreit* ist eine Verfahrensart, die tief in die spezifischen politischen Konflikte zwischen den obersten Organen hineinführt. Er ist insoweit die »politischste« Verfahrensart. Auslöser eines Verfahrens können der Bundestag, Bundesrat, Bundespräsident, Parteien, Fraktionen und einzelne Abgeordnete sein.

(b) Der *Bund-Länder-Streit* macht das Bundesstaatsverhältnis der gerichtlichen Entscheidung zugänglich. Er hat in den fünfziger Jahren Schrittmacherdienste für die Etablierung der Verfassungsgerichtsbarkeit geleistet.

(c) Mit der Zuständigkeit für (abstrakte und konkrete) *Normenkontrollen* zur Überprüfung der Verfassungsmäßigkeit hat das BVerfG eine Zuständigkeit, die zum Kern der Verfassungsgerichtsbarkeit gehört. Gleichwohl ist sie schwierig, weil sie das Gericht unmittelbar mit dem Gesetzgeber konfrontiert und das vom Parlament, dem demokratischen Hauptorgan, beschlossene Gesetz zum einzigen Entscheidungsgegenstand macht.

(d) Die *Verfassungsbeschwerde* ist eine in hohem Maße bürgerbezogene Verfahrensart: Jedermann kann sich mit der Behauptung, durch die öffentliche Gewalt in seinen Grundrechten verletzt zu sein, nach Erschöpfung des Rechtswegs an das BVerfG wenden. In der Regel richtet sich die Beschwerde gegen das letztinstanzliche Gerichtsurteil (sogenannte Urteilsverfassungsbeschwerde). In dieser Gestalt erreicht sie Zahlen von 4500 bis 5000 Beschwerden pro Jahr.[26] In diesen großen Zahlen und der Einschlägigkeit für nahezu alle Gebiete des Rechts führt die Verfassungsbeschwerde zur Veralltäglichung und Ubiquität der Verfassungsgerichtsbarkeit – ein Ergebnis, das in kaum einem anderen Land eine Entsprechung findet.[27]

25 Zu jeder Verfahrensart findet sich ein aussagekräftiger Überblick über die wichtigsten Entscheidungen bei Wieland (FN 14), Art. 93 (vor Rn. 1, S. 384).

26 Die aktuellen Zahlen sind abrufbar unter: www.bundesverfassungsgericht.de (Stichwort »Organisation« und »Jahresstatistik«).

27 Unter anderem sind aufgrund von Verfassungsbeschwerden einzelner Bürger fol-

3. Rechtsvergleichung in Sachen Verfassungsgerichtsbarkeit: Notwendigkeit und Funktion

Bei der Rechtsvergleichung im Verfassungsrecht[28] geht es nicht in erster Linie oder überhaupt nicht darum, die vielfältigen, auf der gesamten Welt verwirklichten Modelle als eine Art Warenhauskatalog zu verstehen, aus denen das beste ausgewählt wird. Rechtsvergleichung ist nicht immer oder primär auf der Suche nach besseren Varianten oder immer nur eine Vorstufe von Reformforderungen, sondern häufiger und tiefer verstanden eine wichtige Methode, das eigene Recht im Spiegel anderer Rechtsordnungen in seinen Vor- und Nachteilen besser zu verstehen.[29] Insofern will das Vergleichen der weltweiten Verfassungsgerichtsbarkeiten einen Normalbaustein der Architektur gegenwärtiger Verfassungen in seiner Vielfalt und seinen Binnenvarianten verständlich machen. Die Verfassungsgerichtsbarkeit (als Funktion oder eigene Institution) ist ubiquitär geworden. Gerade deshalb darf man aber nicht Einheitlichkeit im Umfang und Gewicht ihrer Zuständigkeiten, in der Kontrollintensität und generell in ihrer Rolle gegenüber den obersten Staatsorganen erwarten. Die notwendige Vergleichung hat vielfache Themen,[30] hier steht der Umfang der Zuständigkeiten im Vordergrund.

gende bekannte Urteile ergangen: das Apothekenurteil zur Berufsfreiheit (*BVerfGE* 7, 377, 386 ff.), das Mephisto-Urteil zum allgemeinen Persönlichkeitsrecht (*BVerfGE* 30, 173, 182 ff.) und das Mitbestimmungsurteil zur Koalitionsfreiheit (*BVerfGE* 50, 290, 318 ff.) sowie die Urteile über den Maastricht-Vertrag und das Flughafenverfahren im Asylrecht.

28 Dazu zuletzt Christian Tomuschat, »Das Bundesverfassungsgericht im Vergleich mit der Verfassungsgerichtsbarkeit des Auslands«, in: *FS BVerfG*, Bd. 1, 2001, S. 245 ff.

29 Dazu ausführlich Rainer Wahl, »Verfassungsvergleichung als Kulturvergleichung«, in: *FS Helmut Quaritsch*, 2000, S. 163-182, und zur Bedeutung der Vergleichung; ders., »Die Reformfrage« (FN 20), S 465, 466 f., beide in diesem Band S. 96 ff., 219, 220.

30 So behandelt zum Beispiel v. Brünneck (FN 14) die Themen: Entstehung; Organisation; Verfahren der Gerichte; Entscheidungsprozesse; dissenting vote; Zugang zum Gericht; Verfahrensarten; Richterwahl; Einfluß der Parlamente, Regierungen und Parteien auf Wahl, Qualifikation und berufliche Erfahrungen; Inhalt und Dogmatik der verfassungsgerichtlichen Entscheidungen; Gründe für die Ausdehnung und Angleichung der Verfassungsgerichtsbarkeit; Kriterien für die Befugnisse. – Albrecht Weber behandelt in seinem »Generalbericht«, in: Starck/Weber (FN 10), S. 49 ff.: Stellung und Organisation, Status der Gerichte, aus-

Konstitutiv für die heutige Verfassungsgerichtsbarkeit und Kern ihrer Zuständigkeiten ist ein Verfahren zum Zweck der *Überprüfung der Verfassungsmäßigkeit von Gesetzen*. Der verbreitete Konsens über die Berechtigung, ja Notwendigkeit einer Normenkontrolle ist nicht selbstverständlich. In Ländern, in denen die Souveränität des volksgewählten Parlaments als Basis des Verfassungslebens angesehen wird, ist der gedankliche Weg zur Anerkennung einer Kontrolle ebendieses Parlaments sehr weit und voraussetzungsvoll. Frankreich, ein klassisches Land dieses Denkens, kennt die Normenkontrolle nur als präventive Kontrolle vor Inkrafttreten des Gesetzes auf Antrag hoher Verfassungsorgane. Für das Vereinigte Königreich mit seiner noch stärker ausgeprägten Tradition der Parlamentssouveränität ist die Normenkontrolle bis vor kurzem ganz fernliegend gewesen. In den letzten Jahren gab es einige bedeutende Schritte in Richtung auf Normenkontrollen (am Maßstab der europäischen Menschenrechtskonvention).[31]

Aus dem gleichen Grund sehr voraussetzungsvoll und außerdem von der Verfassungstradition und -kultur der einzelnen Länder abhängig ist die Anerkennung des *Organstreits*, also des (gerichtsförmigen) Austragens von Streitigkeiten oberster politischer Organe nach Maßstäben des Rechts durch ein Gericht. Deshalb verwundert es nicht, daß die nach dem Grundgesetz selbstverständliche Verfahrensart des Organstreits in anderen Verfassungsstaaten häufig fehlt, so zum Beispiel in den USA, Frankreich und natürlich im Vereinigten Königreich.[32] Damit sind die wichtigsten politischen Auseinan-

führlich die Zuständigkeiten, die Verfahren und die Stellung der Verfassungsgerichte im politischen Prozeß.

31 Zu dieser neuesten durch den Human Rights Act von 1998 angestoßenen Entwicklung im einzelnen Rainer Grote, »Die Inkorporierung der Europäischen Menschenrechtskonvention in das britische Recht durch den Human Rights Act«, *ZaöRV* 58 (1998), S. 309 ff.; Marius Baum, »Rights Brought Home«, *EuGRZ* 2000, S. 281 ff.

32 Es ist zu wenig bekannt, daß die Zuständigkeit für die Organstreitigkeiten (innerhalb des Zentralstaates) eben wegen ihrer politischen Sensibilität letztlich nur in wenigen Ländern, neben Deutschland – in einer eingeschränkten und offenbar wenig praktizierten Form – in Italien anerkannt ist. Rainer Grote, »Die Rechtskreise im öffentlichen Recht«, *AöR* 126 (2001), S. 10, 53, nennt insoweit überhaupt nur diese beiden Staaten in Westeuropa. Es verdiente eine nähere Untersuchung, in welchen Staaten der Organstreit überhaupt und in welchem Umfang anerkannt ist, welche annähernden Äquivalente es in Form von Kompetenzstreitigkeiten gibt und in welcher Intensität er in der Praxis wahrgenommen wird. Sicher

dersetzungen zwischen den obersten Verfassungsorganen dem Gericht und der Gerichtsbarkeit entzogen.[33] In der Frage der Judizialisierung der politischen Streitigkeiten der obersten Verfassungsorgane besteht also ein deutlicher Dissens innerhalb der Verfassungsstaaten. Insoweit sind die historischen Erfahrungen und die daraus folgende Grundhaltung darüber, ob diese Konflikte besser durch Gerichte oder durch den sich selbst überlassenen politischen Prozeß entschieden werden, geteilt. In den USA, in Frankreich und sicherlich auch im Vereinigten Königreich hat man insofern ein politischeres Verständnis des Staatslebens und seiner Konflikte und geht stärker von einer gewissen Eigenständigkeit der politischen Sphäre im Verhältnis zum Bereich des Rechts und der Gerichte aus. Letztlich spiegeln sich in der unterschiedlichen Bestimmung des Verhältnisses von Verfassungsgericht und Politik Unterschiede in dem, was man oft etwas pauschal politische Kultur nennt, was aber im Kern doch richtig gekennzeichnet ist.

Ein weiterer Unterschied, den man als den zwischen Staatsgerichtshöfen und Verfassungsgerichtshöfen bezeichnen könnte, liegt darin, ob auch der einzelne über die *Verfassungsbeschwerde*[34] Antragsberechtigter und damit Mitspieler im Streit um die Verfassung ist oder nicht. Im ersteren Fall wird das Gericht als umfassendes Verfassungsgericht tätig; dies »verlebendigt« die Verfassung im Alltag der Bürgerinnen und Bürger; im andern Fall agiert es eher als klassischer Staatsgerichtshof und damit möglicherweise in einer gewissen Ferne zum Alltag. Ebenso wichtig, und vor allem die praktische Bedeutung der einzelnen Verfassungsgerichte determinierend, ist die Existenz der Urteilsverfassungsbeschwerde; denn sie bringt die große Menge von Fällen an das betreffende Gericht heran.[35]

ist, daß die Rechtsprechungspraxis des BVerfG in Organstreitigkeiten ein sehr hohes Niveau vorgibt.

33 In den USA ist zum Beispiel das Verhältnis zwischen Repräsentantenhaus und Senat oder zwischen Kongreß und Präsident wohl verfassungsrechtlich geregelt, Meinungsverschiedenheiten über die Kompetenzen müssen aber politisch ausgetragen werden.

34 Die Verfassungsbeschwerde fehlt in Frankreich sowie in den Ländern der integrierten Verfassungsgerichtsbarkeit, wo aber die normalen Rechtsmittel funktional äquivalente Bedeutung für den einzelnen haben können.

35 Eine Urteilsverfassungsbeschwerde ist in Europa nur in Deutschland, Spanien und Portugal vorgesehen, vgl. Fromont (FN 3), S. 22.

Im folgenden sollen diese allgemeinen Bemerkungen an einigen Ländern und ihren Traditionen konkretisiert werden, zunächst bei den Staaten mit einer *integrierten* Verfassungsgerichtsbarkeit.[36] In den *Vereinigten Staaten von Amerika* ist der U. S. Supreme Court[37] das oberste Instanzgericht, als solches unbestritten Revisionsinstanz.[38] Zur Eingliederung in die ordentliche Gerichtsbarkeit kommt als weiteres systemprägendes Merkmal hinzu, daß der Supreme Court generell auf konkrete Rechtsstreitigkeiten konzentriert ist – deshalb gibt es keinen Ansatz zu abstrakten Normenkontrollen, sondern Gesetzesprüfungen finden nur aus konkretem Anlaß statt (Erfordernis von *case or controversy*). Im Rahmen der appeals gibt es eine Art konkreter Normenkontrolle bei *certified questions*; der S. C. entscheidet aber nicht selbst, sondern gibt gegebenenfalls eine Instruktion an das vorlegende Gericht. Es kommen erstinstanzliche Zuständigkeiten für Streitigkeiten zwischen Bund und Gliedstaaten (und diesen untereinander) hinzu. Rang und Glanz des Supreme Court entstammen seiner aus konkreten (Rechtsmittel-)Fällen hervorgehenden Rechtsprechung zu Verfassungs- und insb. Grundrechtsfragen.

Eine lange, auf das Jahr 1874 zurückgehende Tradition der integrierten Verfassungsgerichtsbarkeit hat die *Schweiz*,[39] die in ihrer am 1. Januar 2000 in Kraft gesetzten neuen Verfassung die bisherige Stellung des Bundesgerichts aufrechterhalten hat.[40] Es handelt sich

36 Liste der hierzu gehörenden Staaten siehe vorne bei II.1. Texte der Verfassungen mit den Normen über die Verfassungsgerichtsbarkeit bei Horst Dreier www.uni-wuerzburg.de/law/index.html.

37 Insgesamt dazu und den Rechtsgrundlagen Winfried Brugger, *Grundrechte und Verfassungsgerichtsbarkeit in den Vereinigten Staaten von Amerika*, 1987, S. 1-21; ders., *Einführung in das Öffentliche Recht der USA*, 1993, S. 7 ff.; Walter Haller, *Supreme Court und Politik in den USA*, 1972; Kurt Heller, »Der Supreme Court der Vereinigten Staaten von Amerika«, *EuGRZ* 1985, S. 685, 689.

38 Die in Deutschland negativ und abwehrend besetzte Formel vom Superrevisionsgericht würde in den USA wegen des im Ansatz anderen Systems keinen Schrekken auslösen.

39 Dazu eindrücklich Jörg Paul Müller, »Die Verfassungsgerichtsbarkeit im Gefüge der Staatsfunktionen«, *VVDStRL* 39 (1981), S. 58 ff.

40 Die Verfassung hat als »nachgeführte« Verfassung keine substantiellen Änderungen bei der Verfassungsgerichtsbarkeit gebracht, sondern solche sind im Rahmen einer Revision der einschlägigen Gesetze und dann auch der Verfassungsartikel

um eine eingeschränkte Verfassungsgerichtsbarkeit, weil die Normenkontrolle für Bundesgesetze fehlt.[41] Die im Bundesstaat systemadäquate Verfahrensart der föderativen Streitigkeiten sind in der Schweiz seit langem vorgesehen, sie sind die einzige erstinstanzliche Zuständigkeit des Bundesgerichts. Im übrigen ist der entscheidende Zugang zum Bundesgericht über die Berufung eröffnet und durch die in der Verfassung und im konkreten Gesetz ermöglichte Zuständigkeitsbegrenzung zugleich eingeschränkt.[42] Eine Totalrevision der Gerichtsbarkeiten (nach der Totalrevision der Verfassung) ist im Februar 2001 eingeleitet worden; durch sie soll insbesondere das Bundesgericht von der Fehlentwicklung zur »Urteils-Fabrik« bewahrt werden. Im Lande der ausgebauten direkten Demokratie muß die Reform auch das hier auftauchende (Rang-)Verhältnis zwischen der Verfassungsgerichtsbarkeit und den direkten Abstimmungen des Volkes klären.

Zu den Staaten mit einer *verselbständigten* Verfassungsgerichtsbarkeit gehören wie erwähnt[43] Deutschland, Belgien, Frankreich, Griechenland, Italien, Liechtenstein, Spanien, Polen, Portugal, Türkei, Ungarn, Tschechien und Rußland.[44] Im europäischen Mutterland der verselbständigten Verfassungsgerichtsbarkeit *Österreich*[45] knüpft die Innovation der Verfassung der 1. Republik von 1920 funktional an die – ebenfalls sehr bedeutenden – Traditionen insbesondere des Österreichischen Reichsgerichtshofes an, der seit 1867/68[46] Prüfung von Verwaltungsmaßnahmen an verfassungsmäßigen Rechten vornahm. Die eigentliche Neuerung besteht dann aber in der Erfin-

beabsichtigt. Zum Konzept der Nachführung der Verfassung und insgesamt zur neuen Verfassung René Rhinow, *Die Bundesverfassung 2000. Eine Einführung*, S. 1-21.

41 Rhinow (FN 40), S. 1, 8, 9. Für kantonale Gesetze ist die Normenkontrolle gegeben.

42 Rhinow (FN 40), S. 207, zu den unvermeidlichen Auseinandersetzungen während der Verfassungsreform über die Frage des Zugangs und damit der Steuerung der Belastung des Bundesgerichts.

43 Siehe oben II 1.

44 Zu den Texten der Verfassungen vgl. Nachweis oben FN 30.

45 Dazu und zum folgenden Karl Korinek, »Die Verfassungsgerichtsbarkeit im Gefüge der Staatsfunktionen«, *VVDStRL* 39, 1981, S. 8. ff.; Voßkuhle (FN 14), Rn. 15.

46 Korinek (FN 45), S. 8, formuliert, daß die Verfassung von 1920 »die in Österreich schon seit 1868 bestehende Verfassungsgerichtsbarkeit um einen entscheidenden Punkt, nämlich um die Funktion der Gesetzesprüfung erweitert habe«; ders., in Starck/Weber (FN 10), S. 152, Zierlein (FN 6), S. 311.

dung eines verselbständigten Verfassungsgerichtshofs. Er hat (insbesondere seit der Einführung der konkreten Normenkontrolle 1929) ein breites Spektrum an Zuständigkeiten,[47] angefangen bei den naheliegenden Bund-Länder-Streitigkeiten über Kompetenzkonflikte bis zu den (präventiven, abstrakten sowie den konkreten) Normenkontrollen. Die Verfassungsbeschwerde umfaßt nicht die Urteilsverfassungsbeschwerde.

In *Frankreich* gab es zwischen 1789 und 1958 keine Verfassungsgerichtsbarkeit: In der Verfassung der 5. Republik von 1958 wurde vor allem eine gerichtliche Klärung der Abgrenzung zwischen dem Parlament und seiner Gesetzgebungsgewalt und der Regierung und ihrer Verordnungsgewalt eingeführt mit der ursprünglichen Absicht, das Parlament in Grenzen zu halten. Die Judikatur hat sich indes anders und ausgreifender entwickelt. Dies betrifft vor allem die Normenkontrolle, die zwar nur als präventive Kontrolle auf Antrag oberster Organe vorgesehen ist, die aber inhaltlich wirkungsvoll ausgeweitet worden ist. Seit der bahnbrechenden Entscheidung des conseil constitutionnel[48] vom 16. Juli 1971 sind der Verfassung von 1958 die umfassenden Grundrechte der Deklaration von 1789 und der Verfassung von 1946 hinzugefügt worden; damit ist zugleich der Kontrollmaßstab beträchtlich erweitert worden. Die praktische Relevanz der Normenkontrolle ist 1974 durch eine gewichtige Ausdehnung des Antragsrecht (auch auf Minderheiten in beiden Kammern) beträchtlich erhöht worden. Generell ist der Organstreit nicht vorgesehen; der wichtige Spezialfall der Abgrenzung der rechtsetzenden Gewalt des Parlaments von der Verordnungsgewalt der Regierung ist aber anerkannt, er gehört zum Kern des Verfassungssystems. Verfassungsbeschwerden und konkrete Normenkontrollen gibt es nicht.[49]

47 Ludwig Adamovich/Bernd-Christian Funk/Gerhart Holzinger, *Österreichisches Staatsrecht*, Bd. 2, 1998.

48 Léo Hamon, *Les juges de la loi. Naissance et rôle d'un contrepouvoir: le conseil constitutionnel*, 1987, S. 159, spricht »von der zweiten Geburt des Conseil constitutionnel«, und Varaut, *Le droit au droit, pour une libéralisme institutionnel*, 1986, S. 70, bezeichnet die Entscheidung als »l'arrêt Marbury contre Madison du juge constitutionnel français«, beides zitiert nach Axel Spies, »Verfassungsrechtliche Normenkontrolle in Frankreich: der conseil constitutionnel«, *NVwZ* 1990, S. 1040, 1044 mit FN 53.

49 Näher Stefan Bauer, *Verfassungsrechtlicher Grundrechtsschutz in Frankreich*, 1997; Christian Starck, »Der Schutz der Grundrechte durch den Verfassungsrat in Frankreich«, *AöR* 113 (1988), S. 632 ff.

Ähnliche Kompetenzen wie das Bundesverfassungsgericht hat der spanische Tribunal Constitucional[50] und annähernd die gleiche der italienische Corte Costituzionale (vorgesehen in der Verfassung von 1948, errichtet 1956[51]). Hingewiesen sei noch auf die Verfassungsgerichte in Südosteuropa, die mit recht umfassenden Zuständigkeiten als selbständige Verfassungsgerichtshöfe errichtet worden sind. Der beste Kenner dieser Entwicklungen, Georg Brunner, betrachtet das Verfassungsgericht in Ungarn »gegenwärtig wohl als das mächtigste und aktivste Exemplar seiner Art in der ganzen Welt«.[52] Eine kräftige Entwicklung der Verfassungsgerichtsbarkeit ist in Südkorea seit deren Errichtung 1987 zu verzeichnen,[53] und ein besonderer Fall der Rezeption ist Südafrika.[54]

50 Albrecht Weber, »Die Verfassungsgerichtsbarkeit in Spanien«, *JöR* 34 (1985), S. 245 ff., Thomas Peter Knaak, *Der Einfluß der deutschen Verfassungsgerichtsbarkeit auf das System der Verfassungsgerichtsbarkeit in Spanien*, 1995; F. Rubio Llorente, »Die Verfassungsgerichtsbarkeit in Spanien«, in: Starck/Weber (FN 10), Bd. 1, 1986, S. 243 ff.; ders., »Constitutional Review and Legislation in Spain«, in: Christine Landfried (Hg.), *Constitutional Review and Legislation. – An international Comparison*, 1988, S. 127 ff.

51 Diese weitgehende Parallelität mit Deutschland endet bei der Verfassungsbeschwerde: Sie ist in Italien nicht vorgesehen, ihre Funktion nimmt zum Teil die großzügig gehandhabte konkrete Normenkontrolle (90 % der Entscheidungen) ein. Näher dazu Jörg Luther, *Die italienische Verfassungsgerichtsbarkeit (Geschichte, Prozeßrecht, Rechtsprechung)*, 1990; Udo Stoy-Schnell, *Das Bundesverfassungsgericht und die Corte Costituzionale*, 1998; Theo Ritterspach, »Die Verfassungsgerichtsbarkeit in Italien«, in: Starck /Weber (FN 10), S. 219 ff.

52 Georg Brunner, »Die neue Verfassungsgerichtsbarkeit in Osteuropa«, *ZaöRV* 53 (1993), S. 819, 827 ff.; ders., »Grundrechtsschutz und Verfassungsgerichtsbarkeit in Osteuropa«, in: *FS Stern*, 1997, S. 41 ff.; Jochen Frowein/Theo Marauhn (Hg.), *Grundfragen der Verfassungsgerichtsbarkeit in Mittel- und Osteuropa*, 1998. Zur Lage in Rußland Matthias Hartwig, »Verfassungsgerichtsbarkeit in Rußland. Der dritte Anlauf«, *EuGRZ* 1996, S. 177 ff.; Johannes Traut (Hg.), *Föderalismus und Verfassungsgerichtsbarkeit in Rußland*, 1997; Friedrich-Christian Schroeder, »Die russische Verfassungsgerichtsbarkeit in der Praxis«, *JZ* 1998, S. 132 f.

53 Art. 111 ff., 107 Verfassung von 1987; dazu Jong Hyun Seok, »Die Entwicklung des Staats- und Verwaltungsrechts in Südkorea«, in: Rainer Pitschas (Hg.), *Entwicklungen des Staats- und Verwaltungsrechts in Südkorea und Deutschland*, 1998, S. 57, 66.

54 Kokott (FN 11), S. 117 ff., 128 ff.; Christian Pippan, »Südafrikas Verfassungswandel im Zeichen von Demokratie und Rechtsstaat«, *ZaöRV* 55 (1995), S. 991 ff.; François Venter, »Aspects of the South African Constitution an African democratic and Social Rechtsstaat«, *ZaöRV* 57 (1997), S. 57; Thomas Michael Grupp, *Südafrikas neue Verfassung. Mit einer vergleichenden Betrachtung aus deutscher und*

5. *Die Besonderheit des BVerfG im Spiegel anderer Verfassungsgerichte*

Im Lichte der Vergleichung erweist sich als maßgebliches Merkmal des BVerfGs nicht nur die Existenz der oben geschilderten Einzelelemente, sondern wichtiger und ausschlaggebend ist deren *Kombination*. Deshalb liegt die eigentliche Besonderheit der deutschen Verfassungsgerichtsbarkeit in der *Verbindung von institutioneller Selbständigkeit mit der Urteilsverfassungsbeschwerde und dem Organstreit*. Die institutionelle Verselbständigung des Verfassungsgerichts erhält mit der Urteilsverfassungsbeschwerde erst ihre eigentliche Krönung.[55] Deshalb übersteigt das deutsche Modell das Vorbild des österreichischen Verfassungsgerichtshofs beträchtlich; es bildet einen eigenen Typ. Das Bundesverfassungsgericht hat – als weiteres Kennzeichen – mit dem Organstreit und der Normenkontrolle alle relevanten Rechtsprechungsaufgaben im originär *politischen Bereich*.

Was in der Rechtsvergleichung noch zur Untersuchung aussteht, ist die Analyse der Gemeinsamkeiten und Unterschiede in der Praxis der Rechtsprechung selbst. Zu fragen wäre nach dem je spezifischen Verständnis der Aufgabe der Verfassungsgerichtsbarkeit, ausgedrückt in der Intensität der Überprüfung, in der Art und im Umfang der Anreicherung des Gehalts des Verfassungsrechts durch die Interpretation der einzelnen Gerichte. Die interessanteste Frage also ist die, was die einzelnen Gerichte in ihrer Rechtsprechung aus den Verfassungstexten »machen«, wie die Normen, die oft stark übereinstimmen, in und durch die Interpretation unterschiedlichen Inhalt und Gewicht erhalten.

europäischer Sicht, 1999; Obeng Mireku, *Constitutional Review in Federalized Systems of Government. A Comparison of Germany and South Africa*, 2000; Eefje Diana Schmid, *Die Grundrechtsjudikatur des Verfassungsgerichts der Republik Südafrika*, 2000; Jörg Fedtke, *Die Rezeption von Verfassungsrecht, Südafrika 1993-1996*, 2000.

55 Durch die Urteilsverfassungsbeschwerde werden die obersten Fachgerichte dem Bundesverfassungsgericht definitiv untergeordnet; sie erleben das über ihnen stehende höchste Gericht als eines, das ihre Urteile kontrolliert und zuweilen aufhebt. Erst mit der Urteilsverfassungsbeschwerde, die die institutionelle Verselbständigung des Verfassungsgerichts gegenüber den Fachgerichten zur Voraussetzung hat, gelangt das Verfassungsgericht definitiv an die Spitze des Aufbaus der Gerichtsbarkeiten.

III. Das BVerfG im europäischen Kontext

1. Das BVerfG als Bestandteil einer europäischen Architektur der Verfassungsgerichte

Bisher war vom Siegeszug der (nationalen) Verfassungsgerichtsbarkeit und von der Erfolgsgeschichte des BVerfG die Rede. So richtig diese Urteile sind, so unvollständig sind sie inzwischen geworden. In den letzten Jahren hat sich die Qualität der Rechtsprechung der Verfassungsgerichte in den verschiedenen europäischen Ländern nicht gemindert – und trotzdem hat sich ihre Bedeutung beträchtlich gewandelt.[56] Die nationalen Verfassungsgerichte haben den Wandel vom Solitärgericht an der Spitze der Gerichts-Pyramide eines Landes hin zum Mitspieler in einem größeren Konzert von Höchstgerichten in Europa erlebt. Die nationalen Verfassungsgerichte sind Teil einer Gesamtarchitektur von Verfassungsgerichten in Europa und für Europa geworden.[57] In dieser Architektur prägt sich zum einen die horizontale Dimension des Verbundes und des Dialogs der nationalen Verfassungsgerichte untereinander stärker aus; hinzugetreten ist zum anderen das in der Vertikalen angelegte Verhältnis zum EuGH (und dem EMRG), das Züge einer Rang- und Überordnung jener europäischen Gerichte annimmt.[58] Kraft dieser Veränderung des Umfelds (beziehungsweise ihrer verstärkten Wahrnehmung) können zunehmend Bürger(innen) des eigenen Landes Rechtsschutz vor Gerichten außerhalb des Staates erlangen. Insoweit ist der vielberufene Himmel über Karlsruhe nicht mehr völlig frei, sondern teilweise besetzt.

56 Vgl. zu dieser Thematik schon Rainer Wahl, »Quo vadis Bundesverfassungsgericht? Zur Lage von Verfassungsgerichtsbarkeit, Verfassung und Staatsdenken«, in: Bernd Guggenberger/Thomas Würtenberger (Hg.), *Hüter der Verfassung oder Lenker der Politik?*, 1998, und ders, »Die Reformfrage« (FN 20), S. 489, in diesem Band S. 250.

57 Wobei hier ohne weitere Analyse die europäischen Gerichte in Luxemburg (EuGH) und in Straßburg (Eur. Gerichtshof für Menschenrechte) ihrer Funktion nach als Verfassungsgerichte bezeichnet werden, ohne daß die Frage, ob Europa (schon) eine »echte« Verfassung hat, hier näher behandelt wird.

58 Hinzu kommt die Dimension der Internationalisierung des Rechts, die sich im vorliegenden Zusammenhang in der Existenz internationaler Gerichte, wie dem Int. Gerichtshof in Den Haag, im künftigen Int. Strafgerichtshof, in den Streitbeilegungsinstitutionen der WTO niederschlägt.

Diesen Prozeß kann man mit einer Abwandlung des bekannten Wortes von Hegel über den Flug der Minerva erst in der Dämmerung veranschaulichen und erklären. Jürgen Habermas faßt Hegels Auffassung so zusammen: Hegel sei der Auffassung gewesen, daß jede historische Gestalt im Augenblick ihrer Reife zum Untergang verurteilt sei. Man muß sich nicht Hegels voraussetzungsvolle Geschichtsphilosophie und schon gar nicht die Untergangsprophetie zu eigen machen,[59] um zu erkennen, daß eine »historische Gestalt im Augenblick ihrer Reife« Veränderungen ausgesetzt ist und daß eine Institution, auf einem gewissen Höhepunkt angelangt, typischerweise von neuen Entwicklungen überformt werden kann. Die nationalen Verfassungsgerichte sind in den letzten Jahren nicht bewußt reformiert worden, sie haben sich jedoch durch die Veränderungen ihres Umfelds und ihrer Umwelt nachdrücklicher verändert,[60] als dies eine formelle Novellierung der einschlägigen Rechtsgrundlagen hätte tun können. Anlaß für einen Abgesang auf die (nationale) Verfassungsgerichtsbarkeit besteht jedoch nicht, schließlich ist ihre Aufgabe nicht abgeschafft worden, sondern sie ist – selbstverständlich – beibehalten, verbreitert und ausgedehnt worden. Was in der Gesamtarchitektur der Verfassungsgerichte im Europa der Europäischen Union und des Europarats stattfindet, ist nicht der Abbau, sondern die Verdoppelung der Funktion der Verfassungsgerichtsbarkeit im Verbund der nationalen Verfassungsgerichte und des EuGH beziehungsweise EGMR.

59 Vgl. Jürgen Habermas, »Der europäische Nationalstaat«, in: ders., *Die Einbeziehung des Anderen*, Frankfurt am Main 1999, S. 128 f. – Fraglich ist, ob sich Hegels berühmtes Diktum überhaupt auf die Realvorgänge und nicht allein auf das Denken über die Realvorgänge bezieht. Gleichwohl hat der im Text parallel dazu formulierte Gedanke eine beträchtliche Plausibilität.

60 Früh hat sich mit dem Thema der damalige Verfassungsrichter Theodor Ritterspach beschäftigt: ders., »Das supranationale Recht und die nationalen Verfassungsgerichte«, in: *FS Gebhard Müller*, 1970, S. 301.

Die Entwicklung sei noch in einigen Einzelheiten nachgezeichnet. Das Grundgesetz hat von vornherein in einem europäischen Bezugsfeld und internationalen Kontext gestanden.[61] Bereits in den fünfziger Jahren entstanden auf europäischer Ebene Gerichte, zu denen sich das Bundesverfassungsgericht in Beziehung setzen mußte: der Europäische Gerichtshof für Menschenrechte (EGMR) in Straßburg, der die Einhaltung der Europäischen Menschenrechtskonvention (EMRK) durch die einzelnen Staaten prüft,[62] und der Europäische Gerichtshof (EuGH) in Luxemburg als höchste Instanz für den Bereich des europäischen Gemeinschaftsrechts. Die gewachsene und hochentwickelte Grundrechtsjudikatur des EMRK ist längst zu einer gleichberechtigten und beachtenswerten Interpretation der Grundrechte geworden.[63] Im weiteren hat das BVerfG auch schon erkennen müssen, daß der EGMR das letzte Wort hat, gerade auch dann, wenn das Verhalten des BVerfG (überlange Prozeßdauer) Anlaß zur berechtigten Kritik gegeben hat.[64] Im ganzen gesehen kann das Ergänzungsverhältnis zweier auf hohem Niveau judizierender Gerichte dem Grundrechtsschutz in Europa nur förderlich sein. Seit seinen Anfängen ist die Rechtsprechung des Europäischen Gerichtshofs, die die verstärkte europäische Integration

61 Der in seiner Bedeutung für das Staatsverständnis der Bundesrepublik als offener Staat gar nicht zu überschätzende Art. 24 GG, der die Übertragung von Hoheitsakten auf zwischenstaatliche Einrichtungen ermöglicht und der Hebel sowohl für die Europäisierung wie die Internationalisierung geworden ist, beweist dies. Dazu Rainer Wahl, »Internationalisierung des Staates«: in: *FS Alexander Hollerbach*, 2001, S. 193 ff., in diesem Band S. 17, und ders. »Der einzelne in der Welt jenseits des Staates«, *Der Staat* 40 (2001), S. 45 ff., in diesem Band S. 53.

62 Auf der Basis der Europäischen Menschenrechtskonvention (EMRK) wurde der Schutz zunächst durch zwei Institutionen gewährt: die Europäische Kommission und den Europäischen Gerichtshof für Menschenrechte (EGMR). Seit 1998 ist an die Stelle dieser beiden Institutionen der neue ständige Europäische Gerichtshof für Menschenrechte getreten. Dazu zusammenfassend Wolfgang Peukert, *NJW* 1999, S. 1165 ff.

63 Dazu zuletzt Christian Grabenwarter, »Europäisches und nationales Verfassungsrecht«, *VVDStRL* 60 (2001), S. 290 ff.

64 Zu den drei Urteilen des EGMR gegen die Bundesrepublik wegen zu langer Prozeßdauer aus den Jahren 1996/97 vgl. Bernd Klose, »Grundrechtsschutz in der Europäischen Union und die Europäische Menschenrechtskonvention«, *DRIZ* 1997, S. 122 ff.

begleitete und vorantrieb, in ihrer Bedeutung objektiv groß gewesen. Die deutsche Öffentlichkeit wie auch das Bundesverfassungsgericht haben die Bedeutung dieser Europäisierung freilich erst mit großer Verspätung zur Kenntnis genommen. Der entsprechende Wandel trat erst mit der Debatte um den Vertrag von Maastricht 1992/93 in das allgemeine Bewußtsein.

Die Bedeutung der europäischen Integration hat das Bundesverfassungsgericht denn auch zunächst nur am Rande beschäftigt, vor allem im Bereich der Grundrechte. Hier stand es früh vor dem Problem, ob es das sogenannte Sekundärrecht der Europäischen Gemeinschaft – also EG-Richtlinien und Verordnungen – an den im Grundgesetz verbürgten Grundrechten messen durfte. Diese Frage war deswegen besonders drängend, weil die Europäischen Verträge keinen Grundrechtskatalog enthielten und der Europäische Gerichtshof in seiner Rechtsprechung der fünfziger und sechziger Jahre keinen eigenen Grundrechtsstandard für das Sekundärrecht entwickelte. Das Bundesverfassungsgericht reagierte darauf 1974 mit seiner sogenannten »Solange«-Rechtsprechung: Danach behielt es sich vor, das europäische Sekundärrecht an den Grundrechten des Grundgesetzes zu messen, solange auf europäischer Ebene kein adäquater Grundrechtsschutz gewährleistet war.[65] Diese Judikatur war mit dafür ursächlich, daß der Europäische Gerichtshof nunmehr verstärkt eine eigene Grundrechtsrechtsprechung entwickelte.[66] Infolge dieser Entwicklung geht das Bundesverfassungsgericht seit 1986 davon aus, daß auf europäischer Ebene ein den deutschen Standards im wesentlichen vergleichbarer Grundrechtsschutz gewährleistet ist.[67] Die Beziehung zwischen beiden Gerichten beschreibt es als ein »Kooperationsverhältnis«, in dem »der Europäische Gerichtshof den Grundrechtsschutz in jedem Einzelfall für das gesamte Gebiet der Europäischen Gemeinschaften garantiert, das Bundesverfassungsgericht sich deshalb auf eine generelle Gewähr-

65 *BVerfGE* 37, 271.

66 Die wichtigsten Anfangsentscheidungen waren: *EuGH*, RS. 29/69 »Stauder«, U. v. 12. 11. 1969, SlG. 1969, S. 419; *EuGH*, RS. 11/70 »Internationale Handelsgesellschaft«, U. v. 17. 12. 1970, SlG. 1970, S. 1125; *EuGH*, RS. 4/73 »Nold«, U. v. 14. 5. 1974, SlG. 1974, S. 491; und zur weiteren Rechtsprechung vgl. Waldemar Hummer/Bruno Simma/Christoph Vedder, *Europarecht in Fällen*, 3. Aufl. 1999, S. 415 ff.

67 *BVerfGE*, 73, 339.

leistung der unabdingbaren Grundrechtsstandards … beschränken kann«.[68] In seiner Maastricht-Entscheidung hat das BVerfG 1993 überdies bekräftigt, daß es weiterhin prüfen wird, ob europäische Rechtsakte sich in den Grenzen der der europäischen Ebene zugewiesenen Kompetenzen halten. Damit und mit dem Vorbehalt hinsichtlich der unabdingbaren Grundrechtsstandards behält es sich eine Art Notzuständigkeit vor, um in Ausnahmefällen sicherzustellen, daß die europäische Ebene ihre Kompetenzen nicht überdehnt beziehungsweise grundrechtliche Mindeststandards garantiert bleiben. Obwohl das BVerfG in der Maastricht-Entscheidung im Gesamtduktus das sogenannte Kooperationsverhältnis konfrontativ und asymmetrisch zu seinen Gunsten formuliert hatte, hat es in der Folgezeit von den postulierten Vorbehalten keinen Gebrauch gemacht, sie also eher als virtuelle Vorbehalte im Raum stehen lassen, obwohl einige Autoren in der Literatur und Antragsteller in konkreten Verfahren dazu aufgefordert und dies angemahnt hatten.[69] Es sind also Besonnenheit und Gelassenheit eingetreten, die dem Thema und dem Verhältnis zweier solcher Gerichte angemessen sind. Der Grundrechtsschutz in Europa, der in Arbeitsteilung zwischen den nationalen Verfassungsgerichten und den beiden europäischen Gerichten vorzunehmen ist und der darin nur gewinnen kann und wird, eignet sich nicht für zuspitzende Debatten über den Inhaber der Souveränität oder der Kompetenz. Es ist statt dessen klug und vernünftig, diese Fragen in der Schwebe zu belassen und in der Praxis einen wirkungsvollen Grundrechtsschutz zu bewirken, und dies geht nur in der beschriebenen Arbeitsteilung.

3. Bilanz

Mit der zunehmenden Europäisierung der Rechtsordnung verliert das BVerfG erkennbar die Exklusivität der Prüfung und Kontrolle des in Deutschland geltenden Rechts. Dem darin liegenden Bedeutungsverlust steht aber die bedeutsame Möglichkeit gegenüber, Ein-

68 *BVerfGE* 89, 155, 175 unter Verweis auf *BVerfGE* 73, 339, 387.

69 Das Maastricht-Urteil hat bei europa- und völkerrechtlichen Autoren zum Teil sehr heftige Kritik ausgelöst. Zu Recht bemerkt Wieland (FN 14), Rn. 24: »Aus der Sicht des Europarechts ist das Verständnis des BVerfGs von der Reichweite seiner Gerichtsbarkeit schwer zu ertragen«; dort auch weitere Nachweise der Kritik.

fluß auf der europäischen Ebene zu gewinnen und über den Europäischen Gerichtshof zum Beispiel die Grundrechtsstandards gemeinschaftsweit mitzugestalten. Es ist eine verkürzte Perspektive, wenn man die neue Situation nur oder vorwiegend in Begriffen wie Einbindung, Verlust der Exklusivität u. ä. interpretiert und nicht die Bedeutung der neuen Aufgabe und Herausforderung insgesamt sieht. Diese bestehen nämlich in der Ausbildung und Mitgestaltung der europäischen Verfassungsordnung auf den beiden Ebenen der Nationalstaaten und der Union, der Ausgestaltung des europäischen Verfassungsraums insgesamt. Mit dieser Aufgabe weitet sich auch die Rolle des BVerfG und die der anderen Verfassungsgerichte. Diese Mitwirkung an dem weit über den nationalen Staat hinausreichenden Verfassungsraum Europas ist die – positive – Kehrseite der Europäisierung. Darin sind beträchtliche Entwicklungschancen für die nationalen Verfassungsgerichte enthalten.

Das große Thema der Europäisierung von Verfassungsrechtsprechung beziehungsweise der Verfassungsgerichte in Europa kann hier nicht einmal ansatzweise behandelt werden,[70] im vorliegenden Zusammenhang[71] ist lediglich eine abschließende Bewertung vorzunehmen. Bei der Teilnahme an der geschilderten neuen Aufgabe, den Grundrechtsschutz, die Rechtsstaatlichkeit sowie andere Prinzipien des Verfassungsstaats im europäischen Rahmen auszubauen, haben Deutschland und das BVerfG schon große Erfolge gehabt – man denke an das Auslösen der Grundrechtsentwicklung oder an den »Export« des Verhältnismäßigkeitsprinzips. Das deutsche Verfassungsrecht hat so große Erfolge gehabt, wie *ein* Teil des Ganzen,

70 Ausführlich mit zahlreichen Literaturnachweisen Jochen A. Frowein, »Die ›Europäisierung‹ des Verfassungsrechts«, und Jürgen Schwarze, »Das ›Kooperationsverhältnis‹ des Bundesverfassungsgerichts mit dem Europäischen Gerichtshof«, beide in: *FS BVerfG* 2001, Bd. 1, S. 209 ff., S. 223 ff.; umfangreiche Literaturnachweise bei Voßkuhle (FN 14), Art. 93 Rn. 208; Jutta Limbach, »Die Kooperation der Gerichte in der zukünftigen europäischen Grundrechtsarchitektur. Ein Beitrag zur Neubestimmung des Verhältnisses von Bundesverfassungsgericht, Gerichtshof der Europäischen Gemeinschaften und Europäischem Gerichtshof für Menschenrechte«, *EuGRZ* 2000, S. 417; Wolfgang Graf Vitzthum, »Gemeinschaftsgericht und Verfassungsgericht – rechtsvergleichende Aspekte«, *JZ* 1988, S. 161 ff., jeweils mit Literaturangaben.

71 Einige Überlegungen schon von Wahl, »Quo vadis Bundesverfassungsgericht?« (FN 56), S. 81, 106 ff., dort S. 105 auch drei »Gleichungen« zur Abhängigkeit des Gewichts der nationalen Verfassungsgerichtsbarkeit von der Bedeutung der – nationalen – Verfassung.

wie *ein* Staat und *ein* Gericht unter 15 Staaten nur haben können. Daß dabei auch Prinzipien und Denkweisen anderer Varianten des westlichen Verfassungsstaates und des gemeinsamen europäischen Rechtsbewußtseins in das werdende verbindliche gemeineuropäische Verfassungsrecht eingehen und als solches auch auf Deutschland einwirken, ist selbstverständlich und bei diesem Prozeß mitgedacht. Wer solche Ein- und Rückwirkungen von außen beklagen will, verkennt die Gesetzmäßigkeiten des Integrationsprozesses. Er müßte zudem erst einmal von Fall zu Fall darlegen, warum die aus anderen westlichen Traditionen stammenden Prinzipien und Annahmen für das deutsche und europäische Verfassungsrecht schädlich sein sollen, warum sie nicht statt dessen je zu erwägende und abzuwägende Binnenvarianten aus einem gemeinsamen Grundbestand des europäisch-westlichen Verfassungsdenkens sind. Der nationale Betrachter muß oder sollte jedoch so viel innere Souveränität haben, daß er die Möglichkeit einräumt, das eigene Recht könnte auch zu seinen Gunsten von Alternativen in den anderen Rechtsordnungen lernen. Der Gewinn für das nationale Recht ist die *neue* und *zusätzliche* Aufgabe des Mitwirkens am gesamteuropäischen Grundrechtsschutz und an der Erstreckung der gefundenen Lösungen auf den gesamten Raum der Gemeinschaft. Gewinn entsteht auch aus dem intensiven Dialog mit anderen Verfassungsgerichten, der für die neue Phase unerläßlich ist und der einen ausgeweiteten Problemhorizont und das Denken in Alternativen mit sich bringen wird. An diesem Ausbau einer verbindlichen gemeineuropäischen Verfassungsordnung gestaltend mitzuwirken ist eine große und bleibende Aufgabe der nationalen Verfassungsgerichte. Die beiden europäischen Gerichte in Straßburg und Luxemburg sind dazu – schon aus Gründen ihrer sonstigen großen Belastung – nicht allein imstande. Dies ist eine Aufgabe zur gesamten Hand für die nationalen Verfassungsgerichte und die beiden europäischen Gerichte, oder genauer gesagt: dies kann eine Aufgabe zur gesamten Hand werden, wenn die nationalen Verfassungsgerichte ihre Aufmerksamkeit nicht nur nach innen auf die eigene Rechtsordnung, sondern auch nach außen auf den gesamten Verfassungsraum Europas wenden.

III. Der Verfassungsstaat in der geschichtlichen Perspektive

9. Die Entwicklung des deutschen Verfassungsstaates bis 1866

A. Die Entstehung des Verfassungsstaates in Deutschland

Die Bürger der Bundesrepublik Deutschland erleben den Staat in besonderer Weise als Verfassungsstaat: Die Freiheitlichkeit der demokratischen Ordnung ist einer der stärksten Integrations- und Identifikationsfaktoren für die staatliche Ordnung seit 1949. Diese besondere Bedeutung der Verfassung begründet ein spezifisches Interesse daran, aus der Perspektive des Grundgesetzes die Entwicklung des Verfassungsstaates in Deutschland nachzuzeichnen. Ein solcher im Kern vergleichender Ansatz, der nach Gemeinsamkeiten und Unterschieden zwischen dem Grundgesetz und den früheren Epochen des Verfassungsstaates fragt, kann dazu beitragen, die Eigenart der grundgesetzlichen staatlichen Ordnung näher zu profilieren; er unterliegt aber auch der Gefahr, frühere Epochen nur als Vorläufer und als Auftakt für den heute erreichten Stand der Verfassungsstaatlichkeit wahrzunehmen. Für eine historische Grundlegung des gegenwärtigen Verfassungsrechts ist es deshalb auch geboten, die Ausbildung des Verfassungsstaates im 19. Jahrhundert aus seiner eigenen geschichtlichen Ausgangslage und seinen zeitgenössischen Entfaltungsbedingungen zu verstehen. Im folgenden werden beide Sichtweisen eingenommen: zunächst wird die Entstehung des Verfassungsstaates in Deutschland und ein Abriß der Entwicklung im 19. Jahrhundert dargestellt; dann werden in systematischer Sicht die Besonderheiten des Konstitutionalismus gerade auch im Vergleich zum Grundgesetz behandelt.

I. Die Entstehung geschriebener Verfassungen in Nordamerika und in Frankreich

Die Entstehung des Verfassungsstaates ist gleichbedeutend mit der Entstehung der Verfassung im formellen Sinne. Zwar ist jede politische Ordnung rechtlich verfaßt, mithin hat jeder Staat eine Verfassung im Sinne einer politisch-sozialen Bauform[1] oder im Sinne eines deskriptiven Verfassungsbegriffs. Verfassungsstaat im präzisen Sinne setzt jedoch das Vorhandensein einer geschriebenen Verfassung voraus; erst dann kann sich das Selbstverständnis eines Staates als Verfassungsstaat ausbilden. Insoweit läßt sich die erstmalige Verwirklichung des Verfassungsstaates leicht datieren auf die ersten geschriebenen Verfassungen in Nordamerika 1776 (Einzelstaaten) und 1787 (Unionsverfassung)[2] sowie in Frankreich 1791[3] (unter Aufnahme der Prinzipien der Déclaration des droits de l'homme et du citoyen vom 26. 8. 1789[4]).

Das Kennzeichnende des amerikanischen und französischen Verfassungsstaates liegt dabei nicht in erster Linie im formellen Umstand der Schriftlichkeit der Verfassung, sondern in der spezifischen Verbindung von Form, Inhalt und Funktion der Verfassung.[5] Neu

1 So der verfassungsgeschichtliche Begriff der Verfassung von Ernst-Wolfgang Böckenförde, »Der deutsche Typ der konstitutionellen Monarchie im 19. Jahrhundert«, in: ders., *Staat, Gesellschaft, Freiheit*, 1976, S. 112, 114: im Anschluß an Otto Brunner; andere Begriffe bei Dieter Willoweit, *Deutsche Verfassungsgeschichte. Vom Frankenreich bis zur Wiedervereinigung Deutschlands*, 5. Aufl. 2001; § 1; Hans Boldt, *Verfassungsgeschichte I. Von den Anfängen bis zum Ende des älteren deutschen Reiches 1806*, 1984; *II. Von 1806 bis zur Gegenwart*, 1990, S. 9 ff.

2 Text der Virginia Bill of Rights v. 12. 6. 1776 und der Verfassung der Vereinigten Staaten von Amerika vom 17. 9. 1787, in: Günther Franz, *Staatsverfassungen*, 2. Aufl. 1964, S. 6 ff.; Verfassungen von Pennsylvania und Massachusetts sind enthalten in: Wilhelm Altmann, *Ausgewählte Urkunden zur außerdeutschen Verfassungsgeschichte seit 1776*, 2. Aufl. 1913, S. 3 ff. und 21 ff.

3 Texte der Verfassungen von 1791 und 1793 in Franz (FN 2), S. 302 ff., Altmann (FN 2), S. 58 ff., 86 ff., dort auch S. 96 ff. und 129 ff. die Verfassungen von 1795 und 1799.

4 Hasso Hofmann, »Die Grundrechte 1789, 1949, 1989«, *NJW* 1989, S. 3177-3187 mit Nachw.; Christian Starck, »Die Französische Revolution und das deutsche Staatsrecht«, *JZ* 1989, S. 601-609.

5 Dazu und zum folgenden Hasso Hofmann, »Zur Idee des Staatsgrundgesetzes«, in: ders., *Recht – Politik – Verfassung. Studien zur Geschichte der politischen Philosophie*, 1986, S. 264 f.; S. 261 ff. umfassend zur Entstehung des formellen Staatsgrundgesetzes.

war weder die Form als solche noch die Feierlichkeit der Proklamation. Neu waren auch nicht die einzelnen Inhalte, nämlich die Fundierung der persönlichen Freiheit durch die Verbürgung von Leben, Freiheit und Eigentum sowie rechtliche Institutionalisierung neuzeitlicher Staatlichkeit durch Repräsentation und Gewaltenteilung. Vorbildlos war vielmehr die geschlossene systematische Zusammenfassung der politischen Grundnormen in der einen Verfassungsurkunde. Damit war – noch wichtiger – eine völlig neue Art der Begründung und Rechtfertigung von Herrschaft verbunden, nämlich die Ablösung von Geschichte und Tradition durch die positive Setzung von Prinzipien. Herausbildung des Verfassungsstaates heißt deshalb die Umstellung von Geschichte auf Grundnormen, von Tradition auf bewußte Auswahl und Normierung von legitimierenden Prinzipien, von selbstverständlicher Herrschaft zu rational begründeter Herrschaft.

Diese weitreichende Innovation verdankte sich in beiden Ländern einem besonderen historischen Anlaß, nämlich einem politischen und rechtlichen Vakuum, das in Nordamerika nach dem Bruch der ehemaligen Kolonien mit England und in Frankreich durch die Französische Revolution mit ihrer grundsätzlichen Beseitigung der alten Ordnung entstanden war. Die Verfassungen antworten mit ihrem grundsätzlichen Inhalt und der Form der feierlichen Proklamation auf die anstehende Aufgabe der völligen Neubegründung einer politischen Ordnung.[6] Angesichts eines aktuellen Begründungszwanges in der Situation des rechtlichen Vakuums formierten sich Prinzipien unterschiedlicher historischer Traditionslinien zu einem Ensemble, wuchsen Rechteerklärungen und Organisationsnormen zu einer neuen Einheit zusammen.[7] Durch die Verfassung

6 Dieter Grimm, »Entstehungs- und Wirkungsbedingungen«, in: Dieter Simon (Hg.), *Akten des 26. Deutschen Rechtshistorikertages*, 1987, S. 48, 61. Das Neue an den modernen Konstitutionen sieht Grimm darin, daß sie herrschaftskonstituierend (nicht nur herrschaftsmodifizierend), umfassend (nicht nur punktuell) und in ihrer Bindung universal (nicht nur partikular gegenüber Vertragspartnern) wirken, S. 48. Als eine der speziellen Bedingungen der Entstehung der modernen Verfassungen wird der revolutionäre Bruch mit der überkommenen Staatsgewalt und die daraus folgende Notwendigkeit, legitime Staatsgewalt neu zu konstituieren, hervorgehoben, S. 61.

7 Gerald Stourzh, »Vom aristotelischen zum liberalen Verfassungsbegriff. Staatsformenlehre und Fundamentalgesetze in England und in Nordamerika im 17. und 18. Jahrhundert«, in: Rudolf Vierhaus (Hg.), *Herrschaftsverträge, Wahlkapitulationen,*

wurde die neue politische Ordnung nicht nur in Einzelfragen, sondern umfassend rechtlich konstituiert. Das neue Legitimitätsprinzip der Volkssouveränität bildete eine einheitliche Grundlage für die Verfassung.

II. Das Vorbild der französischen Entwicklung

1789 ist ein Datum der deutschen Verfassungsgeschichte,[8] auch wenn damals keine Verfassung erlassen und kein verfassungsgeschichtliches Ereignis von Bedeutung stattgefunden hat. Die Ideen von 1789[9] und die ersten irreversiblen Schritte zu ihrer Verwirklichung haben nämlich die entscheidende, gar nicht zu überschätzende Wirkung gehabt, daß die Legitimität der bisherigen politischen Ordnung durch das Hinzutreten eines konkurrierenden Legitimitätsanspruches stark getroffen und die Ständeordnung als umfassende Gesellschaftsordnung ihrer bisher ungebrochenen Anerkennung verlustig ging und unwiderruflich angeschlagen war. In Deutschland (und anderen Ländern) war in diesem Jahr nichts von Bedeutung passiert, und trotzdem war in der legitimatorischen Basis nichts mehr wie zuvor. Die anfängliche Begeisterung vieler Intellektueller in Deutschland brachte dies treffend zum Ausdruck, die spätere Ernüchterung widerrief nicht die Zustimmung zu den Zielen und Ideen. Der deutsche Reformabsolutismus, der bisher einen relativen Entwicklungsvorsprung gegenüber Frankreich und anderen Ländern behaupten konnte, war gleichsam über Nacht entscheidend ins Hintertreffen geraten. Die Ideen von 1789 *und* ihre schrittweise und doch rasche Verwirklichung hatten das gesamte Koordi-

Fundamentalgesetze, 1977, S. 294 ff., 326 f. (auch in: ders., *Wege zur Grundrechtsdemokratie*, 1989, S. 1 ff.); s. auch Klaus Stern, »Die Verbindung von Verfassungsidee und Grundrechtsidee zur modernen Verfassung«, in: *FS Kurt Eichenberger*, 1982, S. 197 ff.

8 Ausdrücklich anders Otto Kimminich, *Deutsche Verfassungsgeschichte*, 2. Aufl. 1987, S. 274. – Im Kontext einer Darstellung der allgemeinen Geschichte beginnt Thomas Nipperdey, *Deutsche Geschichte 1800-1866. Bürgerwelt und starker Staat*, 1983, S. 1, mit dem Satz: »Am Anfang war Napoleon.«

9 Hasso Hofmann, »Zur Herkunft der Menschenrechtserklärungen«, *JuS* 1988, S. 841 ff.; Jörg-Detlef Kühne, »Die französische Menschen- und Bürgerrechtserklärung im Rechtsvergleich mit den Vereinigten Staaten und Deutschland«, *JöR*, Bd. 39 (1990), S. 1 ff.

natenfeld verändert. Nichts hatte sich in Deutschland 1789 ereignet, und doch: wer bisher vorne war, lag jetzt zurück (und umgekehrt); wer bisher legitim und ohne Konkurrent war, hatte einen machtvollen Herausforderer und Gegner erhalten. Die Ereignisse in Frankreich hatten so einen anderen Horizont der Ideen und – was vielleicht noch wichtiger ist – eine neue Realität der Staatspraxis gebracht. Die Ideen und Projekte hatten 1789 in Frankreich vor den großen Barrieren des Ancien régime beziehungsweise Alteuropas nicht kapitulieren müssen, wie so oft in allen Ländern vorher, sie waren nicht an den Machtstrukturen in Staat und Gesellschaft aufgelaufen, sondern es war ihnen gelungen, diese Barrieren zu überwinden.[10]

1789 als Auslöser und 1803, 1806 und 1815 als die drei deutschen Daten bilden eine Epochenwende der politisch-sozialen Entwicklung und damit auch der Verfassungsgeschichte. Diese Daten bedeuten Zäsur und Epochenwende, sofern man einen angemessenen Gebrauch von diesen Begriffen für historische Ereignisse macht[11] und nicht unterstellt, daß alles anders und neu geworden sei, was bei keiner Zäsur der Fall gewesen ist. Schon für die Französische Revolution selbst, für das hier in Frage stehende Großereignis, hat Alexis de Tocqueville in seiner klassischen Studie gezeigt, daß neben dem vielen Neuen auch sehr viel Fortsetzung und Anknüpfung an die staatlich-administrative Durchdringung des Landes durch den Absolutismus stattgefunden hatte. Frankreich nach der Revolution – das war nicht nur ein Frankreich allein nach der und durch die Revolution. Wenn es im Land der Revolution, das wahrlich eine Zäsur erlebt, so viel Altes und Kontinuität im Unterbau gab, um wieviel mehr sind kräftige Elemente an Kontinuität im Deutschland der nicht-revolutionären Entwicklung zur modernen staatsbürgerlichen Gesellschaft und zum Verfassungsstaat zu erwarten. In Deutschland gab es, so die These, nach 1789/1803/1806 eine Zäsur ohne Revolution, damit

10 Für Deutschland beschreibt und betont diese Barrieren ausführlich Hans-Ulrich Wehler, *Deutsche Gesellschaftsgeschichte*, Bd. 1: *1700-1815*, 1987, S. 332 ff., 353 ff.; deutlich zu Recht S. 340 f.: ›soziopolitische Binnenschranken‹ des Absolutismus.

11 Kontinuität oder Diskontinuität ist ein nicht enden wollendes Thema in der Geschichtswissenschaft, eines ihrer Ur- und Dauerthemen. Es gibt keine Zäsur und keine Epochenschwelle in der Geschichte, bei denen nicht beides aufgezeigt und insbesondere die allgemein angenommene Zäsur durch den Aufweis von Elementen der Diskontinuität in Frage gestellt wird. Aber bei Daten wie 1789 und 1803/1806/1815 in Deutschland muß schon die Frage der Dominanz aufgeworfen und dann im Sinne der Diskontinuität auch klar beantwortet werden.

aber selbstverständlich auch beträchtliche Kontinuitäten.[12] Von einer Epochenwende muß man gleichwohl sprechen, weil sich die politisch-soziale Gesamtkonstellation grundlegend verändert hat und das Ziel einer Veränderung der Ordnung von den maßgeblichen Eliten anerkannt worden ist. Denken und Handeln ließen das Bezugsfeld der ständischen Gesellschaft und der ihr eigenen Ordnung der Ungleichheit hinter sich, maßgeblich wurde der neue Horizont eines Wechsels der Gesellschaftsordnung und der politischen Ordnungsvorstellungen. Wenn Ungleichheit als Prinzip entfällt und die staatliche Ordnung nicht nur von der traditionellen Monarchie, sondern auch vom Volk als eigener politischer Größe und von der Volksrepräsentation als Ausdruck dieses zweiten politischen Faktors mitbestimmt wird, wenn die einzelnen nicht mehr nur Inhaber von privaten, sondern auch von politischen Rechten werden, wenn nicht nur Rechtsstaatlichkeit, sondern politischer Anteil des Volkes und der einzelnen die Grundlage bilden, dann ist, wie lange die Verwirklichung auch dauern mag, ein Systemwechsel eingeleitet, dann findet ein Aufbruch zu einem neuen Horizont statt, ein Aufbruch, der sich auch in Deutschland real in einem Bewußtseins- und Mentalitätswandel niedergeschlagen hat. Natürlich hat es schon vor 1789 einen sich beschleunigenden Wandel gegeben, aber er hat jetzt andere Ziele und einen neuen Fluchtpunkt erhalten. Vor allem bekommt die Änderungs- und Reformpolitik vor dem Hintergrund der Dynamik und Kraftentfaltung der neuen Ordnung in Frankreich das, was sie bisher nicht gehabt hat, nämlich eine reale Chance der Durchsetzung und insbesondere eine gesteigerte Durchsetzungsfähigkeit gegenüber den potentiellen Opfern der Reformpolitik, den bisher Privilegierten und ihren im gesamten System befestigten und verfestigten Interessen.

Aus dominanter Diskontinuität und gewichtigen, aber nachrangigen Elementen der Kontinuität entstand ein eigener Entwicklungsstrang, es entstand ein deutscher Sonderweg neben den Sonderwegen der anderen Staaten,[13] auch neben dem französischen Sonderweg. Denn natürlich ist dieser nicht das einzige Modell, nicht das einzig

12 Ähnlich das differenzierte Gesamtbild von Michael Stolleis, *Geschichte des Öffentlichen Rechts in Deutschland*, 2. Bd.: *1800 bis 1914*, 1992, S. 39-45: Zäsuren der Wissenschaftsgeschichte, verfassungsgeschichtliche Epochenjahre 1803 und 1806, Epochenwende.

13 Einen bedeutsamen Perspektivenwechsel erbringt die immer wichtiger werdende

richtige Muster, wie es eine verbreitete Lesart: Deutschland und der Westen[14] suggerieren möchte, die nichts anders impliziert als die Vorstellung vom dauerhaft vorbildlichen Westen und vom zurückhängenden Deutschland. Aber auch die gegenteilige Beurteilung, daß die Französische Revolution der deutschen Verfassungsentwicklung eher geschadet und ihren eigenen, auf dem Weg zum Verfassungsstaat fortschreitenden Gang negativ beeinflußt habe,[15] mag nicht überzeugen. Die neuere ideengeschichtliche Forschung[16] hat zwar wichtige Elemente präverfassungsstaatlichen Denkens oder verfassungsstaatlichen Denkens avant la lettre herausgearbeitet. Beobachtet werden Verfassung durch Rechtsprechung, Naturrecht als Ersatzverfassung, Allgemeine Staatslehre als Verfassungsersatz, das preußische Allgemeine Landrecht als die Verfassung für die preußischen Staaten, dazu Freiheits- und Grundrechtsschutz durch die Rechtsprechung und Verfassungsreformen in Reichsstädten und kleinen Territorien durch das Reichskammergericht.[17] All diese Formeln zeigen die Reichhaltigkeit des Reformweges in Deutschland im 18. Jahrhundert und die Lebendigkeit der damaligen Literatur. Aber die erwähnten Tendenzen waren und blieben partieller Natur,

vergleichende verfassungsgeschichtliche Perspektive, dazu Martin Kirsch, *Monarch und Parlament im 19. Jahrhundert. Der monarchische Konstitutionalismus als europäischer Verfassungstyp – Frankreich im Vergleich*, 1999; ders., »Die Entwicklung des Konstitutionalismus im Vergleich. Französische Vorbilder und europäische Strukturen in der ersten Hälfte des 19. Jahrhunderts«, in: ders./Pierangelo Schiera (Hg.), *Denken und Umsetzung des Konstitutionalismus in Deutschland und anderen europäischen Ländern in der ersten Hälfte des 19. Jahrhunderts*, 1999, S. 147 ff.

14 Hans August Winkler, *Der lange Weg nach Westen*, 2 Bde., 2000, 2001, eine Darstellung, die zwei Jahrhunderte in überraschender Weise um eine These herum zentriert.

15 Thomas Würtenberger, »Der Konstitutionalismus des Vormärz als Verfassungsbewegung«, *Der Staat* 37 (1998), S. 165 ff., 176.

16 Aus der umfangreichen Literatur hier nur (mit zahlreichen weiteren Verweisen auf die Arbeiten von Diethelm Klippel und Horst Dippel) Thomas Würtenberger, »An der Schwelle zum Verfassungsstaat«, *Aufklärung 3*, 1988, S. 53 ff.; ders., »Staatsverfassung an der Wende vom 18. zum 19. Jahrhundert«, in: *Wendemarken in der deutschen Verfassungsgeschichte, Der Staat*, Beiheft 10, 1993, S. 85 ff.; ders. (FN 15), S. 165 ff.; Rudolf Vierhaus, »Politisches Bewußtsein in Deutschland vor 1789«, in: ders., *Deutschland im 18. Jahrhundert*, 1987, S. 182 ff., 194 ff.

17 So die Formeln von Würtenberger, *Wendemarken* (FN 16), insb. S. 92 ff., und ders., in: *FS Ernst Benda*, 1995, insb. S. 447 ff.

die Verwirklichungen waren nur punktueller Natur. Zu einem Entwurf aus einem Guß, zu einer geschlossenen Konzeption und zur Vereinigung und wechselseitigen Bestärkung der Elemente kam es nicht. Und wo doch Verfassungsentwürfe vorgelegt wurden,[18] waren es Autoren weit weg von den Zentren der Macht oder die Projekte, die von Mächtigen wie Leopold in der Toskana und in Wien kamen, erweisen sich als rein personenabhängig, eine breitere Basis fehlte. Deshalb mag in einem allgemeinen Sinne die Entwicklung an der Schwelle zum Verfassungsstaat[19] gewesen sein, der weitere Weg war aber noch lang, und vor allem hatten die Akteure den eigentlichen Gipfelanstieg zur Verwirklichung der Ideen noch nicht in Angriff genommen, und vor allem hatten sie auch die Machtmittel zum Gipfelsturm nicht gehabt. Was im Hinblick auf Kontinuität und Diskontinuität bei der Entwicklung von den ständischen Vertretungen zu modernen Repräsentationen gesagt worden ist, gilt für die Verfassungen insgesamt: Es ist die »harte« Geschichte der Konstitutionen von der »weichen« der ihnen vorausgehenden politischen Theorie zu unterscheiden.[20] Es reicht nicht, daß viele Ideen des Verfassungsstaats im 18. Jahrhundert bereits »angedacht« worden sind.

Die Differenz von Ideen und Handeln, von Theorie und Praxis ist es, die Deutschland von Frankreich trennt, und die fehlende Aussicht auf Verwirklichung ist es, die die deutschen Ansätze vergleichsweise blaß und normativistisch macht. Dabei stand am Ende des 18. Jahrhunderts im gesamten Kontinentaleuropa nicht nur ein geistiger Wettbewerb der Ideen, sondern die Machtfrage an: Auf der Tagesordnung war die Änderung primär der Gesellschaftsordnung, also der sehr konfliktreiche Übergang von der ständischen Gesellschaftsordnung Alteuropas zur modernen auf Freiheit und Eigentum gegründeten staatsbürgerlichen Gesellschaft. Zugleich ging es Hand in Hand damit um nichts weniger als eine partielle Deposse-

18 Dazu Horst Dippel (Hg.), *Die Anfänge des Konstitutionalismus in Deutschland. Texte deutscher Verfassungsentwürfe am Ende des 18. Jahrhunderts*, 1991, dazu Hartwig Brandt, *Der lange Weg in demokratische Moderne. Deutsche Verfassungsgeschichte von 1800 bis 1945*, 1998, S. 12: »weit entfernt von denkbarer konstitutioneller Praxis«.

19 Würtenberger, *An der Schwelle zum Verfassungsstaat* (FN 16), S. 53 ff.

20 Hartwig Brandt, »Über Konstitutionalismus in Deutschland, eine Skizze«, in: *FS Gerhard A. Ritter*, 1994, S. 261, zit. nach Kirsch (FN 13), S. 311, dort auch das folgende Zitat von Kirsch.

dierung der Monarchen, um die Beendigung ihrer Alleinherrschaft und ihre Zustimmung zur Teilung der Macht. Sowohl das soziale wie auch das politische Ziel bedurften gehöriger Macht zur Überwindung des selbstverständlichen Widerstands der bisher Bevorrechtigten. Keine führende Gesellschaftsschicht, schon gar nicht die Elite einer Gesellschaftsordnung, die auf Vorrang, Privileg und Ungleichheit aufgebaut war, weicht widerstandslos oder nur wegen der neuen besseren Idee. Auf dem Kontinent ist die Veränderung der Gesellschaftsordnung mindestens so stark Machtgeschichte wie Ideengeschichte. Und Macht hätte man auch gebraucht, um die Monarchen zu echten und rechtlich verbindlichen Begrenzungen ihrer Stellung zu bewegen. Macht, die man zu grundlegenden Änderungen braucht, kommt dabei entweder aus der inneren Entwicklung und aus ausgeübter Gewalt wie in Frankreich, oder vom Außendruck eines Systems, das ideell moderner und viel effizienter und energischer ist, oder aus der Furcht vor einer Revolution. Solange es in Deutschland vor 1789 an diesem Außendruck gefehlt hat, blieben auch die Reformen im begrenzten Rahmen des ständischen Gesellschaftssystems; der aufgeklärte Absolutismus hat mit seinen Reformen vor der gesellschaftlichen Basis der ständischen Gesellschaft immer haltgemacht.

Zu den Eigenarten des deutschen Wegs nach 1800 gehören auch schon Modifikationen im Konzept der Verfassung selbst. Zum Durchbruch war die Idee der geschriebenen Verfassung in revolutionären Situationen gelangt. Wenn diese in den folgenden Jahrzehnten in Mittel- und Westeuropa eine ›vibrierende Spannung‹[21] erzeugte und zum Nachvollzug auch in Ländern führte, in denen keine Revolution stattfand, dann hatte sich der ursprüngliche inhaltliche Zusammenhang zwischen völliger Neubegründung des Staates und der geschriebenen Verfassung aufgelöst; die Form der geschriebenen Verfassung war auch für andere Situationen und Zwecke verfügbar geworden. Es schmälert deshalb nicht die Anstoßwirkung der Deklaration der Menschen- und Bürgerrechte von 1789 und der französischen Verfassung von 1791 auf Kontinentaleuropa, wenn zu betonen ist, daß mit diesen Dokumenten nicht der Verfassungsstaat in seiner gleichsam einzig richtigen Form auf den Plan getreten ist. Zwar hatte sich die Französische Nationalver-

21 Hofmann (FN 5), S. 280.

sammlung schon am Anfang der Revolution im Sinne eines normativen und polemischen Verfassungsbegriffes geäußert, als sie mit bewußter Wertung gegenüber anderen Ländern in Art. 16 der Deklaration der Menschen- und Bürgerrechte postuliert hatte: »Eine jede Gesellschaft, in der weder die Gewährleistung der Rechte zugesichert noch die Trennung der Gewalten festgelegt ist, hat keine Verfassung.«[22] Aber schon die eigene Entwicklung in Frankreich erwies die Variabilität des Modells Verfassungsstaat: die inhaltlich recht unterschiedlichen Verfassungen von 1791, 1793 und 1795 folgten rasch aufeinander; die Form der geschriebenen Verfassung wurde von Napoleon zu einem stark plebiszitär-autoritären Regime genutzt, und 1814 wurde die eigenständige Charte Constitutionelle[23] erlassen, die ihrerseits zum Vorbild für Verfassungen in anderen Ländern wurde, die eine Verbindung zwischen Monarchie und Volksvertretung herstellen wollten.

Der Einfluß der französischen Verfassungen ist beachtlich und kann nicht hinweggedacht werden; er läßt sich aber auch nicht einfach auf eine Kurzformel bringen. Prägend und auf die Dauer sozusagen unwiderstehlich wurde die Institution der geschriebenen Verfassung. Inhaltlich konnte eine Vorbildwirkung bei recht unterschiedlichen Verfassungen anknüpfen; am stärksten hat auf Deutschland die Charte Constitutionnelle von 1814 gewirkt. Vor allem aber darf im Hinblick auf Vorbild- und Anstoßwirkungen der französischen Verfassung auf andere Länder und speziell auf Deutschland der entscheidende Unterschied zwischen der revolutionären Entwicklung hier und evolutionären Entwicklung dort nicht übersehen werden. In der Situation des revolutionären Bruchs mit der Vergangenheit konnten die französischen Verfassungen ein deutliches Profil erhalten, die Prinzipien der neuen Ordnung unvermischt formulieren. Im beschleunigten Vorgang der Revolution war in Frankreich sowohl eine politische als auch soziale Umwandlung erfolgreich durchgeführt worden; die politische Revolution war notwendig gewesen, weil die alten maßgeblichen Kräfte Krone, Adel

22 Déclaration des droits de l'homme et du citoyen art. 16: »Toute societé, dans laquelle la garantie des droits n'est pas assurée, ni la séparation des pouvoirs déterminée, n'a point de constitution.«

23 Texte der verschiedenen französischen Verfassungen bei Altmann (FN 2), S. 58 ff., zum Teil auch in Michael Erbe (Hg.), *Vom Konsulat zum Empire libéral. Ausgewählte Texte zur französischen Verfassungsgeschichte 1799-1870*, 1895.

und Klerus zur Reform der Gesellschaftsordnung nicht in der Lage gewesen waren. Bei einem evolutionären Prozeß war dagegen dieses Bedingungsverhältnis: zuerst politische Revolution, dann soziale Veränderung aufgehoben. Soziale und politische Veränderungen konnten in ihrer Abfolge getrennte Wege gehen und zu verschiedenen Zeiten in unterschiedlichem Maße realisiert werden. Im Zusammenhang des langgestreckten evolutionären Gesamtprozesses, der in Deutschland an die Stelle der Revolution trat, ergaben sich grundsätzlich andere Rahmenbedingungen für den Erlaß von Verfassungen. In einem sich über Jahrzehnte erstreckenden Reform- und Umwandlungsprozeß fehlten die deutlichen Trennungen zwischen alten und neuen politischen Kräften; die Tradition blieb notwendigerweise stärker bestimmend. Übergangsstadien und Mischungsverhältnisse zwischen Altem und Neuem traten auf. Für die Verfassunggebung wurde vor allem auch der Zeitpunkt entscheidend. Er bestimmte darüber, welche der bisherigen politischen und sozialen Kräfte noch und wie stark zu berücksichtigen waren, welche alten Kräfte auch in der neuen Ordnung noch anerkannt wurden.

III. Der deutsche Weg zum Verfassungsstaat

Die gebündelten Herausforderungen der auf der Basis einer durchgeführten Sozialrevolution gegründeten französischen Verfassungen und der Französischen Revolution insgesamt trafen in Deutschland auf eine beträchtlich andere Ausgangslage.[24] Sie veränderten aber die eigenen deutschen Entwicklungsansätze zur Verrechtlichung von Herrschaft und zur gesellschaftlichen Reform. Diese gerieten sozusagen ins *Gravitationsfeld* des französischen Geschehens und der Ideen von 1789; sie wurden dadurch in ihrem immanenten Gang abgelenkt und beschleunigt, ohne aber vom französischen Vorbild »eingefangen« zu werden.[25] So kam es wohl in Deutschland

24 Zur komplexen deutschen Ausgangslage nur Wehler (FN 10), S. 35 ff., 218 ff., 332 ff., 353 ff. (»Warum gab es keine deutsche Revolution?«), S. 363 ff. (»Reformen als Antwort auf die Herausforderung der Revolution«). Vgl. auch FN 25 und 27.

25 Für Eberhard Weis spielte in den Rheinbundstaaten Napoleon »die Rolle eines Katalysators, der die Reformen in Staat und Gesellschaft möglich, notwendig und dringend werden ließ«, vgl. ders., »Der Einfluß der Französischen Revolu-

im Laufe des 19. Jahrhunderts stufenweise zur grundlegenden Veränderung der Gesellschaftsordnung; etappenweise wurden in fast allen Einzelstaaten Verfassungen erlassen (Ausnahme die beiden Großherzogtümer Mecklenburg),[26] und die nationale Einheit wurde 1871 erreicht. Gleichwohl wäre es völlig verfehlt, in diesem langen Entwicklungsprozeß nur ein Nachholen gegenüber der Französischen Revolution oder einen Parallelvorgang zu ihr zu sehen; notwendigerweise ergab sich eine eigenständige deutsche Entwicklung.

Zur deutschen Ausgangslage am Ende des 18. Jahrhunderts gehört die ursprüngliche politisch-rechtsstaatliche Fortschrittlichkeit des aufgeklärten Absolutismus, in dem die Fürsten und die Beamtenschaft trotz ökonomischer Rückständigkeit auf der Basis der aufklärerisch-vernunftrechtlichen Staats- und Sozialphilosophie Reformfähigkeit bewiesen und damit lange nachwirkende Anerkennung für die monarchische Regierungsform geschaffen und bekräftigt hatten.[27] Soweit der Kern des politischen Herrschaftssystems und die Basis des ständischen Gesellschaftssystems nicht berührt waren, gab es beträchtliche Neuerungen in Theorie und administrativer sowie gerichtlicher Praxis.[28] Wie schon erwähnt, lagen die im aufgeklärten Absolutismus nicht überwindbaren Grenzen der Veränderung darin, daß die ständisch gegliederte auf Ungleichheit beruhende Gesellschaftsordnung, auf der das politische Herrschaftsgefüge des sich in der Zentral- und in der Mittelinstanz organisierenden Staates ruhte, in ihren Grundlagen nicht angetastet

tion und des Empire auf die Reformen in den süddeutschen Staaten«, in: *Francia* I, 1973, S. 569 ff., 583.

26 Ernst Rudolf Huber, *Deutsche Verfassungsgeschichte seit 1789*, Bd. 3, Nachdruck der 2. Auflage, 1978, S. 220 ff.: Die beiden mecklenburgischen Großherzogtümer verblieben bis 1918 in altständischen Verfassungsverhältnissen.

27 Beträchtliche Kontinuität zwischen dem aufgeklärten Absolutismus und der Reformzeit am Beginn des 19. Jahrhunderts betonen Eberhard Weis, »Absolute Monarchie und Reform im Deutschland des späten 18. und des frühen 19. Jahrhunderts«, in: *FS Karl Bosl*, 1973, S. 436 ff. (überarbeitete Fassung in: Franklin Kopitzsch (Hg.), *Aufklärung, Absolutismus und Bürgertum in Deutschland*, 1976, S. 192 ff.); Rudolf Vierhaus, »Aufklärung und Reformzeit. Kontinuität und Neuansätze in der deutschen Politik des späten 18. und beginnenden 19. Jahrhunderts«, in: Eberhard Weis (Hg.), *Reformen im rheinbündischen Deutschland*, 1984, S. 287 ff.

28 Dazu oben in FN 16; dort auch die Nachweise zur Kontinuitätsthese für die Zeit um 1800.

werden konnte.[29] Die Vorstellung von einem fundamentalen Wandel ebendieser Gesellschaft lag außerhalb des Horizonts des Denkens und Handelns vor 1789.

Im oben gebrauchten Bild vom Gravitationszentrum Frankreich ist mitgedacht, daß die eigenständigen Entwicklungs- und Reformansätze in Deutschland durch die beschleunigten Vorgänge der Französischen Revolution eine umfassendere Perspektive und eine neue Richtungsangabe erhielten, eine Zielsetzung hin auf die grundsätzliche Änderung der Gesellschaftsordnung durch den Abbau der Ständegesellschaft und die Entfaltung einer staatsbürgerlichen Gesellschaft auf der Basis von Rechtsgleichheit, Erwerbs- und Eigentumsfreiheit.

Zusätzlich herausgefordert durch die vielfältigen politischen Veränderungen im Gefolge der napoleonischen Macht- und Hegemonialpolitik gerieten die deutschen Staaten in einen Modernisierungszwang,[30] ohne daß sie bereits auf eine entsprechende gesellschaftliche Dynamik bauen konnten.[31] Das Bürgertum war in seiner sozialen und politischen Bedeutung zu schwach, um ausschlaggebender oder gar beherrschender Faktor werden zu können. Die Modernisierung wurde alsbald zur Aufgabe der Bürokratie; diese führte den Ersatz der Revolution im Wege der Reform durch, und zwar – dies ist das Spezifische – im Wege der Reform von oben.[32] Dazu bedurfte sie

29 Vor 1803/06 war es keiner deutschen Regierung gelungen, den Graben zu überspringen, den ein Jahrtausend geformt hat, und die herkömmliche Gerichts-, Agrar-, Militär- und Wirtschaftsverfassung grundsätzlich anzutasten, so Weis, in: Kopitzsch (FN 27), S. 207. Dazu auch Wehler (FN 10), S. 332, 340 f.

30 Dieser Druck kann nicht genug betont werden. Wehler (FN 10), S. 347 ff., kennzeichnet die ganze Reformära als ›defensive Modernisierung‹, als Reaktion auf die Französische Revolution und Napoleon. – Die Erosion der alten Legitimität und der alten Gewißheiten und der enorme Modernisierungsdruck durch Frankreich zusammen bildeten die Herausforderung an die deutschen Staaten; der Druck und das Schwinden der Legitimität der alten Sozialordnung gaben ihnen auch Handlungsspielraum gegenüber den bisher Privilegierten, den sie vorher nicht hatten.

31 So nach Dieter Grimm, *Deutsche Verfassungsgeschichte 1776 bis 1866. Vom Beginn des modernen Verfassungsstaats bis zur Auflösung des Deutschen Bundes*, 3. Aufl., 1995, S. 106.

32 Vgl. dazu das geflügelte Wort des preußischen Ministers Struensee zum französischen Gesandten in Berlin: »Die heilsame Revolution, die Ihr von unten nach oben gemacht habt, wird sich in Preußen langsam von oben nach unten vollziehen«, zit. nach Herbert Obenaus, »Finanzkrise und Verfassungsgebung«, in: Bar-

eines Handlungsspielraums und der Macht gegenüber den potentiellen Opfern der Reform. So mußte sich erst der Verwaltungsstaat selbst formieren, um den Reformprozeß gegen die widerstrebenden adelig-ständischen Kräfte in Gang bringen zu können. In den Rheinbundstaaten geschah dies durch die jetzt erst zu einem Höhepunkt geführten Staatsbildungs- und Zentralisierungsprozesse.[33] In Preußen erhielt die Verwaltungsreform als notwendige Basis der inhaltlichen Reformschritte Vorrang, Vorrang insbesondere vor der beabsichtigten Verfassungsreform.[34]

Handlungs- und Reformfähigkeit kamen so nicht aus dem Druck und dem politischen Durchsetzungsvermögen des Bürgertums, sondern aus dem Außendruck sowie der eigenen Kraft des Verwaltungsstaates.[35] Er leitete die soziale Reform und die Verwandlung der Gesellschaftsordnung ein, brachte die bürgerliche Gesellschaft auf den Weg, blieb aber selbst als aktiv handelnde eigene Größe bestehen. Verkürzt gesagt: die rechtzeitige Reform von oben ›ersparte‹ die Eroberung des Staates durch die Gesellschaft; sie ließ aber gerade deshalb den traditionellen Staat und seine Bürokratie als eigene und dauerhaft fortwirkende Machtfaktoren bestehen, sie begründete eine Trennung von Staat und Gesellschaft. Die Leistungsfähigkeit der monarchischen Regierungen während der gesellschaftlichen Reformprozesse sicherte diesen außerdem auch im Bürgertum die Anerkennung als Garanten für Dauerhaftigkeit, Kontinuität und bruchlose Entwicklung. Eine starke, von der Gesellschaft unabhängige Regierung erschien als wichtiges und erwünschtes Gegenge-

bara Vogel (Hg.), *Preußische Reformen 1807-1820*, 1980, S. 244 ff., S. 248. Für diesen langsamen Prozeß ist aber der Begriff ›Reform von oben‹ treffender.

33 Weis (Hg.), *Reformen* (FN 27), dort in der Einleitung, S. VII-IX, umfassende bibliographische Nachweise; Hermann Berding/Hans-Peter Ullmann (Hg.), *Deutschland zwischen Revolution und Restauration*, 1981; Karl Möckl, *Der moderne bayerische Staat. Eine Verfassungsgeschichte vom aufgeklärten Absolutismus bis zum Ende der Reformepoche*, 1979, S. 98 ff.

34 Reinhart Koselleck, *Preußen zwischen Reform und Revolution*, 1981, S. 163-216: Der Vorrang der Verwaltungsreform und ihre Auswirkungen auf die Verfassungsplanung 1807-1815. – Umfassender Überblick über die preußischen Reformen bei Ernst Rudolf Huber, *Deutsche Verfassungsgeschichte seit 1789*, Bd. 1, Nachdruck der 2. Aufl. 1975, S. 95-313; vgl. auch Grimm (FN 31), 3. Kapitel und – unter sozialgeschichtlicher Perspektive – Vogel (FN 32), mit ausführlicher Bibliographie.

35 Zum preußischen Verwaltungsstaat Koselleck (FN 34), S. 153 ff.; Bernd Wunder, *Privilegierung und Disziplinierung. Die Entstehung des Berufsbeamtentums in Bayern und Württemberg 1780-1825*, 1978.

wicht und als stabilisierender Faktor gegenüber der befürchteten Wankelmütigkeit des Volkes und der souveränen Volksvertretungen.

Entscheidend trug dazu bei, daß das deutsche politische Denken seit 1795 immer schon ein reflektiertes, auf den Gang der Französischen Revolution bezogenes Denken war. Die Zeitgenossen hatten nicht nur – mit großer Zustimmung zumeist – die Ideen von 1789, sondern mit zunehmender Irritation auch den Terror und die machtpolitische Expansion Frankreichs erlebt. Die Zeitgenossen haben die vernunftrechtlichen Ideen und ihre Realisation erlebt. In Deutschland war für das Bürgertum die Unschuld des Denkens und des auf dieses Denken gestützten Handelns verloren, ehe überhaupt gehandelt wurde. Aus innerer Überzeugung, nicht nur aus realpolitischer Einschätzung der Kräfte war die Mehrheit des Bürgertums von Anfang an auf Ausgleich und Verbindung mit der überkommenen Monarchie aus. Der Rückgriff auf die Geschichte unterfing dieses auf Evolution und ›organische‹ Entwicklung sowie auf Ausgleich gerichtete Denken.[36] Dies brachte aber natürlich auch Grenzen der Veränderung am Anfang des Jahrhunderts in der ersten Hälfte des Jahrhunderts und Belastungen der Entwicklung in der zweiten Hälfte mit einem überproportional starken Fortwirken der traditionellen Kräfte.

Das Verfassungsverständnis, das sich in dieser Situation ausbildete, mußte notwendigerweise ein anderes sein als in Frankreich. Es ging um die rechtliche Bindung eines sich reformierenden Staates, nicht um die theoretische und praktische Begründung einer neuen Ordnung. Dieser grundlegende Unterschied betraf nicht nur die Sicht der Fürsten, sondern vor allem auch die der bürgerlichen Verfassungsbewegung. Sie wollte den vorhandenen Staat in eine Rechtsform bringen, ihn rechtlich begrenzen, Verfahren und Formen der Machtbegrenzung und Machtteilung aufrichten. Die Monarchie sollte nicht abgeschafft, sondern in ihrer Rechtsgebundenheit verstärkt werden. Das Ziel des Verfassungsstaates war deshalb, die staatliche Herrschaftsmacht in ihrer Ausübung rechtlich zu regeln

36 Ernst-Wolfgang Böckenförde, »Die Einheit von nationaler und politischer Bewegung im deutschen Frühliberalismus«, in: ders. (Hg.), *Moderne deutsche Verfassungsgeschichte (1815/1914)*, 2. Aufl. 1981, S. 27 ff.; dort S. 27 f. auch zur Bedeutung der Geschichte als eigentliche Quelle für die Erkenntnis der Nation in ihrer Eigenart bei zunächst staatenlosen Nationen.

und zu begrenzen. Die Idee des Verfassungsstaates stand für die Vorstellung von der Rechtsgebundenheit von Herrschaft.

Bei dieser Grundvorstellung konnte die bürgerliche Verfassungsbewegung vielfach anknüpfen an vor 1800 bestehende Rechtstraditionen in Deutschland, die insgesamt stärkere Elemente der Rechtsgebundenheit von Herrschaft, der Konsensabhängigkeit von Rechtsänderungen und von vertragsartigen Elementen enthalten haben,[37] als der oft zu einseitig auf die Herausbildung absolutistischer Herrschaftsweisen in einzelnen größeren Territorialstaaten gerichtete Blick wahrzunehmen imstande ist. Für das Rechtsverständnis und Traditionsbildung waren in der vielgliedrigen politischen Landschaft bis 1806 auch die mittleren und kleineren Länder mit ihren noch stärker ständischen Institutionen und Regierungsweisen sowie und vor allem das Alte Reich von Bedeutung, das unbeschadet seiner politischen Schwäche gegenüber den größeren Territorialstaaten als Rechtsorganismus lebendig war und gerade auch in seiner höchsten Gerichtsbarkeit wirkte.[38] Bis zum Ende des 18. Jahrhunderts hatten sich zudem mehrere Traditionslinien ausgebildet, die sich nach der ›Erfindung‹ der geschriebenen Verfassung in diesem Gewande zu einem Ganzen verbinden konnten. Hierher gehörte die Ausbildung der Reichsgrundgesetze in der Reichspublizistik als der deutschen Variante der auch sonst in Europa stattfindenden Herausbildung von Fundamentalgesetzen, die die für die politische Ordnung besonders wichtigen und sie fundierenden Grundsätze in einer eigenen Kategorie von Rechtsnormen herausstellten.[39] Eine andere Traditionslinie führte von den punktuellen und vertragsförmigen Regelungen im späten Mittelalter über den ständestaatlichen

37 Stolleis (FN 12), Bd. 1, S. 321; Gerhard Dilcher, »Vom ständischen Herrschaftsvertrag zum Verfassungsgesetz«, *Der Staat* 27 (1988), S. 161 ff.; Willoweit (FN 1), § 25 mit Literaturangaben.

38 Die neuere Forschung hat herausgearbeitet, daß das Vorhandensein und die Tätigkeit der obersten Reichsgerichte, Reichskammergericht und Reichshofrat eine nicht zu unterschätzende Bedeutung für die Ausbildung der Vorstellung von der rechtlichen Gebundenheit von Herrschaft gehabt hat. Dazu insgesamt die Reihe: *Quellen und Forschungen zur höchsten Gerichtsbarkeit im alten Reich*, hg. von Bernhard Diestelkamp/Ulrich Eisenhardt/Günter Gudian/Adolf Laufs und Wolfgang Sellert, 1973 ff., mit inzwischen mehr als 35 Bänden.

39 Dazu Vierhaus (FN 16); Rolf Grawert, Art. »Gesetz«, in: Otto Brunner/Werner Conze/Reinhart Koselleck (Hg.), *Geschichtliche Grundbegriffe*, Bd. 2, 1975, S. 887 ff.; Hofmann (FN 5), S. 275 ff.

Typus der Herrschaftsverträge und die Regierungsformen des 17. Jahrhunderts, die als Übergang vom Herrschaftsvertrag zur Verfassungsurkunde gedeutet worden sind.[40] Insgesamt sind dies die Elemente der Entwicklung, die in der neueren ideengeschichtlichen Forschung verstärkt gezeichnet worden sind und zum Teil zur These von der überwiegenden Kontinuität vor und nach 1789 geführt haben.[41] Diese Traditionslinien sind hier ebenfalls als geschichtswirksam zugrunde gelegt, aber sie werden nicht als vorrangig oder ausschlaggebend beurteilt, weil sie die Grenzen des alteuropäischen Ordnungsmodells nicht überschritten haben. Diese Kontinuitätselemente sind nicht dominant, aber natürlich existent und für den deutschen Weg mitbestimmend. Neben der Kontinuität war auch ein gehöriges Maß an Diskontinuität notwendig, ohne die sich die Basis der ständischen Gesellschaft und die ständisch geprägte Rechtsordnung nicht verändert hätten. Aber auch dort, wo es Kontinuität einiger Ideen gab, erhielten diese durch das Novum der geschriebenen Verfassung in Frankreich und Nordamerika einen neuen, einheitlichen und weiteren Horizont für die Formulierung der inneren Verbindung von Rechtsgebundenheit der Herrschaft und Fixierung der grundlegenden Bestimmungen in einer Urkunde. Aus dem Regelungsziel, einen vorhandenen Staat zu konstitutionalisieren, ergab sich das Verständnis der Verfassung als systematische und umfassend angelegte Normierung der Herrschaftsausübung.[42]

Das Weiterdenken der Verfassungsidee führte die liberale Staatslehre aber konsequenterweise über die Grundvorstellung der formellen Verrechtlichung des bestehenden monarchischen Staates hinaus. Verfassungsstaatliches Denken mußte aber auch zur Frage der Begründung des Staates vorstoßen, schon allein um die Rechtsgebundenheit der Herrschaft konstruieren zu können. Sollte die Rechtsbindung nicht nur in einer einseitig widerrufbaren Selbstbeschränkung des Monarchen liegen, sondern das charakteristische Merkmal der Verbindlichkeit und Festigkeit erlangen, dann lag die

40 Gerhard Oestreich, »Vom Herrschaftsvertrag zur Verfassungsurkunde«, in: Vierhaus (FN 16), S. 45 ff. (= in: Oestreich, *Strukturprobleme der frühen Neuzeit*, 1980, S. 229 ff.).

41 Siehe Nachweise oben FN 15 und 16.

42 Ernst-Wolfgang Böckenförde, »Geschichtliche Entwicklung und Bedeutungswandel der Verfassung«, in: *FS Rudolf Gmür*, 1983, S. 9 f. Von der Einbindung des Monarchen in den Rechtsgedanken spricht auch Dilcher (FN 37).

konzeptionelle Verbindung zum traditionellen Gedanken des Vertragscharakters von Herrschaft nahe. Für das bürgerliche Verfassungsdenken wurde die vereinbarte Verfassung zum Ideal des Verfassungsstaates. Der alte ständestaatliche Dualismus konnte im neuartigen Kontext der Antithese von Staat und Gesellschaft erneuert werden.[43] Als Partner des Grundvertrages erschienen das Volk und die monarchische Regierung, beide aber als voneinander unabgeleitete Größen. Zusammen sollten ihnen verfassunggebende und -ändernde Gewalt zustehen; souverän sollte keiner der beiden Faktoren sein.[44]

Die Staatstheorie der ersten Hälfte des 19. Jahrhunderts[45] knüpfte damit an eine Konstante des deutschen politischen Denkens an, an das Denken in einem zweipoligen Verhältnis, im Gegenüber von Herrscher und Volk. Als durchgehende Linie vom Mittelalter bis zum 19. Jahrhundert ergibt sich nämlich in Deutschland, daß die Überhöhung einer der beiden Größen in diesem bipolaren Verhältnis zur einen oder anderen Seite weniger stark ausfällt als in Frankreich. So eindeutig für die bürgerliche Verfassungsbewegung die Frontstellung gegen den monarchischen Absolutismus war, so deutlich war die andere gegen die Volkssouveränität. Bewußt angestrebt wurde eine Position der ›Mitte‹ zwischen den Antithesen Königtum und Volksfreiheit, monarchische Regierung und gewählte Volksvertretung, obrigkeitlich-staatliche Autorität und demokratische Mitwirkung. Die staatstheoretische Grundlage für diese Konzeption bildete der im einzelnen sehr ausdeutungsfähige Begriff des Staates als sittlicher Organismus, der den Staat als übergreifende Einheit und in sich stehende Ganzheit verstand.[46] Es war immanent konsequent, daß der Versuch, weder die Monarchie noch das Volk zur al-

43 Hofmann (FN 5), S. 273.

44 Böckenförde (FN 42), S. 11; Hofmann (FN 5), S. 273 f., beide mit Nachweisen, insbes. aus dem Staatslexikon von Rotteck und Welcker.

45 Dazu und zu anderen ideen- und wissenschaftsgeschichtlichen Themen umfassend Stolleis (FN 12), Bd. 2, S. 81 ff.: Staatslehre im Vormärz; S. 121-186: Die ›allgemeine Staatslehre‹ im Vormärz; dazu auch Hans Boldt, *Deutsche Staatslehre im Vormärz*, 1975; Hartmut Brandt, *Landständische Repräsentation im deutschen Vormärz. Politisches Denken im Einflußfeld des monarchischen Prinzips*, 1968.

46 Dazu ausführlich Böckenförde, Art. »Organ, Organismus, Organisation, Politischer Körper«, Abschnitt VII-IX, in: Otto Brunner/Werner Conze/Reinhart Koselleck, *Geschichtliche Grundbegriffe. Historisches Lexikon zur politisch-sozialen Sprache in Deutschland*, Bd. 4, 1978, S. 587 ff. (›Organismus‹/›Organ‹ als Leitbe-

leinigen Grundlage der politischen Ordnung zu machen, in den Mittelpunkt des Denkens eine abstrakte dritte Größe, den Staat, stellte. Damit war zugleich der Schärfe der Souveränitätsfrage ausgewichen, eine eindeutige Entscheidung zwischen Monarchie und Volkssouveränität vermieden. Die theoretische Lösung, daß dem Staat die Souveränität zukommt,[47] bot jedoch in den praktisch relevanten Fällen des Staatslebens keine Antwort, wenn es zwischen den verschiedenen Organen des Staates bei der Ausübung ihrer Rechte zu Konflikten kam und sich die Frage des Letztentscheidungsrechts unabweislich stellte. Darüber hinaus waren in der theoretischen Position der Mitte mit ihrem Ideal der Gleichgewichtslage zwischen Krone und Volksvertretung die realen Machtfragen ausgeklammert; sie aber spielten notwendigerweise für die Gestalt der konkreten Verfassungen des Konstitutionalismus eine ausschlaggebende Rolle, der im folgenden verfassungsgeschichtlichen Abriß[48] nachzugehen ist.

B. Etappen der Entwicklung des Konstitutionalismus bis 1866

Die für den Konstitutionalismus charakteristische Verbindung zwischen Monarchie und Volksvertretung trat im 19. Jahrhundert nicht etwa nur in einer Ausprägung, sondern zeitlich und regional gestreut in recht unterschiedlichen Modifikationen in Erscheinung,

griffe der staatstheoretischen und verfassungspolitischen Diskussion), S. 595 (Frontstellung der Organismusvorstellung gegen Absolutismus und Volkssouveränität).

47 Böckenförde (FN 46), S. 598 f. m. w. N. Eingehend dazu Helmut Quaritsch, *Staat und Souveränität*, Bd. 1, 1970, S. 481, 487 ff. und S. 502 f.; Boldt (FN 45), S. 74-83.

48 Auf die umfassende Darstellung der deutschen Verfassungsgeschichte von Ernst Rudolf Huber, *Deutsche Verfassungsgeschichte seit 1789*, Bd. 1-3, Nachdruck der 2. Aufl. 1975-1978, sei generell verwiesen. Außerdem Ernst Forsthoff, *Deutsche Verfassungsgeschichte der Neuzeit*, 4. Aufl. 1972; Fritz Hartung, *Deutsche Verfassungsgeschichte vom 15. Jahrhundert bis zur Gegenwart*, 9. Aufl. 1969; Grimm (FN 31); Willoweit (FN 1); Boldt (FN 1); Manfred Botzenhardt, *Deutsche Verfassungsgeschichte 1806-1949*, 1993; Brandt (FN 18); Elisabeth Fehrenbach, *Verfassungsstaat und Nationsbildung, 1815 bis 1871*, 1992; vgl. auch die Bibliographie zur Literatur vor 1981 von Rainer Wahl, in: Böckenförde (FN 36), S. 505 ff.

vor allem in Gestalt unterschiedlicher Gewichtsverteilungen in den konkreten Verfassungen, mehr noch in der Form unterschiedlicher Machtverteilung in der Staatspraxis. Der in der Verfassungsgeschichtsschreibung nachträglich konstruierte Typ *des* deutschen Konstitutionalismus erfaßt zwar die Architektur, also die Statik und die Bauform des Konstitutionalismus,[49] definitionsgemäß aber nicht seine Dynamik und die Bewegung im Kräftespiel von Monarchie und Volksrepräsentation. Im langen 19. Jahrhundert gab es aber gerade viel *Bewegung* im verfassungspolitischen Kräftefeld zwischen den beiden großen Faktoren und eine variantenreiche Entwicklung der Demarkationslinien zwischen Monarchie und Parlament.[50] Im rechtswissenschaftlichen Schrifttum ist die Verfassungsgeschichte des Aufbaus und der statischen Architektur stärker entwickelt als die zweite Hälfte, die Bewegungsgeschichte, die Geschichte der Bewegung zwischen Monarchie und Volksvertretung,[51] die auch Phasen verstärkten Einflusses der Volksvertretung und einer Parlamentarisierung in der Praxis kennt. Diese Varianten des Staatslebens sind in den letzten Jahrzehnten in einer eindrucksvollen Fülle von Studien (über die einzelnen Stadien) zutage gefördert worden.[52] Sie

49 Prägend dazu Böckenförde (FN 1) mit dem bezeichnenden Titel: »Der deutsche Typ der konstitutionellen Monarchie im 19. Jahrhundert«.

50 Noch pluralistischer wird das Spannungsverhältnis zwischen Statik und Bewegung im Konstitutionalismus im europäischen Vergleich, der vor allem von Martin Kirsch mit weiterführenden Perspektiven angestellt worden ist (dazu die beiden Arbeiten in FN 13). Er unterscheidet die drei Typen monarchischer Konstitutionalismus mit Vorrang des Parlaments, monarchischer Konstitutionalismus mit Vorrang des Königs und napoleonischer Konstitutionalismus.

51 Näher dazu Rainer Wahl, »Die Bewegung im labilen Dualismus des Konstitutionalismus in Deutschland«, in: Parlament und Verfassung in den europäischen konstitutionellen Systemen des 19. Jahrhunderts (*Tagungsband Trient 2000*, im Erscheinen). Vgl. auch die die Grundfragen und die Details umfassend behandelnde Darstellung von Jörg-Detlef Kühne, »Volksvertretungen im monarchischen Konstitutionalismus (1814-1918)«, in: Hans-Peter Schneider/Wolfgang Zeh (Hg.), *Parlamentsrecht und Parlamentspraxis. Ein Handbuch*, 1989, § 2, Rn. 1-34.

52 Lothar Gall, *Der Liberalismus als regierende Partei. Das Großherzogtum Baden zwischen Restauration und Reichsgründung*, 1968, und vor allem die Bände des »Handbuchs der Geschichte des deutschen Parlamentarismus« der sehr verdienstvollen Kommission für die Erforschung des Parlamentarismus und der politischen Parteien mit grundlegenden Studien von Hartwig Brandt, *Parlamentarismus in Württemberg 1819-1870*, 1987. Anatomie eines deutschen Landtags; Günter Grünthal, *Parlamentarismus in Preußen 1848/49-1857/58 Preußischer Konstitutionalis-*

geben ein eindrucksvolles Bild von der bewegten Verlaufsgeschichte der Auseinandersetzungen zwischen Monarchie und Volksvertretung, die in der ersten Hälfte des Jahrhunderts keineswegs einlinig war und auch in der zweiten Hälfte keineswegs zielgerichtet auf die Spätform des Konstitutionalismus (nach 1866 beziehungsweise 1871) zulief. Die im folgenden behandelten Verfassungen der drei Epochen des Konstitutionalismus spiegeln einige dieser zeitlichen und regionalen Unterschiede, ohne alle Eigenarten der Entwicklungen in den einzelnen Staaten aufgreifen zu können.

In der ersten Phase des Frühkonstitutionalismus (1814-1848) dominierten zunächst eindeutig die monarchisch-bürokratischen Kräfte, zunächst der Reform von oben, dann der Restauration, so daß der kennzeichnende Dualismus sehr einseitig ausgebildet war. Erst ab 1830 und im Vormärz gewannen das Bürgertum und die bürgerliche Verfassungsbewegung so an Bedeutung, daß die Revolution von 1848 ernsthaft ein Gleichgewicht, wenn nicht gar eine Gewichtsverlagerung zugunsten der Volksvertretung anzielen konnte. Neben der inhaltlich vorbildlichen und darin fernwirkenden Paulskirchenverfassung gehören zu dieser zweiten Phase auch die beträchtlichen Änderungen der schon erlassenen Verfassungen etwa in Baden, Württemberg-Baden und in Kurhessen Sachsen. Nach dem Scheitern der Revolution begründete die preußische Verfassung von 1848/50 einen labilen Dualismus, dessen Konfliktanfälligkeit im preußischen Verfassungskonflikt offenbar, durch seinen Ausgang aber nicht beseitigt wurde; der deutsche Konstitutionalismus war jetzt endgültig festgelegt, auch in der Begrenztheit und Enge seiner Entwicklungsmöglichkeiten. Zuvor aber hatte der Konstitutionalismus mehr Entwicklungsoptionen und -offenheit gehabt, als der Ausgang des Verfassungskonfliktes und die damals maßgeblich gewordene preußische Variante übrigließen.

mus – Parlament und Regierung in der Reaktionsära, 1982; Klaus Erich Pollmann, *Parlamentarismus im Norddeutschen Bund, 1867-1870*, 1985; Manfred Botzenhart, *Deutscher Parlamentarismus in der Revolutionszeit 1848, 1850*, 1977; vgl. auch Dieter Langewiesche, *Liberalismus und Demokratie in Württemberg zwischen Revolution und Reichsgründung*, 1974; Franz Mögle-Hofacker, *Zur Entwicklung des Parlamentarismus in Württemberg. Der ›Parlamentarismus der Krone‹ unter König Wilhelm I.*, 1981. Die Einzelforschungen sind rezipiert in die Gesamtdarstellung von Brandt (FN 18) und den Forschungsbericht Fehrenbach (FN 48).

In der Zeit zwischen 1814 und 1824 traten in fünfzehn Staaten neue Verfassungen in Kraft. Nicht alle entsprachen dem Typus der Repräsentativverfassung, einige waren altständischen Prinzipien verpflichtet.[53] Für die weitere Entwicklung wurden die drei süddeutschen Verfassungen von Bayern 1818, Baden 1818 und Württemberg 1819 prägend.[54] Ihr Muster wurde, mit Veränderungen im einzelnen, für die im Gefolge der französischen Juli-Revolution von 1830 entstandene zweite Welle der Verfassungsgebung maßgeblich, durch die sieben weitere Staaten (u. a. Kurhessen und Sachsen) erstmals eine Verfassung sowie Braunschweig und Hannover eine wesentlich geänderte Repräsentativverfassung erhielten.[55] Anders als 1830 sind Zeitpunkt und Funktion der Verfassunggebung in der ersten Phase des Konstitutionalismus nicht leicht zu erklären. Es ist jedenfalls auffällig, daß in der Zeit während und kurz nach dem Wiener Kongreß und nach den Jahren, in denen der Versuch unternommen wurde, die Französische Revolution als Bewegung der sozialen Veränderung national und international zu beenden, gerade das von der Französischen Revolution propagierte politische System des Verfassungsstaates und der Mitwirkung von Repräsentanten, jedenfalls der Form nach, eingeführt wird.[56] Natürlich gab es recht aktuelle Anlässe, so vor allem das Bestreben, noch ausstehenden möglicherweise restaurativen Festlegungen des Bundes zuvorzukommen, oder die Absicht, den hohen Adel und die ehemaligen selbständig Regierenden einzubinden und zu disziplinieren. Darüber hinaus verwundert es nicht, daß durchgängig nach dem spezifischen verfassungspolitischen Kalkül der Verfassungsgebung ge-

53 Übersicht über die Verfassungen bei Huber (FN 34), S. 656 f.

54 Texte bei Huber, *Dokumente zur deutschen Verfassungsgeschichte*, Bd. 1, 2. Aufl. 1961; Bd. 2, 2. Aufl. 1964, Nr. 51 ff. – Zum erheblichen Einfluß der Charte Constitutionnelle von 1814 auf diese Verfassungen Kirsch, *Monarch und Parlament* (FN 13), S. 299 ff., 322 ff.

55 Ernst Rudolf Huber, *Deutsche Verfassungsgeschichte seit 1789*, Bd. 2, Nachdruck der 2. Auflage 1975, S. 46 ff.; Texte der Verfassungen des Kurfürstentums Hessen und des Königreichs Sachsen bei Huber, *Dokumente*, Bd. 1 (FN 54), Nr. 56 und 57. – »Von den 41 Staaten des Deutschen Bundes waren oder wurden 37 in der Zeit des Vormärz Verfassungsstaaten«, Brandt (FN 18), S. 71.

56 So zu Recht die Ausgangsfrage bei Obenaus (FN 32), S. 244 ff. ein Überblick über die verschiedenen Auffassungen in der Literatur.

fragt wird.[57] Ein solches mußte es geben, denn die Verfassungen waren freiwillig, ohne aktuellen Druck gegebene Zugeständnisse und eine vorbeugende Politik. Nach Ernst Rudolf Huber[58] zielte das monarchische Kalkül auf die integrative Bedeutung von Verfassung und Repräsentation, insbesondere für die in ihrem Gebietsbestand in der Rheinbund-Zeit stark veränderten süddeutschen Länder: für die dort von den Dynastien und ihren Bürokratien geschaffenen Verwaltungsstaaten konnte danach die ursprüngliche administrative Integration durch die parlamentarisch-repräsentative ergänzt werden. Für Herbert Obenaus[59] steht der Zusammenhang zwischen Finanzkrise und Verfassunggebung im Vordergrund. Nach der Auflösung der ständisch-feudalen Ordnung und nach dem Übergang zum privatwirtschaftlich-liberalen Wirtschaftssystem hatte sich auch notwendigerweise der Finanzierungsmodus der Staaten verändert. In einer nachfeudalen Gesellschaft mußten sich die Staaten vorwiegend über Steuern und Kredite finanzieren. Das neue und zukünftig ausschließliche unmittelbare Verhältnis zwischen Staat und Staatsbürger drückte sich handgreiflich im Steuerzahlen und im Kapital-Anvertrauen aus. In diesem Grundverhältnis entstand der Bedarf nach einer Vermittlung zwischen der Regierung und den Regierten. Repräsentation erfüllte danach auch die Funktion eines vertrauenschaffenden oder -erzeugenden Bandes zwischen dem Fürsten und den besitzenden Schichten.

Entstanden sind die Verfassungen jedenfalls aus einem verfassungspolitischen Kalkül der Monarchen. Die Form der geschriebenen Verfassung wird zu einem politischen Zweck, zur dynastischen Selbsterhaltung benutzt, damit zu einem politischen Zweck, der nicht in der umfassenden Grundlegung des Staates besteht. Aber auch insoweit hatte die Verwirklichung der geschriebenen Verfassung einen rechtlichen Preis, nämlich die dauerhafte Selbstbeschränkung des Monarchen. Die Zäsur zur vorkonstitutionell unbeschränkt gedachten, monarchischen Herrschaftsfülle des Absolutismus ist endgültig und deutlich. Da aber die Verfassungen und die Monarchen nicht wegen eines akuten oder unwiderstehlichen Druckes von unten die Verfas-

57 Außer den in FN 54-56 genannten Autoren Brandt (FN 18), S. 68 ff., 70 ff.; Willoweit (FN 1), § 26, zur Entwicklung bis 1915; Fehrenbach (FN 48); Kirsch (FN 13); Stolleis (FN 12), Bd. 2, S. 187 ff.

58 Huber, *Verfassungsgeschichte*, Bd. 1 (FN 34), S. 315-318.

59 Obenaus (FN 32), S. 251 ff.

sungen erlassen haben, konnten sie die in den Verfassungen enthaltene Anerkennung einer Volksvertretung und der Rechte der Untertanen dosieren. Die sozusagen im Vorgriff auf die künftige Bedeutung des Bürgertums und der Besitzenden erlassene Verfassung brauchte die Macht nicht substantiell oder gleichberechtigt zu teilen. Aber eindeutig beantworteten die Verfassungen die in einer dualistischen politischen Ordnung[60] besonders wichtige Frage, aus wessen Perspektive die Verfassung geschrieben war, wer wen an der Macht beteiligt hatte und wer der primäre Faktor bei der Entstehung und in der Gewichtung war. Dies zu umschreiben war die Funktion des monarchischen Prinzips,[61] das allen vormärzlichen Verfassungen gemeinsam ist und das eine folgenreiche Grundaussage über das Verhältnis zwischen Monarch und Volksvertretung enthielt. In der Formulierung der bayerischen Verfassung besagt das Prinzip nämlich: »Der König ist das Oberhaupt des Staates, vereinigt in sich alle Rechte der Staatsgewalt und übt sie unter den von Ihm gegebenen in der gegenwärtigen Verfassungsurkunde festgestellten Bestimmungen aus.«[62] Dementsprechend – und diese Folgerung zog Art. 57 der Wiener Schlußakte von 1820 in einer authentischen Interpretation des Deutschen Bundes ausdrücklich – »kann der Souverän durch eine Landständische Verfassung in der Ausübung bestehender Rechte an die Mitwirkung der Stände gebunden werden«.[63]

60 Dazu neben den Gesamtdarstellungen zur Verfassungsgeschichte auch Brandt (FN 18), S. 80 ff., und Fehrenbach (FN 48), S. 1 ff., 9 ff., 71 ff.; Nipperdey (FN 8), S. 344.

61 Huber, *Verfassungsgeschichte*, Bd. 1 (FN 34), S. 651 ff.; ders., *Verfassungsgeschichte*, Bd. 3 (FN 26), Nachdruck der 2. Aufl. 1978, S. 11 ff.; Ernst-Wolfgang Böckenförde, »Der Verfassungstyp der deutschen konstitutionellen Monarchie im 19. Jahrhundert«, zit. nach ders. (Hg.), *Moderne deutsche Verfassungsgeschichte (1815/1914)*, 2. Aufl. 1981, S. 146 f., 148 = ders., *Staat, Gesellschaft, Freiheit*, 1976, S. 112-145; Boldt (FN 1), S. 15-54; Botzenhart (FN 52), S. 30-53 (zum konstitutionellen Denken im Zeichen des monarchischen Prinzips). Aus der älteren Literatur: Otto Hintze, »Das monarchische Prinzip und die konstitutionelle Verfassung«, in: ders., *Gesammelte Abhandlungen*, Bd. 1, 3. Aufl. 1970, S. 359 ff., und Heinrich Otto Meisner, *Die Lehre vom monarchischen Prinzip im Zeitalter der Restauration und des deutschen Bundes*, 1913.

62 Texte bei Huber, *Dokumente*, Bd. 1 (FN 54), Nr. 30. – Vorbild war die Charte Constitutionnelle von 1814, die in der Präambel die Unterscheidung zwischen résidence und exercise de l'autorité traf. Das monarchische Prinzip wirkte aber in Frankreich anders als in Deutschland, dazu Brandt (FN 18), S. 69.

63 Art. 57 der Schlußakte der Wiener Ministerkonferenzen vom 15. Mai 1820: »Da

Die vom monarchischen Prinzip getroffene Unterscheidung zwischen substantieller Innehabung und bloßer Ausübung der Staatsgewalt ging jedoch rechtlich nicht voll auf: Die Pointe der Zuweisung der Substanz der Staatsgewalt wäre gewesen, daß sich der Monarch auf seine Staatsgewalt hätte ›zurückziehen‹ und die von ihm gegebene Verfassung auch einseitig hätte zurücknehmen können. Dies war jedoch nicht der Fall; einmal gegeben, war der Monarch im Dualismus gefangen und verfangen – Verfassungsänderung war nur einvernehmlich mit der Volksvertretung möglich.[64] Wenn demnach das monarchische Prinzip rechtlich mehr versprach, als es rechtlich halten konnte, dann ist es doch gerade erheblich und bezeichnend, daß in den vormärzlichen Verfassungen ein solcher überschießender Gehalt festgeschrieben wurde, daß das Grundverhältnis zwischen Monarchie und Volksvertretung im Sinne einer substantiellen Asymmetrie verfassungsrechtlich formuliert worden ist.

Zusammengebunden sind die beiden Faktoren Monarch und Parlament in der zentralen Funktion der Gesetzgebung. Für sie gilt – nach dem Vorbild der französischen Charte Constitutionnelle (Art. 15) – das Prinzip »der gemeinschaftlichen Ausübung der Legislativgewalt«.[65] In den süddeutschen Verfassungen tauchte diese Formel nicht wörtlich auf, sie war inzident in den Bestimmungen enthalten, nach denen bestimmte Gesetze (Eingriffe in Freiheit und Eigentum) an die Zustimmung der Landtage gebunden waren. In der Verfassungswirklichkeit führte dieses Aufeinander-angewiesen-Sein zum Widerstreit von Kooperation und Konfrontation von monarchischer Regierung und Kammern.[66]

der deutsche Bund, mit Ausnahme der freien Städte, aus souveränen Fürsten besteht, so muß dem hierdurch gegebenen Grundbegriffe zufolge die gesamte Staatsgewalt in dem Oberhaupte des Staates vereinigt bleiben, und der Souverän kann durch eine landständische Verfassung nur in der Ausübung bestimmter Rechte an die Mitwirkung der Stände gebunden werden«, vgl. Huber, *Dokumente*, Bd. 1 (FN 54), Nr. 30. Art. 57 ist in der Form einer authentischen Interpretation der Versuch einer Einengung des offenen Wortlauts von Art. 13 der deutschen Bundesakte vom 18. Juni 1815, vgl. Huber, *Dokumente*, Bd. 1 (FN 54), Nr. 29: »In allen Bundesstaaten wird eine Landesständische Verfassung statt finden.«

64 Böckenförde (FN 61), S. 155, auch S. 148, und Quaritsch (FN 47), S. 483.

65 Dazu Kirsch, *Monarch und Parlament* (FN 13), mit Hinweis auf Vorbilder für diese Formel.

66 Kirsch, *Monarch und Parlament* (FN 13), S. 330.

Zum ›hinkenden‹ Dualismus des Frühkonstitutionalismus gehört es auch, daß die Volksvertretung im typischen Zweikammersystem eingebunden war. Auch darin lag eine wichtige Aussage: In einem Einkammersystem wäre das Volk dem Monarchen als einheitliche Staatsbürgergesellschaft entgegengetreten; dagegen war das Zweikammersystem gleichbedeutend mit einer Sondervertretung privilegierter Stände oder Personen.[67] In der Ersten Kammer war, wenn auch nicht ausschließlich, so doch eindeutig dominierend, der Hochadel (und in den süddeutschen Ländern auch die sogenannten Standesherren, die nach 1803/1806 mediatisierten früheren selbständigen Herrscher) vertreten. Aber auch die Zweite Kammer war zumeist nach unterschiedlichen ›Klassen‹ zusammengesetzt, wobei die nach einem Zensuswahlrecht gewählten Vertreter der Bürger und Bauern das Übergewicht gegenüber den Vertretern des niederen Adels, des Klerus und zuweilen der Universitäten hatten.[68] In ihrer internen Arbeitsweise wiesen die Ständeversammlungen dagegen mit dem Mehrheitsprinzip, der Verpflichtung auf das allgemeine Wohl und dem Verbot von Weisungen Merkmale der modernen Repräsentativ-Verfassungen auf. Dieses Mischungsverhältnis von altständischen und repräsentativen Elementen ist bezeichnend für die Situation, in der die frühkonstitutionellen Verfassungen entstanden.[69] Relativ früh im Verlauf eines langgestreckten evolutionären Prozesses erlassen, verbanden sich in ihnen die Elemente der Anknüpfung an die Tradition und der Vorgriff auf die künftige gesellschaftliche und staatliche Ordnung. Die Formel von der ›land-

67 Grimm, *Deutsche Verfassungsgeschichte 1776 bis 1866. Vom Beginn des modernen Verfassungsstaats bis zur Auflösung des Deutschen Bundes*, 3. Aufl. 1995, S. 123.

68 In der Zusammensetzung der beiden Kammern kommt das Modell einer neuständischen Gesellschaft zum Ausdruck. Zu diesem Begriff Brandt (FN 45), S. 4 und 6; Wolfgang v. Rimscha, *Die Grundrechte im süddeutschen Konstitutionalismus*, 1973, S. 131 ff. Mit dieser Bezeichnung ist die Gliederung nach dem Geburts- und Besitzstand innerhalb einer das Gesamtvolk repräsentierenden Vertretungskörperschaft treffend umschrieben.

69 Für die Grundrechte wirkt sich dieses Mischungsverhältnis in der wichtigen Unterscheidung zwischen den allgemeinen Rechten der Staatsbürger und besonderen Rechten bevorrechtigter Klassen aus. Dazu ausführlich v. Rimscha (FN 68), S. 119 ff. und insbes. S. 124 ff. zur Gleichheit; näheres dazu in: Rainer Wahl, »Rechtliche Wirkungen und Funktionen der Grundrechte im deutschen Konstitutionalismus des 19. Jahrhunderts«, *Der Staat* 18 (1979), S. 335 ff. m. N., in diesem Band S. 341 ff.

ständischen Verfassung‹ (Art. 13 Bundesakte von 1815) paßt gerade in ihrer pythischen Dunkelheit (Forsthoff) in diese Übergangssituation, sie entfaltet darin eine Brückenfunktion.[70]

Zugleich aber enthielten die erlassenen Verfassungen notwendigerweise eine Bilanzierung und Verfestigung des erreichten Zwischenstadiums der Entwicklung. Das Verlaufsmuster des Reformprozesses hat eigene Sachgesetzlichkeiten. Die Distanzierung zur alten, zur reformierenden Ordnung hat naturgemäß engere Grenzen als in der Revolution. Die Träger der alten sozialen Ordnung sind als relevante politische Kräfte noch vorhanden. Bei einer frühen Verfassunggebung erhalten sie auch Mitwirkungspositionen in den umfangreichen Rechtsänderungsprozessen, die zum Abbau eben der alten ständisch-feudalen Ordnung noch erforderlich sind. Da diese Vertretung in den frühkonstitutionellen Verfassungen in der Ersten Kammer sogar noch besonders betont ist, rückte die Adelskammer in eine spezifische Blockierungsposition. In der Zeit zwischen 1815 und 1848 galt es auch in den süddeutschen Staaten noch, die Sozialreform im Sinne einer Abbaugesetzgebung voranzutreiben; der Fortgang der Reform war vom Zustandekommen von Ablösungsgesetzen u. ä. abhängig. Mit dem Zustimmungserfordernis der Ersten Kammer zu solchen Gesetzen war den ›Opfern‹ dieser Maßnahmen eine Veto-Möglichkeit in die Hand gegeben. Sie waren für die weitgehende Stagnation der inneren Politik bis 1848 verantwortlich.[71]

Das Problem des ›richtigen‹ Zeitpunkts der Verfassunggebung im Verhältnis zum Entwicklungsstand der Sozialreform wurde in Preußen gesehen; es führte dort zum Aufschub der Verfassunggebung. In ihrem Bestreben, ohne hindernde Mitwirkung und Blockierung durch die Betroffenen die Sozialreform durchführen zu können, gelangte die aktive Reformbürokratie an die Grenzen ihres Handlungsspielraumes, der sich nach 1815, ohne den äußeren Existenzdruck, rasch verengt hatte.[72] Es blieb bei den bloßen Verfassungs-

70 Forsthoff (FN 48), S. 93; vertiefend Wolfgang Mager, »Das Problem der landständischen Verfassungen auf dem Wiener Kongreß 1814/15«, *HZ* 217 (1973), S. 296 ff.; Bernd Wunder, »Landstände und Rechtsstaat. Zur Entstehung und Verwirklichung des Artikels 13 DBA«, *Zs. f. Historische Forschung* 5 (1978), S. 139-185; Botzenhart (FN 52), S. 21-30.

71 Dazu ausführlich Wahl, »Rechtliche Wirkungen und Funktionen der Grundrechte ...« (FN 69), S. 333 ff., 335 ff., in diesem Band S. 341 ff.

72 Das Zeitproblem hat grundsätzlich thematisiert Koselleck (FN 34), S. 323; Grimm, *Deutsche Verfassungsgeschichte* (FN 67), S. 92 ff.

versprechen des Königs; deren Nichterfüllung belastete die Monarchie wegen der enttäuschten Erwartungen, aber auch wegen der Fesseln, die im letzten Verfassungsversprechen von 1820 enthalten waren: eine zukünftige Kreditaufnahme war an die Bedingung der Zustimmung und der Mitgarantie der künftigen reichsständischen Versammlung gebunden.[73] Preußen blieb bis 1848 in den Traditionen des Verwaltungsstaates[74] und bietet gleichsam das geschichtliche Experiment für die Grenzen des Verwaltungsstaates, der angesichts der Verweigerung der politischen Mitwirkung die Zustimmung der sich entfaltenden bürgerlichen Gesellschaft nicht erlangte und dem die in der Restaurationsphase gesuchte und gefundene Abstützung auf die alten Kräfte des Adels nicht genügend Aktionsradius gab. An Preußen und an der Stagnation seiner Entwicklung in den dreißiger und vierziger Jahren wird der Sinn und die Funktion der Verfassunggebung im Rahmen des langgestreckten Entwicklungsprozesses ex negativo deutlich: je mehr sich die bürgerliche Gesellschaft entfaltete und Schritt für Schritt die ständische Ordnung ersetzte, desto dringender bedurfte es einer Vermittlung zwischen ihr und dem Staat.[75] Ohne Volksvertretung und Repräsentation gab es aber keinen gesicherten Dialog oder institutionellen Kontakt zwischen Staat und Gesellschaft. Vor allem aber gab es auf dem Boden der neuen (Wirtschafts-)Gesellschaft zahlreiche neue Probleme und Interessenkonflikte zwischen den einzelnen Teilen der Gesellschaft, so daß sich der Verwaltungsstaat übernehmen mußte, wenn er nicht auf Entlastung durch Prozesse des öffentlichen Interessenausgleichs innerhalb der Gesellschaft setzen konnte. Es entbehrt im übrigen nicht der inneren Logik, daß das Band der (Repräsentativ-)Verfassung gerade bei der Aufnahme von Staatskrediten als unerläßliche Voraussetzung gesetzt worden war. Den

73 Text der Verordnung wegen der künftigen Behandlung des gesamten Staatsschuldenwesens vom 7. Januar 1820 bei Huber, *Dokumente*, Bd. 1 (FN 54), Nr. 23. – Ausführlich zu den Verfassungsplänen Hardenbergs bis 1820 Obenaus (FN 32), S. 55-149.

74 Siehe oben FN 35. Zu den vormärzlichen Verfassungsbestrebungen in Preußen Rolf Grawert, »Verfassungsfrage und Gesetzgebung in Preußen«, in: Hans Christian Lucas/Otto Pöggeler (Hg.), *Hegels Rechtsphilosophie im Zusammenhang der europäischen Verfassungsgeschichte*, 1986, S. 257, 258 ff., 304 ff.

75 Diese Vermittlungsaufgabe konnte von den Provinzialständen, die statt einer gesamtpreußischen Repräsentation seit 1823 eingerichtet wurden, nicht erfüllt werden; dazu neuestens die materialreiche Darstellung von Obenaus (FN 32).

nichterzwingbaren Akt des Geldvertrauens konnte der Staat nur erwarten, wenn er generell und sichtbar ein Anerkennungs- und Vertrauensverhältnis einschließlich der Möglichkeit, politischen Einfluß zu nehmen, geschaffen hatte.

Blickt man auf die Verfassungspraxis in den süddeutschen Staaten, dann wird unschwer die Binnenzäsur des Jahres 1830 erkennbar. Bis 1830 waren die Landtage mit Ausnahme von Baden eher Filialen als Widerlager der Administrationen gewesen und hatten eine ›eher subalterne Rolle‹ gespielt.[76] Für Hartwig Brandt ist 1830 das Geburtsjahr modernen politischen Lebens, ein Wendepunkt der politischen Kultur,[77] viele Liberale verstanden sich jetzt als die Bewegungspartei. Der hinkende und asymmetrische Dualismus der Verfassungstexte und der Anfangsjahre verwandelte sich etwa in Württemberg schon vor 1848 beträchtlich in Richtung auf Formen eines praktizierten Parlamentarismus.[78]

II. Die Frankfurter Paulskirchenverfassung

Wie in einem Brennglas spiegeln sich die Besonderheiten und Probleme der deutschen Verfassungsgeschichte in der Revolution von 1848[79] und in ihrem Verfassungswerk, der Paulskirchenverfassung.[80] Auf den ersten Blick mag der Versuch der Verfassunggebung von unten durch eine konstituierende, aus allgemeinen Wahlen hervorgegangene Nationalversammlung als ein – im Ergebnis gescheiter-

76 So wörtlich Brandt (FN 18), S. 92 und 93, sowie schon ders., *Parlamentarismus* (FN 52), S. 801; dazu auch Fehrenbach (FN 48), S. 9 ff.

77 Brandt (FN 18), S. 94, und ders. (FN 52), S. 802.

78 Thesenhaft schon im Titel Franz Mögle-Hofacker, *Zur Entwicklung des Parlamentarismus in Württemberg. Der ›Parlamentarismus der Krone‹ unter König Wilhelm I.*, 1981; s. auch Fehrenbach (FN 48), S. 33 f., 51 f.; Botzenhart (FN 52), S. 790 ff., auch 163 ff., 555 ff.

79 Zur Revolution von 1848 gab es im Jubiläumsjahr 1998 eine Fülle von Arbeiten, vgl. dazu den Literaturbericht von Günter Wollstein, »Die Deutsche Revolution vor 150 Jahren«, *Der Staat* 40 (2001), S. 128 ff.

80 Dazu maßgeblich Jörg-Detlef Kühne, *Die Reichsverfassung der Paulskirche. Vorbild und Verwirklichung im späteren deutschen Rechtsleben*, 1985; 2., unveränd. Auflage mit Nachtrag, 1998; Huber, *Verfassungsgeschichte*, Bd. 2 (FN 55), S. 502 ff.; Grimm, *Deutsche Verfassungsgeschichte* (FN 67), S. 175 ff.; Dieter Langewiesche (Hg.), *Die deutsche Revolution von 1848/49*, 1983 (mit Bibl.); Wolfgang Siemann, *Die deutsche Revolution von 1818/49*, 1985.

ter – Parallelvorgang zur Französischen Revolution in dem Sinne erscheinen, daß das inzwischen politisch und sozial stärker gewordene Bürgertum seinen Anteil an der politischen Macht einforderte und eine freiheitliche Verfassung erstrebte.[81] Aber 1848 ging es nicht nur um die Verfassungsfragen, die Ausgangslage war entschieden komplizierter. Während in Frankreich 1789 ausschließlich die neue politische Ordnung und Verfassung in einem in seiner nationalen Grundlage unbestrittenen französischen Staat umkämpft war, war in Deutschland auf der Ebene über den Einzelstaaten das vorrangige Problem der nationalen Einheitsbildung ungelöst. Der Staat, den es zu verfassen galt, war noch nicht vorhanden[82] und in seinen möglichen äußeren Umrissen umstritten. Zur Problembelastung und letztlich zur Problemüberlastung trug zudem bei, daß die gesellschaftliche Bewegung neue Konflikte erzeugt hatte, so daß das Bürgertum 1848 vor einer bedeutsam anderen Situation stand als sechs Jahrzehnte zuvor das französische. 1848 befand sich nämlich das Bürgertum längst in einem Zweifrontenkampf, einerseits im traditionellen Gegensatz zum Adel und dessen nachwirkenden Vorrechten, andererseits in dem neu aufgebrochenen Gegensatz zu der sich formierenden Arbeiterklasse. Diese Situation schwächte die Durchsetzungskraft des Bürgertums, ließ vor allem seine Mehrheit sorgfältig darauf bedacht sein, die Bewegung nicht zu weit zu treiben.[83] Nachdem die ersten revolutionären Ereignisse zum raschen Nachgeben der monarchischen Regierungen in den sogenannten März-Errungenschaften (Aufhebung der Zensur, Gewährung der Versammlungs- und Vereinigungsfreiheit, Einrichtung liberaler Ministerien, Ab-

81 Hans Heinrich Rupp, »Die Unterscheidung von Staat und Gesellschaft«, in: Josef Isensee/Paul Kirchhof (Hg.), *Handbuch des Deutschen Staatsrechts*, Bd. 1, 1987, § 28, Rn. 17 ff.

82 Dies schuf noch ein weiteres bedeutsames Problem: Bei einer Revolution in einem vorhandenen Staat können die Revolutionäre aufgrund der Anfangserfolge die existierende Verwaltung und das Militär übernehmen. Im erst noch zu schaffenden Staat sind beide Machtfaktoren noch nicht vorhanden. So tagte in Frankfurt ein Parlament, das selbst keine Machtinstrumente hatte, aber umgeben war von den alten Machtzentralen, von denen die beiden ausschlaggebenden in Wien und Berlin sich bald erholten und die Gegenrevolution einleiten konnten.

83 Zu den Auseinandersetzungen über die Alternative Republik oder Monarchie Langewiesche, »Republik, konstitutionelle Monarchie und ›soziale Frage‹. Grundprobleme der deutschen Revolution von 1818/49«, *HZ* 230 (1980), S. 529 ff. = ders. (FN 80), S. 341 ff.; Grimm, *Deutsche Verfassungsgeschichte* (FN 67), S. 197 ff., 200.

schaffung feudaler Lasten, Versprechen von einzelstaatlichen Verfassungen[84]) geführt hatten, war die Mehrheit des Bürgertums zur Sicherung dieser Positionen unter Ausgleich mit dem Monarchen bereit.

Dies um so mehr, als nach dem Gang der Ereignisse diesmal das Gesetz des Handelns und die Formulierung von Kompromißpositionen von seiten des Bürgertums und auf dem Boden der Volkssouveränität vorgenommen werden konnte. Die Paulskirchenverfassung ist in ihrer durchgehenden Linie der Kompromiß- und Vermittlungsversuche des 19. Jahrhunderts zwischen Monarchie und Volksvertretung die zu allen anderen Etappen spiegelverkehrte Variante: Den Ausgang bildeten einige bedeutsame Elemente, die auf ein Denken im Umfeld der Volkssouveränität schließen lassen könnten.[85] Die Verfassung wurde durch eine vom Volk gewählte Nationalversammlung erarbeitet und beschlossen; die monarchischen Rechte des ›Kaisers der Deutschen‹ waren allein durch die Verfassung begründet. Wie stark sich die Gewichte nach den Vorstellungen der Paulskirchen-Versammlung hätten verändern sollen, zeigt sich schon daran, daß an eine Vereinbarung der Verfassung mit dem Monarchen nicht gedacht war.[86] Die am 27. März 1849 verab-

84 Zu den März-Forderungen und März-Errungenschaften Huber, *Verfassungsgeschichte*, Bd. 2 (FN 55), S. 506 f. (Bayern), S. 508 (Württemberg), S. 521 (Kurhessen), S. 578, 580 (Preußen). Abgesehen von der Parlamentarisierung der Regierungen sind die meisten dieser Errungenschaften aufrechterhalten geblieben und nicht der Restauration zum Opfer gefallen. Wegen dieser Fortschritte, der Konstitutionalisierung Preußens und Entwicklungen im Bereich einer pragmatisch gehandhabten Parlamentarisierung während der Revolution, im Vereins- und Parteiwesen hat es in der Geschichtsschreibung eine allgemeine positivere Neubewertung der Revolution gegeben, dazu Fehrenbach (FN 48), S. 114 ff. Zu den beträchtlichen Reformen der Volksvertretungen in den Mittel- und Kleinstaaten Botzenhart (FN 52), S. 193-314.

85 Eine eindeutige Aussage ist bewußt unterblieben, man sprach häufig von der ›Souveränität der Nation‹. Diese Formel ließ Raum, um den angestrebten Ausgleich zwischen Monarch und Volk unter dem Dach dieser Souveränität der Nation vornehmen zu können, dazu Kühne (FN 80), S. 577 f. und 464. Aber unübersehbar blieb auch, daß die Versammlung die verfassunggebende Gewalt alleine ausgeübt hatte und bis zum Ende der Paulskirche nicht aus der Hand gab – die Verfassung wurde nicht mit den Monarchen vereinbart, sondern allein von der Nationalversammlung beschlossen, was gerade die Konstituierung des zweiten Faktors, die Einsetzung des Erbkaisers, zum prekären und dann auch gescheiterten Punkt machte, dazu auch die folgende FN.

86 Huber, *Verfassungsgeschichte*, Bd. 2 (FN 55), § 60 II, S. 812. Die Nationalversamm-

schiedete Verfassung[87] gab sich in ihrer Eingangsformel insoweit bestimmt: »Die deutsche verfassunggebende Nationalversammlung hat beschlossen und verkündet als Reichsverfassung«. Nähere Analyse des Verfassungstexts selbst und der Beratungen in der Paulskirche ergeben, daß sich die Versammlung nicht auf das monistische Konzept der Volkssouveränität gestützt hat, sondern zum einen den eher verhüllenden Begriff der Souveränität der Nation und zum andern ein Konzept einer gemeinsam innegehabten, gleichsam gesamthänderischen Souveränität bevorzugt hat.[88] Machtmäßig stand der Anspruch, ein völlig gleichgewichtiger, vielleicht auch übergewichtiger Faktor im Zweierverhältnis zur Monarchie zu sein, jedoch schon zum Zeitpunkt der Verabschiedung der Verfassung nach den gelungenen Gegenrevolutionen in Berlin und Wien Ende 1848 auf verlorenem Posten. Die Bewährungschance blieb der Paulskirchenverfassung versagt. Deshalb kann auch der Nachweis, daß sie zu einem stabilen Gefüge und übergreifenden Funktionszusammenhang der maßgeblichen politischen Kräfte geführt hätte, nicht erbracht werden. Als Gipfel- und Scheitelpunkt des bürgerlichen Verfassungsdenkens im 19. Jahrhundert bildet sie aber einen aufschlußreichen Beurteilungsmaßstab für die verwirklichten Verfassungen des 19. Jahrhunderts.

In der Paulskirchenverfassung verkörperte sich in weitem Umfang der Gedanke des organischen Liberalismus,[89] der hier eine konkrete durchkonstruierte verfassungsrechtliche Form erhalten hat. Vor allem drang die Paulskirchenverfassung zu einer weitgehenden materiellen Verrechtlichung des politischen Lebens vor: die Chancen, die die Neubildung eines einheitlichen nationalen Staates bot, wurden intensiv zur rechtlichen Durchdringung des Staates durch die Verfassung genutzt. Allein die Verfassung bildete die Grundlage der angestrebten Vermittlung zwischen Volk und Monarchen. Vor al-

lung beanspruchte das Alleinentscheidungsrecht in den verschiedenen Fragen der Reichsspitze (Erbkaisertum, Wahlkaisertum, Direktorium, auf Zeit gewählter Präsident), die Länder, an der Spitze Preußen und Österreich traten immer mehr für das Vereinbarungsprinzip ein. Eine befriedigende Lösung kam nicht zustande, vor allem nicht eine Bindung der Staaten an den Beschluß der Nationalversammlung: So kam dieser formell autonom zustande, war aber materiell chancenlos.

87 Text bei Huber, *Dokumente zur deutschen Verfassungsgeschichte,* Bd. 1 (FN 54), Nr. 102.

88 Kühne (FN 80), S. 577 mit Verweisen.

89 Böckenförde (FN 36), S. 33.

lem war das Kaisertum durch die Verfassung begründet, die Einsetzung des Erbkaisers sollte durch die Nationalversammlung mit der Wahl des preußischen Königs vorgenommen werden.[90] Im Titel ›Kaiser der Deutschen‹ (§ 70 FRV) schwang dieser Bezug zum Volk unüberhörbar mit. In zentralen Verfassungsartikeln war von der dem Kaiser ›übertragenen‹ Gewalt (§ 73 FRV) und ähnlich deutlich davon die Rede, daß er ›die gesetzgebende Gewalt in Gemeinschaft mit dem Reichstage unter den verfassungsmäßigen Beschränkungen ausübe‹ (§ 80 FRV). Vor allem war am zentralen Punkt der Meinungsverschiedenheiten bei der gemeinschaftlich auszuübenden Gesetzgebung die Position des Kaisers auf das von der Reichsregierung auszuübende bloße suspensive Veto entscheidend beschränkt.[91] Andererseits stattete die Verfassung den Kaiser mit substantiellen Rechten aus, so zum Beispiel mit der völkerrechtlichen Vertretung und dem Gesetzesinitiativrecht; außerdem hatte er ›Verfügung über die bewaffnete Macht‹ (§ 83 FRV). Vor allem verstand ihn die Verfassung als Träger der Regierungsgewalt; er hatte gemäß der grundsätzlichen Verteilungsregel die Regierungsgewalt in allen Angelegenheiten, die nicht ausdrücklich dem Reichstag übertragen waren (§ 84 FRV). Dazu gehörte insbesondere die Initiative und Vorhand bei der Regierungsbildung.

Am deutlichsten zeigte sich die organisationsrechtliche Konzeption der Paulskirche in den Regeln über das Regierungssystem. Obwohl nach den Vorstellungen der Paulskirche die Gravitation des politischen Lebens im Parlament stattfinden sollte, schritt man bewußt nicht zur formellen Parlamentarisierung.[92] Aber natürlich hatte die Praxis eines informellen und pragmatisch gehandhabten Parlamentarismus während der Frankfurter Beratungen ihre Auswirkungen für das Verständnis. In den Verfassungsbestimmungen normierte man eine Gleichgewichts- oder Paritätslage zwischen Re-

90 Immerhin wäre damit auch der Einfluß des Volkes beziehungsweise der Nationalversammlung ›verbraucht‹ gewesen: einmal eingesetzt, hätte sich das Erbkaisertum nach den Regeln der Thronfolge ergänzt.

91 Zu den prinzipiellen Auseinandersetzungen um die Alternative absolutes oder suspensives Veto Botzenhart (FN 52), S. 645 ff., und Huber, *Verfassungsgeschichte*, Bd. 2 (FN 55), S. 786 f. Das absolute Veto wurde mit einem Stimmenverhältnis von 267:207 verworfen. Die Entscheidung für das suspensive Veto beurteilt Botzenhart, ebd., als ersten Einbruch des demokratischen Geistes in das konstitutionelle Gefüge der Reichsverfassung, S. 650.

92 Kühne (FN 80), S. 478; dort S. 470 zum folgenden.

gierung und Parlament.[93] Gleichwohl war damit das Regierungssystem so ausgestaltet, daß einer faktischen Parlamentarisierung nach dem Vorbild der Frankfurter Versammlung, ein entsprechendes Kräfteparallelogramm vorausgesetzt, nichts im Wege stand.[94] Immerhin hielt man im normativen Konzept ein Gegengewicht gegen das Prinzip des Parlamentarismus für notwendig, weil man bei einer absolut regierenden Versammlung die Freiheit ebenso für gefährdet hielt wie bei einem einzelnen Despoten. Daß diese Befürchtung an den realen Möglichkeiten damaliger Parlamentsmehrheiten entschieden vorbeiging, steht auf einem anderen Blatt.

Insgesamt ergab das vielfältige Zusammenspiel von einzelnen Rechten und Gegenrechten von Parlament und Kaiser ein normatives Modell, das das Prinzip einer Parität zwischen Fürst und Volk möglichst weit verwirklichen wollte und die Mitte zwischen dem vormärzlichen Vorrang des monarchischen Prinzips und der Präponderanz der Volksvertretung im ausgebildeten Parlamentarismus anstrebte.[95] Naturgemäß wäre auch diese auf möglichste Parität angelegte Konzeption der Staatsleitung in der Praxis auf Kompromisse angewiesen gewesen, ein normativ geregelter Stichentscheid war nicht vorgesehen. Aber dieser Bereich der Kompromißbedürftigkeit war viel stärker als in einer der vor- oder nachmärzlichen Verfassungen von rechtlichen Instituten und auf Gleichgewicht angelegten Rechten und Gegenrechten umgeben. Damit war ein Grad an inhaltlicher Verrechtlichung des politischen Prozesses angestrebt, der jedenfalls der Exekutive und dem Kaiser nicht erlaubt hätte, mit Rechtsargumenten aus dem Gefüge der rechtlichen Vermittlung auszubrechen und sich auf vor- oder außerkonstitutionelle Befugnisse oder auf umfassende ungeschriebene Globaltitel zu berufen.

Auch im übrigen führt die Paulskirchenverfassung das Konzept eines materiellen Verfassungsstaates auf einen Höhepunkt, in dem die immanenten Möglichkeiten des eigenständigen deutschen Verfas-

93 So sehr pointiert Kühne (FN 80), S. 459 ff. und S. 572 ff. (Nachwort zur zweiten Auflage) in Auseinandersetzung mit Kritik von Dieter Langewiesche.

94 Dies betont Brandt (FN 18), S. 111, auf dem Hintergrund u. a. der Arbeit von Botzenhart (FN 52).

95 Kühne (FN 80), S. 477. – Zum Verhältnis Reichstag–Reichsregierung Botzenhart (FN 52), S. 641-663; ders., »Die Parlamentarismus-Modelle der deutschen Parteien 1848/1849«, in: Langewiesche (FN 80), S. 291 ff.

sungsdenkens in der ersten Hälfte des 19. Jahrhunderts kulminieren. Für die Paulskirchenverfassung ist zentral, daß sie den Rechtsstaatsgedanken als überwölbenden Grundsatz für den ausgeprägten Schutz der Freiheiten und der Mäßigung der Staatsgewalt ausgeformt und den Rechtsstaat in einem materiellen Sinne auch als Gerechtigkeitsstaat gedeutet hat.[96] In ihrem weiten Grundrechtsverständnis drang die auf dem Boden der Volkssouveränität erlassene Verfassung zu einer charakteristischen Verbindung von individueller und politischer Freiheit vor, die sowohl auf staatliche Mäßigung als auch auf Staatszugewandtheit hinauslief. Die Grundrechte sollten nach der Paulskirchenverfassung wie im westeuropäischen und amerikanischen Denken das notwendige Fundament des Staates bilden.[97] Die Geltungs- und Durchsetzungskraft der Grundrechte wurde wesentlich verstärkt und rechtlich durch wichtige Schritte zu einem Vorrang der Grundrechte gegenüber dem Gesetzgeber.[98] Diese Grundrechtserklärung hätte die Grundlage für eine ganz andere Entwicklung geboten. Das in ihr steckende Potential war beträchtlich und viel weitreichender als das, was dann kam.[99] Mit den Grundrechten von 1848 hätte die Marginalisierung der Grundrechte durch Politik und Staatsrechtslehre nicht eintreten können,[100]

96 Dazu ausführlich Kühne (FN 80), S. 381 ff., 386, in Zusammenfassung des Abschnittes über die Rechtsstaatsvorstellungen in der Paulskirche, S. 334 ff.

97 Kühne (FN 80), S. 274 ff. Zum weiten Grundrechtsverständnis der Paulskirche S. 159 ff. Kühnes umfassende Darstellung der Frankfurter Grundrechte hat das Bild wesentlich bereichert und differenziert: vgl. außerdem Heinrich Scholler, *Die Grundrechtsdiskussion in der Paulskirche. Eine Dokumentation,* 1982.

98 Kühne (FN 80), S. 185 ff., zur gewollten Wirkung der Grundrechte gegenüber dem Gesetzgeber.

99 Das Potential läßt sich an der anonym veröffentlichten glänzenden Jugendschrift von Mommsen ablesen, Theodor Mommsen, *Die Grundrechte des deutschen Volkes,* Neudruck der anonymen Erstausgabe von 1849, 1969.

100 So kam es – nicht nur aus juristischen Gründen – zu der Ironie, daß dem Fortschreiten der Staatslehre zur exakteren positiven Wissenschaft ausgerechnet die Grundrechte zum Opfer fielen: die Ausbildung der Kategorie der subjektiv öffentlichen Rechte ging an ihnen vorbei. War vor der Jahrhundertmitte der geistige Schwung der Grundrechtsdiskussion und ihre vernunftrechtliche Substanz groß, ihr konstruktiv juristischer Gehalt aber gering, so gab es danach eine subtile Dogmatik, aber keinen Willen zur Idee der Grundrechte mehr. Die Verwissenschaftlichung des öffentlichen Rechts war wie jede Bewegung von politischen Wertungen begleitet. – Zur »juristischen Methode« im öffentlichen Recht Stolleis (FN 12); S. 330 ff.

durch die sie letztlich nur noch als gehaltlose Wiederholungen der Bindung der Exekutive an das Gesetz verstanden wurden.[101]

Ebenso sah die Paulskirchenverfassung eine Verfassungsgerichtsbarkeit vor, die diesen Namen wirklich verdiente und nicht bloß Vorläufer[102] genannt werden kann. Die Verfassung von 1849 enthielt nicht nur wie bisher Bestimmungen, die von einem Ausführungsgesetz abhingen, das die monarchische Seite verhindern konnte, sondern 1849 war eine substantielle Verfassungsgerichtsbarkeit in einem so schlüssigen und weitreichenden Konzept vorgesehen, das es weder im Bismarckreich noch auch in der Weimarer Verfassung gab, sondern das erst in der zweiten Hälfte des 20. Jahrhunderts im Verlauf des Siegeszugs der Verfassungsgerichtsbarkeit eingeholt und verwirklicht wurde. Insbesondere enthielt dieses Konzept auch die Einführung einer Verfassungsgerichtsbeschwerde, die in einem gewissen Umfang auch dem einzelnen Schutz hätte bieten sollen.[103]

101 Dazu mit Nachweisen Wahl, »Rechtliche Wirkungen und Funktionen der Grundrechte ...« (FN 69), S. 341, in diesem Band S. 341 ff.; ders., »Der Vorrang der Verfassung«, *Der Staat* 20 (1981), S. 496 ff., in diesem Band S. 121 ff.

102 Zu den Vorläufern der Verfassungsgerichtsbarkeit, die bei weitem Begriffsverständnis schon im Alten Reich ansetzen, und Nachweisen der reichhaltigen Literatur Joachim Wieland, in: Horst Dreier (Hg.), *GG Kommentar*, Bd. 3, 2000, Art. 93 Rn. 1 ff., und Andreas Voßkuhle, in: Hans v. Mangoldt/Franz Klein/Christian Starck, *GG Kommentar*, Bd. 3, 2001, Art. 93, Rn. 1 ff.

103 Hans Joachim Faller, »Die Verfassungsgerichtsbarkeit in der Frankfurter Reichsverfassung vom 28. März 1849«, in: *FS Willi Geiger*, 1974, S. 827-866; Kühne (FN 80), S. 198 ff. Der Zuständigkeitskatalog des Reichsgerichts gem. § 126 FRV enthielt wichtige verfassungsgerichtliche Streitigkeiten, so § 126 b FRV für Organstreitigkeiten zwischen den beiden Häusern des Reichstages und zwischen Reichstag und Reichsregierung; § 126 g FRV sah eine – weiterer gesetzlicher Ausführung bedürftige – individuelle Verfassungsbeschwerde vor: Zur Zuständigkeit des Reichsgesetzes gehören ... »Klagen der Staatsbürger wegen Verletzung der durch die Reichsverfassung ihnen gewährten Rechte«. Zur eher restriktiven Ausdeutung dieser Neuerung Kühne (FN 80), S. 199 f.

III. Die preußische Verfassung von 1848/50 und der preußische Verfassungskonflikt

Das Scheitern der Revolution von 1848 und ihres Verfassungswerkes markiert die Scheidelinie in der Entwicklung der Verfassungsstaatlichkeit. Der verwirklichte deutsche Konstitutionalismus in den vor- und nachmärzlichen Verfassungen schöpfte das Potential der materiellen rechtlichen Durchdringung des Staates durch die Verfassung, wie es in der Staatslehre bis 1848 und vor allem auch in der Organismusvorstellung ausgebildet worden war,[104] nicht aus. Indem die preußische Verfassung von 1848/50 den Vorrang des monarchischen Prinzips und die Bedeutsamkeit der vorverfassungsrechtlichen Stellung des Monarchen wiederbelebte, verengte sich die Leitvorstellung der Konstitutionalisierung auf die formelle Verfassungsstaatlichkeit, auf das Hineinstellen des vorhandenen Staates in rechtliche Bindungen. Nach 1848 brach die Tradition des vernunftrechtlichen Denkens ab, und damit kam auch dessen Kritikpotential gegenüber den positivierten Verfassungen zum Erliegen: Der vernunftrechtliche Ansatz hatte der vormärzlichen Staatslehre mit liberaler Grundhaltung die Möglichkeit geboten, die vorhandenen Verfassungen als unvollkommenen Ausdruck des wahren Rechts darzustellen und sie entweder extensiv zu interpretieren oder unter moralisch-politischen Ergänzungsdruck zu stellen.[105] Das Scheitern und ausdrückliche Verwerfen der positivierten Ausformulierung der Lehren von 1849 traf auch diese Lehren in ihrem Kern. Nach 1849 und nach dem Übergang Preußens zum Verfassungsstaat war das Staatsrecht weitgehend zur positiv-rechtlichen Wissenschaft geworden, ihr immanentes Kritikpotential gegenüber den positiven Verfassungen war aus methodischen und inhaltlichen Gründen gering. Der deutsche Konstitutionalismus nahm in Preußen seine endgültige Gestalt an, weniger wegen der preußischen Verfassung von 1850, die einen ausgeprägten Dualismus verfaßte und des-

104 Die staatstheoretische Bedeutung des Organismusgedankens bestand vor allem darin, daß die Position des Monarchen danach nicht außerhalb oder oberhalb des Staates gedacht wurde, dazu Böckenförde (FN 46), S. 598 ff.; Kühne (FN 80), S. 532.

105 Dieter Grimm, »Die Entwicklung der Grundrechtstheorie in der deutschen Staatsrechtslehre des 19. Jahrhunderts«, in: ders., *Recht und Staat der bürgerlichen Gesellschaft*, 1987, S. 308 ff., 313 (am Beispiel der Grundrechte).

halb in besonderer Weise entwicklungsoffen und – bedürftig war, sondern durch die Entwicklung der tatsächlichen Machtverhältnisse letztlich im preußischen Verfassungskonflikt. Wie immer man die sehr komplexe Frage seines Ausgangs beurteilt, sicher ist, daß die Krone den von ihr reklamierten Vorrang bei der Leitung des Staates und im Hinblick auf seine Machtmittel nicht preisgegeben hatte.

Die preußische Verfassung wurde vom König im Zuge der preußischen Gegenrevolution und noch während der Debatten der Frankfurter Paulskirche einseitig im Dezember 1848 als Defensiv-Verfassung erlassen. Sinn der anschließenden Revision der Verfassung in Übereinstimmung mit den beiden neugebildeten Kammern war die Verwandlung der oktroyierten in eine vereinbarte Verfassung. Eine Übereinstimmung konnte jedoch erst nach der staatsstreichartigen Oktroyierung des Dreiklassen-Wahlrechts und darauf folgenden Neuwahlen in der revidierten Verfassung von 1850 erreicht werden.[106] Inhaltlich enthielt die preußische Verfassung mit der Formulierung der ›Rechte der Preußen‹ und mit einer Repräsentativverfassung bedeutsame Zugeständnisse an die bürgerliche Verfassungsbewegung. Die Anerkennung des Gesetzesinitiativrechts (Art. 64 Verf.Urk.) dokumentierte die trotz des Scheiterns der Revolution gewachsene Bedeutung der Volksvertretung. Das politische Hauptanliegen der Verfassunggebung war es jedoch, den Vorrang der monarchischen Gewalt zu befestigen.

Die starke monarchische Position war zunächst durch die von der Verfassung in Einzelvorschriften eingeräumten substantiellen Prärogativen des Königs begründet. Sie betrafen die Exekutivgewalt, damit auch die rechtliche Verfügung über den Beamtenkörper, die auswärtige Gewalt und den Oberbefehl sowie die Kommandogewalt über das Heer; hinzu kamen ein selbständiges Verordnungsrecht und umfangreiche Rechte im Ausnahmezustand.[107] Für die Ausübung der Kommandogewalt nahmen die preußischen Könige, obwohl dies in der Verfassung nicht ausdrücklich gesagt war, die

106 Zur Entstehung der preußischen Verfassung Huber, *Verfassungsgeschichte,* Bd. 2 (FN 55), S. 729 ff., 762 ff.; III, S. 35 ff. Text der maßgeblichen revidierten Verfassungsurkunde für den preußischen Staat vom 31. Januar 1850 bei Huber, *Dokumente zur deutschen Verfassungsgeschichte,* Bd. 2, Nr. 167 (FN 54). – Ausführlich zur Entstehung und Beurteilung der preußischen Verfassung Günter Grünthal (FN 52), S. 27 ff., 126 ff., 175 ff.

107 Deutlich Art. 45: »Dem König allein steht die vollziehbare Gewalt zu.«

Freiheit von Gegenzeichnung und Ministerverantwortlichkeit in Anspruch.[108] Die Vorbehaltsrechte sicherten dem Monarchen die Verfügung über die eigentliche Machtbasis des Staates, über die Institutionen des aktiven Handelns. Die monarchische Regierung konnte sich auf der Basis dieser Rechte und der tatsächlich bestehenden Loyalitätsbindungen von Beamtenschaft und Militär zum König kraftvoll und eigenständig entfalten.

Rechtlich zusammengespannt waren Regierung und Volksvertretung in der Gesetzgebung. Sie bildete das eigentliche Kompromiß- und Begegnungsfeld, wie sich aus Art. 62 Verf.Urk. ergab: »Die gesetzgebende Gewalt wird gemeinschaftlich durch den König und zwei Kammern ausgeübt. Die Übereinstimmung des Königs und beider Kammern ist zu jedem Gesetz erforderlich«. In diesem zentralen Bereich der Staatstätigkeit statuierte die Verfassung einen nicht einforderbaren Zwang zum Kompromiß; hier war vielfältiger Raum für den politischen Prozeß und für die Durchsetzung der einen oder der anderen Seite entsprechend ihrer jeweiligen politischen Stärke eröffnet. Mit ihrem Anteil an der Gesetzgebungsgewalt hatte insbesondere die Zweite Kammer die Möglichkeit, bei künftigen Gesetzen ihre Freiheitsvorstellungen zu wahren; an der einseitigen Durchsetzung hinderte jedoch die absolute Veto-Möglichkeit des Königs (und zuvor der Ersten Kammer). Die rechtliche Gestaltung durch den schon im 19. Jahrhundert recht aktiven Gesetzgebungsstaat war so dem Kompromißgefüge überlassen, das die Verfassung institutionell begründete, ohne deren Ergebnisse rechtlich zu determinieren. Der faktische Zwang zum Kompromiß und die darin beschlossene Konsequenz des Scheiterns eines Vorhabens im Falle der Nichteinigung konnte bei der normalen Gesetzgebung letztlich hingenommen werden, da dann das vorhandene, wenn auch vielleicht unmodern gewordene Recht weiter galt. Die entscheidende Ausnahme bildete das Haushaltsgesetz, das nach der ausdrücklichen Verfassungsvorschrift des Art. 99 Verf.Urk. jedes Jahr zustande kommen mußte.[109]

108 Huber, *Verfassungsgeschichte*, Bd. 3 (FN 26), S. 57, S. 76 ff.; S. 1002 (für das Kaiserreich).

109 Art. 99 Verf.Urk.: »Alle Einnahmen und Ausgaben des Staates müssen für jedes Jahr im voraus veranschlagt und auf den Staatshaushalt-Etat gebracht werden. Letzterer wird jährlich durch ein Gesetz festgestellt.« – Zur Entstehungsgeschichte der Bestimmungen Grünthal (FN 52), S. 129-150. Zur Entwicklung des

Mit innerer Notwendigkeit spitzte sich bei den Haushaltsgesetzen die Systemfrage des Kompromißgebäudes des Konstitutionalismus zu. Die Verfassung statuierte ausdrücklich den Zwang zum Zustandekommen eines Gesetzes, das von der Übereinstimmung der drei Faktoren, erster und zweiter Kammer sowie König, abhing, sie enthielt aber keine Regel darüber, was im Falle der Nichteinigung zu gelten habe, wie dann das rechtlich notwendige Gesetz zustande kommen könnte. Die für den Konstitutionalismus und sein verfassungsrechtliches Verständnis entscheidende Frage bestand darin, ob in dieser Situation die Verfassung entweder ausdrücklich oder stillschweigend-gewohnheitsrechtlich ein Letztentscheidungsrecht zugunsten des Monarchen enthielt oder ob die monarchische Regierung zurücktreten beziehungsweise nach Auflösung und Neuwahl des Parlaments sich diesem fügen müsse oder ob nicht vielmehr eine Lücke in der Verfassung vorlag, die zugleich die Grenzen der Verrechtlichung im dualistischen Gefüge indizierte.

Politisch trat diese entscheidende Situation im preußischen Verfassungskonflikt der Jahre 1862-66 ein,[110] der sich in Teilschritten vom Heeres-, über den Haushalts- zum grundsätzlichen Verfassungskonflikt entwickelte. Dabei gelang es dem König zunächst, die inhaltliche Frage der Heeresform unter Berufung auf seine militärische Organisationsgewalt dem materiellen Gesetzgebungsrecht der Kammern zu entziehen; die finanzielle Seite der Vergrößerung des Heeres und der Dienstzeitverlängerung war jedoch von der Verabschiedung eines entsprechenden Ansatzes im Haushaltsgesetz durch das Abgeordnetenhaus abhängig. Als dieses auf der Grundlage seines Budgetrechts

parlamentarischen Budget-Rechts Karl-Heinrich Friauf, *Der Staatshaushaltsplan im Spannungsfeld zwischen Parlament und Regierung*, 1968, Teil 1; Reinhard Mußgnug, *Der Haushaltsplan als Gesetz*, 1976, S. 113 ff. und zu Preußen S. 149-164. Wolfgang Heun, *Staatshaushalt und Staatsleitung*, 1989, S. 31 ff.

110 Zum Sachverhalt und zur Beurteilung Huber, *Verfassungsgeschichte*, Bd. 3 (FN 26), S. 275-288, 296 f.; 305-310; 314-316, 324-327, 333-369; vgl. auch ders., *Dokumente*, Bd. 2 (FN. 54), Nr. 36-83; Forsthoff (FN 48), S. 136 ff.; Brandt (FN 18), S. 123 ff.; Nipperdey (FN 8), S. 749 ff.; Dian Schefold, »Verfassung als Kompromiß? Deutung und Bedeutung des preußischen Verfassungskonflikts«, *ZNR* 3 (1981), S. 137 ff.; Hans Boldt, *Verfassungsgeschichte*, Bd. 2, *Von 1806 bis zur Gegenwart*, 1990, S. 106 ff., 115, dort auch zu den sonstigen Verfassungskonflikten, die gerade zum System des dualistischen Konstitutionalismus gehören; vergleichend Kirsch, *Monarch und Parlament* (FN 13), S. 349 ff., zu Verfassungskonflikten in Frankreich 1830, Preußen 1862-66 und Dänemark 1884-94.

den Militäretat zusammenstrich und das Herrenhaus dem verstümmelten Haushaltsgesetz die Zustimmung verweigerte, trat der budgetlose Zustand ein, die Stufe des Systemkonflikts auf der Verfassungsebene war erreicht. Die verfassungsrechtliche Position des Abgeordnetenhauses kommt in seiner Adresse an den König vom 22. Mai 1863 zum Ausdruck, in der ein Wechsel des Systems der Regierung und nicht nur von Personen verlangt wurde, um die Kluft zwischen Regierung und Parlament endlich wieder zu schließen.[111] Bismarck, der als Konfliktminister zur Wahrung der monarchischen Position ernannt worden war, konstatierte in dieser Situation eine Lücke in der Verfassung. Es entspricht dem generell undoktrinären Charakter Bismarcks, daß er sich in diesem Konflikt nicht auf eine bestimmte Rechtsansicht festlegte, überhaupt seine Position nicht entscheidend mit Argumenten aus dem staatsrechtlichen Arsenal des Souveränitätsprinzips, des monarchischen Prinzips oder des überpositiven Staatsnotrechts begründete.[112] Bismarck akzeptierte, daß eine verbindliche Interpretation der Verfassung von allen an der Gesetzgebung beteiligten Faktoren angenommen werden müsse, daß mangels Einigung demnach eine verbindliche Auslegung der Verfassung nicht möglich war. Das weitere Vorgehen Bismarcks war von der Überlegung bestimmt, daß ein Handeln auch dann geboten ist, wenn eine rechtliche Interpretation nicht gelungen ist. Da aber »das Staatsleben auch nicht einen Augenblick stillstehen kann«,[113] muß gehandelt werden, und zwar durch den, der die Fähigkeit dazu hat, also durch die Regierung. Für Bismarck folgte also aus dem Mißlingen einer Einigung über die Interpretation im Konfliktfall nicht ein übergeordnetes Interpretationsrecht der Regierung, sondern deren Handlungsbefugnisse aufgrund der Unabweislichkeit der Erfordernisse zum Handeln.[114]

111 Text bei Huber, *Dokumente*, Bd. 2 (FN 54), S. 58; dazu Brandt (FN 18), S. 126. »Wo immer auch literarische Rückzieher folgten: Dies war die Einforderung des parlamentarischen Systems.«

112 So zu Recht Hans Boldt, »Verfassungskonflikt und Verfassungshistorie«, in: Ernst-Wolfgang Böckenförde (Hg.), »Probleme des Konstitutionalismus im 19. Jahrhundert«, *Der Staat*, Beiheft 1 (1975), S. 82 ff., 85 ff. in Auseinandersetzung mit Ernst Rudolf Huber; vgl. ders., »Das Kaiserreich als Epoche verfassungsstaatlicher Entwicklung«, in: *HStR*, Bd. 1, 1987, § 3, Rn. 16; ders., *Verfassungsgeschichte*, Bd. 2 (FN 55), S. 106 ff.

113 Die Kernsätze Bismarcks sind abgedruckt bei Huber, *Verfassungsgeschichte*, Bd. 3 (FN 26), S. 309 f.

114 Boldt (FN 112), S. 95.

Dieses Verständnis entspricht dem vielzitierten Diktum von Gerhard Anschütz zur Kernfrage des Verfassungskonflikts: »Das Staatsrecht hört hier auf.«[115] An der Berechtigung dieses Satzes entzündet sich nach wie vor der Streit über die Eigenart des Konstitutionalismus. Im Konflikt selbst führte Bismarck die Staatsgeschäfte vier Jahre lang ohne ordnungsgemäß beschlossenes Budget. Beendigt wurde der Konflikt nicht durch eine definitive Entscheidung auf dem Feld der verfassungsrechtlichen Streitfragen, sondern durch die politische Stärkung und Behauptung Bismarcks und der Krone über ihre Erfolge in der Außen- und vor allem in der nationalen Einigungspolitik. Der formelle Schlußstrich, die Bitte Bismarcks um Indemnität und ihre Erteilung im Wege des Indemnitätsgesetzes von 1866[116] war eine kunstvolle, in der Zukunft nicht wiederholbare Lösung. Mit dem Einkommen um nachträgliche Bewilligung anerkannte Bismarck das dynamisch wirkende Budgetrecht des Parlaments; andererseits implizierte die Indemnitätsbitte und die -erteilung nicht die Verurteilung des monarchischen Anspruchs, im Krisen- oder Notfall den Staat handlungsfähig zu halten. Die Konfliktursache war damit nicht ausgeräumt, sie wirkte im Kaiserreich weiter. Ein weiteres ungeklärtes Anwendungsfeld für Konflikte entstand durch das Aufeinandertreffen der parlamentarischen Budget- und Kontrollrechte mit der monarchischen Regierungsgewalt und den Vorbehaltsrechten. Insgesamt gesehen hatte es im Verfassungskonflikt keinen Sieger gegeben, weil die Krisen- und Konfliktanfälligkeit des dualistischen Systems nicht ausgeräumt worden war.[117] Oder um es mit Hartwig Brandt zu sagen: »Die gescheiterte Parlamentarisierung hinterließ einen beschädigten Konstitutionalismus.«[118] Und genau dieser Konstitutionalismus wurde in der konservativ gewendeten Staats(rechts)lehre und Verfassungsgeschichtsschreibung zum eigentlichen oder wahren deutschen Konstitutionalismus stilisiert und konstruiert und zugleich gegen den englischen Parlamentarismus überscharf abgegrenzt. Zugleich brach in den Ländern wie Württemberg, Baden oder Bayern, in

115 Georg Meyer/Gerhard Anschütz, *Lehrbuch des deutschen Staatsrechts*, 7. Aufl. 1919, S. 906.

116 Text bei Huber, *Dokumente*, Bd. 2 (FN 54), Nr. 83.

117 Näher dazu Wahl, »Der preußische Verfassungskonflikt und das dualistische System des Kaiserreichs«, in: Böckenförde (FN 36), S. 208 ff., S. 214 ff., 220 ff.

118 Brandt (FN 18), S. 129.

denen in den beiden Jahrzehnten nach 1848 die Parlamentarisierung in der Praxis weit fortgeschritten war, wo es wie in Baden einen Liberalismus als regierende Partei[119] mit einem Ministerpräsidenten aus deren Reihen gegeben hatte, die zur Parlamentarisierung durch die Praxis drängende Entwicklung nach 1866 und 1870 ab. Die Entscheidung war in Preußen gefallen, sie war zugleich die Entscheidung für einen autoritären Konstitutionalismus,[120] der sich im Kaiserreich und in Preußen entfaltete.

Der preußische Verfassungskonflikt ist der Testfall dafür, ob die Verbindung zwischen monarchischem Prinzip und Repräsentationsprinzip zu einem rechtlich unentschiedenen Dualismus geführt hat, oder ob der Gegensatz zwischen den beiden Prinzipien durch einen rechtlichen Zusammenhang überwölbt wurde. Ernst Rudolf Huber vertritt die letztgenannte Auffassung. Die Ergebnisse der neueren Forschung weisen in eine andere Richtung.[121] Dies zeigt sich auch an dem – hier nicht näher behandelten – Thema des Regierungssystems im Konstitutionalismus. Daß das (lange) konstitutionelle Jahrhundert eine Regierungsweise ausgebildet hätte, die die vorhandenen Kräfte gebündelt, zusammengeführt und zu einem im Durchschnitt konstruktiven Regieren geführt hätte, wird man nicht behaupten können. Im Gegenteil wird man dem für das ganze Jahrhundert zustimmen müssen, was Thomas Nipperdey[122] für die frühen Verfassungen ausführt: »Die Erfahrung, die die Liberalen machten, war die einer Opposition, war die des Konfliktes; alle inhaltlichen Fragen mündeten immer wieder in die Verfassungsfragen nach dem Gewicht und der Rolle von Parlament und Regierung ... Zu einem Funktionszusammenhang von Regierung und Parlament oder zu einem ausbalancierten Gleichgewicht ist es so im ganzen nicht gekommen. Die Verfassungen sind nicht die Basis für Konsens, sondern für Konflikt geworden.«

119 So der bekannte Titel von Gall (FN 52) und die Nachweise oben FN 76 bis 78.

120 So Lothar Gall, *Bismarck. Der weiße Revolutionär*, 9. Aufl. 1990, S. 171 ff.; ders., *Europa auf dem Weg in die Moderne, 1850-1890*, 2. Aufl. 1989, S. 12-14.

121 Im einzelnen dazu Rainer Wahl, »Die Entwicklung des deutschen Verfassungsstaates bis 1866«, in: *HStR*, Bd. 1, 2. Aufl. 2003, § 2, Teil C I (hier nicht abgedruckt; der letzte Absatz ist hier neu formuliert).

122 Nipperdey (FN 8), S. 353.

10. Verfassungsstaatlichkeit im Konstitutionalismus und in der Weimarer Zeit

I. Die doppelte Legitimationsgrundlage im Konstitutionalismus als Grenze der verfassungsstaatlichen Durchdringung des Staates

Das zentrale verfassungsrechtliche Problemfeld des deutschen Konstitutionalismus war die Verarbeitung und die Regelung des politischen Dualismus zwischen Monarchie und Volk. Darin manifestierten sich seine spezifische historische Aufgabe und zugleich der Unterschied zum Grundgesetz. Aus der dualistischen Struktur folgten Grenzen des Rechts und der verfassungsrechtlichen Durchdringung des Staates. Zwar leitete die Volksvertretung ihre Befugnisse ausschließlich aus der Verfassung und damit aus dem Recht ab. Für die Monarchen galt dies nicht in derselben unzweideutigen Weise. Im Sieg über die bürgerliche Revolution von 1848 war gerade die unabgeleitete Stellung der Monarchien behauptet worden. Der monarchische Staat verzichtete im gesamten Verlauf des 19. Jahrhunderts nicht auf sein ›Erstgeburtsrecht‹, daß er *vor* der Verfassung vorhanden war. Die Monarchie wollte nicht in eine Staatlichkeit allein von Verfassungs Gnaden aufgehen, sich nicht allein oder ausschließlich durch die Verfassung begründen. Der Titel ›Von Gottes Gnaden‹ symbolisiert diesen Anspruch auf eine verfassungsrechtlich nicht voll einschmelzbare, weil aus einer vorverfassungsrechtlichen Legitimation stammenden Position. Aus anderen Gründen, aber im Ergebnis entsprechend, konnte auch die theoretische Legitimationsgrundlage der Volksvertretung nicht zur Basis der Verfassung werden. So lebte das konstitutionelle System über 100 Jahre lang »in der Spannung zweier Letztbegründungen von Herrschaft: Die Staatsspitze amtierte kraft Erbrecht, die Kammern amtierten kraft Wahl«.[1]

Die Verständigung und der Ausgleich, die dem Zusammenwirken

1 Hartwig Brandt, »Von den Verfassungskämpfen der Stände zum modernen Konstitutionalismus. Das Beispiel Württemberg«, in: Martin Kirsch/Pierangelo Schiera (Hg.), *Denken und Umsetzung des Konstitutionalismus in Deutschland und anderen europäischen Ländern in der ersten Hälfte des 19. Jahrhunderts*, 1999, S. 99.

von Fürst und Volk zugrunde lagen, waren demnach – gemessen am Selbstverständnis beider Faktoren – notwendigerweise partiell.[2] Bewegungskraft und Dynamik verdankte jeder der beiden Faktoren seinem eigenen ›Lebensgesetz‹; dessen auf Volks- oder Monarchensouveränität zielende Konsequenz war jedoch im Maße des gefundenen Kompromisses gerade negiert, die Eigendynamik der politischen Kräfte gebremst, ohne daß die Legitimationsquelle abgeschnitten gewesen wäre. Als Verständigung zwischen im Ausgang unvereinbaren Positionen war der Kompromiß notwendigerweise begrenzt und zugleich, da sich die Gewichte der beiden Faktoren in der politischen Entwicklung veränderten, labil und vor immer neue Abgrenzungsfragen gestellt. Bei jeder Auseinandersetzung über die Grenzziehungen war rasch der grundsätzliche Streit über die Grenzen des Kompromisses erreicht. Dort aber geriet das Verfassungsrecht selbst an seine Grenzen, weil außerhalb des Kompromisses gerade die nicht vermittelten Grundpositionen beider Faktoren lagen. Das Verfassungsrecht hatte die Funktion der Beglaubigung und Festschreibung dieser Kompromisse. Es konnte aber nicht eine eigene Synthese der Positionen herstellen, die geeignet oder erforderlich gewesen wäre, um alle auftretenden politischen Probleme im Wege des Rechts regeln zu können.[3] Der Konstitutionalismus als Verfassung eines Dualismus war eine Verfassungsordnung, die notwendigerweise viel Raum für Politik ließ und der Verrechtlichung politischer Prozesse systembedingte Grenzen setzte. Dies hatte Folgen für die Frage des Vorrangs der Verfassung und die Entwicklungschancen einer Verfassungsgerichtsbarkeit.[4]

Von der hier verneinten Frage eines einheitlichen rechtlichen Le-

2 Grundsätzlich zur Problematik der Vermittlung von monarchischem und demokratischem Prinzip Hans Boldt, *Die deutsche Staatslehre im Vormärz*, 1975, S. 131 ff., 278 ff.

3 Zum Fehlen eines politischen Legitimationsprinzips im Konstitutionalismus Ernst-Wolfgang Böckenförde, »Der Verfassungstyp der deutschen konstitutionellen Monarchie im 19. Jahrhundert«, in: Werner Conze (Hg.), *Beiträge zur deutschen und belgischen Verfassungsgeschichte im 19. Jahrhundert*, 1967, S. 70-92 (= ders. [Hg.], *Moderne deutsche Verfassungsgeschichte [1815/1914]*, 2. Aufl. 1981, S. 146 f., 148 = ders., *Staat, Gesellschaft, Freiheit*, 1976, S. 154, 159-161). Die gegensätzliche Position vertritt Ernst Rudolf Huber, »Das Kaiserreich als Epoche verfassungsstaatlicher Entwicklung«, in: Josef Isensee/Paul Kirchhof (Hg.), *Handbuch des Staatsrechts*, Bd. I, 1. Aufl. 1987, § 2, Rn. 59 ff.

4 Siehe unten II. und III.

gitimationsprinzips des Konstitutionalismus ist zu unterscheiden die Frage nach der tatsächlich erreichten Legitimation einzelner konstitutioneller Staaten und insbesondere des Kaiserreichs nach 1871. Legitimation durch Leistungen, durch die Erfüllung der Erwartungen der (Mehrheit der) Bürger kann jede Staatsform, auch eine dualistische Ordnung erhalten, soweit diese Leistungen reichen. In diesem Sinne konnte Bismarck nach seinen Erfolgen in der nationalen Einigungspolitik den Verfassungskonflikt politisch überwinden. Und in diesem Sinne hat das neu gegründete Kaisertum Resonanz im Volk gefunden, weil es die Sehnsucht nach Reichseinheit,[5] aber zugleich auch die Wünsche der Deutschen im Hinblick auf eine Machtpolitik, auf die Kolonial-, Flotten- und Weltpolitik verkörperte. Aus solcher Zustimmung erwächst aber keine verbindende Legitimitätsidee, die das Spannungsverhältnis Parlament – Krone hätte rechtlich überwölben können. Insbesondere hätte der Versuch, das neue Kaisertum im Horizont des nationalen Gedankens zu befestigen, nur dann zu einer Synthese zwischen Monarchie und Volksvertretung führen können, wenn das Kaisertum auf den Boden der nationalen Souveränität getreten wäre. Von einer solchen Absicht konnte aber nach 1871 nicht die Rede sein. So blieb die Beziehung der Kaiser zur Nation auf Elemente plebiszitärer Herrschaftsformen angewiesen, die ihrerseits in einem nicht auflösbaren Spannungsverhältnis zum parlamentarisch-repräsentativen Legitimationsstrang vom Volk über die Parteien zum Parlament standen.

II. Konstitutionalismus und Verfassungsgerichtsbarkeit

Der These von den systembedingten Grenzen des Verfassungsrechts im Konstitutionalismus scheint auf den ersten Blick entgegenzustehen, daß es sowohl im Verfassungsdenken des Konstitutionalismus wie auch in einzelnen Verfassungen ein Reihe von Ansätzen für eine Verfassungsgerichtsbarkeit gab;[6] ihre praktische Bedeutung blieb

5 Darauf stellt Ernst Rudolf Huber (FN 3), § 3, Rn. 59, ab.

6 Ulrich Scheuner, »Die Überlieferung der deutschen Staatsgerichtsbarkeit im 19. und 20. Jahrhundert«, in: *FG BVerfG I*, 1976 S. 2 ff., S. 20-44; Rudolf Hoke, »Verfassungsgerichtsbarkeit in den deutschen Ländern in der Tradition der deutschen Staatsgerichtsbarkeit«, in: Christian Starck/Klaus Stern (Hg.), *Landesverfassungsge-*

aber durchweg gering.[7] Dies gilt besonders für die Regelungen über die Ministeranklage vor einem besonderen Gericht und über Verfassungsstreitigkeiten zwischen der Regierung und dem Landtag.

Die *Ministeranklage* gehört der Theorie und vielen Auffassungen während der Verfassungsberatungen nach zu den wichtigsten Instituten und bildet geradezu einen Schlußstein der Verrechtlichung des Konstitutionalismus. Weil in jeder Monarchie der Fürst selbst unverletzlich ist, bedurften seine Anordnungen der Gegenzeichnung eines Ministers, der dadurch die Verantwortlichkeit übernahm. Die auf Beschluß der Kammern zulässige Ministeranklage hätte also der rechtlichen Sicherung der Verfassung gegenüber der Regierung und mittelbar auch gegenüber dem Monarchen dienen können. In der Praxis des Staatslebens erwies sie sich aber als Nebenweg der Entwicklung,[8] weil die monarchischen Regierungen alles taten, um das jeweils erforderliche Ausführungsgesetz zu verhindern. Vom Potential der Bestimmungen blieb in praxi kaum etwas übrig, es war ein zahnloses Instrument.[9] Und wo es wie in Kurhessen zu erfolgreichen Anklagen gegen den Minister Hassenpflug im

richtsbarkeit, Teilbd. 1, 1983, S. 25-73; Rainer Wahl/Frank Rottmann, »Die Bedeutung der Verfassung und der Verfassungsgerichtsbarkeit in der Bundesrepublik – im Vergleich zum 19. Jahrhundert und zu Weimar«, in: Werner Conze/M. Rainer Lepsius (Hg.), *Sozialgeschichte der Bundesrepublik Deutschland*, 1983, S. 339 ff., 347-353; Karl Kreuzer, »Vorläufer der Verfassungsgerichtsbarkeit im süddeutschen Konstitutionalismus«, *EuGRZ* 1986, S. 94 ff. – Zur Normenkontrolle Christoph Gusy, *Richterliches Prüfungsrecht. Eine verfassungsgeschichtliche Untersuchung*, 1985; Franz Josef Peine, »Normenkontrolle und konstitutionelles System«, *Der Staat* 22 (1983), S. 521 ff. (mit grundsätzlich abweichender Auffassung gegenüber der im Text vertretenen Position).

7 Im folgenden geht es um die Gründe, warum sich die verfassungsrechtlichen Normen über verfassungsgerichtliche Zuständigkeiten im Kontext des konstitutionellen Systems nicht entfaltet und das Verfassungsleben im 19. Jahrhundert nicht geprägt haben. Von diesen Überlegungen bleibt unberührt, daß sich in der Theorie und in den Verfassungsnormen des 19. Jahrhunderts die Grundlagen der Hauptgebiete der heutigen Verfassungsgerichtsbarkeit finden, die aber erst im Kontext der demokratischen Ordnung der Weimarer Verfassung und des Grundgesetzes ihre konsequente Ausprägung erfahren haben, dazu Scheuner (FN 6), S. 2-13.

8 Scheuner (FN 6), S. 34; Matthias Jestaedt, *Grundrechtsentfaltung im Gesetz*, 1999, S. 368 und 367.

9 Jörg-Detlef Kühne, *Die Reichsverfassung der Paulskirche. Vorbild und Verwirklichung im späteren deutschen Rechtsleben*, 1985; 2. unveränd. Auflage mit Nachtrag, 1998, S 466; ders., »Volksvertretungen im monarchischen Konstitutionalismus (1814-1918)«, in: Hans-Peter Schneider/Wolfgang Zeh (Hg.), *Parlamentsrecht und*

Rahmen eines jahrzehntelangen Verfassungskampfes und -konflikts kam,[10] war dies nicht die Bewährung des Instituts, sondern Teil eines Konflikts, der über 30 Jahre dauerte, keine interne Lösung fand, statt dessen andauernde Interventionen des Deutschen Bundes auslöste und letztlich zum Ende des Kurfürstentums in der Annexion durch Preußen 1866 führte. Die Ministeranklagen in Hessen sind weit davon entfernt, den Beweis für die Verträglichkeit der Ministeranklage im konfliktanfälligen Konstitutionalismus zu geben. Die Fälle zeigen im Gegenteil, daß sie zur Verschärfung der Systemkrise beitrugen.

Noch mehr leuchtet dem heutigen Leser von konstitutionellen Verfassungen ein, wenn dort eine Gerichtsbarkeit für Verfassungsstreitigkeiten zwischen der Regierung und dem Landtag, also eine Staatsgerichtsbarkeit, vorgesehen ist, so etwa in Kurhessen und in Sachsen.[11] Hier scheint der Dualismus der zwei selbständigen Faktoren zu Ende gedacht, wenn im Streitfall ein unbeteiligter Dritter entscheiden kann. Vom Bedürfnis her gesehen, scheint der Konstitutionalismus für die Ausbildung einer Verfassungsgerichtsbarkeit geradezu prädestiniert zu sein. [12] Aber längst nicht alles, was konstruktiv folgerichtig erscheint, ist auch realisierbar und systemverträglich. Gerade in dualistischen Systemen gibt es rasch Grenzen der Neutralität, der Normativität und der Möglichkeit einer richterlichen Streitentscheidung über die Wirksamkeit von Gesetzen. Gerichte brauchen eine von den Streitparteien gemeinsam getragene Grundlage, genau diese war nicht vorhanden, und damit fehlte

Parlamentspraxis. Ein Handbuch, 1989, § 2, Rn. 1-34, Rn. 33 mit Auflistung der 16 Anklagen, die bis zur parlamentarischen Abstimmung kamen und sämtlich erfolglos blieben; Hartwig Brandt, *Der lange Weg in die demokratische Moderne. Deutsche Verfassungsgeschichte von 1800 bis 1945*, 1998, S. 87: »Randerscheinung der Epoche und blieb vielleicht deshalb ein so beliebter Gegenstand für juristisches Glasperlenspiel«.

10 Ausführlich dazu Ernst Rudolf Huber, *Deutsche Verfassungsgeschichte seit 1789*, Bd. 2, 2. Aufl. 1968, S. 70 ff., 908 ff., 926 ff.; Bd. 3, 2. Aufl. 1970, S. 217 ff., 436 ff.

11 Ausführliche Nachweise zu den Regelungen der beiden Verfahrensarten bei Scheuner (FN 6), S. 32, Anm. 111 u. S. 34, Anm. 120, sowie Hoke (FN 6), S. 59-63 und 66-69.

12 Das Bedürfnis nach einem Dritten artikuliert Robert v. Mohl, *Die Geschichte und Literatur für Staatswissenschaften*, Bd. 2, 1856, S. 279 f. (im Zusammenhang mit der Einrichtung eines Schiedsgerichts im Bund 1834); weitere Nachweise bei Hartmut Müller-Kinet, *Die höchste Gerichtsbarkeit im deutschen Staatenbund 1806-1866*, 1975, S. 179 ff.

auch der übergreifende Maßstab. Deshalb gibt es gerade im Konstitutionalismus einige Stellen, an denen das Staatsrecht aufhört.[13]

Wie fragwürdig ein solcher Appell an einen Dritten im dualistischen System hätte sein müssen, wird an der Frage der Legitimation des »Neutralen« deutlich. Die Gerichte, zum Teil mit dem bezeichnenden Namen »Kompromißgerichte«, sollten je zur Hälfte von den Ständen und von der Regierung benannt werden. Während nach der sächsischen Verfassung von 1831 (§ 143) immerhin zusätzlich noch ein Vorsitzender, der vom König aus den Vorständen der höchsten Gerichte ernannt war, vorgesehen war, hatte die kurhessische Verfassung von 1831 (§ 154) die formelle Neutralität auf die Spitze getrieben: Der Vorsitzende, dem bei Stimmengleichheit der Stichentscheid zustehen sollte, war durch Los unter den paritätisch benannten Mitgliedern auszuwählen: Die Entscheidung über die Souveränität in faktischer Abhängigkeit vom Losglück – dies konnte wohl keine Realität erlangen!

Es überrascht deshalb nicht, daß die beiden Parteien des Dualismus im gesamten 19. Jahrhundert nicht zu einem tragfähigen Konsens über die Einrichtung oder Praktizierung einer (Verfassungs-) Gerichtsbarkeit kamen.[14] Die betreffenden Bestimmungen der Paulskirchenverfassung sind die klare Ausnahme, sie gehören zu einem anderen Kontext als die sonstigen konstitutionellen Verfassungen. Die Beteiligten haben dies im 19. Jahrhundert gewußt oder geahnt. Deshalb war es nicht zufällig, sondern Machtkalkül, daß

13 So das berühmte Diktum von Gerhard Anschütz zum preußischen Verfassungskonflikt, Georg Meyer/Gerhard Anschütz, *Lehrbuch des deutschen Staatsrechts*, 7. Aufl. 1919, S. 906. Ausführlich zur rechtlichen Offenheit der dualistischen Verfassung (in Auseinandersetzung mit Ernst Rudolf Huber), Rainer Wahl, »Der preußische Verfassungskonflikt und das konstitutionelle System des Kaiserreichs«, in: Ernst-Wolfgang Böckenförde (Hg.), *Moderne deutsche Verfassungsgeschichte*, 1972, S. 171/174-176; vgl. auch Hans Boldt, »Verfassungskonflikt und Verfassungshistorik«, in: *Probleme des Konstitutionalismus* (Beihefte zu *Der Staat*), 1, 1975, S. 75 ff.

14 Wohl gibt es in der Verfassung Sachsens in den §§ 152-154 eine Trias von Vorschriften über die Verfassungsänderung, die authentische Interpretation und den Vorrang der Verfassung vor den Gesetzen, die Christoph Jestaedt, »Die Sächsische Verfassung von 1831«, in: Suzanne Drehwald/ders., *Sachsen als Verfassungsstaat*, 1998, S. 11 ff., 34, als Regelungen von geradezu sensationeller Modernität bezeichnet hat. Die engen Grenzen einer nur normativen Interpretation zeigen sich spätestens dann, wenn man hinzusetzt, daß dieses gerichtliche Instrument kein einziges Mal aktualisiert worden ist, wie Christoph Jestaedt selbst einräumt. Es handelt sich offensichtlich um Recht in den Büchern und nicht um gelebtes Recht.

etwa in Preußen das notwendige Ausführungsgesetz zum Verfassungsartikel über die *Ministerverantwortlichkeit* (Art. 61 Verf. Urk.) nicht erlassen wurde. Schon in den ruhigeren Zeiten vor dem Verfassungskonflikt lehnte die preußische Regierung ein solches Ausführungsgesetz ab, weil jedes Gericht, das die Auseinandersetzung über das konkrete Verhältnis zwischen Krone und Parlament beurteilte, zur souveränen Macht im Staate werden würde.[15] Als später während des Verfassungskonflikts vom Abgeordnetenhaus ein solches Gesetz beantragt wurde, formulierte Bismarck seine prinzipielle Gegnerschaft mit so bezeichnenden Ausführungen, daß sie wörtlich zitiert werden sollen:[16] Er machte geltend, daß ein Richter mit der Kompetenz zur Entscheidung von verfassungsrechtlichen Zweifelsfragen die Befugnis eines »Gesetzgebers« erhalte: »er wäre berufen, die Verfassung authentisch zu interpretieren oder materiell zu vervollständigen«. Und weiter:

»Der Richter wird berufen, durch sein Urteil zugleich die Zukunft der Entwicklung des preußischen Verfassungslebens festzulegen, indem er durch dasselbe präjudicierlich die Verfassung interpretiert ... So hoch ich auch den preußischen Richter als juristische Autorität stelle, so hat die Regierung doch nicht geglaubt, daß von dem einzelnen Urtheilsspruch eines Gerichts, wie es sich nach der subjectiven Ansicht der Mehrheit der Stimmenden herausstellen würde, die politische Zukunft des Landes, die Machtvertheilung zwischen der Krone und dem Landtage, sowie zwischen den Häusern des Landtages abhängig gemacht werden dürfe. Sie hat geglaubt, daß diese staatsrechtliche Frage nur von der Gesetzgebung, nur von der Verständigung zwischen den Factoren der Gesetzgebung entschieden werden könne.«

Auch das vieldiskutierte, aber nicht anerkannte *richterliche Prüfungsrecht* hätte notwendigerweise an die neuralgischen Konfliktbereiche des Konstitutionalismus rühren können. Schon die Prüfungsbefugnis gegenüber königlichen Verordnungen, in Preußen nach Art. 106 prVU ausdrücklich der Entscheidung der Gerichte

15 Erich Hahn, »Ministerial Responsibility and Impeachment in Prussia 1848-63«, in: *Central European History*, Bd. X, 1977, S. 3 ff., S. 14, berichtet über ein internes Gutachten im preußischen Justizministerium von 1858, in dem ganz deutlich der Zusammenhang zwischen einer möglichen richterlichen Entscheidung über Ministeranklagen mit der Souveränitätsfrage herausgestellt wird. Um die Gefahr eines schleichenden Übergangs der Souveränität zu vermeiden, plädierte der Gutachter gegen ein Ausführungsgesetz über die Ministerverantwortlichkeit.

16 Huber, *Verfassungsgeschichte*, Bd. 3 (FN 10), S. 312 f.

entzogen, hätte in das machtpolitisch sensible Problem der Abgrenzung zwischen der monarchischen Verordnungsgewalt und der von der Zustimmung des Parlaments abhängigen Gesetze geführt.[17] Aufschlußreich ist dafür das von Frotscher[18] mitgeteilte frühe Beispiel einer konkreten Normenkontrolle: Der hannoversche König konnte 1853 die Revision der fortschrittlichen Verfassung von 1848 nicht im Einvernehmen mit der Zweiten Kammer erreichen, sondern erließ eine Verordnung, um den selbstprovozierten Forderungen des Deutschen Bundes zu genügen. Das Obergericht Aurich hielt diese Verordnung mangels Zustimmung der Stände für verfassungswidrig und wandte sie in einem konkreten Streitfall nicht an. Es verwundert nicht, daß die Regierung mit den Mitteln des politischen Drucks auf die Richter antwortete und in einem – ohne Zustimmung der Ständeversammlung erlassenen – Gesetz die Ausübung des Prüfungsrechts als Eingriff in die königlichen Souveränitätsrechte verbot.

Am Beispiel des preußischen Verfassungskonflikts, der stärksten Zuspitzung des Dualismus in der Praxis, wird besonders deutlich, wie unlösbar ein Verfassungsgericht in die generellen Streitfronten zwischen Krone und Volksvertretung und damit in die offene Souveränitätsfrage einbezogen gewesen wäre. Da es in einem grundsätzlichen Konflikt an den Grenzen des ausformulierten und noch konsentierten Kompromisses gerade an weiteren rechtlichen Maßstäben und an einer beiden Streitparteien gemeinsamen Legitimitätsgrundlage fehlte, mangelte es auch an der notwendigen Grundlage für einen neutralen Dritten. Der konstitutionelle Dualismus war rechtlich nicht zu überbrücken.[19] Wenn trotz der Grenzen des Staatsrechts und trotz des Fehlens eines lückenfüllenden Leitprin-

17 Rudolf v. Gneist, *Verhandlungen des 4. Dt. Juristentages*, Bd. 1, 1863, S. 214, hielt dies für den eigentlichen Brennpunkt der Diskussion um das richterliche Prüfungsrecht. Zum Problem der Abgrenzung zwischen dem selbständigen Verordnungsrecht des Monarchen und dem Gesetz vgl. Ernst-Wolfgang Böckenförde, *Gesetz und gesetzgebende Gewalt*, 1958, S. 220-226 m. w. N. – Zum Streit über das richterliche Prüfungsrecht und die bejahende Auffassung von Robert von Mohl vgl. Rainer Wahl/Frank Rottmann (FN 6), S. 349 f. mit Nachweisen (hier nicht abgedruckt).

18 Werner Frotscher, »Die ersten Auseinandersetzungen um die richterliche Normenkontrolle in Deutschland«, *Der Staat* 10 (1971), S. 383 ff.

19 Diese Auffassung trifft sich mit der Bemerkung von Richard Thoma, »Diskussionsbeitrag«, in: *VVDStRL* 5 (1929), S. 104 f.: »Den Verfassungsgerichtshof zu ei-

zips für den Konflikt zwischen Krone und Volksvertretung ein Gericht inhaltlich entschieden hätte, wäre er vor die unmögliche Aufgabe gestellt worden, das verborgene und unentschiedene Souveränitätsproblem von Mal zu Mal entscheiden und damit selbst Souveränität für sich in Anspruch nehmen zu müssen. Verfassungsgerichtliche Entscheidungen in einem Konflikt zwischen Monarch und Volksvertretung hätten notwendigerweise eine rechtliche und gerichtliche Fremdkontrolle des Monarchen impliziert. Die Paulskirchenverfassung hatte im Rahmen ihres ausgeprägten Strebens nach Verrechtlichung und Einbindung des Monarchen in ein Gleichgewichtssystem den Fürsten im Reich und in den Einzelstaaten diese Fremdkontrolle zumuten wollen.[20] Es gehört aber zu den Ergebnissen der gescheiterten Revolution von 1848 und zur damit verbundenen Selbstbehauptung der Monarchen als eigenständige Machtfaktoren, daß die Fürsten ihren Vorranganspruch gegenüber der Volksvertretung nicht durch den Vorrang einer richterlichen Entscheidung gefährden lassen wollten und meist Wege fanden, um die in der Verfassung vorgesehenen gerichtlichen Zuständigkeiten leerlaufen zu lassen. Insoweit konnte es keine Kompromisse geben: entweder Vorrang der Verfassung (= Entscheidungsbefugnis von Gerichten) oder Vorrang des Monarchen.

Der Basiskonflikt des Konstitutionalismus konnte nur ausgeklammert bleiben, wenn sich der Dualismus selbst, das heißt *politisch*, regulierte. Die inhaltlichen Bindungen der Ausübung der Staatsgewalt durch die Verfassungen wurden damit nicht bedeutungslos. In den politischen Auseinandersetzungen spielten die verfassungsrechtlichen Argumente eine wichtige Rolle. Mit ihrer Anführung war immer zugleich ein Appell an das Rechtsbewußtsein der Öffentlichkeit verbunden. Die Wertschätzung, die der Gedanke der Rechtsgebundenheit der Herrscher in der allgemeinen Rechtsüberzeugung hatte, war eine wichtige Stütze für die Einhaltung des Verfassungsrechts. Einer Regierung, die in der praktischen Politik, vor allem bei der Gesetzgebung, auf den Kompromiß angewiesen war oder die moralische Eroberungen in der nationalen Frage machen wollte, konnte

nem rein juristisch judizierenden Gericht zu machen, ... kann allerdings erst voll zum Ziel führen, wenn der Machtkampf zwischen den selbständigen Trägern politischer Gewalt verfassungsrechtlich geschlichtet ist und anstelle des konstitutionellen Dualismus ein Monismus der Gewalt getreten ist.«

20 Vgl. § 126 b und e Frankfurter Reichsverfassung.

es nicht gleichgültig sein, wie sie in Verfassungsfragen beurteilt wurde. Die Verfassung lebte im Konstitutionalismus maßgeblich von Resonanz, die sie in der Öffentlichkeit hatte. Die Verwirklichung der Verfassung war Teil der politischen Prozesse, sie war nicht durch Richter gesichert, sondern mußte sich im politischen Aktivieren der Gehalte und des Pathos der Verfassung vollziehen.

III. Der Vorrang der Verfassung gegenüber den Gesetzen

Zum Gedankenhorizont des Verfassungsstaates gehörte von Anfang an die Vorstellung, daß die Verfassung Fundamentalgesetz ist und daß ihr als solches höchste Autorität in der Rechtsordnung zukommt. Die in der Staatslehre und Publizistik im 19. Jahrhundert verbreitete Vorstellung ist jedoch noch nicht gleichbedeutend mit dem juristisch ausformulierten Konzept des Vorrangs der Verfassung. Denn dieses Konzept führt den allgemeinen Gedanken des höchsten Rangs beträchtlich weiter und entfaltet ein spezifisches und viel anspruchsvolleres juristisches Konzept, wie es seine konsequente Verwirklichung im Grundgesetz zeigt: die Verfassung ist dem Gesetzesrecht übergeordnet, die Grundrechte binden auch den Gesetzgeber; den Grundrechten widersprechendes Gesetzesrecht ist materiell verfassungswidrig. Der Vorrang der Verfassung bedeutet also Nachrang der Gesetze und Nachrang des Gesetzgebers. Den Schlußstein der Konzeption bildet die Einrichtung einer Verfassungsgerichtsbarkeit, die insbesondere die Verfassungsmäßigkeit der Gesetze kontrollieren kann und insoweit dem Gesetzgeber übergeordnet ist. Eine solche Gesamtkonstellation war sogleich am Beginn des Verfassungsstaates in den USA entfaltet worden, sie ist – erst – wieder in den Verfassungen der zweiten Hälfte des 20. Jahrhunderts wiederholt worden. Diese Konstellation gab es weder in der Weimarer Republik noch zur Zeit des Konstitutionalismus. Theoretische Aussagen über die Verfassung als ranghöchste Norm allein sind noch kein Beweis für die Anerkennung des Konzepts vom Vorrang der Verfassung und seiner Sicherung durch eine Verfassungsgerichtsbarkeit.[21]

21 Dazu Wahl, »Vorrang der Verfassung«, *Der Staat* 20 (1981), S. 485-488, 499, in diesem Band S. 121-125, 138.

Das konstitutionelle Staatsrecht und seine Staatspraxis sind in vielerlei Hinsicht das genaue Gegenteil. Das konstitutionelle Staatsrecht und seine Staatspraxis könnten kaum weiter entfernt sein von diesem heutigen Bild juristisch durchgebildeter Verfassungsstaatlichkeit. Die Systemunterschiede zwischen heute und damals schlagen sich gerade bei diesem zentralen Institut nieder, das im Konstitutionalismus trotz einiger Ansätze in der ersten Hälfte des Jahrhunderts nicht anerkannt war.[22] Insbesondere kam den Grundrechten gegenüber den Gesetzen ein juristisch folgenreicher Vorrang nicht zu.[23] In der vormärzlichen liberal oder naturrechtlich orientierten Staatslehre wurde die Vorstellung von der Überordnung der Verfassung über die Gesetze häufig formuliert und den Grundrechtsbestimmungen der Verfassung Gesetzgebungsdirektiven, -aufträge und -programme entnommen.[24] Dabei blieb aber die Rechtsnatur dieser programmatischen Bedeutung der Grundrechte für die vormärzliche Staatstheorie undeutlich. Der entscheidende Schritt zur Formulierung des juristischen und gerichtlich einlösbaren Vorrangs der Grundrechte vor den Gesetzen und das Aussprechen des Nachrangs des Gesetzgebers und die Bindung insbesondere der monarchischen Seite wurde nicht geleistet, vor allem nicht durchgesetzt. Insofern sind Ansätze in der ersten Jahrhunderthälfte

22 Ulrich Scheuner, »Die rechtliche Tragweite der Grundrechte in der deutschen Verfassungsentwicklung des 19. Jahrhunderts«, in: *FS Ernst Rudolf Huber*, 1973, S. 139 (= in: ders., *Staatstheorie und Staatsrecht*, 1978, S. 633 ff.); ders. (FN 6), S. 40; Wahl (FN 21), S. 491-498, in diesem Band S. 128-138. Kritisch dazu Dieter Grimm, »Die Entwicklung der Grundrechtstheorie in der deutschen Staatsrechtslehre des 19. Jahrhunderts«, in: ders., *Recht und Staat der bürgerlichen Gesellschaft*, 1987, S. 308 ff., 313 (am Beispiel der Grundrechte), S. 316 (unter Bezug auf vormärzliche Stellungnahmen), und Stern, »Einführung«, in: Starck/Stern (FN 6), S. 6, FN 16.

23 Das Grundrechtsthema ist hier nicht näher dargelegt, vgl. dazu Rainer Wahl, »Rechtliche Wirkungen und Funktionen der Grundrechte im deutschen Konstitutionalismus des 19. Jahrhunderts«, *Der Staat* 18 (1979), S. 321, in diesem Band S. 341 ff., und hier nicht abgedruckte Passagen in Rainer Wahl, »Die Entwicklung des Verfassungsstaates«, in: Josef Isensee/Paul Kirchhof (Hg.), *Handbuch des Staatsrechts*, Bd. 1, 1987, § 1, Rn. 36 f.; Jörg Kühne, *Bürgerrecht und Deutsches Verfassungsdenken 1848-1871*, Hermann Wellenreuther/Claudia Schnurmann (Hg.), *Die Amerikanische Verfassung und Deutsch-Amerikanisches Verfassungsdenken. Ein Rückblick über 200 Jahre*, 1991, S. 230 ff.; Jörg Kühne, *Die Reichsverfassung der Paulskirche. Vorbild und Verwirklichung im späteren deutschen Rechtsleben*, 1985; 2., unveränd. Auflage mit Nachtrag, 1998, S. 171 ff.

24 Dieter Grimm (FN 22), S. 315-319.

nicht der Auftakt für eine Weiterentwicklung und Festigung in der zweiten Hälfte, sondern Ansätze, die weder konsequent ausgebildet noch durchgesetzt wurden. All das hat viel mit der Machtfrage im Dualismus und mit dem Anspruch auf Unterordnung des Monarchen unter einen Dritten zu tun, die hier entscheidend involviert waren. Deshalb verwundert es nicht, daß im spätkonstitutionellen Staatsrecht, das von der Machtkonstellation nach dem Scheitern der Revolution von 1848 und dem Ausgang des preußischen Verfassungskonflikts deutlich beeinflußt war, gerade diese Bindung des monarchischen Mitgesetzgebers nicht durchzusetzen war. Im positivistischen Staatsrecht verfestigte sich die Ablehnung des Konzepts von der Hierarchie der Rechtsnormen. Klassischen Ausdruck fand sie in dem Satz von Gerhard Anschütz, daß die Verfassung nicht über der gesetzgebenden Gewalt, sondern zu ihrer Disposition stehe.[25] In Konsequenz dieser Entwicklung hatten die Grundrechte keine rechtliche Bindungswirkung gegenüber dem Gesetzgeber. Gesetze wurden von den Gerichten nicht für nichtig erklärt, weil sie gegen die Grundrechte verstoßen hätten.

IV. Verfassung und Verfassungsgerichtsbarkeit in der Weimarer Republik

Eine neue Situation trat ein mit der Weimarer Republik. Die Staatsordnung war jetzt konzipiert im Sinne einer einheitlichen demokratischen Legitimität; sie war allein durch die Verfassung konstituiert. Die theoretische Voraussetzung für eine weitgehende Verrechtlichung und Einführung einer Verfassungsgerichtsbarkeit war vorhanden, in den politischen Krisensituationen der Weimarer Zeit gab es jedoch erhebliche politische Einschränkungen.[26] Außerdem

25 Georg Meyer/Gerhard Anschütz, *Lehrbuch des deutschen Staatsrechts*, 7. Aufl. 1919, S. 734 f. Ähnlich auch Paul Laband, *Das Staatsrecht des Deutschen Reiches*, Bd. 2, 1911, S. 39. Gegen meine Deutung des Satzes von Anschütz hat Matthias Jestaedt (FN 8), S. 95, FN 102, den nicht voll überzeugenden Einwand erhoben, der Satz betreffe nicht die Vorrangthematik, sondern einen institutionellen Aspekt. Aber beides läßt sich so klar nicht trennen, und der letztere ist so demonstrativ formuliert, daß er notwendigerweise einen Überhang auf den anderen Aspekt hat. Eindeutig sind jedenfalls die von Jestaedt auch zitierten Formulierungen von Laband.

26 Eine umfassende Darstellung zur Verfassungsgerichtsbarkeit in der Weimarer

war es natürlich auch damals eine verfassungspolitische Frage ersten Ranges, wie weit der »Weg Rechtens« beschritten werden sollte. Nimmt man die Staatsgerichtsbarkeit nach Art. 19 und 59 WRV als Indikator, so zeigt sich ein Bild der begrenzten Weiterentwicklung. Für Ulrich Scheuner sind die Regelungen über die Staatsgerichtsbarkeit ein Beweis für seine allgemeinere These, daß »die Weimarer Epoche und ihr Denken in einem ihr selbst weniger gegenwärtigen umfänglichen Sinne noch von dem Erbe der vorangehenden kaiserlichen Zeit bestimmt wurde«.[27] Dieser Einschätzung dürfte zuzustimmen sein, soweit es um die konkreten Neuerungen durch die Verfassung geht (dazu unter 1.). Die verfassungspolitische und staatstheoretische Diskussion in der zweiten Hälfte der Weimarer Zeit enthält dagegen mit ihren Erörterungen über die Bedingungen, Grenzen und die Wünschbarkeit einer umfassender angelegten Verfassungsgerichtsbarkeit einen Vorgriff auf Probleme, die erst unter dem Grundgesetz real wurden (dazu unter 2.).

1.) In den Bestimmungen der Verfassung von 1919 geschieht der Sprung zur Bildung einer eigenen Institution eines Staatsgerichtshofs,[28] der jedoch durch die personelle Anlehnung des Staatsgerichtshofs an das Reichsgericht begrenzt wird. Alle föderativen Streitigkeiten unterliegen jetzt der Gerichtskontrolle. Bei Organstreitigkeiten zwischen den obersten Verfassungsorganen wird dagegen mit der (subsidiären) Zuständigkeit des Staatsgerichtshofs bei Streitigkeiten innerhalb der Länder nur der halbe Schritt getan; der Bereich des Reiches bleibt ausgeklammert. Auf diese beiden Gebiete beschränkt sich auch die Praxis des Staatsgerichtshofes.[29]

Auffällig ist die deutliche Zurückhaltung der Weimarer Verfas-

Epoche findet sich bei Ernst Rudolf Huber, *Deutsche Verfassungsgeschichte seit 1789*, Bd. 6, 1981, S. 541 ff.

27 Scheuner (FN 6), S. 45.

28 Dem Staatsgerichtshof wurden jedoch nicht alle einschlägigen Zuständigkeiten übertragen: Das Reichsgericht war für die abstrakte Normenkontrolle über die Vereinbarkeit von Landesrecht mit Reichsrecht zuständig. Materialreich dazu Karl Zippelius, *Verfassungsrechtliche Stellung und Entwicklung der Rechtsprechung des Staatsgerichtshofes für das Deutsche Reich*, Diss. jur. Freiburg 1973, S. 19-39.

29 Scheuner (FN 6), S. 56-59. Zur zeitgenössischen Literatur über die Weimarer Staatsgerichtsbarkeit Ernst Friesenhahn, in: Gerhard Anschütz/Richard Thoma, *Handbuch des Deutschen Staatsrechts*, Bd. 2, 1932, S. 523 ff. mit ausführlichen Literaturnachweisen, und Heinrich Triepel und Hans Kelsen, »Wesen und Entwicklung der Staatsgerichtsbarkeit«, *VVDStRL* 5, 1929, S. 2 ff., 30 ff.

sung einmal gegenüber dem (macht)politisch zentralen Bereich der obersten Reichsorgane und zum anderen gegenüber der Normenkontrolle. Aber nicht nur in der Frage des Prüfungsrechtes des Richters bestand ein »Vakuum des gesetzgeberischen Willens«, nicht nur dabei hatte die Nationalversammlung auf die Entscheidung des Problems verzichtet;[30] auch in der materiell-rechtlich vorrangigen Frage der Bindung des Gesetzgebers an die Grundrechte fehlte es an einer aussagekräftigen Stellungnahme der Nationalversammlung.[31] Wenn trotz des Fehlens von Impulsen durch die Weimarer Verfassung gerade diese Fragen zu Grundsatzstreiten der Weimarer Staatsrechtslehre wurden, dann deshalb, weil sich auf dem Boden der neuen Verfassung die prinzipielle Problematik der Rolle des Gesetzgebers in der Demokratie mit systematischer Notwendigkeit und politischer Zwangsläufigkeit stellte. Mit dem Dualismus des konstitutionellen Gefüges war in Weimar eine – in unterschiedlichen Realfaktoren des politischen Lebens festgemachte – politische Balance, die zu wechselseitiger Beschränkung geführt hatte, entfallen. Es gab nun einen monistischen Gesetzgeber, eine von Parteien getragene Parlamentsmehrheit, die von den traditionellen internen politischen Bindungen frei war. Für jede demokratische Verfassung stellt sich diese in die tieferen Schichten der politischen Kultur und des Verfassungsverständnisses hineinreichende Frage, wie die Rolle des real von Mehrheitsparteien getragenen Gesetzgebers verstanden wird.

Die Weimarer Debatte hat mit ihren Stichpunkten: Vertrauen oder Mißtrauen in den demokratischen Gesetzgeber, Parlamentssouveränität oder Parlamentsabsolutismus, Richterkönigtum oder Interessenausgleich zwischen den politischen Kräften[32] die beiden theoretisch denkbaren Alternativen deutlich herausgearbeitet. Zu-

30 So jedenfalls Gerhard Anschütz, *Die Verfassung des Deutschen Reichs, Kommentar*, 14. Aufl. 1933, Art. 70, Anm. 5, S. 371 mit Hinweis auf die Entstehungsgeschichte; das wörtliche Zitat stammt von Karl Loewenstein, *Erscheinungsformen der Verfassungsänderung*, 1931, S. 126.

31 Vgl. Anschütz (FN 30), Art. 109, Anm. 2 III, S. 527: »Nichts berechtigt zu der Annahme, daß die Nationalversammlung beabsichtigt haben könnte, mit den alten Worten des Gleichheitssatzes das große Neue zu sagen, das jetzt in ihn hineingelegt wird.«

32 Zu der letzteren Alternative nahm deutlich gegen das »Richter-Königtum« Stellung Hans Nawiasky, *VVDStRL* 3, 1927, S. 41 f. – Nachweise zu den anderen Alternativen unten FN 47-51.

gleich ist unübersehbar, daß bei den Optionen für diese Alternativen auch politische Werturteile und Grundüberzeugungen, politische Erwartungen und Befürchtungen, etwa die Furcht vor einer konkreten, sozialdemokratisch bestimmten Parlamentsmehrheit mitschwingen, ohne daß sich die theoretischen Auseinandersetzungen auf diese politischen Fronten reduzieren ließen.[33]

In der großen Streitfrage des rechtlich (un)gebundenen und (un)kontrollierten Gesetzgebers setzen insbesondere Gerhard Anschütz und Richard Thoma auf das Genügen politischer Mechanismen. Thoma hielt an der rechtlichen Nicht-Überprüfbarkeit der Gesetze fest, weil auch das neue Verfassungsrecht hinreichend starke und zuverlässige Bürgschaften für die Einhaltung der Verfassungssätze enthielte, so das selbständige Prüfungsrecht des Reichspräsidenten und der Reichsregierung, das Einspruchsrecht des Reichsrates und die Möglichkeit des Volksentscheids.[34] Mit großer Entschiedenheit bezeichnete es Thoma wiederholt »als artbestimmende Tendenz des modernen Staates, daß die Dezision über das Gerechte und Zweckmäßige dem Gesetzgeber« gebühre.[35] Eine Bindung des Gesetzgebers an den Gleichheitssatz anzunehmen war für Thoma deshalb ein »Rückfall hinter die Gestalt des modernen Staates«; einen solchen modernen Staat, und zwar als Demokratie, nicht aber als eine Gerontokratie des Richtertums habe die Nationalversammlung schaffen wollen.[36]

Die Gegenposition wurde nicht minder deutlich artikuliert und das zugrundeliegende theoretische Prinzip herausgearbeitet. Heinrich

33 So sah Anschütz (FN 30), Art. 109, Anm. 2 V, S. 528, die vordringende Auffassung über die Gleichheitsbindung des Gesetzgebers letzten Endes in einem politischen Werturteil über die Parlamentsmehrheit begründet, vgl. auch die Kontroverse zwischen Hans Kelsen und Hermann Heller, *VVDStRL* 3, 1927, S. 54 und 57. Nachweise zum Streit über die Gleichheitsbindung des Gesetzgebers bei Huber, *Verfassungsgeschichte*, Bd. 6 (FN 26), S. 104 f.

34 Richard Thoma, »Das richterliche Prüfungsrecht«, *AöR* 43 (1923), S. 267/274 f.; ähnlich auch Gustav Radbruch, »Richterliches Prüfungsrecht?«, *Die Justiz*, Bd. 1, 1925, S. 12 (Verweis auf die vielen Filter im Gesetzgebungsverfahren).

35 »Grundrechte und Polizeigewalt«, in: *Festgabe für das Pr. Oberverwaltungsgericht*, 1925, S. 223; ders., in: *Die Reichsgerichtspraxis im deutschen Rechtsleben*, Bd. 1, 1929, S. 200; ders., in: Anschütz/Thoma (FN. 29), Bd. 2, 1932, S. 144; Thoma hat im *Handbuch des Staatsrechts* (FN 29), S. 137-145, 151-153, nochmals eine geschlossene und imponierende Zusammenfassung seiner Position gegeben.

36 In Anschütz/Thoma (FN 29), S. 152 f.

Triepel bezeichnete schon 1920 das richterliche Prüfungsrecht als den wichtigsten Schutz der bürgerlichen Freiheit gegenüber einem machthungrigen Parlament; der Ausschluß dieses Prüfungsrechts öffne eine der Türen, durch die sich der monarchische oder der parlamentarische Absolutismus Eingang in den Staat verschaffe.[37] In einer späteren Schrift insistierte Triepel auf der Feststellung, daß die Gesetze nicht Souveränitätsakte, sondern verfassungsmäßig gebundene Akte der Staatsgewalt seien; zugleich forderte er dazu auf, dem Gesetzesabsolutismus, das heißt der Tendenz, den Gesetzgeber von jeder rechtlichen Schranke loszusprechen, entgegenzutreten.[38]

Die Auffassung, daß der Gesetzgeber an die Grundrechte und insbesondere an den Gleichheitssatz gebunden sei, gewann immer mehr an Boden, ohne jedoch bis zum Ende der Weimarer Zeit eindeutig zur herrschenden Auffassung in der Literatur[39] oder zur präjudizienbildenden Gerichtspraxis[40] geworden zu sein. Auch das richterliche Prüfungsrecht blieb in der Literatur umstritten.[41] In dieser wissenschaftlich ungesicherten Situation reagierten die Gerichte, wie es häufiger der Fall ist. Sie verbanden eine entschiedene Bejahung der Grundsatzfrage mit praktischer Zurückhaltung bei der Ausübung des Prüfungsrechts: der spektakulären Inanspruchnahme durch das Aufwertungsurteil des Reichsgerichts[42] folgte kei-

37 Heinrich Triepel, »Der Weg der Gesetzgebung nach der neuen Reichsverfassung«, *AöR*, S. 456/537.

38 Heinrich Triepel, *Goldbilanzenverordnung und Vorzugsaktien*, 1924, S. 28; vgl. auch Goldschmidt, *Juristische Wochenschrift (JW)*, 1924, S. 245, mit dem bezeichnenden Titel: »Gesetzesdämmerung«.

39 Vgl. die Literaturnachweise bei Anschütz (FN 30), Art. 109, Anm. 1 und 2, sowie die Referate und Diskussionsbeiträge in *VVDStRL* 3, 1927, S. 2-62.

40 Das Reichsgericht hat die Frage im Hinblick auf den Gleichheitssatz offengelassen, s. *RGZ* 111, 329; 113, 13; 128, 165; *DJZ* 1931, Sp. 674 (abweichend in einem Schiedsgerichtsverfahren *RGZ 126*, S. 161). – Auch in Bayern, das als einziges Land die Verfassungsbeschwerde kannte, hat der Bayerische StGH die Bindung des Gesetzgebers an den Gleichheitssatz abgelehnt, s. Hans-Heinrich Lammers/Walter Simons, *Die Rechtsprechung des Staatsgerichtshofs für das Deutsche Reich und des Reichsgerichts auf Grund Artikel 13 Absatz 2 der Reichsverfassung*, Bd. 3, S. 185 (die Nichtzulassung von Mädchen bei humanistischen Gymnasien blieb deshalb unbeanstandet).

41 Vgl. Ernst von Hippel, »Das richterliche Prüfungsrecht«, in: Anschütz/Thoma (FN 29), Bd. 2, 1932, S. 546 ff. mit umfangreichen Nachweisen in FN 32 und 33, und jetzt bei Huber, *Verfassungsgeschichte*, Bd. 6 (FN 26), S. 560 ff.

42 RG, Urteil des V. Zivilsenats vom 4. November 1925 (*RGZ* 111, 320), in dem das

ne Kette spektakulärer Entscheidungen, in denen Gesetze für unwirksam erklärt worden wären; das Prüfungsrecht blieb sozusagen in Wartestellung.

Zusammenfassend kann man die Weimarer Epoche im Hinblick auf diese für das Verfassungsverständnis zentralen Problemkreise als eine Inkubationszeit bezeichnen: Der Durchbruch zu den neuen Positionen findet zwar noch nicht statt, wenn man als Indikator dafür die Verwirklichung in einer traditionsbildenden Praxis nimmt. Aber: in der theoretischen Diskussion und in einigen verstreuten, zum Teil auch begrenzten Einzelschritten der Gerichtspraxis[43] war eine deutliche Richtung zugunsten der neueren Auffassungen vorgezeichnet. Rückblickend kann dieser Gang der Entwicklung nicht überraschen. Die Auffassung von der rechtlichen Ungebundenheit des Gesetzgebers war in der Weimarer Zeit nachdrücklich in die Defensive geraten: Der Verweis auf das Wesen des modernen Staates blieb zu allgemein; die Zweifel an diesem Postulat waren dagegen auch durch die reale politische Situation begründet. Um die überkommene Auffassung vom freien Gesetzgeber offensiv vertreten zu können, hätte sie auf eine neue Grundlage gestellt werden müssen, nämlich auf den Gedanken der Parlamentssouveränität. Unter den gegebenen Bedingungen hätte dies nichts anderes bedeutet, als ausdrücklich auf das Wechselspiel zwischen parlamentarischer Mehrheit und Minderheit sowie auf den Pluralismus der Parteien zu vertrauen. Ohne daß dies hier näher ausgeführt werden könnte, ist dazu festzustellen: Das Theorem von der Parlamentssouveränität oder der Suprematie des Parlaments ist eines der

Gericht das Aufwertungsgesetz aber für verfassungsgemäß hält. Das Urteil ist in der Argumentation entschieden zurückhaltender als die Stellungnahme des Richtervereins beim Reichsgericht (*JW* 1924, S. 90). Zum Ganzen ausführlich Peter Badura, »Richterliches Prüfungsrecht und Wirtschaftspolitik«, in: *FS Ludwig Fröhler*, 1980, S. 321/328-334; mit Rücksicht auf diese Darstellung beschränkt sich der Text auf eine Zusammenfassung.

43 Diese Einzelschritte würden deutlicher, wenn die weniger spektakulär zutage tretende Bedeutung der Grundrechte im Rahmen der Rechtsprechung des Reichsgerichts oder des Staatsgerichtshofs innerhalb der Entscheidungen zu den Verfahrensarten nach Art. 19 I WRV näher untersucht würden; wertvolles Material enthalten Albert Hensel, »Grundrechte und Rechtsprechung«, in: *Die Reichsgerichtspraxis im deutschen Rechtsleben*, Bd. 1, 1929, S. 1-32, und Albrecht Buschke, *Die Grundrechte der Weimarer Verfassung in der Rechtsprechung des Reichsgerichts*, Diss. jur. Berlin 1930.

historisch voraussetzungsvollsten Prinzipien des politischen und verfassungsrechtlichen Denkens. Es bedarf einer spezifischen politischen Situation, die seine Entstehung fördert[44] und einer voraussetzungsvollen politischen Kultur, die die gefahrenvollen theoretischen Möglichkeiten praktisch begrenzt und einbindet. Daß die politische (Ausgangs-)Lage von Weimar diese Voraussetzungen nicht bot, daß ein vorbehaltloses Setzen auf die Parteien zum kontrafaktischen Bekenntnis hätte werden müssen, liegt auf der Hand. So war schon durch die Weimarer Entwicklung der Weg des Grundgesetzes eher vorgezeichnet als das Gegenteil.

2.) Eng verweist die theoretische Diskussion in der zweiten Hälfte der Weimarer Republik auf die Problemsituation nach dem Grundgesetz. Da diese Grundsatzdebatte durch Reformvorhaben in Richtung auf eine erheblich ausgeweitete Verfassungsgerichtsbarkeit[45] ausgelöst wurde und da die erwogenen Neuerungen – der Organstreit auch im Reich und die abstrakte Normenkontrolle – ins Zentrum der politischen Relevanz der Verfassungsgerichtsbarkeit vordrangen, konzentriert sich diese Auseinandersetzung auf Bedingungen und vor allem auf die Grenzen einer umfassenden Verfassungsgerichtsbarkeit. Die – hier nicht im einzelnen zu referierende – Debatte hat als bleibendes Ergebnis die Problematik ins Bewußtsein gehoben, die gewöhnlich unter dem Stichwort des Spannungsverhältnisses von Verfassungsrecht und Politik diskutiert wird.[46] Die Kernfragen lauteten: Ist ein

44 Um es anzudeuten: die Parlamentssouveränität ist in Frankreich nicht nur gedacht, sondern erkämpft worden von einer Nationalversammlung und den sie tragenden bürgerlichen Schichten nach einem bedeutenden politischen Sieg und in einer Situation, in der dieses Bürgertum, noch vor der evidenten sozialen Klassenproblematik, noch selbstsicherer im Hinblick auf die eigene Freiheitsprogrammatik war.

45 Vgl. die Hinweise bei Scheuner (FN 6), S. 46 f., und Huber, *Verfassungsgeschichte*, Bd. 6 (FN 26), S. 563 f., sowie sehr ausführlich bei Karl Zippelius, *Verfassungsrechtliche Stellung und Entwicklung der Rechtsprechung des Staatsgerichtshofs für das Deutsche Reich*, 1973, S. 58-82; aus der zeitgenössischen Literatur s. Carl Schmitt, »Das Reichsgericht als Hüter der Verfassung«, in: ders., *Verfassungsrechtliche Aufsätze*, 1958, S. 64-66.

46 Nachweise einiger wichtiger Formulierungen für dieses Thema bei Peter Häberle, in: *Verfassungsgerichtsbarkeit*, hg. von Peter Häberle, 1976, S. 2 f.; s. auch Peter Wittig, »Politische Rücksichten in der Rechtsprechung des Bundesverfassungsgerichts?«, *Der Staat* 8 (1969), S. 137, 142-145; Gunnar Folke Schuppert, *Die verfassungsgerichtliche Kontrolle der Auswärtigen Gewalt*, 1973, S. 122 ff.; Rudolf Dolzer, *Staatstheoretische und staatsrechtliche Stellung des Bundesverfassungsgerichts*, 1972, S. 51 ff.

Streit, der häufig aus einem politischen Konflikt entsteht, der nicht selten beträchtliche politische Auswirkungen hat und der als Maßstab das Verfassungsrecht hat, das eine gängige Formel als »politisches Recht« bezeichnet – ist eine solche Streitentscheidung ein Unterfall von Rechtsprechung, verbleibt ein Gericht, das in der abstrakten Normenkontrolle unmittelbar mit dem Gesetz als der rechtlichen Form politischer Zielsetzungen und politischen Gestaltungswillens konfrontiert ist, in den »normalen« Grenzen der Gerichtsbarkeit? Oder übt ein Verfassungsgericht in diesen Fällen funktionell Gesetzgebung aus, bewegt es sich überhaupt bei der verbindlichen Verfassungsauslegung im Bereich der authentischen Verfassungsinterpretation, die nach der Auffassung des 19. Jahrhunderts immerhin als Teil der verfassungsgebenden Gewalt angesehen wurde? Diese Grundsatzfragen sind insbesondere von Carl Schmitt[47] unabweisbar gestellt und von ihm durchweg im Sinne einer ablehnenden Haltung gegenüber der Verfassungsgerichtsbarkeit entschieden worden. Manches an der Schärfe der Stellungnahme bei Schmitt dürfte zwar auch dadurch bedingt sein, daß ihm nach der damaligen Verfassungslage und nach der realen politischen Lage eine Alternative zur Verfassungsgerichtsbarkeit, nämlich die Option für den Reichspräsidenten als Hüter der Verfassung eröffnet erschien.[48] Aber auf diesen Punkt läßt sich die Position von Schmitt keinesfalls reduzieren, noch weniger die von ihm wesentlich mitbeeinflußte generelle Diskussion.

Was in dieser Weimarer Debatte hinzukam, waren weniger eindeutige Lösungen als vielmehr die Formulierung eines neuen Problembewußtseins. Dies zeigt sich schon in dem recht aufschlußreichen Aufkommen einer neuen Leitformel: nicht mehr nur um die »Krönung des Rechtsstaats« gehe es jetzt, sondern um den »Hüter der Verfas-

47 Carl Schmitt (FN 45); ders., *Der Hüter der Verfassung*, 1931, 2. Aufl. 1969. Zur Weimarer Diskussion vgl. die Nachweise bei Karl Zippelius (FN 45), S. 146-185, 198. Die These von Schmitt, daß das Verfassungsgericht bei der Normenkontrolle authentische Verfassungsinterpretation und damit gesetzgeberische Funktion ausübe, ist aufgenommen von Ernst Forsthoff, *Der Staat der Industriegesellschaft*, 1971, S. 145, und Ernst-Wolfgang Böckenförde, »Die Methoden der Verfassungsinterpretation. Bestandsaufnahme und Kritik«, *NJW* 1976, S. 2098/2099; dagegen Ulrich Scheuner, »Verfassungsgerichtsbarkeit und Gesetzgebung«, *DÖV* 1980, S. 473/477.

48 Es zeigt sich, daß mit dem Übergang zur demokratischen Legitimität nicht schon alle Vorbedingungen für eine Verfassungsgerichtsbarkeit gegeben waren: Plebiszitäre Elemente, wie die direkte Legitimation des Präsidenten, können auch als politische oder theoretische Hindernisse für eine Gerichtskontrolle empfunden werden.

sung«. Die materiell-rechtliche Sicht vom Primat des Rechts, dem die Verfassungsgerichtsbarkeit als Instrument dient, wird zu Recht und in folgenreicher Weise ergänzt durch eine institutionelle Betrachtung. Ins Blickfeld kommen damit die beträchtlichen Auswirkungen der Verfassungsgerichtsbarkeit auf das Verfassungsgefüge insgesamt. Die rechtsstaatliche Funktion der Durchsetzung des materiellen Verfassungsrechts ist auf eine Institution angewiesen. Die Verortung dieser Institution, die – wie jede andere Institution – auch ein Eigengewicht entfaltet, im Verfassungssystem und im »Konzert« der obersten Verfassungsorgane, ist ein eigenständiger Problemkreis der Gewaltenteilung.[49] In ihm erscheint das Verhältnis von vorrangigem Verfassungsrecht zu einfachem Gesetzesrecht umformuliert als institutionelles Problem der Abgrenzung zwischen dem Verfassungsgericht und dem Parlament.

Die labilen politischen Verhältnisse der letzten Jahre der Weimarer Republik waren sicherlich eine äußerst ungünstige Zeit zur Diskussion der institutionellen Probleme der Verfassungsgerichtsbarkeit.[50] Zwar schärfte die politische Situation den Blick für die wirkliche Bedeutung der Verfassungsgerichtsbarkeit als der Einführung eines neuen Gewichts in den Kreis der obersten Verfassungsorgane. Mit der Wahrnehmung des Charakters als eines (Gegen-)Gewichts geriet die Staatsgerichtsbarkeit aber notwendigerweise in die Überforderung hinein, die das Suchen nach der rettenden Institution oder gar dem Hüter der Verfassung in der sich beschleunigenden Staatskrise hervorrufen mußte.

Die theoretische Diskussion in der Weimarer Zeit vor dem Hintergrund der politischen Lage betrachtet, läßt damit auch zugleich entscheidende Grenzen der Verfassungsgerichtsbarkeit in tiefgreifenden Krisensituationen erkennen. Wenn für das 19. Jahrhundert der preußische Verfassungskonflikt schlaglichtartig die politische Situation erhellt, in der eine verfassungsgerichtliche Entscheidung »undenkbar« erscheint, so ist es in der Weimarer Zeit auf jeden Fall das Ermächtigungsgesetz, vermutlich auch einige der davorliegenden Konflikte.[51]

49 Zum Thema Verfassungsgerichtsbarkeit und Gewaltenteilung vgl. die Nachweise bei Peter Häberle (FN 46), S. 12 f.

50 Die Weimarer Diskussion ist ohne diesen politischen (Krisen-)Hintergrund nicht zureichend erfaßbar; eine umfangreichere Analyse, als hier möglich ist, müßte dies im einzelnen herausarbeiten.

51 Jedenfalls hat schon der ebenso berühmte wie berüchtigte Prozeß: Preußen contra

V. Der Konstitutionalismus aus der Perspektive des Grundgesetzes

In der positiven Umschreibung des ›Neuen‹ des Grundgesetzes spiegelt sich der Unterschied zur Verfassungsordnung des Konstitutionalismus. Wesentlich neu am Grundgesetz[52] sind die Bindung des Gesetzgebers an die Grundrechte und der umfassende Ausbau der Verfassungsgerichtsbarkeit, insgesamt die konsequente Verwirklichung des Vorrangs der Verfassung. Eine grundsätzliche Differenz zum Konstitutionalismus liegt auch im Verfassungsverständnis: für das Verfassungsrecht unter dem Grundgesetz liegt der Staat der Verfassung nicht voraus, sondern die Verfassung konstituiert rechtlich die staatliche Einheit. Alle Staatsgewalt ist rechtlich durch die Verfassung begründet und gemäß deren Regeln auszuüben. Demgegenüber beschränkte sich die konstitutionelle Verfassung auf die Funktion einer limitierenden Verfassung.

In den erwähnten Merkmalen der grundgesetzlichen Verfassungsordnung zeigt sich mehr und anderes als die immanente Weiterentwicklung des Verfassungsstaates im Laufe der Entwicklung vom 19. zum 20. Jahrhundert. Im Grundgesetz verwirklicht sich spezifisch der demokratische Verfassungsstaat; wesentliche Änderungen gegenüber dem Konstitutionalismus gehen auf den ›System‹-Wechsel vom konstitutionellen Dualismus zum demokratischen Monismus zurück. Das Grundgesetz und zuvor die Weimarer Verfassung haben nicht nur die monarchische Staatsspitze durch ein republikanisches Staatsoberhaupt ausgetauscht, sondern Staat und Verfassung mit der Demokratie auf eine neue Grundlage gestellt, indem das Konkurrenzverhältnis zweier Legitimationsprinzipien beendet wurde. Deshalb ist beim Vergleich zwischen dem Grundgesetz und dem Konstitutionalismus bei vielen Instituten damit zu rechnen, daß die Existenz des zweiten starken Faktors im Konstitutionalismus und überhaupt der dualistische Charakter ins Gewicht fallen und sich daraus Unterschiede in der Problemstellung und in den Problemlösungen ergeben.

Reich im Jahr 1932 die Grenzen der Verfassungsgerichtsbarkeit, insbesondere ihrer Befriedungskapazität, überschritten, vgl. Scheuner (FN 6), S. 58 f.

52 Dazu ausführlich Rainer Wahl, »Elemente der Verfassungsstaatlichkeit«, *JuS* 2001, S. 1081.

11. Rechtliche Wirkungen und Funktionen der Grundrechte im deutschen Konstitutionalismus des 19. Jahrhunderts

Verfassungshistorische Überlegungen über die Grundrechte stehen in diesen Jahren im Banne eines großen Datums: Vor mehr als 200 Jahren haben am 12. Juni 1776 die Vertreter des »good people of Virginia« die Virginia Bill of Rights,[1] die erste moderne Erklärung der Freiheitsrechte, verkündet. Ihr besonderer Rang für die moderne Welt ergibt sich vor allem daraus, daß sie aus einem einheitlichen naturrechtlichen Ansatz heraus unveräußerliche Rechte *vor* und *im* Staat anerkennt, daß sie aus diesem durchgängig individualistischen Ansatz sowohl Freiheiten des einzelnen als auch Grundprinzipien der staatlichen Ordnung, nämlich die Volkssouveränität und die Gewaltenteilung, ableitet.[2] In *diesem* Punkt gleicht der Virginia Bill of Rights das zweite große Dokument dieser Zeit, die französische Déclaration von 1789.[3] Auch die »Ideen von 1789« formulieren sowohl Prinzipien einer – neuen – gesellschaftlichen Ordnung als auch die Grundsätze für die politische Verfassung, die betont auf

1 Text bei Fritz Hartung, *Die Entwicklung der Menschen- und Bürgerrechte von 1776 bis zur Gegenwart*, 1972, S. 40 ff.; vgl. insbes. Art. 2 der Virginia Bill of Rights. – Zur amerikanischen Rechteerklärung: Roman Schnur (Hg.), *Zur Geschichte der Erklärung der Menschenrechte*, 1964; material- und ideenreich Willi Paul Adams, *Republikanische Verfassung und bürgerliche Freiheit*, 1973, S. 141 ff.; Gustav-Adolf Salander, *Vom Werden der Menschenrechte*, 1926, S. 6 ff., und Gerhard Oestreich, *Geschichte der Menschenrechte und Grundfreiheiten im Umriß*, 1968, S. 57 ff.

2 Beim Abfall vom englischen Mutterland und beim Bruch mit dem Common Law war der Rückgriff auf das Naturrecht notwendig und nahegelegt. Zum Entwicklungsprozeß der Argumentation vgl. Otto Vossler, »Studien zur Erklärung der Menschenrechte«, in: Schnur (FN 1), S. 190 ff., auch S. 179 ff.; Adams (FN 1), S. 144 ff., 149 ff., 158 ff., 162 ff., auch S. 22-32; Martin Kriele, *Einführung in die Staatslehre*, 1975, S. 156 ff.; Gerd Kleinheyer, »Grundrechte«, in: *Geschichtliche Grundbegriffe. Historisches Lexikon zur politisch-sozialen Sprache in Deutschland*, Bd. 2, 1975, S. 1066 f.

Zur Volkssouveränität als allumfassendem Legitimationsprinzip der neuen Ordnung Adams (FN 1), S. 121 ff., 142, 161, auch S. 68 ff.; Eberhard Grabitz, *Freiheit und Verfassungsrecht*, 1976, S. 145 ff.

3 Text der Déclaration: Hartung (FN 1), S. 44 ff.

der Volkssouveränität, der Gewaltenteilung und der Beachtung der Grundrechte aufbaut. Vor der Aufzählung der einzelnen Rechte enthält die Déclaration in der Präambel und den Artikeln 1 bis 6 den einheitlichen gedanklichen Grundrahmen, nach dem Grundrechte und das Prinzip der Volkssouveränität mit seinen – zumindest potentiell – demokratischen Implikationen zusammengehören. Im Unterschied zur Virginia Bill of Rights betont die Déclaration daneben viel stärker den Gedanken der Gleichheit[4] und reflektiert damit das spezifisch europäische Problem, die überkommene politisch-soziale Ordnung Alteuropas, die traditionelle feudal-ständische Ordnung,[5] grundlegend zu verändern in Richtung auf eine staatsbürgerliche Gesellschaft, die auf Rechtsgleichheit, Erwerbs- und Eigentumsfreiheit gegründet ist.[6]

Das Modell und Programm der Déclaration hat im 19. Jahrhundert gewirkt und auch in Deutschland zur positiven oder negativen Stellungnahme herausgefordert. Sucht man im Deutschland des 19. Jahrhunderts nach einer vergleichbaren grundsätzlichen Formulierung der Rechte des Volkes und der einzelnen, so drängen sich zwangsläufig die Grundrechte des deutschen Volkes von 1848 auf.[7] E. R. Huber charakterisiert sie mit den Worten: »Die Frankfurter Grundrechte stellen eine Rezeption des klassischen Grundrechtssystems dar ... Deutschland vollzog mit dem Grundrechtskatalog von 1848 eine Rechtsangleichung an die großen westlichen Verfassungssysteme.«[8] In der Tat: Die Frankfurter Grundrechte waren auf

4 Zur im wesentlichen »außenpolitischen« Funktion des Gleichheitsgrundsatzes in der amerikanischen Revolution vgl. Willi Paul Adams, »Zum Gleichheitspostulat in der amerikanischen Revolution«, *HZ* 212 (1971), S. 59 ff., und ders. (FN 1), S. 162 ff., insbes. 171 ff.; Kriele (FN 2), S. 160 (»Verfassungsstaat ohne Gleichheit«).

5 Zum Begriff Feudalordnung und Feudalismus vgl. unten FN 21.

6 Klassische Schilderung dieses Vorgangs bei Lorenz v. Stein, *Geschichte der sozialen Bewegung in Frankreich von 1789 bis auf unsere Tage*, 3 Bde., Nachdruck der von G. Salomon 1921 herausgegebenen Ausgabe, 1959. – Würdigung der prinzipiellen Sicht von Lorenz v. Stein durch Ernst-Wolfgang Böckenförde, »Lorenz v. Stein als Theoretiker der Bewegung von Staat und Gesellschaft zum Sozialstaat«, in: *FS Otto Brunner*, 1963, S. 248-277; vgl. auch Rainer Wahl, »Der Übergang von der feudalständischen Gesellschaft zur staatsbürgerlichen Gesellschaftsordnung als Rechtsproblem«, in: R. Schnur (Hg.), *Staat und Gesellschaft, Studien über Lorenz v. Stein*, 1978, S. 339 ff.

7 Text bei Ernst Rudolf Huber, *Dokumente zur deutschen Verfassungsgeschichte*, Bd. 1, 1978, Nr. 108, S. 375 ff. (389).

8 *Verfassungsgeschichte der Neuzeit*, Bd. 2, 1978, S. 776.

der Höhe ihrer Zeit – die politischen Verhältnisse aber waren anders.

Nach dem Scheitern der Revolution hob die Bundesversammlung des wiederbelebten Deutschen Bundes die »sogenannten Grundrechte«, wie man sich ausdrückte,[9] förmlich auf. Was an grundrechtlichen Gewährleistungen blieb, waren die – insoweit textlich kaum veränderten – frühkonstitutionellen Verfassungen und die oktroyierte Verfassung von Preußen von 1848/50 mit ihren vom Monarchen gewährten »Rechten« der Badener, der Württemberger oder der Preußen. Die Vokabel »Grundrechte« hat es in positiven Verfassungstexten des ganzen 19. Jahrhunderts nicht gegeben.[10] Die verbürgten Rechte waren nicht die Grundrechte des Volkes, nicht auf den Gedanken der Volkssouveränität gegründet. Treffend und ganz unbefangen wurden sie als Rechte der Untertanen bezeichnet.[11] Mit dieser Kennzeichnung ist nicht nur jeder Anklang an einen vorstaatlichen Charakter der Rechte erfolgreich vermieden,[12] sondern auch der für das amerikanische und westeuropäische Grundrechtsdenken unlösbare Zusammenhang zwischen der bürgerlichen und politischen Freiheit unterbunden.[13] Den Rechten der

9 Vgl. Bundesbeschluß vom 23. August 1851, abgedruckt bei: Ernst Rudolf Huber, *Dokumente zur deutschen Verfassungsgeschichte*, Bd. 2, 1964, Nr. 2, S. 2. In ihm werden die Grundrechte im Geiste der Reaktionszeit mit juristischer Akribie rückwirkend aufgehoben.

10 Dazu und generell zum Sprachgebrauch im 19. Jahrhundert in Deutschland Kleinheyer (FN 2), S. 1047 f., 1071, mit FN 113, S. 1075 f., 1080; auch Wolfgang v. Rimscha, *Die Grundrechte im süddeutschen Konstitutionalismus*, 1973, S. 2, FN 10.

11 Zur Verwendung des Begriffs »Untertan« in den Verfassungen vgl. die Nachweise bei Kleinheyer (FN 10), S. 1070 ff. In der Literatur, die den Ausdruck »Untertan« i. d. R. unbefangen gebraucht, ist der Wortgebrauch und die Sache reflektiert bei Robert v. Mohl, *Das Staatsrecht des Königreichs Württemberg*, 1. Bd., 1840, S. 316, FN 3, wo zwischen dem Untertan, den jeder Staat hat, und dem Staatsbürger, den allein der Rechtsstaat hat, unterschieden wird. Bezeichnend für den Streit um die Wortwahl ist die Episode, die mitgeteilt wird bei Ludwig v. Rönne, *Das Staatsrecht der preußischen Monarchie*, 1882, Bd. 2, S. 2, Anm. 4: Am Streit zwischen dem Abgeordnetenhaus und dem Herrenhaus über die Bezeichnung »Untertan« oder »Preuße« scheiterte 1868/69 das Gesetz über den Erwerb oder den Verlust der Eigenschaft als »preußischer Untertan«.

12 Kleinheyer (FN 2), S. 1070 ff. (treffend S. 1072: »Auch die Stellung der Untertanenrechte in den Verfassungen kann nicht mehr den Eindruck hervorrufen, als baue sich auf ihnen das Staatswesen auf«); ausführlich zu den Grundrechtsauffassungen in der ersten Hälfte des 19. Jahrhunderts v. Rimscha (FN 10), S. 83-105.

13 Dazu Grabitz (FN 2), S. 174 ff. sowie die §§ 14, 15.

Badener, Bayern und Preußen fehlt das Pathos von Rechten, die das Volk selbst erkämpft und sich selbst gegeben hat, von Rechten, die die Grundlage des Staates ausmachen, den Staat von innen formen. Auf ein solches Pathos hätten sich die Verfassungspraxis und die Politik auch und gerade dort stützen können, wo rechtliche Bindungen ausdrücklich nicht bestanden.

Man wird deshalb bei der Beschäftigung mit den Grundrechten im 19. Jahrhundert in Deutschland das Anspruchsniveau von Anfang an beträchtlich senken müssen. Von westeuropäischen Vorbildern bleiben die Rechte der deutschen Verfassungen weit entfernt, auch wenn sie den gleichen Wortlaut aufweisen: Grundrechtstheorie ist notwendigerweise Teil der Verfassungstheorie,[14] und Grundrechtsgeschichte ist Geschichte einer Verfassung als eines Gesamtgefüges; deshalb ist die konkrete Bedeutung von Grundrechten abhängig von der Gesamtstruktur einer Verfassung.[15] Wie die deutschen Verfassungen des 19. Jahrhunderts, so sind auch die in ihnen enthaltenen Grundrechte Ausdruck der spezifischen deutschen Entwicklung, Ausdruck für die Modernisierung,[16] die in Deutschland ab 1850 in einem überaus beschleunigten Prozeß die moderne wirtschaftliche Struktur eines hochindustrialisierten Landes hervorbrachte, bei der jedoch zwischen fortschrittlicher Ökonomie und politischer Emanzipation ein synchroner Verlauf nicht gegeben war,

14 Eindringlich hervorgehoben von Ernst-Wolfgang Böckenförde, »Grundrechtstheorie und Grundrechtsinterpretation«, *NJW* 1974, S. 1529 ff.

15 Dies ist zu betonen im Hinblick auf das oft angesprochene Verhältnis zwischen der belgischen Verfassung von 1831 zur preußischen Verfassung von 1848/50, die im Wortlaut und im Aufbau bekanntlich viele Gemeinsamkeiten, auch bei den Grundrechten, aufweisen. Die belgische Verfassung stand jedoch im Gegensatz zur preußischen auf dem Boden der Volkssouveränität; sie enthielt den berühmten Art. 78, dem zufolge der König keine anderen Befugnisse hat als die, welche ihm die Verfassung ausdrücklich verleiht. Dazu John Gilissen, »Die belgische Verfassung von 1831 – ihr Ursprung und ihr Einfluß«, in: Werner Conze (Hg.), *Beiträge zur deutschen und belgischen Verfassungsgeschichte im 19. Jahrhundert*, Beiheft »Geschichte in Wissenschaft und Unterricht«, 1967, S. 38-69, insbes. S. 52 ff. und 67 f.; Rudolf Smend, *Die preußische Verfassungsurkunde im Vergleich mit der belgischen*, 1904; Ernst Rudolf Huber, *Deutsche Verfassungsgeschichte*, Bd. 3, 1970, S. 101.

16 Zu diesem problembeladenen Zentralbegriff einer neueren Diskussion zwischen Sozialwissenschaftlern und (Sozial-)Historikern Hans-Ulrich Wehler, *Modernisierungstheorien und Geschichte*, 1975; vgl. auch Hartmut Kaelble u. a., *Probleme der Modernisierung in Deutschland*, 1978.

bei der politische und bürgerliche Rechte nicht parallel zueinander entfaltet wurden.

Dies schließt nicht aus, sondern setzt es geradezu voraus, daß auch in Deutschland die Entwicklung zur Rechtsgleichheit, Erwerbsfreiheit und Verkehrswirtschaft erfolgreich durchlaufen worden ist, daß das Sozialprogramm, das in den Ideen von 1789 angelegt ist, im Ergebnis erfüllt und ausgefüllt wurde.[17]

Interessiert, wie im folgenden, die sozialgestaltende Funktion der Grundrechte im säkularen Entwicklungsprozeß des 19. Jahrhunderts, dann kann im Mittelpunkt der weiteren Überlegungen nicht der geistige Höhepunkt der Frankfurter Grundrechte von 1848 stehen, sondern primärer Gegenstand müssen die positiven Bestimmungen der einzelnen Verfassungen sein. Ausschlaggebend können dann auch nicht die Ideengeschichte oder die Dogmengeschichte der Grundrechte sein, sondern im Zentrum des Interesses stehen dann die Wirklichkeit der Grundrechte und die von den Grundrechten geprägte Wirklichkeit.[18]

Für diese Fragestellung empfiehlt es sich, am Beispiel des Modellfalles der französischen Entwicklung das Problemfeld abzustecken und in einzelne typische Phasen zu gliedern (dazu unter I.). Im Anschluß daran sind die spezifische Situation des nicht-revolutionären und deshalb sehr langgestreckten Prozesses in Deutschland (dazu unter II.) und die sich daraus ergebenden unterschiedlichen Phasen der Bedeutung der Grundrechte in der sozialen Wirklichkeit (dazu unter III.) zu charakterisieren.

17 Daß die Déclaration ein Sozialprogramm enthielt und daß sie auch insoweit für das Grundrechtsdenken vorbildlich war, vgl. dazu Ernst-Wolfgang Böckenförde, in: Diether Posser (Hg.), *Freiheit in der sozialen Demokratie*, 1975, S. 78-80.

18 Die folgenden Überlegungen gehen von einem anderen Ansatz aus als die bisher vorherrschenden dogmen- und ideengeschichtlichen Betrachtungen. Hier geht es um die sozialgestaltende und politische Funktion der Grundrechte in der Staatspraxis, nicht um die häufig stark selektive Perspektive von dogmengeschichtlichen Untersuchungen, in der häufig nur die »Vorgeschichte« des heutigen Verständnisses interessiert und in der all das zurücktritt, was sich davon unterscheidet – und häufig gerade das Spezifische der früheren Situation ausmacht; dies gilt es vor allem für das hier interessierende Verhältnis der Grundrechte zum Gesetzgeber zu beachten (vgl. dazu unten FN 44).

I. Die französische Déclaration als Über-Verfassungsrecht

Für diesen Prozeß der Umgestaltung der sozialen und politischen Ordnung ist in Frankreich zweifellos die Déclaration das fundamentale geistige Dokument, das schon zu einem erstaunlich frühen Zeitpunkt der revolutionären Entwicklung[19] die Prinzipien einer neuen Ordnung entwickelt. Gerade in diesem modernen, in die Zukunft weisenden Aspekt ist die Déclaration auch für den heutigen Leser unmittelbar zugänglich, sozusagen aktuell, enthält sie doch die Grundlagen einer Staatsbürgergesellschaft, in der – unter Ausschaltung aller Zwischengewalten – jeder Staatsbürger in einer unmittelbaren Beziehung zur Staatsgewalt steht, ebendeshalb auch der Schutz von politischer und rechtlicher Freiheit unmittelbar, direkt und ausschließlich im Verhältnis zur Staatsgewalt gedacht werden kann und muß.[20]

Zum Zeitpunkt ihrer Verkündung stellt die Déclaration jedoch einen Vorgriff in die Zukunft dar. Die Staatsbürgergesellschaft ist noch in vielerlei Beziehungen nicht vorhanden. Erst muß das »régime féodal«[21] beseitigt werden, das für die alteuropäische Gesellschaft kennzeichnend war und in dem Unfreiheit und Belastung der Mehrzahl der Menschen unmittelbar von dem konkreten Gutsherrn, vom seigneur, ausgegangen sind. Mit historischer Notwendigkeit ging deshalb der Déclaration vom 28. August 1789 die berühmte Nacht des 4. August voraus, in der die privilegierten Stände,

19 Zur konkreten Entstehungsgeschichte Sigmar-Jürgen Samwer, *Die französische Erklärung der Menschen- und Bürgerrechte von 1789/91*, 1970, und Jürgen Sandweg, *Rationales Naturrecht als revolutionäre Praxis*, 1972, insbesondere S. 176-247 (zur Grundsatzdebatte).

20 Vgl. die feierlich erklärte Abschaffung aller Formen von Zwischengewalten in der Präambel zur Verf. vom 3. September 1791, Text bei: Günther Franz, *Staatsverfassungen*, 1964, S. 306 f. In Frankreich verlief die Entwicklung so beschleunigt, daß die staatsbürgerliche Gesellschaft, das heißt der Zustand der unmittelbaren Unterordnung aller Bürger (nur) unter die Staatsgewalt, in kurzer Zeit hergestellt war und damit eine Kongruenz zwischen dem in den Grundrechten angelegten Modell und der Wirklichkeit eintrat; anders dagegen in Deutschland mit der langen Übergangsphase, vgl. dazu unten II. und III.

21 Zu diesem zeitgenössischen Ausdruck und zur Ablösungsgesetzgebung ausführlich Ernst Hinrichs, »Die Ablösung von Eigentumsrechten«, in: Rudolf Vierhaus (Hg.), *Eigentum und Verfassung*, 1972, S. 113 ff.

der Adel, der Klerus und die bevorrechtigten Korporationen, auf einen beträchtlichen Teil ihrer feudalen Vorrechte verzichtet haben.[22] Damit war eine programmatische Grundsatzentscheidung über die Aufhebung der ständischen Rechte als Rechtsinstitutionen gefallen. Mit den beiden programmatischen Erklärungen vom 4. August und vom 28. August war negativ und positiv der Rahmen gesetzt für eine Neukonstituierung von Staat und Gesellschaft, die eine immense Rechtssetzungstätigkeit in den kommenden beiden Jahrzehnten erforderlich machte.[23]

Als 1791 die Déclaration als Präambel der Verfassung von 1791 vorangestellt wurde, da waren inzwischen durch Dekrete und Gesetze der Nationalversammlung der Adel abgeschafft, die Zünfte aufgehoben, die Zollschranken gefallen, ein Code rural erlassen worden, der die Freiheit des Bodens verkündete, waren Ablösungsgesetze ergangen, die Güter der Kirche enteignet, zu Nationalgütern erklärt und in einzelnen Parzellen verkauft.[24] Und als nach 1791 die Prinzipien der Déclaration radikaler interpretiert wurden, wurden die entscheidenden vollendeten Fakten geschaffen: Der Großteil der sogenannten dinglichen Lasten, alle die Abgaben, Gefälle und am

Zum Streit darüber, ob die alteuropäische Ordnung des 18. Jahrhunderts zu Recht mit dem Begriff Feudalismus umschrieben wird: Hinrichs ebd., S. 118, FN 24, 25; Jacques Godechot, in: *L'Abolition de la féodalité dans le monde occidental*, Bd. 1, 1971, Vorwort VII; Elisabeth Fehrenbach, *Traditionale Gesellschaft und revolutionäres Recht*, 1974, S. 167, FN 25; Karl Kroeschell, *Deutsche Rechtsgeschichte*, Bd. 1, 1972, S. 277; Wolfgang von Hippel, *Die Bauernbefreiung in Württemberg*, Bd. 1, 1977, S. 54, FN 20. Grundsätzlich zur Verwendungsweise des Begriffs Otto Brunner, »Feudalismus«, in: *Geschichtliche Grundbegriffe* (FN 2), Bd. 2, S. 337, 350 (mit der berechtigten Bemerkung, daß der Begriff aufgrund seiner Entstehungsgeschichte als Kampfbegriff »nicht ohne ständig neue Anfechtung« sei).

22 Zu den recht unterschiedlichen Wertungen der Beschlüsse des 4. August 1789 von emphatischer Zustimmung bis zur Kennzeichnung als abgekartetem Spiel und als Schwindel vgl. die Nachweise bei Wahl (FN 6), S. 354, FN 54, 55, außerdem Hinrichs (FN 21), S. 112 f.

23 Die Notwendigkeit der Rechtssetzungstätigkeit und der immensen Rechtsänderungsprozesse ist im Prinzipiellen und im Detail schon beschrieben von Lorenz v. Stein, vgl. dazu Wahl (FN 6), S. 342 ff.

24 Zur französischen Ablösungsgesetzgebung das vergleichende umfassende Werk *L'Abolition de la féodalité dans le monde occidental* (FN 21), 2 Bde., 1971, außerdem Hinrichs (FN 21), S. 112 bis 127, mit zahlreichen Nachweisen; materialreich unter rechtsgeschichtlichem Aspekt Justus Wilhelm Hedemann, *Die Fortschritte des Privatrechts im XIX. Jahrhundert*, 2. Teil, 1. Halbbd., 1930, S. 27 ff.

Grundstück klebenden Fronden wurden entgegen den ursprünglichen Prinzipien der Verfassung von 1791 und entgegen der Ablösungsgesetzgebung der verfassungsgebenden Nationalversammlung entschädigungslos aufgehoben.[25] Die Feudalordnung war in einem ungeheuer beschleunigten Prozeß endgültig abgeschafft, alle Formen des Obereigentums und der feudalen Verfügungsbeschränkungen beseitigt; Entsprechendes gilt für die Gewerbe- und Arbeitsordnung. Ein neues Privatrecht war möglich und erforderlich geworden. Erst im Code civil und den anderen napoleonischen Kodifikationen[26] ist der Gesamtprozeß abgeschlossen, sind die Prinzipien der Revolution ins Privatrecht transformiert und in der Rechtsordnung so befestigt und eingegraben, daß später die Restauration an diesen Ergebnissen nichts mehr zurücknehmen kann.[27]

Dieser ganze Prozeß ist inhaltlich von der Déclaration dirigiert, wobei man diese Direktionswirkung jedoch nicht in einem rechtlichen Sinne verstehen darf. Die Déclaration ist in Frankreich fast immer als *Über*-Verfassungsnorm verstanden worden. Sie ist viel zu abstrakt formuliert, als daß sie etwa von einem Richter zur Entscheidung eines konkreten Falles herangezogen werden konnte.[28] Dafür hatten die in ihr formulierten Ideen die politische Kraft, die Richtung für die grundlegende Änderung der Sozial- und Staatsordnung anzugeben.

25 Zur Frage, ob die Ablösung mit weitgehenden Entschädigungsleistungen, wie sie zunächst die Konstituante angestrebt hatte, eine realisierbare Alternative zur tatsächlichen Ablösung ohne Entschädigung gewesen ist, vgl. einerseits Hinrichs (FN 21), S. 152 ff. (bejahend), andererseits Fehrenbach (FN 21), S. 85 (verneinend).

26 Die prinzipielle Bedeutung der napoleonischen Gesetzgebung ist treffend herausgearbeitet von Stein (FN 6), Bd. 1, S. 418 ff., insb. S. 421 (»Konsolidierung der sozialen Umgestaltung im Gebiet des Privatrechts«). Siehe auch Fehrenbach (FN 21), S. 9. Zur Rezeption des Code Civil in Deutschland vgl. unten FN 67.

27 Ludwig XVIII. hob 1814 weder den Code Civil auf, noch wagte er es, den Verkauf der Nationalgüter rückgängig zu machen, vgl. Art. 71 und 9 der Charte Constitutionnelle vom 4. Juni 1814, Text in: Léon Duguit/Bernard Mounier/Pierre Bonnard, *Les constitutions et les principales lois publiques de la France depuis 1789*, 1952, S. 168 ff.

28 So Emile Boutmy, in: Schnur (FN 1), S. 88, in scharfer Absetzung von den amerikanischen Erklärungen und ihren Amendments, die bald als justitiable Normen verstanden wurden. Vorzüglich dazu Gerald Stourzh, *Vom Widerstandsrecht zur Verfassungsgerichtsbarkeit: Zum Problem der Verfassungswidrigkeit im 18. Jahrhundert*, 1974, der die Entstehung der Auffassung vom Vorrang der Verfassung und von der Verfassungswidrigkeit von Gesetzen in dem Jahrhundert vor der berühmten Entscheidung des amerikanischen Supreme Court im Falle Marbury v. Madi-

II. Grundrechte im 19. Jahrhundert als politische Richtungs- und Zielbestimmungen

1. In Deutschland, in dem die napoleonische Herausforderung und die europäischen Revolutionsjahre von 1830 und 1848 nur jeweils begrenzte Entwicklungsschübe ausgelöst haben,[29] mußte der Weg des Ersatzes der Revolution durch Reform zwangsläufig einen noch größeren Aufwand an Rechtsänderungen, an positiven Rechtssetzungsakten bedingen. Ist die Änderung der Gesellschaftsordnung das epochale Thema der Zeit, dann sind die Grundrechte nach ihrer Funktion gegenüber den dazu erforderlichen Rechtsänderungsprozessen zu befragen. Es wäre eine völlig absurde und unhistorische Vorstellung, anzunehmen, daß die Gewährleistung von Grundrechten in den konstitutionellen Verfassungen des 19. Jahrhunderts in diesen Rechtsänderungsprozessen einen radikalen und unmittelbaren Einschnitt bedeutet hätten, etwa gemäß der gegenwärtigen Vorstellung, daß alles entgegenstehende Recht per se derogiert gewesen wäre.[30] Für das 19. Jahrhundert und speziell für den Vormärz hat Scheuner[31] zu Recht die äußerst beschränkte juristische Tragweite

son im Jahre 1803 aufweist. In der Dritten Republik wurde in Frankreich zum Teil mit dem Argument des Überverfassungscharakters der Déclaration die Geltung als positives Recht abgesprochen; ein Überblick über die Diskussion des Rechtscharakters der Déclaration bei Samwer (FN 19), S. 382 f.; Klaus Stahl, *Die Sicherung der Grundfreiheiten im öffentlichen Recht der Fünften Französischen Republik*, 1970, S. 7-13, sowie Grabitz (FN 2), S. 158, FN 92; zur neueren Entwicklung, nachdem der Conseil Constitutionnel auch Gesetze am Maßstab der Déclaration prüft: Georg Ress, »Der Conseil Constitutionnel und der Schutz der Grundfreiheiten in Frankreich«, *JöR N. F.* 23 (1974), S. 121 ff., insbesondere 149 ff.

29 Für die hier interessierende Problematik vgl. Eberhard Weis, »Der Einfluß der Französischen Revolution und des Empire auf die Reformen in den süddeutschen Staaten«, *Francia* 1 (1973) S. 569-583.

30 Angesichts der erforderlichen enormen Rechtsänderungsprozesse konnte eine Bestimmung wie § 91 der württembergischen Verfassung, nach der alle Gesetze und Verordnungen, die mit einer ausdrücklichen Bestimmung der Verfassung im Widerspruch stehen, aufgehoben sind, nur eine bloße Formel bleiben. Nach Gerhard Anschütz, *Die Verfassungsurkunde des Preußischen Staates*, 1912, S. 95, entfiel die derogierende Kraft von Grundrechtsbestimmungen nur dann ausnahmsweise, wenn die Bestimmung allgemein gefaßt war und zugleich tief in den bestehenden Rechtszustand eingriff – eine Situation, die zumindest in der ersten Hälfte des 19. Jahrhunderts die Regel war; bei Anschütz, ebd., S. 190 f., 287 ff., 303 f., 317 ff. Beispiele für derogierende Wirkung mit Nachweisen aus der Rechtsprechung.

31 Ulrich Scheuner, »Die rechtliche Tragweite der Grundrechte in der deutschen

der Grundrechte herausgestellt und ihnen die Kraft, unmittelbar tiefgreifende Änderungen bewirkt zu haben, abgesprochen.

Die in den Verfassungsurkunden enthaltenen Rechte waren aufgesetzt auf eine Fülle überkommenen alten Rechts. Die verbürgte Freiheit der Person war so konterkariert durch das alte Strafrecht und Strafprozeßrecht,[32] dem modernen Eigentumsbegriff, der freies Belieben und absolute Sachherrschaft implizierte, durch die überkommenen Formen des geteilten und durch die chaotische Vielfalt von Belastungen gebundenen Eigentums[33] oder die Auswanderungsfreiheit der Frauen durch überkommene privatrechtliche Regelungen.[34] Rechtliche Wirklichkeit konnten diese allgemeinen Verbürgungen der Freiheit der Person, des Eigentums, der Denk- und Gewissensfreiheit nur werden, wenn sie durch neues, im Geist der Grundrechte formuliertes Recht ausgeübt wurden. Durch die Lehrbücher des Vormärz zieht sich die Klage, daß mit den allgemeinen Rechten nichts gewonnen sei; nach wenigen Sätzen über den im Prinzip verbürgten Gehalt des Rechtes folgen häufig seitenlange Ausführungen über die Beschränkungen nach dem überkommenen Recht.[35] Der Freiheitsraum des Bürgers war keinesfalls schon mit der Gewährung der Grundrechte vorhanden; er dehnt sich auch nicht unmittelbar mit der – textlich belegbaren – Ausweitung und

Verfassungsentwicklung des 19. Jahrhunderts«, in: *FS Ernst Rudolf Huber*, 1973, S. 139 ff., 147 f. (auch in: ders., *Staatstheorie und Staatsrecht*, Gesammelte Schriften, 1978, S. 633 ff., 642 f.).

32 Vgl. dazu aus der zeitgenössischen Literatur sehr deutlich v. Mohl (FN 11), S. 342 ff., und Friedrich Murhard, *Die kurhessische Verfassungsurkunde*, 2. Abteilung, 1835, S. 485 f. Sehr materialreich und anschaulich zur Diskrepanz zwischen den Verfassungsartikeln und der Gesetzeslage sowie zur Entwicklung des Strafprozeßrechts: Josef Alfons Mackert, »Von der peinlichen Prozedur zum Anklageprinzip«, in: Karl S. Bader (Hg.), *Baden im 19. und 20. Jahrhundert*, Bd. 2, 1950, S. 91-211; vgl. auch Eberhard Schmidt, *Einführung in die Geschichte der deutschen Strafrechtspflege*, 1965, §§ 235 ff.

33 Die chaotische Fülle der Berechtigungen wird deutlich in den beispielhaften Aufzählungen bei Fehrenbach (FN 21), S. 88 f., 97 f., auch S. 37; vgl. dort auch S. 79-104 zu den Schwierigkeiten der Ablösung in der Praxis. Von einer Zusammenstellung von mehr als 6000 Abgaben durch eine amtliche Kommission berichtet Carl v. Rotteck, »Abgaben«, in: *Staatslexikon*, Bd. 1, 1834, S. 100.

34 Von Mohl (FN 11), Bd. 1, S. 384 ff., 386: Eine Ehefrau darf ohne Einwilligung ihres Ehemannes nicht auswandern, auch selbst mit seiner Bewilligung nicht ohne ihn.

35 Neben den Nachweisen in FN 32, Murhard (FN 32), 1. Abt., S. 289 ff., 293 ff., 309; H. A. Zachariä, *Deutsches Staats- und Bundesrecht*, 1841, S. 225 f.; 1853, S. 421 f.

Verfeinerung der Grundrechtsnormen aus, sondern mit dem Stand und dem Gehalt der Gesetzgebung. Immerhin hatte die positive Formulierung von Grundrechten grundsätzliche Bedeutung für die Entwicklung zum Verfassungsstaat,[36] lag in ihr doch die prinzipielle und auf die Dauer nicht zu bestreitende Anerkennung, daß der einzelne Untertan Rechte gegenüber dem Staat hat.

2. An dieser Situation, in der alles auf den Inhalt von – neuen – Gesetzen ankam, konnte ersichtlich die Bindung der Verwaltung an die Grundrechte, die unbestrittene rechtliche Wirkung der Grundrechte im 19. Jahrhundert, nichts ändern. Nicht, daß die Bindung der Verwaltung an die Grundrechte, die sich im 19. Jahrhundert effektiv durchsetzte, nicht eine wichtige rechtsstaatliche Errungenschaft gewesen wäre, die die Grundrechte auf der Ebene des Verwaltungsrechts verankerte. Im vorliegenden Zusammenhang ist jedoch entscheidend, daß die Grundrechte in der Geltungsrichtung gegenüber der Verwaltung nur die Gesetzmäßigkeit der Verwaltung verbürgen konnten.[37] Die einzelnen Grundrechte dagegen blieben bei dieser Interpretation funktionslos und »leerlaufend«.

Im Sinne dieser Auffassung gab es, wie Anschütz ausführte, nicht mehrere Grundrechte, sondern nur ein Recht, das Recht auf gesetzmäßige Verwaltung. Der Katalog der Rechte, der in jeder Verfassung enthalten war, mußte sich als überflüssig erweisen. Konsequenterweise stellte deshalb Anschütz auch ausdrücklich fest, daß die einzelnen Freiheiten des preußischen Katalogs nur »der Vorsicht halber und der konstitutionellen Tradition entsprechend« besonders angeführt seien.[38] Allein diese Konsequenz hätte eigentlich da-

36 Insbesondere die Formulierung des Grundsatzes, daß die Freiheit der Person und des Eigentums keinen anderen Beschränkungen unterliegt, als welche das Recht und die Gesetze bestimmen (§ 21 kurhess. Verf.), bedeutete einen »Systemwechsel« gegenüber dem Polizeistaat; und die Lehre zog daraus den zutreffenden, für die damalige Zeit aber Sprengstoff enthaltenden Schluß, daß jedem Staatsbürger alles erlaubt ist, was nicht verboten ist, Murhard (FN 32), S. 302, sowie Johann Christoph Freih. v. Aretin/Carl v. Rotteck, *Staatsrecht der konstitutionellen Monarchie*, 2. Bd., 1827, 1. Abt., S. 5.

37 Anschütz (FN 30), S. 133 ff., vgl. auch S. 96 ff., 101, dort S. 98: »Die Grundrechte enthalten eine kasuistisch gefaßte Darlegung des Prinzips der gesetzmäßigen Verwaltung«; ähnlich noch ders., *Die Verfassung des Deutschen Reiches*, 14. Aufl. 1933, S. 511; Georg Jellinek, *System der subjektiven öffentlichen Rechte*, 2. Aufl. 1905,S. 103, und dazu Grabitz (FN 2), S. 10 ff., sowie v. Rimscha (FN 10), S. 172 ff., 175 ff.

38 Anschütz (FN 30), S. 135.

vor warnen müssen, die Wirkungen und Funktionen der Grundrechte allein in der Geltungsrichtung gegenüber der Verwaltung zu sehen. Der Aufwand, einen Katalog auszuarbeiten, wäre von Anfang an überflüssig gewesen.

3. In den Grundrechtsbestimmungen tauchen jedoch nicht zufällig die Zielpunkte des säkularen Emanzipationsprozesses auf. Dies impliziert eine Funktion der Grundrechte als Richtungsbegriffe für die Prozesse der Rechtsänderung und Gesellschaftsgestaltung.[39]

Ohne diese Funktion wäre der politische Sinn der Grundrechte nicht erfaßbar, der eben nicht nur die Absicherung eines vorhandenen Rechtsstatus bedeutete, was das objektive rechtsstaatliche Prinzip der gesetzmäßigen Verwaltung hätte verbürgen können, sondern Herstellung und Ausgestaltung einer freiheitlichen Ordnung versprach. In der Praxis des frühkonstitutionellen Verfassungslebens wurden die Grundrechtsbestimmungen denn auch in dieser Weise aufgefaßt, wie überhaupt das Verfassungsverständnis des süddeutschen Liberalismus die Verfassung als Instrument zur inneren Umgestaltung des Staates nach westeuropäischem Vorbild begriff.[40] Als der erste badische Landtag 1819 zusammentrat, überschütteten die Wortführer der Liberalen schon nach der ersten Woche die Regierung mit einer Flut von Anträgen, die ausdrücklich das Ziel hatten, die staatlichen und gesellschaftlichen Verhältnisse grundlegend zu reformieren, um sie in Übereinstimmung mit den in der Verfassung ausgesprochenen Grundsätzen einer freien Gesellschaftsordnung mit dem Prinzip der »Freiheit der Person und des Eigentums« zu bringen.[41] Aufschlußreich sind auch die zahlreichen Formulie-

39 Angedeutet bei Ernst Rudolf Huber, *Deutsche Verfassungsgeschichte*, Bd. 1, 1967, S. 351: »Die Gewährleistung der Grundrechte hatte in der frühkonstitutionellen Epoche den institutionellen Sinn der Sozialgestaltung; sie war ein Stück der großen Staats- und Sozialreform.«

40 Lothar Gall, *Der Liberalismus als regierende Partei*, 1968, S. 24 ff.

41 Gall (FN 40), S. 24 ff., 41 f. Zum Rechtsprogramm des ersten badischen Landtags auch Mackert (FN 32), S. 125 ff.; s. auch Wolfram Fischer, »Staat und Gesellschaft Badens im Vormärz«, in: Werner Conze (Hg.), *Staat und Gesellschaft im Vormärz*, 1970, S. 150 f. Für Württemberg vgl. v. Hippel (FN 21), S. 344 ff.
Mit der Auffassung des Textes stimmt voll überein der Hinweis von Hartwig Brandt, »Diskussionsbeitrag«, in: *Gesellschaftliche Strukturen als Verfassungsproblem* (Beihefte zu *Der Staat* 2), 1978, S. 134, daß drei Viertel aller Gesetze im 19. Jahrhundert von den Mitgliedern der Kammer als Einlösung von Grundrechten verstanden worden sind.

rungen in den Verfassungsurkunden, die auf eine künftige Gesetzgebung verwiesen und die häufig nicht als Ermächtigung für eine künftige Einschränkung einer zunächst gewährten Freiheit,[42] sondern als »Verheißung« und Programm[43] eines neuen – modernen – Gesetzes verstanden wurden.

Dies alles ändert nichts an der Richtigkeit des Satzes, daß die Grundrechte im 19. Jahrhundert gegenüber der Gesetzgebung keine rechtliche Bindungswirkung geäußert haben;[44] aus mehreren, hier im einzelnen nicht näher darlegbaren Gründen war im dualistischen System des Konstitutionalismus schon die theoretische Möglichkeit einer solchen Geltungsrichtung und ihrer Effektuierung durch eine Verfassungsgerichtsbarkeit ausgeschlossen.[45, 46] Die

42 Eindeutig in diesem Sinne eines gezielten Einschränkungsvorbehalts zum Beispiel Art. 30 Preuß. Verf. Urk., wonach politische Vereine Beschränkungen und vorübergehenden Verboten im Wege der Gesetzgebung unterworfen werden können.

43 So wörtlich Anschütz (FN 30), S. 138; aus der zeitgenössischen Literatur ähnlich Murhard (FN 32), S. 267; Mohl (FN 11), S. 343 f. – Verweise in den Verfassungen auf künftige Gesetzgebung s. etwa in Art. 19 Preuß. Verf.-Urk. (Einführung der Zivilehe nach Maßgabe eines besonderen Gesetzes) und die Nachweise unten FN 53.

44 Anschütz (FN 30), S. 96; Scheuner (FN 31), S. 157 mit Nachw.; v. Rimscha (FN 10), S. 163 ff. Daß aus dieser Feststellung nicht zugleich die Bedeutungslosigkeit der Grundrechte im Verhältnis zur Gesetzgebung folgt, wird im weiteren Text dargelegt, verdient aber im Hinblick auf das geltende Recht besondere Hervorhebung: Beim heutigen Grundrechtsverständnis ist nur selten hinreichend reflektiert, in welchem Ausmaß es durch die Situation der rechtlichen Bindung des Gesetzgebers an die Grundrechte und durch die prozedurale Effektuierung und Sanktionierung dieser Bindung durch die Institution der Verfassungsgerichtsbarkeit geprägt ist. Gemäß diesem Verständnis zählt nur, was positivrechtlich ausformulierte und verfassungsgerichtlich sanktionierte Bindung ist. Von diesem Vorverständnis ist zum einen der Zugang zur strukturell ganz anderen Verfassungslage im 19. Jahrhundert verstellt; von daher ergeben sich aber auch zum anderen in der aktuellen Diskussion Schwierigkeiten, den Grundrechten Bedeutungsvarianten zuzuerkennen, die nicht sogleich als Kontrollnormen für die Verfassungsgerichtsbarkeit dienen sollen, so etwa, wenn man die Grundrechte in ihrer objektiv-rechtlichen Bedeutung als Appelle an den Gesetzgeber verstehen will.

45 Es ist kein Zufall, daß den Verfassungen im 19. Jahrhundert kein Vorrang vor den einfachen Gesetzen beigemessen wurde, dazu Scheuner (FN 31), S. 147 f., 164 f. Ein dualistisches System wie der deutsche Konstitutionalismus hat spezifische Schranken für die Möglichkeit rechtlicher Bindung und überhaupt für die Möglichkeit der Verrechtlichung des Staatsrechts. Speziell die Gesetzgebung war den Faktoren des konstitutionellen Dualismus anvertraut und deshalb auf den Weg

Grundrechte begründeten aber inhaltliche Erwartungen an die Politik, das in den Grundrechten durchscheinende Sozialmodell zu verwirklichen. Ohne die Einlösung dieser Erwartungen war im Zeitalter der europäischen Revolutionen die Legitimation staatlicher Herrschaft auf die Dauer nicht zu erreichen. In grundsätzlich richtiger Einschätzung dieser Situation haben auch die süddeutschen Monarchen die Grundrechte in die oktroyierten Verfassungen aufgenommen, und zwar schon zu einer Zeit – 1818/19 –, als sie noch keineswegs unter dem Druck eines politisch oder wirtschaftlich starken Bürgertums standen.[47] Gerade aber weil die Gewährung der Rechte allein noch nichts Entscheidendes am Bestand des Rechts geändert hatte, richteten sich diese Erwartungen und ihr Legitimationsdruck an die Gesetzgebung – und damit an die politischen Prozesse der Gesetzgebung, in denen die beiden relevanten Faktoren des konstitutionellen Staates, monarchische Regierung und Volksvertretung, zusammengespannt waren. Die Transformation der Sozialverfassung zu bewirken war ein Legitimationsproblem des gesamten konstitutionellen Systems: Die Sicherung von Freiheit und Eigentum war nicht allein Sache der im Parlament repräsentiert gedachten bürgerlichen Gesellschaft, sondern zu ihr mußte sich auch der monarchische Staat positiv verhalten.

Monarchische Herrschaft und monarchischer Staat konnten sich im 19. Jahrhundert nicht mehr allein auf die Tradition berufen, auch nicht – wie noch im aufgeklärten Absolutismus – auf fürsor-

des politischen Kompromisses zwischen diesen Faktoren verwiesen. Dieser durch Politik im Einzelfall zu überbrückende Dualismus konnte nicht durch eine rechtlich ausgestaltete Bindung überformt werden; noch weniger war eine Verfassungsgerichtsbarkeit denkbar, weil sie sich im Streitfalle zwischen den Faktoren des Dualismus nicht auf eine neutrale, gemeinsame (Legitimitäts-)Grundlage hätte beziehen können, dazu Rainer Wahl, Rezension zur Arbeit v. Rimschas (FN 10), *Der Staat* 14 (1975), S. 599 f.

46 Pflichten der Einzelstaaten gegenüber dem Deutschen Bund zur grundrechtsrelevanten Gesetzgebung ändern an dieser grundsätzlichen Feststellung nichts, da es sich dabei nicht um verfassungsintern begründete Pflichten der Gesetzgebung an die Grundrechte der eigenen Verfassung handelte.

47 Hartwig Brandt, »Gesellschaft, Parlament, Regierung in Württemberg 1830-1840«, in: Gerhard A. Ritter (Hg.), *Gesellschaft, Parlament und Regierung*, 1974, S. 101. Die Frage, was die Fürsten und Regierungen nach 1815 zur Verfassungsgebung bewegte, ohne daß sie ein politisch starkes Bürgertum dazu drängte, diskutiert Herbert Obenaus, ebd., S. 57 ff., unter dem die These andeutenden Titel: »Finanzkrise und Verfassungsgebung«.

gend oder bevormundend erbrachte Leistungen. Die Legitimation der staatlichen Ordnung hing davon ab, daß die Selbstentfaltung der einzelnen, die Subjektstellung des einzelnen Bürgers *eine* Grundlage des Staates bildete, wenn auch nicht die einzige. Die Gewährung der Grundrechte konnte für den monarchischen Staat nicht die Entlassungsurkunde für die bürgerliche Gesellschaft bilden, die nun ihr Eigenleben führen konnte und sollte und mit deren Prinzipien der monarchische Staat nichts zu tun habe. Wegen der dauernden Notwendigkeit, das moderne Sozialmodell erst *in* und *durch* die Gesetzgebung zu verwirklichen, blieb der monarchische Staat unter der von den Grundrechten ausgehenden Legitimationsanforderung. Deshalb brachte auch die Verwaltung als relativ eigenständiger Faktor in den ersten Jahrzehnten des 19. Jahrhunderts die bürgerliche Gesellschaft erst auf den Weg,[48] und deshalb hat der monarchische Staat auch in den Zeiten des Dominierens wirtschaftsliberaler Vorstellungen die Rolle der Gewährleistung, der Anregung und Absicherung des wirtschaftlichen Prozesses nie aufgegeben.[49]

4. Eine dirigierende und richtungsweisende Funktion kommt den Grundrechten deshalb auch im 19. Jahrhundert zu.[50] Ihre Einlösung ist jedoch den politischen Prozessen der Gesetzgebung überlassen, und damit steht sie unter erheblichen Vorbehalten. Indem die reale Wirklichkeit der Grundrechte von der Gesetzgebung abhing, hing sie zugleich von der verfassungsrechtlichen Organisation der Ge-

48 Reinhart Koselleck, *Preußen zwischen Reform und Revolution*, 1967, 1975, 2. und 3. Kapitel; ders., »Staat und Gesellschaft in Preußen 1815-1848«, in: Conze (FN 41), S. 79 ff., insbes. S. 54, 87-91, 93 ff., 105 ff.

49 Dazu und zur Kontinuität der Aufgabenwahrnehmung in der deutschen Entwicklung: Thomas Ellwein, *Einführung in die Regierungs- und Verwaltungslehre*, 1966, S. 13 ff., 19 ff., 26-30; ders. und Ralf Zoll, *Die Entwicklung der öffentlichen Aufgaben in der Bundesrepublik Deutschland*, 1973, S. 210 ff., und Hans-Peter Bull, *Die Staatsaufgaben nach dem Grundgesetz*, 1973, S. 67 mit Nachw. in FN 69; Lothar Gall, »Zu Ausbildung und Charakter des Interventionsstaates«, *HZ* 227 (1978), S. 552 ff., insbes. S. 562 ff. mit Nachw. in FN 23.

50 Zum Direktiv- und Richtliniencharakter vgl. die Andeutungen bei Scheuner (FN 31), S. 147 f., 154, 157, 164, die in den neuesten Arbeiten von Scheuner, »Begriff und rechtliche Tragweite der Grundrechte im Übergang von der Aufklärung zum 19. Jahrhundert«, in: *Von der ständischen Gesellschaft zur bürgerlichen Gleichheit* (Beihefte zu *Der Staat* 4), 1980, S. 105-110, und in: Günter Birtsch (Hg.), *Zur Geschichte der Grund- und Freiheitsrechte vom Ausgang des Mittelalters bis zur Revolution von 1848*, 1981, stärker ausgezogen sind.

setzgebung ab, und diese ist in den konstitutionellen Systemen der deutschen Staaten dreigliedrig organisiert:[51] An der Legislative haben die Krone (die monarchische Regierung), die Erste Kammer und die Zweite Kammer Anteil. Entscheidend ist nun, daß sich in der verfassungsrechtlich geregelten Zusammensetzung der beiden Kammern und im Eigengewicht der Krone *auch* ein Modell der sozialen Ordnung abzeichnet, ein kräftig kontrastierendes Gegenmodell zu dem in den Grundrechten angelegten Modell der Staatsbürgergesellschaft, nämlich ein Modell einer neuständischen Gesellschaft mit unterschiedlichen Klassen und unterschiedlichen Rechten und Beteiligungsmöglichkeiten.[52]

Diese beiden Modelle stehen nun keineswegs unverbunden nebeneinander, etwa in dem Sinne, daß grundrechtliche Freiheit in der Gesellschaft unabhängig von der Organisation der politischen Verfassung gesichert sei. Vor dem Hintergrund des permanenten Rechtsänderungsprozesses wird jedoch der Zusammenhang zwischen der Organisation der Legislative und den Inhalten der grundrechtsrelevanten Gesetze unübersehbar. Selbstverständlich schlugen die in den Kammern überproportional vertretenen Interessen häufig auf die Gesetzgebung und auf deren konkrete Inhalte durch. Insoweit stellen die dominierende Repräsentation des Adels in der Ersten Kammer und seine lange privilegierte Stellung in der Zweiten Kammer sowie das lange verbreitete Zensuswahlrecht (Dreiklassenwahlrecht) der Zweiten Kammer immanente Schranken für die Möglichkeit grundrechtsausführender Gesetzgebung und immanente Schranken für die Effektuierung der Grundrechte dar.

5. Im einzelnen wirken sich diese Schranken in den verschiedenen Phasen des 19. Jahrhunderts unterschiedlich und zugunsten verschiedener Interessen aus. Idealtypisch betrachtet, lassen sich die Rechtsänderungs- und Gesetzgebungsaufgaben des 19. Jahrhunderts in zwei Phasen unterscheiden: in die »Abbauarbeit« als die Beseitigung ständisch-feudaler Rechte und der polizeistaatlichen Freiheitsbeschränkungen auf der einen Seite und in die Aufbau-

51 Ausdruck bei Ernst Rudolf Huber, *Verfassungsgeschichte*, Bd. 1, 1975, S. 354.

52 Zur Bezeichnung »neuständische« beziehungsweise »sozialständische« Gesellschaft Hartwig Brandt, *Landständische Repräsentation im deutschen Vormärz*, 1968, S. 4 und 6, und, ihm folgend, v. Rimscha (FN 10), S. 131 ff. Mit dieser Bezeichnung ist die Gliederung nach dem Geburts- und Besitzstand innerhalb einer das Gesamtvolk repräsentierenden Vertretungskörperschaft treffend umschrieben.

und Ausgestaltungsarbeit, die Ausformulierung der staatsbürgerlichen Ordnung durch grundlegende Gesetze und die Lösung der Begleit- und Folgeprobleme der liberalen Wirtschafts- und Gesellschaftspolitik auf der anderen Seite. Solange der Abbau von Beschränkungen im Vordergrund stand, bedurfte die Verwirklichung der Rechtsgleichheit und Erwerbsfreiheit des Zustandekommens eines fortschrittlicheren Gesetzes. Das Scheitern der Rechtssetzung fiel zu Lasten der Freiheit. Schutz vor Eingriffen konnten die Grundrechte praktisch nicht gewähren, solange es um den Abbau überkommener und vorhandener Eingriffe ging. Desto mehr trat hier der Programmcharakter der Grundrechte und anderer im Grundrechtsteil enthaltener Bestimmungen zutage.[53] Die abwehrende Stoßrichtung, überhaupt die vielzitierte Ausgrenzungsvorstellung wird erst von Gewicht auf der Basis einer ausreichenden Liberalisierung des Rechts und der Gesellschaft. Erst in dieser Situation, in der weitere Gesetze tendenziell beschränkend wirken, kommt das Scheitern der Gesetzgebung der ausgegrenzten Sphäre, den Freiräumen zugute.[54]

Die unterschiedlichen Phasen implizieren nun aber zugleich spezifische Schlüsselpositionen innerhalb der dreigliedrigen Legislative. In der Abbauphase haben die in der Ersten Kammer versammelten adeligen Interessen eine effektive Blockierungsposition gehabt. In der Phase der Ausgestaltung und Fortbildung einer liberalisierten Gesellschaftsordnung kommt der Mehrheitsbildung in der Zweiten Kammer, im Kaiserreich im Reichstag, eine entscheidende Rolle zu. Diese Thesen und die Analyse der beiden Phasen sind im 3. Teil näher zu entfalten.

53 Vgl. vor allem die §§ 33, 34 und 36 der Verfassung für das Kurfürstentum Hessen (Fronden, Zehnten, ausschließliche Gewerbeberechtigungen u. ä. betreffend), § 37 ebd. (Pressefreiheit), auch § 11 bad. Verf. Urk., Titel IV §§ 7 und 8 bay. Verf. Urk.

54 In der vorherrschenden ideengeschichtlichen Interpretation der Grundrechtsgeschichte wird diese ersten Phase, die immerhin die gesamte erste Hälfte des 19. Jahrhunderts einnahm, regelmäßig übersprungen, wenn als klassische historische Funktion der Grundrechte die Abwehrrichtung gegenüber dem Staat, die Ausgrenzung eines staatsfreien Raumes, angenommen wird.

III. Die unterschiedlichen Phasen der Grundrechtspolitik im 19. Jahrhundert

1. Die erste Phase, die im wesentlichen die Zeit des Vormärz umfaßt, ist dadurch gekennzeichnet, daß die Grundrechte – relativ zum Stand des Wandels der Sozialordnung gesehen – zu einem sehr frühen Zeitpunkt gewährt wurden, in dem die traditionelle Sozialordnung noch längst nicht praktisch überwunden war, so wie es bei der französischen Verfassung von 1791 der Fall war. Durch Reform, das heißt durch ausdrückliche Rechtsänderungen, müssen die Grundentlastung, die Ablösung und der Abbau der Gewerbeschranken bewältigt werden.[55] Die süddeutschen Verfassungen bilanzieren einen Zwischenzustand des sozialen Wandels, der noch durch eine starke Position ständischer Privilegien und Rechte gekennzeichnet ist. Sie konstituieren neuständische Gesellschaften. Für die Grundrechte wirkt sich dies in der wichtigen Unterscheidung zwischen den *allgemeinen* Rechten der Staatsbürger und *besonderen* Rechten bevorrechtigter Klassen aus.[56] Diese Unterscheidung ist Ausdruck eines grundlegenden Spannungsverhältnisses, das Verfassungen einer Zwischenlage notwendigerweise immanent ist. Die allgemeinen Rechte repräsentieren in ihren Formulierungen

55 Zu den Agrarreformen: Koselleck (FN 48), S. 487 ff., und das umfassende Werk v. Hippel (FN 21) sowie Norbert Habermann und Michael Stolleis, in: Helmut Coing/Walter Wilhelm (Hg.): *Wissenschaft und Kodifikation des Privatrechts im 19. Jahrhundert*, Bd. 3, S. 3 ff. und 44 ff.; vgl. auch Hedemann (FN 24), §§ 1, 3. Zu den praktischen Schwierigkeiten der Grundentlastung sehr anschaulich Fehrenbach (FN 21), S. 79-104, und Helmut Berding, *Napoleonische Herrschafts- und Gesellschaftspolitik im Königreich Westfalen 1807-1813*, 1973, S. 73 ff.

56 Dazu ausführlich v. Rimscha (FN 10), S. 119 ff. und insbesondere S. 124 ff., zur Gleichheit: die unterschiedliche materiale Auffüllung der formellen Gleichheit durch Vorrechte besonderer Klassen von Staatsbürgern ist sowohl in den einzelnen Verfassungen (vgl. auch die entsprechenden Überschriften in den Verfassungen von Bayern, Baden, Kurhessen und sehr bezeichnend § 7 bad. Verf. Urk.) als auch in allen Lehrbüchern des frühkonstitutionellen Staatsrechts abzulesen. Bei letzteren übertreffen die Ausführungen zu den besonderen Rechten – der Rechtswirklichkeit entsprechend – die Abschnitte über die allgemeinen Rechte an Zahl und Gewicht erheblich, vgl. zum Beispiel Zachariä (FN 35), 1. Teil, 1841, S. 224 ff., 2. Aufl. 1853, S. 394 ff., 445 ff.; ganz besonders deutlich Konrad Cucumus, *Lehrbuch des Staatsrechts der konstitutionellen Monarchie Baierns*, 1825, S. 131 ff.: Nach vier Seiten bemerkenswerter Ausführungen zur Gleichheit folgen 87 Seiten zu den Ausnahmen und besonderen Rechten.

und in ihrer Funktion als Richtungsbegriffe wesentliche Bestandteile des damaligen Grundrechtskanons und des ihm zugrunde liegenden Staatsbürgermodells. Zugleich stabilisieren jedoch die besonderen Rechte erhebliche Vorrechte des Adels und stellen ständische Überhänge auch noch unter den Schutz der Verfassung. Besonders die Rechte der sogenannten Standesherren, der mediatisierten ehemaligen Reichsstände, die in der Deutschen Bundesakte, in den Verfassungsurkunden selbst oder in Beilagen gesichert sind, bilden eine beträchtliche Durchlöcherung der allgemeinen Staatsbürgerschaft und der staatsbürgerlichen Gleichheit, indem sie eine Reihe von Hoheitsrechten (wie Patrimonialgerichtsbarkeit, Ortspolizei, Kirchenpatronat) und gutsherrliche Rechte beließen.[57] Da die standesherrlichen Rechte unmittelbar unter dem Schutz des Art. 14 der Bundesakte des Deutschen Bundes und damit über der Verfassung des einzelnen Landes standen, konnten sie im gesamten Vormärz nicht angetastet werden. Die Bevölkerung ganzer Landstriche in Baden, Württemberg und Bayern stand so noch in wichtigen Bereichen in einem mediaten Verhältnis zum Staat: allgemeiner Staatsbürgerstatus und Untertänigkeit gegenüber einer adeligen Herrschaft lagen noch in Konkurrenz miteinander.[58]

Folgenreich akzentuiert wird das erwähnte Spannungsverhältnis durch die Zusammensetzung der Ersten Kammer. »Das süddeutsche Zwei-Kammer-System hat den altständischen Kräften eine politische Rolle eingeräumt, die die Prämisse der Verfassungen, die staatsbürgerliche Gleichheit, ständig in Frage gestellt hat.«[59] Praktische Folgen hatte dies immer dann, wenn die Regierung den

57 Zu den Standesherren Heinz Gollwitzer, *Die Standesherren. Die politische und gesellschaftliche Stellung der Mediatisierten 1813-1848*, 1964; Rudolf Vierhaus, »Eigentumsrecht und Mediatisierung«, in: ders. (Hg.), *Eigentum und Verfassung* (FN 21), S. 229 ff., und v. Hippel (FN 21), S. 361 ff., 368 ff., 372 ff., 440 ff., 475 f., 500 ff.; Hartmut Weber, *Die Fürsten von Hohenlohe im Vormärz*, 1977. Aus der zeitgenössischen Literatur: Cucumus (FN 56), S. 140 ff.; Zachariä (FN 35), 1. Aufl., S. 276 ff., 2. Aufl., S. 460 ff.; Murhard (FN 32), 1. Abt., S. 427 ff.

58 Mit der Konsequenz der faktischen Doppelbesteuerung, siehe Reinhart Koselleck, in: Louis Bergeron (Hg.), *Das Zeitalter der europäischen Revolution 1780-1848*, 1969, S. 252, sowie v. Hippel (FN 21), S. 249 f., 388 f., 466 f., 539 ff. Die Berechtigung der Standesherren an Zehnten, Abgaben u. ä. erreichten ein sehr beträchtliches Ausmaß, vgl. die Nachweise bei Fehrenbach (FN 21), S. 50 ff.

59 Koselleck (FN 48), S. 252; siehe auch Brandt (FN 47), S. 111 f.; v. Hippel (FN 21), S. 350 ff., 368 ff.; W. Fischer, in: Conze (FN 41), S. 151; Vierhaus (FN 57), S. 256 f.

während der Rheinbund-Zeit begonnenen Reformprozeß weitertreiben wollte: Als der neue bayerische König Ludwig I. 1827/28 eine gemäßigt liberale Politik treiben wollte und vor allem die grundherrlichen Rechte und Gerichtsbarkeiten beschneiden wollte, fand er die nahezu geschlossene Opposition der Kammer der Reichsräte, die die Reformvorlage zu Fall brachte.[60]

In Bayern wie in den anderen süd- und mitteldeutschen Staaten sind die Ersten Kammern für die fast vollständige Stagnation der inneren Politik bis 1848 verantwortlich.[61] Im Ergebnis war der Stand der Ablösung der feudalen Abgaben, Reallasten und Fronden sowie der Stand der Gewerbegesetzgebung in den süddeutschen Staaten im Rückstand gegenüber Preußen[62] – trotz der Verfassung oder vielmehr auch wegen der Verfassung: Es spricht vieles dafür, daß die Verfassungen in einem zu frühen Entwicklungsstadium erlassen worden sind und gerade dem Adel, dessen ständische Vorrechte es abzubauen galt, eine verfassungsmäßig gesicherte Blockierungsposition einräumten. Ein Großteil der feudalen Abgaben, die in Frankreich letztlich als »geraubte« Rechte entschädigungslos beseitigt wurden, schlüpften in Deutschland in das Gewand des Privatrechts, wurden als »geheiligtes Eigentum« geschützt und waren deshalb nur gegen Entschädigung ablösbar.[63] Das Ergebnis war die sogenannte Bauernbefreiung,

60 Vgl. dazu Hubert Ostadel, *Die Kammer der Reichsräte in Bayern von 1819 bis 1848*, phil. Diss. München 1968; Max Spindler, in: ders. (Hg.), *Handbuch der bayerischen Geschichte*, Bd. IV, 1. Teilband, S. 134-142 (dort auch mit Hinweisen auf die überproportionale Vertretung des Adels auch in der Zweiten Kammer). Zur Kammer der Reichsräte in der späteren Entwicklung Wolfgang Zorn, in: Ritter (FN 47), S. 300 f. – Für Württemberg vgl. Brandt (FN 47), S. 103 f.

61 Brandt (FN 47), S. 112.

62 Koselleck (FN 48), S. 252. – Zur Ablösungsgesetzgebung in Bayern Stolleis (FN 55), S. 98 ff., auch S. 56 ff., 87 ff. Zum Verhältnis zwischen Preußen und den süddeutschen Staaten jetzt vor allem v. Hippel (FN 21), S. 50 ff., 350 f., 578 ff.

63 Zur Entwicklung in Frankreich vgl. die Nachweise oben in den FN 24, 25; grundsätzlich zum Problem des Eigentumsschutzes für die »feudalen« Rechte v. Hippel (FN 21), S. 334-351. – Ganz entsprechende Wirkungen mußte es gehabt haben, wenn man den Eigentumsschutz des Code Civil (Art. 545) und die Bestimmungen über nichtfeudale Grundrenten (Art. 530) oder über die Servitute (Art. 637, 686) auf die noch nicht reformierten deutschen Verhältnisse anwandte, dazu Fehrenbach (FN 21), S. 39 ff., S. 147, 149 f., und Berding (FN 55), S. 74 ff. Ohne Bruch konnte natürlich das nachrevolutionäre französische Privatrecht nicht in eine Rechtsordnung transformiert werden, und ohne große Umbiegungen und Bedeutungswandel konnte dieses die Ergebnisse der Revolution bilanzierende

deren eindeutiger Gewinner die alten Grundherren waren, die zwar ihre ständischen Vorrechte verloren, aber als moderne Großgrundbesitzer einen eindeutigen sozialen Vorrang und wirtschaftliches Übergewicht in die neue Ordnung hinüberretteten.[64]

In der spezifisch süd- und mitteldeutschen Variante zeigt sich hier das allgemeine Dilemma des deutschen Weges der Gesellschafts- und Sozialreform. Das Ziel, eine liberale, auf der Sicherheit von Freiheit und Eigentum aufbauende Ordnung zu schaffen, konnte nur durch Eingriffe in die bestehenden Rechte erreicht werden.[65] Diese Situation mußte Widersprüche erzeugen und Halbheiten, die die Reform von oben in die Sackgasse trieben. In Süd- und Mitteldeutschland war die Schwächung der Verfügungsmöglichkeiten über die altständischen Rechte in die Verfassung eingebaut.

2. Im Ergebnis war damit die in den süddeutschen Grundrechten angelegte richtungsweisende Funktion weitgehend blockiert. Pointiert gesagt waren die Grundrechte in ihrem sozialreformerischen und gesellschaftspolitischen Aspekt während des Vormärz *potentielles* Recht. Damit ist ein Begriff aufgenommen, den Koselleck für die allgemeinen Bestimmungen des preußischen Allgemeinen Landrechts geprägt hat.[66] Diese auf Naturrechtstheoreme gestützten allgemeinen Bestimmungen des ALR weisen über die – im einzelnen vorherrschende – Kodifikation der ständischen Rechte auf eine neue Staatsbürgergesellschaft hinaus und haben Modellcharakter für die Zukunft. Eine ähnliche Erscheinung des Nebeneinander zweier unterschiedlicher *Rechtsschichten* findet sich im badischen Landrecht von 1809, das in einer spezifischen Weise den französischen Code Civil modifiziert hat, indem die Übersetzung der Ori-

Privatrecht nicht zum Instrument und Auslöser von reformerischen Rechtsänderungsprozessen gemacht werden.

64 Aus der unübersehbaren Literatur vgl. Friedrich-Wilhelm Henning, »Bauernbefreiung«, in: C. D. Kernig (Hg.), *Sowjetsystem und demokratische Gesellschaft*, Bd. 1, 1966, Sp. 600-611, und das – hier nicht ausschöpfbare – Werk von v. Hippel (FN 21); wichtiges Zahlenmaterial bei Harald Winkel, *Die Ablösungskapitalien aus der Bauernbefreiung in West- und Süddeutschland*, 1968, und v. Hippel, a. a. O., S. 511 ff., 519 ff.

65 Ausführlich v. Hippel (FN 21), S. 336 ff. (dort besonders zur Bedeutung der Argumentation mit dem ius eminens), 343 ff., 356, jeweils mit zahlreichen Nachw.; Gall (FN 40), S. 27 ff.; auch Wahl (FN 6), S. 340, mit Nachw. in FN 10.

66 Koselleck (FN 48), S. 43 f., 23 ff. und 43 ff. allgemein zum mehrschichtigen Gehalt des ALR.

ginalartikel durch »Zusätze« ergänzt worden ist, in denen die Feudalrechte wie Zehnten, Fronden und Formen des geteilten Eigentums Eingang in das Gesetzbuch fanden.[67] Diese kontrastierende Gegenüberstellung von Zusätzen und Originalartikeln hatte nach der Absicht des Schöpfers des badischen Landrechts, Brauers, programmatischen Sinn: sie kam einer Aufforderung gleich, die Entwicklung weiter voranzutreiben und die Widersprüche aufzulösen.[68]

Die Spannungslage zwischen den allgemeinen und den besonderen Rechten in den süddeutschen Verfassungen reiht sich als eine weitere Variante in dieses Regelungsmodell ein; nach ihm schieben sich jeweils moderne Prinzipien über einen alten Rechtszustand und werden in dem Maße zu aktuellem und zu alleinigem Recht, als das traditionelle Recht oder die ihm zugrunde liegenden Sozialverhältnisse abgeschafft werden. Als dann 1848 bis 1850 der entscheidende Teil der übriggebliebenen gutsherrlichen Hoheitsrechte und der feudalen Lasten beseitigt oder durch die Ablösungsgesetzgebung und Ablösungspraxis aufgehoben wurde, blieben im wesentlichen allein noch die allgemeinen Rechte übrig – die staatsbürgerliche Gesellschaft war jetzt erst voll durchgesetzt,[69] freies bürgerliches

67 Das badische Landrecht hat wie andere Vorgänge und Vorhaben der Rezeption des Code Civil in Deutschland in jüngster Zeit zu Recht gesteigerte Aufmerksamkeit auf sich gezogen. Der gesamte Rezeptionsprozeß ist nicht nur ein rechtspolitischer, sondern auch ein gesellschaftspolitischer und verfassungspolitisch zentraler Vorgang, dessen Aufarbeitung dringend des Zusammenwirkens zwischen der Rechtsgeschichte, der Sozialgeschichte und der Verfassungsgeschichte bedarf, wie sie sich in den neueren Veröffentlichungen andeutet. Zur Rezeption grundsätzlich Fehrenbach (FN 21), dort insbes. S. 104 ff. zum badischen Landrecht und seinen Zusätzen; dies., in: *FS Theodor Schieder*, 1978, S. 197 ff.; Werner Schubert, *Französisches Recht in Deutschland zu Beginn des 19. Jahrhunderts*, 1977, S. 193-241, auch S. 385; Berding (FN 55), insbes. S. 73 ff.; Karl-Georg Faber, *Recht und Verfassung. Die politische Funktion des rheinischen Rechts im 19. Jahrhundert*, 1970; Hans Hattenhauer, *Zwischen Hierarchie und Demokratie*, 1971, S. 51-77. Zum badischen Landrecht vgl. auch Julius Federer, *Beiträge zur Geschichte des badischen Landrechts*, in: Karl Bader (Hg.), *Baden im 19. und 20. Jahrhundert*, Bd. 1, 1948, S. 81 ff., S. 108-117 (zu den Zusätzen).

68 So Fehrenbach (FN 21), S. 108 f., 148 f., dort wird auch beim Vergleich mit dem ALR der Begriff des potentiellen Rechts aufgenommen. – Durch die drucktechnisch verdeutlichte Absetzung der Zusätze von den Originalartikeln sollten nach Brauer die Vernunftgesetze des Code als »Rechtsideal« anerkannt werden, Fehrenbach, a. a. O., S. 108 f., S. 148 f.

69 Daß in diesem Punkt eine wichtige Angriffsrichtung der 1848er Revolution in

Privateigentum bei Grund und Boden hergestellt, das bäuerliche Eigentum frei.

Gerade im Spiegel der Ereignisse und der Gesetzgebung von 1848 und nach 1848 wird deutlich, wie stark im Vormärz die Ablösungsgesetzgebung, besonders in den süddeutschen Staaten, stagniert hatte: In der Theodor Mommsen zugeschriebenen Schrift über die Frankfurter Grundrechte[70] wird anschaulich kommentiert, welche Zustände, welche Fülle von Lasten und Berechtigungen 1848 noch zu beseitigen waren. Und selbst das preußische Schlußgesetz von 1850[71] zählt noch eine Fülle von unterschiedlichen Rechten auf, die mit oder ohne Entschädigung entfallen sollten. Zugleich belegt der Ausbruch der Revolution 1848, der neben vielen anderen Gründen auch in der Stagnation beim Abbau der feudalen Ordnung begründet liegt, die These, daß die Verwirklichung des in den Grundrechten angelegten Sozialmodells ein Legitimationsproblem der frühkonstitutionellen Staaten war. Das Verfehlen dieser Aufgabe entzog den monarchischen Staaten die Anerkennung als legitime Ordnung, unabhängig davon, ob sie Verfassungsstaaten waren oder nicht, und unabhängig davon, ob das politische Programm der Sozialreform in Grundrechtsartikeln oder in Reformedikten wie in Preußen angelegt und nicht durchgeführt war.

3. Die Frankfurter Grundrechte des Deutschen Volkes von 1848 sind im vorliegenden Zusammenhang nicht mehr als eine Episode.[72] In ihnen wird ein Gegenbild einer Verfassung sichtbar, die be-

ländlichen Gebieten lag, belegt ein von Wolfram Fischer, in: Conze (FN 41), S. 163, mitgeteiltes Detail, daß die Bauern des badischen Boxberg 1848 das Rentamt ihres Grundherrn mit dem Rufe: »Es lebe der Großherzog« plünderten; vgl. auch Rudolf Stadelmann, *Soziale und politische Geschichte der Revolution 1848*, 2. Aufl. 1962, S. 78 f. (»Es ist wie im großen Bauernkrieg des 16. Jahrhunderts. Man sucht Hilfe bei der höheren Obrigkeit gegen die niedere Obrigkeit.«)

70 Theodor Mommsen, *Die Grundrechte des deutschen Volkes*, Neudruck der anonymen Erstausgabe von 1849, 1969, S. 58 ff.

71 Gesetz betreffend die Ablösung der Reallasten und die Regulierung der gutsherrlichen und bäuerlichen Verhältnisse vom 2. März 1850 (Pr GS S. 77-111); es werden 33 Gesetze aus den Jahren 1811 bis 1849 aufgehoben; dazu Habermann (FN 55), S. 23 ff., 28 f., 30 f. Trotzdem war damit die Agrarreform noch nicht abgeschlossen; zur Kritik Lorenz v. Steins an der verzögerten Durchführung der Grundentlastung vgl. die Nachweise bei Wahl (FN 6), S. 358 ff.

72 Zu den Frankfurter Grundrechten vgl. Ernst Eckardt, *Die Grundrechte vom Wiener Kongreß bis zur Gegenwart*, 1913; Herbert Strauss, *Staat, Bürger, Mensch. Die*

tont auf den Grundrechten aufbaut, ihre Geltungskraft[73] verstärkt und die den Gedanken der Volkssouveränität in einer viel gewichtigeren Weise gegenüber dem monarchischen Faktor akzentuierte, als es in der Theorie und Praxis des deutschen Konstitutionalismus bis 1918 der Fall war. Über die Nachwirkungen der Grundrechte von 1848 und speziell über ihre Fernwirkungen für die Weimarer Grundrechte ist hier nicht zu urteilen. Für die anschließende Epoche, für die zweite Hälfte des 19. Jahrhunderts jedenfalls sind sie nicht mehr vorbildlich geworden; allenfalls wurden Teile ihrer Inhalte verwirklicht, jedoch in einem anderen verfassungsrechtlichen Kontext. Die verfassungspolitische Kraft und Dynamik, die sie als Grundrechte des deutschen Volkes gehabt hätten, ist entschieden gebrochen. Überhaupt trifft die Niederlage der bürgerlichen Verfassungsbewegung von 1848 besonders stark die Grundrechte, die dort im Mittelpunkt gestanden hatten. Die Zeit der großen Ideen war vorbei, nicht zuletzt deshalb, weil 1848 immerhin insoweit erfolgreich gewesen war, als die März-Erfolge den entscheidenden Durchbruch für die Abschaffung einiger überholter Rechtszustände und des ständisch-feudalen Überhangs gebracht hatten.[74] »Im Augenblick seines Sieges hat der moderne Freiheitsbegriff einen großen Teil seiner polemischen Kraft eingebüßt«;[75] dem bürgerlichen Frei-

Debatten der Deutschen Nationalversammlung 1848/49 über die Grundrechte, 1947; Jörg Franke, *Das Wesen der Grundrechte von 1848/49 im System der Entwicklung der Menschen- und Grundrechte*, jur. Diss. Bonn 1970; Heinrich Scholler, *Die Grundrechtsdiskussion in der Paulskirche*, 1973; ders., »Die sozialen Grundrechte in der Paulskirche«, *Der Staat* 13 (1974), S. 51 ff. Außerdem Ernst Rudolf Huber, *Verfassungsgeschichte*, Bd. 2, S. 776 ff., Oestreich (FN 1), S. 93 ff.; Scheuner (FN 31), S. 148 ff.; zur Begriffsgeschichte Kleinheyer (FN 2), S. 1075 ff.

73 Die erhöhte Geltungskraft, die die Paulskirche den Grundrechten im Vergleich zu der davorliegenden Epoche zumessen wollte, ergibt sich deutlich aus dem Einführungsgesetz, das am 21. 12. 1848 zugleich mit den Grundrechten beschlossen worden ist (Text und Kommentar bei Mommsen [FN 70], S. 76 ff.) und auf dessen häufig übersehene Bedeutung Scheuner (FN 31), S. 151 f., zu Recht hingewiesen hat; dazu auch Ernst-Rudolf Huber, *Verfassungsgeschichte*, Bd. 2, S. 782 f.

74 Im vorliegenden Zusammenhang ist an die Erfolge des Liberalismus als Rechtsbewegung, insbesondere auf dem Gebiet des Strafrechts zu erinnern, dazu Dirk Blasius, »Bürgerliches Recht und bürgerliche Identität«, in: *FS Theodor Schieder*, 1978, S. 213 ff., 218 ff., und ders., *Bürgerliche Gesellschaft und Kriminalität*, 1976, S. 132 ff.

75 Christof Dipper, Art. »Freiheit«, in: *Geschichtliche Grundbegriffe* (FN 2), Bd. 2, S. 492.

heitsbegriff fehlte nunmehr der klare Gegner, gegenüber dem man sich im höheren Recht fühlen konnte.[76] Gegenüber dem neuen sozialen Gegner, der nachdrängenden Arbeiterschaft, war man dagegen von Anfang an in der umgekehrten defensiven Rolle.

Die Bedeutung der Grundrechte für das politische Denken minderte es auch, daß man sich im Zeichen der bürgerlichen Selbstkritik nach 1848 und um 1866 von den »abstrakten« Rechtssätzen distanzierte, die zwar »als Markzeichen dienen konnten, die aber ohne tatsächlichen, praktischen und augenblicklichen Wert« angesehen wurden.[77] Im verfassungsberatenden Reichstag des Norddeutschen Bundes 1867 wollte man jedenfalls nicht wegen möglicher Auseinandersetzungen um die Grundrechte das Verfassungswerk verzögern; was die Grundrechte inhaltlich in abstrakter Weise gewährleisten sollten, erwartete man konkret von einer im Geist der Zeit ausgeübten Gesetzgebung.[78] Daß im Kaiserreich in der einfachen Gesetzgebung die zeitgemäßen Inhalte von Grundrechten verwirklicht worden sind, darauf hat vor allem E. R. Huber hingewiesen.[79]

76 Dafür ist bezeichnend, daß den württembergischen Liberalen nach 1850 als Hauptteil der Grundrechte nur noch die Aufhebung der rechtlichen Standesvorrechte galt, vgl. Dieter Langenwiesche, *Liberalismus und Demokratie in Württemberg zwischen Revolution und Reichsgründung*, 1975, S. 257.

77 So die Abgeordneten Twesten und Braun im Verfassungsberatenden Reichstag, *Stenographische Berichte des Norddeutschen Reichstags*, Sitzung vom 19. 3. 1867, S. 257 und 254 f.

78 Ernst Rudolf Huber, *Verfassungsgeschichte*, Bd. 3, 2. Aufl. 1970, S. 665; vgl. auch S. 758 (zu der Debatte bei den Revisionsverhandlungen im März 1871); Eckardt (FN 72), S. 125 ff.; Julius Hatschek, *Deutsches und Preußisches Staatsrecht*, Bd. I, 1922, S. 180 ff., mit Nachw. Zu den Debatten und mit bemerkenswerten Überlegungen zur Funktion von Grundrechten im Bundesstaat, S. 178 ff.; zugleich weist H. an konkreten Beispielen (Postgeheimnis, Gewerbefreiheit, persönliche Freiheit) die Vorstellung zurück, daß die Grundrechte durch reichsrechtliche Spezialgesetze voll ersetzt werden könnten, S. 182 ff.; vgl. auch Gerhard Anschütz, *Die Verfassung des Deutschen Reichs* (FN 37), S. 507 f.

79 Ernst-Rudolf Huber, »Grundrechte im Bismarckschen Reichssystem«, in: *FS Ulrich Scheuner*, 1973, S. 163 ff.; vgl. auch Hatschek und Anschütz (FN 78). – Zu dieser These auch schon H. G. Frhr. v. Münchhausen, *Die Grund- und Freiheitsrechte im geltenden preußischen Recht*, 1908, eine Arbeit, auf die Scheuner (FN 31), S. 158, FN 92, aufmerksam gemacht hat und in der auf S. 12 ff. eine Liste von Spezialgesetzen aufgeführt wird, die die Grundrechte ausgeführt haben; dazu auch Eckardt (FN 72), S. 132 ff. Im einzelnen bedarf die These von der Ersetzung der Grundrechtsverbürgungen durch eine grundrechtsverwirklichende Gesetzgebung der weiteren Ausarbeitung im Hinblick auf die einzelnen Materien, auf die

4. Im Sinne dieser Maxime, den Geist der Zeit in der Gesetzgebung zu entfalten, verstand man aber auch die Bestimmungen innerhalb der Grundrechtskataloge insbesondere der preußischen Verfassung, in denen Freiheiten oder bestimmte Einrichtungen »nach Maßgabe eines besonderen Gesetzes« vorgesehen waren, verstand man generell die Gesetzesvorbehalte. Anschütz spricht von »wenn nicht befehlenden, so doch mahnenden Direktiven, von einem Arbeitsprogramm, das die Verfassung der Legislative mit auf den Weg gegeben habe«.[80] Die Legislative soll, so heißt es wörtlich, »in eifriger Arbeit die ganze alte Rechtsordnung umgestalten nach dem Richtmaß aller der neuen Ideen, die das Zeitalter dachte und träumte, nach den Bedürfnissen der sozialen und wirtschaftlichen Interessen, die es über andere erhöhte«.[81]

Was hier Anschütz in bezeichnender deutlicher Distanzierung zu den damaligen politischen Träumereien über die Zeit der Jahrhundertmitte sagt, trifft im Kern die richtungsweisende Funktion, die die Grundrechte trotz allen politischen Bedeutungsverlustes und rechtlicher Geltungsschwäche für die Gesetzgebung hatten.[82] Man darf jedoch dabei die angesprochene Direktivwirkung nicht als

Inhalte der Gesetzgebung und die Verwirklichung in der Verwaltungspraxis und Rechtsprechung. Bei einer solchen Feinanalyse dürfen dann wohl Fallgruppen auftreten, bei denen typische Defizite dieses Regelungsmodells sichtbar werden. Andeutungen dazu bei Hatschek (FN 78). – Zum Zurückbleiben der reichsgesetzlichen Sicherung hinter den Frankfurter Grundrechten mit Beispielen Eckardt (FN 72), S. 140-145.

80 Anschütz, *Die gegenwärtigen Theorien über den Begriff der Gesetzgebenden Gewalt und den Umfang des Königlichen Verordnungsrechts nach preußischem Staatsrecht*, 2. Aufl. 1901, S. 51 ff.; ders. (FN 30), S. 94 f., 135 f., 138 ff. (mit Hinweisen auf die Entstehungsgeschichte); ders., *Die Verfassung des Deutschen Reichs* (FN 37), S. 507.

81 Anschütz (FN 80), S. 53.

82 Auch andere Autoren haben ähnliche Umschreibungen verwendet, vgl. etwa Jellinek (FN 37), S. 94 ff. (mit berechtigten Differenzierungen zwischen Beschränkungen abschaffenden und der positiven Ausgestaltung bedürftigen Grundrechten); Conrad Bornhak, *Preußisches Staatsrecht*, Bd. I, 2. Aufl. 1911, S. 293. – Dabei werden zuweilen zwei unterschiedliche Bedeutungsvarianten des Programmbegriffs akzentuiert. Zum einen kann damit ein Minus gegenüber einer aktuellen Rechtsgeltung und damit überhaupt die rechtliche Bedeutungslosigkeit von Grundrechten ausgedrückt werden (so insbes. »Die preußische Staatsregierung in der Reaktionszeit«, vgl. die Nachweise bei Anschütz [FN 30], S. 95); zum anderen kann aber auch der Versprechenscharakter, die Ankündigung von Änderungen im Sinne von Reformen, betont sein. – Zum Direktivcharakter der Grundrechte vgl. auch die Nachweise oben FN 50.

rechtlich verbindliche Richtungsangabe verstehen.[83] Die Einlösung der damit gesetzten Erwartung kann man nur, wie schon erwähnt, als eine Bedingung der Legitimation des konstitutionellen Systems erfassen. Als eine – nur in der langfristigen Perspektive kritisch werdende – Bedingung von Legitimation erträgt diese Direktivwirkung Verzögerungen und Belastungen, Belastungen, die in der Reaktionszeit in Preußen bis an die Grenzen des der bürgerlichen Gesellschaft Zumutbaren gehen. Nochmals feiern nämlich polizeistaatliche Methoden Triumphe, ohne daß die Grundrechte in ihrer Geltungsrichtung gegenüber der Verwaltung Entscheidendes verhindern könnten.[84] Und die reaktionären Presse- und Vereinsgesetze beschneiden die politisch relevanten Freiheiten, bis 1874 das Reichspressegesetz[85] und erst 1908 das Reichsvereinsgesetz[86] diesen Zuständen ein Ende bereiten.

Dies sind Belastungen der Legitimation, die jedoch schon während der Reaktions- und Konfliktszeit durch die Förderung, Freiset-

83 Anschütz (FN 80), S. 52: »eine Direktive, die freilich auf einen Monolog, einen ›guten Vorsatz‹ des Gesetzgebers hinausläuft«. Die Verfassung sieht Anschütz hier als »Proklamation, man möchte sagen als eine vom Parlament genehmigte Thronrede«.

84 Zur Reaktionszeit vgl. die zeitgenössische Schilderung von Eduard Lasker, *Zur Verfassungsgeschichte Preußens*, 1974, mit bemerkenswerten Details über den Erfindungsreichtum der preußischen Regierung und Verwaltung in der Reaktionszeit. Zur Reaktionszeit in Württemberg Rosemarie Menzinger, *Verfassungsrevision und Demokratisierungsprozeß im Königreich Württemberg*, 1969, S. 33, und zu den langen Streitigkeiten um eine Nachbesserung bei der Ablösungsgesetzgebung und um die Rechtsstellung der Standesherren *nach* 1848/50, Ulrich Neth, *Standesherren und Liberale Bewegung*, 1970, sowie v. Hippel (FN 21), S. 505 ff.

85 Eberhard Naujoks, *Die parlamentarische Entstehung des Reichspressegesetzes in der Bismarckzeit (1848/74)*, 1975, dort S. 18 ff. und 26. ff. zur Reglementierung der Presse in der Reaktionszeit und zur Repression im preußischen Verfassungskonflikt. Zur Anwendung dieses Kompromißgesetzes in der Praxis materialreich Hans-Wolfgang Wetzel, *Presseinnenpolitik im Bismarckreich (1874-1890)*, 1975.

86 Hans-Jürgen Wichardt, *Die Rechtsprechung des Königlich Preußischen Oberverwaltungsgerichts zur Vereins- und Versammlungsfreiheit von 1875-1914*, jur. Diss. Kiel 1976; ders., »Die Polenpolitik Preußens und die Vereins- und Verwaltungsfreiheit in der Rechtsprechung des Königlich Preußischen Oberverwaltungsgerichts«, *Zeitschrift für Ostforschung* 27 (1978), S. 67 ff. Bezeichnend ist die zeitliche Reihenfolge der grundrechtsausfüllenden Gesetze: zuerst Gewerbefreiheit und Freizügigkeit, dann Pressegesetz und Justizgesetze, während die vor allem für den politischen Prozeß bedeutsamen Freiheiten des Versammlungs- und Vereinigungswesens ganz an das Ende rücken.

zung und Absicherung der liberalen Wirtschaftsfreiheit und Gewerbetätigkeit erfolgreich kompensiert werden. Auf diesem Feld wird in der Phase der betont wirtschaftlich liberalen Politik, in der Zeit zwischen 1850 und 1875/78, praktische »Grundrechtspolitik« betrieben durch eine Gesetzgebung im Sinne der liberalen Wirtschafts- und Gesellschaftspolitik, wie sie das Freizügigkeitsgesetz, die Gewerbeordnung, die Handelsgesetzgebung illustrieren, die durch Privatisierung von staatlichen Unternehmungen und durch eine Zollpolitik im Sinne des Freihandels wirkungsvoll ergänzt wird.[87]

Auf diesen Feldern der liberalen Wirtschaftspolitik und der Sicherung der bürgerlichen Freiheiten (Justizgesetze, Brief-, Postgeheimnis, Rechtsschutz) suchten die monarchische Regierung und der monarchische Staat Legitimation und mußten sie Legitimation zu einer Zeit suchen, in der inzwischen das Industrie- und Handelsbürgertum in der Phase des Durchbruchs zur Hochindustrialisierung wirtschaftlich stärker geworden war und jedenfalls die Absicherung der bürgerlichen Betätigungsfreiheit verlangte, wenn schon die Teilhabe an der politischen Macht in engen Grenzen gehalten und die politischen Freiheitsrechte beschränkt waren. Je länger sich das preußische Königtum auf die objektiv zukunftslosen legitimistischen Grundsätze des Gottesgnadentums berief, desto drängender war die Notwendigkeit der kompensatorischen Legitimation durch die Sicherung der Entfaltungsmöglichkeiten der bürgerlichen Wirtschaftsgesellschaft einerseits und die nationale Politik beziehungsweise später die imperialistische Weltpolitik andererseits.

5. Diese Phase von 1850 bis 1878 läßt sich am ehesten mit dem Modell der Trennung von Staat und Gesellschaft[88] beschreiben. In die-

87 Aus der reichhaltigen Literatur zur liberalen Wirtschaftspolitik in dieser Zeit sei hier verwiesen auf die einschlägigen Ansätze in den Sammelbänden Hans-Ulrich Wehler (Hg.), *Moderne deutsche Sozialgeschichte*, 5. Aufl. 1976, und Karl Erich Born (Hg.), *Moderne deutsche Wirtschaftsgeschichte*, 1966; außerdem: Helmut Böhme, *Deutschlands Weg zur Großmacht*, 1966, insbes. S. 209 ff.; Wolfgang Zorn, »Wirtschaft und Gesellschaft in Deutschland in der Zeit der Reichsgründung«, in: Theodor Schieder/Ernst Deuerlein (Hg.), *Reichsgründung 1870/71*, 1970, S. 197 ff. Daten zum »take-off« in den fünfziger und sechziger Jahren des 19. Jahrhunderts bei Wolfgang Mommsen, »Das Deutsche Kaiserreich als System umgangener Entscheidungen«, in: *FS Theodor Schieder*, 1978, S. 251 ff. Vgl. auch den wichtigen Aufsatz von Gall (FN 49), S. 552 ff., insbes. S. 562 ff., mit Hinweisen in den FN 23 und 24.

88 Die Periodisierung in eine Phase zwischen 1850 und 1873/78 und in eine weitere

ser Zeit konvergieren mehrere Faktoren, die das Bild der eigenen Sphäre der Gesellschaft bestätigen: Die politische Distanz des Bürgertums zur Reaktions- und Konfliktsregierung, der Stand der ökonomischen Entwicklung, der eine möglichst ungehinderte Entfaltung der Wirtschaftsbetätigung nahelegte, und die Stützung des monarchischen Staates auf »vorindustrielle« Eliten in Beamtenschaft und Heer.[89] Trotzdem ist vor der Gefahr der Überzeichnung bei der Anwendung dieses Modells zu warnen: Weder kann man von einem offenen Antagonismus zwischen Staat und Gesellschaft reden[90] noch von der Herstellung einer weitgehend staatsfreien Sphäre – die staatliche Wirtschaftspolitik blieb immer ein gewichtiger Faktor –, und drittens ist die Trennung von Staat und Gesellschaft, auch wenn man sie relativiert, keinesfalls für das gesamte 19. Jahrhundert typisch. Dies wird sofort sichtbar, wenn man die gegenläufige Bewegung nach 1878 näher analysiert, die mit Schutzzollpolitik, sich verstärkendem Staatsinterventionismus und Sozialgesetzgebung eine andere Richtung einschlägt.[91] In dieser Periode zeigt sich, daß die auf Ausgrenzung zielende liberale Politik *eine* Möglichkeit der Politik im 19. Jahrhundert gewesen war, die man als positive Grundrechtspolitik im liberalen Sinne bezeichnen kann.

Eine anders akzentuierte Politik ist aber von den Grundrechten her keinesfalls verboten oder gehindert. Arbeitsschutzgesetzgebung und Staatsinterventionismus waren wohl politisch umstritten und konnten sich im politischen Prozeß erst nach harten Kämpfen durchsetzen; diese Gesetzgebung wurde jedoch nicht unter den Aspekten der Grundrechte beurteilt und verurteilt, wie es in den USA der Fall war, wo in derselben Zeit mehrfach die Anfänge einer Arbeitsschutzgesetz-

zwischen 1878 und 1918 ist überzeugend durchgeführt in der verfassungsgeschichtlichen Arbeit von Karl-Jürgen Bieback, *Die öffentliche Körperschaft*, 1976, S. 207 ff., 315 ff.

89 Dazu pointiert Hans-Ulrich Wehler, *Das Deutsche Kaiserreich 1871 bis 1918*, 3. Aufl. 1977, S. 53 f.

90 Zutreffend Bieback (FN 88), S. 206 f.

91 Dazu Hans Rosenberg, *Große Depressionen und Bismarckzeit*, 1967; Böhme (FN 87), S. 474 ff. (zur Charakterisierung des innenpolitischen Umschwungs 1878 als »Neugründung des Reichs« S. 419, 566, 574): Wehler (FN 89), S. 48 ff.; Ernst Rudolf Huber, *Verfassungsgeschichte*, Bd. 4, S. 1038 ff., 1068 ff. – In einem weiteren Zusammenhang sind hier auch die Arbeiten in Heinrich August Winkler (Hg.), *Organisierter Kapitalismus, Voraussetzungen und Anfänge*, 1974, und von Gall (FN 49) zu nennen (jeweils mit zahlreichen Nachweisen); die in diesen Arbeiten ge-

gebung wegen des Verstoßes gegen den Eigentumsgrundsatz als verfassungswidrig bezeichnet wurden.[92] In dieser Phase nach 1878 ist deshalb die weitere Entwicklung der Gesetzgebung nicht mehr unter dem Gesichtspunkt grundrechtsausführender Gesetzgebung angemessen zu erfassen. Auch der hier herausgestellte Gesichtspunkt, Grundrechtskonkretisierung und Grundrechtsverwirklichung als Legitimationsproblem zu verstehen, versagt jetzt. Zum einen sind die Legitimationsprobleme des Kaiserreiches zu vielfältig, um auf einen Nenner gebracht werden zu können. Zum anderen überschreitet die Legitimationsproblematik, die die Emanzipationsbestrebungen der Arbeiterschaft aufwerfen, die Reichweite der liberalen Grundrechte: Auf die soziale Frage haben sie keine Antwort.[93]

6. Bemerkenswert an der parlamentarisch abgedeckten Politik nach 1878 ist, daß sie kein doktrinäres Festhalten an einer liberalen Wirtschaftspolitik erkennen läßt. Nimmt man die parlamentarischen Mehrheitsbildungen bei den Ausnahmegesetzen des Kulturkampfes, des Sozialistengesetzes und der Enteignungsgesetze im Zusammenhang mit der Nationalitätenpolitik gegenüber den Polen[94] hinzu, dann wird andererseits auch deutlich, daß der Reichstag und die in ihm vertretenen Parteien auch nicht doktrinär in der Verteidigung bürgerlich-rechtsstaatlicher Freiheiten waren. Es bestätigt sich: das Ausmaß der Aktualisierung der Grundrechte wie das der Eingriffe in die Freiheit war dem politischen Prozeß überlassen.[95] Für das Bürgertum brauchte diese Situation kein Anlaß zu sein, die Geltung der Grundrechte gegenüber der Gesetzgebung zu

führte Kontroverse über die Anfänge und die spezifischen Merkmale des Interventionsstaates verdienen die besondere Beachtung durch die Verfassungsgeschichte und das Staatsrecht.

92 Kriele (FN 2), S. 210 ff., und Helmut Rittstieg, *Eigentum als Verfassungsproblem*, 1975, S. 250 f. und 151.

93 Im 20. Jahrhundert wird die Antwort auf diese Problemlage in den sozialen Grundrechten beziehungsweise in der Staatszielbestimmung des Sozialstaatsprinzips formuliert.

94 Zu den grundrechtsbeschränkenden Ausnahmegesetzen im Reich und in Preußen vgl. Ernst Rudolf Huber (FN 79), S. 175 ff.; ders., *Verfassungsgeschichte*, Bd. 4, S. 693 ff., S. 1153, S. 268 ff., 283 ff., 1235 f., S. 489 ff., 504 ff., 509 ff.

95 Diese Relativierung gegen die immer wieder auf das 19. Jahrhundert gemünzte Charakterisierung, daß das Parlament der Hüter der Grundrechte war. Diese dem Selbstverständnis der bürgerlichen Liberalen entsprechende Beurteilung hat ihre selbstverständliche immanente Grenze im Freiheits- und Rechtsverständnis der

problematisieren, vor allem deshalb nicht, weil die mehrgliedrige Legislative in dieser Zeit so pluralisiert war, daß weder Status-quo-verändernde Reformen noch Eingriffe in die bürgerliche Freiheit und die Freiheiten des Bürgertums in größerem Ausmaß zu erwarten waren.

Diese Situation änderte sich – zumindest in der subjektiven Wahrnehmung – erst mit der Weimarer Verfassung: Die schützende Pluralität des Gesetzgebers war entfallen, das Bürgertum sah sich der monistischen demokratischen Legislative gegenüber, deren Mehrheitsverhältnisse bedrohlich erschienen.[96] Aus mehreren Gründen wurde in den zwanziger Jahren die Gesetzgebung zum wichtigsten Problemfeld der Geltung der Grundrechte. Zum einen offenbarte die jetzt bestehende Situation des monistischen, des demokratischen Gesetzgebers ein strukturelles Problem in voller Schärfe, nämlich die Frage nach dem Verhältnis von kontingenten Mehrheitsentscheidungen und dem Schutz von Individualrechten. Es mußte zwangsläufig die prinzipielle Frage auftauchen, ob nicht der Entscheidung auch des demokratischen Gesetzgebers Grenzen gesetzt sind, nämlich durch die in der Verfassung selbst ausgesprochenen Bereiche des Unabstimmbaren;[97] daß bei dieser Fragestellung zuerst das Verhältnis zwischen der demokratischen Mehrheitsentscheidung und dem Eigentum problematisiert wurde, ist verständlich und findet zahlreiche Parallelen in historisch vergleichbaren Situationen.[98] Zum anderen – und in der historischen Situation der zwanziger Jahre war dies eher zeitlich primär und sachlich vorrangig – löste die Vorstellung des konkreten demokratischen Gesetzgebers beim Bürgertum ausgeprägte Ängste aus, da dieser Gesetzgeber ja nicht unbedingt eine »bürgerliche« Position, im parteilichen Sin-

Liberalen als einer *bürgerlichen* Bewegung in einer konkreten historischen Situation. Mit dieser Relativierung ist nichts Überraschendes und nichts Neues gesagt, sie ist aber hervorzuheben gegenüber der späteren, vor allem in der Weimarer Zeit bevorzugten Selbsteinschätzung des Bürgertums.

96 Der Vorgang ist im Kern erfaßt und pointiert dargestellt bei Rittstieg (FN 92), S. 252 ff., unter Hinweis auf Otto Kirchheimer, »Grenzen der Enteignung«, in: ders., *Funktionen des Staates*, 1972, S. 235 ff. – Sehr deutlich ist die Stellungnahme von Heinrich Triepel, *Goldbilanzverordnung und Vorzugsaktien*, 1924, S. 15 ff.

97 Formulierung nach Adolf Arndt, »Christentum und freiheitlicher Sozialismus«, in: ders., *Politische Reden und Schriften*, 1976, S. 128 f.

98 Zu diesem seit der Putney-Debatte von 1647 immer wieder auftretenden Thema Kriele (FN 2), S. 327 ff.; Rittstieg (FN 92), S. 33 ff., 75 f., 101 ff., 233 ff., 252 ff.

ne des Wortes genommen, einnehmen mußte.[99] Stimmen der Staatsrechtslehre der Weimarer Zeit gaben diesen Ängsten Ausdruck – u. a. auch in der Forderung nach der Bindung des Gesetzgebers an die Grundrechte.

Für die neue Problemstellung der Grundrechte in einer demokratischen Staatsordnung konnte das Grundrechtsverständnis des 19. Jahrhunderts jedoch keine Lösungen und Antworten bereitstellen. Der Grund liegt dabei nicht nur darin, daß die im 19. Jahrhundert wohl existierende politische Funktion der Grundrechte gegenüber dem Gesetzgeber nicht rechtlich formuliert gewesen war und nicht dogmatisch hatte aufgearbeitet werden können. Ein zweiter, nicht minder wichtiger Grund ist darin zu sehen, daß im 19. Jahrhundert in Deutschland ein Grundrechtsverständnis auf der Grundlage einer Theorie des demokratischen Verfassungsstaates nicht entwickelt worden war. Für die zentrale verfassungssystematische und politische Bedeutung der Grundrechte in einer Verfassung, wie es dem heutigen Verständnis und wie es den historischen Vorbildern der amerikanischen und französischen Erklärungen entspricht, ist es nicht nur entscheidend, daß gewisse Inhalte im Laufe der Zeit verwirklicht sind, sondern für die Dynamik und Ausstrahlungswirkung der Grundrechte ist ihre grundlegende Funktion für die gesamte Staatsordnung ausschlaggebend.

Von einer konstituierenden Bedeutung für das Staatsganze konnte aber im deutschen 19. Jahrhundert nicht die Rede sein.[100] Im deut-

99 In dieser Situation wurde das liberale Selbstverständnis des 19. Jahrhunderts, durch die Mitwirkung im Parlament die eigene, die bürgerliche Freiheit schützen zu können, zur Legende stilisiert, im 19. Jahrhundert habe man Vertrauen in den Gesetzgeber und insbesondere zum Parlament als Hüter der Freiheit haben können, während der aktuelle Gesetzgeber der Weimarer Zeit Mißtrauen verdiene. Zu Beispielen von Grundrechtsverletzungen im 19. Jahrhundert unter Billigung des Bürgertums vgl. demgegenüber oben FN 94. Die erwähnte Auffassung ist jedoch schon in sich unschlüssig: im 19. Jahrhundert hatte das Parlament allenfalls den halben Anteil an der Gesetzgebung, der andere Anteil lag bei der als potentiell freiheitsbedrohend angesehenen Regierung beziehungsweise beim Monarchen. Das Entfallen der letzten Position, also der Gewinn der vollen Gesetzgebungsbefugnisse für das Parlament, konnte jedoch nicht den Verlust des Vertrauens in den Gesetzgeber rechtfertigen, wenn nicht ein Mißtrauen gegen die Mehrheit im Parlament als neuer politischer Faktor hinzutrat – und genau dies war die Situation der Weimarer Zeit.

100 Für die gegenteilige Auffassung ist die Aussage von Jellinek, *Gesetz und Verord-*

schen Konstitutionalismus, der eine Zwischenform zwischen monarchischem Staat und monarchischer Legitimität einerseits und demokratischem Staat und demokratischer Volkssouveränität andererseits ist,[101] können die Grundrechte keine unumstrittene verfassungspolitische Rolle einnehmen und noch weniger klare rechtliche Konturen erhalten. Die Bedeutung der Grundrechte und die Dogmatik der Grundrechte mußte hier entscheidend verunsichert sein durch den grundlegenden Sachverhalt, daß sie jedenfalls nicht auf den Gedanken der Volkssouveränität gegründet waren.[102] Eine deutliche Geltungsschwäche der politischen Grundrechte und ein Auseinanderreißen der politischen und der bürgerlichen Freiheit sind die zwangsläufigen Folgen[103] – zugleich waren dies auch die Belastungen, die das 19. Jahrhundert für die Grundrechtsdiskussion in der Weimarer Zeit hinterließ. Die Kategorie der Belastungen erscheint nicht zufällig am Ende dieser Überlegungen: Belastungen werden bei zahlreichen verfassungsrechtlichen Instituten und Institutionen sichtbar, wenn die Entwicklungslinie vom konstitutionellen 19. Jahrhundert zur Gegenwart nachgezeichnet wird; die Grundrechte sind dafür nur ein, aber auch ein wichtiger Anwendungsfall.

nung, 1887, S. 196, typisch: Der Staat findet den Grund seiner Rechte und Pflichten in sich selbst.

101 Ernst-Wolfgang Böckenförde, »Der Verfassungstyp der deutschen konstitutionellen Monarchie im 19. Jahrhundert«, in: ders., *Moderne deutsche Verfassungsgeschichte*, 1972, S. 159 ff.

102 Deshalb entbehrt es immanent gesehen nicht der inneren Konsequenz, wenn im positivistischen Staatsrecht Grundrechte als eine Selbstbeschränkung des Staates in seinen zunächst unbeschränkten Machtbefugnissen gegenüber dem Bürger verstanden wurden. – Zum Verhältnis von Grundrechten und Demokratie auch unter historischen Aspekten Kriele (FN 2), S. 335 f.

103 Vgl. dazu die ausdrückliche Betonung von Anschütz (FN 30), S. 99 f., 527, daß die Grundrechte als bürgerliche Rechte mit staatsbürgerlichen (= politischen) Rechten nichts zu tun haben; vgl. S. 92 ff., 500, 503, 506. Vermerkt sei dabei, daß diese Auffassung im konkreten Zusammenhang der Vereins- und Versammlungsfreiheit eine ausländerfreundliche Wirkung hatte und Anschütz gegen die auf Reichsangehörige beschränkte Bestimmung des § 1 ReichsvereinsG von 1908 Stellung bezog; so auch Paul Laband, *DJZ* 1908, Sp. 2 ff., mit der beherzigenswerten nüchternen Feststellung, daß es »eine engstirnige Ängstlichkeit (sei), Ausländern zu versagen, was Reichsangehörigen gewährt wird«.

12. Die deutsche Einigung im Spiegel historischer Parallelen*

Zu dem vielzitierten Glück, das die Deutschen 1990 gehabt haben, gehört als ganz kleiner Ausschnitt auch das Glück der Themenwahl dieses Symposiums. Im Frühjahr 1990 war nicht voraussehbar, daß schon Ende Oktober die deutsche Einigung vollzogen sein könnte. Sicher war jedoch schon damals, daß die Lage Deutschlands im Herbst 1990 das Thema ist, bei dem sich die vielfältigen wissenschaftlichen Interessen von Ernst-Wolfgang Böckenförde in besonderer Weise bündeln. Deutschlands Rechtslage ist der Gegenstand par excellence, der nach mehrschichtiger Analyse und nach Integration von verfassungsrechtlicher, staats- und verfassungstheoretischer sowie verfassungsgeschichtlicher Betrachtung und damit nach der Arbeitsweise des Jubilars geradezu verlangt. Mitten im Strom des Geschehens und Erlebens stehend, ist es für eine zusammenfassende Würdigung der Einigung zu früh. Zunächst müssen die einzelnen Betrachtungsweisen für sich zu ihrem Recht kommen – im folgenden mit dem historisch vergleichenden Zugang zum Gesamtthema der deutschen Einigung. Dieser erwartet sich von der Befragung historischer Parallelfälle nicht die Belehrung für das gegenwärtige Handeln[1] oder abrufbare Antworten auf heutige Fragen zur Deutung der Vorgänge, sondern – weit vermittelter, aber wissenschaftlich erst eigentlich wirkungsvoll – Exemplar und Anregungen für das Formulieren der systematischen Grundfragen, die mit einer solchen historischen Konstellation verbunden sind.

* Beitrag zum Symposium aus Anlaß des 60. Geburtstages von Ernst-Wolfgang Böckenförde.

1 Auf die problembeladene Denkfigur von der Geschichte als Lehrmeisterin für das aktuelle Handeln wird hier nicht zurückgegriffen. Die Geschichte ist offenbar, wenn überhaupt, eine recht schwierige Lehrmeisterin. Sie bestraft jedenfalls diejenigen, die Meinungen und Schnittmuster aus ihr ableiten wollen und demzufolge etwa die deutsche Einigung als endgültig verspielt angesehen hatten.

I. Die rechtlichen Stationen der Einigung

1. Zu Beginn sind der Ausgangs- und Bezugspunkt des Vergleichs, die deutsche Einigung, ins Blickfeld zu nehmen und gerafft deren zeitliche Stationen und sachliche Eigenarten zu charakterisieren. Die Ausgangslage im Herbst des Jahres 1989 war durch die Doppelschichtigkeit der innerstaatlichen Verfassungsbestimmungen einerseits und der völkerrechtlichen Vorbehalte und Rahmenbedingungen andererseits gekennzeichnet. Während die Deutsche Demokratische Republik ihre Beziehungen zur Bundesrepublik (nach der zuletzt geltenden Fassung ihrer Verfassung) nur noch als völkerrechtliche verstand,[2] hat die Bundesrepublik am Wiedervereinigungsgebot und generell an der deutschlandpolitischen Trias der Präambel, des Art. 23 und des Art. 146 GG festgehalten. Danach war in der Bundesrepublik zwischen 1949 und 1990 sowohl der Staat unvollständig als auch die Verfassung in ihrem Geltungsanspruch vorläufig. Auf der völkerrechtlichen Ebene fand dies seine Entsprechung in den Vorbehaltsrechten der vier Mächte über »Deutschland als Ganzes« und über Berlin.[3] Diese Gemengelage von Verfassungsrecht und Völkerrecht[4] bestimmte auch den Gang der deutschen Einigung als Parallelführung von deutsch-deutschen Verhandlungen, Zwei-plus-Vier-Gesprächen und bilateralen Verhandlungen eines der beiden deutschen Staaten mit auswärtigen Staaten. Den zeitlichen Vortritt hatten zunächst die Zwei-plus-Vier-Gespräche, die schon am 13. Februar 1990 verabredet wurden,[5]

2 Art. 1 Abs. 4 Verfassung der DDR von 1949: »Es gibt nur eine deutsche Staatsangehörigkeit« war schon 1968 gestrichen worden; ähnlich wurden der Hinweis auf die »ganze deutsche Nation« in der Präambel der Verfassung von 1968 sowie Art. 8: »Überwindung der vom Imperialismus der deutschen Nation aufgezwungenen Spaltung und schrittweise Annäherung der beiden deutschen Staaten bis zu ihrer Vereinigung ...« bei der nächsten Verfassungsänderung 1974 gestrichen.

3 Zur Rechtslage Deutschlands vgl. die Dokumentation und einführende Darstellung von Dietrich Rauschning, *Deutschlands Rechtsstellung*, 2. Aufl. 1989.

4 Die Existenz und Fortdauer einer solchen Gemengelage wurde auf der Berliner Staatsrechtslehrertagung 1979 kontrovers beurteilt, vgl. einerseits Rudolf Bernhardt und Karl Mathias Meessen, *VVDStRL* 38 (1980), S. 22 ff., 49, 127 sowie 120 f., andererseits Ernst-Wolfgang Böckenförde, Georg Ress und Helmut Quaritsch, ebd., S. 118 ff., 123 f., 130.

5 Mit Treffen in Bonn am 4. Mai, in Berlin am 22. Juni, in Paris am 17. Juli und in Moskau am 12. September 1990.

dann aber im Laufe des Jahres 1990 durch die Schnelligkeit und Dynamik des deutsch-deutschen Einigungs-Prozesses beinahe überholt wurden, bis mit der Unterzeichnung des Vertrages am 12. September 1990 in Moskau und der am 1. Oktober 1990 ausgesprochenen Suspendierung der Vier-Mächte-Rechte[6] der zeitliche Gleichklang erreicht und der innerstaatlich-völkerrechtliche Gesamtvorgang Anfang Oktober synchron durchgeführt werden konnte. In dem nahen zeitlichen Zusammentreffen der beiden Hauptelemente dieses Vorgangs zeigte sich nochmals augenfällig die Zusammengehörigkeit und wechselseitige Abhängigkeit beider Problemebenen.

Die innerdeutsche Entwicklung durchlief bald nach dem 9. November 1989 eine kurze Phase von Konföderationsplänen beziehungsweise -erwägungen,[7] bis dann zu Beginn des Jahres 1990 die Entscheidung für den Weg der direkten Einigung (ohne Umweg über eine dritte Zwischeneinheit) fiel. Weitere Stationen waren zum einen die Entscheidung für einen Beitritt der DDR – und damit gegen eine Fusion beider deutscher Staaten zu einer neuen dritten Einheit – und zum anderen die Entscheidung für einen Beitritt der DDR zum im wesentlichen unveränderten GG (Beitritt mit Verfassungserstreckung) – und damit gegen einen Beitritt mit nachfolgender umfassender Verfassungsgebung. Rechtstechnisch vollzogen wurde die deutsche Einigung – nach der Vorbereitung durch den Vorvertrag des Staatsvertrags über die Währungs-, Wirtschafts- und Sozialunion[8] – durch die Beitrittserklärung der DDR[9] und die um-

6 Vertrag über die abschließende Regelung in bezug auf Deutschland vom 12. September 1990 (BGBl. II, S. 1318); Erklärung zur Aussetzung der Wirksamkeit der Vier-Mächte-Rechte und -Verantwortlichkeiten vom 1. Oktober 1990 (BGBl. II, S. 1331) anläßlich der KSZE-Außenministerkonferenz in New York. Zum Gesamtvorgang gehört auch das deutsch-sowjetische Abkommen vom 9. Oktober 1990 »über einige überleitende Maßnahmen« (BGBl. II, S. 1654).

7 Dazu unten III. 1.

8 Staatsvertrag vom 18. Mai 1990 (BGBl. II, S. 537); dazu Klaus Stern/Bruno Schmidt-Bleibtreu, *Verträge und Rechtsakte zur Deutschen Einheit*, Bd. 1, Staatsvertrag zur Währungs-, Wirtschafts- und Sozialunion, 1990, und Dietrich Rauschning, »Der deutsch-deutsche Staatsvertrag als Schritt zur Einheit Deutschlands«, *Aus Politik und Zeitgeschichte*, Beilage zur Wochenzeitung *Das Parlament* B 33/90 vom 10. 8. 1990, S. 3 ff. Der Vertrag versteht sich nach seiner Präambel als »erster bedeutsamer Schritt in Richtung auf die Herstellung der staatlichen Einheit nach Art. 23 des Grundgesetzes der Bundesrepublik Deutschland«.

9 Durch Beschluß der Volkskammer vom 23. August 1990 (BGBl. I, S. 2057).

fangreichen Regelungen der mit der Einigung zusammenhängenden Probleme der künftigen Rechtseinheit im Einigungsvertrag vom 31. August 1990.[10] Art. 1 Abs. 1 Satz 1 des Einigungsvertrags besiegelte die Einigung:

»Mit dem Wirksamwerden des Beitritts der Deutschen Demokratischen Republik zur Bundesrepublik gemäß Artikel 23 des Grundgesetzes am 3. Oktober 1990 werden die Länder Brandenburg, Mecklenburg-Vorpommern, Sachsen, Sachsen-Anhalt und Thüringen Länder der Bundesrepublik Deutschland.«

2. Welches sind nun die Fragen, die an die historischen Parallelen oder Gegenbilder zu stellen sind?
- Zunächst interessiert die Einbettung eines Einigungsgeschehens, das nie nur ein interner oder bilateraler Vorgang sein kann, in das außenpolitische Umfeld. Rechtlich äußert sich dies in einem *Nebeneinander von völkerrechtlicher und bilateraler Problemebene,* wobei sich diese Mehrschichtigkeit sowohl in der Ausgangslage, im Einigungsprozeß selbst, wie auch für das Ergebnis der Einigung verfolgen läßt. Das vergleichende Interesse richtet sich insoweit auf die unterschiedlichen rechtlichen Institute dieser Verklammerung des inneren und äußeren Aspekts. In Betracht kommt dabei neben Vorbehaltsrechten auswärtiger Mächte im Hinblick auf den Einigungsprozeß oder den geeinten Staat die Einbeziehung der Einigung und Verfassungsgebung in einen völkerrechtlichen Vertrag, der dann zugleich Garantiefunktionen und möglicherweise Interventionsrechte der auswärtigen Signatarpartner dieses übergreifenden Vertrags schafft.
- Einigungsprozesse verändern Zahl und Gestalt der Akteure auf der Ebene der handelnden *Staatssubjekte.* Nach dem einen Grundmodell der Inkorporation (Beitritt, Eintritt[11]) nimmt ein

10 Vertrag zwischen der Bundesrepublik Deutschland und der Deutschen Demokratischen Republik über die Herstellung der Einheit Deutschlands – Einigungsvertrag – vom 31. August 1990 (BGBl. II, S. 889). Dazu Klaus Stern/Bruno Schmidt-Bleibtreu, *Verträge und Rechtsakte zur Deutschen Einheit,* Bd. 2, Einigungsvertrag und Wahlvertrag, 1990.

11 Nach der völkerrechtlichen Terminologie bezeichnet die Einverleibung die friedliche, die Annexion die gewaltsame Variante, dazu Georg Dahm/Jost Delbrück/Rüdiger Wolfrum, *Völkerrecht,* Bd. 1/1, 2. Aufl. 1989, S. 154. – Zum Ganzen Jochen A. Frowein, Der Eingliederungsvertrag im Völkerrecht und im Staatsrecht: *ZaöRV* 30 (1970), S. 1 ff.

Staat den anderen auf, der aufnehmende vergrößert sich, der aufgenommene Staat geht unter (formelhaft: aus eins + zwei wird eins). Nach dem alternativen Modell der Fusion (Verschmelzung, Zusammenschluß) schließen sich zwei Staaten auf dem Boden der Gleichberechtigung zusammen. Beide bisherigen Rechtssubjekte gehen unter: es entsteht eine neue Einheit[12] (formelhaft: aus eins + zwei wird drei). Als Unterfall dieses Einigungsvorgangs gilt der Unionsvertrag, bei dem sich die bisherigen selbständigen Staaten zu einem Bundesstaat unter Gründung einer neuen zentralen Einheit zusammenschließen (Föderation), wobei die bisherigen Staaten als dessen Gliedstaaten bestehenbleiben.[13] Ersichtlich ist die Alternative zwischen Einverleibung oder Fusion nicht nur von technischer Natur und Bedeutung; sie besagt Wesentliches über das politische Gewichtsverhältnis zwischen den vorher selbständigen Staaten und über die Präponderanz beim Einigungsvorgang.

– Auf der Ebene der *Verfassung* sind Einigungsprozesse daraufhin zu befragen, ob eine neue Verfassung durch einen originären Akt der Verfassungsgebung geschaffen wird oder ob es sich um einen Vorgang der Verfassungserstreckung handelt, bei dem die bisherige Verfassung eines der Staaten im wesentlichen unverändert für die geeinten Staaten gilt.[14] Mit diesen Varianten hängt aufs engste zusammen, ob die Träger der verfassunggebenden Gewalt am Einigungsvorgang beteiligt sind oder nicht.

12 Dazu Dahm/Delbrück/Wolfrum (FN 11), S. 154; Daniel O'Connell, *The Law of State Succession*, 1956, S. 16 ff., und Gottfried Herbig, *Staatensukzession und Staatenintegration*, 1968, S. 48 ff., 116 ff.

13 Auf diese Weise sind die meisten Bundesstaaten entstanden, so der Schweizer Bundesstaat 1848, der Norddeutsche Bund 1867, sowie im 18. Jahrhundert die Vereinigten Staaten durch den Zusammenschluß der 13 unabhängigen Kolonien im Jahre 1787 unter Ablösung der staatenbündischen Verfassung der Articles of Confederation von 1781. Dazu und zu weiteren Beispielen für Fusionen (Entstehung der Vereinigten Arabischen Emirate durch Zusammenschluß von sieben Scheichtümern, von Tansania und der Vereinigten Arabischen Republik) vgl. Dahm/Delbrück/Wolfrum (FN 11), S. 155.

14 Eine Zwischenform ist die Verfassungserstreckung mit vorbehaltener Totalrevision nach der Einigung.

II. Erweiterungsofferten in Verfassungen

Die Selbstaussage einer Verfassung über die Unvollständigkeit des von ihr verfaßten Staates überschreitet dessen eigenen innerstaatlichen Rechtskreis. In Verfassungen enthaltene Offerten auf den Beitritt anderer Staaten oder gar Ansprüche auf ein vergrößertes Staatsgebiet haben notwendigerweise völkerrechtliche Implikationen und Voraussetzungen. Die Realisierung der Offerten[15] und vor allem von Ansprüchen ist entweder völkerrechtlich an Voraussetzungen gebunden, oder es besteht ein (latentes) Konfliktverhältnis.

1. Ein aktuelles Beispiel außerhalb Mitteleuropas ist die Situation in Irland.[16] Gemäß Art. 2 Constitution besteht das Staatsgebiet aus der gesamten Insel Irland. Schwierigkeiten bereitet die Auslegung des folgenden Art. 3:

»Pending the re-integration of the national territory, and without prejudice to the right of the Parliament and Government established by this Constitution to exercise jurisdiction over the whole of that territory, the laws enacted by that Parliament shall have the like area and extent of application as the laws of Saorstat Éireann and the like extra-territorial effect.«[17]

Sicher ist darin ein Anspruch der irischen Nation auf Einheit enthalten. Zugleich implizieren diese Artikel in der irischen Sicht die Illegitimität der getrennten verfassungsrechtlichen Existenz von

15 Eine solche Beitrittsofferte enthält auch Art. 237 EWG-Vertrag: »Jeder europäische Staat kann beantragen, Mitglied der Gemeinschaft zu werden.« Die reale politische Situation, nach der diese von der erfolgreichen EG ausgesprochene Offerte von Nachbarn weniger als Bedrohung denn als Hoffnung und Attraktion erfahren wird, kommt in dem anschließenden zweiten Absatz des Artikels zum Ausdruck: Dort ist von den Aufnahmebedingungen die Rede, die der beitrittswillige Staat zu erfüllen hat. – Vgl. auch Verfassung der USA, Art. IV Section 3.

16 Auf die Parallele in Irland haben auf der Berliner Staatsrechtslehrertagung 1979 schon Helmut Quaritsch, Rudolf Bernhardt, Ingo v. Münch und Jochen Frowein Bezug genommen, *VVDStRL* 38 (1980), S. 130 ff.

17 In der Übersetzung von Peter Cornelius Meyer-Tasch in: Adolf Kimmel, *Die Verfassungen der EG-Mitgliedstaaten*, 1987: »Bis zur Wiedervereinigung des Staatsgebietes und unbeschadet des durch diese Verfassung begründeten Rechtes von Parlament und Regierung, die Rechtshoheit über das gesamte Staatsgebiet auszuüben, gelten die von diesem Parlament erlassenen Gesetze für dasselbe Gebiet und haben denselben Anwendungsbereich und dieselbe über das Staatsgebiet hinausreichende Wirkung wie die Gesetze des Freistaates Irland.« – Der Saorstat Éireann (Freistaat) ist 1922 zunächst als Dominion entstanden, er wird in der Literatur als »Predecessor« der Republic Eire bezeichnet.

Nordirland.[18] Im weiteren aber ist – wie ursprünglich auch beim Wiedervereinigungsgebot der Präambel des GG – strittig, ob es sich dabei um ein (verfassungs)rechtlich verbindliches Ziel oder nur um ein politisches Programm handelt. In einem neueren Urteil hat der High Court von Irland ausgeführt:[19] »As the Supreme Court said, the national claim to unity made in Article 2 of the Constitution exists in the political and not in the legal order.« Diese Auffassung ist in der Literatur nicht unbestritten geblieben.[20]

Das wichtigste jüngere Abkommen zwischen dem Vereinigten Königreich und der Republik Irland, das auf die komplizierte Lage eingeht, ist das Anglo-Irish Agreement von 1985, das in seinem Art. 1 ausführt:

»The two Governments (c) declare that, if in the future a majority of the people of Northern Ireland clearly wish for and formally consent to the establishment of a united Ireland. They will introduce and support in the respective Parliaments legislation to give effect to that wish.«[21]

Aus britischer Sicht ist der Hintergrund des Abkommens die mehrfach bekräftigte Auffassung des Vereinigten Königreichs, daß Nordirland ein Teil des Vereinigten Königreichs ist und sich dies in keinem Fall ohne eine Zustimmung der Mehrheit der Bevölkerung von Nordirland ändern wird.[22] Mit diesem Verweis auf die Ent-

18 John Maurice Kelly, *The Irish Constitution*, 2. Auflage 1984, S. 8 f.; dort wird der irische Supreme Court mit einer Entscheidung aus dem Jahre 1977 zitiert: »One of the theories held in 1937 by a substantial number of citizens was that a nation, as distinct from a State, had rights; that the Irish people living in what now is called the Republic of Ireland and in Northern Ireland together formed the Irish nation; that a nation has a right to unify of territory in some form, be it as unitary or federal state: and that the Government of Ireland Act 1920, though legally binding, was a violation of the national right to unity which was superior to positive law.«

19 McGimpsey and McGimpsey v. Ireland, 29 July 1988, *Irish Law Rep. Monthly* 1989, S. 209 (222).

20 Tom Hadden/Kevin Boyle, *The Anglo-Irish Agreement*, 1990, S. 19 (21).

21 Text bei Hadden/Boyle (FN 20). In dem in FN 19 erwähnten Fall hat der High Court diesen Vertrag als mit der irischen Verfassung vereinbar (und nicht etwa dem Wiedervereinigungsprogramm der Verfassung zuwider) erklärt.

22 Vgl. Peter Mac Alister-Smith, Art. »Northern Ireland«, in: *Encyclopedia of International Public Law*, Bd. 12. 1990, S. 249 ff. (259), mit wörtlicher Wiedergabe der einschlägigen Erklärungen von 1949 und 1973. Der Autor schließt seinen Artikel mit den Bemerkungen: »The status of Northern Ireland as a part of the United

scheidung der Nordiren, die sich im übrigen 1973 deutlich für den Verbleib im Vereinigten Königreich ausgesprochen haben, ist derzeit ein Modus vivendi erreicht, der das Vereinigungsprogramm der irischen Verfassung in ein außenpolitisch tragfähiges und für das Vereinigte Königreich ertragbares Abkommen hineingestellt hat.

2. Im weiteren ist es kein Zufall, daß Vorbilder und Parallelen für Erweiterungsofferten in der eigenen deutschen Verfassungsgeschichte zu finden sind. Mitteleuropa, ein Raum ohne natürliche Grenzen, aber mit einer Höchstzahl von Nachbarn, die im Interesse eines europäischen Gleichgewichts oder eigener Hegemoniebestrebungen ein gesteigertes Interesse an Mitsprache und Interventionen hatten, ist seit dem Beginn der Neuzeit ein besonders auffälliges Feld der Überlagerung von völkerrechtlichen Bestimmungen und eigenständigen Verfassungsregelungen. Die Doppelschichtigkeit von inneren und äußeren Regelungen ist im Laufe der letzten dreieinhalb Jahrhunderte die Regel gewesen.[23] Die im Vergleich zu vielen anderen europäischen Ländern verspätete nationalstaatliche Entwicklung[24] traf so im 19. Jahrhundert auf manifeste Gegen-Interessen anderer Staaten. Die Folge war eine unvollständige Eini-

Kingdom is open-ended ... [It] is thus both conditional and provisional. However, even those who admit the possibility of a fundamental change for the better in Northern Ireland recognize that such a transformation may not come about for some considerable time.«

23 Zu den Garantierechten der Vertragspartner des Westfälischen Friedens von 1648, die aus Art. XVII §§ 5 und 6 IPO beziehungsweise §§ 115 und 116 IPM resultieren, Ernst-Wolfgang Böckenförde, »Der Westfälische Frieden und das Bündnisrecht der Reichsstände«, *Der Staat* 8 (1969), S. 449 (452); Fritz Dickmann, *Der Westfälische Frieden*, 3. Aufl. 1972, S. 332 ff. (339 ff.). – Zu den aus der Einfügung der Bundesakte des Deutschen Bundes in die Wiener Kongreßakte folgenden Garantierechten Ernst Forsthoff, *Deutsche Verfassungsgeschichte der Neuzeit*, 2. Aufl. 1961, S. 89; und ausführlich zum Streit über deren Existenz Ernst Rudolf Huber, *Deutsche Verfassungsgeschichte der Neuzeit*, Bd. 1, 2. Aufl. 1975, S. 675 ff.; Bd. 2, 3. Aufl. 1988, S. 170, 172: Bd. 3, 3. Aufl. 1988, S. 573 f.

24 Italien hat seinen Einigungsprozeß im 19. Jahrhundert verfassungsrechtlich im Wege von Beitritten (nach Volksabstimmungen) zum Königreich Piemont-Sardinien durchgeführt; dessen Verfassung vom 4. März 1848 (Statuto Albertino, abgedruckt bei Wilhelm Altmann, *Ausgewählte Urkunden zur außerdeutschen Verfassungsgeschichte seit 1776*, 2. Aufl. 1913, S. 241 ff.) enthielt aber keine Beitrittsofferten oder Aussagen über die nationale Einigungsfrage. Italien betrachtete sich selbst als mit dem Königreich Sardinien identisch. Die Einverleibungstheorie ist seit jeher von den italienischen Gerichten gegen manche Stimmen im Schrifttum vertreten worden, dazu Dahm/Delbrück/Wolfrum (FN 11), S. 155.

gung in den Gebieten nördlich des Mains im *Norddeutschen Bund* 1867.[25] Das Selbstverständnis der Unfertigkeit und Ergänzungsbedürftigkeit dieser Teil-Einigung war nicht nur eine politisch weitverbreitete Auffassung, sondern erhielt auch rechtlichen Ausdruck in der Verfassung des Norddeutschen Bundes. Abschnitt XV war dem Verhältnis zu den süddeutschen Staaten gewidmet: Der entscheidende Art. 79 Abs. 2 der Verfassung hält sich nicht lange mit der bloßen Offerte und der Möglichkeit einer Erweiterung auf, sondern regelt sogleich die Modalitäten: »Der Eintritt der Süddeutschen Staaten oder eines derselben in den Bund erfolgt auf Vorschlag des Bundespräsidiums im Wege der Bundesgesetzgebung.«

Die Selbstgewißheit und Selbstsicherheit, die diese Bestimmung ausstrahlt, stehen in bemerkenswertem Gegensatz zur auswärtigen Problematik dieser innerstaatlichen Verfassungsbestimmung. Was in der 1866/67 ausgearbeiteten und am 1. Juli 1867 in Kraft getretenen Verfassung[26] festgehalten war, stand in deutlichem Gegensatz zu Art. 4 des Prager Friedens vom 23. August 1866. Dort hatte Österreich zwar den Norddeutschen Bund und eine südlich des Mains geplante Süddeutsche Union einschließlich einer näheren Verbindung beider anerkannt. Auf Verlangen Frankreichs wurde – über die Formulierungen des Präliminarfriedens hinaus – der Zusatz aufgenommen, daß der Südbund eine »international unabhängige Existenz« erhalten sollte. Die Bedeutung der Klausel war klar: Der Südbund sollte kein seine völkerrechtliche Unabhängigkeit beeinträchtigendes, engeres Bundesverhältnis zum Norddeutschen Bund eingehen.[27] Nach dem Sinn dieser Bestimmung mußten daraus auch Hindernisse für den Beitritt eines der süddeutschen Länder

25 Auf dem Wege zum Norddeutschen Bund traf die Voraussetzung, die Auflösung des Deutschen Bundes von 1815, auf letzte Versuche einer europäischen Großmacht, ihre angeblichen Garantierechte im Hinblick auf die Deutsche Bundesakte (als Teil der Wiener Kongreßakte) geltend zu machen: Rußland vertrat im Juli 1866 kurzzeitig und erfolglos die These, die Verfassung des Deutschen Bundes dürfe nicht ohne Zustimmung der drei Mächte England, Frankreich und Rußland verändert werden, siehe Huber, *Verfassungsgeschichte*, Bd. 3 (FN 23), S. 573 f.

26 Huber, *Verfassungsgeschichte*, Bd. 3 (FN 23), S. 667.

27 Huber, *Verfassungsgeschichte*, Bd. 3 (FN 23), S. 576; dort, S. 600 ff., ausführlich dazu, daß die schon kurz vor dem Prager Frieden geschlossenen (zunächst geheimgehaltenen) Schutz- und Trutzbündnisse zwischen Preußen und vier süddeutschen Staaten dem Sinn nach gegen die Unabhängigkeitsklausel des Art. 4 des Prager Friedens verstoßen haben.

folgen.[28] Es kann deshalb nicht überraschen, daß während des Krieges die größte Gefahr für die Bismarcksche Einigungspolitik in der Möglichkeit einer auf Art. 4 des Prager Friedens gestützten österreichischen Intervention bestand,[29] bis es Bismarck gelang, dieses Hindernis auszuräumen.[30, 31]

An der Bestimmung des Art. 79 Verf. Norddeutscher Bund ist bezeichnend und typisch, daß ihre Überlagerung durch den völkerrechtlichen Friedensvertrag im Text selbst nicht zum Ausdruck kommt. Angebote zum Beitritt anderer Staaten sind in einer Verfassung nur notwendig, solange dem Vollzug und den dahinterstehenden politischen Wünschen Hindernisse – eben außenpolitische Hindernisse – entgegenstehen. Offerten zum Beitritt werden in einer ungeregelten Problem- beziehungsweise Konfliktlage formuliert. Die interne verfassungsrechtliche Formulierung bringt typischerweise die zukunftsgerichtete Programmatik zum Ausdruck und übergeht oder relativiert im selbstformulierten Wortlaut die entgegenstehenden Rechte anderer.

In einer abgewandelten Form findet sich dieses Regelungsmuster auch in der *Weimarer Verfassung* im Hinblick auf die damals aktuelle und außenpolitisch unerfüllbare Option auf die Erweiterung in Richtung Österreich. Art. 2 Satz 2 WRV bestimmte zunächst allgemein, daß andere Gebiete in das Reich aufgenommen werden können, wenn es ihre Bevölkerung kraft des Selbstbestimmungsrechts begehrt. Spezieller ging dann Art. 61 Abs. 2 WRV auf das Verhältnis zu Österreich ein.[32] »Deutschösterreich erhält nach seinem An-

28 Die Bestimmung ist vor dem Hintergrund der nationalen Wünsche auf Drängen des Verfassungsberatenden Reichstags in die Verfassung aufgenommen worden. Für Bismarck war die Voraussetzung, daß das Bundespräsidium den Antrag auf Aufnahme stellen mußte, Sicherung genug, daß damit außenpolitische Verwicklungen verhindert werden konnten, Huber, *Verfassungsgeschichte*, Bd. 3 (FN 23), S. 656 f.

29 So Huber, *Verfassungsgeschichte*, Bd. 3 (FN 23), S. 743.

30 Huber, *Verfassungsgeschichte*, Bd. 3 (FN 23), S. 742 ff. Das mögliche Veto Frankreichs war durch den Ausbruch des Krieges, der politische Verträge zwischen den Beteiligten hinfällig machte, entfallen.

31 Zur Rechtsform der Einigung unten III. 3.

32 Den Hintergrund dieser Bestimmung bildete zunächst die provisorische Verfassung der Republik Deutsch-Österreich vom 12. November 1918, in der sich diese zu einem Bestandteil der deutschen Republik erklärt hatte. Sowohl die österreichische konstituierende Nationalversammlung (Gesetz vom 12. März 1919) als

schluß an das Deutsche Reich das Recht auf Teilnahme am Reichsrat mit der seiner Bevölkerung entsprechenden Stimmenzahl. Bis dahin haben die Vertreter Deutschösterreichs beratende Stimme.« Der in dieser Bestimmung notwendig angelegte außenpolitische und völkerrechtliche Konflikt hatte im Text der Weimarer Verfassung immerhin noch einen Niederschlag und eine verklausulierte Regelung gefunden, da nach Art. 178 Abs. 2 Satz 2 WRV die Bestimmungen des Versailler Friedensvertrages[33] »unberührt bleiben«. Dessen Art. 80 sah ausdrücklich eine Sperre des – damals noch unbefangen »Anschluß« genannten – Beitritts Österreichs vor, da dieser nur mit Genehmigung des Völkerbundes durchgeführt werden durfte. Die ungenügende Harmonisierung zwischen innerstaatlicher Verfassungsbestimmung und völkerrechtlicher Rechtslage veranlaßte die alliierten und assoziierten Mächte in einer Note vom 2. September 1919, drei Wochen nach Inkrafttreten der Weimarer Verfassung, unter der Androhung von Gewaltmaßnahmen die Aufhebung des Art. 61 Abs. 2 WRV zu verlangen. Die weitere Entwicklung kommentiert Anschütz wie folgt:

»Diese Aufhebung ist nicht erfolgt. Art. 61 Abs. 2 ist also als Bekenntnis zu einem der Ziele unserer nationalen Weiterentwicklung in der RVerf. stehen geblieben; der Versuch jener Mächte, ihn formell daraus zu entfernen, ist gescheitert.«[34]

3. Zu den Überraschungen des Jahres 1990 gehörte es, daß die komplizierte Gemengelage zwischen inneren und äußeren Aspekten der deutschen Einigung koordiniert bewältigt werden konnte, und zwar so, daß ein inhaltliches Übergreifen der Gespräche über die äußeren Aspekte auf die internen (Verfassungs-)Fragen grundsätzlich vermieden wurde.[35] Im Vertrag vom 12. September 1990 über »die abschließende Regelung in bezug auf Deutschland« ist zwar

auch die deutsche Nationalversammlung (Beschluß vom 21. Februar 1919) hatten dem Anschluß zugestimmt. Huber, *Deutsche Verfassungsgeschichte seit 1789*, Bd. 5, 1978, S. 1175.

33 Friedensvertrag vom 28. Juni 1919 (RGBl., S. 687).

34 So wörtlich Gerhard Anschütz, *Die Verfassung des deutschen Reichs*, 14. Aufl. 1933, Art. 61 Bem. 4, dort auch zu den weiteren Einzelheiten der Antwort der Reichsregierung.

35 Auf dem entscheidenden, die Zwei-plus-Vier-Gespräche initiierenden Treffen verabredeten die Außenminister in Ottawa am 13. Februar 1990, daß die beiden

insoweit »Abschließendes« erreicht worden, als die vier Mächte gemäß Art. 7 Abs. 1 des Vertrages ihre Rechte und Verantwortlichkeiten in bezug auf Berlin und auf Deutschland als Ganzes beendet haben. Art. 7 Abs. 2 des Vertrages zieht daraus die Konsequenz, indem er feststellt: »Das vereinte Deutschland hat demgemäß volle Souveränität über seine inneren und äußeren Angelegenheiten.« Gleichwohl ist fraglich, ob in Zukunft jegliche Ingerenz der ehemaligen vier Mächte in die deutsche Verfassungslage beendet worden ist. Gemäß Art. 1 Abs. 4 des Vertrages[36] werden

»die Regierungen der Bundesrepublik und der Deutschen Demokratischen Republik sicherstellen, daß die Verfassung des vereinten Deutschlands keinerlei Bestimmungen enthält, die mit diesen Prinzipien (scil. Festlegung der Außengrenzen; Feststellung, daß das vereinte Deutschland keine Gebietsansprüche erhebt und erheben wird) unvereinbar sind. Das gilt entsprechend für die Bestimmungen, die in der Präambel und in den Art. 23 Satz 2 und 146 GG für die Bundesrepublik Deutschland niedergelegt sind.«

Damit sind also wichtige Fragen nicht nur völkerrechtlich festgelegt, sondern auch gegenüber den Vertragspartnern des Zwei-plus-Vie,-Vertrages zum Pflichtbestandteil der deutschen Verfassung erhoben worden. Erst eine hier nicht mögliche nähere Analyse kann erweisen, ob mit dieser Bestimmung[37] in dann jedenfalls sehr abgeschwächter Form an die bisherigen Vorbilder partieller Überlagerung des deutschen Verfassungsrechts durch völkerrechtliche Regelungen angeknüpft worden ist oder nicht.

deutschen Staaten ihre inneren Angelegenheiten – zum Beispiel die Frage der Staatsform, der Wirtschafts- und Währungsunion sowie des Sozialsystems – selbst regeln können, vgl. *Bulletin der BReg.* 1990, Nr. 27, S. 215.

36 Dazu und zum gesamten Vertrag Dieter Blumenwitz, Der Vertrag vom 12. 9. 1990 über die abschließende Regelung in bezug auf Deutschland, *NJW* 1990, S. 3041 (3045).

37 Und dem Brief von Ministerpräsident de Maizière und Außenminister Genscher an die Außenminister der vier Mächte vom 12. September 1990, in dem auch zur Frage der Enteignungen auf besatzungsrechtlicher Grundlage auf dem Gebiet der ehemaligen DDR Stellung genommen wurde (*Bulletin der BReg.* 1990, Nr. 109. S. 11); dazu Blumenwitz (FN 36), S. 3048.

III. Rechtsformen der Einigung: Konföderation – Fusion – Beitritt

Für die *inneren Prozesse einer Einigung* stellen Geschichte und Völkerrecht vielfältige Alternativen bereit – mit den beiden theoretischen Grenzfällen des Zusammenschlusses auf der Basis der völligen Gleichberechtigung und der Eingliederung als eines Vorgangs des einseitigen, weil vollständigen Aufgehens des einen Staates in der bestehenden politischen und rechtlichen Ordnung eines anderen. An welcher Position dieses Kontinuums, das durch Zwischenformen zur Erleichterung einer Übergangszeit noch angereichert ist, ein konkreter historischer Vorgang verortet ist, bestimmt sich in erster Linie nach dem Gewichtsverhältnis zwischen den zu vereinigenden Teilen. Gewicht in diesem Sinne kann sich dabei beziehen auf politische Macht, wirtschaftliche Stärke, Legitimation und Konsentiertheit einer Ordnung oder auch auf Bewährtheit und Zukunftsaussichten des politisch-sozialen Systems. Wo annähernde Gleichheit in diesen substantiellen Beziehungen besteht, wird sich der Weg der Fusion (mit oder ohne Zwischenzustand), kulminierend in einer neuen eigenen Verfassung, nahelegen; bei deutlichem Gefälle in diesem Sinne sind die Formen der Eingliederung (Eintritt, Beitritt) die Widerspiegelung des bestehenden grundsätzlichen Ungleichgewichts, das seinen Ausdruck auch in der grundsätzlichen Erstreckung der Verfassung des aufnehmenden Staates findet.

1. In den Wochen und Monaten vor und nach der Jahreswende 1989/90 wurden Modelle einer *Konföderation* zwischen beiden deutschen Staaten (mit Endziel einer Fusion) lebhaft diskutiert. Bald nach der Öffnung der Berliner Mauer schlug Ministerpräsident Modrow eine Vertragsgemeinschaft[38] vor; Bundeskanzler Kohl sprach in seiner Zehn-Punkte-Erklärung[39] von »konföderativen Strukturen«, und Wissenschaftler veröffentlichten einen Entwurf eines Staatenbundes.[40] Es waren zunächst nicht nur die Vorsicht

38 In seiner Regierungserklärung vom 17. November 1989: *Deutschland-Archiv* 23 (1990), S. 135.

39 Vom 28. November 1989: *Verhandlungen des Deutschen Bundestages*, 11. WP, Stenographische Berichte, Bd. 151, S. 13 510-13 513 (abgedruckt auch in: *Bulletin der BReg* Nr. 134 v. 29. November 1989, S. 1141 ff.).

40 Hans-Joachim Mengel/Walter Poeggel, »Vertragsentwurf zur Schaffung eines Staatenbundes Deutschlands«, *EuGRZ* 1990, S. 83.

und die Überraschung über die sich andeutende Chance einer Einigung, daß die Überlegungen nicht sofort auf die direkte Vereinigung zielten:

Der Umweg über eine Konföderation als Zwischen- und Auffangeinheit schien vor allem aus Rücksichtnahme auf die Ingerenzrechte der Vier Mächte und auch deshalb geboten, um die bis ins Frühjahr hinein noch ungeklärten sicherheitspolitischen Probleme auffangen zu können.[41] Bezogen auf die internen Einigungsprobleme mußte aber die Idee der Konföderation schon früh scheitern. Als Erscheinungsform eines Staatenbundes ist eine Konföderation charakterisiert durch ein geringes Maß an Vergemeinschaftung und durch einen begrenzten Aufgabenbereich. Der spezifische Staatenbund der jüngeren deutschen Geschichte, der Deutsche Bund von 1815, ist dafür ein anschauliches Beispiel,[42] ebenso die Verfassungslage der Schweizer Eidgenossenschaft in der staatenbündischen Phase zwischen 1815 und 1848.[43] Dem Fehlen der Allzuständigkeit bei der Konföderation entspricht es, daß die Fülle der Aufgaben, jedenfalls zentrale substantielle Aufgaben, von den Mitgliedern wahrgenommen wird. Die Mitglieder bilden die Basis der lockeren Form der –

41 Ernst-Wolfgang Böckenförde/Dieter Grimm, *Der Spiegel* vom 5. 3. 1990, Nr. 10, S. 72 ff., Konföderation als Dach über den beiden unterschiedlichen Militärbündnissen angehörenden deutschen Staaten. Der verfassungsrechtliche Weg zu einer solchen Konföderation wäre dann der über Art. 24 GG gewesen.

42 Vgl. die begrenzte Zwecksetzung des Deutschen Bundes in Art. 2 der Deutschen Bundesakte: »Der Zweck desselben ist Erhaltung der äußeren und inneren Sicherheit Deutschlands und der Unabhängigkeit und Unverletzbarkeit der einzelnen deutschen Staaten.«

43 Bei der Aufnahme der drei neuen Kantone Wallis, Neuenburg und Genf im Jahre 1815 in die schweizerische Eidgenossenschaft konnte die »definitiv und auf ewige Zeiten« abgeschlossene Vereinigung in der Vereinigungs-Akte in wenigen Bestimmungen geregelt werden. Neben der Grundsatzregelung, daß der jeweilige Kanton allen Bestimmungen des Bundes-Vertrages beitritt und diese beschwört, waren nur Regelungen über die Höhe des Kontingents zur eidgenössischen Armee und des Geldkontingents erforderlich; Texte bei Simon Kaiser/Johannes Strickler, *Geschichte und Texte der Bundesverfassungen der schweizerischen Eidgenossenschaft*, Teil B, 1901, S. 196 ff., 200 ff., 203 ff. Zur Natur des Bundesvertrags von 1815 als völkerrechtliches Abkommen und kollektiver Sicherheitsvertrag gegenüber äußerer und innerer Gefahr und als Schiedsvertrag für interkantonale Streitigkeiten vgl. Jean-François Aubert, »Geschichtliche Einführung«, Rn. 33 ff., in: Jean-François Aubert/Kurt Eichenberger/Jörg-Paul Müller/René Rhinow/Dietrich Schindler (Hg.), *Kommentar zur Bundesverfassung der schweizerischen Eidgenossenschaft vom 29. Mai 1874*, Basel 1987 ff.

völkerrechtlichen – Verbindung und müssen deshalb zuallererst in der Lage sein, die staatlichen Basisfunktionen wahrnehmen zu können – jedenfalls für die Übergangszeit. Infolge der rapide sich verschlechternden wirtschaftlichen Situation in der damaligen DDR, begleitet von der generellen Erosion ihrer Leistungsfähigkeit und des Wegbrechens der Autorität der Führung war diese notwendige Voraussetzung für ein Nebeneinander zweier selbständiger Staaten, nämlich die substantiell eigenständige Kraft beider Einheiten, im Hinblick auf die DDR nicht mehr gegeben. Das erwogene Dach der Konföderation über dem Doppelhaus war nicht zu errichten, nachdem die Statik der einen Haushälfte grundlegend zerstört und unrettbar in Verfall geraten war.

Es kommt hinzu, daß eine Konföderation, auch wenn sie als Zwischenform zur Lösung sicherheits- und außenpolitischer Probleme konzipiert worden wäre, sich notwendigerweise den drängenden innenpolitischen und wirtschaftlichen Herausforderungen gegenübergesehen hätte. Eine Konföderation ohne Zuständigkeiten im zentralen wirtschaftlichen Problembereich wäre an der historischen Problemsituation vorbeikonstruiert gewesen. Eine mit der Herstellung der Wirtschafts- und Währungsunion beauftragte Konföderation aber hätte den möglichen Aufgabenrahmen einer Konföderation grundsätzlich und unwiderruflich überschreiten müssen, wenn sie auch für eine Zwischenzeit den anstehenden inneren Problemen hätte auch nur annähernd gerecht werden wollen. Es war deshalb aus dem inneren Gang der Ereignisse, nicht zuletzt wegen der hergestellten Freizügigkeit, folgerichtig, daß im Frühjahr 1990 die Weichen für den direkten Einigungsweg – ohne Zwischenschritte – gestellt wurden, wobei zu diesem Zeitpunkt das Erreichen der notwendigen Synchronisation der inneren und äußeren Prozesse der Einigung eher eine Hoffnung als eine kalkulierbare Gewißheit war.

2. Noch deutlicher wird die zur Beitritts-Lösung tendierende Gesamtsituation im Frühjahr 1990, wenn man die – nur theoretische – Alternative der *Fusion* ins Auge faßt. Die nachstehend behandelten historischen Beispiele belegen den Zeitbedarf und die Schwierigkeiten der Einigung auf diesem Weg. Insoweit machen sie plausibel, daß Fusionspläne einem der drängendsten Probleme des Jahres 1990, der aus innen- wie aus außenpolitischen Gründen gebotenen Beschleunigung des Einigungsprozesses, nicht gewach-

sen gewesen wären, wenn die historische Chance genutzt werden sollte. Vor allen solchen vergleichenden Blicken ist aber – im Anschluß an das eben Ausgeführte – zu betonen, daß die entscheidenden Gründe gegen eine Fusionslösung tiefer lagen. Echte Fusionen sind selten, weil die dabei vorausgesetzte Gleichberechtigung tatsächlich meist nicht vorhanden ist. In extremem Maße galt dies 1990. Die DDR befand sich im Herbst 1989 nicht bloß in einer Krise, sondern mitten im völligen Scheitern ihres als grundsätzliche Alternative verstandenen politisch-gesellschaftlichen Systems. Wenn in dieser Situation nicht einmal die Kraft und Eigenständigkeit für ein zeitweises Nebeneinander unter dem Dach einer Konföderation übriggeblieben war, dann war auch die politische Basis für einen Zusammenschluß auf der Grundlage der Gleichberechtigung verlorengegangen.[44]

Ist dagegen die substantielle Gleichberechtigung zwischen grundsätzlich fusionswilligen Staaten gegeben, verursacht gerade sie Verwirklichungsprobleme und eine relativ lange Zeitdauer. Denn auf dem Boden der Gleichberechtigung die Aufgabe der eigenen Staatlichkeit zu vereinbaren ist eine anspruchsvolle Kompromißaufgabe, die leicht scheitern kann.[45] Die beiden hier kurz zu betrachtenden Beispiele spielen sich im problementlastenden Rahmen eines Bundesstaates ab und zeigen gleichwohl die Schwierigkeiten.

Bei der Bildung des *Südweststaates,* mit der die unangemessenen, zum Teil auch willkürlichen Grenzziehungen durch die Besatzungsmächte wieder korrigiert werden sollten, gab es zweimal die Situation, daß grundsätzlich die vertragliche Einigung der drei beteiligten Länder (Baden, Württemberg-Baden und Württemberg-Hohenzollern) Vorrang vor Regelungen der übergeordneten Ebene haben sollte. Beim ersten Versuch gab es 1948 bereits einen aus eige-

44 Es kommt hinzu, daß eine Fusion Homogenität der politisch-sozialen Ordnung in den Teilen voraussetzt. Solange die DDR für den real existierenden Sozialismus Eigenständigkeit verlangte, war dies ein prinzipielles Hindernis einer direkten Fusion. Nach der Aufgabe der sozialistischen Ordnung nach den Wahlen im Frühjahr 1990 war zwar – künftige – Homogenität möglich, die Fusion aber mangels verbleibender Eigenständigkeit sinnwidrig geworden.

45 Hierher gehört die lange Geschichte des erfolglosen Versuchs, die beiden Halbkantone Basel-Stadt und Basel-Land zu vereinigen: Die vom paritätischen Verfassungsrat ausgearbeitete Verfassung wurde 1969 von den Basel-Stadt-Bürgern angenommen, jedoch von denjenigen von Basel-Land verworfen; daran scheiterte die Einigung, dazu Aubert (FN 43), Art. 1, Rn. 61-65.

ner Initiative erarbeiteten Entwurf eines Staatsvertrages (sogenannter Karlsruher Vertrag), bei dem badische Interessen starke Berücksichtigung fanden; gleichwohl versagte sich der badische Staatspräsident.[46] Auch beim zweiten, unter dem Rechtsregime des Grundgesetzes vorgenommenen Anlauf konnten die beteiligten Länder die in Art. 118 GG enthaltene Präferenz für die Neugliederung durch Vereinbarung in der Praxis nicht wahrnehmen. Baden-Württemberg entstand, gemäß der subsidiären Regelung in Art. 118 GG, aufgrund der beiden Neugliederungsgesetze des Bundes aus dem Jahre 1951; auf deren Basis fanden eine Volksabstimmung im Dezember 1951, die Wahl einer Verfassunggebenden Landes-Versammlung im März 1952 und die Bildung der ersten Landesregierung im April 1952 statt.[47] Damit war gemäß § 11 des 2. Neugliederungsgesetzes das Land Baden-Württemberg entstanden. Aber endgültig abgeschlossen war der Gesamtvorgang der Vereinigung erst mit dem Inkrafttreten der Verfassung im November 1953.

Die einzelnen Etappen einer Fusion und die beträchtlichen Schwierigkeiten, die traditionelle Kleinstaaterei zu überwinden, illustriert der Zusammenschluß der sieben *thüringischen Länder* in den Jahren 1919-1920/21.[48] Nachdem sich schon im März 1919 die acht thüringischen Staaten darauf geeinigt hatten, die Vereinigung in Angriff zu nehmen, kam es bald darauf im Mai 1919 zur Vereinbarung des »Gemeinschaftsvertrages über den Zusammenschluß der Thüringischen Staaten«[49] zwischen den acht thüringischen Staa-

46 Alexander Hollerbach, »Verfassungsgeschichtlicher Hintergrund und Entstehung des Landes Baden-Württemberg«, in: Hartmut Maurer/Reinhard Hendler (Hg.), *Baden-Württembergisches Staats- und Verwaltungsrecht*, 1990, S. 17. – Gescheitert ist dann auch – letztlich an Meinungsverschiedenheiten der auch hier involvierten Besatzungsmächte – der Versuch, im Rahmen des informellen Daches der Konferenz der westdeutschen Ministerpräsidenten weiterzukommen.

47 Einzelheiten, vor allem auch zu den noch Jahrzehnte dauernden Auseinandersetzungen über die richtige Durchführung der Volksabstimmung, bei Hollerbach (FN 46), S. 17 ff. (23 ff.). Wichtige Dokumente in: *Der Kampf um den Südweststaat. Verhandlungen und Beschlüsse der gesetzgebenden Körperschaften des Bundes und des Bundesverfassungsgerichts*, 1952.

48 Vgl. dazu Helmuth Loening, *Verfassung des Landes Thüringen*, 3. Aufl. 1925, Einleitung: E. Rosenthal, »Die Entwicklung des Verfassungsrechts in den thüringischen Staaten seit November 1918 und die Bestrebungen zur Bildung eines Staates Thüringen«, *JöR* 9 (1920), S. 226 ff., mit Abdruck der Dokumente; Huber, *Verfassungsgeschichte*, Bd. 5 (FN 32), S. 1055.

49 Ges.-S. 1920, S. 1.

ten Sachsen-Weimar-Eisenach, Sachsen-Meiningen, Sachsen-Gotha, Sachsen-Coburg, Sachsen-Altenburg, Schwarzburg-Rudolstadt, Schwarzburg-Sondershausen und Reuß. Durch diesen Vertrag wurde für eine bundesstaatlich strukturierte Zwischenlösung ein »Zweckverband« zur Vorbereitung des Zusammenschlusses gebildet.[50]

Der Weg dazu verlief aber nicht ohne Hindernisse. Die dafür erforderliche Annahme des Vertrages in den Volksvertretungen der einzelnen Länder kam in Sachsen-Coburg nicht zustande: dort sprach sich eine Volksabstimmung im November 1919 mit großer Mehrheit gegen den Beitritt zur Thüringer Staatengemeinschaft aus. Coburg betrieb statt dessen die Angliederung an Bayern, die dann im Staatsvertrag vom 14. Februar 1928 verwirklicht wurde.[51] Der thüringische »Bundesstaat« der Übergangszeit konnte erst am 4. Januar 1920 in Kraft treten, nachdem auch Sonderprobleme mit Sachsen-Meiningen durch einen Nachtrag gelöst worden waren. Als Besonderheit war diesem Bundesstaat zur Beschleunigung der vollen Verschmelzung die Kompetenz zuerkannt worden, den Gemeinschaftsvertrag zu ändern und zu ergänzen. Davon wurde für die anstehende Hauptaufgabe, die Ausarbeitung einer Verfassung für das zukünftige Land Thüringen, Gebrauch gemacht und diese Aufgabe durch Gesetz vom 28. Januar 1920 dem obersten Organ der Gemeinschaft, dem Volksrat, übertragen. Dabei ergab sich dann das interessante und, wie sich 1949 zeigen sollte, nicht singuläre Problem, daß dieser Volksrat nicht vom Volk unmittelbar, sondern von den sieben Einzellandtagen gewählt worden war. Dem daraus entstehenden Bedenken, daß der Volksrat keine verfassunggebende Nationalversammlung sei, wurde dadurch Rechnung getragen, daß die von ihm erlassene Verfassung nur eine vorläufige sein sollte. § 73 der »Vorläufigen Verfassung« vom 12. Mai 1920[52] bestimmte auch, daß der erste Landtag von Thüringen sie innerhalb von sechs Monaten nach seinem Zusammentritt mit einfacher Stimmenmehrheit abändern könnte. Nach einer Verlängerung dieser Frist wurde am

50 Huber, *Verfassungsgeschichte*, Bd. 5 (FN 32), S. 1055 ff.

51 Schon damals wurde die auch im Fall des Saarbeitritts und 1990 für die Zeit zwischen dem 3. Oktober und dem 2. Dezember 1990 gewählte Lösung verwirklicht, daß bis zur Wahl des neuen Landtages drei Abgeordnete der coburgischen Landesversammlung in den bayerischen Landtag delegiert wurden.

52 Ges.-S., S. 67.

11. März 1921 das »Gesetz über die Abänderung und Bestätigung der Vorläufigen Verfassung des Landes Thüringen«[53] verabschiedet; in Zukunft bedurften Verfassungsänderungen der Zweidrittelmehrheit. Hervorgehoben sei noch, daß die Bildung des neuen thüringischen Landes nicht durch die Verfassung selbst, überhaupt nicht durch Willensakte der einigungsbereiten Staaten allein vorgenommen werden konnte, sondern dazu bedurfte es nach Art. 18 WRV eines Reichsgesetzes.[54]

3. Die klassische Parallele der ersten *deutschen Einigung 1870/71* bietet sich dem Vergleich[55] zunächst unter dem Zeitaspekt der innerhalb eines halben Jahres vollzogenen Vereinigung Nord- und Süddeutschlands an.[56] Noch auffälliger ist die grundsätzliche Übereinstimmung der maßgeblichen Rechtsgrundlagen, des Eintrittsartikels der Verfassung des Norddeutschen Bundes (Art. 79),[57] mit dem Beitrittsartikel des Grundgesetzes. Geht man jedoch den Einzelheiten des damaligen Einigungswerkes nach, wird deutlich, daß mit dem Eintrittsartikel nur das politische Programm gewiesen war, daß aber der konkrete Prozeß nicht nur komplizierter war, sondern sogar berechtigten Anlaß zur Frage gab, ob damals überhaupt ein Eintritt der süddeutschen Länder in den fortbestehenden Norddeutschen Bund oder nicht richtiger die Neugründung eines Deutschen Reichs stattgefunden hat.

Für das heutige Geschichtsbewußtsein dürfte es nicht zweifelhaft sein, daß mit den Vorgängen 1870/71 die Teileinigung von 1867, sozusagen programmgemäß, vervollständigt worden ist, daß das

53 Ges.-S., S. 53. Neubekanntmachung der »Verfassung des Landes Thüringen« am 26. März 1921 (Ges.-S., S. 57).

54 Vom 30. April 1920 (RGBl., S. 841). Darin wurde die Vereinigung zu einem Land Thüringen mit Wirkung vom 1. Mai 1920 an statuiert. Die in der Verfassung bestimmte Übergangszeit reichte bis zum 1. April 1923. Dazu im einzelnen Loening (FN 48), Einleitung. – Weitere Eingliederungsverträge in der Weimarer Zeit sind nachgewiesen bei Ernst Rudolf Huber, *Dokumente zur Deutschen Verfassungsgeschichte*, Bd. 3, 1966, Nr. 186 und 187.

55 Es geht hier um die inneren Aspekte der Einigung. Was das außenpolitische Umfeld betrifft, so bestand 1870/71 die für die neuere deutsche Geschichte singuläre Situation, daß praktisch keine Mitsprache anderer Mächte gegeben war. Zur Notwendigkeit der Zustimmung Österreichs oben II.2. und Huber, *Verfassungsgeschichte*, Bd. 3 (FN 23), S. 742 ff.

56 Zum Verlauf Huber, *Verfassungsgeschichte*, Bd. 3 (FN 23), S. 724 ff., 742 ff.

57 Text oben II. 2.

Deutsche Reich der durch Hinzutritt der süddeutschen Staaten erweiterte und umbenannte Norddeutsche Bund ist.[58] Aktuellen Bezug hat diese Geschichtsbetrachtung darin, daß die Kontinuität und Identität, in der sich die Bundesrepublik nach ganz herrschender Auffassung mit dem »Deutschen Reich« sieht, ihren Ausgangspunkt bei der Entstehung des Norddeutschen Bundes 1867 hat. Dieses rückblickende Verständnis befindet sich auch im Einklang mit der herrschenden Auffassung im Kaiserreich.[59] Und dennoch lassen die einzelnen Texte einen komplizierteren Vorgang erkennen, der nicht einfach in den Formen verlief, die man nach Art. 79 Verf. Norddeutscher Bund erwarten könnte. Ernst Rudolf Huber hat in seiner Darstellung der Einigung von 1871 einen deutlichen Kontrapunkt zu dieser Auffassung gesetzt: Seine eindringliche Analyse der Identitäts- und Kontinuitätsauffassung kulminiert in dem Diktum: »Selten ist eine wichtige staatsrechtliche These herrschend geworden, die auf ähnlich schwachen Gründen aufgebaut war.«[60]

Der maßgebliche Sachverhalt ist der folgende: Bei den entscheidenden Novemberverträgen bestand materiell Einigkeit darüber, daß der Norddeutsche Bund durch den Hinzutritt der Südstaaten in einen Deutschen Bund verwandelt und die Norddeutsche Bundesverfassung nach den erforderlichen Änderungen zur Deutschen Bundesverfassung erhoben werden sollte. Die Vorstellungen über den Weg dazu waren zunächst recht unterschiedlich.[61] Die tatsächliche Ausführung dieses Programms geschah dann nicht über den Weg der Behandlung und Annahme von Eintrittsanträgen,[62] sondern durch den Abschluß von drei aufeinanderfolgenden Verträgen. Die Weichen für deren Inhalt stellte der erste Vertrag vom 15. November 1870, dessen Titel schon aufschlußreich ist: »Vereinba-

58 Vgl. etwa die neueste Darstellung von Dietmar Willoweit, *Deutsche Verfassungsgeschichte*, 1990, § 34 I 2, S. 252; ohne nähere Problemerörterung Hans Boldt, *Deutsche Verfassungsgeschichte*, Bd. 2, 1990, S. 171.

59 Nachweise bei Huber, *Verfassungsgeschichte*, Bd. 3 (FN 23), S. 761, FN 87 und 88.

60 Huber, *Verfassungsgeschichte*, Bd. 3 (FN 23), S. 761.

61 Die Palette der Alternativen führt Huber, *Verfassungsgeschichte*, Bd. 3 (FN 23), S. 727, an. Die Pläne reichten vom schlichten Eintritt mit unveränderter Annahme der Verfassung über Eintritt mit Teil- oder Totalrevision bis zu verschiedenen Varianten von Neugründungsplänen.

62 Solche lagen von Baden und Hessen vor; sie blieben aber unerledigt liegen, nachdem der Weg über die Verfassungsverträge eingeschlagen wurde, Huber, *Verfassungsgeschichte*, Bd. 3 (FN 23), S. 761 f.

rung zwischen dem Norddeutschen Bunde, Baden und Hessen über die Gründung des Deutschen Bundes und Annahme der Bundesverfassung.«[63] Auch im Text taucht die Absicht einer Neugründung auf. »Nachdem Seine Majestät, der König von Preußen, im Namen des Norddeutschen Bundes, und … übereingekommen sind, über die Gründung eines Deutschen Bundes in Verhandlung zu treten, haben sich die Bevollmächtigten … über die anliegende Verfassung des Deutschen Bundes verständigt.« Acht Tage später, im Vertrag vom 23. November 1870 mit Bayern, war wiederum ausdrücklich von der Gründung eines Deutschen Bundes die Rede.[64] Und im abschließenden dritten Vertrag mit Württemberg waren die Vertragsschließenden »von dem Wunsch geleitet, die Geltung der zwischen dem Norddeutschen Bunde, Baden und Hessen vereinbarten Verfassung des Deutschen Bundes … auf Württemberg auszudehnen.«[65]

Hier interessiert die Kontroverse »Kontinuität oder Neugründung« nicht deshalb, um – entgegen der damals herrschenden Auffassung – nachträglich das »richtige historische Staatsrecht« aufzufinden. Angesichts der eindeutigen Option Bismarcks gegen die Gründung eines neuen Bundes[66] ist der diplomatisch und politisch

63 Huber, *Dokumente zur Deutschen Verfassungsgeschichte*, Bd. 2, 3. Aufl. 1986, Nr. 219, S. 326 ff.

64 Die entscheidenden Passagen (Huber, *Dokumente*, Bd. 2 [FN 63], Nr. 220, S. 329) lauten: »Seine Majestät, der König von Preußen, im Namen des Norddeutschen Bundes und Seine Majestät, der König von Bayern, haben … beschlossen, über die Gründung eines Deutschen Bundes Verhandlungen zu eröffnen …« »Die Staaten des Norddeutschen Bundes und das Königreich Bayern schließen einen ewigen Bund, welchem das Großherzogtum Baden und das Großherzogtum Hessen für dessen südlich vom Main gelegenes Staatsgebiet schon beigetreten sind und zu welchem der Beitritt des Königreichs Württemberg in Aussicht steht. Dieser Bund heißt der Deutsche Bund.« »Die Verfassung des Deutschen Bundes ist die des bisherigen Norddeutschen Bundes jedoch mit folgenden Abänderungen …«

65 Vertrag vom 25. November 1870 zwischen dem König von Preußen im Namen des Norddeutschen Bundes, dem Großherzog von Baden und dem Großherzog von Hessen einerseits und dem König von Württemberg andererseits (Huber, *Dokumente*, Bd. 2 [FN 63], Nr. 223, S. 336): Art. 1: »Württemberg tritt der zwischen dem Norddeutschen Bunde, Baden und Hessen vereinbarten, der Verhandlung d. d. Versailles den 15. November d. J. beigefügten Verfassung dergestalt bei, daß alle in dieser Verfassung enthaltenen Bestimmungen, mit den in nachstehendem Artikel 2 näher bezeichneten Maßgaben auf Württemberg volle Anwendung finden.«

66 Willoweit (FN 58), S. 252.

Rücksicht nehmende Text der Verträge nicht zwingend im Sinne der Auffassung Hubers auszulegen.[67] Wichtiger ist hier, daß die damals herrschende Auffassung und das historische Selbstverständnis den politischen Kern des geschichtlichen Vorgangs richtig treffen, insofern in einem umfassenderen Sinn historisch richtig sind. Die als Reichsverfassung neu bekanntgemachte Verfassung vom 16. April 1871 beruhte nicht »nur tatsächlich auf einer Umformung der Norddeutschen Bundesverfassung«,[68] sondern war auch in ihrer Substanz mit jener identisch. Die November-Verträge haben – außer der Dynamik und Ausstrahlungskraft des Kaisertitels als Verkörperung des nationalen Bewußtseins – keine neuen Verfassungsideen geschaffen. Sie haben bezeichnenderweise Reservats- und Sonderrechte der einzelnen süddeutschen Länder begründet und damit im Gegenzug die unveränderte Substanz der Verfassung im übrigen gerade bestätigt. Der Norddeutsche Bund war seiner politischen raison d'être nach von Anfang an ein wegen außenpolitischer Rücksichten unfertiges Deutschland, nicht ein eigenständiges Norddeutschland.

Die Rechtsform des Eintritts brachte bei dieser Ausgangssituation nicht nur die Anziehungskraft der wesentlich größeren Einheit und das bestehende Machtgefälle zum Ausdruck. Der Eintritt war auch die adäquate Einigungsform, wenn die politisch-verfassungsrechtliche Substanz des geeinten Staates schon vorgeprägt war. In diesem Sinne hat es sich bei der Einigung 1870/71 nicht um die Errichtung eines neuen deutschen Gesamtstaates, sondern um den Eintritt der süddeutschen Staaten in den erweiterten, umbenannten und reorganisierten Norddeutschen Bund gehandelt. Der im historisch-politischen Bewußtsein verankerte Begriff der »Reichsgründung« hat gleichwohl seine Berechtigung, wenn auch auf einem anderen als dem soeben behandelten Feld. Das Deutsche Reich von 1871 war in keiner relevanten Beziehung, weder in politischer noch in verfassungsrechtlicher Hinsicht, eine Alternative zum Norddeutschen Bund und deshalb auch nichts substantiell Neues. Das schließt nicht aus, daß die 1867 grundgelegten Elemente und Eigenarten

67 Daß die umfangreichen Regelungsprobleme eines Beitritts angemessen nicht in der Form eines einseitigen Antrags und einseitiger Annahme, sondern in der Raum für vielfältige Regelungen bietenden Form des Vertrags bewältigt werden, ist eine Erfahrung, die sich 1990 wiederholt hat.

68 So Huber, *Verfassungsgeschichte*, Bd. 3 (FN 23), S. 762.

erst nach der vollzogenen Einigung voll zum Tragen kamen und erst jetzt voll erlebt wurden. Wenn Huber[69] von einer Wesensveränderung spricht, die durch den Hinzutritt Süddeutschlands zu Norddeutschland bewirkt worden ist, so ist daran sicherlich richtig, daß erst im Miteinander und im Austausch zwischen Norden und Süden die angestrebte *deutsche* Gesellschaft und ihre staatliche Ordnung Realität werden konnten. Aber diese Ergänzungsbedürftigkeit gehörte von Anfang an zum Wesen des Norddeutschen Bundes; dieser hätte umgekehrt ein anderes, nicht gewolltes Wesen angenommen, wenn er programmwidrig auf lange Zeit nur norddeutscher Bundesstaat geblieben wäre.[70] Die 1867 fixierte und angelegte Ordnung hat sich nur deshalb realisiert, weil der Norddeutsche Bund durch den Hinzutritt der süddeutschen Staaten erweitert wurde. Ohne das Zusammenwirken der Traditionen, Lebensweisen und des unterschiedlichen politischen Selbstverständnisses in Nord- und Süddeutschland wäre das Kaiserreich nicht zum Deutschen Reich geworden.

Am historischen Beispiel läßt sich leicht ablesen, daß die völkerrechtliche Identität und die Beibehaltung der verfassungsrechtlichen Substanz allein noch nichts Endgültiges über die politische Identität einer vergrößerten Einheit aussagen. Die politische Kultur, die gelebte Verfassung und die Verwirklichung der Rechtsordnung im Alltag hängen – natürlich auch – von den Haltungen, Erfahrungen und den Mentalitäten der Menschen ab, die diese Ordnungen bilden und ausfüllen. Und nicht zuletzt deshalb sind für den politischen Gesamtvorgang einer Einigung auch die quantitativen Relationen zwischen aufnehmendem und hinzutretendem Teil und das Maß der Unterschiedlichkeit der Lebensverhältnisse und der daraus resultierenden Integrationsbedürfnisse von Bedeutung. Dies ist am Vergleich zwischen Saarbeitritt und den beiden deutschen Einigungen zu illustrieren.

69 *Verfassungsgeschichte*, Bd. 3 (FN 23), S. 764 f.

70 Dann wäre der Norddeutsche Bund zum verlängerten Arm Preußens geworden, während mit der Einigung ein Schritt in Richtung auf ein Aufgehen Preußens in Deutschland getan wurde; zu diesen Formeln Huber, ebd., S. 765.

IV. Der Beitritt des Saarlands 1957

1. Der vergleichende Blick im Jahre 1990 mußte in erster Linie auf den eigenen Präzedenzfall und durchgeführten Anwendungsfall des Art. 23 GG, auf den *Beitritt des Saarlandes* im Jahr 1957, fallen.[71] Langwierig und komplex ist auch der Gesamtvorgang dieses Beitritts gewesen. Vor allem findet sich in der Entwicklung zwischen 1947 und 1958 die außenpolitische Einbindung und Überlagerung des inneren Beitrittsprozesses in besonders ausgeprägtem Maße. Gegründet hatte die Verfassung von 1947 die Zukunft des Landes »auf den wirtschaftlichen Anschluß des Saarlandes an die französische Republik und die Währungs- und Zolleinheit mit ihr, die einschließt die politische Unabhängigkeit des Saarlandes vom Deutschen Reich ...«.[72] In der Präambel der Verfassung wurde außerdem auf ein internationales Statut vertraut. Diese Europäisierung des Saarlandes strebte denn auch der deutsch-französische Vertrag von 1955 in seinem Art. 1 ausdrücklich an:

»Ziel der ins Auge gefaßten Lösung ist es, der Saar im Rahmen der westeuropäischen Union ein europäisches Statut zu geben.« Die folgende Bestimmung: »Nachdem dieses Statut im Wege der Volksabstimmung gebilligt worden ist, kann es bis zum Abschluß eines Friedensvertrages nicht mehr in Frage gestellt werden«, erwies sich dann als Stolperstein auf diesem Weg. Die im Vertrag in den Nebensatz verwiesene und rhetorisch als feststehend angesehene Billigung durch das Volk erhielt das Statut nicht. Das zur Willensbekundung aufgerufene Volk entschied anders, als es in der Sphäre der Regierungspolitik für richtig und notwendig gehalten worden war. Man mag darin einerseits den Lehrbuchsatz bestätigt und bekräftigt finden, daß das Volk nicht vorhersehbar entscheidet. Dieses unvermeidliche Risiko, das mit jedem Aufruf an das Volk verbunden ist,

71 Dazu ausführlich Wilfried Fiedler, Die Rückgliederungen des Saarlandes an Deutschland – Erfahrungen für das Verhältnis zwischen Bundesrepublik und DDR?, *JZ* 1990, S. 668. Aus der früheren Literatur zusammenfassend Werner Thieme, Die Entwicklung des Verfassungsrechts im Saarland von 1945 bis 1958, *JöR N.F.* 9 (1960), S. 423 ff.; Walter Henn, *Die verfassungsrechtliche Lage des Saarlandes*, 1959; Wolfgang Wildhofer, *Die Eingliederung des Saarlandes in die Bundesrepublik Deutschland*, 1959.

72 Präambel der Verfassung des Saarlandes vom 15. Dezember 1947 (Amtsblatt, S. 1077).

mag geeignet sein, verbreitete Vorbehalte gegen direkte Entscheidungen des Volkes zu bestätigen. Andererseits dürfte es aber auch unter jenen Skeptikern kaum jemanden geben, der diese eigenständige Willensentscheidung des saarländischen Volkes inhaltlich kritisieren würde.

Zur Korrektur der Situation und zur Verfolgung des Wegs zum Beitritt des Saarlandes bedurfte es wiederum des charakteristischen Doppelschrittes, nämlich eines weiteren deutsch-französischen Vertrages,[73] und der bilateralen Akte, des Beitrittsbeschlusses des saarländischen Landtags[74] und des Bundesgesetzes.[75] War der Kern der Sonderlage des Saarlandes nach 1945 nicht nur seine getrennte selbständige Existenz gegenüber der Bundesrepublik, sondern positiv sein wirtschaftlicher Anschluß an Frankreich gewesen, so mußte das Hauptproblem nach dem Beitritt die Rückabwicklung und Entflechtung der wirtschaftlichen Einbindung und der Währungs- und Zollunion sein. Für die (gemäß Art. 3 des Saarvertrags) vereinbarte wirtschaftliche Übergangszeit war demgemäß der Hauptteil der sehr umfassenden Übergangsregelungen im deutsch-französischen Vertrag geregelt. Dem Eingliederungsgesetz selbst blieb die demgegenüber geringere Aufgabe, die Einführung des Bundesrechts zu regeln.[76] Die gesamte Überleitungsrechtsetzung war, obwohl die Wirtschafts- und Gesellschaftsordnung im Saarland und in der

73 Vertrag zwischen der Bundesrepublik Deutschland und der Französischen Republik zur Regelung der Saarfrage vom 27. Oktober 1956, Zustimmungsgesetz vom 22. Dezember 1956 (BGBl. II, S. 1589): »Frankreich ist damit einverstanden, daß sich der Anwendungsbereich des Grundgesetzes der Bundesrepublik Deutschland vom 1. Januar 1957 ab auf das Saarland erstreckt.«

74 Vom 14. Dezember 1956 (ABl. Saar, S. 1645). Es folgte eine umfassende Änderung der saarländischen Verfassung vom 20. Dezember 1956, in der alle auf eine Unterscheidung von Saarländern und Nicht-Saarländern hinweisenden Vorschriften aufgehoben wurden (ABl. Saar, S. 1657).

75 Bundesgesetz über die Eingliederung des Saarlandes vom 23. Dezember 1956 (BGBl. I, S. 1011). – Die formelle Verknüpfung beider Aspekte geschah durch § 1 Abs. 1 Satz 2 des Eingliederungsgesetzes: »Die Bestimmungen dieses Gesetzes und des Vertrages zwischen der Bundesrepublik Deutschland und der Französischen Republik zur Regelung der Saarfrage (Saarvertrag) bleiben unberührt.«

76 Der Saarvertrag (FN 73) umfaßt mit seinen Anlagen 242 Seiten im BGBl. und erinnert insoweit dem Umfang nach an den Einigungsvertrag. § 15 Eingliederungsgesetz enthält zunächst in 19 Ziffern nur eine begrenzte Liste von sogleich in Kraft gesetzten Bundesgesetzen; am Ende der Übergangszeit wurde dann 1959 ein Großteil der Bundesgesetze eingeführt (BGBl. I, 1957, S. 1255; I, 1959, S. 313, 332,

Bundesrepublik im Grundsatz nicht differierten, umfangreich und nahm mehrere Jahre in Anspruch. Es handelte sich um eine Rechtsangleichung innerhalb des grundsätzlich gleichen Gesellschafts- und Wirtschaftssystems westlicher Industrieländer,[77] nicht um Gesellschafts- und Systemgrenzen überspringende Angleichungsprozesse. Die – verkürzte – formelle Übergangszeit dauerte bis zum 5. Juli 1959. Am Tage danach, also erst am Ende des Übergangsprozesses, wurde die D-Mark eingeführt.[78]

2. Läßt sich die Rechtstechnik des Beitritts trotz der Unterschiede durchaus mit der Einigung im Jahre 1990 in Parallele setzen, so gilt dies nicht für die politische Gesamtbedeutung und die Folgeprobleme des Vorgangs. Der Beitritt des Saarlandes hat schon von den zahlenmäßigen Dimensionen her nicht die innere Struktur der Bundesrepublik und schon gar nicht ihr politisches Selbstverständnis verändert und verändern können. Es war der Beitritt eines recht kleinen zusätzlichen Teils zu der in jeder Hinsicht identisch bleibenden Bundesrepublik. Die Einigung 1990 ist insofern nicht nur die vergrößerte Ausgabe des damaligen Beitrittsvorgangs, 1990 nicht nur sein »großer Bruder«. Die Integrationsprobleme auf dem Weg zur Angleichung der Lebensverhältnisse sind qualitativ anders, ebenso die Angleichungsprobleme beim Aufeinandertreffen zweier grundsätzlich unterschiedlicher Gesellschafts- und Rechtssysteme. Die Wiedervereinigung der 40 Jahre lang getrennten Deutschen wird die politische Identität der Bundesrepublik nicht unberührt lassen; dies bedarf der näheren Darlegung.

Ohne Zweifel ist das völkerrechtliche Subjekt Bundesrepublik durch den Beitritt das gleiche geblieben, insofern besteht Identität. Auch entspricht es den politischen Grundentscheidungen und der

335, 339, 361); s. dazu auch Rolf Grawert, Rechtseinheit in Deutschland: *Der Staat* 30 (1991), S. 209 (221 f.).

77 Die Aufgabe ist insoweit der Rechtsvereinheitlichung in der EG vergleichbar.

78 VO zur Einführung der Deutschen Mark im Saarland vom 29. Juni 1959 (BGBl. I, S. 402). – Das Eingliederungsgesetz (FN 75) enthielt in § 9 eine bemerkenswerte Schutzvorschrift für die saarländische Wirtschaft: Danach bedurften bis zum Ablauf eines Jahres nach Beendigung der Übergangszeit Gewerbetreibende von außerhalb des Saarlandes für die Aufnahme einer gewerblichen Tätigkeit im Saarland einer besonderen Erlaubnis, die versagt werden konnte, wenn die Aufnahme der gewerblichen Tätigkeit den schutzwürdigen Interessen der saarländischen Wirtschaft oder eines ihrer Zweige zuwiderlief.

politischen Gesamtlage des Jahres 1990 ebenso wie Form und Wesen des Beitrittsweges, daß die politische und verfassungsrechtliche Ordnung der bisherigen Bundesrepublik als Ordnung des aufnehmenden Staates im geeinten Deutschland im Grundsatz und vor allem in der Substanz weiter gilt: der Beitritt hat zur Verfassungs- und Rechtsordnungserstreckung geführt.[79] Gleichwohl trifft die verbreitete Vorstellung, das geeinte Deutschland werde die bloß vergrößerte, in den Raum und zu mehr Bürgern erstreckte Bundesrepublik der vergangenen 40 Jahre sein, nicht zu. Die Erwartung einer unveränderten politischen Identität dürfte sich als Illusion erweisen, das Selbstverständnis einer zäsurlosen Weiterentwicklung zur Vortäuschung einer Scheinidentität führen.

Mit den 17 Millionen neuen Bürgern hat sich die personelle und subjektive Basis des Staates verändert, ähnlich wie 1871, als die Süddeutschen zu den Norddeutschen hinzukamen. Ob das geeinte Deutschland nun umgekehrt protestantischer, ost- und norddeutscher wird, wie oft angenommen wird, mag hier offenbleiben; jedenfalls tragen die 17 Millionen andere geschichtliche Erfahrungen mit sich. Es ist zu vermuten, daß sie die gleichen Werte und Prinzipien etwa des Grundgesetzes vor dem Hintergrund ihrer Erfahrungen und Einstellungen nicht deckungsgleich verstehen werden wie die Bürger der alten Bundesrepublik. Wenn sich eine gelebte Rechtsordnung oder eine politische Kultur, wenn sich gesellschaftliches Bewußtsein und politisches Selbstverständnis immer auch aus der Anverwandlung von Prinzipien und Normen durch die konkreten Personen ergeben, dann kommen mit den neuen Bürgern notwendigerweise andere und neue Akzente hinzu. Diese Überlegungen gehen – und dies sei zur Vermeidung von Mißverständnissen betont – nicht von der Erwartung aus, daß sich bei der Integration der beiden deutschen Teile bemerkenswerte Elemente des früheren politisch-gesellschaftlichen Systems der DDR behaupten oder zur Geltung bringen können oder die zukünftige Bundesrepublik in irgendeiner Weise zu einer Mischform zwischen den beiden diame-

79 Diese Beurteilung schließt nicht aus, daß die Verfassungsänderungen aus Anlaß des Beitritts als eine der umfassendsten Verfassungsänderungen des Grundgesetzes gelten müssen; dazu Rainer Wahl, »Die Verfassungsfrage nach dem Beitritt«, *Staatswissenschaften und Staatspraxis* (1990), S. 468 ff.; denn auch durch diese gewichtige Verfassungsänderung ist – natürlich – die Substanz des GG unangetastet geblieben.

tral verschiedenen Gesellschaftssystemen werden könnte. Nicht um die Amalgamierung von sozusagen außenpluralistisch unterschiedlichen Alternativen geht es, sondern um die unterschiedliche Interpretation derselben freiheitlich-privatwirtschaftlichen Prinzipien, um in diesem Sinne binnenpluralistisch unterschiedliche Akzentsetzungen.

Notwendigerweise verändert hat sich durch die Einigung auch die Stellung des vergrößerten Deutschlands im außenpolitischen Umfeld. Die Bundesrepublik ist souverän geworden; ihre gewisse Mediatisierung infolge der Rechte der vier Mächte und die dadurch bewirkte Abschirmung gegenüber manchen politischen Entscheidungsbedürfnissen sind vorbei. Von der souveränen und vergrößerten Bundesrepublik wird von der politischen Umwelt in allen Fragen eine selbständige Stimme erwartet.[80] Was darüber hinaus das Selbstverständnis der Deutschen betrifft, so ist es in Zukunft nicht mehr primär negativ durch die Teilung geprägt, sondern jetzt ist die positive Orts- und Selbstbestimmung dieses Volkes als Nation einerseits, als Teil Europas und Glied der Weltgemeinschaft andererseits gefordert und ermöglicht. Insgesamt werden die vielfältigen Integrationsprozesse zwischen den beiden Teilen und die abgeforderte Neubestimmung der Rolle der Bundesrepublik in der politischen Umwelt dazu führen, daß die Einigung nicht nur eine vergrößerte Bundesrepublik hinterläßt, sondern die maßgebliche Zäsur der Nachkriegsgeschichte mit in die Tiefe reichenden Auswirkungen auch auf ihre politische Identität darstellt.

V. Verfassungsgebende Gewalt und Einigung

Auf der Ebene der *Verfassung(sgebung)* ist ein Einigungsvorgang auf dem Weg der Fusion typischerweise (wenn nicht gar notwendigerweise) mit einer originären Verfassungsgebung verbunden, so wie umgekehrt mit der Beitrittslösung und dem bei ihr vorausgesetzten Gefälle zwischen den bisherigen Teilen grundsätzlich die Verfas-

80 Golfkrise und Golfkrieg haben unerwartet rasch gezeigt, daß der Bundesrepublik zur Findung einer der neuen Situation angemessenen außenpolitischen Rolle keine Zeit gelassen wird. Wie kein anderes Ereignis haben sie aber auch erwiesen, daß es mit der Fortschreibung des Selbstverständnisses der vergangenen 40 Jahre nicht sein Bewenden haben kann.

sungserstreckung (ohne oder mit Revisionsvorbehalt) kennzeichnend ist.

Eine Verbindung mehrerer formal gleichberechtigter Staaten zu einem neuen Bundesstaat fand 1867 in der besonderen Form der Staatsgründung durch Verfassungsgebung statt.[81] In anderen Fällen, insbesondere bei Länderneugliederungen innerhalb eines Bundesstaates, ging dagegen die Bildung des Staates der Verfassungsgebung voraus.[82] 1870/71 wurde die Verfassung des Norddeutschen Bundes mit wenigen Änderungen zur Verfassung des Deutschen Reiches. Der Substanz nach handelte es sich um eine Verfassungserstrekkung, worin wiederum der Kern des Einigungsvorgangs, der Eintritt der süddeutschen Staaten (und nicht die Gründung eines neuen Staates), sichtbaren Ausdruck fand. Wie weit die »Reichsgründung« 1870/71 von den typischen verfassungsrechtlichen Vorgängen einer Neugründung entfernt war, zeigt der Vergleich mit den Abläufen 1866/67. Damals waren die maßgeblichen verfassunggebenden Faktoren in der komplizierten Entstehungsgeschichte des Norddeutschen Bundes vereinigt, so die verbündeten Regierungen für den monarchischen Faktor der konstitutionellen Staaten, der vom norddeutschen Gesamtvolk direkt gewählte Verfassungsberatende Reichstag, die Bevölkerung der Einzelstaaten, vertreten durch die Landtage, die der zwischen dem Reichstag und den verbündeten Regierungen konsentierten Verfassung zustimmten. 1870/71 dagegen fielen alle wesentlichen Entscheidungen, auch über die Verfassungsänderungen, in den zwischen den Regierungen geschlossenen Novemberverträgen. »Sowohl dem norddeutschen Reichstag wie den süddeutschen Landtagen blieb nur die Akklamation zu den vorgelegten Beitrittsverträgen.«[83] Ist die Fusion im Kern ein Vorgang der Verfassungsgebung, der notwendigerweise eine zentrale Mitwirkung der Parlamente (und meist auch des Volkes bei der Wahl einer verfassunggebenden Versammlung) verlangt, so ist der

81 Huber, *Verfassungsgeschichte*, Bd. 3 (FN 23), S. 669: eines der klassischen Beispiele für Staatsgründungen, die sich im Akt der Verfassungsschöpfung vollzogen haben.

82 So bei der Entstehung des Landes Baden-Württemberg (vgl. dazu die Nachweise oben FN 46). Auch in Thüringen bestimmte das für die Bildung des Landes maßgebliche Reichsgesetz das Inkrafttreten der Vereinigung (am 1. Mai 1920) auf ein Datum vor dem Inkrafttreten der vorläufigen Verfassung (22. Mai 1920).

83 Willoweit (FN 58), § 34 II 2, S. 255.

Beitritt die Stunde der Exekutiven, die die Beitrittsbedingungen aushandeln und dem Parlament zur Ratifizierung vorlegen. Dies wiederholte sich 1990, als der nach Umfang und Inhalt umfassende Einigungsvertrag von den Regierungen geschlossen wurde[84] und die Parlamente allein in der typischen Ratifikationslage, die keinerlei inhaltliche Abänderungen zuließ, erreichte.[85]

Für die weiterreichende grundsätzliche Frage, ob bei einem Beitritt vom Gewicht der Einigung im Jahre 1990 eine (Neu-)Betätigung der verfassunggebenden Gewalt des Volkes erforderlich ist oder nicht,[86] läßt sich aus historischen Parallelen wenig ablesen. Die Vorgänge im 19. Jahrhundert können dazu wenig Aufschluß geben, da für den Konstitutionalismus im 19. Jahrhundert die Regeln der demokratischen Verfassungsgebung nicht maßgeblich waren.[87] Aber auch abgesehen davon ist die Betätigung der verfassunggebenden Gewalt stärker von der jeweils bestehenden inneren und äußeren politischen Lage abhängig und immer abhängig gewesen, als es die abstrahierende Theorie der demokratischen Verfassungsgebung suggerieren möchte. So sind nicht frühere historische Situationen, sondern die Singularitäten des Jahres 1949 und ihre normative Verarbeitung in der Präambel sowie in Art. 23 und 146 GG zu befragen, wenn zu beurteilen ist, ob es im Zusammenhang der deutschen Einigung zu einer Betätigung der verfassunggebenden Gewalt oder zu einer grundsätzlichen Verfassungsdiskussion kommen soll.[88]

84 In bewußter Parallele zu den Novemberverträgen von 1866 spricht Klaus Stern vom Wahlvertrag (vom 3. August) und vom Einigungsvertrag (vom 31. August) als von den »August-Verträgen«. in: Stern/Schmidt-Bleibtreu (FN 10), S. 3.

85 Daß dies auch im Hinblick auf die im Einigungsvertrag enthaltenen Verfassungsänderungen verfassungsgemäß war, hat das BVerfG in seinem Beschluß über die Klage von acht Abgeordneten gegen den Einigungsvertrag vom 18. September 1990 ausgesprochen (BVerfGB 82. 316).

86 So Ulrich Storost, Das Ende der Übergangszeit. Erinnerung an die verfassunggebende Gewalt, *Der Staat* 29 (1990), S. 321 ff.

87 Ebensowenig läßt sich die Tatsache, daß bei der italienischen Einigung im 19. Jahrhundert vielfach Plebiszite beim Hinzutritt einzelner Teile zum Königreich Piemont-Sardinien stattgefunden haben, unmittelbar vergleichend heranziehen, weil diese Einigungsvorgänge nicht durch Verfassungsbestimmungen gesteuert waren.

88 Zur Problemstellung Wahl (FN 79).

VI. Einigung und Eigentumsordnung: Das Beispiel Frankreich 1814

1. Im intensiv rechtsgeprägten Alltag westlicher Industriegesellschaften kann sich staatliche Einheit nicht mit der Einheit auf der Verfassungsebene begnügen: Eine wichtige Voraussetzung für die letztlich angestrebte Einheit der Lebensverhältnisse ist die Rechtseinheit. Mit ihr beschäftigen sich nahezu alle Regelungen des Einigungsvertrags, an der Spitze die Grundsatzregelung des Art. 8: »Mit dem Wirksamwerden des Beitritts tritt in dem in Art. 3 genannten Gebiet Bundesrecht in Kraft, soweit es nicht in seinem Geltungsbereich auf bestimmte Länder oder Landesteile der Bundesrepublik Deutschland beschränkt ist und soweit durch diesen Vertrag, insbesondere dessen Anlage I, nichts anderes bestimmt wird.« Es folgt in Anlage II eine Liste von fortgeltendem Recht der Deutschen Demokratischen Republik. Daß sich staatliche Gebietsveränderungen zugleich auf die gesamte Rechtsordnung auswirken, war in früheren Zeiten nicht selbstverständlich. Solange etwa noch in den Zeiten des Absolutismus innerhalb der (nur) in der zentralen Instanz straff geführten Staaten das regionale und lokale Recht grundsätzlich Vorrang hatte, das überkommene Recht einer Landschaft dessen aufrechterhaltenen Eigenarten prägte, führten gebietliche Neuordnungen, selbst Annexionen, nicht notwendigerweise zu umfassenden Rechtsänderungen in den neuen Gebieten, jedenfalls nicht für die Masse des Rechtsstoffes. Noch im 19. Jahrhundert wurden etwa bei den preußischen Annexionen berechtigte Eigentümlichkeiten der einverleibten Länder geschont, wenn auch der Zug zur Rechtseinheit deutlicher wurde.[89]

Das Recht der Gegenwart als eines der Medien der Steuerung der Industriegesellschaft hat wegen dieser dominant gewordenen Funktion sehr starke Bedürfnisse nach Einheitlichkeit. Dem wird der Ei-

89 Im preußischen Patent wegen Besitznahme des vormaligen Kurfürstentums Hessen vom 3. Oktober 1866 (GS 1866, S. 594) heißt es: »Wir wollen die Gesetze und Einrichtungen der bisherigen Kurhessischen Lande erhalten, soweit sie der Ausdruck berechtigter Eigentümlichkeiten sind und in Kraft bleiben können, ohne den durch die Einheit des Staats und seiner Interessen bedingten Anforderungen Eintrag zu tun«; ähnlich lauteten die Patente im Hinblick auf Hannover, Nassau und die Stadt Frankfurt. – Ausführlich zur Herstellung von Rechtseinheit im 19. Jahrhundert mit weiteren Vergleichsfällen Grawert (FN 76), S. 217 ff.

nigungsvertrag gerecht. Dabei darf über den vielen, auf den ersten Blick überwältigend vielen Ausnahmen von der Rechtseinheit und den Übergangsregelungen das Gewicht der einen Grundregel des Art. 8 Einigungsvertrag nicht übersehen werden. In ihr ist die rechtspolitische Grundentscheidung enthalten, die dem Weg des Beitritts und der Verfassungserstreckung angemessen ist – nämlich die Grundentscheidung für die prinzipielle Erstreckung der gesamten Rechtsordnung der Bundesrepublik auf die neuen Bundesländer. Dabei fällt – etwa im Vergleich zum Beitritt des Saarlands 1957 – auf, daß es grundsätzlich keine Übergangszeit gibt, sondern die Rechtseinheit »mit dem Wirksamwerden des Beitritts« sofort beginnt. Dies mag auf den ersten Blick angesichts der grundsätzlichen und tiefgreifenden Gegensätze zwischen den Rechtsordnungen der beiden Teile überraschen. Die nähere Betrachtung erweist jedoch, daß gerade wegen dieser diametralen Unterschiede eine Übergangszeit oder irgendeine Mischform zwischen beiden Rechtsordnungen nicht möglich war. Besonders deutlich zeigt sich nämlich bei der Konfrontation der beiden Rechtsauffassungen der sozialistischen Länder einerseits und der freiheitlich-rechtsstaatlichen Demokratien andererseits, daß es einen dritten Weg oder eine inhaltliche Verbindung zwischen beiden nicht geben kann. Die Rechtsauffassung im kommunistischen Staat[90] hat die Brücke zur gemeinen europäischen Rechtstradition der Aufklärung, des Naturrechts und der im Recht fundierten Freiheit des einzelnen abgebrochen, so daß auf dem Gebiet des Rechtsdenkens und der grundsätzlichen Rechtsinstitute keine Bausteine für eine zukünftige gemeinsame Rechtsordnung übrigbleiben. Die prinzipielle Differenz in Gehalt und Substanz des Rechts während der 40 Jahre der Teilung mußte zur ebenso prinzipiellen Zäsur der Rechtsordnung auf dem Gebiet der ehemaligen DDR, zur grundsätzlichen Rechtsordnungserstrekkung uno actu führen.[91] Die vielen Ausnahmen und Überleitungsregelungen im Einigungsvertrag stellen diese Grundentscheidung nicht in Frage. Ihrem Inhalt nach zielen sie nicht auf Mischformen zwischen beiden Rechtsordnungen oder zwischen einzelnen Rechtsgrundsätzen, sondern auf Schritte in die von der Rechtsordnungserstreckung des Art. 8 Einigungsvertrag gesetzten Richtung.

90 So der Titel der Schrift von Ernst-Wolfgang Böckenförde aus dem Jahr 1967.
91 So auch Grawert (FN 76), S. 224 f.

Der Gesamtvorgang der Herstellung der Rechtseinheit im geeinten Deutschland läßt sich deshalb auch nicht als Rechtsvereinheitlichung im eigentlichen Sinne des Wortes begreifen. Denn diese geht – so etwa im Rahmen der EG – von der grundsätzlichen inhaltlichen Gleichberechtigung der Rechtsordnungen aus, die in Schritten der wechselseitigen Anpassung aufeinander zugeführt werden. Der Einigungsvertrag sieht demgegenüber eine einseitige Rechtsangleichung in der Form der primären und sofortigen Rechtsordnungserstreckung und der sekundären und temporären Ausnahmeregelungen vor.[92] Dieses notwendige Vorgehen schließt gravierende Integrationsprobleme nicht aus, sondern gerade ein. Sie, die als bloße Übergangsprobleme zu bezeichnen ein trügerischer Euphemismus wäre, stellen sich aber auf den Boden der Verfassungs- und Rechtsordnung der Bundesrepublik: dies ist der Kern des Vorgangs der Rechtsordnungserstreckung.[93]

2. Rechtsangleichung ist Teil des tiefgreifenden Prozesses der Angleichung der zuvor nicht minder entgegengesetzten Gesellschaftssysteme. Eine bedeutsame Schnittmenge beider Vorgänge betrifft die Eigentumsordnung und hier insbesondere die Behandlung der breitflächig vorgenommenen Enteignungen seit 1945 auf dem Territorium der DDR, durch die eine Grundlage für die sozialistische Gesellschaftsordnung gelegt werden sollte. Eine – im einzelnen recht komplizierte und vermittelte – Vergleichssituation für diese Problematik besteht in der nachrevolutionären französischen Verfassungsgeschichte der Jahre nach 1814. In ihrer gesellschaftlichen Tiefendimension hatte die Französische Revolution im Gewand der politischen Revolution zugleich zum grundlegenden Wandel der Gesellschaftsordnung, zur Transformation der ständisch-feudalen Ordnung zur staatsbürgerlichen Gesellschaftsordnung geführt. Die Aufhebung der feudalen Rechte hatte nach einer anfänglichen Peri-

92 Das explizite Scheitern des als Gegenmodell zum bürgerlichen Recht konzipierten sozialistischen Rechts verbietet es auch, die Rechtsänderungs- und Rechtsverwandlungsprozesse in den neuen Bundesländern als Rezeption im überkommenen Sinne zu verstehen. Bei Rezeptionsvorgängen wird ein anderes und fremdes Recht übernommen, jedoch eingefügt, anverwandelt und aufgenommen in die eigene Tradition. Rezeptionen gehen von der Vorbildlichkeit von Rechtsmaterien des fremden Rechts aus, ohne das eigene Recht und die eigene Rechtstradition zu negieren.

93 Näheres zur Bedeutung des Einigungsvertrages für den Prozeß der Rechtsangleichung Grawert (FN 76), S. 222 ff.

ode der Ablösung gegen Entschädigung im Verlaufe der sich beschleunigenden und radikalisierenden Revolution zu umfangreichen Enteignungen und zum Verkauf zahlreicher Grundstücke als Nationalgüter an neue Eigentümer geführt. Für die (adeligen) Anhänger der zurückgekehrten Bourbonen gehörte die Forderung nach Restitution und Wiedergutmachung des erlittenen Unrechts zum selbstverständlichen Programm der Restauration. Durchsetzen konnten sie sich damit nicht. Zwei Texte bringen dies anschaulich zum Ausdruck. In dem vom alten napoleonischen Senat drei Tage nach der Erklärung über dessen Abdankung ausgearbeiteten Entwurf einer Constitution française vom 6. April 1814 heißt es: »24 ... Les ventes des domaines nationaux sont irrévocablement maintenues.«[94] Und die endgültige Chartre constitutionnelle française vom 4. Juni 1814 statuiert: »9. Toutes les propriétés sont inviolables, sans aucune exception de celles, qu'on appelle nationales, la loi mettant aucune différence entre elles.«[95] Die Veräußerung der Nationalgüter blieb unwiderruflich. Es gab keine Rückabwicklung der grundlegenden Veränderung der Gesellschaftsordnung. Die Restauration von 1814 war – nur – eine politische, nicht aber eine gesellschaftliche.[96]

Der vergleichende Blick auf die Eigentumsverhältnisse 1814 und 1990 wird – zu Recht – grundlegende Unterschiede wahrnehmen. 1814 erwies sich, daß der Schritt von der feudal-ständischen Gesellschaft zur staatsbürgerlichen Ordnung unwiderruflich war. Diese Basis der modernen Entwicklung sollte nicht wieder verlassen werden. 1990 zeigte sich, daß das als Gegenmodell zu ebendieser staatsbürgerlichen Ordnung konzipierte, sozialistische Gesellschafts- und Wirtschaftssystem gescheitert war, daß ein Schritt über diese bürgerliche Differenzierung der Gesellschaftsbereiche ermöglichende und dadurch freiheitliche Ordnung hinaus nicht ein Fortschritt, sondern ein Rückschritt zu einer entdifferenzierten Gesellschafts-

94 Text bei Altmann (FN 24), S. 203; Übersetzung bei Karl Heinrich Ludwig Pölitz, *Die europäischen Verfassungen seit dem Jahre 1789*, Bd. 2, 2. Aufl. 1833, S. 85.

95 Text bei Altmann (FN 24), S. 217; Übersetzung bei Pölitz (FN 94), S. 89.

96 Immerhin wurde 1825 unter Karl X. ein Gesetz über die Entschädigung der Emigranten verabschiedet, auf dessen Grundlage 25 000 Entschädigungsanträge, die 70 000 Personen betrafen, angenommen wurden, Gilbert Ziebura, *Frankreich 1789-1870*, 1979, S. 1131.

ordnung war.[97] Daß die Enteignungen nach 1945, die nur zum geringen Teil etwas mit der Bodenreform, vergleichbar den Programmen in westdeutschen Landesverfassungen nach 1945, zu tun hatten, von diesem prinzipiellen Negativurteil umfaßt sind, liegt auf der Hand. Anders als 1814 ist in ihnen nichts Erhaltenswertes oder Grundlegendes für die weitere Ordnung enthalten. Wenn gleichwohl der Blick nach 1814 eine – darauf begrenzte – Parallele nahelegt, dann liegt dies im enormen tatsächlichen Umfang der damals erwogenen und heute geforderten Restitution. Wo die Veränderungen der Eigentumsverhältnisse Teil einer umfassenden Verwandlung des Gesellschaftssystems waren, drängt sich die Frage auf, ob die 1990 erforderliche Restitution im Wege der Rückabwicklung der kaum zu überblickenden vielen Einzelfälle vor sich gehen kann oder ob nicht entsprechend dem Systemcharakter der Enteignungen die Wiedergutmachung ebenfalls durch vom Einzelfall abstrahierende, generelle und typisierende Regelung getroffen werden soll. Der weitere Blick auf die tiefgehenden und immensen Rechtsänderungsprozesse bei der davorliegenden Transformierung der feudal-ständischen in die staatsbürgerliche Gesellschaftsordnung während der Französischen Revolution und der napoleonischen Zeit läßt die Breite und Tiefe der heute anstehenden Probleme der Rück-Verwandlung der sozialistischen in die bürgerlich-freiheitliche Eigentumsordnung erkennen. Zeitgerechte Lösungen zu finden ist Aufgabe der Gegenwart. Der historische Vergleich – dies zeigt sich hier in zugespitzter Form – liefert keine Schnittmuster und Vorbilder; er eröffnet aber Verständnishorizonte.

97 Dazu eindringlich Gerd Roellecke, »Sozialismus und deutsche Wiedervereinigung«, *Der Staat* 29 (1990), S. 481 ff.

IV. Auswirkungen der Europäisierung auf die deutsche Rechtsordnung

13. Zwei Phasen des Öffentlichen Rechts nach 1949

I. Die Ausgangsthese

Die zweite Hälfte des 20. Jahrhunderts hat einen der größten Wandlungsprozesse der politischen Welt und der politischen Einheiten gesehen. In der Folge davon haben sich die Staatenwelt und die Rechtsordnungen grundlegend verändert, und zwar trifft dies zum einen die Staaten, die europäische Gemeinschaft und die internationalen Organisationen und zum anderen das innere Staatsrecht, das Völkerrecht sowie die aus beiden gebildete Gesamtkonstellation. Dies ist an anderer Stelle behandelt.[1] Hier interessieren die bedeutenden Auswirkungen dieser epochalen Entwicklung auf die *Rechtsordnungen* in den Staaten. Aus einem wenig verbundenen Nebeneinander staatlich-nationaler Rechtsordnungen, die durch das Völkerrecht nur geringfügig und auch dann nur durch freiwillig geschlossene Verträge beeinflußt waren, ist ein kompliziertes Ineinander von Recht verschiedener Ebenen geworden. Die Veränderungen können schlagwortartig als Wandel von einer überwiegenden Binnenorientierung zu einem außengerichteten Recht gekennzeichnet werden. Dementsprechend kann man für das deutsche Recht von einer Abfolge zweier Phasen des Rechts, vom binnenorientierten zum außenorientierten Öffentlichen Recht nach 1949 sprechen.[2]

Die These der folgenden Ausführungen ist: In der ersten Phase dominierte der innere Ausbau der Verfassungsstaatlichkeit; es entstand ein Grad an Verrechtlichung, der sowohl innerhalb der deutschen Entwicklung wie auch im internationalen Vergleich beispiellos ist. In der zweiten Phase trifft nun dieses in der Binnenperspektive sozusagen perfekte oder perfektionierte deutsche Öffent-

1 Vgl. Rainer Wahl, »Internationalisierung des Staates«, in: *FS Hollerbach*, 2001, S. 193, in diesem Band S. 17 ff.; ders., »Der einzelne in der Welt jenseits des Staates«, in ders./Wieland (Hg.) *Das Recht des Menschen in der Welt*, 2002, S. 59 ff., in diesem Band S. 53 ff.

2 Dazu schon Rainer Wahl, »Die zweite Phase des Öffentlichen Rechts in Deutschland«, *Der Staat* 38 (1999), S. 495. – Die weiteren Ausführungen fassen die dortigen Ausführungen zusammen und führen sie weiter.

liche Recht auf eine völlig geänderte Ausgangssituation. In der zweiten Phase kommt die (im Grundgesetz seit Anfang angelegte und bald auch praktizierte) Öffnung des Staates nach außen ins Bewußtsein, sie wird zur entscheidenden Herausforderung für das Rechtsverständnis und zum Motor der Rechtsentwicklung. In der zweiten Phase steht deshalb zum einen die theoretische Verarbeitung der schon länger im Gange befindlichen Europäisierung und Internationalisierung als neuer Fundamentalvorgänge an. Zum anderen gilt es, die Einwirkungen der europäischen und internationalen Ebene auf das deutsche Recht rechtssystematisch und rechtspraktisch Stück für Stück zu bewältigen und das »von oben« kommende Neue mit den Systematisierungen des deutschen Öffentlichen Rechts zu verbinden und kompatibel zu machen. Neu ist insbesondere die Aufgabe, die Verflechtungen des nationalen deutschen Rechts mit dem europäischen und internationalen Recht zu erfassen und mit der gewandelten Grundsituation fertig zu werden, daß das Recht *in* Deutschland aus deutschen, aber auch anderen Rechtssetzungsquellen und -impulsen stammt.

Das Konzept der beiden Phasen impliziert zugleich eine weitreichende Neuorientierung des Nachdenkens über das deutsche Recht. Es befördert nämlich die *Historisierung* der Anfangsjahre der Bundesrepublik. Diese erscheinen nicht mehr nur als der Beginn einer kontinuierlich verlaufenden Entwicklung hin zum heutigen Recht. Statt dessen unterbricht die These von den zwei Phasen die Vorstellung von einem einlinigen Entwicklungszusammenhang oder ununterbrochenen Ablauf.[3] Vor dem Hintergrund der These von den zwei Phasen wird das Staatsrecht der ersten Jahrzehnte des Grundgesetzes in eine historische Perspektive hineingestellt, die sich um die Entstehungsbedingungen und die spezifische Zeitsituation bemüht, in der dieses Staatsrechtsdenken entstanden ist. Dabei wird nicht mehr unbefragt davon ausgegangen, daß die in dieser speziellen Situation

3 Diese Wirkung ist unabhängig davon, daß das Grundgesetz und das Recht der fünfziger Jahre die Grund- und Ausgangslage des heute geltenden Rechts bilden und in ihrer Substanz auch heute noch gelten. Die Historisierung begreift dieses Recht als ein einer spezifischen Epoche oder Phase entstammendes Recht, das in seinen Eigenarten, in seinem Geist dieser Epoche verpflichtet ist. Darin ist mitgedacht, daß dieses Recht, vielleicht mit seinem unveränderten Wortlaut, in einer zweiten Phase unter den bestimmenden Einfluß anderer und neuer Grundgedanken und Herausforderungen geraten kann, die im Ergebnis eine Änderung der Interpretation bewirken.

wirksam gewesenen Kräfte heute noch fortbestehen, sondern es gilt umgekehrt zu Recht als fraglich, ob die damalige »ambiance« mit ihren das Rechtssystem prägenden Faktoren heute noch besteht. Deshalb erscheint es plausibel, daß dieses Rechtsdenken und auch einige seiner zentralen Institute in der Gegenwart unter verstärkte Herausforderungen und Anpassungsdruck geraten sind, und dies nicht etwa, weil sie sich inhaltlich als überholt herausgestellt hätten, sondern weil alle Rechtsordnungen beim Zusammentreffen miteinander und unter dem Anpassungsdruck gegenüber dem vorrangigen europäischen Recht die Richtigkeit ihrer Lösungen im Vergleich mit anderen Richtigkeitsangeboten bewähren müssen.[4]

Auf dem Boden der These von zwei Phasen der Rechtsentwicklung ist es zum einen wichtig zu verstehen, wie das Recht und das Rechtsverständnis in der ersten Phase geworden sind; ebenso interessiert zum anderen, ob und wie sich in der zweiten Phase Neues zeigt oder erforderlich wird. Beide Phasen bedürfen der (gleichgewichtigen) Betrachtung. Es genügt nicht, nur die Eigenarten der heutigen zweiten Phase zu analysieren. Wer nämlich davon ausgeht, daß sich in der zweiten Phase vieles verändert hat, muß sich zum tieferen Verständnis der Änderung vergewissern, was vorher war und warum es so war. Gerade unter dem Vorzeichen des Neuen muß die erste Phase in ihren Eigenarten, in ihrem Profil und ihren Grundannahmen vergegenwärtigt werden. Die Grundlagen, die im ersten Jahrzehnt nach 1949 durch die Staatsrechtswissenschaft und die Rechtsprechung des Bundesverfassungsgerichts gelegt worden sind, prägen den deutschen Pfad des verfassungsrechtlichen Den-

4 Noch aus einem anderen Grund gibt es einen wichtigen Anlaß für eine Historisierung. Der immer wichtiger werdende Vergleich zwischen den verschiedenen (Verfassungs-)Rechtsordnungen läßt sich zureichend nur durchführen, wenn die jeweilige Rechtsordnung in ihren Tiefenschichten verstanden wird; dazu gehört auch und vor allem, daß das heutige Recht aus seiner geschichtlichen Entwicklung verstanden wird. Erst dann wird nämlich deutlich, welche Herausforderungen und Erfahrungen das Recht geprägt haben und welche Elemente zum Kern dieser Erfahrungen und der Antworten auf die konkreten Herausforderungen gehören und welche anderen Elemente eher beiläufig oder kontingent sind oder gar nur auf dem Papier stehen. Will man das Hauptprogramm einer vertieften Rechtsvergleichung durchführen, nämlich nicht nur das law in the books, sondern das gelebte Recht zu verstehen, zu vergleichen und miteinander in Beziehung setzen, dann muß man die »Lebens«kräfte des gelebten Rechts abschätzen können, und dies geht nicht ohne Besinnung auf die Entwicklungsgeschichte.

kens noch heute, sie bestimmen also auch heute Theorie und Praxis, wenn auch in der zweiten Phase durch die Europäisierung und Internationalisierung Gewichtiges hinzugekommen ist, was den Pfad der Entwicklung in eine andere Richtung drängt. Da die Grundthese von den zwei unterschiedlichen Phasen ebensowenig gängige Auffassung ist wie die Notwendigkeit einer Historisierung der Entwicklung des deutschen Rechts nach 1949, sollen die Eigenarten der beiden Phasen überblickshaft dargestellt werden.

II. Strukturelemente der Rechtsentwicklung der ersten Phase nach 1949: Verrechtlichung und Justitialisierung

Zu den großen Leistungen in Deutschland nach 1949 gehören der Aufbau und Ausbau eines rechtsstaatlich ausgestalteten Öffentlichen Rechts. Verfassungsrecht und Verwaltungsrecht haben dabei eine Phase der Expansion und inneren Vertiefung erlebt, die man inhaltlich als gesteigerte Verrechtlichung und Justizialisierung[5] charakterisieren kann. In Deutschland hat sich so eine Binnenvariante des westlichen Verfassungsstaates mit starker Betonung der rechtsstaatlichen Prinzipien und eines umfassenden Rechtsschutzes (auch der Grundrechte) herausgebildet. Lange Zeit hat sich diese Entwicklung im Öffentlichen Recht als inneres Wachstum und immanente Fortentwicklung der in den Jahren nach 1949 gelegten Grundlagen vollzogen. Die vorherrschende Sichtweise war insoweit die Binnenorientierung auf das eigene Recht, auf den eigenen Verfassungsstaat – was rechtsvergleichende Ausflüge im einzelnen natürlich nicht ausgeschlossen hat.

1. Die Rechtsentwicklung nach 1949 unterscheidet sich zuerst von früheren Epochen der deutschen Verfassungs- und Rechtsgeschichte durch die neue und gesteigerte Bedeutung des Verfassungsrechts im politischen Leben und natürlich im gesamten Recht selbst. Das Grundgesetz mit seiner Wertorientierung und seinen Versprechen von Freiheit, Herrschaft des Rechts und sozialer Rücksichtnahme war weit mehr als ein bloßes Organisationsstatut für eine neue

5 Mit Justitialisierung oder Judizialisierung sollen die Vorgänge der immer weiteren äußeren Ausdehnung und inneren Vertiefung des Rechtsschutzes gekennzeichnet werden.

Staatlichkeit. Es zielte vielmehr von vornherein darauf, auch die Gesellschaft rechtlich zu »verfassen« und für das alltägliche Leben der einzelnen beachtlich und folgenreich zu sein. Für die Rechtsordnung im engeren Sinne hat das Grundgesetz rasch eine dominante Rolle gewonnen. Dies zuallererst dadurch, daß das Verfassungsrecht als eine die gesamte Rechtsordnung grundierende und durchdringende Schicht *vorrangigen Rechts* begriffen und entfaltet wurde. Das Konzept des Vorrangs der Verfassung[6] ist nach 1949 im deutschen Staatsrecht in voller Konsequenz ausgebildet (entlang der grundsätzlichen Bestimmung des Art. 20 III GG und des Art. 1 III GG),[7] und der Vorrang einer materiell gehaltvollen Verfassung in der Staatspraxis und der Verfassungsgerichtsjudikatur kraftvoll entfaltet worden. Der bewußt gesetzte und erlebte Neuanfang deutscher Staatlichkeit in der Bundesrepublik ist im Geiste der Prinzipien der Verfassung und insbesondere der Grundrechte vollzogen worden; deshalb ist der Vorrang der Verfassung und seine Kehrseite ausdrücklich formuliert worden: Neben den Vorrang der Verfassung tritt die grundsätzliche und flächendeckende *Verfassungsabhängigkeit des Gesetzesrechts*. Diese Entwicklung ist grundsätzlich in der Geltungsrichtung der Grundrechte gegenüber dem Gesetzgeber angelegt. Sie führt zu der umfassenden Kontrollbefugnis des Verfassungsgerichts gegenüber dem Gesetz und damit auch gegenüber dem Gesetzgeber.

Das deutsche Verfassungsrecht ist bei der Formulierung von der Verfassungsabhängigkeit der Gesetze nicht stehengeblieben, sondern hat diese spiegelbildlich aus der Perspektive der Gesetze thematisiert und dabei die ebenso bezeichnende wie folgenreiche Formel entwickelt, daß einzelne Gebiete der Rechtsordnung *konkretisiertes Verfassungsrecht*[8] seien; so wird das Verwaltungsrecht als konkretisiertes Verfassungsrecht bezeichnet, ebenso Prozeßrecht, Verfah-

6 Dazu: »Der Vorrang der Verfassung«, *Der Staat* 20 (1981), S. 485 ff., in diesem Band S. 121 ff.

7 Art. 20 III: » Die Gesetzgebung ist an die verfassungsmäßige Ordnung … gebunden«. Art. 1 III GG: »Die nachfolgenden Grundrechte binden Gesetzgebung, vollziehende Gewalt und Rechtsprechung als unmittelbar geltendes Recht.«

8 Das Konzept der Verfassungskonkretisierung durch das Verwaltungsrecht sieht Eberhard Schmidt-Aßmann, »Das Allgemeine Verwaltungsrecht vor den Herausforderungen neuer europäischer Verwaltungsstrukturen«, in: *FS Winkler*, 1997, S. 999, als den wichtigsten Zug der Verwaltungsentwicklung unter dem Grundgesetz an.

rensrecht usw. Diese Charakterisierungen, jedenfalls in dem Sinne, wie sie im deutschen Verfassungsrecht verstanden werden, folgen keineswegs alleine aus der in allen Verfassungsstaaten üblichen Überordnung des Verfassungsrechts über das Gesetzesrecht oder aus einer reinen normhierarchischen Vorstellung. Das deutsche Verständnis geht über diese Grundbedeutung weit hinaus. Indem für das Verhältnis zwischen den beiden Rechtsschichten Verfassungs- und Gesetzesrecht das Konzept der Konkretisierung verwendet wird, rücken beide Schichten des Rechts in einer zuvor nicht gekannten Weise aneinander. Dieses Konzept gibt der Auffassung kräftige Nahrung, daß wesentliche Inhalte des Gesetzes schon in der Verfassung, die zu konkretisieren ist, enthalten sind.[9] Ebenso drängt sich die Vorstellung auf, daß zwischen den Grundrechten und dem Gesetz ein enger Ableitungszusammenhang gegeben ist, der den grundlegenden Gehalt des Grundrechts dem (nur noch) detaillierenden und ausfüllenden Gesetz weitergibt. Jedenfalls hat die Konkretisierungsmetapher keine eingebaute Stopregel, um der sich immer intensiver ausbreitenden Vorstellung Einhalt zu gebieten, daß die Gesetzgebung nur dienende Konkretisierung und bloß abhängige Entfaltung des vorgegebenen Grundrechtsgehalts sei.

Mehr noch als das Verfassungsgericht hat die Staatsrechtslehre das Potential des Begriffs der Konkretisierung zur inhaltlichen Anreicherung der vorrangigen Ebene der Grundrechte zum Teil sehr extensiv benutzt. Letztlich gibt es keine methodisch einigermaßen verläßliche Rückbindung für den Interpreten, der angesichts eines speziellen Problems den Prüfungsmaßstab der Verfassungsbestimmung für das einschlägige Problem zubereitet und griffig macht, ehe dann »konkretisiert« wird. Die Konkretisierung als Gesamtvorgang bleibt methodisch ungebändigt. Wenn das Gesetz eigentlich nur entfaltet, was schon im Grundrecht vorhanden ist, muß dort tendenziell immer mehr Gehalt »entdeckt« werden. Das Grundrecht und die Ebene der Verfassung werden immer gehaltvoller vorgestellt. Dabei überrascht es nicht, daß der wenig scharfe und gerade deshalb bezeichnende und beliebte Ausdruck von den verfassungsrechtlichen »Vorgaben«, die überall für jedes Gesetz beste-

9 Ernst-Wolfgang Böckenförde, *Gesetz und gesetzgebende Gewalt*, 2. Aufl. 1981, S. 401 f., spricht von der Entthronung des Gesetzes; er konstatiert, daß das Gesetz Vollziehungscharakter erhält und im System der rechtsetzenden Staatsakte nur mehr den Platz der Verordnung einnähme.

hen, eine Lieblingsvokabel der deutschen Staatsrechtslehrer geworden ist. Entscheidend ist im vorliegenden Zusammenhang, daß mit den Begriffen der Vorgabe und dem des konkretisierten Verfassungsrechts ein folgenreiches Verständnis der Nähe und der Ableitungsbeziehung zwischen den beiden Rechtsschichten zum Ausdruck kommt, eine Nähebeziehung und ein Ineinander, das in anderen Rechtsordnungen kaum eine Parallele haben dürfte.[10]

Die Anreicherung des Gehalts der Grundrechtsbestimmung steht in einem spezifischen Zusammenhang mit einer anderen großen Innovation in der ersten Phase, mit der Entdeckung der objektiven Dimension der Grundrechte.[11] Diese hat zu einer inhaltlichen Expansion und ständigen Steigerung des Gehalts der Grundrechte geführt, sie hat zum einen den Gehalt des vorrangigen Verfassungsrechts angereichert und zum anderen die allgegenwärtige Präsenz und Dominanz des Verfassungsrechts im Gesetzesrecht bewirkt.[12] Praktisch jedes Rechtsgebiet liegt im Einwirkungsfeld der Grundrechte. Für deutsche Juristen ist dies ebenso selbstverständlich wie für ausländische Beobachter überraschend. Die so beschriebene Ausstrahlungswirkung der Grundrechte in die gesamte Rechtsordnung hinein führt dazu, daß neben der einfach-rechtlichen Argumentation auf Gesetzesebene ein zweiter

10 Für das deutsche Recht ist zum Beispiel völlig normal, daß Probleme des Genehmigungsrechts (hat der Antragsteller einen Anspruch auf Genehmigung?) nicht nur auf der Ebene der einschlägigen Gesetze, sondern auch im Verfassungsrecht, als Problem des Grundrechts der Berufsfreiheit oder des Eigentums diskutiert werden. In anderen Rechtsordnungen wird diese Thematik nur als Problem des Gesetzesrechts behandelt: Genehmigungsrecht und weite Teile des Verwaltungsrechts sind Verwaltungsrecht und eben nicht Verfassungsrecht. Dies wird hier nicht deshalb erwähnt, um dieses Verständnis auch für das deutsche Recht als vorbildlich zu erklären; statt dessen geht es allein darum, darauf aufmerksam zu machen, daß »Verfassungsrecht« und der Umfang des Verfassungsrechts nicht einheitliche Größen in den europäischen Rechtsordnungen sind. Man redet nicht über dasselbe oder über ein Rechtsgebiet derselben Bedeutung, wenn Deutsche, Franzosen, Italiener und Schweizer über Verfassungsrecht sprechen.

11 Die von der Lüth-Entscheidung, *BVerfGE* 7, 377 ff., ausgehende Entfaltung der objektiven Dimension der Grundrechte ist häufig beschrieben worden. Vgl. dazu nur Ernst-Wolfgang Böckenförde, »Grundrechte als Grundsatznormen«, *Der Staat* 29 (1990), S. 1 ff.; Horst Dreier, *Dimensionen der Grundrechte: von der Wertordnungsjudikatur zu den objektiv-rechtlichen Grundrechtsgehalten*, 1993; ders., in: ders. (Hg.), *Grundgesetz-Kommentar*, 1996, Vorb. Rn. 43 ff.

12 Konstitutionalisierung nennen dieses bekannte Phänomen Gunnar Folke Schuppert/Christian Bumke, *Die Konstitutionalisierung der Rechtsordnung*, 2001.

Diskurs unter dem Vorzeichen verfassungsrechtlicher und grundrechtlicher Maßstäbe eröffnet wird.

2. Zweitens ist die erste Phase – wiederum durch eine ausdrückliche Setzung im Grundgesetz selbst – durch ihren betont individualistischen Ansatz gekennzeichnet. Enthält das Grundgesetz zwar nicht mehr den als Fanal des Anfangs geeigneten Satz: »Der Mensch ist nicht für den Staat, sondern der Staat ist für den Menschen da«, den noch Art. 1 des Vorentwurfs von Herrenchiemsee hatte, so atmet es in seinen Prinzipien und einzelnen Bestimmungen doch den Geist dieses Satzes. Er kann durchaus als Leitlinie der neuen Ordnung verstanden werden. Nicht viel anders verhält es sich mit der Formulierung: »Jeder kann tun und lassen, was er will, wenn nicht ...«. Auch dieser Satz des Herrenchiemseer Entwurfs ist der neutraleren Formulierung: »Jeder hat das Recht auf die freie Entfaltung seiner Persönlichkeit, soweit ...« gewichen, aber beide Formulierungen, die natürlich die Grenzen nicht verbergen, sind Ausdruck eines Geistes des Individualismus und wollen es sein.

Diese Sätze, die zunächst eher als Deklaration geeignet sein könnten, sind im Öffentlichen Recht nach 1949 in hartes und exaktes positives Recht umgesetzt worden. Genauer gesagt, haben dieser Auftakt und Anfangsimpuls zu einer so kaum erwartbaren Ausdehnung der Rechte des einzelnen geführt. Diese Expansion des *subjektiv-öffentlichen Rechts* durchzieht das ganze Verfassungs- und Verwaltungsrecht der Bundesrepublik.[13] Die Verrechtlichung hat insbesondere auch das gesamte Problemfeld des Dritten im Recht erfaßt. Waren vor 1949 öffentlich-rechtliche Rechtspositionen des einzelnen auf das direkte und vertikale Rechtsverhältnis zwischen ihm und dem Staat beschränkt, so sind nach 1949 in einer folgenreichen Weise die Nachbarn und Anlieger von Anlagen in das Öffentliche Recht einbezogen worden. Die Anerkennung und der Ausbau des Schutzes des Dritten hatten die Erschließung eines ganzen Kontinents an Rechtsproblemen zur Folge.[14]

3. Neben der Verrechtlichung durch die Ausstattung des einzelnen

13 Fritz Ossenbühl, »40 Jahre Bundesverwaltungsgericht«, *DVBl.* 1993, S. 753, 756, hält die nach 1949 vollzogene Subjektivierung geradezu für eine »kopernikanische Wende« im Verwaltungsrechtssystem. Von einem »kopernikanischen Perspektivenwechsel« wegen der Europäisierung spricht für den Bereich des Verwaltungsrechts schon Thomas v. Danwitz, *Verwaltungsrechtliches System und europäische Integration*, 1996, S. 1.

14 Die Expansion des Rechtsschutzes und des materiellen Nachbarrechts durch die

mit subjektiven Rechten hat es zum dritten einen weiteren großen Terraingewinn für das Recht gegeben, nämlich durch den Ausbau des Rechtsschutzes – und dies ist auf breiter Front geschehen (Art. 19 IV GG und Art. 93 I GG)[15] – sowohl durch die Einrichtung einer umfassenden, der wohl umfassendsten Verwaltungsgerichtsbarkeit in der Welt als auch durch die Errichtung der ebenfalls wohl umfassendsten Verfassungsgerichtsbarkeit in der Welt. Beide Entwicklungen verstärkten sich gegenseitig, und beide tragen zu einer imponierenden Architektur des Rechtsschutzes in Deutschland bei. Kurz gesagt: In Deutschland ist die Klagbarkeit, der Rechtsschutz die absolute Regel und Normalität; Ausnahmen davon sind kaum vorhanden und sehr begrenzt.

Sowohl bei der Verfassungs- wie auch bei der Verwaltungsgerichtsbarkeit stellt sich die Klagbarkeit vordergründig nur als Hinzufügung von prozeduraler Durchsetzung zu schon vorhandenen subjektiven Rechten dar. So ist zum Beispiel bei der Zentralnorm dieses Vorgangs, bei Art. 19 IV GG, immer betont worden, daß diese Vorschrift nur schon vorher vorhandenen Rechten die prozessuale Durchsetzbarkeit hinzufügt, daß sie aber nicht Rechte zuallererst begründet. In der Rechtspraxis und im Prozeß der Rechtsentwicklung ließ sich diese dogmatisch richtige Unterscheidung nicht durchführen. Die Option für und das Pathos des durchgängig gewährten Rechtsschutzes haben sich auch auf die Vorstufe, die Voraussetzung der Klagbarkeit, ausgewirkt und zur kräftigen Anerkennung von Rechten geführt. Das Versprechen der Klagbarkeit hat sich als Versprechung von subjektiven Rechten und der Verrechtlichung zugunsten des einzelnen ausgewirkt.

Im Ergebnis ist die deutsche Rechtsordnung zu einem System geworden, das durch eine allgemeine Verrechtlichung, Subjektivierung und eine umfassende Gerichtsbarkeit geprägt ist – man kann dies als Verrechtlichung und Justitialisierung der Rechtsordnung

Anerkennung des Drittschutzes in den horizontalen Beziehungen kann in ihrer Bedeutung gar nicht überschätzt werden. Sie hat dem bisher auf das Zweierverhältnis Staat/Bürger zentrierten Verwaltungsrecht mit den mehrpoligen Verhältnissen eine neue und gleichgewichtige Dimension hinzugewonnen.

15 Art. 19 IV GG: »Wird jemand durch die öffentliche Gewalt in seinen Rechten verletzt, so steht ihm der Rechtsweg offen.« Art. 93 I GG; »Das Bundesverfassungsgericht entscheidet …«; es folgt eine Aufzählung von acht Verfahrensarten, die praktisch nichts auslassen.

bezeichnen. Einen wichtigen Beitrag hat dazu auch das deutsche Verständnis des Rechtsstaatsprinzips geleistet. Verrechtlichend haben insbesondere gewirkt die Auslegung des Vorbehalts des Gesetzes, des Bestimmtheitsgrundsatzes und vor allem die herausragende Funktion des Verhältnismäßigkeitsgrundsatzes.[16] Sein Siegeszug ist zugleich der Siegeszug verfassungsrechtlicher Maßstäbe über das einfache Recht.[17]

4. Die Erschließung von Handlungsräumen durch das Recht und durch die Rechtsprechung, wie sie für die Entwicklung seit 1949 typisch ist, finden ihre Gemeinsamkeit darin, daß sie die Verrechtlichung und Justitialisierung der gesellschaftlichen Bedingungen vorangetrieben haben und damit die deutsche Gesellschaft zu einer gemacht haben, in der Rechte und das Gerichtsverfahren eine besondere Relevanz haben. Diese Entwicklung ist gewiß eine Antwort auf autoritäre und totalitäre Erfahrungen. Auf der anderen Seite zeigt die Entwicklung dieser ersten Phase jedoch auch ausgeprägte Züge eines inneren und ungebremsten Wachstumsprozesses. Die Entwicklung hat sich, angetrieben von einer Art rechtsstaatlicher Eigenlogik,[18] verselbständigt. Das materielle Recht hat sich immer mehr verfeinert und die Gerichtskontrolle in Umfang und Intensität gesteigert – kein Wunder, daß diese Entwicklung als Übertreibung insbesondere des Rechtsstaatsdenkens kritisiert worden ist.[19]

Diese in der Vergangenheit immer wieder intern geäußerte Kritik erhält eine zusätzliche und weiterreichende Dimension, wenn man die deutsche Entwicklung nach 1949 generell in die vergleichende Sichtweise und in das Licht von Alternativen in anderen Ländern

16 Die Durchsetzung des Verhältnismäßigkeitsgebots ist eine der herausragenden Leistungen des Öffentlichen Rechts nach 1945: Rainer Wahl, »Die bürokratischen Kosten der Verwaltung«, *Die Verwaltung* 13 (1980), S. 273, 279.

17 Hierher gehört auch die Phobie gegenüber dem Ermessen im deutschen Öffentlichen Recht, die sich nach 1949 ausgebildet hat. Danach wurden das Ermessen und die Gestaltungsspielräume der Verwaltung – ungeachtet der dagegen immer wieder vorgebrachten Einwände und gewisser Gegenbewegungen – prinzipiell in den Hintergrund gedrängt. Letztlich ist dem Deutschen Öffentlichen Recht eine Abwehrhaltung gegenüber dem Ermessen immanent. – Die bei diesem Thema unerläßliche Rechtsvergleichung hat jetzt Eckhard Pache, *Tatbestandliche Abwägung und Beurteilungsspielraum*, 2001, vorgenommen.

18 Dazu am Beispiel des Verhältnismäßigkeits- und generell des Rechtsstaatsprinzips, Wahl (FN 16), S. 278.

19 Fritz Ossenbühl (FN 13), S. 754, 760.

stellt. Gemeint ist damit nicht die ältere akademische Disziplin der Rechtsvergleichung, die im Quervergleich nach der relativ besten Lösung sucht und den Vergleich als Stimulus bei dieser Suche einsetzt. In der hier apostrophierten zweiten Phase wird Vergleichen eine dringende Notwendigkeit der Praxis und der Begleitung realer Integrationsvorgänge in der Europäischen Union. Bei der Rechtssetzung der Union stoßen die verschiedenen Rechtsordnungen aufeinander; sie treten in einen Wettbewerb, und meist kommt am Ende ein »hybrides« Ergebnis heraus, nämlich eine eigene Mischung und insoweit teilweise eigenständiges europäisches Recht. Nicht theoretisches Interesse allein, sondern die real stattfindende Europäisierung und Internationalisierung des Rechts erzwingen die Einnahme der vergleichenden Perspektive.

Es kann und wird nicht ausbleiben, daß manche Eigenarten der deutschen Entwicklung im Lichte der Erfahrungen anderer Länder und im Lichte der Rechtsbildung innerhalb der Europäischen Union auf den Prüfstand, jedenfalls in Konkurrenz mit anderen Auffassungen geraten. Noch unabweisbarer ist es, daß bei der Konkurrenz der Systeme im Zusammenhang der europäischen Rechtsbildung und -vereinheitlichung für eine einzelne Rechtsordnung die Frage in den Vordergrund tritt, welche Institute und Systemgedanken für sie wesentlich und tragend sind und deshalb im Zusammenhang des europäischen Einschmelzungsprozesses möglichst wenig tangiert werden sollten und welche eher und leichter zur Disposition stehen können. Der Blick nach vorne auf den stattfindenden Einigungsprozeß erfordert so den Blick zurück, nämlich die Vergewisserung, was aus der bisherigen Entwicklung wesentlich ist und dafür gehalten wird.

5. Aus diesem Doppelblick nach vorne und zurück erhält das Thema der hohen Verrechtlichung und Justitialisierung in Deutschland seine Bedeutung, aber auch seine Brisanz. Einerseits kennzeichnen diese Stichworte die Eigenarten und das Besondere der deutschen Entwicklung nach 1949. Zum anderen stoßen im Prozeß des Konvergierens[20] die deutschen Traditionen und Essentials auf abweichende Verständnisse. Sie geraten also von außen her auf den

20 Mit Absicht wird von Prozessen des Konvergierens, nicht schon von Konvergenz der Ergebnisse gesprochen. Wenn man von recht unterschiedlichen Standorten und Positionen her kommt, kann man lange aufeinander zugehen, und trotzdem ist noch keine wirkliche oder volle Konvergenz vorhanden.

Prüfstand und in die Bewährungsprobe, und zwar in eine Bewährungsprobe, die in der binnenbezogenen Perspektive überhaupt nicht als notwendig erachtet werden mag, die aber real besteht. In diesem Doppelsinne als Kennzeichnung der Eigenarten und als Gegenstand recht unterschiedlicher Alternativen in anderen europäischen Mitgliedstaaten seien im folgenden noch einmal die Kennzeichen der ersten Phase zusammengefaßt: Nach 1949 gab es die große Verrechtlichung, die entschiedene Justitialisierung. Hinzu kommt die erwähnte Durchdringung der Rechtsordnung durch die Grundrechte in ihrer objektiven Funktion. Erinnert man sich an die alles überragende Pionierrolle der Grundrechte in der Grundrechtsdoktrin nach 1949, dann kann man mit gutem Grund von der *Geburt der Rechtsordnung der Bundesrepublik aus dem Geist der Grundrechte* sprechen.[21]

III. Europäisierung und Internationalisierung als zweite Phase

Die grundsätzliche Haltung der Binnenorientierung des deutschen Rechts und der deutschen Rechtswissenschaft hat sich durch die Europäisierung (und Internationalisierung)[22] des Rechts grundlegend geändert, wenn auch nicht sofort mit der Gründung der damaligen EWG. Das Öffentliche Recht hat zunächst Distanz zur europäischen Rechtssetzung, die im wesentlichen auf das Gebiet der Wirtschaft einwirkt, gehalten. Aber mit dieser Distanz ist es schon lange vorbei, die Situation hat sich grundlegend verändert. Auch das Öffentliche Recht der Bundesrepublik ist in eine zweite Phase seiner Entwicklung getreten. Kennzeichen dieser zweiten Phase ist die durchgängige und grundsätzliche Offenheit der Rechtsordnung nach außen. Diese Offenheit oder Außenorientierung der Rechtsordnung zeigt sich

21 Hasso Hofmann hat in seinem Juristentagsvortrag »*Rechte und Ethik*« die Formulierung Wiedergeburt aus dem Geist der Grundrechte benutzt. Beide Formulierungen sind aus gemeinsamen Diskussionen entstanden.

22 Die Internationalisierung des (Gesetzes-)Rechts ist hier nicht weiter verfolgt, neben dem in diesem Band abgedruckten Aufsatz »Die Internationalisierung des Staates« dazu Rainer Wahl, »Internationalisierung der Informationsordnung«, in: Dieter Leipold (Hg.), *Rechtsfragen des Internet und der Informationsgesellschaft*, 2002, S. 37 ff.

– einerseits in der (rechtlich gesteuerten) Durchdringung des deutschen Rechts durch das vorrangige Recht der Europäischen Gemeinschaft (Europaoffenheit des deutschen Rechts) und
– andererseits in dem in der Rechtspolitik immer häufiger werdenden Vergleich der eigenen Regelungen mit denen anderer Rechtsordnungen, was häufig zu einer nachfolgenden freiwilligen Rezeption führt[23] (Wettbewerb von Rechtsordnungen außerhalb hierarchisch geordneter Rechtsentwicklung).

Zusammengenommen führen diese beiden Prozesse dazu, daß das (Öffentliche) Recht in Deutschland nicht mehr allein deutsches Recht ist[24] und es seine Institute nicht mehr allein aus der eigenen Entwicklung begründen kann, sondern daß dies zunehmend im Lichte von Alternativen in anderen Rechtssystemen geschehen muß. Es ist dies eine Entwicklung, die mit guten Gründen als *kopernikanische Wende*[25] bezeichnet werden kann, wenn die Geltung und die Interpretation von Rechtsregeln nicht mehr allein aus dem eigenen nationalen Recht, also aus der Binnensicht, abgeleitet werden können, sondern dazu häufig andere Rechtsordnungen maßgeblich sind. Das gleiche gilt, wenn in der Rechtspolitik andere Rechtsordnungen zum Vergleich herangezogen werden (Orientierung nach außen).

Das Neue an der Europäisierung sind gewiß neue Inhalte, die dem vorrangigen europäischen Recht entstammen. Nahezu in jedem Rechtsgebiet des Öffentlichen Rechts gibt es solche in diesem Sinne neuen und im deutschen Recht präzedenzlosen Bestimmungen, Rechtsinstitute und -prinzipien.[26] Dies ist gewiß bemerkenswert

23 Diese zweite Säule der Außenorientierung wird meist nicht beachtet. Deshalb muß besonders hervorgehoben werden, daß auch in Bereichen, in denen das europäische Recht eine Anpassung und Umsetzung nicht fordert, gleichwohl freiwillige Anpassungen der nationalen Rechtsordnungen aneinander und an das Gemeinschaftsrecht stattfinden können und stattfinden.

24 Dies ist ein prinzipieller Vorgang: Recht in Deutschland ist nicht mehr nur in Deutschland gesetztes Recht, sondern in Deutschland und für die deutschen Bürgerinnen und Bürger gilt – wegen der Durchgriffswirkung des Gemeinschaftsrechts – auch europäisches Recht unter Umständen unmittelbar.

25 Dazu schon oben FN 13.

26 Es ist hier nicht der Ort, die reichhaltige Literatur zu den Einwirkungen des Gemeinschaftsrechts auf das Deutsche Öffentliche Recht anhand der einzelnen Rechtsgebiete darzustellen; dazu nur Michael Brenner, *Der Gestaltungsauftrag der Europäischen Union*, 1996; von Danwitz (FN 13); Stefan Kadelmann, *Allgemeines Verwaltungsrecht unter europäischem Einfluß*, 1999; Friedrich Schoch, »Europäi-

und ein Zeugnis für die Allgegenwart der Einwirkungen des Gemeinschaftsrechts. Das grundsätzlich Neue an der Europäisierung aber ist etwas anderes, nämlich die Außenorientierung der Rechtsordnung als solcher und die damit verbundene Ausweitung des Bezugsfelds des Diskurses über das Recht und die Bildung konkreter Rechtsvorschriften. Im Sinne dieses Perspektivenwechsels reicht es jetzt nicht mehr aus, eine konkrete Rechtsregel nur als Ausdruck und Folge einer längeren deutschen Tradition zu begreifen. Statt dessen muß deren Angemessenheit häufig und immer häufiger im Lichte der Alternativen von anderen Ländern begründet werden. Dabei konfrontiert die Europäisierung nicht nur einzelne Rechtsnormen, sondern weit darüber hinaus auch die Systemstrukturen und letztlich die Leitgedanken des jeweiligen nationalen Rechts mit möglichen Alternativen in anderen Ländern. Die Europäisierung ist ein Fundamentalvorgang, sie ist nämlich der rechtliche Begleitvorgang zu den (Zwischen-)Schritten einer europäischen Integration.

Die Europäisierung bedeutet für das Recht, daß die eigenen Erfahrungen nicht mehr exklusiv bedeutsam sind. Sie sind zwar nach wie vor gültig und wichtig, treten aber in ein Nebeneinander und eine Konkurrenz, auch in einen Dialog mit anderen Erfahrungen der anderen europäischen (und im Falle der Internationalisierung auch mit anderen) Staaten. Diese Staaten haben einen anderen Pfad zu einer ebenfalls angemessenen und niveauvollen Verfassungsstaatlichkeit eingeschlagen, und sie haben bei aller Übereinstimmung im großen und ganzen unterschiedliche alternative Elemente der Verfassungsstaatlichkeit ausgebildet. Auf dem Weg zur Verabschiedung des gemeinsamen europäischen Rechts in der Europäischen Union begegnen sich unterschiedliche Rechtsverständnisse, jedes mit seiner eigenen historischen Berechtigung und Rechtfertigung, mit seinem eigenen systematischen Gesamtzusammenhang. Unabhängig davon, ob es beim gemeinsamen Recht zu einer partiellen Konvergenz oder zu einem begrenzten Nebeneinander unterschiedlicher Auflösungen und Regeln kommt, das jeweilige einzelne nationale Recht bleibt nicht für sich stehen oder erhalten, wie es war. Es ist in einen dauerhaften Gesamtzusammenhang nach oben zur Europäischen Union und zur Seite zu den anderen europäischen Rechtsord-

sierung der Verwaltungsrechtsordnung«, *VBlBW* 1999, S. 241 ff., jeweils m. w. N.

nungen geraten. Jede der europäischen Rechtsordnungen, nicht nur die deutsche, steht vor oder in einem Lernprozeß. Alles, auch die wichtigsten Prinzipien der eigenen Tradition, sind begründungsbedürftig geworden. Der vergleichende Blick zu den anderen europäischen Verfassungsstaaten und zur Rechtsordnung der Europäischen Union zwingt dazu, daß potentiell jede Norm, jedes Prinzip und jedes System sich nicht mehr nur aus sich heraus rechtfertigt, sondern im Lichte der Alternativen in den anderen Ländern in einem Dialog oder in einem Wettbewerb sich begründen und behaupten muß. Die Situation mag ungewohnt sein, fruchtbar zum Finden von Lösungen ist sie sicherlich allemal.[27] Wie weit der Weg für diese dauerhafte Außenorientierung und die Akzeptanz eines ständigen Vergleiches ist, zeigen die immer noch sehr zahlreichen Publikationen, in denen sich Empörung über das europäische Recht allein aus dem Umstand begründet, daß dieses Gemeinschaftsrecht anders sei als die bisherige bewährte nationale Tradition.[28]

Es ist schon erwähnt worden, daß unter diesem Vorzeichen auch die Eigenarten des deutschen Rechts, die Verrechtlichung, die Subjektivierung und Justitialisierung in ein neues Bezugsfeld geraten und neu bewertet werden. Die Merkmale der ersten Phase der Entwicklung beruhen auf den Erfahrungen mit dem totalitären und autoritären Regime vor 1945. Diese intensiven, nahezu traumatischen Erfahrungen haben die Entwicklung nach 1949 zu Recht bestimmt und unverlierbare Einsichten in Gestalt des heutigen positiven deutschen Verfassungsrechts erbracht; zugleich ist darin eine starke Eigendynamik und Eigenlogik des deutschen Rechtsverständnisses begründet worden. Welche Folgerungen in der heutigen zweiten Phase aus den damaligen Erfahrungen und Errungenschaften gezogen werden sollten, wird im Schlußteil (unter VI.) weiterverfolgt.

27 Die entstandene Situation des dauerhaften Vergleichens und des begrenzten Wettbewerbs der Rechtsordnungen ist fruchtbar, weil sie zur vertieften und intensiveren Darlegung des eigenen Standpunkts zwingt.

28 Es geht im Text um die Internalisierung der Bedeutung des Vorrangs des Gemeinschaftsrechts. Der Vorrang des Gemeinschaftsrechts vor dem nationalen Recht ist natürlich keine Garantie und nicht einmal ein Indiz für eine bessere inhaltliche Qualität der Normen. Was aber nicht mehr zulässig sein sollte und jedenfalls auf Dauer nicht mehr toleriert werden kann, ist die reine Empörung darüber, daß das Gemeinschaftsrecht nicht dem deutschen Recht entspricht.

IV. Einige Folgeprobleme der Europäisierung für das Rechtssystem

1. Dem Problemfeld der Europäisierung seien noch einige systematische Gedanken gewidmet. Die Europäisierung erfordert die Verarbeitung neuer Vorstellungen im geltenden Recht; dies ist als solches schon eine Herausforderung und eine ständige Anpassungs- und Einarbeitungsaufgabe. Es kommen aber viel grundsätzlichere Impulse hinzu, die zuallererst daraus resultieren, daß mit der europäischen Integration die Bundesrepublik sich in ein Mitgliedsland einer supranationalen Gemeinschaft verwandelt hat. Dies hat u. a. zur Folge, daß

- das Grundgesetz in eine intensive Beziehung und Verflechtung mit Verfassungsstrukturen auf der Gemeinschaftsebene getreten ist. Die Gesamtkonstellation von nationalen Verfassungen und der vorrangigen Ebene eines primären Gemeinschaftsrechts, eines sich vertiefenden Verfassungsrechts auf der europäischen Ebene ist noch auf dem Weg, auf den Begriff gebracht zu werden. Deshalb variieren die Bezeichnungen für die zweigliedrige Gesamtkonstellation noch sehr.
- Die Rede ist vom zweistufigen Verbund, vom Zwei-Ebenen-System oder vom Verfassungsverbund,[29] von Zweistufigkeit der Verfassung u. ä. Fruchtbar ist auch der aus der Politikwissenschaft stammende Begriff des Mehr-Ebenen-Verbunds[30] (im vorliegenden Zusammenhang des Zwei-Ebenen-Verbunds), weil er die Aufmerksamkeit zutreffend auf die Notwendigkeit der Zusammenschau von zwei Ebenen und Rechtsmassen lenkt. Zugleich kommt die Gesamtkonstellation der beiden Ebenen ins Blickfeld,

29 Ausdruck nach Ingolf Pernice, »Die dritte Gewalt im europäischen Verfassungsverbund«, *EuR* 1996, S. 27, 29 ff.; und ders., »Deutschland in der Europäischen Union«, in: *HStR*, Bd. VIII, 1995, § 191, Rn. 25 f. (mit der Überschrift »Verfassung der gestuften Zuständigkeiten«), Rn. 66; sowie Dieter Scheuing, »Deutsches Verfassungsrecht und europäische Integration«, *EuR-Beiheft* 1/1997, S. 106. – Von der »Verklammerung« der Gemeinschaftsverfassung mit den nationalen Verfassungsordnungen ist in *BVerfGE* 23, 239, 384 sowie 73, 339, 384 f. (»normative Verklammerung«) die Rede.

30 Markus Jachtenfuchs/Beate Kohler-Koch, »Regieren im dynamischen Mehrebenensystem«, in dies. (Hg.), *Europäische Integration*, 1996, S. 15 ff.; Michael Zürn, »Über den Staat und die Demokratie im europäischen Mehrebenensystem«, *PVS*, Bd. 37, 1996, S. 27 ff.

und die Verengung auf die bloße Betrachtung der einen oder der anderen Ebene wird vermieden.

- Die deutsche Staatlichkeit ist immer mit der komplementären Gliedstaatlichkeit in der EG zusammen zu sehen. Dadurch hat sich der »geschlossene« Nationalstaat mit seiner binnenorientierten Rechtsordnung in einen Gliedstaat eines vertikalen Verbundes verändert.[31] Die gliedstaatliche Verfassung des Grundgesetzes ist einem für sie nicht mehr verfügbaren überstaatlichen Gemeinwesen ein- und untergeordnet.[32]
- Alle verfassungsrechtlichen und verwaltungsrechtlichen Institute unterliegen potentiell einer Wechselwirkung mit den vergleichbaren Instituten auf der Gemeinschaftsebene oder in anderen Mitgliedstaaten. Das Phänomen des Europarechts überlagert das Grundgesetz,[33] es ist nicht die rare Ausnahme, sondern erst die Gesamtschau beider Ebenen ergibt das Bild der real geltenden Verfassung.[34]
- Die Zweistufigkeit der Verfassungsordnung zeigt sich deutlich in der Verdoppelung der Grundrechtsgeltung in der Form der Verflechtung von grundgesetzlichen Grundrechten und gemeinschaftsrechtlichen Grundrechten sowie Grundrechten der EMRK.[35, 36] Auch das vieldiskutierte »Kooperationsverhältnis« zwischen Bundesverfassungsgericht und Europäischem Gerichts-

31 Mit dieser unvollständigen Charakterisierung sei an dieser Stelle lediglich gesagt, daß die Ablösung des »geschlossenen« Nationalstaats nicht das Ende des Nationalstaats und des Staates als solchen bedeuten muß. Noch eine beträchtliche Zeit könnten der gliedstaatliche Nationalstaat das »Standbein« und die Mitgliedschaft in der Gemeinschaft das »Spielbein« der Politik und der Aufgabenwahrnehmung sein.

32 So die treffende Formulierung von Peter Badura, in: Christian Starck (Hg.), *Rangordnung der Gesetze*, 1995, S. 107, 110.

33 Zum europarechtlich überlagerten Grundgesetz Michael Brenner, *Der Gestaltungsauftrag der Verwaltung in der Europäischen Union*, 1996, S. 97 ff.

34 Ingolf Pernice, *HStR*, Bd. VIII (FN 29), Rn. 26.

35 Die Zweistufigkeit beziehungsweise Mehrebenenstruktur im Grundrechtsbereich besteht in erster Linie in Richtung auf das Straßburger Gericht und seine dem BVerfG eindeutig übergeordnete Judikatur. Zur zurückhaltenden Anwendung und Rezeption der Konvention durch die deutschen Gerichte Jochen A. Frowein, »Übernationale Meschenrechtsgewährleistungen und nationale Staatsgewalt«, *HStR*, Bd. VII, 1992, § 180, Rn. 7.

36 Zum Problem der deutschen Grundrechte Eckart Klein, »Europäisierung des Verfassungsrechts« in: *FS Klaus Stern*, S. 1309 m. w. N.

hof[37] bringt die Offenheit der Verfassung auch in Sachen Verfassungsgerichtsbarkeit zum Ausdruck. Das charakteristische Nebeneinander von nationalen und supranationalen Organen ist auch hier im Rahmen der Höchstgerichtsbarkeit Realität geworden. Offen ist zwar die Qualität dieses Nebeneinanders, jedenfalls aber ist die als solche erlebte Solitärstellung des Bundesverfassungsgerichts zu Ende.

2. Was für die Verfassung bemerkt wurde, gilt auch für das *Gesetzesrecht.* Entstanden ist eine Zwei-Ebenen-Struktur (und in manchen stark internationalisierten Rechtsgebieten[38] eine Drei-Ebenen-Struktur). Nicht nur im weiten Feld des Wirtschaftsrechts, sondern auch in zahlreichen anderen Gebieten besteht das konkrete Recht längst aus einem Ineinander von Gemeinschaftsrecht und nationalem Recht. Nur beide zusammen erschließen das in Deutschland geltende Recht, das eben nicht nur deutsches Recht ist, vollständig.[39]

Beim Verwaltungsrecht läßt sich eine charakteristische Abfolge der Überformung beziehungsweise ihrer Wahrnehmung erkennen. Auf einer ersten Stufe zeigt sich die Einwirkung des Gemeinschaftsrechts aus Anlaß eines konkreten Rechtssetzungsaktes oder eines Urteils des EuGH im Hinblick auf einzelne Rechtssätze. Eine zweite Stufe mit gesteigertem Einwirkungs- und Überformungspotential wird erkennbar, wenn hinter der Änderung ein eigenständiger abweichender Systemgedanke des europäischen Rechts steht. Die »Umsetzung« vorrangigen Rechts beschränkt sich dann längst nicht mehr nur auf einzelne Rechtssätze, sondern sie zieht notwendigerweise weitere (System-)Kreise.[40] Die letzte Stufe und zugleich der

37 Dazu zuletzt Jürgen Schwarze, »Das »Kooperationsverhältnis« des Bundesverfassungsgerichts mit dem Europäischen Gerichtshof«, *FS BVerfG,* Bd. I, 2001, S. 223 ff.

38 Christian Titje, *Internationalisiertes Verwaltungshandeln,* 2001.

39 Dementsprechend drucken moderne Gesetzessammlungen in ihrem jeweiligen Bereich auch die Bestimmungen des EU-Gemeinschaftsrechts ab.

40 Dieser Vorgang hat in letzter Zeit verstärkt Aufmerksamkeit auf sich gezogen; vgl. nur v. Danwitz (FN 13), S. 190 ff., 334 ff.; Friedrich Schoch, »Europäisierung der Verwaltungsrechtsordnung«, *VBlBW* 1999, S. 241 ff.; ders., »Die europäische Perspektive des Verwaltungsverfahrens- und Verwaltungsprozeßrechts«, in: Wolfgang Hoffman-Riem/Eberhard Schmidt-Aßmann (Hg.), *Strukturen des Europäischen Verwaltungsrechts,* 1999, S. 279 ff.; ders., *Die Europäisierung des verwaltungsgerichtlichen Rechtsschutzes,* 2000.

Höhepunkt der Einwirkungen sind erreicht, wenn die Änderungsnotwendigkeiten in Quantität und Qualität ein solches Ausmaß erreichen, daß sogar die Möglichkeit einer eigenständigen nationalen Systembildung im Verwaltungsrecht als gefährdet oder gar verloren angesehen wird, wie dies von gewichtigen Stimmen in der Literatur vertreten wird.[41] Alle diese drei Stufen der Einwirkung und Überformung kann man an einem der Brennpunkte der Europäisierungsdiskussion, im Umweltrecht, studieren.

Begonnen hatten die europäischen Einwirkungen aus dem Gemeinschaftsrecht damit, daß Grenzwerte für Emissionen bestimmter Stoffe in den europäischen Richtlinien anders festgelegt wurden als im nationalen Recht. So bedeutsam diese Niveauveränderung in umweltpolitischer Hinsicht gewesen sein mochte, für das Rechtssystem brachte sie keine Probleme mit sich, weil es aus rechtssystematischer Sicht nicht relevant ist, wie ein konkreter Wert lautet. Dementsprechend reichte für die Anpassung an den anderen Grenzwert eine einfache Änderung der entsprechenden Bestimmung. Anders verhält es sich auf der zweiten Stufe, wenn in den ins deutsche Recht umzusetzenden Richtlinien neue und andere Systemgedanken enthalten sind als im deutschen Recht, so wenn statt eines gebundenen Anspruchs Entscheidungen im Ermessen der Behörden vorgesehen sind, wenn mit dem Konzept der umfassenden Bewertung der Umweltauswirkungen und mit dem Institut der integrierten Genehmigung ein in mehrfacher Weise »ganzheitlicher« Ansatz im europäischen Recht gewählt oder präferiert wird, der von der deutschen sektoral orientierten Normierung stark abweicht. Die erforderliche Umsetzung des Vorrangs des europäischen Rechts ist dann im tradierten deutschen System nur mit Widersprüchen oder inneren Brüchen möglich. Neue Systemgedanken stellen das Miteinander von europäischem und nationalem Recht – natürlich – vor

41 Prononciert in diesem Sinne v. Danwitz (FN 13), insb. S. 334 ff., 374 ff., 395 ff. Die Gegenposition vertreten Jürgen Schwarze, in: ders. (Hg.), *Das Verwaltungsrecht unter europäischem Einfluß – zur Konvergenz der mitgliedstaatlichen Verwaltungsordnungen in der Europäischen Union*, 1996, S. 211 ff., 213, und Claus Dieter Classen, *Die Europäisierung der Verwaltungsgerichtsbarkeit*, 1996, S. 186 f., 192 (der von einer Systemverträglichkeit der Einwirkungen ausgeht). Eine positive Würdigung findet sich auch bei Dieter Scheuing, »Europarechtliche Impulse für innovative Ansätze im deutschen Verwaltungsrecht«, in: Wolfgang Hoffmann-Riem/Eberhard Schmidt-Aßmann (Hg.), *Innovation und Flexibilität*, 1994, S. 289 ff.

gesteigerte Probleme. Die letzte Stufe ist erreicht, wenn solche neuen Systemgedanken in einer gewissen Häufigkeit vom Gemeinschaftsrecht auf das nationale Recht zukommen oder »herunter«-kommen und sich dann die schwerwiegende Frage stellt, ob das nationale Recht überhaupt noch in der Lage ist, seine Aufgabe zu erfüllen, nämlich in der horizontalen Richtung eine in sich stimmige, systematisch anlegte nationale Rechtsordnung herzustellen und diese auch in Zukunft weiter zu entwickeln.

In einem Mehr-Ebenen-System mit rechtlichem Vorrang der höheren Ebene ist eine autonome Rechtssetzung des Mitgliedsstaates im klassischen Sinn prinzipiell nicht mehr möglich.[42] Es stellt sich die grundsätzliche Frage nach der Möglichkeit und nach den Grenzen einer *Konzept- und Systemfähigkeit* der in einen größeren Zusammenhang eingebundenen nationalen Rechtsordnungen. Bildlich ausgedrückt geht es darum, wie eine nationale Rechtsordnung unter dem Veränderungs- und Umsetzungsdruck der aus der Vertikalen kommenden Vorgaben des Sekundärrechts in der Horizontalen kodifikations- und konzeptfähig bleiben kann.[43] Zwei alternative Strategien bieten sich an, nämlich die *Anpassung* an einzelne Regelungen und Regeln der europäischen Richtlinien oder die *Rezeption* auch der Prinzipien des Gemeinschaftsrechts; dies ist an anderem Ort ausführlich dargelegt worden.[44]

3. Eine weitere systematische Auswirkung der Einbindung des deutschen Rechts in das Gemeinschaftsrecht wird sichtbar, wenn man sich eine Eigenart des europäischen Rechts vergegenwärtigt: Das Gemeinschaftsrecht und die Pflicht zur Umsetzung gelten natürlich nur für seinen Anwendungsbereich; dieser beschränkt sich aber oft auf grenzüberschreitende Phänomene oder betrifft nur

42 Der Bedeutungsverlust nationalen Rechts, nationalen Verwaltungsrechts und damit auch des nationalen Umweltrechts ist angesichts der europäischen Integration unvermeidlich. Was variabel ist, ist der Umfang dieses Bedeutungsverlusts, und dies hängt von der Umsetzungsstrategie ab, dazu sogleich im Text.

43 Die Stimmigkeit in der horizontalen Richtung ist deshalb wichtig, weil es die nationale Rechtsordnung ist, die die Bürgerinnen und Bürger in erster Linie trifft.

44 Rainer Wahl, »Das deutsche Genehmigungs- und Umweltrecht unter Anpassungsdruck«, in: Klaus-Peter Dolde (Hg.), *Umweltrecht im Wandel*, 2001, S. 237 ff., insb. 248 ff. mit einem Plädoyer gegen defensive oder unwillige Umsetzung und für eine systematische Neuausrichtung, also für eine nach vorne zielende Wiedergewinnung der eigenen Konzeptfähigkeit.

Ausschnitte aus einem Rechtsbereich. Die Einwirkung durch das in seinem Anwendungs- und Ausstrahlungsbereich begrenzte europäische Recht hat dann zur Folge, daß eine bisher geschlossene nationale Rechtsmaterie zertrennt wird in die gemeinschaftsbezogenen Teile einerseits und den Rest an ausschließlich nationalem Recht andererseits. Was dadurch entsteht, läßt sich bildlich als *Zweispurigkeit* des konkreten Rechtsgebiets bezeichnen. Im Einflußbereich des europäischen Rechts gelten modifizierte Regeln, während im rein nationalen Sektor unverändert das bisherige Recht Anwendung findet. Es kommt also zur *Verdoppelung* des Rechts, etwa der Lehre vom Widerruf der Verwaltungsakte oder des Subventionsrechts usw. Hält man sich vor Augen, daß das deutsche Recht schon überaus kompliziert ist, dann kann man die Tragweite des Vorgangs erahnen – es wird alles noch komplizierter. Oder das nationale Recht entschließt sich dazu, wieder »Einspurigkeit« dadurch herzustellen, daß man auch in den Bereichen, die vom Europarecht rechtlich überhaupt nicht berührt sind, die modifizierten Bestimmungen aus dem formell überformten Bereich ebenfalls übernimmt. Dies kann man als Spillover-Effekte oder over-lapping-effects bezeichnen. Man läuft allenfalls Gefahr, das Phänomen dadurch eher zu unterschätzen. Im Ergebnis kommt es zu einer in der Rechtspraxis bedeutsamen Erweiterung der Überformung des nationalen Rechts durch das europäische Recht.

V. Wettbewerb der Rechtsordnungen außerhalb hierarchisch geordneter Beziehungen

Die Außenorientierung des nationalen Rechts hat ein zweites großes, wenig beachtetes Feld. In ihm geht es nicht um irgendwelchen normativ bewirkten Einfluß, sondern um die reine Tatsächlichkeit der verstärkten internationalen und außengerichteten Beziehungen. Außenbeziehungen bewirken nicht nur einen Wettbewerb der Volkswirtschaften, sondern sie bringen auch die Rechtsordnungen verschiedener Länder in einen Kontakt und einen Dialog, dies allein schon aus der Tatsache, daß multinational ausgerichtete Unternehmen und andere international operierende Akteure das unterschiedliche Recht wahrnehmen und vergleichen. Aus solchen Vergleichen kann ein Druck, ein Wettbewerbsdruck entstehen oder organisiert werden; die Beschleunigungsdiskussion der neunziger Jahre war ein prominentes Beispiel. Mit der tausendfach wiederholten Behauptung, daß die Genehmigungsverfahren in anderen Ländern schneller ablaufen, konnte und wurde ein Druck erzeugt und von der deutschen Regierung aufgegriffen, der zu zahlreichen Änderungen im Recht der Genehmigungsverfahren führte. Für diesen Anpassungsdruck war keine Rechtsregel verantwortlich; ein vorrangiges Recht gab es insoweit nicht, aber die Außenorientierung der Akteure und der gesellschaftlichen Subsysteme erzeugt im Rechtssystem einen Quervergleich und einen Argumentationsdruck. Dieses Feld der Außenorientierung kann man als Terrain eines Wettbewerbs der Rechtsordnungen bezeichnen. Der Dialog der Rechtsordnungen ist nicht hierarchisch geordnet, er steht nicht unter den Bedingungen eines Vorrangverhältnisses, sondern die Diskussion über das bessere und das schlechtere Recht findet unter annähernd gleichen Bedingungen statt.[45] Im vorliegenden Zusammenhang ist ausschlaggebend, daß auch jenseits von Rechtspflichten gegenüber einem vorrangigen Recht ein praktisch erheblicher Anpassungsdruck aus dem »freien« Wettbewerb der Rechtsordnungen entstehen kann. Deutlich wird, daß die Außenorientierung des Rechts ein zweites großes Anwendungsfeld hat. In diesem rechtspolitischen Dialog zwischen den Rechtsordnungen, der als Vorgang der Praxis im Handeln der Akteure stattfindet, spiegelt sich die Offenheit der Gesellschaft. Die wachsende Kenntnis des Rechts und des Rechtslebens in anderen Ländern erweitert die rechtspolitische Diskussion beträchtlich; die Fälle freiwilliger Rezeption oder unter dem Druck einer Diskussion freiwillig vorgenommene Rezeption beziehungsweise wechselseitige Anpassung nehmen zu.

45 Häufig sind die Bedingungen nur annähernd gleich, und dies vor allem dann, wenn bei einem solchen Wettbewerb die Rechtsordnung des hegemonialen Staates mit im Spiel ist, die US-amerikanische Rechtsordnung. Dann gibt es alle bekannten Probleme, die beim Auftreten oder Auftauchen eines marktbeherrschenden Mitspielers bekannt sind.

VI. Zur Zukunft von Binnenorientierung und Außenorientierung des Rechts

Die Prämisse der abschließenden Überlegungen ist: Im Zuge der Europäisierung werden sich in vielerlei Hinsicht Annäherungen und partielle Vereinheitlichungen der Rechtsordnungen der Mitgliedstaaten ergeben, aber nicht auf der Basis einer einzigen nationalen Rechtsordnung, auch nicht auf der Basis der deutschen Rechtsordnung und ihrer Systematik. Daraus folgt: Das deutsche Recht, so positiv bewertet es durch die deutschen Rechtswissenschaftler und -praktiker auch sein mag, ist in seiner dogmatisch-systematischen Struktur nicht so sehr über jeden Zweifel erhaben, daß Neuerungen auf der Basis anderer Rechtsordnungen nicht auch sehr positiv und begrüßenswert sein könnten.

Mag eine solche allgemeine Bemerkung weithin konsensfähig und nahezu trivial erscheinen, so wird sie doch schon angefochtener und umstrittener sein, wenn man sie auf die Grundlagen der deutschen Entwicklung nach 1949 anwendet. Die »Konfrontation« beziehungsweise Begegnung mit dem Gemeinschaftsrecht und der in Gang befindliche Wettbewerb der mitgliedsstaatlichen Rechtsordnungen untereinander machen dabei an der Entwicklung des Öffentlichen Rechts nach 1949 nur sichtbar, was eine intensive, selbstkritische Analyse sowieso schon selbst herausgefunden hat, daß es nämlich in dieser Entwicklung Prozesse der Vereinseitigungen und Übertreibungen gegeben hat. Der Weg der Verrechtlichung und Justitialisierung, den die Bundesrepublik 1949 eingeschlagen hat, war erfolgreich und ist in sich richtig begonnenen worden.[46] Das hindert aber nicht an der Bewertung, daß dieser Weg im Verfassungs- und Verwaltungsrecht über ein angemessenes und verträgliches Wachstum hinausgelangt und sich dogmatisch zu sehr verfestigt haben könnte. Genau zu diesem Ergebnis kommt die oben in Abschnitt II vorgelegte Analyse des Öffentlichen Rechts in der ersten Phase der Entwicklung nach 1949. Sie interpretiert die Europäisierung als Merkmal der längst in Gang befindlichen zweiten Phase und auch als einen willkommenen Anstoß und Motor, um dem deutschen Recht und der deutschen Rechtswissenschaft Selbst-

46 Dazu unter dem Stichwort der ersten Phase Wahl, »Die zweite Phase des Öffentlichen Rechts nach 1949«, *Der Staat* 38 (1999), S. 495 ff., S. 496 ff. 513 ff.

reflexion und Nachdenken von außen aufzudrängen und damit Überlegungen in Gang zu bringen, die von innen nicht ausreichend angestoßen worden sind. Der Reflexions- und Weiterentwicklungsbedarf besteht für das deutsche Recht gerade dort, wo es eine gewisse Sonderentwicklung genommen hat.[47] Die hier einschlägigen Felder sind etwa Grundrechtsdogmatik, die Lehre von der Kontrolldichte, die konkrete Anwendungstiefe des Verhältnismäßigkeitsgrundsatzes und die Ermessensfeindlichkeit des deutschen Rechts.

Mein Plädoyer richtet sich darauf, in der zweiten Phase des Öffentlichen Rechts wegen der Erfahrungen mit anderen Ländern und wegen des dominant gewordenen Außenbezugs den eigenen Systemansatz kritisch zu reflektieren, insbesondere die Dynamik des inneren Wachstums- und Expansionsprozesses der Verrechtlichung zu brechen und die Eigendynamik einer immer weiter fortschreitenden Verrechtlichung einzudämmen. Die Devise ist also, *Übersteigerungen* der ersten Phase[48] zu überwinden. Dabei wird es natürlich in vielfacher Hinsicht strittig sein, was darunter zu zählen ist. Aber von der skizzierten Grundhaltung her ist es jedenfalls möglich, die durch die Europäisierung entstandene oder zumindest deutlich gewordene Problemlage angemessen zu diskutieren und nicht in jeder konkreten Änderung des angewachsenen Bestands eine grundsätzliche Kehrtwende oder eine Aufgabe des deutschen Rechts als solchen zu sehen. Im übrigen herrscht »Wettbewerb«. Es ist keineswegs ausgemacht, sondern im Gegenteil unwahrscheinlich, daß das europäische und das internationale Recht, die beide sehr viel stärker kompromißbedürftig und -abhängig sind, als inhaltlich »besser«, klarer oder dogmatisch vorzuziehen sind.[49] Genauso gilt für ausländische Rechtsordnungen, daß sie nicht per se,

47 Näher dazu am Beispiel des Umweltrechts Wahl (FN 44).

48 Die natürlich über das bisher Gesagte hinaus im einzelnen und konkret herauszuarbeiten sind.

49 Deshalb lohnt sich während des langen Vorfelds vor der Verabschiedung von Gemeinschaftsrecht, um dessen Inhalt zu streiten und dabei bewährtes und zugleich zukunftsfähiges deutsches Recht nachhaltig zur Geltung zu bringen und dafür einzutreten. Dies ändert nichts daran, daß Gemeinschaftsrecht, wenn es verabschiedet ist und gegen die deutschen Vorstellungen ausgefallen ist, loyal umzusetzen ist: Die EU ist Rechtsgemeinschaft, nicht etwa Rechtsgemeinschaft unter dem Vorbehalt des jeweiligen Staats, daß er es als besser als sein nationales Recht anerkennt.

sondern erst nach einer genauen Analyse und Bewertung vorzuziehen sind oder eben auch nicht. Wichtig aber sind die generelle Ausrichtung auf die Außenorientierung und den ständigen Vergleich mit anderen Rechtsordnungen sowie die Offenheit gegenüber andern Systemansätzen. Wegen dieses Umfangs und wegen der Ausstrahlung der gebotenen Neuorientierung kann man im Hinblick auf den gebotenen Übergang von der ersten zur zweiten Phase des Öffentlichen Rechts nach 1945 von einem Perspektivenwechsel sprechen.

Abkürzungsverzeichnis

ABl.	Amtsblatt
AfP	Archiv für Presserecht
AH	Abgeordnetenhaus
a. M.	anderer Meinung
AöR	Archiv des öffentlichen Rechts
ARSP	Archiv für Rechts- und Sozialphilosophie
Aufl.	Auflage
AVR	Archiv des Völkerrechts
AWG	Außenwirtschaftsgesetz
BAG	Bundesarbeitsgericht
BayVBl.	Bayerische Verwaltungsblätter
BayOblG	Bayerisches Oberstes Landesgericht
Bd.	Band
Bem.	Bemerkung
BGB	Bürgerliches Gesetzbuch
BGBl.	Bundesgesetzblatt
BGH	Bundesgerichtshof
BGHZ	Bundesgerichtshof in Zivilsachen, amtliche Sammlung
BK	Bonner Kommentar zum Grundgesetz
BR	Bundesrat
BRep	Bundesrepublik
BT	Bundestag
BT-Drs.	Bundestagsdrucksache
BVerfG	Bundesverfassungsgericht
BVerfGE	Entscheidung des Bundesverfassungsgerichts
BVerfGG	Gesetz über das Bundesverfassungsgericht
BVerwG	Bundesverwaltungsgericht
BVerwGE	Entscheidungen des Bundesverwaltungsgerichts, amtliche Sammlung
DBA	Deutsche Bundesakte
Diss.	Dissertation
DJT	Deutscher Juristentag
DJZ	Deutsche Juristenzeitung
DÖV	Die Öffentliche Verwaltung
DSB	Dispute Settlement Body
DSU	Dispute Settlement Understanding
DV	Die Verwaltung

DVBl.	Deutsches Verwaltungsblatt
DZWiR	Deutsche Zeitschrift für Wirtschaftsrecht
EG	Europäische Gemeinschaft
EGMR	Europäischer Gerichtshof für Menschenrechte
EGV	Vertrag über die Europäische Gemeinschaft
EMRK	Europäische Menschenrechtskonvention
EU	Europäische Union
EuG	Europäisches Gericht (= Gericht 1. Instanz oder Gericht 1. Instanz der Europäischen Gemeinschaft)
EuGH	Europäischer Gerichtshof
EuGRZ	Europäische Grundrechte-Zeitschrift
EuR	Europarecht (Zeitschrift)
EUV	Vertrag über die Europäische Union
EuZW	Europäische Zeitschrift für Wirtschaftsrecht
EWS	Europäisches Währungssystem oder Europäisches Wirtschafts- und Steuerrecht
FAO	Ernährungs- und Landwirtschaftsorganisation der VN
FAZ	Frankfurter Allgemeine Zeitung
FG, Fg.	Festgabe
FN	Fußnote
FR	Frankfurter Rundschau
FRV	Die Verfassung des Deutschen Reichs vom 28. März 1849
FS	Festschrift
GATT	General Agreement on Tariffs and Trade, Allgemeines Zoll- und Handelsabkommen vom 30. 10. 1947
Ges.-S.	Gesetzesammlung
GG	Grundgesetz
GVBl.	Gesetz- und Verordnungsblatt
HbVerfR	Handbuch des Verfassungsrechts der Bundesrepublik Deutschland, hg. von Ernst Benda, Werner Maihofer, Hans Jochen Vogel
HbDStR	Handbuch des Deutschen Staatsrechts, hg. von Gerhard Anschütz und Richard Thoma, Tübingen, 1930-32
Hg.	Herausgeber
h. L.	herrschende Lehre
h. M.	herrschende Meinung

HStR	Handbuch des Staatsrechts, hg. von Josef Isensee und Paul Kirchhof
HZ	Historische Zeitschrift
IBRD	Internationale Bank für Wiederaufbau und Entwicklung, International Bank for Reconstruction and Development (Weltbank)
IFC	International Finance Cooperation, Internationale Finanzkooperation
ILO	International Labor Organization, Internationale Arbeitsorganisation
IMF	International Monetary Fund
IO	Internationale Organisation
JöR	Jahrbuch des öffentlichen Rechts
JR	Juristische Rundschau
Jura	Juristische Ausbildung
JuS	Juristische Schulung
JW	Juristische Wochenschrift
JZ	Juristenzeitung
KritV	Kritische Vierteljahresschrift für Gesetzgebung und Rechtswissenschaft
KSZE	Konferenz für Sicherheit und Zusammenarbeit in Europa
LS	Leitsatz
Mercosur	Mercado Común del Cono Sur
m. w. N.	mit weiteren Nachweisen
NAFTA	North American Free Trade Association
NATO	North Atlantic Treaty Organization
NGO	Non governmental Organization
NJW	Neue Juristische Wochenschrift
NVwZ	Neue Zeitschrift für Verwaltungsrecht
OECD	Organization for Economic Cooperation and Development
OVG	Oberverwaltungsgericht
Pr.	Preußisch
PVS	Politische Vierteljahresschrift
RG	Reichsgericht
RGBl.	Reichsgesetzblatt
RGZ	Reichsgericht in Zivilsachen, amtliche Sammlung
RIW	Recht der Internationalen Wirtschaft
Rn.	Randnummer
Rs.	Rechtssache
S. C.	Supreme Court

Slg.	Sammlung
Der Staat	Zeitschrift für Staatslehre und Verfassungsgeschichte, deutsches und europäisches öffentliches Recht
StGH	Staatsgerichtshof
SZ	Süddeutsche Zeitung
UN	United Nations
UTR	Umwelt- und Technikrecht
VBlBW	Verwaltungsblätter für Baden-Württemberg
Verf. Urk.	Verfassungsurkunde
Verh.	Verhandlungen
VerwArch	Verwaltungsarchiv
VVDStRL	Veröffentlichungen der Vereinigung der Deutschen Staatsrechtslehrer
WHO	Weltgesundheitsorganisation
WP	Wahlperiode
WRV	Weimarer Reichsverfassung
WTO	World Trade Organization
ZaöRV	Zeitschrift für ausländisches öffentliches Recht und Völkerrecht
ZAU	Zeitschrift für angewandte Umweltforschung
ZBR	Zeitschrift für Beamtenrecht
ZLR	Zeitschrift für Lebensmittelrecht
ZNR	Zeitschrift für Neuere Rechtsgeschichte
ZParl	Zeitschrift für Parlamentsfragen
ZPO	Zivilprozeßordnung
ZPol	Zeitschrift für Politik
ZRG	Zeitschrift für Rechtsgeschichte
ZRP	Zeitschrift für Rechtspolitik
ZUR	Zeitschrift für Umweltrecht
ZZP	Zeitschrift für Zivilprozeß

Nachweise

1. »Internationalisierung des Staates«, in: *Verfassung – Philosophie – Kirche, Festschrift für Hollerbach zum 70. Geburtstag*, hg. von Joachim Bohnert/Christof Gramm/Urs Kindhäuser/Joachim Lege/Alfred Rinken/Gerhard Robbers, Berlin 2001, S. 193-222.

2. »Der einzelne in der Welt jenseits des Staates«, in: *Das Recht des Menschen in der Welt. Kolloquium zum 70. Geburtstag von Ernst-Wolfgang Böckenförde*, hg. von Rainer Wahl und Joachim Wieland, Berlin 2002, S. 59-109.

3. »Verfassungsvergleichung als Kulturvergleichung«, in: *Staat – Souveränität – Verfassung. Festschrift für Helmut Quaritsch zum 70. Geburtstag*, hg. von Dietrich Murswiek/Ulrich Storost/Heinrich A. Wolff, Berlin 2000, S. 163-182.

4. »Der Vorrang der Verfassung«, *Der Staat*, Bd. 20 (1981), S. 485-516.

5. »Der Vorrang der Verfassung und die Selbständigkeit des Gesetzesrechts«, *NVwZ* 1984, S. 401-409.

6. »Verfassungsrechtsprechung als knappes Gut«, *JZ* 1996, S. 1137-1192 (gemeinsam mit Joachim Wieland).

7. »Reform des Bundesverfassungsgerichts?«, erschienen unter dem Titel: »Die Reformfrage«, in: *Festschrift 50 Jahre Bundesverfassungsgericht*, hg. von Peter Badura und Horst Dreier, 2001, S. 461-491.

8. »Das Bundesverfassungsgericht im europäischen und internationalen Umfeld«, in: *Aus Politik und Zeitgeschichte. Beilage zur Wochenzeitung ›Das Parlament‹*, B 3, 37-38/2001, S. 45-54.

9. »Die Entwicklung des deutschen Verfassungsstaates bis 1866«, in: Josef Isensee und Paul Kirchhof (Hg.), *Handbuch des Staatsrechts*, Bd. 1, Heidelberg 1987, 2., erweiterte Auflage 2003 (im Erscheinen), § 2, Abschnitt A und B.

10. »Verfassungsstaatlichkeit im Konstitutionalismus und in der Weimarer Zeit«. Neu zusammengestellter Beitrag aus 1. »Die Entwicklungs des deutschen Verfassungsstaates bis 1866«, in: Josef Isensee und Paul Kirchhof (Hg.), *Handbuch des Staatsrechts*, Bd. 1, Heidelberg 1987, 2., erwei-

terte Auflage 2003 (im Erscheinen), § 2, Abschnitte C II-V, sowie 2. Rainer Wahl/Frank Rottmann, »Die Bedeutung der Verfassung und der Verfassungsgerichtsbarkeit in der Bundesrepublik – im Vergleich zum 19. Jahrhundert und zu Weimar«, in: Werner Conze und Rainer M. Lepsius (Hg.), *Sozialgeschichte der Bundesrepublik Deutschland*, Stuttgart 1983, S. 347-359.

11. »Rechtliche Wirkungen und Funktionen der Grundrechte im deutschen Konstitutionalismus des 19. Jahrhunderts«, *Der Staat*, Bd. 18 (1979), S. 321-348.

12. »Die deutsche Einigung im Spiegel historischer Parallelen«, *Der Staat*, Bd. 30 (1991), S. 181-208.

13. »Zwei Phasen des Öffentlichen Rechts nach 1949« (Originalbeitrag).

Politische Ökonomie, Staats- und Politiktheorie im Suhrkamp Verlag
Eine Auswahl

Dirk Baecker
- Die Form des Unternehmens. stw 1453. 288 Seiten.
- Information und Risiko in der Marktwirtschaft. 382 Seiten. Gebunden
- Organisation als System. stw 1434. 384 Seiten
- Womit handeln Banken? Eine Untersuchung zur Risikoverarbeitung in der Wirtschaft. stw 946. 207 Seiten

Klaus von Beyme
- Die Kunst der Macht und die Gegenmacht der Kunst. Studien zum Spannungsverhältnis von Kunst und Politik. stw 1368. 405 Seiten
- Die politische Klasse im Parteienstaat. stw 1064. 224 Seiten
- Theorie der Politik im 20. Jahrhundert. Von der Moderne zur Postmoderne. stw 969. 394 Seiten

Hauke Brunkhorst (Hg.). Demokratischer Experimentalismus. Politik in der komplexen Gesellschaft. stw 1369. 397 Seiten

Hauke Brunkhorst/Matthias Kettner (Hg.). Globalisierung und Demokratie. Wirtschaft, Recht, Medien. stw 1448. 416 Seiten

Hauke Brunkhorst/Wolfgang R. Köhler/Matthias Lutz-Bachmann (Hg.). Recht auf Menschenrechte. Menschenrechte, Demokratie und internationale Politik. stw 1441. 352 Seiten

Hauke Brunkhorst/Peter Niesen (Hg.). Das Recht der Republik. stw 1392. 403 Seiten

NF 112/1/6.00

Christine Chwaszcza/Wolfgang Kersting (Hg.). Politische Philosophie der internationalen Beziehungen.
stw 1365. 604 Seiten

Jacques Derrida. Das andere Kap. Die vertagte Demokratie Zwei Essays zu Europa. Übersetzt von Alexander García Düttmann. es 1769. 97 Seiten

Diether Döring (Hg.). Sozialstaat in der Globalisierung. Unter Mitarbeit von Erika Mezger. es 2096. 204 Seiten

Hans Joas/Martin Kohli (Hg.). Zusammenbruch der DDR. es 1777. 325 Seiten

Matthias Kettner (Hg.). Angewandte Ethik als Politikum. stw 1458. 416 Seiten

Ekkehart Krippendorff
- Kritik der Außenpolitik. es 2139. 240 Seiten
- Schöpferische Unzufriedenheit. Ethische Politik von Sokrates bis Mozart. 468 Seiten. Gebunden
- Staat und Krieg. Die historische Logik politischer Unvernunft. es 1305. 436 Seiten

Ernst-Joachim Lampe (Hg.). Zur Entwicklung von Rechtsbewußtsein. stw 1315. 520 Seiten

Niklas Luhmann. Die Wirtschaft der Gesellschaft. stw 1152. 356 Seiten

Ulrich Menzel. Auswege aus der Abhängigkeit. Die entwicklungspolitische Aktualität Europas. es 1312. 649 Seiten

Ulrich Menzel/Dieter Senghaas. Europas Entwicklung und die Dritte Welt. Eine Bestandsaufnahme. es 1393. 295 Seiten

NF 112/2/6.00

Ulrich Menzel u.a. (Hg.). Die Neue Weltwirtschaft. Entstofflichung und Entgrenzung der Ökonomie.
es 1983. 336 Seiten

Wolfgang Merkel/Andreas Busch (Hg.). Demokratie in Ost und West. Für Klaus von Beyme. stw 1425. 718 Seiten

Julian Nida-Rümelin. Demokratie als Kooperation.
stw 1430. 224 Seiten

Karl Polanyi. The Great Transformation. Politische und ökonomische Ursprünge von Gesellschaften und Wirtschaftssystemen. Übersetzt von Heinrich Jelinek. stw 260. 394 Seiten

Dieter Senghaas
- Friedensprojekt Europa. es 3333. 226 Seiten
- Konfliktformationen im internationalen System. Weltpolitische Betrachtungen. es 1509. 230 Seiten
- Rüstung und Militarismus. es 498. 370 Seiten
- Weltwirtschaftsordnung und Enwicklungspolitik. Plädoyer für Dissoziation. es 856. 358 Seiten
- Zivilisierung wider Willen. Der Konflikt der Kulturen mit sich selbst. es 2081. 228 Seiten
- Die Zukunft Europas. Probleme der Friedensgestaltung. es 1339. 273 Seiten

Dieter Senghaas (Hg.). Frieden machen. es 2000. 592 Seiten

Gary Smith/Avishai Margalit (Hg.). Amnestie oder Die Politik der Erinnerung in der Demokratie. es 2016. 243 Seiten

Horst Steinmann/Andreas Georg Scherer (Hg.). Zwischen Universalismus und Relativismus. Philosophische Grundlagenprobleme des interkulturellen Managements.
stw 1380. 424 Seiten

NF 112/3/6.00

Sozialphilosophie im Suhrkamp Verlag
Eine Auswahl

Axel Honneth. Kampf um Anerkennung. Zur moralischen Grammatik sozialer Konflikte. stw 1129. 301 Seiten

Axel Honneth. Kritik der Macht. Reflexionsstufen einer kritischen Gesellschaftstheorie. stw 738. 408 Seiten

Axel Honneth. Die zerrissene Welt des Sozialen. Sozialphilosophische Aufsätze. Erweiterte Ausgabe. stw 849. 279 Seiten

Hans Joas. Die Entstehung der Werte. stw 1416. 321 Seiten

Hans Joas. Die Kreativität des Handelns. stw 1248. 415 Seiten

Hans Joas. Pragmatismus und Gesellschaftstheorie. stw 1018. 323 Seiten

George Herbert Mead. Gesammelte Aufsätze. Band 1. Herausgegeben und eingeleitet von Hans Joas. Übersetzt von Klaus Laermann u.a. stw 678. 476 Seiten

George Herbert Mead. Gesammelte Aufsätze. Band 2. Herausgegeben von Hans Joas. Übersetzt von Hans Günter Holl, Klaus Laermann u.a. stw 679. 485 Seiten

George Herbert Mead. Geist, Identität und Gesellschaft. Aus der Sicht des Sozialbehaviorismus. Einleitung von Charles W. Morris. Übersetzt von Ulf Pacher. stw 28. 456 Seiten

NF 123/1/8.00

Dieter Henrich
im Suhrkamp Verlag

Eine Republik Deutschland. Reflexionen auf dem Weg aus der deutschen Teilung. es 1658. 102 Seiten

Ethik zum nuklearen Frieden. 322 Seiten. Leinen

Fixpunkte. Aufsätze und Essays zur Theorie der Kunst. stw 1610. 304 Seiten

Fluchtlinien. Philosophische Essays. 181 Seiten. Kartoniert

Nach dem Ende der Teilung. Über Identitäten und Intellektualität in Deutschland. es 1813. 233 Seiten

Als Herausgeber

Theorien der Kunst. Herausgegeben von Dieter Henrich und Wolfgang Iser. Leinen und stw 1012. 637 Seiten

NF 139/1/1.03